HUANJING ZIYUAN FANZUI
SHIWU JINGSHI

环境资源犯罪实务精释

喻海松 / 著

法律出版社
LAW PRESS·CHINA
——北京——

凡 例

一、法律

1. 1979 年 7 月 1 日第五届全国人民代表大会第二次会议通过的《中华人民共和国刑法》简称为 1979 年刑法。

2. 1997 年 3 月 14 日第八届全国人民代表大会第五次会议修订的《中华人民共和国刑法》简称为刑法；与 1979 年刑法对照时，简称为 1997 年刑法。

3.《中华人民共和国刑法修正案（×）》简称为《刑法修正案（×）》。例如，2011 年 2 月 25 日第十一届全国人民代表大会常务委员会第十九次会议通过的《中华人民共和国刑法修正案（八）》简称为《刑法修正案（八）》。

4. 1996 年 3 月 17 日第八届全国人民代表大会第四次会议修正的《中华人民共和国刑事诉讼法》简称为 1996 年刑事诉讼法。

5. 2012 年 3 月 14 日第十一届全国人民代表大会第五次会议修正的《中华人民共和国刑事诉讼法》简称为刑事诉讼法；与 1996 年刑事诉讼法对照时，简称为修正后刑事诉讼法。

6. 1979 年 9 月 13 日第五届全国人民代表大会常务委员会第十一次会议原则通过的《中华人民共和国环境保护法（试行）》简称为 1979 年《环境保护法（试行）》。

7. 1989 年 12 月 26 日第七届全国人民代表大会常务委员会第十一次会议通过的《中华人民共和国环境保护法》简称为 1989 年《环境保护法》。

8. 2014 年 4 月 24 日第十二届全国人民代表大会常务委员会第八次会议修订的《中华人民共和国环境保护法》简称为《环境保护法》；与 1989 年《环境保护法》对照时，简称为修订后《环境保护法》。

9. 1984 年 5 月 11 日第六届全国人民代表大会常务委员会第五次会议通过的《中华人民共和国水污染防治法》简称为 1984 年《水污染防治法》。

10. 1996年5月15日第八届全国人民代表大会常务委员会第十九次会议修正的《中华人民共和国水污染防治法》简称为1996年《水污染防治法》。

11. 2008年2月28日第十届全国人民代表大会常务委员会第三十二次会议修订的《中华人民共和国水污染防治法》简称为《水污染防治法》。

12. 2015年8月29日第十二届全国人民代表大会常务委员会第十六次会议修订通过的《中华人民共和国大气污染防治法》简称为《大气污染防治法》。

13. 1995年10月30日第八届全国人民代表大会常务委员会第十六次会议通过的《中华人民共和国固体废物污染环境防治法》简称为1995年《固体废物污染环境防治法》。

14. 2004年12月29日第十届全国人民代表大会常务委员会第十三次会议修订通过的《中华人民共和国固体废物污染环境防治法》简称为《固体废物污染环境防治法》;与1995年《固体废物污染环境防治法》对照时,简称为修订后《固体废物污染环境防治法》。

15. 2002年10月28日第九届全国人民代表大会常务委员会第三十次会议通过的《中华人民共和国环境影响评价法》简称为2002年《环境影响评价法》。

16. 2016年7月2日第十二届全国人民代表大会常务委员会第二十一次会议审议修改的《中华人民共和国环境影响评价法》简称为《环境影响评价法》;与2002年《环境影响评价法》对照时,简称为修改后《环境影响评价法》。

17. 1986年3月19日第六届全国人民代表大会常务委员会第十五次会议通过的《中华人民共和国矿产资源法》简称为1986年《矿产资源法》。

18. 1996年8月29日第八届全国人民代表大会常务委员会第二十一次会议修正的《中华人民共和国矿产资源法》简称为《矿产资源法》;与1986年《矿产资源法》对照时,简称为修正后《矿产资源法》。

19. 2002年8月29日第九届全国人民代表大会常务委员会第二十九次会议修订通过的《中华人民共和国水法》简称为《水法》。

二、司法解释

1. 2001年12月16日最高人民法院、最高人民检察院《关于适用刑事司法解释时间效力问题的规定》(法释〔2001〕5号)简称为《司法解释时间效力规定》。

2. 2003年5月29日最高人民法院《关于审理非法采矿、破坏性采矿刑事案件具体应用法律若干问题的解释》(法释〔2003〕9 号)简称为《2003 年解释》。

3. 2006 年 7 月 21 日最高人民法院《关于审理环境污染刑事案件具体应用法律若干问题的解释》(法释〔2006〕4 号)简称为《2006 年解释》。

4. 2011 年 8 月 1 日最高人民法院、最高人民检察院《关于办理危害计算机信息系统安全刑事案件应用法律若干问题的解释》(法释〔2011〕19 号)简称为《危害计算机信息系统安全犯罪解释》。

5. 2012 年 12 月 20 日最高人民法院《关于适用〈中华人民共和国刑事诉讼法〉的解释》(法释〔2012〕21 号)简称为《刑事诉讼法解释》。

6. 2013 年 4 月 2 日最高人民法院、最高人民检察院《关于办理盗窃刑事案件适用法律若干问题的解释》(法释〔2013〕8 号)简称为《盗窃罪解释》。

7. 2013 年 6 月 17 日最高人民法院、最高人民检察院《关于办理环境污染刑事案件适用法律若干问题的解释》(法释〔2013〕15 号)简称为《2013 年解释》。

8. 2014 年 8 月 12 日最高人民法院、最高人民检察院《关于办理走私刑事案件适用法律若干问题的解释》(法释〔2014〕10 号)简称为《走私犯罪解释》。

9. 2015 年 5 月 29 日最高人民法院《关于审理掩饰、隐瞒犯罪所得、犯罪所得收益刑事案件适用法律若干问题的解释》(法释〔2015〕11 号)简称为《掩饰、隐瞒犯罪所得、犯罪所得收益罪解释》。

10. 2016 年 11 月 28 日最高人民法院、最高人民检察院《关于办理非法采矿、破坏性采矿刑事案件适用法律若干问题的解释》(法释〔2016〕25 号)简称为《矿产资源犯罪解释》。

11. 2016 年 12 月 27 日最高人民法院、最高人民检察院《关于办理环境污染刑事案件适用法律若干问题的解释》(法释〔2016〕29 号)简称为《环境污染犯罪解释》。

三、其他规范性文件

2010 年 5 月 7 日最高人民检察院、公安部《关于公安机关管辖的刑事案件立案追诉标准的规定(二)》(公通字〔2010〕23 号)简称为《立案追诉标准(二)》。

目　录

第一章　环境资源犯罪导论

第一节　环境保护与法律规制

一、环境与环境保护

（一）环境的定义与要素

环境概指环绕某一中心的周边事物。可见，环境是相对某一中心而言的，它随中心的变化而变化，因中心的不同而不同。如果以人类为中心，环境是指人群周围的境况及其中可以直接、间接影响人类生活和发展的各种自然因素和社会因素的总体，包括自然因素的各种物质、现象和过程及在人类历史中的社会、经济成分。①

《环境保护法》第 2 条规定："本法所称环境，是指影响人类生存和发展的各种天然的和经过人工改造的自然因素的总体，包括大气、水、海洋、土地、矿藏、森林、草原、湿地、野生生物、自然遗迹、人文遗迹、自然保护区、风景名胜区、城市和乡村等。"可见，《环境保护法》对环境的界定就是以人类为中心，且限定在对人类生存和发展有影响的自然因素范围内，包括各种天然的自然因素（天然环境）和经过人工改造的自然因素（人工环境）。

根据《环境保护法》第 2 条的规定，环境要素包括：②（1）大气，又称大气圈，是指包围地球的空气层总体，相关规定有《大气污染防治法》等；（2）水，是指能参与全球水循环、在陆地上逐年可以得到恢复与更新的淡水资源，包括地表水和地下水，相关规定有《水污染防治法》《水法》等；（3）海洋，是指由海水水体、溶解或者悬浮于其中的物质、生活于其中的海洋生物、临近海面上空的大气和围绕海洋周围的海岸和海底组成的统一体，相关规定有《海洋环境保护法》等；（4）土地，是指地球表面上由土

---

① 《中国大百科全书·环境科学》，中国大百科全书出版社 2002 年版，第 134 页。

② 信春鹰主编：《〈中华人民共和国环境保护法〉学习读本》，中国民主法制出版社 2014 年版，第……页。

岩石、气候、水文、地貌、植被等组成的自然综合体，相关规定有《土地管理法》等；(5)矿藏，是指赋存于地壳内部或者表面由地质作用产生的可供人类利用的天然矿物，相关规定有《矿产资源法》等；(6)森林，是指比较密集生长在一起的以乔木为主体的木本植物群落，相关规定有《森林法》等；(7)草原，是指中纬度地带大陆性半湿润和半干旱气候条件下，由多年生耐旱、耐低温、以禾草占优势的植物群落的总和，相关规定有《草原法》等；(8)湿地，是指陆地和水域的过渡带，包括沼泽、滩涂、湿草地等，也包括低潮时水深不超过6米的水域，目前我国没有针对湿地的专门法律，但有些地方性法规专门对湿地作了规定；(9)野生生物，是指未经人类驯化改良，在自然界中天然生长着的生物，相关规定有《野生动物保护法》等；(10)自然遗迹，是指具有突出的普遍价值的由物质和生物结构或这类结构群组成的自然景观（从审美或科学角度），具有突出的普遍价值的地质和地文结构以及明确划为受到威胁的动物和植物生态区（从科学或保护角度）以及具有突出的普遍价值的天然名胜和明确划分的自然区域（从科学、保存或自然美角度），相关规定有《自然保护区条例》《风景名胜区条例》等；(11)人文遗迹，包括古迹、建筑群、遗址等，相关规定有《文物保护法》《风景名胜区条例》等；(12)自然保护区，是指对有代表性的自然生态系统、珍稀濒危野生动植物物种的天然集中分布区、有特殊意义的自然遗迹等保护对象所在的陆地、陆地水体或者海域，依法划出一定面积予以特殊保护和管理的区域，相关规定有《自然保护区条例》等；(13)风景名胜区，是指具有观赏、文化或者科学价值，自然景观、人文景观比较集中，环境优美，可供人们游览或者进行科学、文化活动的区域，相关规定有《风景名胜区条例》等；(14)城市和乡村，是指两种基本的人类聚居地，是经过人工改造的环境。

（二）环境保护与资源保护、生态保护

从《环境保护法》第2条的规定来看，环境涵括自然资源在内，即自然资源是组成环境的要素。《宪法》第9条规定：“矿藏、水流、森林、山岭、草原、荒地、滩涂等自然资源，都属于国家所有，即全民所有；由法律规定属于集体所有的森林和山岭、草原、荒地、滩涂除外。”“国家保障自然资源的合理利用，保护珍贵的动物和植物。禁止任何组织或者个人用任何手段侵占或者破坏自然资源。”此处所称的“自然资源”，“指的就是与环境融为一体、天然存在的具有经济价值的环境要素”①。申言之，自然资源与环境密不可分，自然资源就是环境要素中可被人类利用的自然物质和能量。

《宪法》第26条第1款规定：“国家保护和改善生活环境和生态环境，防治污染和其他公害。”生态环境的基础是生态系统。需要注意的是，“与环境概念不同的是，生

① 汪劲：《环境法学》（第三版），北京大学出版社2014年版，第3页。

态系统是以整个地球上的生物及其环境等客观存在为中心，而不是以人类为中心。在生态学研究者看来，地球上所有生物（包括人类）与环境都是生态系统的组成部分”[①]。法国学者基斯在总结环境立法目的的演变发展历程后指出，环境立法目的的演变反映了一种思想的演变，就是在以人类为中心的环境条件下的“经济优先”“人类优先”思想转变为在以生态为中心的环境下的“生物优先”和“地球优先”思想。[②]

实际上，我国新近环境保护相关法律的修订也凸显了对生态问题的高度关注。[③]修订后《环境保护法》第 1 条规定：“为保护和改善环境，防治污染和其他公害，保障公众健康，推进生态文明建设，促进经济社会可持续发展，制定本法。”与 1989 年《环境保护法》[④]相比，修订后《环境保护法》的立法目的凸显了“推进生态文明建设，促进经济社会可持续发展”的基本理念，彰显了生态保护的重要地位。特别是，从修订后《环境保护法》的相关规定来看，实际上用环境保护的概念概括对环境、自然资源和生态系统三者的保护，使环境保护的对象涵括环境、自然资源与生态系统。

需要指出的是，环境保护的上述内容相互依存、密切联系，要在资源保护和环境保护方面协调并进，最终促进生态环境的改善。从应然层面而言，改进将环境与资源割裂开来的做法，坚持环境保护与资源保护并重，势在必行。特别是，长期以来，我国对于自然资源作为环境要素的属性认识不够，自然资源保护偏重于资源的经济价值而非生态价值，自然资源开发利用侧重于对国家所有权属性的保护而忽视保护生态环境。考虑到环境保护与资源保护之间的内在联系，上述各自为政、协调不一的现象须加以改进。

二、环境问题与治理对策

（一）环境问题的显现

在环境科学研究中，一般将环境问题分为第一环境问题（或者原生环境问题）和第二环境问题（或者次生环境问题），前者是指由自然原因引起的自然灾害，后者是指由人为原因引起的环境污染或者生态破坏。作为环境法规制对象的主要是第二环境问题。

根据第二环境问题的具体表现形式，又可以分为两类：[⑤]第一类是环境污染问

① 汪劲：《环境法学》（第三版），北京大学出版社 2014 年版，第 4 页。生态系统，是指在一定时间和空间内，生物与其生存环境以及生物与生物之间相互作用，彼此通过物质循环、能量流动和信息交换，形成的不可分割的自然整体。参见《中国大百科全书·环境科学》，中国大百科全书出版社 2002 年版，第 328 页。

② 转引自汪劲：《环境法学》（第三版），北京大学出版社 2014 年版，第 25 页。

③ 当然，这并不意味着我国相关环境立法确立了“非人类中心主义”的环境观。如后文所述，人类应当同工业文明时代的“人类中心主义”决裂，但并不意味着要走向另一个极端，即“非人类中心主义”。

④ 1989 年《环境保护法》第 1 条规定：“为保护和改善生活环境与生态环境，防治污染和其他公害，保障人体健康，促进社会主义现代化建设的发展，制定本法。”

⑤ 汪劲：《环境法学》（第三版），北京大学出版社 2014 年版，第 6 页。

题，是指由于人类在工业生产、生活活动等过程中，将大量污染物质以及未能完全利用的能源排放到环境之中，致使环境质量发生明显不利变化的现象。闻名世界的“八大公害事件”即属于此类环境问题。① 第二类是生态破坏问题，是指由于人类不合理开发利用自然资源，以及从事大规模建设活动或其他对环境有影响的活动而给环境带来显著不利变化的现象。具体表现为水土流失、土地沙漠化、耕地锐减、森林蓄积量下降、矿藏资源遭受破坏、地面塌陷、水源枯竭、野生动物和渔业资源日益减少甚至一些品种灭绝等形式。环境污染问题和生态破坏问题相互关联，相互影响，但总体而言，如物种灭绝、矿产资源枯竭等生态破坏对人类的危害更大，影响更为长久，甚至不可逆转。

长期以来，我国依托资源环境、劳动力及后发优势，走的是压缩型、追赶型的快速工业化道路，各种环境问题在短期内集中暴发。近年来，我国环境治理力度前所未有，进程加速推进，环境质量有所改善。但总体而言，我国环境保护仍滞后于经济社

① “八大公害事件”是20世纪人类遭受的重大环境灾难，这些多由工业污染造成的悲剧给人类留下了惨痛的记忆与教训：(1)比利时马斯河谷事件。1930年12月，比利时马斯河谷工业区工厂排出的有害气体在河谷上空积累，三天后有人发病，症状表现为胸痛、咳嗽、呼吸困难等。一周内有60多人死亡，心脏病、肺病患者死亡率最高。这是记录最早的大气污染事件。(2)美国多诺拉事件。1948年10月，处于河谷的美国宾夕法尼亚州多诺拉镇一带持续有雾，使大气污染物在近地层积累。二氧化硫及其氧化作用的产物与大气中尘粒结合是致害因素，发病者5911人，占全镇人口43%。症状是眼痛、喉痛、流鼻涕、干咳、头痛、肢体酸乏、呕吐、腹泻，死亡17人。(3)美国洛杉矶光化学烟雾事件。洛杉矶是美国的工业城市，20世纪40年代全市250多万辆汽车向大气排放大量碳氢化合物、氮氧化物、一氧化碳。由于阳光强烈，汽车排放的尾气在日光作用下，形成以臭氧为主的黄色光化学烟雾。它刺激人的眼睛、灼伤喉咙和肺部、引起胸闷等，至20世纪50年代使数百人死亡，还使植物大面积受害，松林枯死，柑橘减产。这是最早出现的由汽车尾气造成的大气污染事件。(4)英国伦敦烟雾事件。1952年12月，英国伦敦一连几天沉浸在浓雾之中，而居民烧煤取暖和工厂烧煤用的烟囱喷吐着大量的黑烟，烟雾中的三氧化二铁使二氧化硫氧化产生硫酸泡沫，凝结在烟尘上形成酸雾。四天中死亡人数较常年同期约多4000人，之后的两个月又有近8000人死亡。这是20世纪最大的由燃煤引发的城市烟雾事件。(5)日本水俣病事件。1952～1955年日本水俣镇附近的一家工厂排放含有甲基汞的工业废水。甲基汞进入水体后使鱼和贝类富含甲基汞，人和猫食用了这些鱼和贝类就患上极为痛苦的汞中毒病，叫作水俣病，患病的是猫和人，症状是耳聋眼瞎，步态不稳、抽搐、手足变形、精神失常、身体弯弓，多发疯直至死亡。据调查，水俣湾和新县阿贺野川下游有汞中毒者283人，其中60人死亡。(6)日本四日市哮喘事件。1955年日本四日市建成第一座炼油厂，该市石油冶炼和工业燃油产生的废气，严重污染城市空气。重金属微粒与二氧化硫形成硫酸烟雾，造成哮喘病大流行，一些患者甚至不堪忍受病痛的折磨而自杀。截至1972年，日本全国患四日市哮喘病的患者多达6376人。(7)日本爱知米糠油事件。1968年日本爱知县米糠油工厂由于生产管理不善，生产米糠油时混入了多氯联苯。这种食用油被销售到日本各地，受害者达1.3万人，病人初期症状是皮疹、指甲发黑、皮肤色素沉着、眼睑浮肿，眼结膜充血，后期症状转为肝功能下降、全身肌肉疼痛等，重者会发生急性肝坏死、肝昏迷，甚至死亡。此外，用该种油制造的鸡饲料使几十万只鸡中毒死亡。(8)日本富山骨痛病事件。1931年，日本某地出现一种怪病，患者骨骼疼痛不堪；1952年有些地方河里的鱼奇怪地大量死亡，稻田也减产；从1955年起这种怪病大量地出现，直到1961年才查明原因，原来是日本富山平原神通川河附近工厂排放含镉废水，污染了神通川水体，两岸农民引水灌溉稻田，水稻直接受到镉污染。农民吃了这种稻米发生中毒，患上骨骼疼痛病，重者全身多处骨折，在痛苦中死亡。从1931～1968年，神通川平原地区被确诊患此病的人数为258人，其中死亡128人，至1977年12月又死亡79人。

会发展，多阶段多领域多类型问题长期累积叠加，环境承载能力已经达到或接近上限，环境污染重、生态受损大、环境风险高，生态环境恶化趋势尚未得到根本扭转，环境问题的复杂性、紧迫性和长期性没有改变。

（二）环境问题的对策

环境问题自古有之。环境本身是有一定的自净能力的，但是当废弃物的产生量越来越大，超过环境的自净能力，就会影响环境质量，造成环境污染。① 随着经济社会的发展，特别是“二战”后社会生产力的突飞猛进，许多国家普遍发生了严重的环境污染和生态破坏问题，资源短缺和耗竭的挑战愈发明显。正如1987年世界环境与发展委员会发表的《我们共同的未来》所提及的，“未来世界人口将继续倍增，经济活动将继续发展，全人类即将长期面临资源短缺、环境退化、人口增长和发展受阻的挑战，如何面对这个挑战，将决定我们这个星球的未来”。面对日益严重的环境问题，人类对环境问题的认识不断深化，应对手段不断多元化。20世纪70年代以来，随着环境科学的迅速发展，运用经济、行政、法律、科学等措施和方法促进环境保护的思想被有机统一在一起，并在80年代基本形成了整合型的环境保护理念，即“可持续发展”思想和战略。②《我们共同的未来》提出了可持续发展的概念，即“既满足当代人需求，又不对后代人满足其需求的能力构成危害的发展”。1992年6月联合国环境与发展大会通过了《里约环境与发展宣言》和《二十一世纪议程》，第一次把经济发展和环境保护结合起来，提出了可持续发展战略。这是对传统先污染后治理发展方式的彻底反思和根本变革。可持续发展的核心概念是公平和发展，强调发展要受到公平的制约。公平包括代内公平和代际公平：代内公平是同代人之间的横向公平，是可持续发展原则在空间维度的要求；代际公平，是指当代人和后代人在利用自然资源、满足自身利益、谋求生存与发展上权利均等，是可持续发展在时间维度的要求。③

在我国，随着环境问题的凸显，扭转环境恶化趋势、提高环境质量成为了人民群众的热切期盼，推进生态文明建设、促进经济社会可持续发展成为新时期的基本理念。保护环境是我国的基本国策，是可持续发展战略的重要内容。特别是，党的十八大以来，习近平总书记多次强调“绿水青山就是金山银山”，“像保护眼睛一样保护生态环境，像对待生命一样对待生态环境”，形成一系列的重要论述，为今后一个时期解决环境问题指明了方向。“十三五”规划纲将绿色发展作为五大发展理念之一，打破了简单把发展与保护对立起来的思维束缚。继最严格的耕地保护制度、最严格的水

---

① 钱易、唐孝炎主编：《环境保护与可持续发展》（第二版），高等教育出版社2010年版，第1页。

② 汪劲：《环境法学》（第三版），北京大学出版社2014年版，第13页。

③ 信春鹰主编：《〈中华人民共和国环境保护法〉学习读本》，中国民主法制出版社2014年版，第53～54页。

资源保护制度之后，实行最严格的环境保护制度已被提出并成为社会共识。这些应对环境问题的思想和方法，为我国环境法治的发展奠定了理论和实践的基础。

三、环境法与环境刑法

（一）环境法的兴起

在环境保护的多种措施和方法中，法律手段的重要性逐渐凸显。20世纪60年代以来至今，最活跃的立法活动当属环境立法：不仅各种环境保护单行法大量出现，还诞生了综合性环境保护基本法；不仅国内环境法律被大量制定，一系列环境保护国际条约也得以产生。作为环境保护的特殊手段，环境法的地位被承认，并作为新兴法律部门得以迅速发展。

改革开放以来，我国环境立法进展十分迅速，立法机关不断制定和完善环境保护法律体系，制定严格的法律制度保护生态环境。截至2016年上半年，全国人大常委会制定了环境保护基本法和有关水、大气、固体废物、噪音、放射性污染防治以及环境影响评价、循环经济、清洁生产等环境保护法律10部，森林、土地、矿产、草原等自然资源管理法律21部。此外，刑法以专节规定“破坏环境资源保护罪”，《侵权责任法》设有“环境污染责任”专章；《民法通则》《物权法》和其他有关法律也有许多关于环境保护的规定。① 特别是，修订后的《环境保护法》自2015年1月1日起正式施行，从法律层面再次宣示保护环境的基本国策。随着环境单行法律相继出台实施和适时修订完善，环境法律的系统性、针对性和有效性正在逐步增强。可以说，环境法这一新兴的法律体系在我国已经形成，基本覆盖各环境要素监管主要领域，②成为中国特色社会主义法律体系的重要组成部分。

（二）环境刑法的形成

环境法是综合法律部门。由于环境法渊源于传统法律部门且尚处于发展之中，环境法与相邻法律部门的关系非常密切。为实现立法目的，环境法需要“借用”其他部门法的规范。这一现象在环境刑法中尤为突出。近几十年来，各国都十分重视刑

---

① 此外，国务院制定了《建设项目环境保护管理条例》《排污费征收使用管理条例》《规划环境影响评价条例》《自然保护区条例》《放射性废物安全管理条例》等环境保护行政法规30余项；地方人大和政府制定了环境保护地方性法规和地方政府规章800余件；环境保护部及国务院其他有关部门制定环保规章数百件；国务院环境保护主管部门制定了环境质量、污染物排放等方面的环境标准1500余项，其中强制性环境标准100余项；全国人大常委会和国务院批准、签署了《生物多样性公约》《控制危险废物越境转移及其处置巴塞尔公约》《关于持久性有机污染物的斯德哥尔摩公约》《气候变化框架公约》等多边国际环境条约50余项。

② 我国建立了一批重要的环境法律制度，成为我国环境监管必不可少的重要手段，主要包括环境影响评价制度、“三同时”制度、排污许可证制度、总量控制制度、限期治理制度、强制淘汰制度、排污收费制度、环境信息公开制度、公众参与环境保护制度等。

法对环境的保护作用,加大适用刑法惩治相关犯罪的力度。例如,20世纪60年代以来,美国一改以往环境立法多以罚款等行政和民事手段制裁违法行为的做法,高度重视刑事手段在环境保护中的作用,在1976年《资源回收法》、1977年《清洁水法》等一系列环境法律中将更多环境污染行为纳入刑事处罚的范围。① 同样,20世纪70年代以来,日本开始重视刑法在惩治公害犯罪中的重要作用,先后制定和修改了多部与公害相关的法律,特别是制定了全世界第一部惩治公害犯罪的单行刑法——《关于危害人体健康的公害犯罪制裁法》,创立了因果关系的推定、自然人与法人"双罚制"等制度。②③

在我国,修订后《环境保护法》第69条规定:"违反本法规定,构成犯罪的,依法追究刑事责任。"这是环境基本法关于环境资源犯罪追究刑事责任的规定。但是,从1997年刑法开始,我国关于刑事责任的规定采用了统一的立法模式,即具体罪刑条文集中规定在刑法典之中。因此,关于环境资源犯罪刑事责任的规定,必须"借用"刑法的相关规定,由此在环境法与刑法的交叉之中形成了环境刑法。具体而言,刑法分则第六章"妨害社会管理秩序罪"设有第六节"破坏环境资源保护罪",这是我国刑法对违反环境保护法的犯罪行为的集中规定,既包括环境污染犯罪,又包括破坏自然资源的犯罪。除此之外,刑法分则其他章节也有关于环境资源犯罪的零散规定。

第二节 环境刑法与环境资源犯罪

一、环境刑法的沿革

(一)环境刑法的分散规定阶段(1979~1996年)

1979年7月1日第五届全国人民代表大会第二次会议通过了《中华人民共和国刑法》,自1980年1月1日起施行。概括而言,1979年刑法、单行刑法和附属刑法对环境资源犯罪作了分散规定:

---

① 转引自王树义、冯汝:《我国环境刑事司法的困境》,载《法学评论》2014年第3期。

② [日]藤木英雄:《公害犯罪》,丛选功等译,中国政法大学出版社1992年版,第158~159页。

③ 环境刑法的形成,客观上与环境资源犯罪的巨大危害直接关联。2016年6月4日,联合国环境规划署和国际刑警组织联合发布最新报告《环境犯罪的崛起》。报告指出,每年因非法捕捞、砍伐、采矿所流失的鱼类、木材、黄金以及其他自然资源,总价值比先前的估计高出26%,在910亿~2580亿美元左右,而2014年的这一数据是700亿~2130亿美元。过去10年,环境资源犯罪每年以至少5%~7%的速度增加。参见《联合国环境规划署发布最新报告 全球环境犯罪吞掉2580亿美元》,载《中国环境报》2016年6月9日,第4版。

1. 1979 年刑法关于环境资源犯罪的规定。1979 年刑法分则未设置环境资源犯罪专门章节,但对环境资源犯罪作了分散规定。例如,第二章“危害公共安全罪”关于以危险方法破坏河流、水源、森林,危害公共安全的规定(第 105 条),第三章“破坏社会主义经济秩序罪”关于盗伐、滥伐林木罪(第 128 条)、非法捕捞水产品罪(第 129 条)、非法狩猎罪(第 130 条),第八章“渎职罪”关于国家工作人员由于玩忽职守,致使公共财产、国家和人民利益遭受重大损失的规定(第 187 条)。

2. 单行刑法关于环境资源犯罪的规定。1979 年刑法施行期间,立法机关颁布了一批单行刑法,对 1979 年刑法的规定作出修改完善和补充规定。其中,有些单行刑法涉及环境资源犯罪,如 1988 年《关于惩治捕杀国家重点保护的珍贵、濒危野生动物犯罪的补充规定》增设了非法捕杀珍贵、濒危野生动物罪。

3. 附属刑法关于环境资源犯罪的规定。1979 年《环境保护法(试行)》第 32 条第 2 款规定:“对严重污染和破坏环境,引起人员伤亡或者造成农、林、牧、副、渔业重大损失的单位的领导人员、直接责任人员或者其他公民,要追究行政责任、经济责任,直至依法追究刑事责任。”1989 年《环境保护法》第 43 ~ 45 条也有类似规定。特别是,一些附属刑法条文明确提出“比照”刑法有关规定追究刑事责任。例如,1996 年《水污染防治法》第 57 条规定:“违反本法规定,造成重大水污染事故,导致公私财产重大损失或者人身伤亡的严重后果的,对有关责任人员可以比照刑法第一百一十五条或者第一百八十七条的规定,追究刑事责任。”1995 年《固体废物污染环境防治法》第 72 条规定:“违反本法规定,收集、贮存、处置危险废物,造成重大环境污染事故,导致公私财产重大损失或者人身伤亡的严重后果的,比照刑法第一百一十五条或者第一百八十七条的规定追究刑事责任。”“单位犯本条罪的,处以罚金,并对直接负责的主管人员和其他直接责任人员依照前款规定追究刑事责任。”

(二)环境刑法的集中规定阶段(1997 ~2000 年)

1997 年 3 月 14 日第八届全国人民代表大会第五次会议修订了《中华人民共和国刑法》,自 1997 年 10 月 1 日起施行。1997 年刑法系统梳理了 1979 年刑法施行以来的有关环境资源犯罪单行刑法和附属刑法的规定,在分则第六章“妨害社会管理秩序罪”设立“破坏环境资源保护罪”专节,对环境资源犯罪作了相对集中的规定,这是我国环境刑法的重大进展。1997 年刑法关于环境资源犯罪的规定具有如下特点:

1. 对环境资源犯罪作了相对集中的规定。1997 年刑法分则第六章第六节“破坏环境资源保护罪”,共涉及 9 个法条 15 个罪名,涵括环境污染和破坏自然资源两类犯罪。“破坏环境资源保护罪”所涉犯罪的规定,部分系吸收 1979 年刑法和单行刑法的规定,如盗伐、滥伐林木罪、非法捕捞水产品罪、非法狩猎罪等罪名;部分系根据吸收附属刑法的规定增设的犯罪,最为典型的当属重大环境污染事故罪和非法采矿罪。

需要说明的是,1997 年刑法关于环境资源犯罪的集中规定也是相对的。除“破坏环境资源保护罪”专节规定外,有些相关环境资源犯罪也被分散规定在其他章节,如环境监管失职罪等。

2. 增设单位犯罪的规定。针对实践中环境资源犯罪不少系单位实施的情形,1997 年刑法第 346 条规定:“单位犯本节第三百三十八条至第三百四十五条规定之罪的,对单位判处罚金,并对其直接负责的主管人员和其他直接责任人员,依照本节各该条的规定处罚。”据此,刑法实现对“破坏环境资源保护罪”一节所涉犯罪的单位主体的全覆盖,对于促使有关单位守法经营,避免在日常经营活动中实施破坏环境资源的犯罪行为具有重要意义。

3. 充分运用空白罪状的立法技术。通常意义而言,环境资源犯罪属于典型的行政犯,判断其构成犯罪的规范来源广泛,涉及面宽。因此,空白罪状的立法技术在环境资源犯罪中运用较多。可以说,1997 年刑法关于环境资源犯罪的绝大多数规定都采用了空白罪状的表述。例如,1997 年刑法第 338 条关于重大污染事故罪的具体罪状需要根据环境保护相关国家规定填充,1997 年刑法第 343 条关于非法采矿罪的具体罪状需要根据矿产资源相关法律法规填充。顺带提及的是,1997 年刑法关于环境资源犯罪的规定多数来源于 1997 年刑法之前的附属刑法,几乎所有的环境资源犯罪的空白罪状条文都可以在这些附属刑法中找到渊源。①

(三)环境刑法的修改完善阶段(2001 年至今)

1997 年刑法施行后,我国环境问题凸显,重大环境污染事故和资源破坏事件层出不穷。面对日益严峻的环境资源犯罪形势,刑法的修改完善凸显了对环境资源犯罪的高度关注。具体而言,立法机关通过多部修正案对环境资源犯罪的刑法规定作出修改完善:

1. 2001 年《刑法修正案(二)》将 1997 年刑法第 342 条修改为:“违反土地管理法规,非法占用耕地、林地等农用地,改变被占用土地用途,数量较大,造成耕地、林地等农用地大量毁坏的,处五年以下有期徒刑或者拘役,并处或者单处罚金。”此后,“非法占用耕地罪”罪名被取消,代之以“非法占用农用地罪”罪名。

2. 2002 年《刑法修正案(四)》将 1997 年刑法第 344 条修改为:“违反国家规定,非法采伐、毁坏珍贵树木或者国家重点保护的其他植物的,或者非法收购、运输、加工、出售珍贵树木或者国家重点保护的其他植物及其制品的,处三年以下有期徒刑、拘役或者管制,并处罚金;情节严重的,处三年以上七年以下有期徒刑,并处罚金。”将刑法第 345 条修改为:“盗伐森林或者其他林木,数量较大的,处三年以下有期徒刑、

① 储槐植:《附属刑法规范集解》,中国检察出版社 1992 年版。

拘役或者管制,并处或者单处罚金;数量巨大的,处三年以上七年以下有期徒刑,并处罚金;数量特别巨大的,处七年以上有期徒刑,并处罚金。”“违反森林法的规定,滥伐森林或者其他林木,数量较大的,处三年以下有期徒刑、拘役或者管制,并处或者单处罚金;数量巨大的,处三年以上七年以下有期徒刑,并处罚金。”“非法收购、运输明知是盗伐、滥伐的林木,情节严重的,处三年以下有期徒刑、拘役或者管制,并处或者单处罚金;情节特别严重的,处三年以上七年以下有期徒刑,并处罚金。”“盗伐、滥伐国家级自然保护区内的森林或者其他林木的,从重处罚。”此后,“非法采伐、毁坏珍贵树木罪”罪名被分解为“非法采伐、毁坏国家重点保护植物罪”和“非法收购、运输、加工、出售国家重点保护植物、国家重点保护植物制品罪”两个罪名;“非法收购盗伐、滥伐的林木罪”罪名被取消,代之以“非法收购、运输盗伐、滥伐的林木罪”罪名。

此外,与环境资源犯罪相关的是,《刑法修正案(四)》在第 152 条中增加一款作为第 2 款:“逃避海关监管将境外固体废物、液态废物和气态废物运输进境,情节严重的,处五年以下有期徒刑,并处或者单处罚金;情节特别严重的,处五年以上有期徒刑,并处罚金。”原第 2 款作为第 3 款,修改为:“单位犯前两款罪的,对单位判处罚金,并对其直接负责的主管人员和其他直接责任人员,依照前两款的规定处罚。”将刑法第 339 条第 3 款修改为:“以原料利用为名,进口不能用作原料的固体废物、液态废物和气态废物的,依照本法第一百五十二条第二款、第三款的规定定罪处罚。”自此,在 1997 年刑法规定的擅自进口固体废物罪的基础上,《刑法修正案(四)》增设走私废物罪。

3. 2011 年《刑法修正案(八)》将刑法第 338 条修改为:“违反国家规定,排放、倾倒或者处置有放射性的废物、含传染病病原体的废物、有毒物质或者其他有害物质,严重污染环境的,处三年以下有期徒刑或者拘役,并处或者单处罚金;后果特别严重的,处三年以上七年以下有期徒刑,并处罚金。”此后,“重大环境污染事故罪”罪名被取消,代之以“污染环境罪”罪名。将刑法第 343 条第 1 款修改为:“违反矿产资源法的规定,未取得采矿许可证擅自采矿,擅自进入国家规划矿区、对国民经济具有重要价值的矿区和他人矿区范围采矿,或者擅自开采国家规定实行保护性开采的特定矿种,情节严重的,处三年以下有期徒刑、拘役或者管制,并处或者单处罚金;情节特别严重的,处三年以上七年以下有期徒刑,并处罚金。”

除修改完善刑法规定外,立法机关还通过立法解释的方式对环境刑法相关规定的含义作出进一步明确。例如,全国人民代表大会常务委员会《关于〈中华人民共和国刑法〉第二百二十八条、第三百四十二条、第四百一十条的解释》对“违反土地管理法规”和“非法批准征用、占用土地”的含义作了解释,规定:“刑法第二百二十八条、第三百四十二条、第四百一十条规定的‘违反土地管理法规’,是指违反土地管理法、森林法、草原法等法律以及有关行政法规中关于土地管理的规定。”“刑法第四百一十条规定的‘非法批准征用、占用土地’，是指非法批准征用、占用耕地、林地等农用地以及其他土地。”全国人民代表大会常务委员会《关于〈中华人民共和国刑法〉第三百四十一条、第三百一十二条的解释》明确了非法收购国家重点保护的珍贵、濒危野生动物及其制品的含义和收购非法狩猎的野生动物如何适用刑法有关规定的问题，规定：“知道或者应当知道是国家重点保护的珍贵、濒危野生动物及其制品，为食用或者其他目的而非法购买的，属于刑法第三百四十一条第一款规定的非法收购国家重点保护的珍贵、濒危野生动物及其制品的行为。”“知道或者应当知道是刑法第三百四十一条第二款规定的非法狩猎的野生动物而购买的，属于刑法第三百一十二条第一款规定的明知是犯罪所得而收购的行为。”

二、环境资源犯罪的界定

（一）环境资源犯罪的定义

如前文所述，根据《环境保护法》的规定，“环境”一词可以涵括自然资源。故而，“环境犯罪”一词可以涵括环境污染和破坏自然资源两类犯罪，且在表述上更为精练。在理论研究中，不少著述采用了这一用语。但是，从司法实务的现状来看，“环境资源犯罪”的表述更为常用。① 而且，刑法分则第六章第六节的标题也表述为“破坏环境资源保护罪”。基于此，本书沿袭司法实务通例，采用“环境资源犯罪”的称谓，以概指办理环境资源犯罪案件可能适用的罪名，具体包括刑法规定的两类犯罪：

1. 刑法分则第六章第六节“破坏环境资源保护罪”集中规定的罪名。具体包括污染环境罪（第 338 条），非法处置进口的固体废物罪（第 339 条第 1 款），擅自进口固体废物罪（第 339 条第 2 款），非法捕捞水产品罪（第 340 条），非法猎捕、杀害珍贵、濒危野生动物罪（第 341 条第 1 款），非法收购、运输、出售珍贵、濒危野生动物、珍贵、濒危野生动物制品罪（第 341 条第 1 款），非法狩猎罪（第 341 条第 2 款），非法占用农用地罪（第 342 条），非法采矿罪（第 343 条第 1 款），破坏性采矿罪（第 343 条第 2 款），非法采伐、毁坏国家重点保护植物罪（第 344 条），非法收购、运输、加工、出售国家重点保护植物、国家重点保护植物制品罪（第 344 条），盗伐林木罪（第 345 条第 1 款），滥伐林木罪（第 345 条第 2 款），非法收购、运输盗伐、滥伐的林木罪（第 345 条第 3 款）15 个罪名。

2. 办理环境资源犯罪案件可能适用的其他罪名。从司法适用来看，主要包括刑法分则第二章规定的投放危险物质罪（第 114 条、第 115 条第 1 款）、危险物品肇事罪（第 136 条），第三章第二节规定的走私珍贵动物、珍贵动物制品罪（第 151 条第 2 款），走私国家禁止进出口的货物、物品罪（第 151 条第 3 款），走私废物罪（第 152 条

① 可以佐证这一观点的适例是，各地相继成立的环境审判机构绝大多数称之为“环境资源审判庭”。

第2款),第八节规定的非法转让、倒卖土地使用权罪(第228条),第九章规定的违法发放林木采伐许可证罪(第407条),环境监管失职罪(第408条),非法批准征收、征用、占用土地罪(第410条),非法低价出让国有土地使用权罪(第410条)等罪名。

(二)环境资源犯罪的分类

具体而言,环境资源犯罪的种类如下:

1. 环境污染犯罪,主要包括污染环境罪、非法处置进口的固体废物罪、擅自进口固体废物罪和环境监管失职罪,少数情形下也可能涉及投放危险物质罪、危险物品肇事罪、走私废物罪等其他罪名;

2. 破坏自然资源犯罪。该类案件是环境资源犯罪的主要构成部分①,且通常集中在自然资源较为丰富的区域②。具体而言,可分为破坏动物资源犯罪(主要包括走私珍贵动物、珍贵动物制品罪,非法捕捞水产品罪,非法猎捕、杀害珍贵、濒危野生动物罪,非法收购、运输、出售珍贵、濒危野生动物、珍贵、濒危野生动物制品罪,非法狩猎罪);破坏土地犯罪(主要包括非法占用农用地罪,非法批准征用、占用土地罪,非法低价出让国有土地使用权罪);破坏矿产资源犯罪(主要包括非法采矿罪、破坏性采矿罪);破坏森林资源犯罪[主要包括走私国家禁止进出口的货物、物品(珍稀植物及其制品)罪,非法采伐、毁坏国家重点保护植物罪,非法收购、运输、加工、出售国家重点保护植物、国家重点保护植物制品罪,盗伐林木罪,滥伐林木罪,非法收购、运输盗伐、滥伐的林木罪,违法发放林木采伐许可证罪]。

(三)本书研究的范围

环境资源犯罪的范围较广,罪名较多。本书第一章将围绕环境资源犯罪所有罪名,针对其中涉及的共性问题进行概述。但是,限于本书的篇幅和作者的研究能力,第二章至第四章将主要围绕环境污染犯罪的基本问题、矿产资源犯罪的共性问题和非法采砂犯罪的特殊问题三个专题进行阐释,即主要研究环境污染犯罪和破坏矿产资源犯罪。对于其他环境资源犯罪的有关问题,本书暂不涉及。当然,随着作者研究能力的提升和研究范围的拓展,本书未来的扩充可能会逐步涉及其他环境资源犯罪。

三、环境法益的提倡

环境资源犯罪侵犯的法益是近年来环境法和刑法学界讨论较为激烈的问题。

---

① 例如,北京法院近10年来(2006~2015年)审理涉及刑法分则第六章第六节的案件592件,破坏自然资源刑事案件占比91.1%。参见《关于北京市环境审判工作的调查报告》,载《北京审判》2016年第4期。

② 该类案件地域特点明显。例如,微山湖地区森林资源、野生动物资源丰富,非法狩猎、盗伐、滥伐林木刑事案件数量较多;新沂骆马湖等地砂资源丰富,非法采砂刑事案件较为多发。

"法益是指根据宪法的基本原则,由法所保护的客观上可能受到侵害或威胁人的生活利益,其中有刑法所保护的人的生活利益,这是刑法上的法益。"①简言之,刑法法益就是刑法所保护的人的生活利益。本书认为,随着环境刑法的不断健全发展,应当提倡"环境法益"的概念,主张刑法保护的法益包括环境法益在内。对此,有如下两个问题需要明晰:

(一)环境法益的特殊性

环境法益具有不同于传统法益的特征。传统而言,刑法大体上遵循的是"国家法益—社会法益—个人法益"的三元法益结构。② "传统刑法的保护理念是以人身权和财产权为保护核心,其法益是架构于'国家利益—个人利益—社会利益'三元利益结构之上,与此相适应形成的刑法保护制度必然视国家利益、个人利益、社会利益的保护为己任,其实质并未超越一定范围的群体利益和个人利益,没有着眼于全体人类共同利益的保护与整个生态系统的自身价值的追求。"③在环境刑法的早期阶段,就环境资源犯罪的立法规定和司法适用而言,该类犯罪侵犯的法益与其他犯罪并无差异。我国 1997 年刑法规定了重大环境污染事故罪,但显而易见,其所保护的仍然是传统的人身法益和财产法益。

随着环境问题的凸显,环境问题不是局部问题,而是全球性问题。良好环境是人类福祉的重要内容,地球是人类共同和唯一的家园,没有任何一个国家能够在环境污染和生态破坏中独善其身。全球环境问题时代超个体法益被逐渐认识到,环境法益的人类共同性初现端倪。1972 年在瑞典斯德哥尔摩召开的人类环境会议和 1992 年在巴西里约热内卢召开的环境与发展大会,明确保护环境必须成为全人类的一致行动。《人类环境宣言》庄严宣布:"保护和改善人类环境是关系到全世界各国人民的幸福和经济发展的重要问题,也是全世界各国人民的迫切希望和各国政府的责任。"我国环境立法已经体现了这一趋势。例如,修订后《环境保护法》第 1 条将"保障人体健康"修改为"保障公众健康"。"从'人体'到'公众',一词之差,反映出立法者不仅关心'个体'健康,而且关系作为群体的'公众'健康。"④

环境刑法的目的是规制人类活动所造成的环境污染和资源破坏,保护人类赖以生存的生态环境。因此,环境刑法重在保护全人类的长远生存和永续发展。与传统法益不同,环境法益未必能够还原成作为个体利益或者群体利益,因为它不仅仅在主

① 张明楷:《法益初论》,中国政法大学出版社 2003 年版,第 167 页。

② 简基松:《论生态法益在刑法法益中的独立地位》,载《中国刑事法杂志》2006 年第 5 期。

③ 黄锡生、张磊:《生态法益与我国传统刑法的现代化》,载《河北法学》2009 年第 11 期。

④ 信春鹰主编:《〈中华人民共和国环境保护法〉学习读本》,中国民主法制出版社 2014 年版,第 52 ~ 53 页。

体上是以人类为集合体,更为重要的是涉及环境正义与代际公平,不仅牵涉当代人的福祉,更关乎人类的未来。实际上,近年来我国刑法对环境资源犯罪作出重大修改完善,逐渐凸显了环境法益的独立地位。例如,就1997年刑法规定的重大环境污染事故罪而言,入罪要件为“造成重大环境污染事故,致使公私财产遭受重大损失或者人身伤亡的严重后果”,这意味着只有人身、财产等法益因污染环境行为受到侵害的,才能予以刑事处罚。这一立法模式没有体现环境的独立价值,不利于保护人类的整体利益与长远利益。《刑法修正案(八)》将重大环境污染事故罪调整为污染环境罪,将入罪要件修改为“严重污染环境”,对污染环境行为的入罪不再限于对人身法益和财产法益的侵害,体现了立法者对环境法益的重视。① 而且,这一修法理念的转变也贯穿于刑事司法实践。如后文所述,关于环境污染犯罪司法解释的修订正是充分考虑了环境法益的独立性,将“严重污染环境”这一要件的情形多样化,不再限于侵害人身法益和财产法益的情形,开始涉及特定区域污染环境、危险废物污染环境、排放特定污染物超标、隐蔽排污等情形,而后者并非以人身、财产等法益受到侵害为要件,侵害的对象是环境本身,恰恰体现了环境法益的独立性。

(二)环境法益与生态法益

当前,一些论者提倡非人类中心主义的环境伦理观,认为环境刑法所保护的法益包括其他非人类主体的利益。毋庸置疑,人类必须与工业文明时代的“人类中心主义”②决裂,创造契合21世纪人类生存和发展的生态文明。但是,这并不意味着人与其他生物的利益平等,而是要求人类必须以生物圈的利益作为自己的根本利益,对自然和生物圈的保护担负起责任。实际上,“可持续发展的核心是追求人类发展的代内公平和代际公平,其根本目标和归宿仍然是推动人类社会的永续发展”③。在现代社会,法律规范的调整对象是人与人之间的社会关系,其所保护的法益是人的利益。这是各国法律的普遍价值取向。如果主张生态法益,认为非人类的其他主体与人具有平等的利益保护,则难以解释现代法律允许人类对环境的适度污染和对自然资源的合理利用。当然,如果承认人的生态法益是生态法益的首要利益,则此种生态法益观与本书所主张的环境法益具有一致性。主张人类本体的环境法益观,并不意味着人

---

① 孙佑海:《从重大环境污染罪到严重污染环境罪——罪名之变?立法理念之变?》,载《中国环境报》2010年9月27日,第3版。

② “人类中心主义”是工业文明时代占据主流地位的世界观点和思想行为模式。按照“人类中心主义”,人与自然的关系不是伙伴和合作的关系,而只是对立和冲突的关系。人类倚仗发达的科学技术和日益强大的社会生产力,在利用环境和资源方面取得了重大进展,但是由于此种活动是以对自然界的无情榨取为代价的,其后果是一系列严重的环境问题。参见钱易、唐孝炎主编:《环境保护与可持续发展》(第二版),高等教育出版社2010年版,第372~373页。

③ 左玉辉主编:《环境学》(第二版),高等教育出版社2010年版,第539页。

类在生态环境领域可以为所欲为，因为这必将会危害整个人类的环境利益，是应当禁止的行为。实际上，环境刑法禁止人类对环境的过度污染和对自然资源的过度使用，表面上是为了保护非人类的生态主体的利益，但归根结底是为了保护人类赖以生存的生态环境，维护人类自身的利益。[①]

第三节　环境刑法立法与司法适用

一、环境刑法的功能

（一）刑法的环境保障法功能

司法担负着保障法律实施的重要职责，在推进环境治理体系现代化进程中发挥着不可替代的作用。截至 2016 年 6 月，包括最高人民法院在内我国四级法院已设立环境资源审判庭、合议庭或者巡回法庭共计 558 个，其中审判庭 191 个，有 15 个高级人民法院设立专门环境资源审判庭，贵州、福建、海南、江苏、重庆等地建立三级环境资源审判组织体系。[②] 随着环境资源审判专门机构的建设不断推进，严格公正的司法为环境法律制度的贯彻实施提供了重要保障，环境司法保护的力度不断增强。

刑法是最后的保障法，对于保障环境法律的实施具有重要作用。2014 年 1 月至 2016 年 6 月，全国法院共审结涉及污染大气、水、土壤等环境污染犯罪和破坏土地、矿产、森林、草原以及野生动植物等自然资源犯罪的一审刑事案件 37216 件，生效判决 47087 人。[③] 可以说，刑事保护在环境治理中具有重要作用，通过依法加大对环境污染、破坏资源等犯罪行为的惩治力度，让破坏环境者付出代价，以切实保障环境公共利益和人民群众的环境利益，确保史上最严的环境保护法和其他环保法律得以严格贯彻执行，真正“长牙”，而且长出“钢牙”。

---

① 我国台湾地区学者进一步指出：“环境刑法所保护之利益，并不只是生命法益、身体法益或财产法益，而且必须包括所谓之‘环境法益’（Umweltrechtsgueter），由于生态环境之破坏，将足以导致生命、健康或财物之危险或实害，故意刑法保护环境法益，亦属间接地保护个人之生命、身体或财产法益。”参见郑昆山：《环境刑法之基础》，五南图书出版公司 1998 年版，第 156 页。

② 《最高人民法院发布〈中国环境资源审判（白皮书）〉》，载《人民法院报》2016 年 7 月 28 日，第 1 版、第 2 版。

③ 《最高人民法院发布〈中国环境资源审判（白皮书）〉》，载《人民法院报》2016 年 7 月 28 日，第 1 版、第 2 版。

（二）刑法的环境风险防范功能

相较于传统刑法，环境刑法的核心功能应当是环境风险防范。正如我国台湾地区有学者所论及的，“对于人之生命、身体所生之灾害，则可以适用传统之业务过失致死（伤）罪，但在此之前，应如何予以防止，才是环境问题的中心课题”。①

当前和今后一段时期是我国环境高风险期，有的是环境自身的问题，有的是衍生出来的问题，区域性、布局性、结构性环境风险更加突出，环境事故呈高发频发态势。特别是，我国化工产业布局不合理，总体呈现近水靠城的分布特征。据统计，12%的危险化学品企业距离饮用水水源保护区、重要生态功能区等环境敏感区域不足1公里，10%的企业距离人口集中居住区不足1公里，保障饮用水安全压力巨大。② 可以说，化工产业分布在江河湖海沿岸的环境敏感区，使得水污染事故的发生存在突出隐患，面临较大的环境风险。③

环境风险一旦转变为现实，将会造成重大危害后果。近年来，松花江水污染④、甘肃陇星锑污染⑤等事件均彰显了环境风险与现实危害只是一步之遥。而环境法的主旨就在于风险防控，这需要包括环境刑法在内的所有环境法律通力协作，发挥合力。由于刑罚的严厉性，刑法无疑是所有法律部门中最能发挥威慑和教育功能的部门法。一方面，依法严惩污染环境和破坏资源的犯罪行为，有效威慑潜在的行为人，教育广大群众自觉保护生态环境，引领社会各界的行为选择，有效防范环境风险；另一方面，依法严肃追究国家机关工作人员在环境监管活动中滥用职权、玩忽职守等犯罪行为，督促环境监管人员积极履行监管职责，认真查处危害环境的行为，及时堵塞环境风险转化为现实危害的漏洞。总之，切实关注和有效发挥刑法的环境风险防范功能，是当前和今后一段时期的重要任务。

---

① 郑昆山：《环境刑法之基础》，五南图书出版公司1998年版，第153页。

② 陈吉宁：《以改善环境质量为核心全力打好补齐环保短板攻坚战——在2016年全国环境保护工作会议上的讲话》，载《中国环境报》2016年1月14日，第1～3版。

③ 例如，随着大量化工园区沿长江集中布局，长江干线危险化学品运输量以年均近10%的幅度快速增长，对危险化学品生产、仓储、装卸、运输、污染物处置等各环节的安全管理带来了严峻挑战。同时，长江也是沿江地区重要的水源地，沿线共有生活和工业取水口400余处，涉及人口约1.4亿人。一旦发生危险化学品泄漏等安全事故，将直接威胁沿江居民饮用水安全，影响生态环境和沿江经济发展。参见国务院办公厅《关于印发推进长江危险化学品运输安全保障体系建设工作方案的通知》（国办函〔2014〕54号）。

④ 2005年11月13日，吉林石化公司双苯厂一车间发生爆炸。截至当月14日，共造成5人死亡、1人失踪，近70人受伤。爆炸发生后，约100吨苯类物质（苯、硝基苯等）流入松花江，导致松花江江面上产生一条长达80公里的污染带，造成了江水严重污染，沿岸数百万居民的生活受到影响。

⑤ 2015年11月23日21时左右，甘肃陇星锑业有限责任公司选矿厂尾矿库溢流井破裂，导致大量尾矿浆泄漏，造成甘肃境内太石河约23公里河段、甘肃和陕西境内西汉水约125公里河段、陕西和四川境内嘉陵江约196公里河段的水体锑浓度超标。事件发生后，甘肃、陕西、四川3省迅速启动重大突发环境事件应急响应。

(三)刑法的环境法益保护功能

保护环境法益是环境刑法的应有之义。对此,应当从两个方面理解和把握:一方面,环境刑法保护可以还原成个体法益的人身法益和财产法益;另一方面,环境刑法保护无法还原成个体法益的环境法益,特别是对尚未直接侵害人身、财产等法益,但侵害环境法益的行为进行惩治。这在污染环境罪中尤为明显。污染环境罪不仅规制"造成重大环境污染事故,致使公私财产遭受重大损失或者人身伤亡的严重后果的"情形,而且规制虽未发生实害后果,但侵害环境法益的严重污染环境行为。总之,惩治环境资源犯罪,保护环境法益,在这方面刑法可以发挥重要作用。

二、环境刑法立法与司法的衔接

(一)环境刑法的立法规定与司法适用

环境刑法的司法适用,就是环境刑法的立法规定应用于具体案件裁判的过程。具体而言,环境刑法的立法规定与司法适用的转化体现在以下几个方面:(1)明确环境资源犯罪的定罪量刑标准。基于立法的简约性和稳定性要求,环境刑法的立法规定相对抽象。例如,污染环境罪的入罪要件为"严重污染环境",对于这一要件的适用,则需要在个案适用中加以阐释,或者通过司法解释作出明确规定。(2)统一环境资源犯罪的有关法律适用问题。刑法立法无法顾及具体案件的方方面面,故在具体案件裁判中必然会出现分歧,亟须作出统一。例如,由于刑法关于非法采矿罪的条文未对"矿产资源"作出明确具体的界定,对于非法采砂行为究竟应当适用非法采矿罪还是盗窃罪,长期存在争议。对此,除了个案裁判的把握,更需要司法解释对此类法律适用问题作出统一规定,以确保类似案件裁判的相对统一。(3)彰显环境资源犯罪的立法精神。刑法的适用不仅是字面涵义或者规范涵义的适用,而且蕴含着对立法精神的贯彻体现。例如,《刑法修正案(八)》将重大环境污染事故罪修改为污染环境罪,背后蕴含的是从严惩治环境污染犯罪的修法旨趣。因此,司法适用应当将这一精神贯穿于具体案件的裁判,体现修法的价值取向。

(二)环境刑法的立法疏漏与司法补强

刑法立法相对滞后于犯罪形势,是尚难完全杜绝的社会现象。甚至在极个别情况下,还可能出现刑法规定的疏漏,对此需要司法加以补强。环境刑法亦是如此。例如,1997 年刑法第 343 条将非法采矿罪的定罪量刑标准规定为"造成矿产资源破坏""造成矿产资源严重破坏"。严格来说,造成矿产资源破坏是指按照科学合理的开采方法应该采出但因矿床破坏已难以采出的矿产资源的情形。然而,受制于技术水平,司法实践中难以对严格意义上造成矿产资源破坏的价值作出认定。因此,司法适用中,实际上通常直接以采出的矿产品价值作为认定"造成矿产资源破坏的价值"。这就是对立法疏漏的司法补强。当然,《刑法修正案(八)》最终将这一定罪量刑标准修改为"情节严重""情节特别严重",从而彻底解决了这一问题。

三、环境刑事司法的政策考量与功能发挥

(一)环境问题的形势

近年来,我国环境问题凸显,重大环境污染事故和资源破坏事件层出不穷,环境安全形势日益严峻。生态环境已成为全面建成小康社会的突出短板。其具体表现为:①

1. 环境污染。在大气环境质量方面,相比前几年,全国城市空气质量总体呈改善趋势,但主要污染物仍排放量过大,污染程度高。2015 年,全国 338 个地级以上城市中,近八成的城市空气质量超标,45 个城市细颗粒物年均浓度超标 1 倍以上。大气质量在很大程度上还依赖于气象条件的变化。

在水环境质量方面,我国大江大河干流水质总体良好,地级及以上城市集中式饮用水水源地水质基本达标。但是,重点流域的支流污染严重,丧失水体使用功能的劣 V 类水质断面比例较高;不少流经城镇的河流沟渠黑臭问题突出;湖泊富营养化问题突出,改善起来很困难;农村水污染防治设施建设滞后,农村环境问题越来越突出。

在土壤环境质量方面,2005 ~ 2013 年近 10 年时间开展的首次全国土壤污染状况调查结果显示,我国土壤污染总体状况不容乐观。尤其是长三角、珠三角、东北老工业基地等部分区域土壤污染问题较为突出,西南、中南地区土壤重金属超标范围较大。不少大中城市正面临着重污染行业的大批企业关闭和搬迁问题,给城市遗留下大量废弃的污染场地。

2. 生态破坏。我国生态安全形势依然严峻。根据全国生态环境 10 年变化(2000 ~ 2010 年)调查评估结果,我国生态环境仍然脆弱,生态系统质量和服务功能低,即量上有积极变化,但是质亟待提高。城镇、农田生态系统格局变化剧烈,森林、湿地生态系统人工化趋势明显。农业生产与开发导致的水土流失、土地沙化等问题依然严重,城镇化、工业化与资源开发导致的流域生态破坏、自然海岸线丧失、野生动植物自然栖息地减少等问题加剧。世界自然基金会等机构发布的《中国生态足迹报告 2012》显示,我国生态足迹增加的速度远高于生物承载力的增长速度,是生物承载力的 2 倍以上。

---

① 陈吉宁:《以改善环境质量为核心 补齐生态环境突出短板——在"展望十三五"系列报告会上的报告(摘登)》,载《中国环境报》2016 年 4 月 21 日,第 1 ~ 3 版;《以最严格的制度更高的管理水平推动约束性指标全面完成 力促生态环境质量总体改善》,载《中国环境报》2016 年 4 月 21 日,第 1 版。

(二)环境刑事司法的政策考量

环境问题的严峻形势和环境资源犯罪的态势,要求我们必须准确把握而不能片面理解刑法的谦抑原则。实际上,刑法的谦抑并不意味着刑法的惰性,应对当前和今后一段时期的环境问题,须充分发挥刑法的功能和作用。刑法在环境治理中应当处于什么样的地位,并非简单的谦抑性的问题,而是惩治环境资源犯罪应当如何进行政策考量的问题。① 适应当前环境资源犯罪的态势,采取妥当的刑事政策,以有效防范和控制环境资源犯罪,是必然选择。当前,在构建社会主义和谐社会新形势下,党中央提出了宽严相济的基本刑事政策,以最大限度地预防和减少犯罪、化解社会矛盾、维护社会和谐稳定。当前和今后一段时期,对环境资源犯罪的司法适用应当坚持宽严相济刑事政策。

最高司法机关的有关文件明确将环境资源犯罪列入宽严相济刑事政策适用中"严"的对象。例如,最高人民法院《关于贯彻宽严相济刑事政策的若干意见》(法发〔2010〕9 号)提出:"当前和今后一段时期,对于……重大环境污染、非法采矿、盗伐林木等各种严重破坏环境资源的犯罪等,要依法从严惩处,维护国家的经济秩序,保护广大人民群众的生命健康安全。"最高人民法院《关于充分发挥审判职能作用为推进生态文明建设与绿色发展提供司法服务和保障的意见》(法发〔2016〕12 号)提出:"发挥环境资源刑事审判惩治和教育功能。坚持罪刑法定原则,注重惩治和预防相结合,全面贯彻宽严相济的刑事政策。依法从严惩处破坏环境资源造成严重后果以及主观恶性大的犯罪行为,有效威慑潜在的污染行为人,教育广大人民群众自觉保护生态环境,防范和减少环境污染、生态破坏犯罪的发生。依法追究国家机关工作人员在环境保护监管活动中玩忽职守、滥用职权等犯罪行为,督促环境监管人员积极履行监管职责。"最高人民检察院《关于在检察工作中贯彻宽严相济刑事司法政策的若干意见》(高检发研字〔2007〕2 号)提出:"依法严厉打击严重危害社会治安的犯罪和严重破坏市场经济秩序等犯罪。'严打'是宽严相济刑事司法政策的重要内容和有机组

---

① 实现刑法对环境资源犯罪的有效规制,促进刑法在环境治理中的作用积极发挥,与刑法的谦抑性要求并不矛盾。刑法的谦抑不等于刑法在现代社会治理中的无为。相反,刑法是现代社会治理的重要方式,治理环境问题刑法责无旁贷。特别是在环境问题形势严峻的情况下,通过刑法积极适用防止持续恶化,为系统治理奠定基础,是各国的通例(以日本为例,20 世纪 70 年代持续加大了对公害犯罪的惩治力度,公害案犯的逮捕数由 1971 年的 482 人上升至 1979 年的 5855 人。而且,1979 年,日本警察机关也针对公害犯罪开展专项行动,如"为保护濑户内海的蔚蓝色而战""清流作战""为广泛消除工业废弃物而战",并将 7 月作为打击公害犯罪月。参见[日]藤木英雄:《公害犯罪》,丛选功等译,中国政法大学出版社 1992 年版,第 149 页)。当然,环境刑法的积极作为不意味着刑法的万能,刑法在环境治理中虽然作用明显,但只能治标,尚难治本。环境问题的解决,根子上要靠切实转变发展方式,要靠环境经济政策,要靠环境领域深化改革。特别是,运用刑法治理环境问题切不可"一打了之""一味从重",要注意疏堵结合,既要靠刑法惩治实现"堵",更要靠经济、行政等手段实现"疏"。

成部分，是贯彻宽严相济刑事司法政策的重要体现，必须坚定不移地坚持……依法打击重大环境污染等破坏环境资源犯罪。该批捕的要坚决批捕，该起诉的要坚决起诉，及时、准确、有力地予以打击。”据此，对于环境资源犯罪，当前的整体刑事政策应当是从严惩治。然而，这并非意味着对环境资源犯罪均不考虑具体情况一律从重，仍然应当区分情况，突出惩治重点，以求实现有力惩治环境资源犯罪的目的。

（三）环境刑事司法的主要着力点

环境是人类生存之基。刑法是环境治理的重要方式，运用刑法规定惩治和防范环境资源犯罪，加大对环境的刑事司法保护力度，是维护生态环境的重要环节。本书认为，基于当前环境资源犯罪的态势，根据宽严相济基本刑事政策的要求和刑法的规定，当前环境刑事司法应当注意以下主要着力点：

1. 从严惩治环境资源犯罪。如前文所述，对于环境资源犯罪刑事政策的基本取向应当是从严惩治，这是当前通过刑法方式治理环境问题的必然要求。降低环境资源犯罪的入罪和法定刑升档门槛，从严惩治环境资源犯罪，是环境资源犯罪司法适用的典型特征。对此，环境污染犯罪和矿产资源犯罪相关司法解释都得以充分体现。就前者而言，2013 年发布的司法解释和 2016 发布的司法解释均降低了污染环境罪的入罪门槛；就后者而言，2016 年发布的司法解释则未因经济社会发展水平提高而大幅提升定罪量刑标准。

2. 突出环境法益的独立地位。如前文所述，与传统法益不同，环境法益具有相对独立性。在我国环境刑事司法的新时期，应当突出对环境法益的关注，将刑事规制对象从侵害人身、财产等法益的情形向侵害人类环境利益的情形加以拓展。唯有如此，环境刑事司法才能从被动惩治环境资源犯罪向积极惩治与有效防范环境资源犯罪并重迈进。

3. 拓展环境资源犯罪的规制领域。随着人类对环境法益的重视，环境所涉领域不断拓展，环境刑法的规制范围也日益扩张。因此，在刑法相对稳定的前提下，如何通过司法的适度能动适用，尽可能拓展环境资源犯罪的规制领域，是一项重要的任务。例如，实践中非法采砂等行为对环境的危害日益严重，将砂资源解释到矿产资源之中，适用非法采矿罪对非法采砂行为进行规制，成为当下的选择。这就拓展了非法采矿罪的规制领域，将范围扩充到水资源，加大了对水资源的刑事司法保护力度。

4. 体现适当从宽的政策要求。刑罚不是目的，只是手段。就环境资源犯罪领域而言，在宽严相济刑事政策之下，采取何种具体对策，均是为了有效保护生态环境。考虑到司法实践中的复杂情况，宜对实施相关环境资源犯罪情节轻微的情形予以从宽处理，以促使行为人在实施环境资源犯罪后及时采取措施，或者积极赔偿损失，充分发挥刑法的威慑和教育功能。这一做法的实质目的就在于更为有效地保护生态环境。

第二章　环境污染犯罪的基本问题

第一节　环境污染犯罪的法律适用与司法解释

一、环境污染犯罪态势与解释制定

（一）环境污染犯罪的立法规定

1979 年《环境保护法（试行）》第 32 条第 2 款规定："对严重污染和破坏环境，引起人员伤亡或者造成农、林、牧、副、渔业重大损失的单位的领导人员、直接责任人员或者其他公民，要追究行政责任、经济责任，直至依法追究刑事责任。"然而，1979 年刑法并未对环境污染行为的刑事责任追究问题作出明确。但是，此后颁布的附属刑法对环境污染犯罪作出规定。1997 年刑法吸收附属刑法的规定，增设重大环境污染事故罪（第 338 条）、非法处置进口的固体废物罪、擅自进口固体废物罪（第 339 条）、环境监管失职罪（第 408 条）。具体而言：

1. 关于重大环境污染事故罪。1984 年《水污染防治法》第 43 条、1996 年《水污染防治法》第 57 条均规定："违反本法规定，造成重大水污染事故，导致公私财产重大损失或者人身伤亡的严重后果的，对有关责任人员可以比照刑法第一百一十五条或者第一百八十七条的规定，追究刑事责任。"1989 年《环境保护法》第 43 条规定："违反本法规定，造成重大环境污染事故，导致公私财产重大损失或者人身伤亡的严重后果的，对直接责任人员依法追究刑事责任。"1995 年《固体废物污染环境防治法》第 72 条规定："违反本法规定，收集、贮存、处置危险废物，造成重大环境污染事故，导致公私财产重大损失或者人身伤亡的严重后果的，比照刑法第一百一十五条或者第一百八十七条的规定追究刑事责任。""单位犯本条罪的，处以罚金，并对直接负责的主管人员和其他直接责任人员依照前款规定追究刑事责任。"1997 年修改刑法时，吸收上述规定，增设重大环境污染事故罪。起草过程中，最初拟规定"土地污染""水体污染""大气污染"三种犯罪，后考虑到以污染对象的性质区分规定的立法模式过于烦琐,故采用了统一规定,形成了刑法第338条的表述①,即"违反国家规定,向土地、水体、大气排放、倾倒或者处置有放射性的废物、含传染病病原体的废物、有毒物质或者其他危险废物,造成重大环境污染事故,致使公私财产遭受重大损失或者人身伤亡的严重后果的,处三年以下有期徒刑或者拘役,并处或者单处罚金;后果特别严重的,处三年以上七年以下有期徒刑,并处罚金。"

2. 关于非法处置进口的固体废物罪、擅自进口固体废物罪。1995年《固体废物污染环境防治法》第66条规定:"违反本法规定,将中国境外的固体废物进境倾倒、堆放、处置,或者未经国务院有关主管部门许可擅自进口固体废物用作原料的,由海关责令退运该固体废物,可以并处十万元以上一百万元以下的罚款。逃避海关监管,构成走私罪的,依法追究刑事责任。""以原料利用为名,进口不能用作原料的固体废物的,依照前款规定处罚。"1997年修改刑法时,吸收上述规定,并作适当调整,最终形成刑法第339条的表述②,即"违反国家规定,将境外的固体废物进境倾倒、堆放、处置的,处五年以下有期徒刑或者拘役,并处罚金;造成重大环境污染事故,致使公私财产遭受重大损失或者严重危害人体健康的,处五年以上十年以下有期徒刑,并处罚金;后果特别严重的,处十年以上有期徒刑,并处罚金。""未经国务院有关主管部门许可,擅自进口固体废物用作原料,造成重大环境污染事故,致使公私财产遭受重大损失或者严重危害人体健康的,处五年以下有期徒刑或者拘役,并处罚金;后果特别严重的,处五年以上十年以下有期徒刑,并处罚金。""以原料利用为名,进口不能用作原料的固体废物的,依照本法第一百五十五条的规定定罪处罚。"

3. 关于环境监管失职罪。1989年《环境保护法》第45条规定:"环境保护监督管理人员滥用职权、玩忽职守、徇私舞弊的,由其所在单位或者上级主管机关给予行政处分;构成犯罪的,依法追究刑事责任。"对于此种行为,当时可以依据玩忽职守罪追究刑事责任。1997年修改刑法时,对负有环境保护监督管理职责的国家机关工作人员监管失职的行为作了规定,从而形成刑法第408条③,即"负有环境保护监督管理职责的国家机关工作人员严重不负责任,导致发生重大环境污染事故,致使公私财产遭受重大损失或者造成人身伤亡的严重后果的,处三年以下有期徒刑或者拘役。"

(二)环境污染犯罪的司法适用

1997年刑法施行后,环境污染刑事案件逐渐显现。首例适用重大环境污染事故

① 高铭暄:《中华人民共和国刑法的孕育诞生和发展完善》,北京大学出版社2012年版,第561~562页。

② 高铭暄:《中华人民共和国刑法的孕育诞生和发展完善》,北京大学出版社2012年版,第563页。

③ 全国人大常委会法工委刑法室编:《中华人民共和国刑法·条文说明、立法理由及相关规定》,北京大学出版社2009年版,第408页。

罪被追究刑事责任的案件为山西运城杨某某重大环境污染事故案。杨某某开办运城市天马文化用纸厂(年实际生产能力为2000吨),一直将含有挥发酚等物质的废水未经处理排到附近一个壕坑内。后因坑内废水超量存放决口,流入一条自然沟内,这条自然沟与引黄干渠仅有一个闸门分隔。1997年10月14日,杨某某安排工人修理闸门时,提起闸门,使造纸废水进入引黄干渠,废水随后通过引黄干渠流入樊村水库,致使41万立方米饮用水体污染,北城供水公司中断供水3天,造成直接经济损失42.9095万元。1998年9月17日,山西省运城市人民法院判决:被告人杨某某犯重大环境污染事故罪,判处有期徒刑2年,并处罚金人民币5万元。1998年12月7日,运城市中级人民法院二审裁定驳回上诉,维持原判。①

应当说,这一时期环境污染犯罪进入司法适用的初始阶段,取得了一定成效。但是,与重大环境污染事故频发的严峻形势相比,受到刑事追究的案件偏少,反差明显。② 据统计,1998～2006年,全国每年审理的重大环境污染刑事案件均未超过10件,在个位数徘徊;非法处置进口的固体废物、擅自进口固体废物刑事案件为零;环境监管失职刑事案件数与重大环境污染事故刑事案件数基本持平。总之,环境污染犯罪刑法规定的真正落地实施,尚须采取切实有效的措施。

(三)环境污染犯罪的解释制定

自然环境呈现持续恶化的趋势,重大环境污染事故不断发生,引起各方高度重视。从司法保护的角度,最高人民法院启动了环境污染犯罪司法解释的起草工作,以准确适用法律,遏制环境污染犯罪多发势头。2005年12月22日,最高人民法院就起草司法解释事宜向全国人大环境与资源委员会作了专题汇报。2006年4月10日,最高人民法院就有关事宜向全国人大常委会作了书面报告。③ 2006年6月26日,最高人民法院审判委员会第1391次会议审议通过《关于审理环境污染刑事案件具体应用法律若干问题的解释》(法释〔2006〕4号,以下简称《2006年解释》),自2006年7月28日起施行。

《2006年解释》对重大环境污染事故罪、非法处置进口的固体废物罪、擅自进口固体废物罪、环境监管失职罪的定罪量刑标准和有关法律适用问题作了明确具体规

---

① 国家环境保护总局《关于山西省运城市天马文化用纸厂环境犯罪案有关情况的通报》(环发〔1998〕350号),载 http://www.110.com/fagui/law_94178.html,最后访问日期:2016年6月11日。

② 例如,1997年全国发生各类环境污染事故1992起,其中重大事故77起,特大事故36起。而受到刑事追究的案件实属个别。参见国家环境保护总局《关于山西省运城市天马文化用纸厂环境犯罪案有关情况的通报》(环发〔1998〕350号),载 http://www.110.com/fagui/law_94178.html,最后访问日期:2016年6月11日。

③ 祝二军:《〈关于审理环境污染刑事案件具体应用法律若干问题的解释〉的理解与适用》,载《人民司法》2006年第10期。

定,具有较强的针对性和操作性,为环境污染犯罪刑法规定的真正落地奠定了重要基础。

二、环境污染犯罪适用困境与解释修订

(一)环境污染犯罪的形势变化

实践证明,《2006 年解释》对于统一法律适用,依法惩治环境污染犯罪发挥了重要作用。从数量上看,2007 ~ 2012 年,全国每年审理的重大环境污染刑事案件均超过 10 件(如 2011 年为 24 件,2012 年为 32 件),达到两位数;环境监管失职刑事案件数与重大环境污染事故刑事案件数基本持平。①

而且,一些重大环境污染事故案进入刑事追究程序,相关单位和责任人受到应有制裁。例如,紫金矿业集团股份有限公司紫金山金铜矿重大环境污染事故案,法院以重大环境污染事故罪判处被告单位紫金矿业集团股份有限公司紫金山金铜矿罚金人民币 3000 万元;被告人林某某有期徒刑 3 年,并处罚金人民币 30 万元;被告人王某有期徒刑 3 年,并处罚金人民币 30 万元;被告人刘某某有期徒刑 3 年零 6 个月,并处罚金人民币 30 万元;对被告人陈某某、黄某某宣告缓刑。②

(二)环境污染犯罪的立法修改

1997 年刑法施行后,为适应惩治环境污染犯罪的现实需要,根据全国人大代表、有关部门和社会公众的建议、意见,借鉴境外环境污染犯罪惩治的立法经验,立法机

① 这一期间全国仍未审理过非法处置进口的固体废物、擅自进口固体废物刑事案件。

② 自 2006 年 10 月以来,被告单位紫金山金铜矿所属的铜矿湿法厂清污分流涵洞存在严重的渗漏问题,虽采取了有关措施,但随着生产规模的扩大,该涵洞渗漏问题日益严重。2008 年 3 月,紫金山金铜矿违反规定擅自将 6 号观测井与排洪涵洞打通。在 2009 年 9 月福建省环保厅明确指出问题并要求彻底整改后,仍然没有引起足够重视,整改措施不到位、不彻底,隐患仍然存在。2010 年 6 月中下旬,上杭县降水量达 349.7 毫米。2010 年 7 月 3 日,紫金山金铜矿所属铜矿湿法厂污水池 HDPE 防渗膜破裂造成含铜酸性废水渗漏并流入 6 号观测井,再经 6 号观测井通过人为擅自打通的与排洪涵洞相连的通道进入排洪涵洞,并溢出涵洞内挡水墙后流入汀江,泄漏含铜酸性废水 9176m^3,造成下游水体污染和养殖鱼类大量死亡的重大环境污染事故,上杭县城区部分自来水厂停止供水 1 天。2010 年 7 月 16 日,用于抢险的 3 号应急中转污水池又发生泄漏,泄漏含铜酸性废水 500m^3,再次对汀江水质造成污染。致使汀江河局部水域受到铜、锌、铁、镉、铅、砷等的污染,造成养殖鱼类死亡达 370.1 万斤,经鉴定鱼类损失价值人民币 2220.6 万元;同时,为了网箱养殖鱼类的安全,当地政府部门采取破网措施,放生鱼类 3084.44 万斤。福建省龙岩市新罗区人民法院一审判决、龙岩市中级人民法院二审裁定认为:被告单位紫金山金铜矿违反国家规定,未采取有效措施解决存在的环保隐患,继而发生了危险废物泄漏至汀江,致使汀江河水域水质受到污染,后果特别严重。被告人陈某某(2006 年 9 月至 2009 年 12 月任紫金山金铜矿矿长)、黄某某(紫金山金铜矿环保安全处处长)是应对该事故直接负责的主管人员,被告人林某某(紫金山铜矿湿法厂厂长)、王某(紫金山铜矿湿法厂分管环保的副厂长)、刘某某(紫金山铜矿湿法厂环保车间主任)是该事故的直接责任人员,对该事故均负有直接责任,其行为均已构成重大环境污染事故罪。据此,综合考虑被告单位自首、积极赔偿受害渔民损失等情节,作出相应判决。

关先后通过《刑法修正案(四)》《刑法修正案(八)》对环境污染犯罪的刑法规定作出修改完善:

1. 关于刑法第339条第3款。1997年刑法第339条第3款规定:"以原料利用为名,进口不能用作原料的固体废物的,依照本法第155条的规定定罪处罚。"而第155条规定:"下列行为,以走私罪论处,依照本节的有关规定处罚……(三)逃避海关监管将境外固体废物运输进境的。"但是,1997年刑法第155条第3项规定的行为的量刑却存在问题,既无法适用走私普通货物、物品罪(对走私国家禁止进口和限制进口的固体废物无法计算应缴税额),也无法适用其他走私罪。因此,有必要对走私固体废物的犯罪规定单独的量刑标准。此外,有些部门对走私液态废物和气态废物如果适用法律,也存在不同认识。[①][②]

为统一法律适用,2002年12月28日起施行的《刑法修正案(四)》在第152条中增加一款作为第2款:"逃避海关监管将境外固体废物、液态废物和气态废物运输进境,情节严重的,处五年以下有期徒刑,并处或者单处罚金;情节特别严重的,处五年以上有期徒刑,并处罚金。"相应删去刑法第155条第3项。为与上述修正相协调,将刑法第339条第3款修改为:"以原料利用为名,进口不能用作原料的固体废物、液态废物和气态废物的,依照本法第一百五十二条第二款、第三款的规定定罪处罚。"

2. 关于刑法第338条。《2006年解释》施行后,重大环境污染事故罪的司法适用取得明显成效,但仍存在不足。有部门提出,在污染事件频发、环境污染成为重大社会公害的背景下,刑法在环境污染犯罪的猖獗态势前苍白无力,大量严重污染行为未受到刑事法律追究。这一现象的成因较为复杂,但环境污染犯罪的刑法规定存在进一步的完善空间,却是不争的事实。其具体表现为:[③](1)以实际危害后果发生作为犯罪构成要件造成对污染环境犯罪打击不力。无论行为人对环境造成多么严重的污染,只要没有造成公私财产损失或者人身伤亡的严重后果的,就不能追究污染者的刑事责任。(2)污染排放物范围规定过窄。将污染物限定为"有放射性的废物、含传染病病原体的废物、有毒物质或者其他危险废物",而有毒物质并非都是废物,对环境造成严重污染的也不仅是废物和有毒物质,还有其他有害物质。(3)污染行为与危害后

---

① 黄太云:《刑法修正案解读全编——根据刑法修正案(八)全新阐释》,人民法院出版社2011年版,第230~231页。

② 实际上,1995年《固体废物污染环境防治法》第75条规定:"液态废物和置于容器中的气态废物的污染防治,适用本法。"修订后的《固体废物污染环境防治法》除在第89条明确"液态废物的污染防治,适用本法"外,第88条进一步规定:"固体废物,是指在生产、生活和其他活动中产生的丧失原有利用价值或者虽未丧失利用价值但被抛弃或者放弃的固态、半固态和置于容器中的气态的物品、物质以及法律、行政法规规定纳入固体废物管理的物品、物质。"

③ 黄太云:《刑法修正案解读全编——根据刑法修正案(八)全新阐释》,人民法院出版社2011年版,第85~87页。

果之间因果关系难以确定。环境污染危害后果具有多样性、潜伏性，要查明环境污染危害行为与危害结果之间的因果关系，难度很大。

为进一步加大对环境污染犯罪的惩治力度，2011 年 5 月 1 日起施行的《刑法修正案(八)》对 1997 年刑法第 338 条规定的“重大环境污染事故罪”作了三处修改完善：一是作了文字修改，删除了排放、倾倒、处置行为的对象，即“向土地、水体、大气”；[①] 二是扩大了污染物的范围，将“有放射性的废物、含传染病病原体的废物、有毒物质或者其他危险废物”修改为“有放射性的废物、含传染病病原体的废物、有毒物质或者其他有害物质”；三是降低了入罪门槛，将“造成重大环境污染事故，致使公私财产遭受重大损失或者人身伤亡的严重后果”修改为“严重污染环境”。修改后，罪名由原来的“重大环境污染事故罪”调整为“污染环境罪”。

(三)环境污染犯罪的解释修订

为实现中国特色社会主义全面发展和中华民族永续发展，党的十八大把生态文明建设放在更加突出的位置，纳入中国特色社会主义事业五位一体的总体布局，并首次提出了“建设美丽中国”的美好愿景。加大对环境污染犯罪的惩治力度，是贯彻落实党的十八大精神的必然要求，是建设美丽中国的必然选择，也是司法机关的应尽职责。

《刑法修正案(八)》施行后，《2006 年解释》实际已无法适用，亟须制定新的司法解释。制定司法解释是为了解决实践问题。从调研情况看，反映比较集中的有三大问题：一是重大环境污染事故罪修改为污染环境罪后，亟须对有关定罪量刑标准作出明确，以统一法律适用。二是重大、恶性环境污染违法犯罪案件时有发生，应当根据修改后的法律规定，适当降低入罪门槛，以加大打击力度。三是实践反映，办理环境污染刑事案件普遍存在取证难、鉴定难、认定难问题，必须研究解决，以提高打击实效。

为确保修正后刑法规定准确、统一适用，依法严惩和有效防范环境污染犯罪，最高人民法院会同最高人民检察院、公安部、环境保护部等有关部门在深入调研的基础上，对迫切需要解决的法律适用问题进行了认真梳理，起草了新的环境污染犯罪司法解释。2013 年 6 月 8 日最高人民法院审判委员会第 1581 次会议、2013 年 6 月 8 日最高人民检察院第十二届检察委员会第 7 次会议审议通过《关于办理环境污染刑事案件适用法律若干问题的解释》(法释〔2013〕15 号，以下简称《2013 年解释》)，自 2013

---

① 本书认为，立足当下，这一修改并无实质意义，仅是使表述更为精练。污染环境罪的对象无疑为环境，而环境要素基本上可以还原为土地、水体、大气。特别是，如后文所述，当下的污染环境罪涉及的污染物还不宜包括噪音、光辐射。在此情况下，基本上可以认为环境就是由土地、水体、大气构成的。当然，将来随着污染环境罪涉及的污染物范围不断扩充，上述论断可能要作出适当调整。

年6月19日起施行。《2013年解释》根据法律规定和立法精神，结合办理环境污染刑事案件取证难、鉴定难、认定难等实际问题，对有关环境污染犯罪的定罪量刑标准作出了新的规定，对于强化环境保护，维护人民群众人身财产安全和环境权益，推进美丽中国建设具有重要作用。

为确保相关规定的科学合理、适应形势发展、满足实践需要，《2013年解释》的起草着重把握了以下几点：(1)依法严惩环境污染犯罪，强化对生态环境的司法保护力度。《2013年解释》着重突出了从严惩处环境污染犯罪的精神，在《2006年解释》的基础上降低污染环境罪和其他环境污染犯罪的定罪量刑标准，同时突出对环境法益的保护，根据实际需要新增污染环境罪的入罪标准，不再要求以造成侵害人身、财产法益为前提，以更加有效地惩治此类犯罪。(2)贯彻体现宽严相济刑事政策，最大限度发挥刑法的威慑和教育功能。《2013年解释》根据实践情况，明确规定对环境污染犯罪的从重处罚情形，体现依法从"严"的政策要求。同时，对实施环境污染犯罪的从宽处理情节作了规定，以促使行为人在实施环境污染犯罪后及时采取措施，防止损失扩大、消除污染，积极赔偿损失，充分发挥刑法的威慑和教育功能。(3)切实解决办案实际中的难题，加大对环境污染犯罪的打击实效。针对环境污染刑事犯罪的特点，《2013年解释》经反复研究论证，创新解释方法，增加规定了几种客观性较强的认定"严重污染环境"的情形，并设专条对环境污染刑事案件的鉴定、认定问题作出了规定，以有效解决此类犯罪取证难、鉴定难、认定难等实际问题。

三、环境污染刑事司法新态势与解释再修订

(一)环境污染刑事司法新态势

自2013年6月19日起施行以来，《2013年解释》受到了社会各方的广泛关注，对环境行政执法和刑事司法产生了重大影响。各级人民法院、人民检察院、公安机关、环保部门以《2013年解释》的公布施行为契机，继续保持对环境污染犯罪行为的高压态势，准确认定事实，正确适用法律，坚决依法惩处环境污染犯罪活动，取得了良好的社会效果。2013年7月至2016年12月，全国法院新收污染环境、非法处置进口的固体废物、环境监管失职刑事案件4953件，审结4729件，生效判决人数7108人。[①] 其中，新收污染环境刑事案件4873件，审结4652件，生效判决人数7009人；新收非法处

① 在此期间，人民法院未审理过擅自进口固体废物刑事案件。本书认为，原因可能有二：其一，实践中的案件不少为以原料利用为名，进口不能用作原料的固体废物，对此类案件应当适用走私废物罪；其二，擅自进口固体废物罪的对象为可以用作原料的固体废物，但入罪要件为"造成重大环境污染事故，致使公私财产遭受重大损失或者严重危害人体健康"，门槛较高。实践中涉及的可以用作原料的进口固体废物案件，要么属于限制进口的废物，可能构成走私废物罪；要么有逃避海关监管的行为，可能构成走私普通货物、物品罪。相对而言，走私普通货物、物品罪、走私废物罪的入罪门槛相对更低，更便于司法适用。

置进口的固体废物刑事案件15件，审结15件，生效判决人数24人；新收环境监管失职刑事案件65件，审结62件，生效判决人数75人。

2013年7月至2016年12月环境污染犯罪的构成

可以说，《2013年解释》的施行，标志着我国环境污染刑事司法迈入新的阶段，呈现出新的态势。其具体表现为：

1. 污染环境刑事案件激增。《2013年解释》实施后，污染环境犯罪刑事案件数量上升十分明显。综观1997年刑法施行以来的情况，适用刑法第338条的结案数（包括重大环境污染事故罪和污染环境罪），可以说历经了从1位数逐步迈向4位数的发展历程。大体而言，2006年之前，相关案件数不超过10件，可以称之为1位数；2007～2012年，相关案件数基本徘徊在20件左右，可以称之为两位数；2013年，相关案件数达到104件，首次达到3位数；2014年，相关案件数达到988件，逼近4位数；2015年，相关案件数达到1691件，达到4位数；2016年，相关案件数达到1886件，继续保持4位数。①

① 以省为样本，河北法院2010年受理重大环境污染事故刑事案件0件，2011年受理污染环境刑事案件2件3人，2012年受理1件3人，2013年受理13件16人，2014年受理186件329人。《2013年解释》施行后的收案量占2010～2014年收案量的92%。参见陈庆瑞：《污染环境罪的司法适用问题》，载《人民司法》2016年第4期。

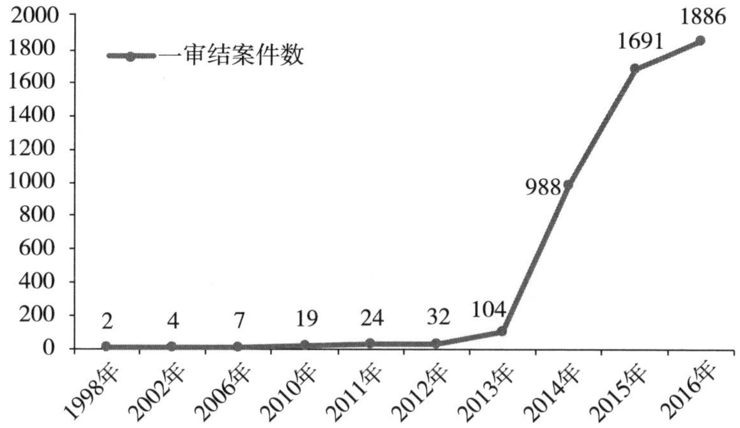

污染环境刑事案件增长变化

污染环境刑事案件激增,归根结底是社会各方对于环境污染的容忍态度发生了根本性变化,加大对环境污染犯罪的惩治力度,切实扭转重经济发展轻环境保护的局面,成为社会共识。就其具体原因而言,可以归结为如下几点:(1)《2013 年解释》对污染环境罪的定罪量刑标准作了明确,有针对性地解决了实践中存在的取证难、鉴定难、认定难问题,为查处、移送和审理污染环境刑事案件提供了有效法律武器。特别是,《2013 年解释》第 1 条第 1 ~5 项根据污染物排放地点、排放量、超标程度、排放方式以及行为人的前科等,从突出环境法益保护的角度,增加规定了几项认定“严重污染环境”的具体标准,实现了对污染环境的“行为入罪”。这几项入罪标准对案件量的增长发挥了关键作用。(2)环境保护部门对污染环境犯罪案件的查处和移送力度空前。例如,2014 年各级环保部门向公安机关移送污染环境刑事案件 2080 件,是过去 10 年总和的两倍。2015 年,各级环保部门向公安机关移送涉嫌污染环境犯罪案件 1685 件。① (3)公安机关对环境污染犯罪的打击力度空前。例如,2014 年全国公安机关共破获环境污染刑事案件 4500 余起,抓获犯罪嫌疑人 8400 余人,均为 2013 年的 6 倍多。②

---

① 《保护环境既是发展需要也是发展目的——陈吉宁部长在十二届全国人大四次会议记者会上答记者问摘录》,载环境保护部官网:http://www.zhb.gov.cn/zhxx/hjyw/201603/t20160329_334403.htm,最后访问日期:2016 年 5 月 2 日。

② 《公安部称环境违法屡禁不止问题得到有效遏制》,载《法制日报》2015 年 5 月 14 日,第 5 版。

2. 污染环境刑事案件地域分布不均衡。2013 年 7 月至 2016 年 12 月，除西藏外，其他各省、直辖市、自治区均审理了该类案件。但是，案件分布也明显存在地域相对集中的特点。其中，浙江的收案量和结案量居首位，新收 1598 件，占全国收案总数的 32.8%；审结 1575，占全国结案总数的 33.86%。而且，全国 8 成以上的污染环境刑事案件集中在浙江、河北、山东、广东、江苏，该 5 省市新收 3869 件，占全国收案总数的 79.4%；审结 3126 件，占全国审结总数的 80.1%。

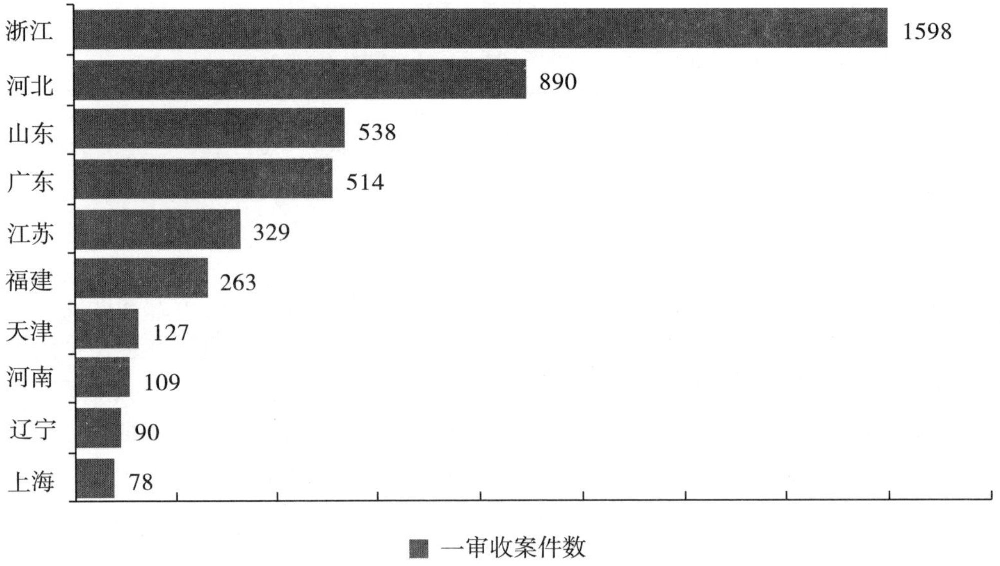

环境污染刑事案件的主要地域分布情况

可喜的是，环境污染刑事案件地域相对集中的局面有所缓解。以浙江为例，2014 年，新收 579 件、审结 529 件，占全国收案总数的 48.74%、占结案总数的 53.54。2015 年，浙江省收案量和结案量仍然居全国首位，但占比明显下降：新收 569 件，占全国收案总数的 33.65%；审结 572 件，占全国结案总数的 33.83%。

污染环境刑事案件地域分布不均衡，原因十分复杂。但是，案件量多寡与当地的环境污染程度并无必然联系，却与当地对环境污染问题的重视程度密切相关。浙江之所以审理的污染环境刑事案件较多，主要是因为当地重视，浙江省委、省政府提出了"五水共治"的大政方针。在这一方针指引下，浙江环保部门和公安机关加大了对污染环境，特别是污染水体犯罪的查处力度，导致法院受理此类案件量增长明显。以浙江温州为例，《2013 年解释》施行一周年（2013 年 7 月至 2014 年 6 月），环保部门向公安机关移送环境涉刑案件240件，公安机关刑拘391人。[①] 而河北污染环境刑事案件量多，与河北严查环境污染违法犯罪案件密切相关，特别是，河北省公安厅在全国率先成立了环境安全保卫总队，对于打击污染环境犯罪发挥了重要作用。[②]

3. 污染环境刑事案件适用《2013年解释》条文集中。就浙江省2014年审结的污染环境刑事案件而言，除个别案件外，全部是适用《2013年解释》第1条第1项至第5项的规定进行定罪量刑。[③] 而就这五项规定而言，第3项"非法排放含重金属、持久性有机污染物等严重危害环境、损害人体健康的污染物超过国家污染物排放标准或者省、自治区、直辖市人民政府根据法律授权制定的污染物排放标准3倍以上的"规定适用最为集中。从浙江省审结的污染环境案件来看，大部分案件系电镀加工企业的生产经营人员排放废水中重金属超过排放标准3倍以上，构成污染环境罪。[④] 例如，2013年10月至2014年9月，浙江宁波法院共审理了46件以污染环境罪判罚的刑事案件，其中有42件为电镀小作坊排放污水中重金属超标3倍以上，1件为公司排放污水重金属超标。[⑤]

4. 环境污染入罪的主体相对集中。无论是基于全国，还是个别案件大省的情况，环境污染刑事案件的主体主要为小微企业的业主和从业人员，而规模以上企业成为污染环境罪主体的情况较少。从《2013年解释》实施以来全国的情况来看，私营企业主、个体劳动者、农民、农民工占据绝对主体。而从浙江审理的污染环境刑事案件的情况来看，被告人基本上都是从事个体经营的业主和无业人员。究其原因，正如有论者针对浙江的情况所指出的，"这里面虽然有大企业、大公司环保经费、污染处理设备保障能力强的因素，也有浙江经济本身以民营经济为绝对主体，企业形式以中小、小微企业为主的因素，但也在一定程度上存在对规模以上企业污染环境行为查处力度不够的问题"[⑥]。当然，随着《2013年解释》施行后各地对环境污染违法犯罪打击的不断推进，规模以上企业触犯污染环境罪的案件在各地开始出现并逐渐上升，特别是在危险废物犯罪领域。

5. 危险废物犯罪的惩治向纵深推进。危险废物犯罪的深层次原因在于危险废物生产企业牟取暴利。然而，《2013年解释》施行前，由于在认定企业污染环境的共同

---

① 《三军用命　法网恢恢》，载《中国环境报》2014年7月23日，第1版。

② 2015年，河北全省公安机关共破获1257起污染环境刑事案件，立案侦办1217起，移送起诉494起，抓获犯罪嫌疑人2025人；办理环境污染治安案件2978起，治安拘留3456人。参见《河北公安去年破获千余污染环境案》，载《中国环境报》2016年3月30日，第8版。

③ 梁健、阮铁军：《污染环境罪中"其他严重污染环境情形"的认定》，载《人民司法》2014年第18期。

④ 梁健、阮铁军：《污染环境罪中"其他严重污染环境情形"的认定》，载《人民司法》2014年第18期。

⑤ 宁波市中级人民法院《破坏环境资源保护刑事案件审判白皮书》。

⑥ 陈光多：《在浙江法院保障"五水共治"依法推进　建设"两美浙江"新闻通气会上的发言稿》（2014年6月10日）。

犯罪故意方面存在疑难，鲜见有企业被以重大环境污染事故罪（现改为污染环境罪）追究刑事责任的案件。针对这一情况，《2013年解释》第7条专门规定："行为人明知他人无经营许可证或者超出经营许可范围，向其提供或者委托其收集、贮存、利用、处置危险废物，严重污染环境的，以污染环境罪的共同犯罪论处。"从实践来看，《2013年解释》第7条发挥了充分作用，适用效果十分明显。依据这一规定，各地对危险废物犯罪深挖细查，重点打源头、追幕后，取得了良好成效。浙江汇德隆染化有限公司污染环境案就是例证。[①] 需要特别提及的是，危险废物处置、利用企业污染环境犯罪案件开始显现，亟须加大刑事惩治力度。

6. 非法处置进口的固体废物罪被激活。1997年刑法施行以来至《2013年解释》施行前，实践中未见到适用刑法第339条规定的非法处置进口的固体废物罪、擅自进口固体废物罪的案件。《2013年解释》施行后，以非法处置进口的固体废物罪判罚的刑事案件实现了零的突破。如前文所述，非法处置进口的固体废物罪生效判决罪犯人数已达24人。

7. 大气污染犯罪案件办理在艰难中前行。当前，雾霾等大气污染已成亟待治理的突出环境问题，但由于大气污染物流动性大、稀释速度快等原因，提取固定证据和责任认定较困难，给查处打击此类案件带来很大难度，影响打击震慑效果。可喜的

---

① 被告单位浙江汇德隆染化有限公司（以下简称汇德隆公司）是一家年产4万吨保险粉及3800吨亚硫酸钠的化工企业，绍兴腾达印染有限公司（以下简称腾达公司）主要经营印花、染色等项目，上述两公司实际控制人均为被告人严某某。在保险粉合成、过滤干燥过程中产生的精馏残液（含有甲醇、甲酸钠、亚硫酸钠等成分），属于危险废物。2012年7、8月间，为缓解汇德隆公司处理精馏残液的排污压力，严某某经与被告人潘某甲（汇德隆公司总经理）、潘某乙（腾达公司土建主管）商议，将汇德隆公司的精馏残液外运至无危险废物处置资质的腾达公司。精馏残液经与腾达公司自身产生的废水混合后，通过暗管直接排入管网，累计排放5000余吨。2012年10月起，为缓解汇德隆公司处理精馏残液的排污压力，潘某甲又以50～80元/吨的价格委托无危险废物处置资质的被告人汝某甲外运处置汇德隆公司的精馏残液，严某某明知且默许上述外运处置行为。汝某甲伙同被告人汝某乙、汝某丙，分别雇佣被告人徐某某、唐某某、李某某、罗某某等人采用槽罐车将上述精馏残液运至杭州湾上虞工业园区外海塘等地直接倾倒，累计倾倒18000余吨。被告人潘某丙（汇德隆公司仓库主管）明知汇德隆公司非法外运处置精馏残液，仍接受潘某甲的指派，组织人员负责对运输精馏残液的槽罐车过磅、填写供货清单等工作。浙江省绍兴市上虞区人民法院一审判决、绍兴市中级人民法院二审裁定认为：被告单位汇德隆公司伙同被告人汝某甲、汝某乙、汝某丙等违反国家规定，排放、倾倒、处置有毒物质，严重污染环境，构成污染环境罪，且属后果特别严重。综合考虑案发后自首、立功、如实供述、退缴违法所得、补缴污水处理费等情节，以污染环境罪判处被告单位浙江汇德隆染化有限公司罚金人民币2000万元；判处被告人严某某有期徒刑4年6个月，并处罚金人民币100万元；判处被告人潘某甲、汝某甲各有期徒刑4年，并处罚金人民币30万元；判处被告人潘某乙有期徒刑3年，并处罚金人民币6万元；判处被告人汝某乙有期徒刑1年6个月，并处罚金人民币5万元；判处被告人汝某丙有期徒刑1年3个月，并处罚金人民币3万元；判处被告人潘某丙、徐某某各有期徒刑10个月，缓刑1年，并处罚金人民币1万元；判处被告人唐某某、李某某各有期徒刑6个月，缓刑1年，并处罚金人民币1万元；判处被告人罗某某拘役6个月，缓刑10个月，并处罚金人民币1万元；禁止被告人徐某某、唐某某、李某某、罗某某在缓刑考验期限内从事与排污相关的活动。

是,有的地方克服重重困难,办理了相关大气污染刑事案件,取得了良好的效果。建滔(河北)焦化有限公司污染环境案即是适例。①

8. 环境监管失职刑事案件相对数量下降明显。近年来,重大环境污染事故罪(后修改为污染环境罪)与环境监管失职罪的案件量相差不大,接近1∶1的比例关系,即查处一起重大环境污染案,必然查处一起环境监管失职案,甚至只追究环境监管失职的刑事责任、未追究污染环境行为的刑事责任。例如,在2008~2010年的3年间,重大环境污染事故罪与环境监管失职罪的案件量的比例分为:11∶13、18∶23、19∶15。而从2011~2013年的3年间,重大环境污染事故罪(后修改为污染环境罪)与环境监管失职罪的案件量的比例悄然发生变化:24∶11、32∶14、104∶12。而2014年、2015年、2016年,人民法院审结环境监管失职刑事案件23件、16件、26件,污染环境罪与环境监管失职罪的案件量之比为988∶23、1691∶16、1886∶26,可见两罪之间相差悬殊。

① 2014年3月,被告单位建滔(河北)焦化有限公司二期生化处理站的生化池出现活性污泥死亡,不能达标处理蒸氨废水。被告人王某某(公司总经理)、张某甲(公用工程部经理)、胡某某(公用工程部副经理)、陈某(二期生化处理站主任)和张某乙(岗位责任人)发现这一情况后,在未采取有效措施使蒸氨废水处理达标的情况下,为逃避环保部门的监管,由张某甲指使陈某、张某乙捏造达标的虚假水质检测表,并将这些未达标处理的蒸氨废水用于熄焦塔补水,导致蒸氨废水中的挥发酚被直接排入大气,严重污染环境,经检测,熄焦塔补水中的有毒物质挥发酚超出国家规定标准137倍。河北省邢台市桥东区人民法院判决认为:被告单位建滔(河北)焦化有限公司违反国家规定排放严重危害环境、损害人体健康的污染物,严重污染环境,构成污染环境罪。被告人张某甲、张某乙、陈某、王某某、胡某某作为直接负责的主管人员或者其他直接责任人员,应当承担相应的刑事责任。案发后被告单位建滔(河北)焦化有限公司投入大量资金对设备进行改造,达到环保要求,可以酌情从轻处罚。据此,以污染环境罪判处被告单位建滔(河北)焦化有限公司罚金人民币245万元;被告人张某甲有期徒刑1年,并处罚金人民币5万元;被告人张某乙有期徒刑10个月,并处罚金人民币3万元;被告人陈某有期徒刑10个月,并处罚金人民币3万元;被告人王某某有期徒刑6个月,缓刑1年,并处罚金人民币2万元;被告人胡某某罚金人民币2万元。该判决已发生法律效力。

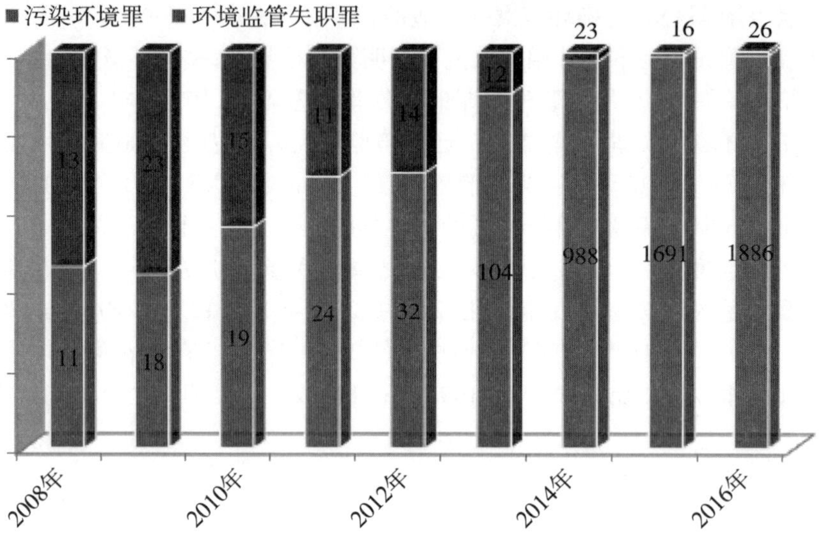

污染环境刑事案件与环境监管失职刑事案件数量对比变化情况

上述状况的原因可以大致归结为:其一,在《刑法修正案(八)》施行前,重大环境污染事故罪与环境监管失职罪均为实害犯,前者的入罪要求"造成环境污染事故,致使公私财产遭受重大损失或者人身伤亡的严重后果",后者的入罪要求"导致重大环境污染事故,致使公私财产遭受重大损失或者造成人身伤亡的严重后果",两者的入罪要件基本相同。而《刑法修正案(八)》施行后,污染环境罪调整为情节犯,入罪要件调整为"严重污染环境",特别是《2013 年解释》根据修法精神大幅降低了入罪门槛,而环境监管失职罪仍然为实害犯,其入罪要件并无变化。故而,污染环境罪的入罪门槛明显低于环境监管失职罪。其二,《2013 年解释》施行前重大环境污染事故(后为污染环境)刑事案件的主体大多为发生重大环境污染事故的规模以上企业,这些企业的污染环境行为与环境监管人员的失职相关联。而《2013 年解释》施行后,被以污染环境罪追究刑事责任的主体绝大多数为规模以上企业以外的其他主体,这些主体与环境监管人员的关联相对较少。其三,《2013 年解释》施行后,面对业已改变的形势,广大环境监管人员切实提高责任意识,认真履行环境监管的职责,监管失职的情形减少。

(二)环境污染犯罪司法适用缺憾

《2013 年解释》的实施成效十分明显,应当予以充分肯定。但是,从实施的情况来看,也暴露了一些法律适用难题,亟须统一,以更好地满足司法实践需要。例如,非法排放、倾倒、处置危险废物未遂的处理，危险废物的认定，超过污染物排放标准3倍以上的认定，“公私财产损失”的范围，“重金属”的范围，监测数据的认可，污染环境罪结果加重情节的适用，篡改、伪造自动监测数据的处理等。在办案实践中，有关部门对这些问题存在不同认识，影响了对环境污染犯罪的打击实效。因此，亟须进一步统一环境污染犯罪的法律适用，以确保司法解释在打击环境污染犯罪、维护生态文明方面发挥更为重要的作用。

此外，相关长效机制建设尚显不足。“刑期于无刑。”司法解释的真正目的在于充分发挥刑法的威慑和教育功能，减少和防范环境污染犯罪的发生。从《2013年解释》实施情况来看，环境污染犯罪惩治与防范的长效机制尚不健全，存在不足：一是仍须加大普法宣传力度，进一步营造“污染环境会坐牢”的舆论氛围，使社会各界，特别是重点环保企业真正了解司法解释的规定和价值取向，在日常经营中有效避免环境污染刑事风险；二是尚须避免运动式执法，防止打击扩大化，确保宽严相济刑事政策在环境污染刑事司法领域得到切实贯彻；三是亟须防止“打击有余，治理不足”的现象，形成综合运用经济、行政等多种手段治理环境污染问题的局面，在刑事惩治的同时及时跟进其他治理措施，巩固打击成效，健全长效机制。

（三）环境污染犯罪解释再修订

2015年7月，公安部致函最高人民法院，建议开展对《2013年解释》的修订事宜。此外，一段时期以来，环境保护部及有关部门也多次建议通过适当方式对《2013年解释》实施中出现的有关问题作出明确，为办理环境污染刑事案件提供更为便利的依据。

为进一步统一法律适用，切实增强刑事震慑效果，最高人民法院启动了《2013年解释》的修订工作。经认真梳理司法实践中存在的问题，会同最高人民检察院、公安部、环境保护部在工作层面作了反复沟通研究，最高人民法院研究室起草出解释初稿。2016年3月，最高人民法院研究室会同有关部门，赴河北、浙江等地进行深入调研，听取意见。经反复研究讨论，形成了征求意见稿，征求了最高人民检察院、公安部、环境保护部等中央有关单位的意见，并征求了最高人民法院有关审判庭和各高级人民法院的意见。2016年6月、7月，最高人民法院研究室会同有关部门先后两次召开专家论证会，分别邀请环境学专家、医学专家和刑法专家、环境法专家进行论证讨论。此后，根据专家论证会作了修改完善，形成新的征求意见稿，征求了全国人大常委会法工委意见，并根据反馈意见作了进一步研究修改。2016年11月7日最高人民法院审判委员会第1698次会议、2016年12月8日最高人民检察院第十二届检察委员会第58次会议审议通过《关于办理环境污染刑事案件适用法律若干问题的解释》（法释〔2016〕29号，以下简称《环境污染犯罪解释》），自2017年1月1日起施行。

这是1997年刑法施行以来最高司法机关就环境污染犯罪第3次出台专门司法解释，且距《2013年解释》的公布仅三年半左右的时间，彰显了最高司法机关对环境保护的高度重视。《环境污染犯罪解释》根据当前惩治环境污染犯罪的现实需要，结合司法实际问题，对相关犯罪的定罪量刑标准及有关法律适用问题作了全面、系统的规定，对于依法惩治环境污染犯罪，进一步加大对环境的司法保护必将发挥重要作用。

四、环境污染犯罪解释再修订的主要考虑

（一）实现环境污染犯罪法律适用进一步统一

《2013年解释》加大了对环境污染犯罪的惩治力度，取得了良好成效，但也暴露出了一些问题。有鉴于此，《环境污染犯罪解释》经过深入调研，广泛征求有关方面意见，对篡改、伪造自动监测数据的定性、“重金属”的范围、危险废物的认定、“公私财产损失”的范围、监测数据的认可、污染环境罪结果加重情节的适用等法律适用难题作出明确，对于统一法律适用，进一步严惩环境污染犯罪，必将发挥重大作用。

（二）实现环境污染犯罪实务难题进一步解决

监测数据认可难和专门性问题检验鉴定难问题，是《2013年解释》施行期间办理环境污染刑事案件突出的程序性问题。特别是，对于环境污染犯罪，鉴定检验意见是决定案件性质至关重要的环节。然而，目前我国鉴定检验面临诸多困境。一方面，机构缺乏，没有一个综合性的环境污染鉴定机构。以重金属鉴定为例，国内没有一个机构可以对全部重金属进行鉴定。另一方面，鉴定检验周期长、收费高，与有限的办案时限与办案经费形成矛盾，影响了案件办理的实效。根据当前的实际情况，《环境污染犯罪解释》对监测数据和检验鉴定问题作了较大幅度的调整，以在确保案件办理质量的前提下方便司法操作，适应惩治环境污染犯罪的现实需要。

（三）实现环境污染犯罪惩治力度进一步加强

如果说《2013年解释》的发布施行，使得环境污染犯罪的惩治在数量上有所突破，从1.0迈向2.0版本，《环境污染犯罪解释》的发布施行则将实现从2.0迈向3.0版本，实现环境污染犯罪惩治的“质”“量”齐升。一方面，切实增强增强刑法适用的公平性，对包括规模以上企业在内的主体一视同仁、严格执法。《2013年解释》实施以来，对规模以上企业适用污染环境罪追究刑责的案件较少，少数地方案件量为零或偏少。环境面前没有特权！实现刑法对规模以上企业在内的主体的统一适用，是《环境污染解释》起草过程中着重解决的问题之一。另一方面，积极适应环境污染犯罪的新动向，拓展刑法的适用范围。针对损毁、干扰大气污染源自动监控设施，伪造或篡改环境监测数据，非法处置危险废物等环境污染犯罪新动向，《环境污染犯罪解释》

作出了有针对性的规定，以进一步增强可操作性。①

五、环境污染犯罪解释的时间效力问题

《环境污染犯罪解释》第 18 条对时间效力问题作了明确，规定："本解释自 2017 年 1 月 1 日起施行。本解释施行后，《最高人民法院、最高人民检察院关于办理环境污染刑事案件适用法律若干问题的解释》（法释〔2013〕15 号）同时废止；之前发布的司法解释与本解释不一致的，以本解释为准。"在此，有必要讨论一下司法解释适用的时间效力问题：②

1. 自 2017 年 1 月 1 日起实施的环境污染相关犯罪，应当一律适用《环境污染犯罪解释》的有关规定。《2013 年解释》同时废止；之前发布的其他司法解释和规范性文件与《环境污染犯罪解释》不一致的，以《环境污染犯罪解释》为准。

2. 对于《2013 年解释》未作规定的犯罪，如环评领域涉及的提供虚假证明文件罪、出具证明文件重大失实罪，由于行为时没有相关司法解释，《环境污染犯罪解释》施行后尚未处理或者正在处理的案件，依照《环境污染犯罪解释》的规定办理。

3. 对于《2013 年解释》已作规定的犯罪，如污染环境罪，行为时已有相关司法解释，而《环境污染犯罪解释》的定罪量刑标准通常严于《2013 年解释》，适用《环境污染犯罪解释》对犯罪嫌疑人、被告人明显不利，故对相关案件原则上应当依照《2013 年解释》的规定办理。但是，适用《环境污染犯罪解释》对犯罪嫌疑人、被告人有利的，适用《环境污染犯罪解释》的相关规定。例如，《2013 年解释》施行期间，个别地方对重金属作了较为宽泛的理解，并适用超标 3 倍入罪的标准，在《环境污染犯罪解释》施行后，对此类案件应当严格适用《环境污染犯罪解释》第 1 条第 3 项、第 4 项的规定，分别按照超标 3 倍、超标 10 倍的入罪标准把握。

【刑法条文】

第三百三十八条　【污染环境罪】违反国家规定，排放、倾倒或者处置有放射性

---

① 实际上，有关公安机关也在探索对环境污染犯罪的惩治从数量增加到"质""量"齐升的转变。例如，河北公安机关表示，2016 年升级打击手段，积极适应环境污染犯罪的新动向，将打击触角向互联网延伸，运用信息化手段和网上作战技战法，摧毁犯罪团伙，斩断地下产业链条，震慑违法犯罪。"将打击的重点从黑窝点、小作坊转向具有一定规模的涉嫌非法排污的'合法'企业，从因果关系简单的小案件转向跨区域的集团性案件，从一厂一企拓展到污染严重的重点地区和流域，集中力量侦办一批大案要案，整治一批环境污染重点区域，抓获一批重大犯罪嫌疑人。"参见《河北公安去年破获千余污染环境案》，载《中国环境报》2016 年 3 月 30 日，第 8 版。

② 2001 年最高人民法院、最高人民检察院《关于适用刑事司法解释时间效力问题的规定》（以下简称《司法解释时间效力规定》）规定："一、司法解释是最高人民法院对审判工作中具体应用法律问题和最高人民检察院对检察工作中具体应用法律问题所作的具有法律效力的解释，自发布或者规定之日起施行，效力适用于法律的施行期间。二、对于司法解释实施前发生的行为，行为时没有相关司法解释，司法解释施行后尚未处理或者正在处理的案件，依照司法解释的规定办理。三、对于新的司法解释实施前发生的行为，行为时已有相关司法解释，依照行为时的司法解释办理，但适用新的司法解释对犯罪嫌疑人、被告人有利的，适用新的司法解释。"

的废物、含传染病病原体的废物、有毒物质或者其他有害物质,严重污染环境的,处三年以下有期徒刑或者拘役,并处或者单处罚金;后果特别严重的,处三年以上七年以下有期徒刑,并处罚金。

第三百三十九条　【非法处置进口的固体废物罪】违反国家规定,将境外的固体废物进境倾倒、堆放、处置的,处五年以下有期徒刑或者拘役,并处罚金;造成重大环境污染事故,致使公私财产遭受重大损失或者严重危害人体健康的,处五年以上十年以下有期徒刑,并处罚金;后果特别严重的,处十年以上有期徒刑,并处罚金。

【擅自进口固体废物罪】未经国务院有关主管部门许可,擅自进口固体废物用作原料,造成重大环境污染事故,致使公私财产遭受重大损失或者严重危害人体健康的,处五年以下有期徒刑或者拘役,并处罚金;后果特别严重的,处五年以上十年以下有期徒刑,并处罚金。

以原料利用为名,进口不能用作原料的固体废物、液态废物和气态废物的,依照本法第一百五十二条第二款、第三款的规定定罪处罚。

第三百四十六条　【单位犯破坏环境资源保护罪的处罚规定】单位犯本节第三百三十八条至第三百四十五条规定之罪的,对单位判处罚金,并对其直接负责的主管人员和其他直接责任人员,依照本节各该条的规定处罚。

第四百零八条　【环境监管失职罪】负有环境保护监督管理职责的国家机关工作人员严重不负责任,导致发生重大环境污染事故,致使公私财产遭受重大损失或者造成人身伤亡的严重后果的,处三年以下有期徒刑或者拘役。

【《环境污染犯罪解释》条文】

引文　为依法惩治有关环境污染犯罪,根据《中华人民共和国刑法》《中华人民共和国刑事诉讼法》的有关规定,现就办理此类刑事案件适用法律的若干问题解释如下:

第十八条　本解释自2017年1月1日起施行。本解释施行后,《最高人民法院、最高人民检察院关于办理环境污染刑事案件适用法律若干问题的解释》(法释〔2013〕15号)同时废止;之前发布的司法解释与本解释不一致的,以本解释为准。

第二节　污染环境罪的定罪量刑

一、污染环境罪的概念与构成特征

污染环境罪,是指违反国家规定,排放、倾倒或者处置有放射性的废物、含传染病病原体的废物、有毒物质或者其他有害物质,严重污染环境的行为。本罪的构成特征如下：

（一）污染环境罪的对象

顾名思义，污染环境罪的对象为环境。《刑法修正案（八）》删除了刑法第338条关于犯罪对象的具体规定，即删除了"向土地、水体、大气"的表述。如前文所述，就当下而言，环境就是由土地、水体、大气构成的，故这一修改并无实质意义，只是为了使表述更为精练。基于此，本书认为，污染环境罪的对象具体表现为土地、水体、大气。

1. 土地。土地分为农用地①、建设用地②和未利用地③。土壤，是指由矿物质、有机质、水、空气及生物有机体组成的地球陆地表面上能生长植物的疏松层。④ 当前，我国土壤环境总体状况堪忧，部分地区污染较为严重。与水体和大气污染相比，土壤污染更具特点：⑤（1）土壤污染具有隐蔽性和滞后性。大气污染和水污染一般都比较直观，通过感官就能察觉。而土壤污染往往要通过土壤样品分析、农作物检测，甚至人畜健康的影响研究才能确定。土壤污染从产生到发现危害通常时间较长。（2）土壤污染具有累积性。与大气和水体相比，污染物更难在土壤中迁移、扩散和稀释。因此，污染物容易在土壤中不断累积。（3）土壤污染具有不均匀性。由于土壤性质差异较大，而且污染物在土壤中迁移慢，导致土壤中污染物分布不均匀，空间变异性较大。（4）土壤污染具有难可逆性。由于重金属难以降解，导致重金属对土壤的污染基本上是一个不可完全逆转的过程。另外，土壤中的许多有机污染物也需要较长时间才能降解。（5）土壤污染治理具有艰巨性。土壤污染一旦发生，仅仅依靠切断污染源的方法则很难恢复。总体来说，治理土壤污染的成本高、周期长、难度大。

特别是，与大气污染防治、水污染防治相比，目前我国尚没有土壤污染防治的专门法律，现有土壤污染防治的相关规定主要分散体现在环境污染防治、自然资源保护和农业类法律法规之中，如《环境保护法》《固体废物污染环境防治法》《农业法》《草原法》《土地管理法》《农产品质量安全法》等。由于这些规定缺乏系统性、针对性，亟

---

① 农用地，是指直接用于农业生产的土地，包括耕地、林地、草地、农田水利用地、养殖水面等。

② 建设用地，是指建造建筑物、构筑物的土地，包括城乡住宅和公共设施用地、工矿用地、交通水利设施用地、旅游用地、军事设施用地等。

③ 未利用地，是指农用地和建设用地以外的土地。

④ 土壤主要功能包括：提供植物生长的场所和植物生长必需的养分；提供各种生物及微生物的生存空间，具有环境净化的作用；提供建筑物的基础和工程材料。土壤作为大部分污染物的最终受体，其环境质量受到显著影响。

⑤ 《夯实防治工作基础　全面提升防治能力——环境保护部有关负责人就〈土壤污染防治行动计划〉答记者问（一）》，载《中国环境报》2016年6月1日，第7版。

须制定土壤污染防治专门法律，以满足土壤污染防治工作需要。[1]

2. 水体。水是生态之魂，水资源和水环境是人类生存、发展的基本要素之一。自20世纪80年代以来，我国历经了一个经济快速发展的过程，同时也经历了一个对水的需求量不断增大，水污染不断加重的过程。[2] 当前，我国水污染严重的状况仍未得到根本性遏制，水污染防治形势十分严峻，具体表现为：[3]（1）水环境质量差。目前，我国工业、农业和生活污染排放负荷大，全国化学需氧量排放总量为2294.6万吨，氨氮排放总量为238.5万吨，远超环境容量。全国地表水国控断面中，仍有近1/10（9.2%）丧失水体使用功能（劣于Ⅴ类），24.6%的重点湖泊（水库）呈富营养状态；不少流经城镇的河流沟渠黑臭。饮用水污染事件时有发生。[4]（2）水资源保障能力脆弱。我国人均水资源量少，时空分布严重不均。用水效率低下，水资源浪费严重。局部水资源过度开发，超过水资源可再生能力。全国地下水超采区面积达23万平方公里，引发地面沉降、海水入侵等严重生态环境问题。（3）水生态受损重。湿地、海岸带、湖滨、河滨等自然生态空间不断减少，导致水源涵养能力下降。[5] 沿海湿地面积大幅度减少，近岸海域生物多样性降低，渔业资源衰退严重，自然岸线保有率不足35%。（4）水环境隐患多。全国近80%的化工、石化项目布设在江河沿岸、人口密集区等敏感区域；部分饮用水水源保护区内仍有违法排污、交通线路穿越等现象，对饮水安全构成潜在威胁。突发水环境事件频发[6]，严重影响人民群众生产生活。

3. 大气。大气，是指包围地球的空气，是生命繁衍和人类发展的必须环境。目前，我国大气污染防治形势依然严峻，具体表现为：[7]（1）大气污染物浓度还比较高，距离改善目标还存在相当大的距离。虽然现在大气污染物的平均浓度有所下降，但是2014年，74个PM2.5控制重点城市中88%的城市超标，超标60%的城市占到了61%；330个地级市PM10的达标率仅为31.7%，超标60%的城市占26.5%。PM2.5成为首要污染物。重污染天气发生频次较高，特别是在遭遇不利气象条件，重污染的

[1] 我国对土壤污染防治立法高度重视。早在2006年，国家环保总局就已着手研究土壤污染防治法律的起草。2013年，《土壤污染防治法》被列入第十二届全国人大常委会的立法规划并被作为一类项目。参见《中国环境资源法治高端论坛在武汉大学举行，专家呼吁加快土壤污染立法进程》，载《中国环境报》2016年7月20日，第6版。

[2] 钱易、唐孝炎主编：《环境保护与可持续发展》（第二版），高等教育出版社2010年版，第61页。

[3] 《深化改革　创新驱动　打好水污染防治攻坚战》，载《中国环境报》2015年4月17日，第5版。

[4] 全国4778个地下水水质监测点中，较差的监测点比例为43.9%，极差的比例为15.7%。全国9个重要海湾中，6个水质为差或极差。

[5] 三江平原湿地面积已由建国初期的5万平方公里减少至0.91万平方公里，海河流域主要湿地面积减少了83%。长江中下游的通江湖泊由100多个减少至仅剩洞庭湖和鄱阳湖，且持续萎缩。

[6] 1995年以来，全国共发生1.1万起突发水环境事件，仅2014年环境保护部调度处理并上报的98起重大及敏感突发环境事件中，就有60起涉及水污染。

[7] 《大气污染防治工作任重道远》，载《中国环境报》2015年7月23日，第2版。

情况频繁发生，大气污染防治压力巨大。2014年74城市共发生1494天(次)重度及以上污染，占比达5.6%；京津冀区域全年约有1/6的天数为重度及以上污染。(2)我国大气污染物的排放总量还比较大，大气污染控制结构性矛盾并没有解决。2014年，全国SO_2与NO_x排放量均在2000万吨左右，工业烟粉尘排放量1300万吨，VOCs和氨的排放也非常大，远超出环境承载能力。①

(二)污染环境罪的客观方面

污染环境罪的客观方面表现为违反国家规定，排放、倾倒或者处置有放射性的废物、含传染病病原体的废物、有毒物质或者其他有害物质，严重污染环境的行为。其具体包括三个方面的要件：(1)违反国家规定。这是构成污染环境罪的前提条件，即违反《环境保护法》《大气污染防治法》《水污染防治法》等环境保护相关国家规定。(2)排放、倾倒或者处置有放射性的废物、含传染病病原体的废物、有毒物质或者其他有害物质。(3)严重污染环境。行为须达到严重污染环境的程度，但并非要求造成重大环境污染事故，致使公私财产遭受重大损失或者人身伤亡的实害后果。

根据刑法第338条的规定，构成污染环境罪，排放、倾倒或者处置的须为“有放射性废物、含传染病病原体的废物、有毒物质或者其他有害物质”。本书认为，“有放射性废物、含传染病病原体的废物、有毒物质或者其他有害物质”的完整外延为污染物，即一切含有污染因子的物质。② 但是，基于我国当前的实际情况，污染物尚不宜包括噪音和光辐射在内。③ 具体而言：

1. 有放射性的废物。为了加强对放射性废物的安全管理，保护环境，保障人体健康，《放射性污染防治法》规定，贮存、处置和向环境排放放射性废气、废液，必须符合国家放射性污染防治标准；禁止利用渗井、渗坑、天然裂隙、溶洞或者国家禁止的其他方式排放放射性废液。刑法第338条将非法排放、倾倒或者处置有放射性的废物，严重污染环境的行为规定为犯罪。鉴于“有放射性的废物”的认定在实践中争议不大，

---

① 按照欧美经验来看，实现大气环境质量的明显好转，最终实现空气质量达标，必须把各种污染物排放总量从现在的千万吨级水平降到百万吨级水平。

② 例如，根据《水污染防治法》第91条的规定，水污染，是指水体因某种物质的介入，而导致其化学、物理、生物或者放射性等方面特性的改变，从而影响水的有效利用，危害人体健康或者破坏生态环境，造成水质恶化的现象。而水污染物是指直接或者间接向水体排放的，能导致水体污染的物质。

③ 实际上，已有国家将噪音污染和光辐射规定为刑事犯罪。例如，德国刑法典第325条a规定：“(1)违背行政法义务，在设备、尤其是工场或机器的运转过程中，制造噪音，注意危害设备以外的人健康的，处3年以下自由刑或罚金刑。(2)违背行政法关于防止噪音、震动和非离子辐射的义务，在设备、尤其是工场或机器的运转过程中，危害他人健康、他人之动物或贵重物品的，处5年以下自由刑或罚金刑。(3)过失为上述行为的1.在第1款情形下处3年以下自由刑或罚金刑，2.在第2款情形下处3年以下自由刑或罚金刑。(4)第1款至第3款的规定不适用于机动车、有轨交通工具、飞机或船舶。”参见《德国刑法典》，徐久生、庄敬华译，中国方正出版社2004年版，第160~161页。

《环境污染犯罪解释》未对该术语作出明确界定。《放射性污染防治法》第 62 条第 8 项规定:"放射性废物,是指含有放射性核素或者被放射性核素污染,其浓度或者比活度大于国家确定的清洁解控水平,预期不再使用的废弃物。"关于刑法第 338 条规定的"有放射性的废物",应当按照上述界定予以把握。① 当然,鉴于"有放射性的废物"的认定较为较为复杂,专业性强,故通常应当依据上述规定,结合鉴定意见或者检验报告予以把握。

2. 含传染病病原体的废物。为了预防、控制和消除传染病的发生和流行,保障人体健康和公共卫生,《传染病防治法》规定对含传染病病原体的废物实行严格消毒处理,严禁非法排放、倾倒或者处置。刑法第 338 条也将非法排放、倾倒或者处置含传染病病原体的废物,严重污染环境的行为规定为犯罪。鉴于"含传染病病原体的废物"的认定在实践中也未见太大争议,《环境污染犯罪解释》未对该术语作出明确界定。所谓传染性病原体,是指能在人体或者动物体内生长、繁殖,通过空气、饮食、接触等方式传播,能对人体健康造成危害的传染病菌种和毒种。② 而含传染病病原体的废物,是指含有传染病病菌的污水、粪便等废弃物。根据《传染病防治法》第 3 条的规定,传染病分为甲类③、乙类④和丙类⑤。无论是含有哪一类传染病病原体的废物,都应当认定为刑法第 338 条规定的"含传染病病原体的废物"。同样,鉴于"含传染病病原体的废物"的认定较为较为复杂,专业性强,通常应当以鉴定意见或者检验报告为基础加以认定。

3. 有毒物质。实践中对有毒物质的具体范围存在较大争议。早在首例以重大环境污染事故罪追究刑事责任的山西运城杨某某重大环境污染事故案中,即对刑法第 338 条关于"有毒物质"的范围存在分歧。故而,国家环保总局应山西运城公安局的要求,于 1998 年 4 月 9 日复函该局,认定该案涉及的挥发酚属于"有毒物质"。⑥ 而

---

① 立法工作机关的著述认为:"所谓有放射性的废物,是指放射性核素含量超过国家规定限值的固体、液体和气体废弃物。"参见全国人大常委会法工委刑法室编:《中华人民共和国刑法 · 条文说明、立法理由及相关规定》,北京大学出版社 2009 年版,第 683 页。这一界定同《放射性污染防治法》的规定并无实质差别,只是表述有异。

② 全国人大常委会法工委刑法室编:《中华人民共和国刑法 · 条文说明、立法理由及相关规定》,北京大学出版社 2009 年版,第 157 页。

③ 甲类传染病,是指鼠疫、霍乱。

④ 乙类传染病,是指传染性非典型肺炎、艾滋病、病毒性肝炎、脊髓灰质炎、人感染高致病性禽流感、麻疹、流行性出血热、狂犬病、流行性乙型脑炎、登革热、炭疽、细菌性和阿米巴性痢疾、肺结核、伤寒和副伤寒、流行性脑脊髓膜炎、百日咳、白喉、新生儿破伤风、猩红热、布鲁氏菌病、淋病、梅毒、钩端螺旋体病、血吸虫病、疟疾。

⑤ 丙类传染病,是指流行性感冒、流行性腮腺炎、风疹、急性出血性结膜炎、麻风病、流行性和地方性斑疹伤寒、黑热病、包虫病、丝虫病,除霍乱、细菌性和阿米巴性痢疾、伤寒和副伤寒以外的感染性腹泻病。

⑥ 国家环境保护总局《关于山西省运城市天马文化用纸厂环境犯罪案有关情况的通报》(环发〔1998〕350 号),载 http://www.110.com/fagui/law_94178.html,最后访问日期:2016 年 6 月 11 日。

且,在《刑法修正案(八)》施行后,污染环境罪涉及的“有毒物质”与重大环境污染事故罪涉及的“有毒物质”差异较大。为统一法律适用,《环境污染犯罪解释》第15条在《2013年解释》第10条规定的基础上,对“有毒物质”的范围作了明确。具体而言,下列物质应当认定为“有毒物质”:(1)危险废物,是指列入国家危险废物名录或者根据国家规定的危险废物鉴别标准和鉴别方法认定的具有危险特性的废物;(2)《关于持久性有机污染物的斯德哥尔摩公约》附件所列物质;(3)含重金属的污染物;(4)其他具有毒性,可能污染环境的物质。

4.其他有害物质。1997年刑法第338条将“其他危险废物”与有放射性的废物、含传染病病原体的废物、有毒物质并列,作为污染物的兜底项。这一规定使得污染物的范围过窄。正如有论者所指出的:“有毒物质并非都是废物,对环境造成严重污染的也不光是废物和有毒物质,还有其他有害物质。”①基于此,《刑法修正案(八)》将“其他危险废物”修改为“其他有害物质”,拓展了污染物的范围。《2013年解释》在起草过程中,曾试图对“其他有害物质”的范围作出明确,后经研究认为,其范围十分宽泛,难以作出具体界定。而且,交由司法实践裁量把握,可以更好地适应具体案件的复杂情况。②《环境污染犯罪解释》延续上述思路,仍未对“其他有害物质”作出明确界定。

对于“有放射性的废物”“含传染病病原体的废物”“有毒物质”如何认定,相关的法律法规都明确了具体的类别或者可以参照的标准,范围相对明确。而“有害物质”的范围较为宽泛,司法适用中宜根据案件具体情况予以把握。需要注意的是,在具体把握“有害物质”的范围时,应当充分考虑《刑法修正案(八)》扩展污染环境罪排放、倾倒、处置对象的立法背景,只要所涉物质会对土地、大气、水体造成危害,污染环境,就可以认定为有害物质。特别是,一些本身无害的东西,但直接在环境中排放、倾倒、处置,会对环境造成危害,可以认定为“有害物质”。③ 而且,基于生活常识,可以对某种物质对环境有害或无害作出大致判断。

---

① 黄太云:《刑法修正案解读全编》,人民法院出版社2011年版,第86页。

② 有论者认为,《2013年解释》未对“其他有害物质”进行界定,“有将‘有毒物质’涵盖‘有毒物质’和‘其他有害物质’之嫌,在解释技术上则有待改进。”参见叶良芳:《“零容忍”政策下环境污染犯罪的司法适用》,载《人民司法》2014年第18期。本书认为,上述论断似存在对《2013年解释》有关规定的误读。其一,《2013年解释》之所以未对“有害物质”作出明确界定,主要在于此类污染物范围过宽,可以囊括所有对环境有危害的污染物在内,基本没有再作解释的必要。其二,司法解释不能为了追求体系的完备而设置“无害条款”,如将“有害物质”界定为“对环境有危害的物质”,此种条款违背了司法解释起草以司法实践中业已存在或者可能出现的问题为导向的基本要求,有“无病呻吟”之嫌。其三,司法解释是对刑法规定的解释,司法适用中应当对刑法、司法解释相关规定一体适用,而不能脱离刑法规定适用司法解释。如此,则不会由于《2013年解释》未对“有害物质”进行界定,而认为《2013年解释》对“有毒物质”的界定涵括“其他有害物质”在内。

③ 例如,将大量牛奶倒入饮用水水源一级保护区,可能污染饮用水水体,可以认定为“有害物质”。

(三)污染环境罪的主体

污染环境罪的主体是一般主体,自然人和单位均可以成为本罪主体。

(四)污染环境罪的主观方面

1. 主观罪过的形式。在《刑法修正案(八)》施行前,关于重大环境污染事故罪的主观罪过形式即存在不同认识:(1)故意说,即认为该罪的主观方面只能是故意,过失不构成本罪。[①] (2)过失说,即认为该罪的主观方面只能是过失。[②] (3)混合罪过说,即认为该罪的主观方面既可以是故意,也可以是过失。[③] 刑法以处罚故意犯罪为原则,以处罚过失犯罪为例外。一般而言,刑法在条文表述上除明确使用"过失"以外,也常用"事故""玩忽职守"等体现对过失罪过的规定。因此,关于重大环境污染事故罪的主观罪过形式,本书主张过失说。该说为刑法理论界的通说,而从司法适用来看,也基本认为重大环境污染事故罪的主观罪过形式是过失。

在《刑法修正案(八)》将重大环境污染事故罪修改为污染环境罪后,关于污染环境罪的主观罪过形式仍然存在较大争议:(1)故意说。有观点认为,1997 年刑法第 338 条规定的重大环境污染事故罪为过失犯罪,但经《刑法修正案(八)》修正的刑法第 338 条规定的污染环境罪的主观方面为故意。[④] (2)过失说。有观点认为,该罪的主观方面由过失构成,即行为人对于违反环境保护相关国家规定,排放、倾倒或者处置有害物质是明知的,但对于由此造成的严重后果并非行为人所希望。[⑤] (3)混合罪过说。有观点认为,污染环境罪的主观方面既包括故意,也包括过失。[⑥]

关于污染环境罪的主观罪过形式,本书主张混合罪过说,即污染环境罪的主观罪过通常是故意,但也可以由过失构成。其主要考虑如下:

第一,根据《刑法修正案(八)》的修法精神,不宜否认污染环境罪可以由过失构成。如前文所述,在《刑法修正案(八)》施行前,刑法理论和司法实务通常主张刑法第 338 条可以由过失构成,即违反国家规定,过失造成重大环境污染事故,致使公私财产遭受重大损失或者人身伤亡的严重后果的,可以成立重大环境污染事故罪。而《刑法修正案(八)》对刑法第 338 条的修改,显然是为了更好地适应日益严峻的环境

---

① 周道鸾主编:《刑法的修改与适用》,人民法院出版社 1997 年版,第 691 页。

② 赵秉志主编:《新刑法全书》,中国人民公安大学出版社 1997 年版,第 1132 页。

③ 张穹主编:《刑罚适用手册》(下),中国人民公安大学出版社 1997 年版,第 1201 页。

④ 张明楷:《刑法学》(第五版),法律出版社 2016 年版,第 1131 页。

⑤ 周道鸾、张军主编:《刑法罪名精释》(下),人民法院出版社 2013 年版,第 858 页;高铭暄、马克昌主编:《刑法学》,北京大学出版社、高等教育出版社 2016 年版,第 582 页。

⑥ 汪维才:《污染环境罪主客观要件问题研究——以〈中华人民共和国刑法修正案(八)〉为视角》,载《法学杂志》2011 年第 8 期。

保护形势,增强刑法规定的可操作性。如果主张污染环境罪的主观方面不能由过失构成,则意味着在《刑法修正案(八)》之前可以重大环境污染事故罪论处的行为,在之后却不能以污染环境罪论处,可能会得出《刑法修正案(八)》关于刑法第338条的修改实际上提升了主观罪过门槛的结论。这显然不符合修法精神。

第二,从司法实践来看,不宜否认污染环境罪可以由过失构成。过失污染环境的案件时有发生,否认污染环境罪可以由过失构成,不符合实际。例如,违反操作规程处置污染物发生事故,违反相关规定盛放污染物发生泄漏等。上述案件中,行为人对污染物污染环境在主观上并非持希望或者放任的态度,不能认定为故意。如果否认过失可以成立污染环境罪,则意味着上述案件即使导致严重污染环境的实害后果的,也不能以污染环境罪论处,明显不合适。① 特别是,如前所述,当前和今后一段时期是我国环境高风险期,强调污染环境罪的过失罪过形式,对于促使有关单位和个人严格遵守环境保护相关国家规定,避免环境风险转化为实害后果,有重大现实意义。

第三,从国外的立法规定来看,污染环境犯罪的主观方面涵括故意和过失是通例。特别是,德国刑法和日本《关于危害人体健康的公害犯罪制裁法》均是从故意犯罪和过失犯罪两个方面来规定污染环境犯罪的。例如,《德国刑法典》第324条规定:"(1)未经许可污染水域或对其品质作不利改变的,处5年以下自由刑或罚金刑。(2)犯本罪未遂的,亦应处罚。(3)过失犯本罪的,处3年以下自由刑或罚金刑。"②其他关于污染土地、污染空气等环境犯罪的规定亦规定可以由过失构成。而我国刑法关于污染环境犯罪的规定主要集中在污染环境罪,宜主张其主观方面涵括故意和过失,以免人为限缩规制范围。

第四,从刑法体系协调的角度,主张污染环境罪的主观方面为复合罪过有先例可循。在我国,关于复合罪过的问题确有一定争议。需要说明的是,本书认为,不能以同一个条文涉及的两个罪名分别涉及故意和过失,而主张复合罪过在刑法中的存在。例如,刑法第397条虽然同时规定了滥用职权罪和玩忽职守罪(通常认为主观方面分别为故意和过失),但这是两个相对独立的罪名,与复合罪过并不相关。同样,刑法第398条规定的故意泄露国家秘密罪和过失泄露国家秘密罪,也不涉及复合罪过的问题。但是,在《刑法修正案(八)》之后,刑法典中规定有复合罪过却是不争的事实。例如,《刑法修正案(八)》增设的食品监管失职罪(第408条之一)涉及滥用职权和玩忽职守两种情形,无疑包括故意和过失在内,认定该罪系复合罪过并无问题。

---

① 当然,有论者可能主张适用过失以危险方法危害公共安全罪等其他罪名。本书不赞同上述主张。主要考虑是:该类案件更为符合污染环境罪的规制目的,且可以通过合理解释污染环境罪主观罪过形式加以适用,没有必要适用其他罪名,而且,按照上述主张,可能加剧以危险方法危害公共安全罪等罪名的"口袋罪"趋势,导致罪名之间的界限愈加模糊。

② 徐久生、庄敬华译:《德国刑法典》,中国方正出版社2004年版,第160页。

综上,污染环境罪的主观方面为复合罪过,即包括故意和过失两种罪过形式。司法适用中需要注意的是,故意是通常的罪过形式,即污染环境罪通常由故意构成;过失是例外的罪过形式,即污染环境罪在一定条件下也可以由过失构成。而且,在过失污染环境的案件中,通常而言,行为人对于违反国家规定是明知故犯,而且限于造成实害后果的情形。此外,对于后文所述的共同犯罪,也限于共同故意犯罪,对于两人以上共同过失污染环境犯罪的,不以共同犯罪论处,应当负刑事责任的,按照他们所犯的罪分别处罚。

2. 主观故意的认定。如前文所述,故意是污染环境罪的基本罪过形式,司法实践中须妥当把握。需要注意的是,行为人到案后对主观心态的供述,是认定其主观罪过形式的重要证据。但是,如果行为人到案后否认其主观上的罪过,则无法直接根据其供述认定主观罪过形态。"主观见之于客观",司法实践宜注重结合客观证据推定主观罪过形态。特别是,行为人实施行为与正常经营活动明显不同的,可以认定其具有污染环境的主观故意。

例如,2014 年 5 月 7 日,被告人宋某未经审批非法开办电镀加工点,于当月 16 日被查获。该加工点未经处理直接向外排放含重金属铬的废水,涉案加工点屋内地面积水样品中的六价铬含量为558mg/L,总铬含量为621mg/L,均超过国家污染物排放标准 3 倍以上。宋某归案后如实供述自己的行为,但辩称自己不知道会污染环境。通常而言,正常的加工经营活动会在白天进行,且不需要对加工厂进行伪装。而从本案来看,宋某经营的电镀加工场生产时间为夜间 12 点到凌晨,加工场内设置隔离板进行伪装。宋某的电镀加工活动明显异于正常的电镀加工,表明其主观上认识到所实施行为会污染环境,具有主观故意。①

3. 违法性认识的问题。关于违法性的认识是否属于犯罪故意的明知内容,我国刑法学界存在肯定说、否定说和折中说三种不同观点。目前,否定说是我国刑法学界的通说,即主张犯罪故意的明知只要求行为人明知其行为及结果的危害性,而不要求行为人明知行为及结果的违法性。但是,例外情况下,可以因行为人无违法性认识而否定其主观故意性,即某种行为一向不为法律所禁止,后来在某个特殊时期或者某种特定情况下为刑法所禁止,如果行为人确实不知道法律所禁止而仍实施该行为的,难以认定行为人具有犯罪的故意。②③ 对污染环境犯罪亦应坚持这一立场,即行为人对所实施污染环境行为是否构成犯罪以及构成何种犯罪的认识,通常不影响污染环境犯罪故意的认定。

---

① 浙江省平阳县人民法院一审判决、温州市中级人民法院二审裁定认为,宋某经营的电镀加工场明显与正常的生产活动不同。据此,法院认定其具有污染环境的故意,进而以污染环境罪判处被告人宋某有期徒刑 10 个月,并处罚金人民币 10000 元。

② 王作富主编:《刑法》(第五版),中国人民大学出版社 2011 年版,第 80 页。

③ 德国刑法典对违法性认识错误的处理有专门规定,第 17 条规定:"行为人行为时没有认识行为的违法性,如果该错误认识不可避免,则对其行为不负责任。如果该认识错误可以避免,则依照第四十九条第一款的规定减轻处罚。"参见《德国刑法典》,徐久生、庄敬华译,中国方正出版社 2004 年版,第 10 页。

例如,黄某于2013年先后开办两处非法电镀工场,分别雇用杨某、张某进行非法电镀。杨某、张某将电镀过程中产生的污水直接排放在电镀工场的地上,通过水沟直接排放到外面河道内。2014年2月,加工场被查获。其中,一处电镀加工场排放出废水中六价铬含量为41.5mg/L(标准限值0.2mg/L),锌含量为295mg/L(标准限值1.5mg/L),超国家污染排放标准3倍以上;另一处电镀加工场排放出废水中六价铬含量为16.5mg/L(标准限值0.2mg/L),总氰化物含量为11.2mg/L(标准限值0.3mg/L),超国家污染排放标准3倍以上。本案中,辩护人提出,被告人黄某所办的电镀厂规模小,政府监管不力,在开办电镀厂期间没有对其进行查处,被告人也不知道自己的行为违法。本案即涉及违法性认识的问题,即行为人以不知道所实施的污染环境行为违法为由提出抗辩的,能否认定其主观上具有污染环境的故意。本书认为,上述意见难以成立。其主要考虑如下:(1)行为人认识到自己的行为具有实质违法性,即可推定其主观上具有违法性认识。本案中,黄某开办电镀工场,杨某、张某从事电镀作业,对于所排放的含有重金属的电镀废水会污染环境,此种实质危害性和违法性是具有通常常识的从业人员都能认识到的。(2)行为人对所实施行为的违法性认识,不要求认识到刑事违法性。换言之,只要行为人认识到行为具有违法性,为国家法律所禁止,即应当认定其主观上具有违法性认识。就本案而言,对于超标排放含有重金属废水,污染环境的行为违反了具有行政违法性,是国家相关规定所禁止的,这是一般人都能具有的常识,可以推定行为人具有这方面的认识。当然,行为人可能确实不知道《2013年解释》第1条第3项将排放特定污染物超标3倍以上的情形规定为“严重污染环境”,从而不知道所实施的行为构成刑法第338条规定的污染环境罪,但这并非犯罪故意所要求的认识内容。基于上述考虑,法院对上述辩护意见未予采纳。①

(五)污染环境罪的处罚

根据刑法第338条的规定,犯污染环境罪,处3年以下有期徒刑或者拘役,并处或者单处罚金;后果特别严重的,处3年以上7年以下有期徒刑,并处罚金。根据刑法第346条的规定,单位犯污染环境罪的,对单位判处罚金,并对其直接负责的主管人员和其他直接责任人员,依照自然人犯污染环境罪的规定处罚。

在此有必要提及禁止令的适用问题。刑法第72条第2款规定:“宣告缓刑,可以根据犯罪情况,同时禁止犯罪分子在缓刑考验期限内从事特定活动,进入特定区域、

---

① 浙江省乐清市人民法院经审理认为,被告人黄某、杨某、张某违反国家规定,排放含重金属的废水超过国家污染物排放标准3倍以上,严重污染环境,其行为均已构成污染环境罪,以污染环境罪分别判处被告人黄某有期徒刑1年4个月,并处罚金人民币16000元;被告人杨某有期徒刑10个月,并处罚金人民币10000元;被告人张某有期徒刑10个月,并处罚金人民币10000元。参见浙江省乐清市人民法院刑事判决书(2014)温乐刑初字第695号。

场所，接触特定的人。”司法实践中，对于宣告缓刑的污染环境犯罪分子，可以根据情况同时适用禁止令。例如，2014 年 2 月以来，被告人孙某在未取得营业执照、未经环境保护主管部门审批的情况下，在其本人经营的织造厂内，雇用被告人张某某、史某某、刘某某、秦某某等人对生产的电机壳半成品进行酸洗氧化加工，未配备污水处理设施设备，随意将生产过程中产生废酸液通过水槽直接排往厂外水渠内，废酸液排放量达二十七八吨。法院经审理认为，本案被告人构成污染环境罪。法院在对被告人判处刑罚的同时还禁止被告人在缓刑考验期内从事相关生产活动，以防止对环境的再次污染，同时对被告人以及其他同类从业人员起到警示作用。①

二、污染环境罪的定罪量刑标准

污染环境罪是环境污染犯罪中最为基础和核心的罪名。《环境污染犯罪解释》第 1 条、第 3 条对污染环境罪的入罪标准和结果加重情节作了明确。根据刑法第 338 条的规定，污染环境罪设有两个法定刑档次：严重污染环境的，符合基本法定刑档次；后果特别严重的，构成结果加重犯。《环境污染犯罪解释》第 1 条对污染环境罪的入罪要件“严重污染环境”的具体认定标准作了规定，明确具有所列情形之一的，应当认定为“严重污染环境”；第 3 条对“后果特别严重”的具体认定标准作了规定，明确具有所列情形之一的，应当认定为“后果特别严重”。

（一）污染环境罪入罪标准设定的主要考虑

《环境污染犯罪解释》第 1 条设定了 18 项具体情形，对污染环境罪的入罪要件“严重污染环境”的具体认定标准作了规定。这 18 项具体情形，主要系吸收《2013 年解释》第 1 条的规定，部分系根据近年来司法实践的新情况设定。具体而言，设定该 18 项具体情形，主要有如下几点考虑：

1. 准确把握从结果犯转化为情节犯的修法精神。1997 年刑法第 338 条规定重大环境污染事故罪的入罪门槛为“造成重大环境污染事故，致使公私财产遭受重大损失或者人身伤亡的严重后果”。由此可见，重大环境污染事故罪是结果犯，必须发生重大环境污染事故，致使公私财产遭受重大损失或者人身伤亡的严重后果，才构成犯罪。如前文所述，这一入罪标准过于严格，导致相关罪名适用率极低，已明显不能适用当前形势。基于此，《刑法修正案（八）》对刑法第 338 条作了重大调整，将入罪门槛修改为“严重污染环境”。从刑法修改的精神看，显然，不应再将“严重污染环境”解释为必须造成公私财产重大损失或者人身伤亡的实害结果。否则，法律修改就将

① 2015 年 12 月 19 日江苏省沛县人民法院作出判决，分别以污染环境罪判处孙某、张某某、刘某某、史某某、秦某某拘役 3 ~ 6 个月，并处罚金 3000 ~ 20000 元；同时禁止张某某、刘某某、史某某、秦某某在缓刑考验期内从事酸洗电镀及其他相关活动。

失去实际意义。而且，从环境污染犯罪的特点看，由于污染损害的显现往往需要有一个过程，且因果关系很难证明（往往具有累积性及多因一果的特点），如将“严重污染环境”解释为必须造成实害结果，也会极大地不当限缩污染环境罪的成立范围。因此，《2013 年解释》第 1 条根据修法精神，突出了对环境法益的考量，根据污染物排放地点、排放量、超标程度、排放方式以及行为人的前科等，规定了几项认定“严重污染环境”的具体情节标准。这些新增标准客观性强，易于把握和认定，既能体现充分从严打击污染环境犯罪的立法精神，又能有效解决此类犯罪取证难、鉴定难、认定难的实际问题。鉴于上述规定的适用效果良好、成效明显，《环境污染犯罪解释》第 1 条第 1 项至第 6 项予以吸收，并加以适当完善。

2. 有序衔接行政处罚与刑事追究。污染环境的有毒、有害物质种类繁多、不可计数，不同污染物对环境的毒害程度又有很大差异。从调研了解的情况看，当前违规排放各种污染物的情况仍十分普遍。“严重污染环境”具体认定标准的设定，既要体现从严打击污染环境犯罪的立法精神，也要立足当前实际，恰当把握打击面，实现行政处罚与刑事处罚的有序衔接。鉴于此，《2013 年解释》第 1 条第 1 项至第 5 项均只针对毒害性较强的污染物设定了具体的入罪标准，如第 4 项规定，只有通过私设暗管或者利用渗井、渗坑、裂隙、溶洞等方式排放、倾倒、处置“有放射性的废物、含传染病病原体的废物、有毒物质的”，才能认定“严重污染环境”，如排放、倾倒、处置其他有害物质的，除可认定属于《2013 年解释》第 1 条第 14 项规定的“其他严重污染环境的情形”，只能依法予以行政处罚。《环境污染犯罪解释》第 1 条沿用了上述模式。

3. 有效规制突出污染环境行为。当前，我国大气污染严重，雾霾等现象的出现，严重影响人民群众的生产生活和身体健康，引起了社会各界对大气污染问题的高度关注。《2013 年解释》第 1 条通过 14 项具体情形对污染环境罪“严重污染环境”的入罪要件作了具体规定，特别是专门设置了操作性较强的第 1 项至第 5 项规定。这些规定当然可以适用于大气污染案件。然而，由于空气在物理状态上的不稳定性，难以对大气污染案件进行有效监测取证，适用上述规定判定是否“严重污染环境”仍十分困难，故实践中较难见到对大气污染案件进行刑事惩治的案件。例如，《2013 年解释》第 1 条第 3 项“非法排放含重金属、持久性有机污染物等严重危害环境、损害人体健康的污染物超过国家污染物排放标准或者省、自治区、直辖市人民政府根据法律授权制定的污染物排放标准三倍以上的”规定，由于对大气污染的具体超标倍数的取证存在困难，影响了适用效果。因此，为有效遏制污染大气犯罪活动高发的势头，增强打击的及时性、有效性，有必要设置专门入罪情形。[①] 而从实践来看，一些企业采取篡

---

① 有公安机关建议借鉴酒驾入刑的方式，对超过国家相关标准进行生产等造成大气污染危害或者足以造成危害的行为进行刑事打击。参见《山东省公安厅建议：借鉴酒驾，让大气污染者入刑！》，载《生活日报》2016 年 4 月 13 日，第 14 版。

改、伪造自动监测数据、干扰自动监测设施的方式排放二氧化硫、氮氧化物等大气污染物，以逃避监管，或者通过不正常运行防治污染设施的方式违规排放大气污染物，以减少运行支出。基于此，《环境污染犯罪解释》第 1 条新增第 7 项、第 8 项规定，将“重点排污单位篡改、伪造自动监测数据或者干扰自动监测设施，排放化学需氧量、氨氮、二氧化硫、氮氧化物等污染物”“违法减少防治污染设施运行支出一百万元以上”规定为“严重污染环境”的情形，为严厉惩治大气污染犯罪这一社会各方高度关注的顽疾提供操作性更强的法律适用标准。

（二）特定区域污染环境构成“严重污染环境”的情形

《环境污染犯罪解释》第 1 条第 1 项将“在饮用水水源一级保护区、自然保护区核心区排放、倾倒、处置有放射性的废物、含传染病病原体的废物、有毒物质”规定为“严重污染环境”的情形之一。申言之，该项规定将在特定区域排放、倾倒、处置特定污染物的行为作为污染环境罪的入罪标准之一，彰显了对环境法益的高度关注。

1. 饮用水水源一级保护区污染环境的入罪。对饮用水进行保护，对于我国这样一个水源严重短缺、水旱灾害频繁的国家具有十分重要的意义。饮用水源短缺、饮用水源恶化等问题已成为制约我国经济社会发展的重要问题，是实现可持续发展不得不考虑的重要因素。为了保障城乡居民饮用水安全，《水污染防治法》设有“饮用水水源和其他特殊水体保护”专章，对饮用水源保护区的管理作了专门规定。《水污染防治法》第 56 第 1 款规定：“国家建立饮用水水源保护区制度。饮用水水源保护区分为一级保护区和二级保护区；必要时，可以在饮用水水源保护区外围划定一定的区域作为准保护区。”关于饮用水水源保护区的划定，由有关市、县人民政府提出划定方案，报省、自治区、直辖市人民政府批准；跨市、县饮用水水源保护区的划定，由有关市、县人民政府协商提出划定方案，报省、自治区、直辖市人民政府批准；协商不成的，由省、自治区、直辖市人民政府环境保护主管部门会同同级水行政、国土资源、卫生、建设等部门提出划定方案，征求同级有关部门的意见后，报省、自治区、直辖市人民政府批准。跨省、自治区、直辖市的饮用水水源保护区，由有关省、自治区、直辖市人民政府商有关流域管理机构划定；协商不成的，由国务院环境保护主管部门会同同级水行政、国土资源、卫生、建设等部门提出划定方案，征求国务院有关部门的意见后，报国务院批准。有关地方人民政府应当在饮用水水源保护区的边界设立明确的地理界标和明显的警示标志。

由于饮用水水源一级保护区与饮用水水源保护的直接相关性，为确保饮用水安全，《水污染防治法》第 58 条明确规定：“禁止在饮用水水源一级保护区内新建、改建、扩建与供水设施和保护水源无关的建设项目；已建成的与供水设施和保护水源无关的建设项目，由县级以上人民政府责令拆除或者关闭。”“禁止在饮用水水源一级保护区内从事网箱养殖、旅游、游泳、垂钓或者其他可能污染饮用水水体的活动。"《水污染防治法》还进一步规定了违反上述规定的法律责任,第81条明确规定:"有下列行为之一的,由县级以上地方人民政府环境保护主管部门责令停止违法行为,处十万元以上五十万元以下的罚款;并报经有批准权的人民政府批准,责令拆除或者关闭:(一)在饮用水水源一级保护区内新建、改建、扩建与供水设施和保护水源无关的建设项目的;(二)在饮用水水源二级保护区内新建、改建、扩建排放污染物的建设项目的;(三)在饮用水水源准保护区内新建、扩建对水体污染严重的建设项目,或者改建建设项目增加排污量的。""在饮用水水源一级保护区内从事网箱养殖或者组织进行旅游、垂钓或者其他可能污染饮用水水体的活动的,由县级以上地方人民政府环境保护主管部门责令停止违法行为,处二万元以上十万元以下的罚款。个人在饮用水水源一级保护区内游泳、垂钓或者从事其他可能污染饮用水水体的活动的,由县级以上地方人民政府环境保护主管部门责令停止违法行为,可以处五百元以下的罚款。"第90条还进一步规定:"违反本法规定,构成违反治安管理行为的,依法给予治安管理处罚;构成犯罪的,依法追究刑事责任。"

防治水污染,保障饮用水安全,对于保护和改善环境,促进经济社会全面协调可持续发展具有重要意义。然而,近年来,我国饮用水源质量不断下降,水环境持续恶化,由于污染所导致的缺水和事故不断发生,对居民生活用水带来严重影响。① 而通过《水污染防治法》的相关规定,可以看出饮用水水源一级保护区的极端重要性。饮用水水源一级保护区内的建设项目须与保护水源有关,与保护水源无关的建设项目和可能污染饮用水水体的活动依法应当绝对予以禁止。但是,近年来,也发生了一些在饮用水水源保护区和准保护区排放、倾倒、处置污染物的行为,严重影响了饮用水的水源保护。经研究认为,在饮用水水源一级保护区排放、倾倒、处置有放射性的废物、含传染病病原体的废物、有毒物质的行为,对饮用水水源的污染十分严重。因此,为强化对饮用水水源的刑事司法保护力度,《环境污染犯罪解释》第1条第1项明确规定对于此种情形可以直接认定为"严重污染环境",而无须再判断其是否引发污染环境的后果及后果的严重与否。

例如,被告人杨某某开办废旧塑料加工点,从事废旧塑料加工处置,每年收购的废旧塑料中含有大量一次性注射器、一次性输液器等医疗废物。杨某某对医疗废物进行分拣,再将医疗废物和其性质相近的其他废旧塑料一起进行破碎加工,然后将破碎的废料出售。经认定,杨某某的塑料加工点位置在一级水源保护范围区。2013年7月,环保部门在执法过程中两次发现杨某甲的塑料加工点存有大量医疗废物,并进

---

① 我国饮用水水源地抗风险能力较差,饮用水安全保障存在薄弱环节。许多地方饮用水水源属河流型,易受周边环境及上游来水影响,特别是石油、化工等高风险污染行业沿江布局,给水源地安全带来较大隐患。有的地方水源地上游或周边存在着工业项目,部分水源地受面源污染影响较大。

行了封存。2013 年 8 月，公安机关在对杨某某的塑料加工点现场勘查时，发现存有约 290 斤一次性输液器的水止等医疗废物尚未处置破碎。本案的定性，主要涉及医疗废弃物的属性认定和在饮用水水源一级保护区处置医疗废物行为的入罪标准两个问题。根据《医疗废物分类目录》的规定，使用后的一次性医疗器械，不论是否剪除针头，是否被病人体液、血液、排泄物污染，均应作为医疗废物进行管理。本案中，被告人杨某某收购一次性注射器、一次性输液器等医疗废物，并混入其他塑料物品对外出售，严重违反了上述规定。而且，杨某某的塑料加工点位于沙河地下水一级水源保护区范围内。根据《2013 年解释》第 1 条第 1 项的规定，在饮用水水源一级保护区处置有毒物质的，应当认定为“严重污染环境”。①

2. 自然保护区核心区污染环境的入罪。自然保护区，是指对有代表性的自然生态系统、珍稀濒危野生动植物物种的天然集中分布区、有特殊意义的自然遗迹等保护对象所在的陆地、陆地水体或者海域，依法划出一定面积予以特殊保护和管理的区域。自然保护区是生物多样性保护的核心区域，在涵养水源、保持土壤、防风固沙、调节气候和保护珍稀特有物种资源、典型生态系统及珍贵自然遗迹等方面具有重要作用。自 1956 年第一个自然保护区——广东鼎湖山自然保护区建立以来，我国已基本形成类型比较齐全、布局基本合理、功能相对完善的自然保护区体系。截至目前，全国已建立 2740 处自然保护区，总面积 147 万平方公里，位居世界第二，仅次于美国。其中陆地面积 142 万平方公里，约占我国陆地国土面积的 14.8%，高于 12.7% 的世界平均水平。国家级自然保护区 446 处，总面积 97 万平方公里；地方级自然保护区 2294 处，总面积 50 万平方公里。全国超过 90% 的陆地自然生态系统都建有代表性的自然保护区，89% 的国家重点保护野生动植物种类遗迹大多数重要自然遗迹在自然保护区内得到保护，部分珍稀濒危物种野外种群逐步恢复。②

自然保护区是了保护特殊的自然资源而划定的特殊区域。换言之，建立自然保护区的目的就在于对这一区域的各种活动进行适度限制，从而使得区域内的保护对象得以保持无人干预的自然发展状况。国务院于 1994 年颁布《自然保护区条例》，建立了环境保护主管部门综合管理与林业、农业、国土资源、水利、海洋等行业管理相结

---

① 河北省新乐市人民法院经审理认为，被告人杨某某违反环境管理法规，在一级水源保护区内处置医疗废弃物，严重污染环境，其行为已构成污染环境罪。被告人杨某某在居民区处置有毒物质，应当酌情从重处罚。被告人杨某某自愿认罪，有悔罪表现，可酌情从轻处罚。据此，以污染环境罪判处杨某某有期徒刑 7 个月，并处罚金 10000 元。参见河北省新乐市人民法院刑事判决书（2013）新刑公初字第 142 号。

② 大熊猫野外种群数量达到 1800 多只，受威胁等级由濒危降为易危；东北虎、东北豹、亚洲象、朱鹮等物种数量明显增加；麋鹿促进野外灭绝，通过建立自然保护区重新引入，种群数量稳步上升，成为国际生物多样性保护成功典范。参见《全国人大常委会听取自然保护区建设和管理工作情况报告》，载《中国环境报》2016 年 7 月 1 日，第 1 版。

合的管理体制，明确分级分区等管理制度。[①] 根据《自然保护区条例》的规定，自然保护区可以分为核心区、缓冲区和实验区。根据自然保护区内的不同划分区域，对区域内的各种活动的限制程度有所不同。具体而言，自然保护区内保存完好的天然状态的生态系统以及珍稀、濒危动植物的集中分布地，应当划为核心区。禁止任何人进入自然保护区的核心区。因科学研究的需要，必须进入核心区从事科学研究观测、调查活动的，应当事先向自然保护区管理机构提交申请和活动计划，并经省级以上人民政府有关自然保护区行政主管部门批准。其中，进入国家级自然保护区核心区的，必须经国务院有关自然保护区行政主管部门批准。自然保护区核心区内原有居民确有必要迁出的，由自然保护区所在地的地方人民政府予以妥善安置。自然保护区的核心区外围可以划定一定面积的缓冲区，只准进入从事科学研究观测活动。自然保护区的缓冲区外围划为实验区，可以进入从事科学试验、教学实习、参观考察、旅游以及驯化、繁殖珍稀、濒危野生动植物等活动。而且，原批准建立自然保护区的人民政府认为必要时，可以在自然保护区的外围划定一定面积的外围保护地带。在自然保护区的核心区和缓冲区内，不得建设任何生产设施。在自然保护区的实验区内，不得建设污染环境、破坏资源或者景观的生产设施；建设其他项目，其污染物排放不得超过国家和地方规定的污染物排放标准。[②]

从上述规定可以看出，自然保护区核心区对于保护自然保护区的生态系统和动、植物资源具有重要意义，因此，除经批准进行科学研究观测、调查活动外，禁止任何人进入自然保护区的核心区。然而，近年来，自然保护区、甚至是核心区的环境污染问题开始显现，亟须加大刑事司法保护力度。经研究认为，在自然保护区核心区排放、倾倒、处置有放射性的废物、含传染病病原体的废物、有毒物质，对于生态环境和动、植物资源的危害极其严重，故《环境污染犯罪解释》第 1 条第 1 项规定应当直接认定为“严重污染环境”，而无须再考虑实害后果。

（三）危险废物污染环境构成“严重污染环境”的情形

《环境污染犯罪解释》第 1 条第 2 项将“非法排放、倾倒、处置危险废物三吨以上”作为认定“严重污染环境”的情形之一。该项规定针对实践中较为突出的非法排放、倾倒、处置危险废物行为作了专门规定，为危险废物污染环境防治提供了有力刑事司法保障。

---

① 我国自然保护区分为国家级和地方级（含省、市、县三级）。

② 我国自然保护区在建设和管理过程中还存在一些问题，面临严峻挑战。调查显示，全国有 27% 的自然保护区内人类活动影响明显，其中，国家级自然保护区内有人类活动痕迹达 6 万多处，涉及面积超过 2.2 万平方公里。部分建立时间较早的资料保护区将一些村镇、农田、工矿企业划入其中，制约了自然保护区健康发展。

1. 起草中的主要考虑。危险废物具有腐蚀性、毒性、易燃性、反应性和感染性等危害特性，利用或处置不当会严重污染环境、危害人体健康，甚至对生态环境造成难以恢复的损害。各国对危险废物实行全过程管理，即从“摇篮”到“坟墓”的管理体系。在我国，随着经济社会快速发展，危险废物数量激增，违法处置事故频发，环境风险增高，危险废物污染防治形势异常严峻。为此，自20世纪90年代签署《控制危险废物越境转移及其处置巴塞尔公约》①以来，经过30多年的实践，我国危险废物管理工作取得了积极进展，构建了以《固体废物污染环境防治法》为龙头，以《危险废物经营许可证管理办法》和《医疗废物管理条例》为骨干，以《国家危险废物名录》《危险废物转移联单管理办法》和危险废物鉴别、贮存、焚烧、填埋标准及系列技术指南为枝干的一系列全过程管理制度。特别是，《固体废物污染环境防治法》设专章对危险废物污染防治作了特别严格的规定，包括危险废物名录和鉴别制度的规定、危险废物识别标志制度的规定、制定管理计划和申报危险废物的规定、编制规划和建设危险废物集中处置设施、场所的规定、强制处置、达标处置和代为处置的规定等多项内容。②

当前，非法排放、倾倒、处置危险废物的行为较多，对环境甚至人体健康造成有害影响，亟须加以规制。③ 河北省保定市蠡县重大污染环境致人死亡案即是适例。2015年5月18日，保定蠡县某停车场墙外一饭店的厨房内，店主李某甲被下水道气味熏倒，经抢救无效死亡。经查，这个停车场的经营者李某乙通过中间人与不法犯罪团伙勾结，非法倾倒工业废液并从中获利。行为人倾倒的废液产生了有毒有害气体，将李某甲熏倒致死。④ 为了加大对此类行为的刑事惩治力度，促进危险废物的规范处理，《2013年解释》第1条第2项将非法排放、倾倒、处置危险废物3吨以上的行为直接规定为“严重污染环境”的情形。

《环境污染犯罪解释》第1条第2项吸收了上述规定。从当前的司法实践来看，我国危险废物污染呈现发散式、隐蔽性、流动性、高风险性特点，危险废物监管形势严

---

① 1990年3月22日我国常驻联合国代表李鹿野签署《控制危险废物越境转移及其处置巴塞尔公约》，1991年9月4日第七届全国人民代表大会常务委员会第二十一次会议决定批准。

② 危险废物污染防治的特别严格规定，也是为了保护相关从业人员的安全，违反相关规定非法排放、倾倒、处置危险废物，也可能危害行为人自身的生命健康。例如，张某某、陈某某租赁山东省章丘市普集镇上皋村已废弃的明皋2号煤矿井院落，专门收集、倾倒危险废物。2015年10月21日凌晨2时左右，张某某、陈某某雇用罐车运输化工废液向煤矿井内倾倒时，张某某、陈某某、罐车司机和押运员共4人中毒死亡。参见《2015年重大突发环境事件简要情况》，载《中国环境报》2016年4月14日，第2版。

③ 有统计显示，《2013年解释》施行后，40%～50%的污染环境刑事涉及危险废物。参见《用名录来规范危险废物管理——专访中国环境科学研究院固体废物污染控制技术研究所首席研究员、所长王琪》，载《中国环境报》2016年6月30日，第5版。

④ 通过调查走访，公安机关一举打掉涉及石家庄、沧州、廊坊及北京等地的两个污染环境犯罪团伙，抓获犯罪嫌疑人27名，涉及企业20家，查实非法倾倒犯罪事实102次，非法倾倒废酸、废碱3400余吨。参见《河北公布污染环境犯罪十大案例》，载《中国环境报》2016年3月20日，第8版。

峻。近年来,危险废物跨省、跨区域非法转移、倾倒、处置的案件时有发生。而且,危险废物非法排放、倾倒、处置有向农村、偏远地区、城乡结合部、地区交界处等监管薄弱地区发展的趋势。例如,2009年12月,浙江东阳某制药厂分三批次,将10车共计1000余桶危险废物非法倾倒在安徽亳州市涡阳、利辛两地农田,造成当地农田土壤和部分河段水质污染。① 因此,应当严格按照《环境污染犯罪解释》第1条第2项的规定,继续加大对非法排放、倾倒、处置危险废物行为的打击力度,有效防控环境污染风险。②

2. 非法处置危险废物的认定。《2013年解释》针对非法排放、倾倒、处置危险废物的入罪作了专门规定,使得危险废物污染环境刑事案件逐渐增多、占比较大。对于非法排放、倾倒危险废物的认定,实践中未见争议。但是,对于非法处置危险废物的认定,争议较大。为统一相关案件的处理,《环境污染犯罪解释》第6条专门规定:"无危险废物经营许可证从事收集、贮存、利用、处置危险废物经营活动,严重污染环境的,按照污染环境罪定罪处罚;同时构成非法经营罪的,依照处罚较重的规定定罪处罚。""实施前款规定的行为,不具有超标排放污染物、非法倾倒污染物或者其他违法造成环境污染的情形的,可以认定为非法经营情节显著轻微危害不大,不认为是犯罪;构成生产、销售伪劣产品等其他犯罪的,以其他犯罪论处。"司法适用中以下几个问题值得关注:

(1)处置危险废物的形式多样。《固体废物污染环境防治法》第88条第6项规定:"处置,是指将固体废物焚烧和用其他改变固体废物的物理、化学、生物特性的方法,达到减少已产生的固体废物数量、缩小固体废物体积、减少或者消除其危险成份的活动,或者将固体废物最终置于符合环境保护规定要求的填埋场的活动。"申言之,针对危险废物进行处置的形式多样,不应拘泥于具体形式,宜根据实质要件把握。例如,"焚烧"即属其中之一。故而,未取得危险废物处置许可证,焚烧危险废物,违法造成环境污染的,应当认定为非法处置危险废物。2015年9月,被告人徐某、苏某、林某焚烧危险废物,产生了滚滚浓烟,导致群众呼吸有不适感。执法人员现场对散落的3975袋废物称重,确定准备焚烧的危险废物共119.17吨。2016年3月,法院认定被告人徐某、苏某、林某因非法处置危险废物,构成污染环境罪,判处有期徒刑6~7个月不等,并各处罚金人民币5000元。③

(2)非法处置危险废物以违法造成环境污染为实质要件。非法处置危险废物以未取得经营许可证为前提,但是否以违法造成环境污染为要件,则存在不同认识。依

① 《着力推进区域危废污染联防联控》,载《中国环境报》2016年6月29日,第3版。

② 非法运输危险废物的行为尚不能直接入罪,除非与倾倒、排放、处置等行为结合才能追究刑事责任。参见陈庆瑞:《污染环境罪的司法适用问题》,载《人民司法》2016年第4期。

③ 《当阳判决一起污染环境案》,载《中国环境报》2016年3月30日,第8版。

据《环境污染犯罪解释》第6条的规定，本书持肯定态度。根据《环境污染犯罪解释》第1条第2项的规定，“非法处置危险废物三吨以上”是认定“严重污染环境”的具体情形之一。但是，如前文所述，污染环境罪保护的法益是环境法益。如果未取得经营许可证处置危险废物，在处置过程中未违法造成环境污染的，未对环境法益造成侵害，不宜以污染环境罪论处。此外，对于无资质处置危险废物，尚未污染环境，未构成污染环境罪的情形，是否可以适用非法经营罪的相关规定，实践中存在不同认识。对此，有些地方持肯定态度，但这实际上形成悖论：无资质处置危险废物，违法造成环境污染的，以污染环境罪最高只能处7年有期徒刑；未违法造成环境污染的，以非法经营罪最高可以处15年有期徒刑。为此，《环境污染犯罪解释》第6条作了明确：一方面，确立无危险废物经营许可证从事收集、贮存、利用、处置危险废物经营活动的入罪以违法造成环境污染为实质要件，未违法造成环境污染的，可以认定为情节显著轻微危害不大，不认为是犯罪①；另一方面，加大对此类行为的刑事惩处力度，允许适用非法经营罪②，对同时符合污染环境罪和非法经营罪的情形“择一重罪处断”。

之所以认定非法处置危险废物，不宜以是否具有经营许可证为唯一要件，还须判断是否违法造成环境污染，与当前的危险废物处置能力不无关系。我国危险废物处置能力不断提升，截至2014年年底，全国危险废物经营单位核准利用处置规模已达4415万吨/年。根据环境统计数据，2014年我国危险废物产生量为3634万吨。但是，“我国年危废产生量则远远不止这个数据，业内有估计为8000万吨，甚至上亿吨的数量。由于危废是只有安全处理处置才能进入到官方统计中，因而获得准确的数据很难。但行业处于能力不足的阶段，这点是确定的”。③④ 在危险废物处置能力不足的情况下，加之危险废物处置价格较高，一些企业不愿承受昂贵的处理成本，就低价将危险废物交给无资质的企业或个人，后者则多通过违法方式处理，譬如偷排、非

① 但是，有关行为构成生产、销售伪劣产品等其他犯罪的，以其他犯罪论处。

② 从《2013年解释》施行情况来看，适用非法经营罪有其现实需要。无危险废物经营许可证从事收集、贮存、利用、处置危险废物经营活动，是污染环境犯罪案件高发的源头。由于非法排放、倾倒、处置危险废物行为存在手段隐蔽、取证难、发现难等问题，绝大多数犯罪行为不容易发现。因此，为从源头上遏制此类犯罪，地方探索以非法经营罪追究相关人员刑事责任。

③ 《危废日益“显形”处置能力告急》，载《中国环境报》2016年6月7日，第10版。类似报道之间可以相互佐证。例如，“根据环境统计数据，我国危险废物产生量从2000年的830万吨增长到2014年的3634万吨，年均增长率达11.1%。而据专家研究估算，我国每年危险废物产生量超过1亿吨，约有7000万吨的废物尚未纳入环境保护部门的统计范围内，大量环境风险处于不可控状态”。以硫酸为例，自2003年起，我国硫酸产量首次超过美国，成为世界第一硫酸生产大国，2014年全国硫酸生产能力达1.24亿吨。我国每年产生1亿吨废硫酸，但废硫酸处置问题一直没有得到很好解决。参见《我国年产一亿吨废硫酸流向何处　专家呼吁急需开展普查并加强处置能力》，载《中国环境报》2016年7月7日，第5版。

④ 根据《2014年环境统计年报》，已发放危险废物经营许可证1921个，其中具有医疗废物经营范围的许可证280个；经营单位标准利用处置规模已达到4304万吨/年。

法倾倒等。解决这一问题，长远而言，需要综合采取政策、法律、行政、经济等方面的手段，适当扩大危险废物经营许可证的发放，鼓励有处置、利用能力的企业领取危险废物经营许可证，降低危险废物的处置、利用交易价格。由于这一政策的调整难以一蹴而就，一些具有处置、利用危险废物能力的企业在未取得经营许可证的情况下处置、利用危险废物，只要未违法造成环境污染的，从刑事规制的角度不应当加以禁止。否则，由于危险废物的处置能力现状，这些危险废物可能会被非法倾倒、排放，反而造成更大的环境污染。

(3)非法处置危险废物"违法造成环境污染"的判定。非法处置危险废物应当以违法造成环境污染为要件，不具有超标排放污染物、非法倾倒污染物或者其他违法造成环境污染的情形的，可以认定为情节显著轻微危害不大，不认为是犯罪。需要注意的是，对于"违法造成环境污染"要件的判断应当采取相对宽泛的标准，即不要求一定达到《环境污染犯罪解释》第1条其他项规定的"严重污染环境"的具体情形。① 例如，未按照规定安装特定污染防治设施，处置过程中超过标准排放污染物(虽然未达到超过特定标准3倍以上)，或者将处置剩余的污染物违反规定倾倒的，可以认定为具备"违法造成环境污染"的要件，以污染环境罪论处；相反，如果在处置危险废物的过程中采取了特定的污染防治措施，未违法造成环境污染的②，通常情况下应当认定为情节显著轻微危害不大，不认为是犯罪。

以废弃的铅蓄电池这一危险废物为例，其主要污染物是铅泥、铅渣、铅烟和酸液，拆解不当或随意丢弃、排放，对生态环境将造成极大伤害。同时，废旧铅酸蓄电池又具有很高的回收利用价值。一般来说，一块铅酸蓄电池含有74%的铅极板、20%的硫酸和6%的塑料。由于有资质回收废旧铅酸蓄电池的企业数量较少，催生了很多不合法小作坊。在高额利润的诱惑下，兴起了诸多回收废旧铅酸蓄电池的"游击队"和不合法炼铅厂。这些小作坊基本没有专业设备，而采用原始的拆解方式，通常把废旧铅酸蓄电池的铅极板拆下，废酸直接倾倒，塑料保留，综合利用率极低，对环境危

---

① 以往司法实践中不少案件是通过适用其他"严重污染环境"的具体情形定罪处罚的。例如，2013年9月至2015年3月间，陈某某在非法收集、贮存废弃机油桶，利用机器设备进行粉碎、清洗、甩干等加工处置后予以销售，处置过程中的污水通过渗坑非法排放，严重污染环境。2015年3月19日，环保部门在该收购站内依法查获机油桶碎片颗粒7.52吨，废弃机油桶8000个。经检测及认定，陈某某经营的废品收购站排放的固体废物渗坑污泥含有有毒物质石油类，属于危险废物；含有或直接沾染废机油的废弃机油桶属于危险废物。被告人陈某某违反国家规定，非法处置危险废物，违法造成环境污染，其行为已构成污染环境罪。法院依法判决被告人陈某某犯污染环境罪，判处有期徒刑9个月，缓刑1年，并处罚金人民币2万元。可见，该案的入罪实际适用《2013年解释》第1条第4项的规定认定为"严重污染环境"。

② 需要注意的是，无论是否取得经营许可证，处置危险废物的过程通常会排放污染物。因此，如果虽未取得经营许可证，但污染防治设施达标，排放污染物在标准之内的，即应当认为不具备"违法造成环境污染"的要件。

害极大。[①] 对于此种情形，当然可以认为具备“违法造成环境污染”的要件，对于非法处置3吨以上的，以污染环境罪论处。[②] 实践中业已有此类判决。被告人田某某租赁炼铅厂，未取得危险废物经营许可证，未采取任何污染防治措施，利用火法冶金工艺进行废旧铅酸蓄电池还原铅生产。自2012年8月至2013年10月，被告人田某某先后从张某某等人（已另案处理）处购买价值人民币108330105元的废旧铅酸蓄电池共计13500余吨，用于还原铅生产，严重污染环境。被告人厉某某建设炼铅厂租赁给田某某，且为田某某经营提供帮助。田某某归案后如实供述自己的犯罪行为。本案中被告人田某某非法收购未经拆解的废旧铅酸电池利用“砸碎”等方法非法拆解或直接收购非法拆解好的铅酸电池，采取火法整体融化后再予以提炼的方法非法炼铅，在非法处置过程中，产生的大量废水、废气均未经处理直接排放，溢出的粉尘用自制布袋收集，生产的成品铅锭露天堆放，这些都会对土壤、水源以及大气造成污染。因此，本案的非法处置危险废物行为可以认为具备“违法造成环境污染”的要件，应当以污染环境罪论处。[③]

（4）非法利用危险废物的定性。《固体废物污染环境防治法》第88条第7项规定：“利用，是指从固体废物中提取物质作为原材料或者燃料的活动。”司法实践中，对于非法处置危险废物的认定，特别是处置危险废物与利用危险废物之间的关系，存在较大认识分歧。经研究认为，利用本身也是一种处置行为，但核心在于判断是否违法造成环境污染。为尽量扩充“非法处置危险废物”的范围，统一相关案件的处理，《环境污染犯罪解释》第16条专门规定：“无危险废物经营许可证，以营利为目的，从危险废物中提取物质作为原材料或者燃料，并具有超标排放污染物、非法倾倒污染物或者其他违法造成环境污染的情形的行为，应当认定为‘非法处置危险废物’。”

例如，废机油属于危险废物。福州国源节能燃料有限公司收购轮船维修厂、车辆维修厂的废机油，并加工转卖给沿海渔民作为渔船燃料。在生产中会产生两类危险废物，一是在过滤分离环节会产生废油渣，废油渣直接排入100多立方米的土坑，坑顶以铁皮封盖，底部没有任何防渗措施，任由重金属等有害物质渗入地下，严重污染

① 例如，据不完全统计，仅福州市1年就产生数10万个废旧铅酸蓄电池，每家电动自行车经销店每年回收废旧铅酸电池少则七八吨，多则二三十吨。但是，福建省有回收资质的企业仅两家，福州、厦门各1家。参见《福建严查严管危险废物污染》，载《中国环境报》2016年3月16日，第7版。

② 在《环境污染犯罪解释》施行后，上述行为可能同时构成非法经营罪的，依照处罚较重的规定定罪处罚。

③ 综合考虑污染行为持续时间、经营规模、污染范围以及排放污染物的数量等因素，两名被告人的行为应当认定为“后果特别严重”。江苏省徐州市云龙区法院作出一审判决，以污染环境罪判处田某某、厉某某各有期徒刑4年6个月，并处罚金人民币10万元。两被告人不服提起上诉，徐州市中级人民法院二审维持原判。参见《徐州法院发布十个环境资源审判刑事典型案例》，载徐州市中级人民法院官网：http://xzzy.chinacourt.org/public/detail.php? id=30423，最后访问日期：2016年7月24日。

土壤环境；二是生产的机油需要利用砂子进行过滤，这些废过滤砂也直接倾倒在现场空地上。据初步查明的情况，该公司已收购处置了百吨以上的废机油。[①] 上述情形实际上属于非法利用危险废物的情形，但只要具有超标排放污染物、非法倾倒污染物或者其他违法造成环境污染的情形的，应当认定为“非法处置危险废物”。

3. 非法处置医疗废物的定性。根据《环境污染犯罪解释》第15条的规定，医疗废物属于危险废物。医疗废物，是指医疗卫生机构在医疗、预防、保健以及其他相关活动中产生的具有直接或者间接感染性、毒性以及其他危害性的废物。从实践来看，医疗废物主要为使用过的医疗耗材，包括手术及包扎后的残余物、一次性注射器、废弃药品和医疗用品等固体废物及伤口敷料、绷带、棉球等传染性废物。医疗废物最大的危害在于原微生物造成的传染性，其中所含的致病细菌及病毒是普通生活垃圾的几十、几百甚至上千倍。[②] 医疗废物已被列为《国家危险废物名录》（2016版）的首位，如果处置不当，将可能成为疫病流行的源头、造成新的环境污染。医疗废物的安全管理，对于防止疾病传播，保护环境，保障人体健康，具有重要意义。为此，《医疗废物管理条例》规定医疗废物实行集中无害化处置制度[③]，杜绝医疗废物流向社会的渠道，以消除污染和疾病传播隐患。医疗卫生机构和医疗废物集中处置单位，应当依照《固体废物污染环境防治法》的规定，执行危险废物转移联单管理制度，禁止在非贮存地点倾倒、堆放医疗废物或者将医疗废物混入其他废物和生活垃圾。

然而，医疗废物管理还存在不少问题，如医疗废物处置不规范，达不到环境和卫生标准的情况比较普遍，一次性医疗器具流入社会被重复使用或再生利用的现象时有发生。受利益驱动，一些地方仍然存在随意处理医疗废物，甚至把医疗废物加工成塑料原料流入市场的现象，不仅直接污染环境、损害人体健康，而且产生了恶劣的社会影响。[④] 当前部分地区对于医疗废物处置管理上的不规范，私下倒卖、非法处置存

---

① 《福建严查严管危险废物污染》，载《中国环境报》2016年3月16日，第7版。

② 廖海金：《堵住医疗垃圾处置监管漏洞》，载《中国环境报》2016年7月29日，第3版。

③ 根据《医疗废物管理条例》的规定，从事医疗废物集中处置活动的单位，应当向县级以上人民政府环境保护行政主管部门申请领取经营许可证；未取得经营许可证的单位，不得从事有关医疗废物集中处置的活动。禁止任何单位和个人转让、买卖医疗废物。具体而言，医疗废物集中处置单位，应当符合下列条件：（1）具有符合环境保护和卫生要求的医疗废物贮存、处置设施或者设备；（2）具有经过培训的技术人员以及相应的技术工人；（3）具有负责医疗废物处置效果检测、评价工作的机构和人员；（4）具有保证医疗废物安全处置的规章制度。

④ 实践中，一些“黑作坊”非法回收医疗废物，经过初步人工分拣、清洗、粉碎等工序加工成半成品，再出售给其他塑料加工厂，最终被制作成编织袋、鞋底等日用品，制作成玩具，甚至被制作成塑料餐具和杯子。参见廖海金：《堵住医疗垃圾处置监管漏洞》，载《中国环境报》2016年7月29日，第3版。

在一条黑色产业链条,对广大群众的健康造成了潜在的威胁。[①] 由于非法处置医疗废物,不仅会对环境造成污染,还会危害人民群众的身体健康,对于未取得取经营许可证非法处置医疗废物3吨以上的行为,应当依照《环境污染犯罪解释》第1条第2项的规定,认定为"严重污染环境"。

例如,2014年1月至3月,靳某某在未取得许可证的情况下,雇佣郝某某、单某某等人对一次性输液器、一次性注射器等医疗废物进行分拣、碎粉。2014年3月被当场查获,现场扣押的医疗废物累计重量为14.03吨。经认定,被告人靳某某所处置的医疗废弃物属于危险废物。[②] 2014年3月,被告人靳某某主动到公安机关投案,并如实供述自己的犯罪事实。江苏省宿迁市宿城区人民法院认定被告人靳某某犯污染环境罪,判处有期徒刑1年2个月,缓刑1年6个月,并处罚金人民币8000元。

又如,2012年以来,刘某某、杨某某在未取得许可证的情况下,非法处置粉碎过的注射器和针头。2014年8月,公安机关进行消防检查时发现其家厂房内堆放粉碎过的注射器和针头共计6.506吨。经认定,涉案的针头、注射器等系危险废物。江苏省徐州市新沂市人民法院以污染环境罪判处刘某某、杨某某有期徒刑1年、有期徒刑10个月,并处罚金。[③]

此外,还要特别关注医疗废物处置企业污染环境的情形。随着打击非法处置医疗废物的力度不断增强,医疗废物无害化处置率越来越高。与之同时,医疗废物处置企业作为危险废物经营单位,其自身的问题也相应突出,医疗废物处置也暴露出一些问题。一方面,部分地区处置能力严重不足,处置设施超负荷运行。医疗废物处置企业超期贮存、露天堆存医疗废物的现象也较为常见,易造成环境污染和安全隐患。[④] 另一方面,处置设施工艺落后,运行维护不到位,处置过程存在二次污染。一些企业焚烧设施工艺达不到《医疗废物集中处置技术规范》《危险废物焚烧污染控制标准》等标准规范的要求。而且,利用其他处置技术的医疗废物处置设施运行状态也存在

---

① 例如,曹某某、陈某等人从温州鹿城、瓯海、永嘉,丽水青田等地的20余家小型医疗诊所收购输液瓶、输液袋、输液管、注射器及塑料药瓶等医疗废物,经简单加工、分类后卖给平阳、瑞安两处加工场,由平阳、瑞安加工场经过进一步处理后出售给塑料业制造商。

② 根据《医疗废物分类目录》的规定,使用后的一次性医疗器械,不论是否剪除针头,是否被病人体液、血液、排泄物污染,均应作为医疗废物进行管理。根据《医疗废物分类目录》的规定,使用后的各种玻璃(一次性塑料)输液瓶(袋),未被病人血液、体液、排泄物污染的,不属于医疗废物,不必按照医疗废物进行管理,但这类废物回收利用时不得用于原用途,用于其他用途时应符合不危害人体健康的原则。

③ 《徐州法院发布十个环境资源审判刑事典型案例》,载徐州市中级人民法院官网:http://xzzy.chinacourt.org/public/detail.php?id=30423,最后访问日期:2016年7月24日。

④ 例如,某企业露天堆存数百吨医疗废物达数月之久。而《医疗废物集中处置技术规范》明确规定,当处置场医疗废物暂时贮存温度≥5℃,医疗废物暂时贮存时间不得超过24小时;当医疗废物暂时贮存温度<5℃,医疗废物暂时贮存时间不得超过72小时。参见李子冲、刘国才、徐亦钢:《规范医疗废物处置应关注两大问题》,载《中国环境报》2016年3月17日,第3版。

一定问题。如有的企业蒸煮后的医疗废物并没有达到无害化效果。[①] 因此,要加大对医疗废物处置企业的监管力度,坚决防止在医疗废物处置过程中对环境的污染。

4. 非法排放、倾倒、处置废弃危险化学品的定性。《国家危险废物名录》(2016版)第4条规定:“列入《危险化学品目录》的化学品废弃后属于危险废物。”因此,对于非法排放、倾倒、处置废弃危险化学品的行为,应当适用《环境污染犯罪解释》第1条第2项的规定。

实际上,在《2013年解释》施行前,司法实践中即有对非法排放、倾倒、处置危险化学品适用污染环境罪的案例。例如,四氯化硅属于危险化学品,必须依照国家有关规定进行处置,而不能直接排放到环境中,以免造成环境污染。2011年3月,从事危险品运输的倪某以抚顺源泉燃气配送中心的名义作为运输方,吉林市华夏化工厂为收货方,分别与供应方即湖北晶星科技股份有限公司、诺贝尔(九江)高新材料有限公司签订了四氯化硅运输及处理合同。为节省运输费用,倪某向供应方提供了伪造的吉林市华夏化工厂收货证明及检斤单,并与无处理四氯化硅资质的王某某商议,由王某某在湖北随州周边地区找一个能排放四氯化硅的场地。王某某与陈某某联系,承诺每月付给其3万元场地费,由陈某某将一块场地提供给王某某等人排放四氯化硅。其后,倪某先后将18车四氯化硅交给王某某等人擅自进行排放处理。王某某等人将四氯化硅仅用井水简单稀释即直接向钟祥市城市管网排放。所排四氯化硅经城市管网流入钟祥市污水处理厂后,造成污水处理厂菌种死亡、设备受损而无法对污水进行处理,未经处理的污水流入南湖,致使南湖水域发生大面积污染,导致鱼类大面积死亡。经评估,给钟祥市污水处理厂造成损失1363816元,给南湖渔场造成2011年度渔业直接经济损失3371816.2元。本案中,被告人倪某明知被告人王某某无处理四氯化硅的资质,而违反国家规定,将四氯化硅交由其处理;而后,王某某伙同他人将四氯化硅稀释后直接排放到环境中。本案发生在《2013年解释》施行前,故法院根据本案所造成的实害结果认定上述行为“严重污染环境”,以污染环境罪追究各被告人的刑事责任,是符合刑法有关规定的。需要注意的是,《环境污染犯罪解释》施行后,对于违反国家规定,非法排放、倾倒、处置危险化学品的案件,可以直接适用《环境

① 高温蒸煮工艺,是指医疗废物进入高温压力锅内,高压下密闭后产生100℃以上的蒸汽,并且保证停留一定时间,使高温高压蒸汽充分穿透处理物,以达到无害化处理要求。参见李子冲、刘国才、徐亦钢:《规范医疗废物处置应关注两大问题》,载《中国环境报》2016年3月17日,第3版。

污染犯罪解释》第1条第2项的规定认定“严重污染环境”。①

5. 危险废物的数量认定。《环境污染犯罪解释》第1条第2项规定，非法排放、倾倒、处置危险废物3吨以上的，才认定为“严重污染环境”。因此，“三吨以上”成为非法排放、倾倒、处置危险废物构成污染环境罪的入罪门槛。实践中，认定非法排放、倾倒、处置危险废物的数量，需要注意以下几个问题：

(1)危险废物数量的累计。对于行为人多次排放、倾倒、处置危险废物的，原则上应当将数量累计计算。同样，行为人一次将危险废物在不同地点分别排放、倾倒、处置的，数量也应当累计计算。

(2)法排放、倾倒、处置危险废物未遂的处理。实践中，非法排放、倾倒、处置危险废物的行为在被有关部门查处时，可能被非法排放、倾倒、处置危险废物尚未达到三吨。而且，这一问题还涉及环保部门、公安机关的执法办案意识问题。例如，环保部门、公安机关在发现行为人在非法倾倒危险废物，是否及时制止则处于“两难”境地：如果及时制止，则可能行为人所非法倾倒的危险废物尚未达到“严重污染环境”所要求的“三吨以上”标准；而如果不及时制止，放任行为人非法倾倒危险废物达到“严重污染环境”所要求的“三吨以上”标准，则这一执法办案行为明显存在“瑕疵”。本书认为，不能为了达到“严重污染环境”所要求的“三吨以上”的标准而放任行为人非法倾倒危险废物的行为，而应当及时予以制止；同时，对于行为人未来得及倾倒的危险废物，可以依法认定为犯罪未遂。例如，行为人用罐车装有10吨的危险废物并开往某河流旁倾倒，在倾倒完1吨时被环保部门执法人员及时制止，对于此案可以依法认定行为人非法倾倒危险废物既遂1吨，未遂9吨。当然，对于行为人未遂部分，可以从轻或者减轻处罚。②

(3)危险废物数量综合全案证据的认定。对于行为人非法排放、倾倒、处置危险废物的数量，除了当场查获的外，还可以依据其他证据材料予以综合认定。为了加大对危险废物产生企业的规制力度，《环境污染犯罪解释》专门确立了对危险废物数量的认定规则，第13条第2款规定，“对于危险废物的数量，可以综合被告人供述，涉案

---

① 湖北省钟祥市人民法院一审判决、荆门市中级人民法院二审裁定认为：被告人倪某明知四氯化硅属于危险化学品不能随意排放，明知王某某无处理四氯化硅的资质，而违反国家规定，将四氯化硅交由王某某处置，造成了严重污染环境的后果，构成污染环境罪。被告人王某某等人违反国家规定，将四氯化硅掺水稀释后直接排放，造成严重污染环境的后果，构成污染环境罪。被告人陈某某给无处理四氯化硅资质的王某某提供四氯化硅的排放场地且收取场地费，为排放四氯化硅提供了便利，构成污染环境罪。遂分别判处上述被告人有期徒刑3~5年不等，并处罚金人民币5万元至30万元不等，并对部分被告人适用缓刑。

② 对于排放、倾倒危险废物“着手”的判断，通常不存在问题。相比之下，处置危险废物“着手”的判断较为复杂，须妥当把握。通常而言，“只要是启动将危险废物焚烧、煅烧、熔融、烧结、裂解、中和、消毒、蒸馏、萃取、沉淀、过滤、拆解以及用其他改变危险废物物理、化学、生物特性的方法的行为，就是处置危险废物的着手行为”。参见肖雄：《污染环境罪的量刑规则》，载《人民司法》2016年第5期。

企业的生产工艺、物耗、能耗情况,以及经批准或者备案的环境影响评价文件等证据作出认定”。

(四)排放重金属污染物超标构成“严重污染环境”的情形

《环境污染犯罪解释》第 1 条第 3 项、第 4 项将“排放、倾倒、处置含铅、汞、镉、铬、砷、铊、锑的污染物,超过国家或者地方污染物排放标准三倍以上”“排放、倾倒、处置含镍、铜、锌、银、钒、锰、钴的污染物,超过国家或者地方污染物排放标准十倍以上”作为认定“严重污染环境”的情形,以进一步细化重金属污染环境的入罪标准。

1. 基于实践情况作出重大修改完善。关于《2013 年解释》第 1 条第 3 项“非法排放含重金属、持久性有机污染物等严重危害环境、损害人体健康的污染物超过国家污染物排放标准或者省、自治区、直辖市人民政府根据法律授权制定的污染物排放标准三倍以上的”规定,适用中的主要问题在于第 3 项规定的重金属范围。《2013 年解释》第 10 条第 3 项将“含有铅、汞、镉、铬等重金属的物质”列入“有毒物质”的范围。2011 年 2 月,国务院正式批复《重金属污染综合防治“十二五”规划》,确定了“十二五”期间重点防控的重金属污染物是铅(Pb)、汞(Hg)、镉(Cd)、铬(Cr)和类金属砷(As)等,兼顾镍(Ni)、铜(Cu)、锌(Zn)、银(Ag)、钒(V)、锰(Mn)、钴(Co)、铊(Tl)、锑(Sb)等其他重金属污染物。那么,对于大量排放仅含有铜、锌等重金属超标严重的废水,能否构成污染环境罪,适用难中争议较大。[①]

《环境污染犯罪解释》起草过程中,对这一问题作了反复论证。《重金属污染综合防治“十二五”规划》主要是根据我国重金属污染的严重程度确定重点防控的重金属污染物范围。但是,兼顾防控的重金属污染物对环境和人体也能造成严重伤害。因此,将上述兼顾防范的重金属均纳入刑事规制范围,是必然选择。但是,上述重金属在毒害性程度方面存在明显差异,特别是铜、锌、银的危害性明显低于其他重金属。一般意义上,含有不同的重金属的废水,如铜与汞,对环境的具体危害必然是差别巨大的。因此,按照根据《2013 年解释》第 1 条第 3 项的规定,对重点防范的重金属和兼顾防范的重金属在污染物超标标准上不做区分,明显不妥。经广泛听取意见和反复研究论证,决定对于重点防范的重金属仍按照超标 3 倍的标准入罪,但对于部分兼顾防范的重金属则按照超标 10 倍的标准入罪(铊、锑虽属于兼顾防范的重金属,但其具有强烈的放射性,对环境和人体的危害十分严重,故宜按照超标 3 倍的标准入罪)。

---

① 最高人民法院中国应用法学研究所编:《环境资源审判典型案例选编(刑事卷)》,人民法院出版社 2015 年版,第 16 ~ 17 页。

按照这一原则,形成了《环境污染犯罪解释》第1条第3项、第4项的规定。[①]

2.地方污染物排放标准优于国家污染物排放标准适用。为了保护生态环境,防治污染和其他公害,保障人体健康,各国在综合考虑本国自然环境特征、科学技术水平和经济社会发展状况的基础上,往往会通过法定程序制定具有法律约束力的环境保护标准(亦称环境标准)。我国亦不例外。我国的环境标准是由环境质量标准、污染物排放标准、环境监测方法标准、环境标准样品标准和环境基础标准五类构成的。所谓污染物排放标准,是指为了实现环境质量标准目标,结合技术经济条件和环境特点,对排入环境的污染物或者有害因素所作的控制规定,是实现环境质量标准的主要保证,也是控制污染的重要手段。[②]

我国的环境标准分为国家环境标准和地方环境标准二级。《环境保护法》第15条第1款、第2款规定:"国务院环境保护主管部门制定国家环境质量标准。""省、自治区、直辖市人民政府对国家环境质量标准中未作规定的项目,可以制定地方环境质量标准;对国家环境质量标准中已作规定的项目,可以制定严于国家环境质量标准的地方环境质量标准。地方环境质量标准应当报国务院环境保护主管部门备案。"同样,污染物排放标准也分为国家污染物排放标准和地方污染物排放标准。具体而言:(1)国家污染物排放标准。国家污染物排放标准,是指为了实现国家环境质量标准的要求,以全国常见的污染物为主要控制对象所制定的排放标准,直接规定污染物的浓度和数量,适用于全国范围。[③]《环境保护法》第16条第1款规定:"国务院环境保护主管部门根据国家环境质量标准和国家经济、技术条件,制定国家污染物排放标准。"专门环境法律亦有类似规定。例如,《水污染防治法》第13条第1款规定:"国务院环境保护主管部门根据国家水环境质量标准和国家经济、技术条件,制定国家水污染物排放标准。"国家污染物排放标准由国务院环境保护主管部门制定,分为综合性标准和行业通用标准两类。例如,《污水综合排放标准》(GB 8978－1996),按照污染物排放去向,分年限规定了69种水污染物的最高允许排放浓度以及部分行业最高允许排放量。但是,按照国家综合排放标准与国家行业排放标准不交叉执行的原则,造纸工业、船舶工业、海洋石油开发工业、纺织染整、肉类加工工业、合成氨工业、钢铁工业、航天推进剂使用、兵器工业、磷肥工业、烧碱和聚氯乙烯工业等分别执行国家行业排放标准。[④] (2)地方污染物排放标准。地方污染物排放标准,是指省、自治区、直辖市

---

① 鉴于目前对绝大多数持久性有机污染物没有规定排放标准,实践中也未出现依据排放、倾倒、处置持久性有机污染物超标3倍以上入罪的案件,故《环境污染犯罪解释》第1条第3项未再将排放、倾倒、处置持久性有机污染物依据超标3倍以上的情形规定为"严重污染环境"。

② 韩德培主编:《环境保护法教程》(第六版),法律出版社2012年版,第116页。

③ 韩德培主编:《环境保护法教程》(第六版),法律出版社2012年版,第116~117页。

④ 信春鹰主编:《〈中华人民共和国环境保护法〉学习读本》,中国民主法制出版社2014年版,第101页。

人民政府制定的自在本行政区域内适用的污染物排放标准，既包括在本行政区域内普遍适用的污染物排放标准，也包括只在本行政区域内的部分流域、区域适用的污染物排放标准。《环境保护法》第16条第2款规定："省、自治区、直辖市人民政府对国家污染物排放标准中未作规定的项目，可以制定地方污染物排放标准；对国家污染物排放标准中已作规定的项目，可以制定严于国家污染物排放标准的地方污染物排放标准。地方污染物排放标准应当报国务院环境保护主管部门备案。"专门环境法律亦有类似规定。例如，《水污染防治法》亦有类似规定，第13条第2款规定："省、自治区、直辖市人民政府对国家水污染物排放标准中未作规定的项目，可以制定地方水污染物排放标准；对国家水污染物排放标准中已作规定的项目，可以制定严于国家水污染物排放标准的地方水污染物排放标准。地方水污染物排放标准须报国务院环境保护主管部门备案。"据此，地方污染物排放标准主要有两种情形：一种情形是对国家污染物排放标准中未作规定的项目所制定的地方污染物排放标准；另一种情形是对国家污染物排放标准中已作规定的项目所制定的严于国家污染物排放标准的地方污染物排放标准。"国家污染物排放标准是以全国常见的污染物为主要控制对象，其控制指标的确定是以全国的平均水平和要求提出的，不可能包括具有地方特点的污染物，要控制这些特定污染物，必须靠地方环境标准；同时，国家污染物排放标准只能在污染物控制指标与环境质量之间建立一种宏观的定量关系，很难体现区域性环境、经济和社会特点。要切实实行污染物控制必须靠地方污染物排放标准。"①根据环境保护部《关于加强地方环保标准工作的指导意见》（环发〔2014〕49号）的规定，有下列情况的地区，应制定地方污染物排放标准：严格实施现行国家污染物排放标准后，环境质量仍然不能达标的地区；国务院批准实施的环保规划、计划确定的重点地区；产业集中度高、环境问题突出、当地群众反映强烈的地区；地方特色产业或特有污染物造成环境问题的地区；国家标准相关规定不能满足当地环境管理要求，需要进一步细化明确的地区。同时，国家鼓励各地对国家环境质量标准未规定的项目制定地方环境质量标准。

需要注意的是，关于污染物排放标准的适用，我国法律规定实行地方污染物排放标准优于国家污染物排放标准的原则。1989年《环境保护法》第10条第3款明确规定："凡是向已有地方污染物排放标准的区域排放污染物的，应当执行地方污染物排放标准。"此次《环境保护法》修订过程中，考虑到上述原则不言而喻，故删除了上述规定，但"这仅属于技术性修改，并无实质意义的变化。"②而且，这一原则可以见之于其他专门环保法和其他文件之中。例如，《水污染防治法》第13条第3款规定："向已

① 韩德培主编：《环境保护法教程》（第六版），法律出版社2012年版，第117页。

② 信春鹰主编：《〈中华人民共和国环境保护法〉学习读本》，中国民主法制出版社2014年版，第101页。

有地方水污染物排放标准的水体排放污染物的，应当执行地方水污染物排放标准。”①

如前文所述，地方污染物排放标准优先于国家污染物排放标准适用，是《环境保护法》及相关法律确立的原则。但是，《2013 年解释》起草过程中，对于应否将排放含重金属、持久性有机污染物等严重危害环境、损害人体健康的污染物超过地方污染物排放标准 3 倍以上的情形同超过国家污染物排放标准 3 倍以上的情形一并规定为“严重污染环境”，存在不同认识。根据刑法第 338 条的规定，构成污染环境罪的前提条件是“违反国家规定”。而根据刑法第 96 条的规定，违反国家规定，是指违反全国人民代表大会及其常务委员会制定的法律和决定，国务院制定的行政法规、规定的行政措施、发布的决定和命令。需要注意的是，国务院环境保护行政主管部门的规章和规定本身并非“国家规定”。因此，单纯违反国务院环境保护行政主管部门的规章和规定的行为，不能认定为“违反国家规定”。但是，《环境保护法》已经授权国务院环境保护行政主管部门制定国家污染物排放标准。因此，违反了国家污染物排放标准，也就相应违反了《环境保护法》的规定，属于“违反国家规定”。因此，从严格意义上而言，判断排放污染物超标程度从而认定是否构成污染环境罪的标准，应当是国务院环境保护行政主管部门依照《环境保护法》的规定，根据国家环境质量标准和国家经济、技术条件制定的国家污染物排放标准。但是，地方污染物排放标准不同于其他类型的地方标准，是省、自治区、直辖市人民政府根据环境保护法及相关法律授权制定的标准，且法律明确规定了其优于国家污染物排放标准适用。因此，违反地方污染物排放标准排放污染的行为，相应违反了《环境保护法》及相关法律的规定，也应当认定为“违反国家规定”。基于此，《2013 年解释》第 1 条第 3 项最终仍将“非法排放含重金属、持久性有机污染物等严重危害环境、损害人体健康的污染物超过省、自治区、直辖市人民政府根据法律授权制定的污染物排放标准三倍以上”也作为认定“严重污染环境”的情形之一。《环境污染犯罪解释》第 3 条第 3 项、第 4 项吸收了上述处理原则。因此，司法适用中仍然应当坚持“地方污染物排放标准优于国家污染物排放标准适用”的原则。

3.“非法排放”的认定。关于如何适用《环境污染犯罪解释》第 1 条第 3 项、第 4 项的规定，存在不同认识。有观点认为，根据《环境污染犯罪解释》第 1 条第 3 项、第 4 项的规定，应当是“非法排放”与“超标 3 倍/10 倍以上”两个条件同时具备，才能认定为“严重污染环境”。换言之，如果行为人仅仅是排放相关污染物超国家污染物排放标准或者地方污染物排放标准 3 倍/10 倍以上，但是并不具有非法排放（如未取得

① 国家环保总局《对天津市有关排污收费请示的复函》（1994 年 10 月 17 日）明确提出：“根据《中华人民共和国环境保护法》第十条和《中华人民共和国水污染防治法》第七条有关水污染物排放的规定，对你市‘水污染物排放标准’中严于国家‘污水综合排放标准’的指标，可以按地方标准执行。”

排污许可证排放污染物)情节的,也不能认定为"严重污染环境"。本书认为,上述观点存在不妥之处:其一,对于《环境污染犯罪解释》第1条第3项、第4项应当作整体解释,不能人为割裂其中的内容。经过批准的排放污染物行为,仅仅是批准在污染物排放标准范围内排放污染物,并未批准其超标排放。因此,对于排放相关污染物超过污染物排放标准的,自然就属于"非法排放"。其二,如作上述理解,将会使《环境污染犯罪解释》第1条第3项、第4项的规定在实践中适用范围过窄,明显不符合司法解释的价值取向。

4.超过污染物排放标准的认定。《刑法》第99条规定:"本法所称以上、以下、以内,包括本数。"相应地,对于"超过",则应当理解为不包括本数。因此,对于《环境污染犯罪解释》第1条第3项、第4项规定的"超过国家污染物排放标准或者地方污染物排放标准三倍/十倍以上",则应当理解为不包括本数在内,对于非法排放有关污染物浓度恰好为国家或者地方污染物排放标准3倍/10倍的情形,不能认定为"严重污染环境"。

关于超过污染物排放标准的具体倍数认定,有不同看法。以超标3倍为例,究竟是指污染物浓度为排放标准的3倍还是4倍以上,存在不同认识。对此,实践中有的地方已经作了统一。例如,浙江《关于办理环境污染刑事案件若干问题的会议纪要》明确提出:"'污染物排放标准三倍以上'的认定。是指超过污染物排放标准的三倍,即污染物排放标准×3以上的浓度,如标准为0.5的,超过1.5即为超标。"本书原则赞同上述观点,同时认为对于处于临界点的案件宜慎重处理。例如,对于污染物浓度为排放标准3倍以上但未达到4倍以上的,宜充分考虑案件的具体社会危害性,妥善决定是否纳入刑事追究范围。其中,对于情节显著轻微社会危害不大的,可以适用刑法第13条但书的规定出罪。

当然,实践中绝大多数入罪处理的案件都涉及超标倍数较高,不少行为人排放的含有重金属的污染物或者持久性有机污染物超过污染物排放标准数10倍甚至上百倍。例如,2013年6月以来,张某、陈某某夫妇开办一磨盘电镀加工厂,主要生产用于加工水晶的磨盘,生产该磨盘时产生的污水未经处理直接从厂内厕所管道排至村污水管内。经检测,发现该厂排出的污水不达标,其中pH值为7.48,总镍为7.73MG/L,其中重金属镍含量已经超过国家规定标准的14.5倍。①

5.监测取样点的选定。对于排放含重金属的污染物的浓度,可以通过监测进行判断,如果监测数据显示超过污染物排放标准3倍/10倍以上的,可以认定构成"严

① 浙江省义乌市人民法院经审理认为,被告人张某、陈某某违反国家规定,排放污水总镍含量超标达14.5倍,其行为均已构成污染环境罪。判决被告人张某有期徒刑8个月,并处罚金人民币5000元;被告人陈某某有期徒刑8个月,并处罚金人民币5000元。

重污染环境”。故而,在此有必要探讨监测取样点的相关问题。①

例如,2013 年 6 月,被告人朱某擅自开办电镀厂,进行镀镍、镀锌作业。被告人叶某受雇在该厂从事日常管理以及负责镀镍作业。被告人朱某、叶某等人将电镀产生的废水未经处理排放于工厂地面,废水沿地面水槽流向墙外,直接对外排放。经检测,该电镀厂 1 号车间电镀废水排放口提取的水样中重金属含量为:六价铬 165mg/L,铜 16.1mg/L、锌 36.5mg/L、镍 25.5mg/L;2 号车间电镀废水排放口提取的水样中重金属含量为:六价铬 0.044mg/L、铜 8.47mg/L,锌 2.66mg/L,镍 2.68 × 103mg/L。其中六价铬、铜、锌、镍的含量均已超过国家规定的 3 倍以上(《电镀污染物排放标准》规定的重金属排放标准为:六价铬 0.2mg/L、铜 0.5mg/L、锌 1.5mg/L、镍0.5mg/L)。② 本案的关键问题在于监测取样点如何确定,以及依照有关规定对污染物进行监测,在不同取样点获取不同值的,应当如何进行评价。

关于监测取样点的问题,本书认为,对于超标排放污染物的监测取样点应当依据环境监测的相关规定③,不一定要以最终排入外环境点为标准。其主要考虑如下:(1)污染环境罪属于行政犯。依据刑法理论,对于行政犯的相关要件的判断,需要依据相关行政法律法规的规定。就污染环境罪的入罪要件“严重污染环境”而言,《环境污染犯罪解释》第 1 条作了明确规定。而其中超标倍数的判断,自然应当根据环境监测行政法律法规的规定进行。而从相关规定来看,相关监测点不一定是排入外环境的点位(有的是生产车间的排污口,而非企业排污口)。④ (2)如果要求以排入外环境点作为监测取样点,则可能导致行为人恶意利用法律漏洞,无法体现污染环境罪的规制宗旨。实践中,如某类重金属以车间排污口为取样点,行为人在污染物排出车间

---

① 当然,司法实践中对于判定涉案的污染物是否系危险废物等问题,也需要收集取样,亦可参考本部分的相关内容。

② 浙江省永嘉县人民法院经审理认为,被告人朱某、叶某违反国家规定,非法排放超过国家污染物排放标准 3 倍以上的含重金属污染物,严重污染环境,其行为均已构成污染环境罪。鉴于被告人朱某到案后提供线索,帮助侦查机关侦破 3 起刑事案件,系立功;被告人叶某在共同犯罪中起次要作用,系从犯;结合两名被告人归案后均如实供述罪行,决定予以不同程度的从轻处罚。据此,以污染环境罪判处朱某有期徒刑 9 个月,并处罚金人民币 15000 元;叶某有期徒刑 8 个月,并处罚金人民币 10000 元。参见浙江省永嘉县人民法院刑事判决书(2014)温永刑初字第 835 号。

③ 《环境污染犯罪解释》第 14 条第 3 款规定:“公安机关单独或者会同环境保护主管部门,提取污染物样品进行检测获取的数据,在刑事诉讼中可以作为证据使用。”在刑事立案后或者初查阶段,公安机关单独或者会同环境保护主管部门提取污染物样品的,应当同时遵循刑事现场勘查规则的相关规定。

④ 为防止重金属的稀释排放,水污染物排放标准中规定了重金属等一类有毒有害污染物均要求在车间或者生产设施排放口达标排放。例如,根据《污水综合排放标准》(GB 8978 – 1996)规定,按性质及控制方式将排放的污染物分为两类:一是第一类污染物,如铬、镍、汞等,不分行业和污水排放方式,也不分受纳水体的功能类别,一律在车间或车间处理设施排放口采样。二是第二类污染物,如锌、铜等,在排污单位排放口采样。排入 GB3838 Ⅲ类水域(划定的保护区和游泳区除外),执行一级标准。

后可以通过其他污水进行混合,必然导致排入外环境的重金属浓度不超标。但是,所排放的重金属对于环境的危害是实质存在的。综上,本案在车间电镀废水排放口对六价铬、镍进行取样监测,是符合有关规定的。

关于同一重金属在不同车间检出的含量,本案的裁判法院认为,应当根据其最高值进行评价,本案中六价铬、镍的含量达到国家排放标准数十倍乃至数万倍,其社会危害性较大。本书原则赞同上述观点,认为对于依照有关规定对污染物进行监测,在不同取样点获取不同值的,应当以最高值进行评价。但是,同时应当注意的是要排除由于其他原因形成的含量明显异于标准的情形,如根据工艺排除了所排放的污染物为监测最高值的可能(最高值可能是由于沉淀物累积而成),则应当根据实际情况选择适当的监测值。

此外,有必要进一步探讨有关污染环境行为构成犯罪的时间点问题。例如,2013年4月至9月间,被告人蒉某某、陆某某等人经事先通谋后,由被告人陆某某等人在厂内处理污水时,采用私设暗管的方式,多次将磷化酸洗产生的生产污水,未经处理排放至污水管网中。同年9月1日上午,被告人陆某某在采用相同方法非法排放污水至管网中时,被执法人员当场查获。经检测,所排污水PH值为1.22、化学需氧量为618毫克/升、锌浓度为132毫克/升,分别超过《污水综合排放标准》(GB 8978-1996)表4三级标准4.78个单位、0.236倍、25.4倍。[①] 由于经过公共污水处理管网处理后,最终排放到自然环境中的污水是符合排放标准的,故关于本案的定性存在不同认识:第一种观点认为,行为人虽实施了擅自排放污水的行为,但污水并未直接排放到自然环境中,而是排入了公共污水处理管网。经过该管网处理后,最终排放到自然环境中的污水是符合排放标准的。因此,行为人的行为实际上未造成严重污染环境的后果,不构成犯罪。第二种观点认为,行为人在明知应对污水进行处理后才可排放的情况下,仍私自排放未经处理的污水,且其中重金属锌的浓度严重超标,属严重污染环境,依法应以污染环境罪追责任。行为人向外界排放超标污染物的行为已经完成,此后污染物是否再由公共管网进行处理以及处理结果,不影响犯罪构成。本书赞同第二种观点。而且,公共污染物处理管网只能处理日常生产、生活过程中产生的常规污染物,对于重金属锌等非常规污染物并没有处理能力。但是,排出的污水被其他水体大量稀释而使重金属锌的浓度降低,最终经过该管网处理后,最终排放到自然环境中的污水是符合排放标准的。

6. 其他严重危害环境、损害人体健康的污染物超标排放的处理。《2013年解释》

① 浙江省海盐县人民法院一审判决、嘉兴市中级人民法院二审裁定认为,两名被告人的行为构成污染环境罪。以污染环境罪判处蒉某某有期徒刑9个月,并处罚金3万元,陆某某有期徒刑7个月,并处罚金2万元。参见最高人民法院中国应用法学研究所编:《环境资源审判典型案例选编(刑事卷)》,人民法院出版社2015年版,第61~62页。

第1条第3项规定的污染物的对象为“重金属、持久性有机污染物等严重危害环境、损害人体健康的污染物”。实践中有对此作“等外”适用的案例,前文所述建滔(河北)焦化有限公司污染环境案即是适例。该案中,挥发酚超出国家规定标准137倍。需要注意的是,挥发酚既不属于重金属,亦不属于持久性有机污染物,而是属于其他严重危害环境、损害人体健康的污染物。基于表述的考虑,《环境污染犯罪解释》第1条第3项、第4项未再留有“等”字,实践中对于此类案件,确有必要的,可以考虑适用第1条第18项“其他严重污染环境的情形”的规定。当然,从刑法的谦抑性角度考虑,确需作等外解释的,也应当确保所针对的污染物与含重金属的污染物在对环境和人体健康的危害方面具有相当性,确实会严重危害环境、损害人体健康,以免打击面过大。

7.不可避免的超标排污行为不宜认定为犯罪。“法律不能强人所难。”污染环境罪须存在主观罪过,对于主观上无罪过的事件不能进行刑事归责。而从污染物的排放实践来看,受技术条件和各种因素限制,确实存在行为人意志无法左右的超标排污行为。对此种情形,应当根据刑法规定和刑法理论,实事求是地处理,即使超过污染物排放标准3倍/10倍以上,也不能认定为犯罪。具体而言,主要有如下两种情形:(1)防治污染设施及相关设备的安装、调试期间发生的超标排放情形。从实践看,防治污染设施及相关设备的安装和调试是一个渐进的过程。在这个过程的实验阶段,由于设备尚未正常运转,可能会排放污染物超过标准,后来会逐渐达到达标排放的阶段。根据前述分析,对于此种人力无法抗拒的超标排污行为,不能按照犯罪处理。(2)基于同样的道理,由于防治污染设施及相关设备发生故障,在故障发生后、发现前这段时间内的超标排放也是人力所不能抗拒的,不能认定为犯罪。但是,如果行为人明知防治污染设施及相关设备发生故障,而故意或者违反有关规定未及时采取措施,则可能构成污染环境罪或者其他相应犯罪。

(五)隐蔽排污构成“严重污染环境”的情形

《环境污染犯罪解释》第1条第5项将“通过暗管、渗井、渗坑、裂隙、溶洞、灌注等逃避监管的方式排放、倾倒、处置有放射性的废物、含传染病病原体的废物、有毒物质”作为认定“严重污染环境”的情形之一。申言之,该项规定针对当前较为普遍且危害性较大的隐蔽排放、倾倒、处置污染物行为作了专门规定。

1.起草中的主要考虑。实践中,私设暗管或者利用渗井、渗坑、裂隙、溶洞等排放、倾倒、处置污染物的情况相当普遍。此种排放、倾倒、处置污染物行为,行为人的主观恶性相对更大,有“长期作战”的准备;而且,对于有关部门进行监管和查办案件而言,存在较大困难。且上述隐蔽排污,通常时间较长、量较大、毒害性较强。例如,东海矿业公司系生产铜精矿的公司,日处理原矿石150吨。公司法定代表人马某某、选矿厂厂长李某某负责生产管理。东海矿业公司在未取得环保设施竣工验收手续的情况下，擅自生产铜精矿，在生产铜精矿过程中添加硫化钠、黄药、松油等药剂。东海矿业公司自 2011 年 1 月到 2013 年 3 月期间，利用尾矿库坝尾私设的暗管将生产废水、尾矿渣通过暗道直接排入小江。经鉴定，选矿废水中含有二硫化碳、砷、铅、镉等有毒物质，直接排放外环境会造成环境污染。2011 年 9 月 7 日，东海矿业公司因废水排入外环境被环保部门予以行政处罚；2012 年 6 月 26 日，东海矿业公司因在公司尾矿库底部设有一根暗管将选矿废水、尾矿渣通过暗道直排小江，被环保部门予以行政处罚；2013 年 4 月 27 日，东海矿业公司因生产废水排放外环境，被环保部门予以行政处罚。本案即属于私设暗管排放有毒物质，故法院依法以污染环境罪追究被告单位东海矿业公司和两被告人的刑事责任。①

然而，《2013 年解释》起草过程中，对于私设暗管或者利用渗井、渗坑、裂隙、溶洞等排放、倾倒、处置污染物的行为究竟应否认定为“严重污染环境”，以及何种情形应当认定，仍然存在不同的认识：第一种观点认为，《水污染防治法》第 22 条第 2 款明确规定：“禁止私设暗管或者采取其他规避监管的方式排放水污染物。”第 75 条第 2 款进一步明确了法律责任，规定：“除前款规定外，违反法律、行政法规和国务院环境保护主管部门的规定设置排污口或者私设暗管的，由县级以上地方人民政府环境保护主管部门责令限期拆除，处二万元以上十万元以下的罚款；逾期不拆除的，强制拆除，所需费用由违法者承担，处十万元以上五十万元以下的罚款；私设暗管或者有其他严重情节的，县级以上地方人民政府环境保护主管部门可以提请县级以上地方人民政府责令停产整顿。”可见，“私设暗管”在《水污染防治法》中即为严重的环境违法行为，其对环境的危害性是不言而喻的，将此种行为上升到刑事惩治的高度，在尚未造成严重后果时即入罪处罚，能够加大对环境的刑事司法保护力度。第二种观点则认为，“私设暗管”确实被《水污染防治法》规定为严重的环境违法行为，但仅仅配置了“责令限期拆除”“强制拆除”“罚款”等行政处罚措施，连行政拘留都未设置，若对此种行为直接上升到刑事惩治的高度，不利于行政执法与刑事司法的有效衔接，不符合刑法的“最后法”的属性要求。因此，不能仅仅因为私设暗管或者利用渗井、渗坑、裂

① 云南省昆明市寻甸回族彝族自治县人民法院一审判决、昆明市中级人民法院二审裁定认为：被告单位东海矿业公司违反国家法律规定，私设暗管将含有二硫化碳、砷、铅、镉等有毒物质的生产废水排放到外环境；且连续两年因排放生产废水被环保部门行政处罚两次，其行为应当认定为“严重污染环境”。被告人马某某是被告单位的法定代表人，属于本案的直接负责的主管人员，应对单位的行为承担全部责任；被告人李某某是选矿厂厂长，负责生产、管理工作，是直接责任人员，应对其在职责范围内的行为承担责任。被告单位东海矿业公司、被告人马某某、李某某的行为均已构成污染环境罪。据此，综合主动交纳环境公益救济资金等行为等情节，以污染环境罪判处被告单位昆明东海矿业有限公司罚金人民币 75 万元；被告人马某某有期徒刑 1 年 3 个月，缓刑 2 年 6 个月，并处罚金人民币 6 万元；被告人李某某有期徒刑 8 个月，并处罚金人民币 4 万元。

隙、溶洞等排放、倾倒、处置污染物即入罪,还应当判断其所造成的危害后果。

经研究认为,上述两种观点均有一定道理,但也均存在失之片面的弊端。因此,综合两种观点,《2013 年解释》第 1 条第 4 项最终将“私设暗管或者利用渗井、渗坑、裂隙、溶洞等排放、倾倒、处置有放射性的废物、含传染病病原体的废物、有毒物质”规定为“严重污染环境”的情形。其主要考虑如下:(1)《水污染防治法》第 75 条所处罚的是私设暗管的行为,至于是否使用暗管排污、排放何种污染物质在所不问。而《2013 年解释》第 1 条第 4 项不仅要求私设暗管或者利用渗井、渗坑、裂隙、溶洞等,而且要求排放、倾倒、处置的须为有放射性的废物、含传染病病原体的废物、有毒物质,而非一般的污染物。可以说,《2013 年解释》第 1 条第 4 项规定的情形实际上是“私设暗管或者利用渗井、渗坑、裂隙、溶洞等”与“排放、倾倒、处置有放射性的废物、含传染病病原体的废物、有毒物质”两种严重环境危害行为的叠加,其社会危害性程度明显较大。因此,《2013 年解释》予以刑事惩治的行为与《水污染防治法》予以行政处罚的行为有一定差异,前者明显社会危害性更大,将其认定为犯罪符合相当性原则的要求。(2)当前,私设暗管或者利用渗井、渗坑、裂隙、溶洞等排放、倾倒、处置污染物的问题较为突出,作出上述规定,有利于有效防治和减少此类行为,体现从严惩治环境污染犯罪的立法精神。

修订后《环境保护法》第 42 条第 4 款规定:“严禁通过暗管、渗井、渗坑、灌注或者篡改、伪造监测数据,或者不正常运行防治污染设施等逃避监管的方式违法排放污染物。”第 63 条针对上述情形进一步规定,“尚不构成犯罪的,除依照有关法律法规规定予以处罚外,由县级以上人民政府环境保护主管部门或者其他有关部门将案件移送公安机关,对其直接负责的主管人员和其他直接责任人员,处十日以上十五日以下拘留;情节较轻的,处五日以上十日以下拘留”。与此相衔接,《环境污染犯罪解释》第 1 条第 5 项吸收《2013 年解释》第 1 条第 4 项的规定并作适当完善,将“通过暗管、渗井、渗坑、裂隙、溶洞、灌注等逃避监管的方式排放、倾倒、处置有放射性的废物、含传染病病原体的废物、有毒物质”规定为“严重污染环境”的情形之一。

2. “暗管”的认定。根据《环境保护法》第 42 条第 4 款的规定,对于“暗管”,应当理解为通过隐蔽的方式达到规避监管的目的而设置的管道。在适用《环境污染犯罪解释》第 1 条第 5 项时,应当注意把握“暗管”的本质属性是隐蔽排污。需要注意的是,私设暗管不同于不按规定设置排污口的情形。《水污染防治法》第 22 条规定:“向水体排放污染物的企业事业单位和个体工商户,应当按照法律、行政法规和国务院环境保护主管部门的规定设置排污口;在江河、湖泊设置排污口的,还应当遵守国务院水行政主管部门的规定。”“禁止私设暗管或者采取其他规避监管的方式排放水污染物。”据此,对于未按照有关规定设置排污口排污,但所设置的排污口不具备隐蔽性特征的,不应认定为“暗管”。[①] 当然,不应拘泥于排污方式的具体形式作机械式理解,而应根据行为的社会危害性程度妥善把握,准确是否构成“严重污染环境”。例如,对于实践中存在的为排污所私设的暗闸,利用城市雨水管道,通过埋入地下的水泥管、陶瓷管、塑料管道等,以及其他通过非规范化排放口(源)的隐蔽方式,均可以认定为“暗管”。[②]

需要注意的是,“暗管”不以行为人已依法办理环评审批、“三同时”竣工验收等环保手续为限,不以行为人具有企业法人资格为限。换言之,不能因为行为人没有办理合法的工商注册、登记手续而不适用该项规定,即“私设暗管”的行为主体不以办理环保手续获得合法排污口的“明管”企业为限,凡是设置隐蔽性排污管道旨在逃避环保监管的,均可以认定为“暗管排污”。

3.其他隐蔽排污方式的认定。如何把握《环境污染犯罪解释》第1条第5项中的“等”字,即通过暗管、渗井、渗坑、裂隙、溶洞、灌注以外逃避监管的方式的认定,需要引起重视。此处“等”的具体范围的把握,关键在于隐蔽式排污的本质特征以及与前述方式社会危害性的相当。除《环境污染犯罪解释》第1条第5项所明确列举的行为类型外,其他以逃避环境监管为目的,采取秘密方式排放、倾倒、处置有放射性的废物、含传染病病原体的废物、有毒物质的,属于该项所称“等”行为。例如,对于在厂区内挖地洞填埋有放射性的废物、含传染病病原体的废物、有毒物质的,可以认定为该项所称“等”方式。

(六)多次污染环境构成“严重污染环境”的情形

《环境污染犯罪解释》第1条第6项将“二年内曾因违反国家规定,排放、倾倒、处置有放射性的废物、含传染病病原体的废物、有毒物质受过两次以上行政处罚,又实施前列行为的”作为认定“严重污染环境”的情形之一。该项规定针对受过行政处罚后屡教不改仍非法排放、倾倒、处置污染物的行为作了专门规定,彰显了污染环境罪情节犯的立法旨趣。

1.起草中的主要考虑。环境污染违法行为屡禁不止,已成为我国环境治理中的痼疾。为严厉打击上述现象,《2013年解释》第1条第5项专门针对多次实施排放、倾倒、处置污染物的行为作出相应规定。对于该项规定,起草过程中有不同认识。经

---

① 《环境污染犯罪解释》起草过程中,拟就“暗管”的含义作出明确,但征求意见过程中存在不同认识,有观点认为,通过其他未经环境保护主管部门验收或者同意设置的管道排放,均应认定为“暗管”。经研究,未采纳上述观点,但也未对暗管的涵义作出明确,由司法实践裁量把握。

② 《行政主管部门移送适用行政拘留环境违法案件暂行办法》规定:“暗管是指通过隐蔽的方式达到规避监管目的而设置的排污管道,包括埋入地下的水泥管、瓷管、塑料管等,以及地上的临时排污管道。”实际上,这一界定也强调暗管的隐蔽性特征。

研究，最终仍作出相应规定，主要考虑如下：(1)从实践来看，由于污染环境犯罪的犯罪成本低、取证难度大，屡查屡犯的现象较为突出，规定该项，既能有针对性地加大打击力度，也能降低执法成本。(2)该项规定将时间限制在“二年内”，污染物对象限于“有放射性的废物、含传染病病原体的废物、有毒物质”(不包括危害性相对较小的“其他有害物质”)，曾受行政处罚的次数限定为“两次以上”。符合该项规定的，说明行为人主观恶性大，客观危害严重，将其纳入刑事处罚范围，并不会导致打击过严的问题，相反，更加符合宽严相济刑事政策的精神。(3)刑法第153条第1项规定“一年内曾因走私被给予二次行政处罚后又走私的”，构成走私普通货物、物品罪。该项规定与刑法的上述规定意旨一致，并不存在双重评价问题。《环境污染犯罪解释》第1条第6项沿用了上述规定，仅对表述作了微调。

2.“二年内”的把握。根据《环境污染犯罪解释》第1条第6项的规定，适用该项规定的前提在于“二年内曾因违反国家规定，排放、倾倒、处置有放射性的废物、含传染病病原体的废物、有毒物质受过两次以上行政处罚”。如何把握“二年内”的含义，直接影响到罪与非罪的界限。为此，《环境污染犯罪解释》第17条第1款规定：“本解释所称‘二年内’，以第一次违法行为受到行政处罚的生效之日与又实施相应行为之日的时间间隔计算确定。”需要注意的是：

(1)“两次以上行政处罚”均应当处于二年内。“二年内”的起算时间以第一次行政处罚发生法律效力之日为标准。具体而言：①应以第一次行政处罚生效而非行政立案查处之日作为起算时间。实践中，行政立案查处到行政处罚作出并发生法律效力之日，往往有一个较长的周期，不宜以行政立案查处之日作为起算时间。②如果行政相对人针对第一次行政处罚提起行政复议或者行政诉讼的，除复议或者诉讼不停止执行的情形外，应以行政复议决定或者行政诉讼裁决生效之日作为起算之日。原因在于，在行为人提起行政诉讼或者行政复议后，除复议或者诉讼不停止执行的情形外，行政处罚并不发生法律效力，故不应作为“二年内”的起算之日。

(2)第三次实施的违规排放、倾倒、处置有放射性的废物、含传染病病原体的废物、有毒物质的行为也应当发生在二年内，而不能处于二年外。

3.“两次以上行政处罚”的认定。需要注意的是，《环境污染犯罪解释》第1条第6项并未将“两次以上行政处罚”的主体范围限定为环境保护主管部门。因此，“两次以上行政处罚”不限于环境保护主管部门的行政处罚，也可能包括其他部门，如水行政主管部门对违反《水污染防治法》行为的行政处罚，甚至是公安机关的行政处罚。

而关于行政处罚的种类，《环境行政处罚办法》第10条规定：“根据法律、行政法规和部门规章，环境行政处罚的种类有：(一)警告；(二)罚款；(三)责令停产整顿；(四)责令停产、停业、关闭；(五)暂扣、吊销许可证或者其他具有许可性质的证件；(六)没收违法所得、没收非法财物；(七)行政拘留；(八)法律、行政法规设定的其他行政处罚种类。”实践中有争议的问题是，是否所有的行政处罚都属于《环境污染犯罪解释》第 1 条第 6 项规定的行政处罚。本书认为，从整体解释的角度，无法将前述处罚种类中的部分行政处罚措施排除在《环境污染犯罪解释》第 1 条第 6 项规定的行政处罚范围之外，而应当将《环境污染犯罪解释》第 1 条第 6 项规定的行政处罚作与《环境行政处罚办法》第 10 条相同的理解和把握。

无论是受过两次以上行政处罚的行为，还是又实施的排放、倾倒、处置行为，行为对象均应为“有放射性的废物、含传染病病原体的废物、有毒物质”。但是，并不要求每次行为所涉物质均为同种物质。换言之，上述行为所涉物质可以是有放射性的废物、含传染病病原体的废物、有毒物质中任意一类物质。例如，行为人第一次因为违规排放有放射性的废物受过行政处罚，第二次因为违规排放含传染病病原体的废物受过行政处罚，第三次违规排放有毒物质，只要上述行为处在两年之内，即可以认定为符合《环境污染犯罪解释》第 1 条第 6 项的规定。不仅行为对象如此，违法行为的行为方式也可以是排放、倾倒、处置三类行为中的任何一种行为方式。允许上述所涉物质和行为方式的任意排列组合，可以在最大范围内严厉打击环境违法屡禁不止的现象，严密环境刑事惩治法网，避免行为人利用漏洞逃避制裁，最大限度地实现刑法的预防功能。

此外，按日计罚宜认定为一次行政处罚。针对环保领域“守法成本高、违法成本低”的现象，修订后《环境保护法》加大了行政处罚力度，规定了按日计罚制度。第 59 条第 1 款规定：“企业事业单位和其他生产经营者违法排放污染物，受到罚款处罚，被责令改正，拒不改正的，依法作出处罚决定的行政机关可以自责令改正之日的次日起，按照原处罚数额按日连续处罚。”具体而言，环境行政执法部门按照防治污染设施的运行成本、违法行为造成的直接损失或者违法所得等因素，对违法排放污染物的企业事业单位和其他生产经营者确定罚款处罚，责令改正，企业拒不改正的，自责令改正之日的次日起按照原处罚数额按日连续处罚。需要注意的是，此种情形下虽然对环境行为进行按日计划，可能作出多个行政处罚决定，但由于系一个违法行为引起的，宜认定为一次行政处罚。例如，行为人于 2015 年 1 月 5 日因违法排放有毒物质被行政处罚 5 万元，并被责令于 1 月 10 日改正，但环境执法部门在 1 月 15 日检查发现行为人仍未改正，从而决定对其自 1 月 15 日起按日计罚。此种情况下，行为人虽然受到多个行政处罚，但由于系同一个违法行为引起的，仍宜认定为“因排放有毒物质受过一次行政处罚”。

（七）篡改、伪造自动监测数据排污构成“严重污染环境”的情形

《环境污染犯罪解释》第 1 条第 7 项将“重点排污单位篡改、伪造自动监测数据或者干扰自动监测设施，排放化学需氧量、氨氮、二氧化硫、氮氧化物等污染物”规定为

“严重污染环境”的情形之一。这既是对实践中较为突出的篡改、伪造自动监测数据和干扰自动监测设施现象作出的针对性规定,更是为严厉惩治大气污染犯罪这一社会各方高度关注的顽疾奠定了坚实基础。

1. 起草中的主要考虑。企业事业单位和其他生产经营者是环境主要的污染者,也是环境保护相关国家规定重点规范的对象。《环境保护法》第 42 条规定:“重点排污单位应当按照国家有关规定和监测规范安装使用监测设备,保证监测设备正常运行,保存原始监测记录。”第 55 条规定:“重点排污单位应当如实向社会公开其主要污染物的名称、排放方式、排放浓度和总量、超标排放情况,以及防治污染设施的建设和运行情况,接受社会监督。”

为实时监测监控重点排污单位的主要污染物排放情况,环保部门建立了重点污染源自动监控系统,对水污染物排放、大气污染物排放等进行自动监测监控。重点污染源自动监控系统由自动监控设备和监控中心组成。自动监控设备,是指在污染源现场安装的用于监控、监测污染物排放的仪器、流量(速)计、污染治理设施运行记录仪和数据采集传输仪等仪器、仪表,是污染防治设施的组成部分。监控中心,是指环保部门通过通信传输线路与自动监控设备连接用于对重点污染源实施自动监控的计算机软件和设备等。根据《污染源自动监控管理办法》的规定,列入污染源自动监控计划的排污单位,应当按照规定的时限建设、安装自动监控设备及其配套设施,配合自动监控系统的联网。自动监控设备及其配套设施系环境保护设施的组成部分,须与主体工程同时设计、同时施工、同时投入使用。① 环保污染源自动监控设施(在线监测设施),是指在污染源现场安装的用于监控、监测污染物排放和用于数据采集、传输的仪器、仪表,是污染防治设施的组成部分,也是环保部门监控记录企业排污情况的眼睛,是环保部门加强环境实时监测监管的有力措施,也是治理企业超标排放的有力抓手,被称为 24 小时不下岗的“环保警察”。只要重点污染源自动监控系统正常运行,就能监控企业污染物排放是否超标。

近年来,随着环保自动监测数据应用越来越广(排污费征收、总量核定等),部分不法单位将弄虚作假、规避监管的歪主意打到自动监测设施上来了。破坏监控设施、篡改监测数据的行为,一定程度上使得自动监控设施无法发挥应有作用。环境保护部数据显示,环境保护部及 6 个督查中心检查企业一万多家,存在问题的企业约占 10% 。特别是,“废气企业作假情况,比废水企业更为普遍,也难以被察觉”②。

篡改、伪造自动监测数据或者干扰自动监测设施,通常是重点排污单位非法排污的前提条件。监测数据弄虚作假,会影响环境管理和环境决策,误导公众,影响政府

① 污染源自动监控设备作为污染物治理设施的一部分,产权可能属于企业。但是,这并不意味着企业可以篡改、伪造自动监测数据和干扰自动监测设施。

② 《环保数据造假,罚不管用啥管用?》,载《财经》2016 年第 2 期。

公信力。为加大对此类行为的规制力度,《环境保护法》第 42 条第 4 款明确禁止通过篡改、伪造监测数据等逃避监管的方式违法排放污染物。第 63 条进一步规定,对于通过篡改、伪造监测数据的方式违法排放污染物,"尚不构成犯罪的,除依照有关法律法规规定予以处罚外,由县级以上人民政府环境保护主管部门或者其他有关部门将案件移送公安机关,对其直接负责的主管人员和其他直接责任人员,处十日以上十五日以下拘留;情节较轻的,处五日以上十日以下拘留"。为有效防范规模以上企业的污染环境行为,实现行政处罚与刑事追究之间的有序衔接,《环境污染犯罪解释》第 1 条第 7 项将"重点排污单位篡改、伪造自动监测数据或者干扰自动监测设施,排放化学需氧量、氨氮、二氧化硫、氮氧化物等污染物"规定为"严重污染环境"的情形之一。

2. 重点排污单位的确定。环境保护部《企业事业单位环境信息公开办法》第 7 条对确定重点排污单位的原则作了明确,规定:"设区的市级人民政府环境保护主管部门应当于每年 3 月底前确定本行政区域内重点排污单位名录,并通过政府网站、报刊、广播、电视等便于公众知晓的方式公布。""环境保护主管部门确定重点排污单位名录时,应当综合考虑本行政区域的环境容量、重点污染物排放总量控制指标的要求,以及企业事业单位排放污染物的种类、数量和浓度等因素。"根据《企业事业单位环境信息公开办法》第 8 条的规定,具备下列条件之一的企业事业单位,应当列入重点排污单位名录:(1)被设区的市级以上人民政府环境保护主管部门确定为重点监控企业的;(2)具有试验、分析、检测等功能的化学、医药、生物类省级重点以上实验室、二级以上医院、污染物集中处置单位等污染物排放行为引起社会广泛关注的或者可能对环境敏感区造成较大影响的;(3)3 年内发生较大以上突发环境事件或者因环境污染问题造成重大社会影响的;(4)其他有必要列入的情形。

基于此,《环境污染犯罪解释》第 17 条第 2 款专门规定:"本解释所称'重点排污单位',是指设区的市级以上人民政府环境保护主管部门依法确定的应当安装、使用污染物排放自动监测设备的重点监控企业及其他单位。"可见,重点监控企业属于重点排污单位的主要组成部分,具体包括国家重点监控企业①、省级重点监控企业和市级重点监控企业。

3. 行为方式的认定。根据《环境污染犯罪解释》第 1 条第 7 项的规定,具体行为方式包括篡改、伪造自动监测数据和干扰自动监测设施。这是基于实践情形作出的针对性规定。自动监测数据造假方式五花八门,可谓是"软硬兼施",大致可以分为两类:一是有形方式(又称"硬手段"),主要表现为通过破坏采样系统等硬件手段造假,如在设备采样管上私接稀释装置或者通过其他方式稀释采集的污染物样品(如废气

① 环境保护部《关于印发 2016 年国家重点监控企业名单的通知》公布了 2016 年国家重点监控企业名单,共 14312 家企业。其中,国家重点监控排放污水企业 2660 家、废气企业 3281 家、污水处理厂 3812 家、规模化畜禽养殖场(小区)21 家、重金属企业 2901 家、危险废物企业 1637 家。

样品)[①][②];二是采取无形方式(又称“软手段”),即通过对自动监控系统中存储、处理、传输的数据和应用程序进行删除、修改、增加的,主要表现为修改自动监测设施工作参数,或者利用造假软件模拟数据等。[③] 在《环境污染犯罪解释》施行后,上述行为方式均可以认定为第1条第7项规定的“篡改、伪造自动监测数据、干扰自动监测设施”,如果系重点排污单位,且排放的系化学需氧量、氨氮、二氧化硫、氮氧化物等污染物的,可以认定为“严重污染环境”。

对于《环境污染犯罪解释》第1条第7项规定“重点排污单位篡改、伪造自动监测数据或者干扰自动监测设施,排放化学需氧量、氨氮、二氧化硫、氮氧化物等污染物”规定,需要注意的是:其一,当前自动监测设施主要监测化学需氧量、氨氮、二氧化硫、氮氧化物,而这些物质并不必然属于“有毒物质”,故该项并未要求排放有毒物质;其二,考虑到未来自动监测设施监测的污染物范围可能会拓展,故该项的表述为“化学需氧量、氨氮、二氧化硫、氮氧化物等污染物”,以为未来的发展留有适当空间;其三,该项只是要求“篡改、伪造自动监测数据或者干扰自动监测设施”的同时“排放化学需氧量、氨氮、二氧化硫、氮氧化物等污染物”,即行为人篡改、伪造自动监测数据或者干扰自动监测设施的同时还在排放上述污染物即可,但并未要求超标排放。

(八)减少支出、违法所得或者致使公私财产损失构成“严重污染环境”的情形

《2006年解释》第1条对刑法第338条规定的“公私财产遭受重大损失”作了明确界定:(1)致使公私财产损失30万元以上的;(2)致使基本农田、防护林地、特种用途林地5亩以上,其他农用地10亩以上,其他土地20亩以上基本功能丧失或者遭受永久性破坏的;(3)致使森林或者其他林木死亡50立方米以上,或者幼树死亡2500株以上的。虽然《刑法修正案(八)》将刑法第338条的入罪要件从“造成重大环境污

---

① 例如,行为人私自在自动监控设施外吹扫管上安装三通,通过往自动监控设施里充氮气的方式,干扰大气污染源自动监控设施正常运行,导致自动监控系统不能正常取样、监测,致使监测数据失真。

② 例如,2016年4月5日14时40分,执法人员对浙江龙达纺织品有限公司污水处理设施现场检查,发现排放池中间建有挡墙,自动监控设备采样口外套贮水桶,该贮水桶内有管道直接通往排放池附近5米处的自来水管。经调查,该公司污水站班长魏某某,为躲避自动监控系统监管,擅自对自动监控系统取样口进行改造,加装取样桶,并直接用一根黄色软管注入自来水,致使自动监控设备采集到的样品经过稀释,监测数据严重失实。参见《环境保护部通报2016年上半年污染源自动监控设施及数据弄虚作假案例》,载《中国环境报》2016年7月15日,第1版、第2版。

③ 2016年5月24日,山东省环境信息与监控中心通过重点污染源动态管控系统,发现日照市城市排水有限责任公司氨氮自动监测设备斜率由1修改为0.5,超出正常范围,触发动态管控系统报警,斜率的修改导致企业排水氨氮自动监测数据降低。参见《环境保护部通报2016年上半年污染源自动监控设施及数据弄虚作假案例》,载《中国环境报》2016年7月15日,第1版、第2版。

染事故，致使公私财产遭受重大损失或者人身伤亡的严重后果”调整为“严重污染环境”，从而使得污染环境罪不再以公私财产重大损失或者人身伤亡这些实害后果为入罪的必然要件，犯罪构成的门槛得以降低。但是，“严重污染环境”的具体情形肯定不能排除已经致使公私财产遭受重大损失的实害后果的情形。因此，《2013 年解释》沿袭了《2006 年解释》第 1 条的规定，将所界定公私财产遭受重大损失的三种情形吸收为第 1 条第 7 项、第 8 项、第 9 项的规定。《环境污染犯罪解释》吸收《2013 年解释》的上述规定，并根据实践需要，增加规定了“非法减少防治污染设施运行支出一百万元以上”“违法所得三十万元以上”的情形。具体而言：

1. 非法减少防治污染设施运行支出 100 万元以上的。为有效防范污染，《环境保护法》要求建设对环境有影响的一切建设项目，必须依法执行环境保护设施与主体工程同时设计、同时施工、同时投产使用的“三同时”制度。《环境保护法》第 41 条规定：“建设项目中防治污染的设施，应当与主体工程同时设计、同时施工、同时投产使用。防治污染的设施应当符合经批准的环境影响评价文件的要求，不得擅自拆除或者闲置。”

从实践来看，有些企业虽然建有污染防治设施，但为减少运行成本，闲置、拆除污染防治设施或者使污染防治设施不正常运行的情况时有发生。对此，《环境保护法》第 42 条第 4 款明确禁止通过不正常运行防治污染设施等逃避监管的方式违法排放污染物。第 63 条进一步规定，对于企业事业单位和其他生产经营者通过不正常运行防治污染设施等逃避监管的方式违法排放污染物，尚不构成犯罪的，除依照有关法律法规规定予以处罚外，由县级以上人民政府环境保护主管部门或者其他有关部门将案件移送公安机关，对其直接负责的主管人员和其他直接责任人员，处 10 日以上 15 日以下拘留；情节较轻的，处 5 日以上 10 日以下拘留。[①]

经研究认为，擅自拆除或者闲置防治污染设施，或者通过不正常运行防治污染设

① 而且，《水污染防治法》也专门规定对水污染物处理设施除不得拆除或者闲置外，还必须保持正常适用。第 21 条第 2 款规定：“其水污染物处理设施应当保持正常使用；拆除或者闲置水污染物处理设施的，应当事先报县级以上地方人民政府环境保护主管部门批准。”第 73 条规定：“违反本法规定，不正常使用水污染物处理设施，或者未经环境保护主管部门批准拆除、闲置水污染物处理设施的，由县级以上人民政府环境保护主管部门责令限期改正，处应缴纳排污费数额一倍以上三倍以下的罚款。”此外，《大气污染防治法》对大气污染防治设施也有类似规定。

施等逃避监管的方式违法排放污染物,[①]社会危害性严重,也反映出行为人的主观恶性较大,对于情节严重的确有刑事规制的必要。而从实践来看,此类行为虽然不能直接获取收入,但能减少相应支出,且在一些案件中相对可操作。基于此,与《环境保护法》的相关规定相衔接,《环境污染犯罪解释》第1条第8项将"违法减少防治污染设施运行支出一百万元以上"规定为"严重污染环境"的具体情形之一。司法适用中需要注意的是,此处特指"违法减少"的支出,如果排污单位提供技术革新等合法途径减少污染防治设施运行支出,符合清洁生产、循环经济的要求,应予鼓励。

2. 违法所得或者致使公私财产损失30万元以上的情形。《环境污染犯罪解释》第1条第9项将造成公私财产损失达到30万元以上的规定为"严重污染环境"的情形之一。需要注意的是,《环境污染犯罪解释》第1条第9项沿用了《2006年解释》第1条第3项的标准,仍然规定为"三十万元"。如果考虑到经济社会发展状况,特别是城镇居民人均可支配收入和农村居民人均纯收入的增长情况,《环境污染犯罪解释》的入罪门槛并未较《2006年解释》有所上提,则无疑可以看出《环境污染犯罪解释》旨在加大对环境污染犯罪加大惩治力度的立场。此外,为进一步增强司法适用可操作性,《环境污染犯罪解释》第1条第9项将"违法所得三十万元以上"增列为"严重污染环境"的情形之一。这主要是考虑到实践中实施污染环境行为,除了客观上造成公私财产损失外,行为人的主要目的是牟利,而这通常表现为增加收入(违法所得)[②],而且,违法所得的计算在某些案件中更具可操作性。

3. 致使基本农田、防护林地、特种用途林地5亩以上,其他农用地10亩以上,其他土地20亩以上基本功能丧失或者遭受永久性破坏的情形。基本农田,是指按照一定时期人口和社会经济发展对农产品的需求,依据土地利用总体规划确定的不得占用的耕地。防护林地,是指为了保持水土、防风固沙、涵养水源、调节气候、减少污染所经营的天然林地和人工林地,对于改善环境和维持生态平衡具有重要意义。特种用途林地,是指以国防、环境保护、科学实验等为主要目的的林地。显而易见,上述土地对于经济社会发展具有重要意义,需要予以特别保护。例如,基本农田的保护是国家耕地保护制度的重中之重,对于保护和提高粮食综合生产能力,稳步提高粮食生产

① 《行政主管部门移送适用行政拘留环境违法案件暂行办法》第7条规定:"《环境保护法》第六十三条第三项规定的通过不正常运行防治污染设施等逃避监管的方式违法排放污染物,包括以下情形:(一)将部分或全部污染物不经过处理设施,直接排放的;(二)非紧急情况下开启污染物处理设施的应急排放阀门,将部分或者全部污染物直接排放的;(三)将未经处理的污染物从污染物处理设施的中间工序引出直接排放的;(四)在生产经营或者作业过程中,停止运行污染物处理设施的;(五)违反操作规程使用污染物处理设施,致使处理设施不能正常发挥处理作用的;(六)污染物处理设施发生故障后,排污单位不及时或者不按规程进行检查和维修,致使处理设施不能正常发挥处理作用的;(七)其他不正常运行污染防治设施的情形。"

② 《环境污染犯罪解释》第17条第3款规定:"本解释所称'违法所得',是指实施刑法第三百三十八条、第三百三十九条规定的行为所得和可得的全部违法收入。"

水平，保障粮食安全具有特殊意义。因此，《环境污染犯罪解释》第 1 条第 12 项明确规定，对于致使基本农田、防护林地、特种用途林地 5 亩以上基本功能丧失或者遭受永久性破坏的，即构成“严重污染环境”。而对于致使其他的农用地和其他土地基本功能丧失或者遭受永久性破坏构成“严重污染环境”的标准，《环境污染犯罪解释》第 1 条第 12 项分别设定为 10 亩以上和 20 亩以上。

4. 致使森林或者其他林木死亡 50 立方米以上，或者幼树死亡 2500 株以上的情形。《环境污染犯罪解释》第 1 条第 13 项与第 12 项的规定可能指向同一对象，但采用的入罪标准不同。例如，防护林、特种用途林本身均属于森林的范畴，按照《环境污染犯罪解释》第 1 条第 12 项的规定，造成基本功能丧失或者遭受永久性破坏的这两类林地的数量达到 5 亩以上的，即构成“严重污染环境”；按照《环境污染犯罪解释》第 1 条第 13 项的规定，致使这两类林木死亡 50 立方米以上或者幼树死亡 2500 株以上的，亦可构成“严重污染环境”。此种情况下，只要符合《环境污染犯罪解释》第 1 条第 12 项、第 13 项规定之一，即可构成污染环境罪。

根据《森林法》第 4 条的规定，森林分为以下五类：(1) 防护林：以防护为主要目的的森林、林木和灌木丛，包括水源涵养林，水土保持林，防风固沙林，农田、牧场防护林，护岸林，护路林；(2) 用材林：以生产木材为主要目的的森林和林木，包括以生产竹材为主要目的的竹林；(3) 经济林：以生产果品，食用油料、饮料、调料，工业原料和药材等为主要目的的林木；(4) 薪炭林：以生产燃料为主要目的的林木；(5) 特种用途林：以国防、环境保护、科学实验等为主要目的的森林和林木，包括国防林、实验林、母树林、环境保护林、风景林，名胜古迹和革命纪念地的林木，自然保护区的森林。而其他林木，则是指森林以外的其他树木，如属于个人所有的林木等。《环境污染犯罪解释》第 1 条第 13 项明确规定，致使森林或者其他林木死亡 50 立方米以上，或者幼树死亡 2500 株以上的，构成“严重污染环境”。关于“幼树”，可以参照最高人民法院《关于审理破坏森林资源刑事案件具体应用法律若干问题的解释》第 17 条第 2 款的规定把握，即胸径 5 厘米以下的树木。

(九) 造成生态环境损害构成“严重污染环境”的情形

中共中央、国务院《生态文明体制改革总体方案》提出：“严格实行生态环境损害赔偿制度。强化生产者环境保护法律责任，大幅度提高违法成本。”“对造成生态环境损害的，以损害程度等因素依法确定赔偿额度；对造成严重后果的，依法追究刑事责任。”根据这一要求，《环境污染犯罪解释》将生态环境损害因素纳入考量范围，第 1 条第 10 项将“造成生态环境严重损害”规定为“严重污染环境”的情形。《环境污染犯罪解释》第 17 条第 5 款进一步规定：“本解释所称‘生态环境损害’，包括生态环境修复费用，生态环境修复期间服务功能的损失和生态环境功能永久性损害造成的损失，以及其他必要合理费用。”因此，实践中可以根据上述界定，准确判断污染环境行为造成生态环境损害的程度，对于达到严重损害程度的应当认定为“严重污染环境”。

（十）致使取水中断或者疏散、转移群众构成“严重污染环境”的情形

目前，全国城市及县级政府所在镇共有集中式供水饮用水水源地4000个左右。作为集中式生活饮用水水源的水质与人体健康直接相关，如果向集中式饮用水水源保护区排放、倾倒有放射性的废物、含传染病病原体的废物、有毒物质或者其他有害物质，特别是直接向水体排放、倾倒上述有害物质，可能会造成集中式饮用水水源地污染，从而使得取水中断。此种情形主要在突发环境事件中出现。排放、倾倒或者处置污染物的行为，致使乡镇以上集中式饮用水水源取水中断的，中断时间的长度无疑是影响行为的社会危害性程度的重要指标。经综合实践情况分析认为，致使乡镇以上集中式饮用水水源取水中断“十二小时以上”，会对生产、生活造成重大影响，应当认定为“严重污染环境”，予以刑事惩治。而且，近年来由环境保护部调度的突发环境事件中，致使乡镇集中式饮用水水源和县级以上城区饮用水水源取水中断12小时以上的案件已有发生。因此，为了加大对此类行为的惩治力度，《环境污染犯罪解释》第1条第11项专门将“致使乡镇以上集中式饮用水水源取水中断十二小时以上”规定为“严重污染环境”的情形。

根据环境保护部《集中饮用水水源环境保护指南》的规定，集中式饮用水水源是指进入水管网送到用户的和具有一定供水规模（供水人口大于1000人）的饮用水水源。因此，对于未进入水管网或者供水规模较小的饮用水水源，虽然供附近的单位或者居民取水使用，也不能认定为《环境污染犯罪解释》第1条第11项规定的“集中式饮用水水源”。

关于《环境污染犯罪解释》第1条第11项“致使乡镇以上集中式饮用水水源取水中断十二小时以上”的规定，适用中尚有不同认识。有意见认为，刑法中的“乡镇以上”包括乡镇但不限于乡镇，对于致使乡镇或者乡镇以上集中式饮用水水源（如县级城区集中式饮用水）取水中断12小时以上的，都应当认定为《环境污染犯罪解释》第1条第11项的规定。本书认为，对于司法解释条文的理解和适用，除了字面含义的把握外，还应当从体系解释的角度予以合理把握。《环境污染犯罪解释》第3条第1项已经将“致使县级以上城区集中式饮用水水源取水中断十二个小时以上”规定为“后果特别严重”的情形之一，因此，《环境污染犯罪解释》第1条第11项的规定应当仅仅理解为致使乡镇集中式饮用水水源取水中断12小时以上的情形。对于非法排放、倾倒或者处置污染物，造成致使县级以上城区集中式饮用水水源取水中断12小时以上的情形，应当依法认定为污染环境“后果特别严重”，在3年以上7年以下有期徒刑的幅度内量刑。

实践中还需要注意的是,在一些地方存在饮用水备用水源,在集中式饮用水水源被污染无法正常饮用、饮用水水源不能正常供水的情况下,根据应急机制的相关规定,有关部门会及时启用备用水源,通过备用水源取水进入水管网送到用户。此种情况下面临的问题是,即使被污染的乡镇集中式饮用水水源取水中断 12 小时以上,但通过启用备用水水源使得居民仍能正常用水的,能否认为符合《环境污染犯罪解释》第 1 条第 11 项的规定。本书认为,此种情况下虽然由于及时启用备用水源使得居民用水未受到影响,但行为人对饮用水水源的污染是客观存在,如果致使该乡镇集中式饮用水水源经及时、正常处理(须排除由于人为原因未及时处理污染的情形)在 12 小时后才达到正常供水要求的,仍应认定为"致使乡镇以上集中式饮用水水源取水中断十二小时以上的",构成"严重污染环境"。

此外,根据《国家突发环境事件应急预案》,突发环境事件分为特别重大突发环境事件、重大突发环境事件、较大突发环境事件、一般突发环境事件 4 级。其中,因环境污染疏散、转移人员 5000 人以上 10000 人以下的,为较大突发环境事件。根据实践中的具体情况,考虑行为的社会危害性程度,《环境污染犯罪解释》第 1 条第 14 项沿用《2013 年解释》第 1 条第 10 项的规定,将"致使疏散、转移群众五千人以上"规定为"严重污染环境"的具体情形。

(十一)致使人身伤亡构成"严重污染环境"的情形

如前文所述,虽然刑法第 338 条的入罪要件调整为"严重污染环境",但"严重污染环境"的具体情形肯定不能排除致使人身伤亡的严重实害后果的情形。因此,《环境污染犯罪解释》第 1 条第 15 ~ 17 项,吸收《2013 年解释》第 1 条第 11 ~ 13 项的规定①,对致使人身伤亡构成"严重污染环境"的情形作了规定。具体而言:

1. 致使 30 人以上中毒的情形。根据《2006 年解释》的规定,致使人员中毒达到《国家突发公共卫生事件应急预案》中突发公共卫生事件分级Ⅲ级情形,严重危害人体健康的,即达到入罪门槛。根据《国家突发公共卫生事件应急预案》的规定,一次食物中毒人数超过 100 人,或者一次性发生急性职业中毒 10 ~ 49 人的,即为较大突发公共卫生事件(Ⅲ级),一次食物中毒人数 30 ~ 99 人,或者一次性发生急性职业中毒 9 人以下的,即为一般突发公共卫生事件(Ⅳ级)。而根据《国家突发环境事件应急预案》,因环境污染直接导致 10 人以上 50 人以下中毒或重伤的,为较大突发环境事件。

① 《2013 年解释》的相关规定渊源于《2006 年解释》第 2 条的规定。《2006 年解释》第 2 条对刑法第 338 条规定的"人身伤亡的严重后果"作了具体界定:(1)致使 1 人以上死亡、3 人以上重伤、10 人以上轻伤,或者 1 人以上重伤并且 5 人以上轻伤的;(2)致使传染病发生、流行或者人员中毒达到《国家突发公共卫生事件应急预案》中突发公共卫生事件分级Ⅲ级情形,严重危害人体健康的;(3)其他致使"人身伤亡的严重后果"或者"严重危害人体健康"的情形。

考虑到司法实践中的复杂情况，经综合衡量，《环境污染犯罪解释》第 1 条第 15 项沿用《2013 年解释》第 1 条第 11 项的规定，将致使 30 人以上中毒的规定为“严重污染环境”的具体情形。

需要提及的是，《2013 年解释》起草过程中，对于是否有必要将致人中毒规定为“严重污染环境”的具体情形，存在不同看法。经研究，最终仍然作出了上述规定，主要考虑是：(1)《国家突发环境事件应急预案》和《突发环境事件信息报告办法》中明确将因环境污染直接导致人员中毒作为突发环境事件分级的标准之一，将其作为判断入罪与否的标准有其合理性。(2)在实践中，环境污染往往直接导致人员中毒，尤其是重金属污染事件，极易造成污染源周边大规模人员中毒，虽然个体并未有重伤、残疾的情形，但由于中毒人员规模大，具有较大的社会危害性。(3)虽然《2013 年解释》第 1 条也规定了致人重伤、中度残疾或者器官组织损伤导致严重功能障碍的情形，但很多情况下，中毒后可以通过一定治疗措施实现排毒和康复，并不会出现上述后果。(4)关于中毒的认定标准，目前卫生部已经颁布了铅、镉、铊、苯、光气等相关中毒的明确标准，虽然这些标准集中在职业卫生领域，但是具有重要参考价值。根据《环境污染犯罪解释》相关条文规定的鉴定和检验的规定，对中毒作出认定并无操作障碍。(5)其他司法解释中也有用中毒人数作为入罪标准的类似规定，可以借鉴。例如，最高人民法院、最高人民检察院《关于办理危害食品安全刑事案件适用法律若干问题的解释》第 2 条即将生产、销售不符合食品安全标准的食品“造成十人以上严重食物中毒”规定为刑法第 143 条规定的“对人体健康造成严重危害”的情形之一。

2. 致使轻伤、重伤、残疾等情形。根据《2006 年解释》第 2 条的规定，致使 1 人以上死亡、3 人以上重伤、10 人以上轻伤，或者 1 人以上重伤并且 5 人以上轻伤的，才达到入罪标准。为了体现对环境污染犯罪从严惩治的立场，《2013 年解释》第 1 条第 12 项、第 13 项将入罪门槛进一步降低，基本上修改为原有标准的三 1/3 左右，即“致使三人以上轻伤、轻度残疾或者器官组织损伤导致一般功能障碍的”或者“致使一人以上重伤、中度残疾或者器官组织损伤导致严重功能障碍的”，即可认定为“严重污染环境”。《环境污染犯罪解释》第 1 条第 16 项、第 17 项沿用上述标准。

（十二）其他构成“严重污染环境”的情形

《环境污染犯罪解释》第 1 条第 1 ~ 17 项，根据《刑法修正案（八）》的修法精神，结合司法实践反映的问题，对构成污染环境罪所要求的“严重污染环境”的要件作了具体化。这些情形既有实施行为即构成犯罪的情形，也有根据实害后果判断构成犯罪的情形，基本囊括了当前司法实践中存在的污染环境的具体情形。但是，考虑到司法实践纷繁复杂，特别是未来发生的环境污染案件可能有一些新的情形，因此，《环境污染犯罪解释》第 1 条第 18 项沿用了《2013 年解释》第 1 条第 14 项的规定，设置了兜底条款,将“其他严重污染环境的情形”交由司法实践根据具体情况予以判断。

对于司法解释中宜否设置兜底条款,一直存在不同认识。有意见认为,在司法解释中设置兜底条款,会使得公民对自己行为的可预期性大大降低,同罪刑法定原则所蕴含的明确性原则相悖。但是,也有意见认为,司法实践中的情形十分复杂,无论司法解释对具体情形的列举多么详细具体,在制定解释时都会有所遗漏,故而,取消司法解释中兜底条款的设置,一则不利于对犯罪的有效惩治,二则束缚了司法适用者的自由裁量空间。从具体实践来看,司法解释的制定采纳了后一种观点,通常在具体情形后会设置兜底条款。当然,对兜底条款的适用应当持慎用的态度,不能泛化适用。

应当注意的是,司法实践中对司法解释中兜底条款的适用往往十分保守,原则上不适用兜底条款,一定程度上使得兜底条款成为摆设,这显然不符合司法解释兜底条款设置的本意,也并非科学的刑事法律适用方法。对此,本书认为,司法实务中既要严格把握,又要大胆适用,对于案件所涉情形不属于所列各项具体情形的,可以进一步衡量行为的社会危害性程度是否与所列各项情形具有相当性,从而决定是否适用。

例如,2013 年 9 月 9 日 23 时许,被告人梁某某在村庄、工厂聚集的人口稠密区域点火焚烧近 20 吨工业垃圾,向空中排放苯并[a]芘、氯化氢、二恶英等气体污染物,致使周边空气质量严重超标,周围群众明显感到不适。案发后,环保部门和公安机关检测了焚烧现场遗留的工业垃圾残渣,并进行了专门的侦查实验①。从本案来看,行为人梁某某违法焚烧 20 余吨工业垃圾,向大气排放了大量有毒有害物质,但其行为是否符合污染环境罪中“严重污染环境”的入罪要件,则需要结合案件具体情况根据《2013 年解释》第 1 条所列具体情形作出判断。由于梁某某的行为尚未引发明显实害后果(只是使周边居民感到明显不适),肯定不符合第 6 ~ 13 项规定的具体情形。而综观第 1 ~ 5 项的规定,本案由于焚烧垃圾时无法进行有效取证,无法直接适用超标 3 倍的入罪标准;而且,本案也尚不符合其他几项行为入罪的情形。最终,本案直接适用《2013 年解释》第 1 条第 14 项“其他严重污染环境”规定,对行为人梁某某适用污染环境罪定罪处罚。梁某某违法焚烧 20 余吨工业垃圾,向大气排放大量有毒有害物质,持续两天两夜,直接认定为“其他严重污染环境的情形”,符合刑法和司法解释的精神,契

① 本案侦查实验是否合适和必要,值得进一步商榷。刑事诉讼法第 133 条第 1 款规定:“为了查明案情,在必要的时候,经公安机关负责人批准,可以进行侦查实验。”需要注意的是,侦查实验的结论在性质上属于补强性证据,通常不能单独作为定案的根据,而主要是用于审查证人证言、被害人陈述、犯罪嫌疑人供述和辩解等证据材料的真实性。就本案而言,通过行垃圾焚烧的现场遗留物及被告人供述,基本能够确定焚烧垃圾的具体物质和数量,借助环保专业知识,无须通过侦查实验,即可大致判断出在燃烧过程中会产生的有害物质。因此,如果是为了判断垃圾焚烧过程中产生的有害物质的种类,大可不必进行侦查实验。而由于侦查实验难以完全还原行为人焚烧垃圾时的气象条件和其他条件,即使得出“非法排放含重金属、持久性有机污染物等污染物超标三倍以上”的结论的,也不宜直接作为认定“严重污染环境”的证据。此外,进行工业垃圾焚烧的侦查实验,对环境容易造成二次污染,是否适宜似不无疑问。

合当前严惩环境污染犯罪,特别是大气污染犯罪的需要,应当予以充分肯定。①

(十三)污染环境构成"后果特别严重"的情形

根据刑法第338条的规定,违反国家规定,排放、倾倒或者处置有放射性的废物、含传染病病原体的废物、有毒物质或者其他有害物质,后果特别严重的,即构成结果加重犯,处3年以上7年以下有期徒刑,并处罚金。关于"后果特别严重"的结果加重情形,《环境污染犯罪解释》第3条予以明确,多数情形为入罪标准的3倍以上,具体可以分为如下几类:

1. 致使集中式饮用水水源取水中断构成结果加重犯罪的情形,即致使县级以上城区集中式饮用水水源取水中断12小时以上的。

2. 非法排放、倾倒、处置危险废物100吨以上的。司法实践中,对于向农田、水域倾倒危险废物数万吨的案件,由于未达到该条所列举的情形的,也难以认定为"后果特别严重"。实际上,此类行为的社会危害性特别大。为此,《环境污染犯罪解释》第3条第2项将"非法排放、倾倒、处置危险废物"增加规定为"后果特别严重"的情形。需要特别说明的是,起草过程中,该项规定原本为"非法排放、倾倒、处置危险废物一千吨以上的"。征求意见过程中,不少方面提出上述标准过高,与入罪标准相差过于悬殊。经综合各方意见,慎重研究,将数量标准规定为"一百吨以上"。

3. 致使公私财产遭受重大损失构成结果加重犯罪的情形,包括:(1)致使基本农田、防护林地、特种用途林地15亩以上,其他农用地30亩以上,其他土地60亩以上基本功能丧失或者遭受永久性破坏的;(2)致使森林或者其他林木死亡150立方米以上,或者幼树死亡7500株以上的;(3)致使公私财产损失100万元以上的。

致使公私财产损失100万元以上的,是污染环境罪结果加重犯的典型情形。例如,2011年11月22日,张某某、林某某、朱某某以林某某作为倾倒方与昆山市淀山湖镇环卫所签订协议,约定向淀山湖镇环卫所垃圾填埋场倾倒部分生活、生产性垃圾,该垃圾必须无毒、无害并符合环保要求,倾倒费每车计1000元,有效期从2011年11月20日起至12月31日止。后3被告人多次至该垃圾填埋场倾倒化工垃圾。2013年3月至5月期间,张某某多次联系他人将化工残渣运至淀山湖镇,由林某某、朱某某将铁桶装化工残渣倾倒至昆山市淀山湖垃圾填埋场西北角,共计100余吨,并各自获取相应利益。经鉴定,上述化工残渣属于危险废物。经评估,水体环境质量及土壤质量恢复至本底水平,受污染水体处理处置费用共需276.02万元,受污染底泥处理

① 浙江省台州市路桥区人民法院经审理认为,被告人梁某某违反国家规定,焚烧有害物质,产生有害物质,直接排放空中,严重污染环境,其行为已构成污染环境罪。被告人梁某某归案后如实供述自己的罪行,依法予以从轻处罚。综合全案情况,认定被告人梁连平犯污染环境罪,判处有期徒刑1年6个月,并处罚金人民币5万元。一审宣判后,被告人未上诉,检察机关亦未抗诉,判决发生法律效力。

处置费用需 63.26 万元，受污染土壤处理处置费用需 12.05 万元，残余危废处理处置费用 36.84 万余元，合计污染修复费用为 388.17 万元。江苏省昆山市人民法院认为，被告人张某某、林某某、朱某某违反国家规定，倾倒有害物质，致使公私财产损失人民币 380 余万元，后果特别严重，均已构成污染环境罪，且系共同犯罪。以污染环境罪判处为被告人张某某、林某某、朱某某有期徒刑 4 年 6 个月至 4 年不等，并处罚金人民币 13000 元至 10000 元不等。①

4. 造成生态环境特别严重损害构成结果加重犯罪的情形。对于污染环境行为造成生态环境特别严重损害的，应当依法认定为“后果特别严重”。

5. 致使人身伤亡构成结果加重犯罪的情形，包括：(1)致使疏散、转移群众 15000 人以上的；(2)致使 100 人以上中毒的；(3)致使 10 人以上轻伤、轻度残疾或者器官组织损伤导致一般功能障碍的；(4)致使 3 人以上重伤、中度残疾或者器官组织损伤导致严重功能障碍的；(5)致使 1 人以上重伤、中度残疾或者器官组织损伤导致严重功能障碍，并致使 5 人以上轻伤、轻度残疾或者器官组织损伤导致一般功能障碍的；(6)致使 1 人以上死亡或者重度残疾的。

6. 其他构成结果加重犯罪的情形，同基本犯罪构成一样，《环境污染犯罪解释》也设置了“其他后果特别严重的情形”作为结果加重情节的兜底项。

【刑法条文】

第三百三十八条②　【污染环境罪】违反国家规定，排放、倾倒或者处置有放射性的废物、含传染病病原体的废物、有毒物质或者其他有害物质，严重污染环境的，处三年以下有期徒刑或者拘役，并处或者单处罚金；后果特别严重的，处三年以上七年以下有期徒刑，并处罚金。

**第三百四十六条　**【单位犯破坏环境资源保护罪的处罚规定】单位犯本节第三百三十八条至第三百四十五条规定之罪的，对单位判处罚金，并对其直接负责的主管人员和其他直接责任人员，依照本节各该条的规定处罚。

【《环境污染犯罪解释》条文】

**第一条　**实施刑法第三百三十八条规定的行为，具有下列情形之一的，应当认定

---

① 最高人民法院中国应用法学研究所编：《环境资源审判典型案例选编(刑事卷)》，人民法院出版社 2015 年版，第 37 ~ 40 页。

② 本条经 2011 年 2 月 25 日《刑法修正案(八)》第 46 条修改。

1997 年刑法第 338 条原规定：“违反国家规定，向土地、水体、大气排放、倾倒或者处置有放射性的废物、含传染病病原体的废物、有毒物质或者其他危险废物，造成重大环境污染事故，致使公私财产遭受重大损失或者人身伤亡的严重后果的，处三年以下有期徒刑或者拘役，并处或者单处罚金；后果特别严重的，处三年以上七年以下有期徒刑，并处罚金。”

本条经修改后，罪名应由原“重大环境污染事故罪”修改为“污染环境罪”。

为“严重污染环境”：

（一）在饮用水水源一级保护区、自然保护区核心区排放、倾倒、处置有放射性的废物、含传染病病原体的废物、有毒物质的；

（二）非法排放、倾倒、处置危险废物三吨以上的；

（三）排放、倾倒、处置含铅、汞、镉、铬、砷、铊、锑的污染物，超过国家或者地方污染物排放标准三倍以上的；

（四）排放、倾倒、处置含镍、铜、锌、银、钒、锰、钴的污染物，超过国家或者地方污染物排放标准十倍以上的；

（五）通过暗管、渗井、渗坑、裂隙、溶洞、灌注等逃避监管的方式排放、倾倒、处置有放射性的废物、含传染病病原体的废物、有毒物质的；

（六）二年内曾因违反国家规定，排放、倾倒、处置有放射性的废物、含传染病病原体的废物、有毒物质受过两次以上行政处罚，又实施前列行为的；

（七）重点排污单位篡改、伪造自动监测数据或者干扰自动监测设施，排放化学需氧量、氨氮、二氧化硫、氮氧化物等污染物的；

（八）违法减少防治污染设施运行支出一百万元以上的；

（九）违法所得或者致使公私财产损失三十万元以上的；

（十）造成生态环境严重损害的；

（十一）致使乡镇以上集中式饮用水水源取水中断十二小时以上的；

（十二）致使基本农田、防护林地、特种用途林地五亩以上，其他农用地十亩以上，其他土地二十亩以上基本功能丧失或者遭受永久性破坏的；

（十三）致使森林或者其他林木死亡五十立方米以上，或者幼树死亡二千五百株以上的；

（十四）致使疏散、转移群众五千人以上的；

（十五）致使三十人以上中毒的；

（十六）致使三人以上轻伤、轻度残疾或者器官组织损伤导致一般功能障碍的；

（十七）致使一人以上重伤、中度残疾或者器官组织损伤导致严重功能障碍的；

（十八）其他严重污染环境的情形。

第三条 实施刑法第三百三十八条、第三百三十九条规定的行为，具有下列情形之一的，应当认定为“后果特别严重”：

（一）致使县级以上城区集中式饮用水水源取水中断十二小时以上的；

（二）非法排放、倾倒、处置危险废物一百吨以上的；

（三）致使基本农田、防护林地、特种用途林地十五亩以上，其他农用地三十亩以上，其他土地六十亩以上基本功能丧失或者遭受永久性破坏的；

（四）致使森林或者其他林木死亡一百五十立方米以上，或者幼树死亡七千五百株以上的；

（五）致使公私财产损失一百万元以上的；

（六）造成生态环境特别严重损害的；

（七）致使疏散、转移群众一万五千人以上的；

（八）致使一百人以上中毒的；

（九）致使十人以上轻伤、轻度残疾或者器官组织损伤导致一般功能障碍的；

（十）致使三人以上重伤、中度残疾或者器官组织损伤导致严重功能障碍的；

（十一）致使一人以上重伤、中度残疾或者器官组织损伤导致严重功能障碍，并致使五人以上轻伤、轻度残疾或者器官组织损伤导致一般功能障碍的；

（十二）致使一人以上死亡或者重度残疾的；

（十三）其他后果特别严重的情形。

第六条　无危险废物经营许可证从事收集、贮存、利用、处置危险废物经营活动，严重污染环境的，按照污染环境罪定罪处罚；同时构成非法经营罪的，依照处罚较重的规定定罪处罚。

实施前款规定的行为，不具有超标排放污染物、非法倾倒污染物或者其他违法造成环境污染的情形的，可以认定为非法经营情节显著轻微危害不大，不认为是犯罪；构成生产、销售伪劣产品等其他犯罪的，以其他犯罪论处。

第十三条第二款　对国家危险废物名录所列的废物，可以依据涉案物质的来源、产生过程、被告人供述、证人证言以及经批准或者备案的环境影响评价文件等证据，结合环境保护主管部门、公安机关等出具的书面意见作出认定。

对于危险废物的数量，可以综合被告人供述，涉案企业的生产工艺、物耗、能耗情况，以及经批准或者备案的环境影响评价文件等证据作出认定。

第十六条　无危险废物经营许可证，以营利为目的，从危险废物中提取物质作为原材料或者燃料，并具有超标排放污染物、非法倾倒污染物或者其他违法造成环境污染的情形的行为，应当认定为“非法处置危险废物”。

第十七条　本解释所称“二年内”，以第一次违法行为受到行政处罚的生效之日与又实施相应行为之日的时间间隔计算确定。

本解释所称“重点排污单位”，是指设区的市级以上人民政府环境保护主管部门依法确定的应当安装、使用污染物排放自动监测设备的重点监控企业及其他单位。

本解释所称“违法所得”，是指实施刑法第三百三十八条、第三百三十九条规定的行为所得和可得的全部违法收入。

本解释所称“公私财产损失”，包括实施刑法第三百三十八条、第三百三十九条规定的行为直接造成财产损毁、减少的实际价值，为防止污染扩大、消除污染而采取必要合理措施所产生的费用，以及处置突发环境事件的应急监测费用。

本解释所称“生态环境损害”,包括生态环境修复费用,生态环境修复期间服务功能的损失和生态环境功能永久性损害造成的损失,以及其他必要合理费用。

本解释所称“无危险废物经营许可证”,包括未取得危险废物经营许可证,或者超出危险废物经营许可证的经营范围。

第三节　环境污染其他相关犯罪的定罪量刑

环境污染相关犯罪大致可以分为两类:一是环境污染犯罪,主要包括污染环境罪、非法处置进口的固体废物罪、擅自进口固体废物罪、环境监管失职罪。二是其他相关犯罪,如环境影响评价领域可能涉及的提供虚假证明文件罪、出具证明文件重大失实罪、破坏国家环境质量监测系统可能涉及的破坏计算机信息系统罪等。在对污染环境罪的定罪量刑标准作出规定的基础上,《环境污染犯罪解释》第 2 条、第 3 条、第 9 条、第 10 条对环境污染其他相关犯罪的定罪量刑标准和有关法律适用问题作了明确规定。

一、其他环境污染犯罪的定罪量刑

在对污染环境罪的定罪量刑标准作出规定的基础上,《环境污染犯罪解释》第 2 条、第 3 条对非法处置进口的固体废物罪、擅自进口固体废物罪、环境监管失职罪等其他环境污染犯罪的定罪量刑标准作了进一步明确。

(一)其他环境污染犯罪定罪量刑标准设定的主要考虑

根据刑法第 339 条第 1 款的规定,非法处置进口的固体废物罪有 3 档定罪量刑标准:非法处置进口的固体废物的,处 5 年以下有期徒刑或者拘役,并处罚金;造成重大环境污染事故,致使公私财产遭受重大损失或者严重危害人体健康的,处 5 年以上 10 年以下有期徒刑,并处罚金;后果特别严重的,处 10 年以上有期徒刑,并处罚金。根据刑法第 339 条第 2 款的规定,擅自进口固体废物罪有两档法定刑:造成重大环境污染事故,致使公私财产遭受重大损失或者严重危害人体健康的,处 5 年以下有期徒刑或者拘役,并处罚金;后果特别严重的,处 5 年以上 10 年以下有期徒刑,并处罚金。根据刑法第 408 条的规定,环境监管失职罪只有一档定罪量刑标准,即导致发生重大环境污染事故,致使公私财产遭受重大损失或者造成人身伤亡的严重后果的,处 3 年以下有期徒刑或者拘役。为明确其他环境污染犯罪的定罪量刑标准,《环境污染犯罪解释》第 2 条、第 3 条规定了上述刑法条文规定的“致使公私财产遭受重大损失或者严重危害人体健康”“致使公私财产遭受重大损失或者造成人身伤亡的严重后果”的认定标准。在设定其他环境污染犯罪的定罪量刑标准时,《环境污染犯罪解释》主要有如下考虑:

1.《刑法修正案(八)》只是修改完善了污染环境罪的构成条件,对刑法第339条(非法处置进口的固体废物罪、擅自进口固体废物罪)和刑法第408条(环境监管失职罪)并未作出相应修改。故《环境污染犯罪解释》第2条只从实害结果的角度,对该两条规定中的“致使公私财产遭受重大损失或者严重危害人体健康”“致使公私财产遭受重大损失或者造成人身伤亡的严重后果”作出解释。换言之,《环境污染犯罪解释》第2条只是选择适用了《环境污染犯罪解释》第1条规定的实害情形,对行为入罪标准未予适用。

2. 根据《环境污染犯罪解释》第2条的规定,具有《环境污染犯罪解释》第1条第11项(“致使乡镇以上集中式饮用水水源取水中断十二小时以上的”)、第14项(“致使疏散、转移群众五千人以上”)、第15项(“致使三十人以上中毒的”)情形的,应当认定为“致使公私财产遭受重大损失或者严重危害人体健康”“致使公私财产遭受重大损失或者造成人身伤亡的严重后果”。从形式意义上理解,这三项情形并未直接表现公私财产损失和人身伤亡后果的形式,但《环境污染犯罪解释》仍然将其纳入,主要考虑如下:(1)具有上述情形的,通常意味着公私财产要遭受重大损失,将其规定为“致使公私财产遭受重大损失或者严重危害人体健康”“致使公私财产遭受重大损失或者造成人身伤亡的严重后果”的情形之一并无不当。(2)由于环境污染犯罪的自身特点,《环境污染犯罪解释》第1条第12项、第13项、第16项、第17项规定的情形实践中很少出现,也难以查证,如将“致使公私财产遭受重大损失或者严重危害人体健康”“致使公私财产遭受重大损失或者造成人身伤亡的严重后果”解释为仅限于这些情形,将导致有关犯罪的入罪条件过于严苛。

(二)非法处置进口的固体废物罪的定罪量刑标准

1. 非法处置进口的固体废物罪的概念与构成特征。非法处置进口的固体废物罪,是指违反国家规定,将境外的固体废物进境倾倒、堆放、处置的行为。

非法处置进口的固体废物罪的对象为进口的固体废物。根据《固体废物污染环境防治法》第88条的规定,固体废物,是指在生产、生活和其他活动中产生的丧失原有利用价值或者虽未丧失利用价值但被抛弃或者放弃的固态、半固态和置于容器中的气态的物品、物质以及法律、行政法规规定纳入固体废物管理的物品、物质。①

---

① 《固体废物污染环境防治法》第89条规定:“液态废物的污染防治,适用本法;但是,排入水体的废水的污染防治适用有关法律,不适用本法。”而气态废物的进口必然须置于容器之中。故而,刑法第339条第1款、第2款规定的“固体废物”实际上包括固体废物、液态废物和气态废物。

非法处置进口的固体废物罪的客观方面表现为违反国家规定,将境外的固体废物进境倾倒、堆放、处置的行为。对于进口的固体废物必须按照国家规定进行倾倒、堆放、处置,违反国家规定进行倾倒、堆放、处置的,对于生态环境和公众的生命、健康以及财产安全会造成危害,应当予以惩治。非法处置进口的固体废物罪的主体是一般主体,自然人和单位均可以成为本罪主体。非法处置进口的固体废物罪的主观方面为故意。

2. 非法处置进口的固体废物罪的定罪量刑标准。根据刑法第339条第1款的规定,犯非法处置进口的固体废物罪,处5年以下有期徒刑或者拘役,并处罚金;造成重大环境污染事故,致使公私财产遭受重大损失或者严重危害人体健康的,处5年以上10年以下有期徒刑,并处罚金;后果特别严重的,处10年以上有期徒刑,并处罚金。根据刑法第346条的规定,单位犯非法处置进口的固体废物罪的,对单位判处罚金,并对其直接负责的主管人员和其他直接责任人员,依照自然人犯非法处置进口的固体废物罪的规定处罚。

根据《环境污染犯罪解释》第2条的规定,非法处置进口的固体废物,具有下列情形之一的,应当认定为"造成重大环境污染事故,致使公私财产遭受重大损失或者严重危害人体健康":(1)致使公私财产损失30万元以上的;(2)造成生态环境严重损害的;(3)致使乡镇以上集中式饮用水水源取水中断12小时以上的;(4)致使基本农田、防护林地、特种用途林地5亩以上,其他农用地10亩以上,其他土地20亩以上基本功能丧失或者遭受永久性破坏的;(5)致使森林或者其他林木死亡50立方米以上,或者幼树死亡2500株以上的;(6)致使疏散、转移群众5000人以上的;(7)致使30人以上中毒的;(8)致使3人以上轻伤、轻度残疾或者器官组织损伤导致一般功能障碍的;(9)致使1人以上重伤、中度残疾或者器官组织损伤导致严重功能障碍的。具有下列情形之一的,应当认定为"后果特别严重":(1)致使县级以上城区集中式饮用水水源取水中断12小时以上的;(2)非法排放、倾倒、处置危险废物100吨以上的;(3)致使基本农田、防护林地、特种用途林地15亩以上,其他农用地30亩以上,其他土地60亩以上基本功能丧失或者遭受永久性破坏的;(4)致使森林或者其他林木死亡150立方米以上,或者幼树死亡7500株以上的;(5)致使公私财产损失100万元以上的;(6)造成生态环境特别严重损害的;(7)致使疏散、转移群众15000人以上的;(8)致使100人以上中毒的;(9)致使10人以上轻伤、轻度残疾或者器官组织损伤导致一般功能障碍的;(10)致使3人以上重伤、中度残疾或者器官组织损伤导致严重功能障碍的;(11)致使1人以上重伤、中度残疾或者器官组织损伤导致严重功能障碍,并致使5人以上轻伤、轻度残疾或者器官组织损伤导致一般功能障碍的;(12)致使1人以上死亡或者重度残疾的;(13)其他后果特别严重的情形。

(三)擅自进口固体废物罪的定罪量刑标准

1. 擅自进口固体废物罪的概念与构成特征。擅自进口固体废物罪,是指未经国务院有关主管部门许可,擅自进口固体废物用作原料,造成重大环境污染事故,致使公私财产遭受重大损失或者严重危害人体健康的行为。

擅自进口固体废物罪的对象为用作原料的固体废物,而且是列入限制进口目录的固体废物。根据《固体废物污染环境防治法》第 25 条的规定,固体废物分为禁止进口、限制进口和非限制进口三类。国家禁止进口不能用作原料或者不能以无害化方式利用的固体废物。依照刑法第 339 条第 3 款的规定,以原料进口为名,进口不能用作原料的固体废物、液态废物和气态废物的,依照走私废物罪定罪处罚。

擅自进口固体废物罪的客观方面表现为未经国务院有关主管部门许可,擅自进口固体废物用作原料,造成重大环境污染事故,致使公私财产遭受重大损失或者严重危害人体健康的行为。根据《固体废物污染环境防治法》第 25 条的规定,国家对可以用作原料的固体废物实行限制进口和非限制进口分类管理。国务院环境保护行政主管部门会同国务院对外贸易主管部门、国务院经济综合宏观调控部门、海关总署、国务院质量监督检验检疫部门制定、调整并公布禁止进口、限制进口和非限制进口的固体废物目录。进口列入限制进口目录的固体废物,应当经国务院环境保护行政主管部门会同国务院对外贸易主管部门审查许可。进口的固体废物必须符合国家环境保护标准,并经质量监督检验检疫部门检验合格。如果未经国务院环境保护行政主管部门会同国务院对外贸易主管部门审查许可,擅自进口列入限制进口目录的固体废物用作原料,则可能构成本罪。需要注意的是,本罪是结果犯,对于擅自进口固体废物,但没有造成严重后果的,不构成犯罪;只有造成重大环境污染事故,致使公私财产遭受重大损失或者严重危害人体健康的,才构成本罪。

擅自进口固体废物罪的主体是一般主体,自然人和单位均可以成为本罪主体。擅自进口固体废物罪的主观方面为故意。

2. 擅自进口固体废物罪的定罪量刑标准。根据刑法第 339 条第 2 款的规定,犯擅自进口固体废物罪,处 5 年以下有期徒刑或者拘役,并处罚金;后果特别严重的,处 5 年以上 10 年以下有期徒刑,并处罚金。根据刑法第 346 条的规定,单位犯擅自进口固体废物罪的,对单位判处罚金,并对其直接负责的主管人员和其他直接责任人员,依照自然人犯擅自进口固体废物罪的规定处罚。

根据《环境污染犯罪解释》第 2 条的规定,擅自进口固体废物,具有下列情形之一的,应当认定为“造成重大环境污染事故,致使公私财产遭受重大损失或者严重危害人体健康”:(1)致使公私财产损失 30 万元以上的;(2)造成生态环境严重损害的;(3)致使乡镇以上集中式饮用水水源取水中断 12 小时以上的;(4)致使基本农田、防护林地、特种用途林地5亩以上,其他农用地10亩以上,其他土地20亩以上基本功能丧失或者遭受永久性破坏的;(5)致使森林或者其他林木死亡50立方米以上,或者幼树死亡2500株以上的;(6)致使疏散、转移群众5000人以上的;(7)致使30人以上中毒的;(8)致使3人以上轻伤、轻度残疾或者器官组织损伤导致一般功能障碍的;(9)致使1人以上重伤、中度残疾或者器官组织损伤导致严重功能障碍的。其具有下列情形之一的,应当认定为“后果特别严重”:(1)致使县级以上城区集中式饮用水水源取水中断12小时以上的;(2)非法排放、倾倒、处置危险废物100吨以上的;(3)致使基本农田、防护林地、特种用途林地15亩以上,其他农用地30亩以上,其他土地60亩以上基本功能丧失或者遭受永久性破坏的;(4)致使森林或者其他林木死亡150立方米以上,或者幼树死亡7500株以上的;(5)致使公私财产损失100万元以上的;(6)造成生态环境特别严重损害的;(7)致使疏散、转移群众15000人以上的;(8)致使100人以上中毒的;(9)致使10人以上轻伤、轻度残疾或者器官组织损伤导致一般功能障碍的;(10)致使3人以上重伤、中度残疾或者器官组织损伤导致严重功能障碍的;(11)致使1人以上重伤、中度残疾或者器官组织损伤导致严重功能障碍,并致使5人以上轻伤、轻度残疾或者器官组织损伤导致一般功能障碍的;(12)致使1人以上死亡或者重度残疾的;(13)其他后果特别严重的情形。

3. 擅自进口固体废物罪与走私废物罪的界分。近年来,走私废物罪是环境犯罪领域适用的重点罪名,涉及该罪名的案件时有发生。[①] 走私废物罪,是指逃避海关监管将境外固体废物、液态废物和气态废物运输进境,情节严重的行为。走私废物罪的对象为境外废物,包括境外固体废物、液态废物和气态废物。需要注意的是,根据最高人民法院、最高人民检察院《关于办理走私刑事案件适用法律若干问题的解释》(法释〔2014〕10号,以下简称《走私犯罪解释》)的规定,走私废物罪的对象限于国家禁止进口和限制进口的废物,不包括非限制进口的废物。走私废物罪的客观方面表现为逃避海关监管将境外固体废物、液态废物和气态废物运输进境,情节严重的行为。无论是列入禁止进口目录的固体废物,还是列入限制进口目录的固体废物,只要有逃避海关监管的行为,都可能构成走私废物罪。走私废物罪的主体是一般主体,自然人和单位均可以成为本罪主体。走私废物罪的主观方面为故意。

根据刑法第152条第2款的规定,犯走私废物罪的,处5年以下有期徒刑,并处或者单处罚金;情节特别严重的,处5年以上有期徒刑,并处罚金。根据刑法第152

① 娄底盛鸿公司等走私废物案系全国涉案数量最大的走私高炉灰、高炉渣等固体废物案,法院依法对3个被告单位分别判处50万~250万元罚金、对7名被告人分别判处5~10年有期徒刑并处罚金。其中,对主犯何某某判处有期10年,是江苏同类案件中判决的最高刑期,有力震慑违法犯罪分子,取得良好的法律效果和社会效果。参见《江苏一年受理环境类案件1515件,固体废物涉环境案件成重点》,载http://huanbao.bjx.com.cn/news/20160607/740242.shtml,最后访问日期:2016年7月24日。

条第3款的规定，单位犯走私废物罪的，对单位判处罚金，并对其直接负责的主管人员和其他直接责任人员，依照自然人犯走私废物罪的规定处罚。①

如前文所述，根据《固体废物污染环境防治法》第25条的规定，固体废物分类如下：(1)禁止进口的固体废物。不能用作原料或者不能以无害化方式利用的固体废物，禁止进口。(2)可以用作原料的固体废物。国家对可以用作原料的固体废物实行限制进口和非限制进口分类管理，故此类固体废物可以分为限制进口的固体废物和非限制进口的固体废物。进口列入限制进口目录的固体废物，应当经国务院环境保护行政主管部门会同国务院对外贸易主管部门审查许可。进口列入非限制进口的固体废物目录的固体废物，应当依法办理有关手续，但无须经国务院有关主管部门许可。

对于擅自进口固体废物的行为，究竟应当适用走私废物罪、走私普通货物、物品罪，抑或擅自进口固体废物罪，可以区分为如下情形分别处理：

(1)进口国家禁止进口的固体废物、液态废物和气态废物(包括以原料利用为名，进口不能用作原料的固体废物)，情节严重的，应当认定为走私废物罪。

例如，2012年2月，被告人裘某甲、裘某乙共同决定从泰国进口"锌泥巴"(即含锌的矿渣、矿灰及残渣)在国内销售谋利，并与被告人裘某丙商定由被告单位富阳东泽进出口有限公司(以下简称富阳东泽公司)作为收货单位办理进口事宜。被告人裘某甲到泰国找供货商购买"锌泥巴"，被告人裘某乙将货款支付到供货商指定的账号，被告人裘某丙负责报关进口。同年4月1日，被告单位富阳东泽公司委托浙江银茂进出口有限公司代理报关进口，在298120121812207330号报关单项下以一般贸易方式将上述"锌泥巴"向嘉兴海关驻乍浦办事处伪报成"锌精矿"运输进境，共计100吨，被海关依法查获。经鉴别，上述进口的"锌泥巴"系含有其他锌的矿渣、矿灰及残渣，属于我国禁止进口的固体废物。浙江省嘉兴市中级人民法院经审理认为，被告人裘某甲、裘某乙伙同被告单位富阳东泽进出口有限公司、被告人裘某丙故意逃避海关监管，采用伪报品名的手段，将境外固体废物运输进境，共计100吨，情节特别严重，

① 《走私犯罪解释》第14条规定："走私国家禁止进口的废物或者国家限制进口的可用作原料的废物，具有下列情形之一的，应当认定为刑法第一百五十二条第二款规定的'情节严重'：(一)走私国家禁止进口的危险性固体废物、液态废物分别或者合计达到一吨以上不满五吨的；(二)走私国家禁止进口的非危险性固体废物、液态废物分别或者合计达到五吨以上不满二十五吨的；(三)走私国家限制进口的可用作原料的固体废物、液态废物分别或者合计达到二十吨以上不满一百吨的；(四)未达到上述数量标准，但属于犯罪集团的首要分子，使用特种车辆从事走私活动，或者造成环境严重污染等情形的。""具有下列情形之一的，应当认定为刑法第一百五十二条第二款规定的'情节特别严重'：(一)走私数量超过前款规定的标准的；(二)达到前款规定的标准，且属于犯罪集团的首要分子，使用特种车辆从事走私活动，或者造成环境严重污染等情形的；(三)未达到前款规定的标准，但造成环境严重污染且后果特别严重的。""走私置于容器中的气态废物，构成犯罪的，参照前两款规定的标准处罚。"

其行为均已构成走私废物罪。依法以走私废物罪判处上述被告人和被告单位相应刑罚。①

又如,2001 年左右,被告人张某某开始在国内从事废物回收生意,2004 年开始利用包括张家港市华星物资再生利用有限公司(以下简称华星公司)等具备进口限制类固体废物资质的公司名义进口废五金、废塑料等商品。2012 年 2 月,被告人张某某与香港供货商陆某联系货源,陆某表示其在香港有 100 多吨含有电子元器件、线路板的电源盒,张某某明知该批货物系国家禁止进口类固体废物,仍同意以每吨人民币 7500 元的价格购买。因陆某所在公司缺乏相关资质,无法在香港申请到《运往中国的废物原料装运前检验证书》(以下简称 CICC 证),张某某通过其朋友马某某找到有出口固体废物资质的国外供货商,并办理一张西班牙巴塞罗那的 CICC 证,以便将上述固体废物通过合法形式报检、报关,之后张某某便将报关、报检所需单证交给其员工梁某某办理。后梁某某将马某某提供的虚假装运检验证书、提单等单据交给上海亚东国际货运有限公司南京分公司的周久勇办理报检、报关手续。2012 年 4 月 11 日,该批 106.81 吨货物以华星公司进口限制类固体废物的名义通过商检,4 月 16 日在向南京新生圩海关报关时被当场查获,并扣押于该海关。经鉴定,该批货物属于我国禁止进口的固体废物。被告人张某某以牟利为目的,明知涉案货物系国家禁止进口的固体废物。仍然通过伪造 CICC 证的欺骗手段,逃避海关监管,试图将境外固体废物运输入境,其行为已构成走私废物罪。②③

(2)未经国务院有关主管部门许可,擅自进口限制进口目录的固体废物,造成重大环境污染事故,致使公私财产遭受重大损失或者严重危害人体健康的,应当根据行为客观方面的特征,准确适用擅自进口固体废物罪或者走私废物罪。如果行为人在客观方面未有逃避海关监管的情形(如伪造国务院有关主管部门批文,但如实就进口的固体废物进行申报)的,应当适用擅自进口固体废物罪;如果行为人在客观方面有逃避海关监管的情形(如未如实就所进口的固体废物进行申报),则应当认定为走私固体废物罪。同时符合擅自进口固体废物罪、走私废物罪,应当择一重罪从重处断。

---

① 浙江省嘉兴市中级人民法院刑事判决书(2013)浙嘉刑初字第 9 号。

② 案发后,被告人张某某于 2012 年 10 月 11 日主动投案并退缴人民币 60 万元。在审理期间,张某某将暂扣于南京新生圩海关的涉案货物退运。江苏省南京市中级人民法院判决被告人张某某犯走私废物罪,判处有期徒刑 3 年,缓刑 5 年,并处罚金人民币 60 万元。宣判后,被告人张某某未上诉,检察机关亦未抗诉,判决已发生法律效力。参见最高人民法院中国应用法学研究所编:《环境资源审判典型案例选编(刑事卷)》,人民法院出版社 2015 年版,第 155 ~ 157 页。

③ 顺带提及的是,本案裁判认为,国家立法禁止固体废物的进口,正是考虑到固体废物在国内分拣、提炼铜等物质时会造成大气、土壤、水环境的严重污染,危害公众健康。故对涉案废物数量认定时,并非只认定其中明显没有清除的电子元器件、线路板、有害物质,而是应将未作分拣的涉案货物视作整体,方符合《固体废物污染环境防治法》的立法精神。参见最高人民法院中国应用法学研究所编:《环境资源审判典型案例选编(刑事卷)》,人民法院出版社 2015 年版,第 155 ~ 157 页。

未经国务院有关主管部门许可，擅自进口限制进口目录的固体废物，尚未造成危害后果的，无法适用擅自进口固体废物罪。但是，对于有逃避海关监管的情形，情节严重的，可以适用走私废物罪。

(3)未依法办理有关手续，进口列入非限制进口的固体废物目录的固体废物，由于其进口无须国务院有关主管部门许可，不符合擅自进口固体废物罪所要求的“未经国务院主管部门许可”的前提条件，而对象也不符合走私废物罪的对象要求，但如果有逃避海关监管的情形的，可以认定为走私普通货物、物品罪。

(四)环境监管失职罪的定罪量刑标准

1. 环境监管失职罪的概念与构成特征。环境监管失职罪，是指负有环境保护监督管理职责的国家机关工作人员严重不负责任，导致发生重大环境污染事故，致使公私财产遭受重大损失或者造成人身伤亡的严重后果的行为。为强化对生态环境的保护，国家设立环境监管制度，负有环境保护监督管理职责的国家机关工作人员对于有关环境污染防治行为应当履行监管管理行为。环境监管失职罪的客观方面表现为严重不负责任，导致发生重大环境污染事故，致使公私财产遭受重大损失或者造成人身伤亡的严重后果的行为。本罪实质上也是一种玩忽职守的犯罪，但刑法第408条将其作了单独规定。本罪是结果犯，必须导致发生重大环境污染事故，致使公私财产遭受重大损失或者造成人身伤亡的严重后果的，才构成本罪。环境监管失职罪的主体是特殊主体，只有负有环境保护监督管理职责的国家机关工作人员才能构成本罪。环境监管失职罪的主观方面是过失。

2. 环境监管失职罪的定罪量刑标准。根据刑法第408条的规定，犯环境监管失职罪的，处3年以下有期徒刑或者拘役。根据《环境污染犯罪解释》第2条的规定，擅自进口固体废物，具有下列情形之一的，应当认定为“导致发生重大环境污染事故，致使公私财产遭受重大损失或者造成人身伤亡的严重后果”:(1)致使公私财产损失30万元以上的;(2)造成生态环境严重损害的;(3)致使乡镇以上集中式饮用水水源取水中断12小时以上的;(4)致使基本农田、防护林地、特种用途林地5亩以上，其他农用地10亩以上，其他土地20亩以上基本功能丧失或者遭受永久性破坏的;(5)致使森林或者其他林木死亡50立方米以上，或者幼树死亡2500株以上的;(6)致使疏散、转移群众5000人以上的;(7)致使30人以上中毒的;(8)致使3人以上轻伤、轻度残疾或者器官组织损伤导致一般功能障碍的;(9)致使1人以上重伤、中度残疾或者器官组织损伤导致严重功能障碍的。

需要注意的是，关于环境监管失职罪的定罪量刑标准，刑法第408条对于环境监管失职罪只规定了一档法定刑，即“导致发生重大环境污染事故，致使公私财产遭受重大损失或者造成人身伤亡的严重后果的”，处3年以下有期徒刑或者拘役。实践中,有些环境监管失职行为情节特别严重,适用刑法第408条的规定难以罚当其罪。因此,有意见提出,对于环境监管失职情节特别严重的,可以适用刑法第397条的规定,以玩忽职守罪处3年以上7年以下有期徒刑;对于徇私舞弊实施上述行为的,可以玩忽职守罪处5年以上10年以下有期徒刑。对于上述处理规则,也有不同意见认为,刑法第408条对负有环境保护监督管理职责的国家机关工作人员严重不负责任,监管失职的犯罪作了特别规定。刑法第397条也规定,对于国家机关工作人员滥用职权、玩忽职守的犯罪,刑法另有规定的,依照规定。司法实践中,对于负有环境保护监督管理职责的国家机关工作人员环境监管失职的犯罪,应当严格依照上述规定追究刑事责任,而不宜再适用刑法第397条的规定。本书认为,基于罪刑法定原则的要求,对于环境监管失职行为,刑法第408条已作特别规定,将其规定为环境监管失职罪,不应再适用刑法第397条关于一般玩忽职守罪的相应规定,对于环境监管失职最高只能处3年有期徒刑,对此如存在法定刑配置过低导致处罚不力的问题,应当通过立法修改的方式加以解决。

二、环境污染其他相关犯罪的法律适用

除环境污染犯罪外,《环境污染犯罪解释》还对环境影响评价领域可能涉及的提供虚假证明文件罪、出具证明文件重大失实罪,破坏国家环境质量监测系统可能涉及的破坏计算机信息系统罪等相关犯罪的法律适用问题作了规定。

(一)环境影响评价领域所涉犯罪的适用

1. 提供虚假证明文件罪、出具证明文件重大失实罪的概念与构成特征。提供虚假证明文件罪,是指承担资产评估、验资、验证、会计、审计、法律服务等职责的中介组织的人员故意提供虚假证明文件,情节严重的行为。出具证明文件重大失实罪,是指承担资产评估、验资、验证、会计、审计、法律服务等职责的中介组织的人员严重不负责任,出具的证明文件有重大失实,造成严重后果的行为。

根据刑法第229条的规定,犯提供虚假证明文件罪的,处5年以下有期徒刑或者拘役,并处罚金[①];索取他人财物或者非法收受他人财物,犯提供虚假证明文件罪的,处5年以上10年以下有期徒刑,并处罚金。犯出具证明文件重大失实罪的,处3年

---

① 最高人民检察院、公安部《〈关于公安机关管辖的刑事案件立案追诉标准的规定(二)〉的通知》(公通字〔2010〕23号,以下简称《立案追诉标准(二)》)第81条规定:"承担资产评估、验资、验证、会计、审计、法律服务等职责的中介组织的人员故意提供虚假证明文件,涉嫌下列情形之一的,应予立案追诉:(一)给国家、公众或者其他投资者造成直接经济损失数额在五十万元以上的。(二)违法所得数额在十万元以上的。(三)虚假证明文件虚构数额在一百万元且占实际数额百分之三十以上的。(四)虽未达到上述数额标准,但具有下列情形之一的:1. 在提供虚假证明文件过程中索取或者非法接受他人财物的;2. 两年内因提供虚假证明文件,受过行政处罚二次以上,又提供虚假证明文件的。(五)其他情节严重的情形。"

以下有期徒刑或者拘役，并处或者单处罚金①。

2. 环境影响评价提供虚假证明文件或者出具证明文件重大失实的定性。2002年10月28日，第九届全国人民代表大会常务委员会第三十次会议审议通过《中华人民共和国环境影响评价法》，自2003年9月1日起施行。环境影响评价的立法宗旨在于实施可持续发展战略，预防因规划和建设项目实施后对环境造成不良影响，促进经济、社会和环境的协调发展。2002年《环境影响评价法》颁布实施13年间，环评制度在预防环境污染和生态破坏方面发挥了重要作用。但是，与之同时，“卡着审批吃环保、戴着红顶赚黑钱”“环评变坏评”等问题也日益暴露，环评沦为建设项目的“买路条、敲门砖”。为了通过环评审批，一些环评机构造假，导致环评机构和环评人员信用丧失，环评体系遭受系统性损害，甚至影响了环评制度的信用。② 为此，2016年7月2日，第十二届全国人民代表大会常务委员会第二十一次会议审议修改《中华人民共和国环境影响评价法》，压缩环评审批权的空间，优化审批流程，弱化环评事前审批、强化事中和事后监管③。特别是，修改后《环境影响评价法》将环境影响登记表审批改为备案，只有环境影响报告书和报告表需要审批。④

《环境影响评价法》第32条规定：“接受委托为建设项目环境影响评价提供技术服务的机构在环境影响评价工作中不负责任或者弄虚作假，致使环境影响评价文件失实的，由授予环境影响评价资质的环境保护行政主管部门降低其资质等级或者吊销其资质证书，并处所收费用一倍以上三倍以下的罚款；构成犯罪的，依法追究刑事责任。”与之相衔接，《环境污染犯罪解释》第9条进一步规定：“环境影响评价机构或其人员，故意提供虚假环境影响评价文件，情节严重的，或者严重不负责任，出具的环境影响评价文件存在重大失实，造成严重后果的，应当依照刑法第二百二十九条、第

① 《立案追诉标准（二）》第82条规定：“承担资产评估、验资、验证、会计、审计、法律服务等职责的中介组织的人员严重不负责任，出具的证明文件有重大失实，涉嫌下列情形之一的，应予立案追诉：（一）给国家、公众或者其他投资者造成直接经济损失数额在一百万元以上的；（二）其他造成严重后果的情形。”

② 杜焱强、包存宽：《修改的〈环评法〉有哪些亮点？》，载《中国环境报》2016年7月20日，第3版。

③ 例如，2002年《环境影响评价法》对未批先建违法企业处罚力度不够，未批先建的企业受到的处罚只有停止施工、补做环评、接受处罚，最多处罚20万元。修改后《环境影响评价法》提高了未批先建的违法成本，大幅度提升了惩罚的限额，根据违法情节和危害后果，可以对建设项目处以总投资额1%以上5%以下的罚款，并可以责令恢复原状。这将对企业产生强大的威慑力。

④ 2002年《环境影响评价法》第22条规定：“建设项目的环境影响评价文件，由建设单位按照国务院的规定报有审批权的环境保护行政主管部门审批；建设项目有行业主管部门的，其环境影响报告书或者环境影响报告表应当经行业主管部门预审后，报有审批权的环境保护行政主管部门审批。”修改后《环境影响评价法》第22条规定：“建设项目的环境影响报告书、报告表，由建设单位按照国务院的规定报有审批权的环境保护行政主管部门审批。”“海洋工程建设项目的海洋环境影响报告书的审批，依照《中华人民共和国海洋环境保护法》的规定办理。”“审批部门应当自收到环境影响报告书之日起六十日内，收到环境影响报告表之日起三十日内，分别作出审批决定并书面通知建设单位。”“国家对环境影响登记表实行备案管理。”“审核、审批建设项目环境影响报告书、报告表以及备案环境影响登记表，不得收取任何费用。”

二百三十一条的规定，以提供虚假证明文件罪或者出具证明文件重大失实罪定罪处罚。”需要注意的是，由于环境影响登记表审批改为备案，只有环境影响报告书和报告表需要审批，故此处的“环境影响评价文件”通常是指环境影响报告书、报告表。

（二）破坏国家环境质量监测系统所涉犯罪的适用

1. 破坏计算机信息系统罪的概念与构成特征。破坏计算机信息系统罪，是指违反国家规定，对计算机信息系统功能进行删除、修改、增加、干扰，造成计算机信息系统不能正常运行，或者对计算机信息系统中存储、处理或者传输的数据和应用程序进行删除、修改、增加的操作，或者故意制作、传播计算机病毒等破坏性程序，影响计算机系统正常运行，后果严重的行为。

破坏计算机信息系统罪的客观方面表现为违反国家规定，对计算机信息系统功能进行删除、修改、增加、干扰，造成计算机信息系统不能正常运行，或者对计算机信息系统中存储、处理或者传输的数据和应用程序进行删除、修改、增加的操作，或者故意制作、传播计算机病毒等破坏性程序，影响计算机系统正常运行，后果严重的行为。具体而言，破坏计算机信息系统包括三种行为方式：(1)破坏计算机信息系统功能。刑法第286条第1款规定：“违反国家规定，对计算机信息系统功能进行删除、修改、增加、干扰，造成计算机信息系统不能正常运行，后果严重的，处五年以下有期徒刑或者拘役；后果特别严重的，处五年以上有期徒刑。”根据该款规定，所谓破坏计算机信息系统功能，是指对计算机信息系统功能进行删除、修改、增加、干扰的操作。实施破坏计算机信息系统功能的行为，必须造成计算机信息系统不能正常运行，才能构成犯罪。(2)破坏计算机信息系统数据、应用程序。刑法第286条第2款规定：“违反国家规定，对计算机信息系统中存储、处理或者传输的数据和应用程序进行删除、修改、增加的操作，后果严重的，依照前款的规定处罚。”根据该款规定，破坏计算机信息系统数据、应用程序，是指对计算机信息系统中存储、处理或者传输的数据、应用程序进行删除、修改、增加的操作。(3)以传播计算机病毒等破坏性程序形式破坏计算机系统。刑法第286条第3款规定：“故意制作、传播计算机病毒等破坏性程序，影响计算机系统正常运行，后果严重的，依照第一款的规定处罚。”根据该款规定，故意制作、传播计算机病毒等破坏性程序，影响计算机系统正常运行的，也属于破坏计算机信息系统的方式之一。根据刑法第286条的规定，实施上述破坏计算机信息系统的行为，必须是产生了严重后果的，才构成犯罪。

破坏计算机信息系统罪的主体是一般主体，凡年满16周岁、具有刑事责任能力的自然人都可以成为本罪的主体。单位可以构成本罪。破坏计算机信息系统罪的主观方面由故意构成，即行为人明知自己的行为会发生破坏计算机信息系统的后果，仍然希望或者放任这种危害结果发生。

根据刑法第286条的规定，犯破坏计算机信息系统罪的，处5年以下有期徒刑或者拘役；后果特别严重的，处5年以上有期徒刑。①

2. 破坏国家环境质量监测系统的定性。《环境保护法》第17条第1款规定："国家建立、健全环境监测制度。国务院环境保护主管部门制定监测规范，会同有关部门组织监测网络，统一规划国家环境质量监测站（点）的设置，建立监测数据共享机制，加强对环境监测的管理。"实践中存在破坏国家环境质量监测系统，干扰监测数据取样的情形。而根据最高人民法院、最高人民检察院《关于办理危害计算机信息系统安全刑事案件应用法律若干问题的解释》（法释〔2011〕19号，以下简称《危害计算机信息系统安全犯罪解释》）第11条的规定，计算机信息系统，是指具备自动处理数据功能的系统，包括计算机、网络设备、通信设备、自动化控制设备等。据此，国家环境质量监测系统亦属于计算机信息系统的范畴，对其进行破坏的行为可能构成破坏计算机信息系统罪。从实践来看，可以大致分为物理破坏和采用无形方式破坏两种。经研究认为，对于采用物理方式妨害自动监控系统采样、稀释采集的污染物样等行为，实际上是对计算机信息系统功能进行干扰，造成计算机不能正常运行，符合刑法第286条第1款的规定；而对于采用无形方式删除、修改、增加计算机信息系统中存储、处理或者传输的数据和应用程序的，符合刑法第286条第2款的规定。总之，对于上述两种行为，造成严重后果的，均可以破坏计算机信息系统罪论处。故而，《环境污染犯罪解释》第10条第1款规定："违反国家规定，针对环境质量监测系统实施下列行为，或者强令、指使、授意他人实施下列行为的，应当依照刑法第二百八十六条

① 最高人民法院、最高人民检察院《关于办理危害计算机信息系统安全刑事案件应用法律若干问题的解释》（法释〔2011〕19号）第4条规定："破坏计算机信息系统功能、数据或者应用程序，具有下列情形之一的，应当认定为刑法第二百八十六条第一款和第二款规定的'后果严重'：（一）造成十台以上计算机信息系统的主要软件或者硬件不能正常运行的；（二）对二十台以上计算机信息系统中存储、处理或者传输的数据进行删除、修改、增加操作的；（三）违法所得五千元以上或者造成经济损失一万元以上的；（四）造成为一百台以上计算机信息系统提供域名解析、身份认证、计费等基础服务或者为一万以上用户提供服务的计算机信息系统不能正常运行累计一小时以上的；（五）造成其他严重后果的。""实施前款规定行为，具有下列情形之一的，应当认定为破坏计算机信息系统'后果特别严重'：（一）数量或者数额达到前款第（一）项至第（三）项规定标准五倍以上的；（二）造成为五百台以上计算机信息系统提供域名解析、身份认证、计费等基础服务或者为五万以上用户提供服务的计算机信息系统不能正常运行累计一小时以上的；（三）破坏国家机关或者金融、电信、交通、教育、医疗、能源等领域提供公共服务的计算机信息系统的功能、数据或者应用程序，致使生产、生活受到严重影响或者造成恶劣社会影响的；（四）造成其他特别严重后果的。"第6条规定："故意制作、传播计算机病毒等破坏性程序，影响计算机系统正常运行，具有下列情形之一的，应当认定为刑法第二百八十六条第三款规定的'后果严重'：（一）制作、提供、传输第五条第（一）项规定的程序，导致该程序通过网络、存储介质、文件等媒介传播的；（二）造成二十台以上计算机系统被植入第五条第（二）、（三）项规定的程序的；（三）提供计算机病毒等破坏性程序十人次以上的；（四）违法所得五千元以上或者造成经济损失一万元以上的；（五）造成其他严重后果的。""实施前款规定行为，具有下列情形之一的，应当认定为破坏计算机信息系统'后果特别严重'：（一）制作、提供、传输第五条第（一）项规定的程序，导致该程序通过网络、存储介质、文件等媒介传播，致使生产、生活受到严重影响或者造成恶劣社会影响的；（二）数量或者数额达到前款第（二）项至第（四）项规定标准五倍以上的；（三）造成其他特别严重后果的。"

的规定,以破坏计算机信息系统罪论处:(一)修改参数或者监测数据的;(二)干扰采样,致使监测数据严重失真的;(三)其他破坏环境质量监测系统的行为。"需要注意的是,《环境污染犯罪解释》对破坏环境质量监测系统的定罪量刑作了专门规定,按照司法解释适用时间效力的规定,对于此类行为原则上应当适用《环境污染犯罪解释》,而非适用《危害计算机信息系统安全犯罪解释》。

此外,《环境污染犯罪解释》第1条第7项将"重点排污单位篡改、伪造自动监测数据或者干扰自动监测设施,排放化学需氧量、氨氮、二氧化硫、氮氧化物等污染物"规定为"严重污染环境"的情形之一。而重点排污单位篡改、伪造自动监测数据,排放污染物的行为,可能同时构成污染环境罪和破坏计算机信息系统罪。因此,《环境污染犯罪解释》第10条第2款明确规定:"重点排污单位篡改、伪造自动监测数据或者干扰自动监测设施,排放化学需氧量、氨氮、二氧化硫、氮氧化物等污染物,同时构成污染环境罪和破坏计算机信息系统罪的,依照处罚较重的规定定罪处罚。"

此外,《环境污染犯罪解释》第10条第3款规定:"从事环境监测设施维护、运营的人员实施或者参与实施篡改、伪造自动监测数据、干扰自动监测设施、破坏环境质量监测系统等行为的,应当从重处罚。"

【刑法条文】

第一百五十二条第二款、第三款① **【走私废物罪】**逃避海关监管将境外固体废物、液态废物和气态废物运输进境,情节严重的,处五年以下有期徒刑,并处或者单处罚金;情节特别严重的,处五年以上有期徒刑,并处罚金。

单位犯前两款罪的,对单位判处罚金,并对其直接负责的主管人员和其他直接责任人员,依照前两款的规定处罚。

第一百五十三条② **【走私普通货物、物品罪】**走私本法第一百五十一条、第一百

---

① 本条第2款为2002年12月28日《刑法修正案(四)》第2条增加;第3款经《刑法修正案(四)》第2条修改。

1997年刑法第152条第2款规定:"单位犯前款罪的,对单位判处罚金,并对其直接负责的主管人员和其他直接责任人员,依照前款的规定处罚。"经《刑法修正案(四)》第2条修改后,由原第2款调整为第3款。

② 本条第1款经2011年2月25日《刑法修正案(八)》第27条修改。

1997年刑法第153条第1款规定:"走私本法第一百五十一条、第一百五十二条、第三百四十七条规定以外的货物、物品的,根据情节轻重,分别依照下列规定处罚:

(一)走私货物、物品偷逃应缴税额在五十万元以上的,处十年以上有期徒刑或者无期徒刑,并处偷逃应缴税额一倍以上五倍以下罚金或者没收财产;情节特别严重的,依照本法第一百五十一条第四款的规定处罚。

(二)走私货物、物品偷逃应缴税额在十五万元以上不满五十万元的,处三年以上十年以下有期徒刑,并处偷逃应缴税额一倍以上五倍以下罚金;情节特别严重的,处十年以上有期徒刑或者无期徒刑,并处偷逃应缴税额一倍以上五倍以下罚金或者没收财产。

(三)走私货物、物品偷逃应缴税额在五万元以上不满十五万元的,处三年以下有期徒刑或者拘役,并处偷逃应缴税额一倍以上五倍以下罚金。"

五十二条、第三百四十七条规定以外的货物、物品的，根据情节轻重，分别依照下列规定处罚：

（一）走私货物、物品偷逃应缴税额较大或者一年内曾因走私被给予二次行政处罚后又走私的，处三年以下有期徒刑或者拘役，并处偷逃应缴税额一倍以上五倍以下罚金。

（二）走私货物、物品偷逃应缴税额巨大或者有其他严重情节的，处三年以上十年以下有期徒刑，并处偷逃应缴税额一倍以上五倍以下罚金。

（三）走私货物、物品偷逃应缴税额特别巨大或者有其他特别严重情节的，处十年以上有期徒刑或者无期徒刑，并处偷逃应缴税额一倍以上五倍以下罚金或者没收财产。

单位犯前款罪的，对单位判处罚金，并对其直接负责的主管人员和其他直接责任人员，处三年以下有期徒刑或者拘役；情节严重的，处三年以上十年以下有期徒刑；情节特别严重的，处十年以上有期徒刑。

对多次走私未经处理的，按照累计走私货物、物品的偷逃应缴税额处罚。

第一百五十四条　【走私普通货物、物品罪】下列走私行为，根据本节规定构成犯罪的，依照本法第一百五十三条的规定定罪处罚：

（一）未经海关许可并且未补缴应缴税额，擅自将批准进口的来料加工、来件装配、补偿贸易的原材料、零件、制成品、设备等保税货物，在境内销售牟利的；

（二）未经海关许可并且未补缴应缴税额，擅自将特定减税、免税进口的货物、物品，在境内销售牟利的。

第一百五十五条[①]　**【间接走私行为以相应走私犯罪论处的规定】**下列行为，以走私罪论处，依照本节的有关规定处罚：

（一）直接向走私人非法收购国家禁止进口物品的，或者直接向走私人非法收购走私进口的其他货物、物品，数额较大的；

（二）在内海、领海、界河、界湖运输、收购、贩卖国家禁止进出口物品的，或者运输、收购、贩卖国家限制进出口货物、物品，数额较大，没有合法证明的。

第一百五十六条　【走私共犯】与走私罪犯通谋，为其提供贷款、资金、账号、发票、证明，或者为其提供运输、保管、邮寄或者其他方便的，以走私罪的共犯论处。

第二百二十九条　【提供虚假证明文件罪】承担资产评估、验资、验证、会计、审计、法律服务等职责的中介组织的人员故意提供虚假证明文件，情节严重的，处五年

---

① 本条经2002年12月28日《刑法修正案(四)》第3条修改。

1997年刑法第155条规定："下列行为，以走私罪论处，依照本节的有关规定处罚：

（一）直接向走私人非法收购国家禁止进口物品的，或者直接向走私人非法收购走私进口的其他货物、物品，数额较大的；

（二）在内海、领海运输、收购、贩卖国家禁止进出口物品的，或者运输、收购、贩卖国家限制进出口货物、物品，数额较大，没有合法证明的；

（三）逃避海关监管将境外固体废物运输进境的。"

以下有期徒刑或者拘役，并处罚金。

前款规定的人员，索取他人财物或者非法收受他人财物，犯前款罪的，处五年以上十年以下有期徒刑，并处罚金。

第二百八十六条[①] **【破坏计算机信息系统罪】**违反国家规定，对计算机信息系统功能进行删除、修改、增加、干扰，造成计算机信息系统不能正常运行，后果严重的，处五年以下有期徒刑或者拘役；后果特别严重的，处五年以上有期徒刑。

违反国家规定，对计算机信息系统中存储、处理或者传输的数据和应用程序进行删除、修改、增加的操作，后果严重的，依照前款的规定处罚。

故意制作、传播计算机病毒等破坏性程序，影响计算机系统正常运行，后果严重的，依照第一款的规定处罚。

第三百三十九条[②] **【非法处置进口的固体废物罪】**违反国家规定，将境外的固体废物进境倾倒、堆放、处置的，处五年以下有期徒刑或者拘役，并处罚金；造成重大环境污染事故，致使公私财产遭受重大损失或者严重危害人体健康的，处五年以上十年以下有期徒刑，并处罚金；后果特别严重的，处十年以上有期徒刑，并处罚金。

【擅自进口固体废物罪】未经国务院有关主管部门许可，擅自进口固体废物用作原料，造成重大环境污染事故，致使公私财产遭受重大损失或者严重危害人体健康的，处五年以下有期徒刑或者拘役，并处罚金；后果特别严重的，处五年以上十年以下有期徒刑，并处罚金。

以原料利用为名，进口不能用作原料的固体废物、液态废物和气态废物的，依照本法第一百五十二条第二款、第三款的规定定罪处罚。

第三百四十六条　【单位犯破坏环境资源保护罪的处罚规定】单位犯本节第三百三十八条至第三百四十五条规定之罪的，对单位判处罚金，并对其直接负责的主管人员和其他直接责任人员，依照本节各该条的规定处罚。

第四百零八条　【环境监管失职罪】负有环境保护监督管理职责的国家机关工作人员严重不负责任，导致发生重大环境污染事故，致使公私财产遭受重大损失或者造成人身伤亡的严重后果的，处三年以下有期徒刑或者拘役。

【《环境污染犯罪解释》条文】

第一条　实施刑法第三百三十八条规定的行为，具有下列情形之一的，应当认定为“严重污染环境”：

（一）在饮用水水源一级保护区、自然保护区核心区排放、倾倒、处置有放射性的

---

① 本条第4款为2015年8月29日《刑法修正案（九）》第27条增加。

② 本条第3款经2002年12月28日《刑法修正案（四）》第5条修改。

1997年刑法第339条第3款规定：“以原料利用为名，进口不能用作原料的固体废物的，依照本法第一百五十五条的规定定罪处罚。”

废物、含传染病病原体的废物、有毒物质的；

（二）非法排放、倾倒、处置危险废物三吨以上的；

（三）排放、倾倒、处置含铅、汞、镉、铬、砷、铊、锑的污染物，超过国家或者地方污染物排放标准三倍以上的；

（四）排放、倾倒、处置含镍、铜、锌、银、钒、锰、钴的污染物，超过国家或者地方污染物排放标准十倍以上的；

（五）通过暗管、渗井、渗坑、裂隙、溶洞、灌注等逃避监管的方式排放、倾倒、处置有放射性的废物、含传染病病原体的废物、有毒物质的；

（六）二年内曾因违反国家规定，排放、倾倒、处置有放射性的废物、含传染病病原体的废物、有毒物质受过两次以上行政处罚，又实施前列行为的；

（七）重点排污单位篡改、伪造自动监测数据或者干扰自动监测设施，排放化学需氧量、氨氮、二氧化硫、氮氧化物等污染物的；

（八）违法减少防治污染设施运行支出一百万元以上的；

（九）违法所得或者致使公私财产损失三十万元以上的；

（十）造成生态环境严重损害的；

（十一）致使乡镇以上集中式饮用水水源取水中断十二小时以上的；

（十二）致使基本农田、防护林地、特种用途林地五亩以上，其他农用地十亩以上，其他土地二十亩以上基本功能丧失或者遭受永久性破坏的；

（十三）致使森林或者其他林木死亡五十立方米以上，或者幼树死亡二千五百株以上的；

（十四）致使疏散、转移群众五千人以上的；

（十五）致使三十人以上中毒的；

（十六）致使三人以上轻伤、轻度残疾或者器官组织损伤导致一般功能障碍的；

（十七）致使一人以上重伤、中度残疾或者器官组织损伤导致严重功能障碍的；

（十八）其他严重污染环境的情形。

第二条 实施刑法第三百三十九条、第四百零八条规定的行为，致使公私财产损失三十万元以上，或者具有本解释第一条第十项至第十七项规定情形之一的，应当认定为“致使公私财产遭受重大损失或者严重危害人体健康”或者“致使公私财产遭受重大损失或者造成人身伤亡的严重后果”。

第三条 实施刑法第三百三十八条、第三百三十九条规定的行为，具有下列情形之一的，应当认定为“后果特别严重”：

（一）致使县级以上城区集中式饮用水水源取水中断十二小时以上的；

（二）非法排放、倾倒、处置危险废物一百吨以上的；

（三）致使基本农田、防护林地、特种用途林地十五亩以上，其他农用地三十亩以

上,其他土地六十亩以上基本功能丧失或者遭受永久性破坏的;

(四)致使森林或者其他林木死亡一百五十立方米以上,或者幼树死亡七千五百株以上的;

(五)致使公私财产损失一百万元以上的;

(六)造成生态环境特别严重损害的;

(七)致使疏散、转移群众一万五千人以上的;

(八)致使一百人以上中毒的;

(九)致使十人以上轻伤、轻度残疾或者器官组织损伤导致一般功能障碍的;

(十)致使三人以上重伤、中度残疾或者器官组织损伤导致严重功能障碍的;

(十一)致使一人以上重伤、中度残疾或者器官组织损伤导致严重功能障碍,并致使五人以上轻伤、轻度残疾或者器官组织损伤导致一般功能障碍的;

(十二)致使一人以上死亡或者重度残疾的;

(十三)其他后果特别严重的情形。

第九条 环境影响评价机构或其人员,故意提供虚假环境影响评价文件,情节严重的,或者严重不负责任,出具的环境影响评价文件存在重大失实,造成严重后果的,应当依照刑法第二百二十九条、第二百三十一条的规定,以提供虚假证明文件罪或者出具证明文件重大失实罪定罪处罚。

第十条 违反国家规定,针对环境质量监测系统实施下列行为,或者强令、指使、授意他人实施下列行为的,应当依照刑法第二百八十六条的规定,以破坏计算机信息系统罪论处:

(一)修改参数或者监测数据的;

(二)干扰采样,致使监测数据严重失真的;

(三)其他破坏环境质量监测系统的行为。

重点排污单位篡改、伪造自动监测数据或者干扰自动监测设施,排放化学需氧量、氨氮、二氧化硫、氮氧化物等污染物,同时构成污染环境罪和破坏计算机信息系统罪的,依照处罚较重的规定定罪处罚。

从事环境监测设施维护、运营的人员实施或者参与实施篡改、伪造自动监测数据、干扰自动监测设施、破坏环境质量监测系统等行为的,应当从重处罚。

第四节 环境污染犯罪的宽严相济

宽严相济刑事政策是我国的基本刑事政策,对于最大限度地预防和减少犯罪、化解社会矛盾、维护社会和谐稳定，具有特别重要的意义。基于此，《环境污染犯罪解释》在依法设定环境污染犯罪定罪量刑标准的同时，还根据宽严相济刑事政策的要求专门设置了从重处罚情节和从宽处罚情节，以最大限度地发挥刑法对于环境污染犯罪的惩罚、威慑、教育功能，有效减少和预防此类犯罪的发生，发挥刑法在推进生态文明建设方面的积极作用。

一、环境污染犯罪的从重处罚情节

宽严相济刑事政策要求对社会危害大或者具有法定、酌定从重处罚情节，以及主观恶性深、人身危险性大的被告人依法从严惩处，以有效震慑犯罪分子和社会不稳定分子，达到有效遏制犯罪、预防犯罪的目的。根据这一要求，《环境污染犯罪解释》第4条规定对于实施环境污染犯罪并具有所列情形的应当从重处罚。[①②] 具体而言：

（一）阻挠环境监督检查或者突发环境事件调查

根据环境保护相关法律法规的规定，环境保护主管部门对环境保护工作实行统一监督管理，也负责对环境污染事件进行监督检查。这是法律法规赋予环境保护主管部门的职责。但是，对于环境保护工作负有监督管理职责的不限于环境保护主管部门，其他行政管理部门也可能依法对特定领域的环境污染负有监督管理职责，如水污染的监督检查可由水行政主管部门实施。此外，根据有关规定，在突发环境事件发生后，环境保护主管部门和有关部门需要进行相应调查。无论是在环境监督检查，还是突发环境事件调查中，阻挠有关部门依法履行职责的，表明行为人具有较大的主观恶性，故《环境污染犯罪解释》第4条第1项专门规定应当从重处罚。

此外，实施环境污染犯罪，以暴力、威胁方法阻挠环境监督检查或者突发环境事件调查的，则可能同时构成环境污染犯罪和妨害公务罪。基于此，《环境污染犯罪解释》第4条第1项的规定是“阻挠环境监督检查或者突发环境事件调查，尚不构成妨害公务等犯罪的”。需要注意的是，如果对妨害公务行为已经单独定罪处罚，对于污染环境犯罪不宜再从重处罚，以免重复评价。

---

① 与《2013年解释》第4条第1款对比，《环境污染犯罪解释》第4条未再规定对“闲置、拆除污染防治设施或者使污染防治设施不正常运行的”情形从重处罚，主要是考虑到闲置、拆除污染防治设施或者使污染防治设施不正常运行必然会涉及非法减少防治污染设施运行支出，而第1条第8项已将“非法减少防治污染设施运行支出一百万元以上的”增设为入罪情节。

② 《2013年解释》起草过程中，拟将“造成跨省界环境污染事故”规定为环境污染犯罪的从重处罚情节。征求意见过程中，有意见提出，是否造成跨省界污染，不应成为从重处罚的理由。例如，犯罪嫌疑人本就在省界附近，其实施的污染环境行为，很可能造成跨省界污染，但其与普通的污染环境犯罪行为在社会危害性程度方面并无实质差异。经研究认为，上述意见确有道理，予以采纳，最终未将“造成跨省界环境污染事故”设定为从重处罚情节。

(二)在人口集中地区及其附近排放、倾倒、处置污染物

排放、倾倒、处置污染物行为的社会危害性程序,无疑与排放、倾倒、处置污染物的场所具有直接关系。在人口集中地区及其附近排放、倾倒、处置污染物,与在人口稀少的区域实施上述行为,社会危害性程度有明显差异。基于此,《环境污染犯罪解释》专门将在医院、学校、居民区等人口集中地区及其附近,违反国家规定排放、倾倒、处置有放射性的废物、含传染病病原体的废物、有毒物质或者其他有害物质的行为设置为从重处罚情节。

《2013 年解释》起草过程中,拟将"危害医院、学校、居民小区等环境敏感区环境质量"情形作为从重处罚情节。所谓环境敏感区,是指依法设立的各级各类自然、文化保护地,以及对建设项目的某类污染因子或者生态影响因子特别敏感的区域。[①]后经研究认为,"环境敏感区"的范围过大,远大于司法解释旨在特别保护的医院、学校、居民区等人口集中地区。而且,对于自然保护区、饮用水水源保护区这些环境敏感区,《2013 年解释》已有专门条文对在这些区域实施的污染环境行为设置了单独的入罪标准,不宜再规定为从重处罚情节。因此,经研究修改,形成了"在医院、学校、居民区等人口集中地区及其附近,违反国家规定排放、倾倒、处置有放射性的废物、含传染病病原体的废物、有毒物质或者其他有害物质的"的表述。《环境污染犯罪解释》第 4 条沿用上述规定。

适用中需要注意的是,对于"在医院、学校、居民区等人口集中地区及其附近"的认定,宜具体情况把握,特别是对于人口集中地区附近的认定,尚无明确的距离界限,应当具体情况具体分析,根据人口集中地区的大小、人数以及距离等判断,以排放、倾倒、处置污染物能否直接影响人口集中地区作为标准。

例如,2013 年 6 月至 7 月 6 日,被告人杨某在无环保审批手续、无污染防治设备的情况下擅自进行电镀加工为塑料管模具镀铬,并将生产中的污水直接排放到所租住的院内渗井中。经检测,电镀槽内水样及排放到渗井内污泥中含有有毒有害物质。[②] 又如,2013 年 8 月初,被告人王某在无环保审批手续、无污染防治设备情况下,

---

① 根据《建设项目环境影响评价分类管理名录》第 3 条的规定,环境敏感区主要包括:(1)自然保护区、风景名胜区、世界文化和自然遗产地、饮用水水源保护区;(2)基本农田保护区、基本草原、森林公园、地质公园、重要湿地、天然林、珍稀濒危野生动植物天然集中分布区、重要水生生物的自然产卵场、索饵场、越冬场和洄游通道、天然渔场、资源性缺水地区、水土流失重点防治区、沙化土地封禁保护区、封闭及半封闭海域、富营养化水域;(3)以居住、医疗卫生、文化教育、科研、行政办公等为主要功能的区域,文物保护单位,具有特殊历史、文化、科学、民族意义的保护地。

② 河北省雄县人民法院认为,被告人杨某违反国家有关环境保护、水污染防治法律、法规,擅自开设国家明令禁止的小电镀摊点,并将含有有毒物质的污水直接排入渗井中,其行为构成污染环境罪。判决被告人杨某犯污染环境罪,判处有期徒刑 1 年零 6 个月,并处罚金 3 万元。

擅自在雄县雄州镇亚古城村租赁的房屋内进行电镀加工、为空调支架镀铬,将生产过程中的污水直接排放到院外渗坑中。经检测,电镀槽及渗坑内水样中含有有毒有害物质。①

上述两个案件中,被告人系在居民区排放有毒物质。因此,法院认定被告人系“在医院、学校、居民区等人口集中地区及其附近,违反国家规定排放、倾倒、处置有放射性的废物、含传染病病原体的废物、有毒物质或者其他有害物质”,并依法从重处罚,符合司法解释的相关规定。

(三)特定期间排放、倾倒、处置污染物

根据有关法律规定,对于违法排放、倾倒、处置污染物的行为,除了罚款、拘留等行政处罚措施外,还可以责令限期整改。例如,《水污染防治法》第75条明确规定,在饮用水水源保护区内设置排污口的,逾期不拆除的,除强制拆除和处罚款外,还可以责令停产整顿。无论是责令停产整顿,还是其他限期整改措施,目的都在于使行为人或者单位能够认识行为的社会危险性,采取有效措施,防止继续污染环境。在限期整改期间,未能有效整改,反而违反国家规定排放、倾倒、处置有放射性的废物、含传染病病原体的废物、有毒物质或者其他有害物质的,体现了行为人屡教不改,主观恶性较大,较之一般的排污行为社会危害性更大,应当予以更为严厉的惩治。基于此,《环境污染犯罪解释》沿用《2013年解释》的规定,专门将此种情形规定为从重处罚情节。

需要注意的是,“限期整改”应当理解为一个类概念,即包括各级环境主管部门依法作出的责令行政相对人停止违法行为进行整改的环境行政命令行为。换言之,只要所依法作出的环境行政命令行为实际具有“限期整改”的内容即可,而不限于所依据法律条款明确使用“限期整改”措施的情形。具体而言,该项规定的从重处罚情形适用于因违反国家规定,而被依法责令限期整改、责令限期治理、责令停产整顿、责令停业整顿、责令停产停业整顿、责令停产整治等尚未丧失经营主体资格的情形。此外,如果依法作出“责令关闭”处罚的,则不应当适用该项规定,因为企业被责令关闭是永久性的。②③

此外,《大气污染防治法》第93条第1款规定:“国家建立重污染天气监测预警体

① 河北省雄县人民法院认为,被告人王某违反国家环境保护、水污染防治相关法律法规,擅自开设国家明令禁止的小电镀摊点,并将含有有毒物质的污水直接排入渗坑中,其行为构成污染环境罪。判决被告人王某犯污染环境罪,判处有期徒刑1年零6个月,并处罚金3万元。

② 有论者认为,“责令关闭”比“限期整改”处罚更重。按照“举轻以明重”的法理,也应当适用。对此,本书认为,当然解释在刑事领域可以用于出罪和从宽处罚,但不宜用于入罪和从重处罚。否则,罪刑法定原则难以贯彻到位。

③ 此外,修改后的《环境保护法法》第60条规定了“限制生产”,这里的“限制生产”与“限期整改”是否相同,是否可以适用,需要进一步研究。本书持否定态度,认为“限制生产”与“限期整改”并非同一概念。

系。”第 96 条第 1 款规定:“县级以上地方人民政府应当依据重污染天气的预警等级,及时启动应急预案,根据应急需要可以采取责令有关企业停产或者限产、限制部分机动车行驶、禁止燃放烟花爆竹、停止工地土石方作业和建筑物拆除施工、停止露天烧烤、停止幼儿园和学校组织的户外活动、组织开展人工影响天气作业等应急措施。”《环境保护法》第 47 条第 2 款、第 3 款规定:“县级以上人民政府应当建立环境污染公共监测预警机制,组织制定预警方案;环境受到污染,可能影响公众健康和环境安全时,依法及时公布预警信息,启动应急措施。”“企业事业单位应当按照国家有关规定制定突发环境事件应急预案,报环境保护主管部门和有关部门备案。在发生或者可能发生突发环境事件时,企业事业单位应当立即采取措施处理,及时通报可能受到危害的单位和居民,并向环境保护主管部门和有关部门报告。”据此,在重污染天气预警期间、突发环境事件处置期间,违反国家规定排放、倾倒、处置有放射性的废物、含传染病病原体的废物、有毒物质或者其他有害物质的,社会危害性更大,应当从重处罚。故而,《环境污染犯罪解释》第 4 条第 3 项专门针对上述情形规定应当从重处罚。

(四)危险废物经营企业违规排放、倾倒、处置污染物

从实践来看,危险废物处置企业污染环境犯罪案件显现。当前个别具有危险废物处置资质的企业唯利是图,为赚取正规处置和非正规处置间的巨额利差,将本应自行处置的危险废物转包给无处理资质的单位和个人,造成巨大安全隐患。湖州市工业和医疗废物处置中心有限公司污染环境案①即是适例。较之于无资质企业和个人非法处置危险废物的行为,此类行为的社会危害性更为突出,亟需加大刑事惩治力度。基于此《环境污染犯罪解释》第 4 条第 4 项专门将“具有危险废物经营许可证的企业违反国家规定排放、倾倒、处置有放射性的废物、含传染病病原体的废物、有毒物质或者其他有害物质”规定为从重处罚情节之一。

二、环境污染犯罪的从宽处罚情节

为贯彻落实《关于全面推进依法治国若干重大问题的决定》提出的“完善刑事诉

---

① 湖州市工业和医疗废物处置中心系具有处置危险废物资质的企业,其许可经营项目为湖州市范围内医药废物、有机溶剂废物、废矿物油、感光材料废物等危险废物和医疗废物的收集、贮存、处置。2011 年至 2014 年 4 月,被告人施某(法定代表人)指使、授意或者同意其下属经营管理人员,将该中心收集的危险废物共计 5950 余吨交由没有相应资质的单位和个人处置,从中牟利。其中,部分危险废物被随意倾倒。浙江省湖州市吴兴区人民法院一审判决、湖州市中级人民法院二审判决认为:被告单位湖州市工业和医疗废物处置中心有限公司违反国家规定,处置危险废物,严重污染环境。被告人施某系被告单位直接负责的主管人员,指使、授意或者同意其下属经营管理人员实施上述行为。被告单位和被告人的行为均已构成污染环境罪,且属后果特别严重。综合考虑本案相关犯罪情节,判决被告单位湖州市工业和医疗废物处置中心有限公司犯污染环境罪,判处罚金人民币 40 万元;被告人施某犯污染环境罪,判处有期徒刑 3 年零 10 个月,并处罚金人民币 15 万元,与其所犯行贿罪判处的刑罚并罚,决定执行有期徒刑 6 年零 3 个月,并处罚金人民币 25 万元。

讼中认罪认罚从宽制度”，考虑到司法实践中的复杂情况，《环境污染犯罪解释》第5条规定：“实施刑法第三百三十八条、第三百三十九条规定的行为，刚达到应当追究刑事责任的标准，但行为人及时采取措施，防止损失扩大、消除污染，全部赔偿损失，积极修复生态环境，且系初犯，确有悔罪表现的，可以认定为情节轻微，不起诉或者免予刑事处罚；确有必要判处刑罚的，应当从宽处罚。”应当指出的是，上述规定的目的在于促使行为人在实施环境污染犯罪后及时采取措施，减少、弥补损害，充分发挥刑法的威慑和教育功能。

司法适用中应当注意的是，该条规定具体限定为如下条件：(1)行为人系初犯，认罪认罚，确有悔罪表现；(2)刚达到入罪标准，不包括结果加重情形；(3)及时采取措施，防止损失扩大、消除污染，全部赔偿损失，积极修复生态环境。关于“及时采取措施，防止损失扩大、消除污染”和“全部赔偿损失，积极修复生态环境”是否需要同时具备，实践中有不同的认识。本书持肯定态度。但是，从积极引导有关行为人积极采取措施减少、弥补损害的角度考虑，符合其中一种情节的，也可以作为酌定从宽处罚情节，但在具体从宽幅度方面应当作适当考虑。

适用中需要注意的是，具有上述情形，确有必要判处刑罚的，也应当从宽处罚。对于从宽处罚的幅度，可以根据案件的具体情况予以具体把握。从宽处理包括但不限于从轻处罚；符合非监禁刑适用条件的，可以适用非监禁刑。例如，2013年12月29日至12月31日期间，被告人王某某指使他人，私自更改杭州鼎铭尚实业有限公司的污水排放管道，并指使公司负责处理污水的员工张某某、陈某某违反规定将未处理完全的含铬、镍、锌的工业废水通过暗管直接排放至厂外沟渠。2013年12月，陈某某在违法排污时被当场查获。经监测，非法排放的污水中含铬214mg/L，为国家排放限值的214倍；含镍12mg/L，为国家排放限值的24倍；含锌863mg/L，为国家排放限值的575倍。本案案发后，鼎铭尚公司立即拆除不规范排污设施，并加强硬件设施投入，加强人员培训，严格执行污染物的达标排放，对被告人王某某、张某某、陈某某可酌情从宽处罚。同时，本案作案时间为2013年12月29日至31日，持续时间较短。综合考虑上述被告人王某某、张某某、陈某某的犯罪事实、性质、地位、作用、作案时间、社会危害程度等因素，根据《2013年解释》第5条的规定，可以酌情从宽处罚，故对被告人张某某、陈某某适用缓刑。①

---

① 浙江省杭州市萧山区人民法院判决：(1)被告人王某某犯污染环境罪，判处有期徒刑8个月，并处罚金3万元；(2)被告人张某某犯污染环境罪，判处有期徒刑6个月，缓刑1年，并处罚金3000元；(3)被告人陈某某犯污染环境罪，判处有期徒刑6个月，缓刑1年，并处罚金3000元。宣判后，被告人王某某、张某某、陈某某均未提出上诉，判决已发生法律效力。参见最高人民法院中国应用法学研究所编：《环境资源审判典型案例选编(刑事卷)》，人民法院出版社2015年版，第251页。

【刑法条文】

第三十七条 【非刑罚性处置措施】对于犯罪情节轻微不需要判处刑罚的，可以免予刑事处罚，但是可以根据案件的不同情况，予以训诫或者责令具结悔过、赔礼道歉、赔偿损失，或者由主管部门予以行政处罚或者行政处分。

【刑事诉讼法条文】

第一百七十三条第二款 对于犯罪情节轻微，依照刑法规定不需要判处刑罚或者免除刑罚的，人民检察院可以作出不起诉决定。

【《环境污染犯罪解释》条文】

第四条 实施刑法第三百三十八条、第三百三十九条规定的犯罪行为，具有下列情形之一的，应当从重处罚：

（一）阻挠环境监督检查或者突发环境事件调查，尚不构成妨害公务等犯罪的；

（二）在医院、学校、居民区等人口集中地区及其附近，违反国家规定排放、倾倒、处置有放射性的废物、含传染病病原体的废物、有毒物质或者其他有害物质的；

（三）在重污染天气预警期间、突发环境事件处置期间或者被责令限期整改期间，违反国家规定排放、倾倒、处置有放射性的废物、含传染病病原体的废物、有毒物质或者其他有害物质的；

（四）具有危险废物经营许可证的企业违反国家规定排放、倾倒、处置有放射性的废物、含传染病病原体的废物、有毒物质或者其他有害物质的。

第五条 实施刑法第三百三十八条、第三百三十九条规定的行为，刚达到应当追究刑事责任的标准，但行为人及时采取措施，防止损失扩大、消除污染，全部赔偿损失，积极修复生态环境，且系初犯，确有悔罪表现的，可以认定为情节轻微，不起诉或者免予刑事处罚；确有必要判处刑罚的，应当从宽处罚。

第五节 单位环境污染犯罪的定罪量刑

从实践看，不少环境污染行为系由单位实施，而且单位实施此类行为的社会危害性程度往往大于自然人。因此，刑法第346条明确规定，单位犯刑法第338条、第339条规定的污染环境罪、非法处置进口的固体废物罪、擅自进口固体废物罪的，对单位判处罚金，并对其直接负责的主管人员和其他直接责任人员，依照各该条的规定定罪处罚。为了统一裁判尺度，《环境污染犯罪解释》第11条对单位环境污染犯罪的定罪量刑标准作了明确。

一、单位环境污染犯罪的定罪量刑标准

关于单位犯罪与自然人犯罪定罪量刑标准是否应当作区分，存在不同认识，司法解释也有不同规定。然而，随着公司登记制度的改革和发展，特别是一人公司的出现和最低注册资本制度的改革，单位犯罪与自然人犯罪之间的区别越来越小。在此背景下，从有力惩治单位犯罪的角度，不宜再对单位犯罪设置较之自然人犯罪更高的入罪门槛，从而使得一些不法分子通过这一区别逃避处罚。因此，近年来的司法解释大多对单位犯罪与自然人犯罪适用统一的定罪量刑标准。

关于单位环境污染犯罪的定罪量刑标准，《2006 年解释》第 5 条规定："单位犯刑法第三百三十八条、第三百三十九条规定之罪的，定罪量刑标准依照刑法和本解释的有关规定执行。"可见，《2006 年解释》即对单位环境污染犯罪规定适用自然人环境污染犯罪的标准。基于严厉惩治环境污染单位犯罪的价值取向①，《2013 年解释》第 6 条沿袭了这一思路，对单位环境污染犯罪与自然人犯罪适用统一的定罪量刑标准。《环境污染犯罪解释》第 11 条沿用上述规定。

二、单位环境污染犯罪的其他问题

（一）单位环境污染犯罪的认定

关于单位环境污染犯罪的认定，需要根据案件具体情况准确把握，侧重从是否为了单位利益和是否经单位集体研究决定，或者由单位负责人决定、同意，或者被授权的其他人决定、同意实施两个方面判断。对此问题，有的地方已通过发布实施意见的方式对此予以进一步强调。例如，江苏省高级人民法院、江苏省人民检察院《关于依法办理环境保护案件若干问题的实施意见》提出："为了单位利益，实施污染环境犯罪行为，并具有下列情形之一的，可以认定为单位犯罪：（一）由单位决策机构决定的；（二）经单位主要负责人或者分管负责人事先同意的；（三）单位主要负责人或者分管负责人明知行为人实施上述行为而不加以制止，也未及时采取措施防止损失扩大、消除污染的。"本书认为，上述意见符合实践，可在办理具体案件时参考。

（二）"直接负责的主管人员和其他直接责任人员"的认定

对于单位犯污染环境罪、非法处置进口的固体废物罪、擅自进口固体废物罪的，刑法明确规定实行"双罚制"，即对单位判处罚金，并对其直接负责的主管人员和其

---

① 司法适用中值得注意的是，"当前侦破的案件，自然人被查处的多，单位犯罪被查处的较少。对于一些地方，尤其是高污染、高耗能地区，应当进一步加强对排污企业的有效监管"。参见陈庆瑞：《污染环境罪的司法适用问题》，载《人民司法》2016 年第 4 期。

他直接责任人员依照自然人犯罪的规定处罚。司法实践中需要注意的是,应当正确认定直接负责的主管人员和其他直接责任人员。所谓直接负责的主管人员,主要是指单位犯罪内对单位犯罪起了主要决策作用的主管人员。所谓直接责任人员,主要是指在直接负责的主管人员的授意、指挥下积极参与实施单位犯罪的一般工作人员。[①] 司法实践中需要注意的是,在确定单位环境污染犯罪的直接负责的主管人员和其他直接责任人员时,既要防止扩大打击面,将未起到主要决策作用的人员认定为直接负责的主管人员,或者将仅仅履行工作职责的人员认定为其他直接责任人员,但也要防止不当缩小直接负责的主管人员和其他直接责任人员范围的情况。特别是,不能对单位环境污染犯罪仅仅追究直接实施相关行为的人员的责任,而对真正负有责任的决策、组织、指挥或者管理人员不予追究刑事责任。对此问题,有的地方已通过发布实施意见的方式对此予以进一步强调。例如,江苏省高级人民法院、江苏省人民检察院《关于依法办理环境保护案件若干问题的实施意见》针对《2013 年解释》第 6 条规定的"直接负责的主管人员和其他直接责任人员",明确提出"既包括直接从事排污工作的人员,也包括对排污工作负有决定、组织、指挥或者管理职责的负责人、管理人员等"。

例如,2005 年至 2008 年间,云南澄江锦业工贸有限责任公司(以下简称锦业公司)在生产经营过程中,长期将含砷生产废水通过明沟、暗管直接排放到厂区最低凹处未经防渗处理的天然水池内,并抽取该池内的含砷废水进行洗矿作业;将含砷固体废物磷石膏倾倒于厂区外未采取防渗漏、防流失措施的堆场露天堆放;雨季降水量大时直接将天然水池内的含砷废水抽排至厂外东北侧邻近阳宗海的磷石膏渣场放任自流。致使含砷废水通过地表径流和渗透随地下水进入阳宗海,造成阳宗海水体受砷污染,水质从Ⅱ类下降到劣Ⅴ类,饮用、水产品养殖等功能丧失,县级以上城镇水源地取水中断,公私财产遭受百万元以上损失的特别严重后果。本案对于单位污染环境"直接负责的主管人员和其他直接责任人员"的认定范围较为妥当。被告人李某甲作为锦业公司的董事长,被告人李某乙作为锦业公司的总经理(负责公司的全面工作),二人未按规范要求采取防渗措施,最终导致阳宗海被砷污染的危害后果,作为单位犯罪的主管人员承担相应刑事责任;被告人金某某作为锦业公司生产部部长,具体负责安全生产、环境保护和生产调度等工作,安排他人抽排含砷废水到厂区外,作为

---

① 熊选国:《刑法刑事诉讼法实施中的疑难问题》,中国人民公安大学出版社 2005 年版,第 36~37 页。

单位犯罪的直接责任人承担相应刑事责任。[①]

（三）单位环境污染犯罪的刑事程序问题

司法实践中存在的现象是，检察机关在起诉书中未将涉案单位列为被告单位，而只将自然人列为被告人。对此，可能有两种情形：一种情形是检察机关和人民法院对某些案件是单位犯罪还是自然人犯罪存在不同认识，即对于某些应当认定为单位犯罪的案件，检察机关只作为自然人犯罪起诉；另一种情形是检察机关和人民法院对某些案件是单位犯罪未产生不同认识，但检察机关基于各种考虑未将涉案单位列为被告单位，而只起诉了自然人。[②] 对此，最高人民法院《关于适用〈中华人民共和国刑事诉讼法〉的解释》（法释〔2012〕21 号，以下简称《刑事诉讼法解释》）第 283 条吸收了 2001 年《全国法院审理金融犯罪案件工作座谈会纪要》的相关规定，专门规定："对应当认定为单位犯罪的案件，人民检察院只作为自然人犯罪起诉的，人民法院应当建议人民检察院对犯罪单位补充起诉。人民检察院仍以自然人犯罪起诉的，人民法院应当依法审理，按照单位犯罪中的直接负责的主管人员或者其他直接责任人员追究刑事责任，并援引刑法分则关于追究单位犯罪中直接负责的主管人员和其他直接责任人员刑事责任的条款。"需要注意的是，根据"不告不理"的刑事诉讼原理，如果经建议检察机关仍未补充起诉犯罪单位的，人民法院只能按单位犯罪中的直接负责的主管人员和其他直接责任人员追究被起诉的自然人的刑事责任，不能在判决结果中认

① 本案发生在《刑法修正案（八）》施行前，应当适用重大环境污染事故罪的有关规定。云南省澄江县人民法院一审判决、玉溪市中级人民法院二审裁定认为：被告单位锦业公司未建设完善配套环保设施，经多次行政处罚仍未整改，致使生产区内外环境中大量富含砷的生产废水通过地下渗透随地下水以及地表径流进入阳宗海，导致该重要湖泊被砷污染，构成重大环境污染事故罪，且应当认定为"后果特别严重"。案发后，锦业公司及被告人积极配合相关部门截污治污，可对其酌情从轻处罚。以重大环境污染事故罪判处被告单位云南澄江锦业工贸有限责任公司罚金人民币 1600 万元；被告人李某甲有期徒刑 4 年，并处罚金人民币 30 万元；被告人李某乙有期徒刑 3 年，并处罚金人民币 15 万元；被告人金某某有期徒刑 3 年，并处罚金人民币 15 万元。

② 例如，对于李某某走私案，某检察院起诉指控的是个人犯罪。一审法院经审理列为，李某某等人是以单位名义，为单位利益实施的犯罪，且李某某是单位的主要负责人，可以代表单位作出决策，故对李某某等人按单位负责的主管人员和直接责任人员判处刑罚。一审判决后，检察机关认为一审判决未对李某某所在的单位判处罚金，以适用法律不当为理由提出抗诉。二审法院经审理认为，认定单位犯罪，判处单位罚金，前提是公诉机关要起诉单位。在公诉机关没有起诉单位为被告构成犯罪的情况下，法院无法认定单位犯罪，判处单位的罚金，故维持了原判。参见白山云：《单位犯罪案件审理程序中存在的问题及探讨》，载《法律适用》2001 年第 1 期。显而易见，本案系单位犯罪，对此检察机关并不存在不同认识，但并未将犯罪单位列为被告单位。

定单位构成犯罪并判处罚金。①

环境污染犯罪领域同样存在上述情况。例如,张某某与肖某某相约,由张某某联系并负责将江苏省徐州市江苏中能硅业科技发展有限公司产生的含有四氯化硅的废液运输到单县,由肖某某联系王某甲、杨某某等人。2010 年 11 月,张某某又与唐某某取得联系,由唐某某运送江苏中能硅业科技发展有限公司产生的含有四氯化硅的废液运到单县,交给不具有处理能力的王某甲、杨某某,王某甲、杨某某伙同他人(另案处理)将含有四氯化硅的废液擅自向就近的沟塘排放,造成重大环境污染。王某乙受雇于王某甲参与排放,姜某某跟车运输卸货。本案中,被告人张某某的辩护人提出,根据刑法第 346 条的规定,江苏中能硅业科技发展有限公司构成单位犯罪,应同时追究单位及直接负责的主管人员和其他直接责任人员的刑事责任,且追究单位刑事责任是追究直接负责主管人员和其他直接责任人员的刑事责任的前提,故对被告人张某某应认定为从犯。不告不理原则是全部诉讼法中重要的基本原则之一。无论在何种情况下,人民法院都不能主动对于未起诉的事实和人(含单位)径行审理和判决。对于未被起诉的单位,当然不能将其直接列为被告单位。本案系单位犯罪,但是公诉机关只指控了自然人,如果按照自然人犯罪追究刑事责任,又违反了"以事实为根据,以法律为准绳"的原则。因此,法院参照适用《全国法院审理金融犯罪案件工作座谈会纪要》规定的处理原则,依法按单位犯罪中的直接负责的主管人员或者其他直接责任人员追究刑事责任。②

【刑法条文】

第三十条 【单位负刑事责任的范围】公司、企业、事业单位、机关、团体实施的危害社会的行为,法律规定为单位犯罪的,应当负刑事责任。

第三十一条 【单位犯罪的处罚原则】单位犯罪的,对单位判处罚金,并对其直接负责的主管人员和其他直接责任人员判处刑罚。本法分则和其他法律另有规定

---

① 当然,被害人或者被害单位认为单位构成犯罪,侵犯其人身权利、财产权利的,可以向上一级人民检察院申诉,请求将犯罪单位列为被告单位,对于人民检察院维持不将犯罪单位列为被告单位决定的,被害人或者被害单位可以向人民法院提起自诉。被害人或者被害单位也可以不经申诉,直接向人民法院起诉。只要被害人或者被害单位有证据证明被告单位构成犯罪应当追究刑事责任,符合自诉案件的受理条件的,人民法院应当受理,必要时,可以同人民检察院对自然人提起公诉的案件一并审理。

② 山东省单县人民法院判决:被告人张某某犯重大环境污染事故罪,判处有期徒刑 3 年,缓刑 4 年;并处罚金 13 万元。被告人唐某某犯重大环境污染事故罪,判处有期徒刑 3 年,缓刑 4 年;并处罚金 10 万元。被告人肖某某犯重大环境污染事故罪,判处有期徒刑 2 年零 6 个月,缓刑 3 年;并处罚金 7 万元。被告人王某甲犯重大环境污染事故罪,判处有期徒刑 2 年零 6 个月,缓刑 3 年;并处罚金 5 万元。被告人杨某某犯重大环境污染事故罪,判处有期徒刑 2 年零 6 个月,缓刑 3 年;并处罚金 5 万元。被告人王某乙犯重大环境污染事故罪,判处有期徒刑 1 年零 6 个月,缓刑 2 年;并处罚金 4 万元。被告人姜某某犯重大环境污染事故罪,判处有期徒刑 1 年零 6 个月,缓刑 2 年;并处罚金 4 万元。宣判后,被告人未提出上诉,判决已生效。参见山东省单县人民法院刑事判决书(2012)单刑初字第 54 号。

的，依照规定。

【《环境污染犯罪解释》条文】

第十一条　单位实施本解释规定的犯罪的，依照本解释规定的定罪量刑标准，对直接负责的主管人员和其他直接责任人员定罪处罚，并对单位判处罚金。

第六节　环境污染共同犯罪的认定

《环境污染犯罪解释》第7条规定了污染环境罪共同犯罪的认定规则，明确明知他人无危险废物经营许可证，向其提供或者委托其收集、贮存、利用、处置危险废物，严重污染环境的，以共同犯罪论处。

一、环境污染犯罪的产业化迹象

从实践来看，不少行为人非法排放、倾倒、处置各类污染物，以降低生产成本、牟取不法利益。但是，在个体实施环境污染犯罪的同时，环境污染违法犯罪行为也呈现出明显的产业化迹象，行为人分工明确，相互配合，甚至形成了完整的"一条龙"作业。浙江新海天生物科技有限公司（以下简称新海天公司）、魏某某等污染环境案即是适例。2013年三四月，浙江绍兴市越城区鸿运搬运服务部负责人魏某某指使公司员工向产生危险废物的企业散发名片，主动提出帮助处置危险废物。同年5月，新海天公司法定代表人陆某某在明知鸿运搬运服务部无污水处理资质的情况下，与魏约定以每吨120元价格交由魏处理公司残液储罐内的废水。经检测，残液含有丙烯醛、二烯丙基醚，均系危险废物。随后，魏某某即安排其公司员工王某甲及王某乙（另案处理）等前往运拉废水，安排其公司员工许某某、何某某、姚某某等在绍兴市袍江新区、越城区皋埠镇等地偏僻处的下水道中直接排放废水80余吨。废水顺雨水管道进入附近的漫池河，致使河内养殖的鱼类、河蚌遭污染死亡，造成公私财产损失约人民币892740.5元。①

江金帆达生化股份有限公司等污染环境案可谓是污染环境特大犯罪案件，彰显

① 案发后，被告人魏某某主动投案，新海天公司赔偿渔民经济损失并得到谅解。浙江省绍兴市越城区人民法院经审理认为，被告单位及六被告人犯污染环境罪，判处被告单位浙江新海天生物科技有限公司罚金60万元；被告人魏某某有期徒刑1年零6个月，罚金2万元；被告人陆某某有期徒刑1年零6个月，缓刑3年，罚金2万元；被告人王某甲有期徒刑1年，罚金3000元；被告人许某某有期徒刑1年，罚金3000元；被告人何某某有期徒刑11个月，罚金2000元；被告人姚某某有期徒刑11个月，罚金2000元。被告人魏某某、王某甲提出上诉，后经二审法院裁定准许，撤回上诉。

环境污染共同犯罪造成的危害后果较之单独犯罪更为严重。方埠化工厂系浙江金帆达生化股份有限公司(以下简称金帆达公司)下属企业,专门生产农药草甘膦。2011年,方埠化工厂生产产生的危险废物草甘膦母液因得不到及时处理而胀库。为不影响生产,并降低处理成本,被告人杜某某(金帆达公司副总经理)、宋某某(金帆达公司国内贸易部经理),经被告人浦某某(金帆达公司总经理)默许,委托不具备危险废物处置资质的杭州联环化工有限公司(以下简称联环公司)、湖州德兴化工物资有限公司(以下简称德兴公司)、富阳博新化工有限公司(以下简称博新公司)及被告单位衢州市新禾农业生产资料有限责任公司(以下简称新禾公司)等有业务往来的化工原料提供单位非法外运处置草甘膦母液。被告人李某某(方埠化工厂分管物管部的副厂长)明知生产产生的草甘膦母液应委托有处理资质的企业处置,仍负责联系宋某某通知新禾公司等单位非法拉运草甘膦母液。从2011年10月至2013年5月,金帆达公司共非法处置草甘膦母液35000余吨,直接倾倒至外环境。2011年下半年,被告单位新禾公司为谋取利益,在不具备危险废物处置资质的情况下,违反国家规定,经被告人吴某某(新禾公司法定代表人)同意,由被告人洪某某(新禾公司副总经理)与杜某某、宋某某联系,约定为金帆达公司处置草甘膦母液,并收取每吨80~100元的处置费用。从2012年年初至2013年5月期间,新禾公司通过被告人黄某某、王某合伙经营的槽罐车将共计5000余吨的草甘膦母液从方埠化工厂运至衢州,倾倒在小溪、沙滩、林地等处,并支付黄某某、王某每吨50~60元的处置费用。被告人严某(新禾公司股东)负责与黄某某、王某及金帆达公司结算草甘膦母液处置费用、开具发票等事宜。被告人林某某、舒某某、柴某某、杨某某、傅某某、陈某某、张某某、方某某、邱某某、蒋某某作为槽罐车的驾驶员、押运员,参与草甘膦母液的运输及协助倾倒。①

环境污染犯罪的产业化迹象,可以归结于两个方面的原因:一方面,污染物产生者直接非法排放、倾倒、处置污染物,固然能够牟取不法利益,但容易被环保部门、公安机关查处,面临较高的风险、甚至是刑事风险。另一方面,一些不法行为人发现了非法倾倒、处置污染物的巨大利润空间,专门帮助污染物产生单位、个人非法倾倒、处置污染物,并收取相应的费用。在这两个方面因素的共同作用下,专门从事非法倾倒、处置污染物的主体开始出现,并呈现出产业化趋势。

---

① 浙江省龙游县人民法院一审判决、浙江省衢州市中级人民法院二审裁定认为:被告单位浙江金帆达生化股份有限公司、衢州市新禾农业生产资料有限责任公司与被告人黄某某、王某等违反国家规定,倾倒、处置危险废物,严重污染环境,其行为均已构成污染环境罪,且属后果特别严重。综合考虑案发后自首、如实供述、退缴违法所得等情节,以污染环境罪判处被告单位浙江金帆达生化股份有限公司罚金人民币7500万元;判处被告单位衢州市新禾农业生产资料有限责任公司罚金人民币400万元;判处被告人杜某某有期徒刑6年,并处罚金人民币100万元;以及其他各被告人相应有期徒刑和罚金。此外,浙江省杭州市富阳区人民法院、萧山区人民法院、杭州市中级人民法院、德清县人民法院、湖州市中级人民法院均已分别对涉案的博新化工、联环化工、德兴化工及相关被告人依法作出裁判。

二、危险废物环境污染共同犯罪的认定

（一）危险废物污染防治的经营许可证制度

对于危险废物污染防治经营活动实行许可证制度，以防止无资质的单位和个人从事危险废物的收集、贮存、利用、处置，造成严重的环境污染事故，是各国的通例。我国亦不例外。《固体废物污染环境防治法》明确规定对危险废物污染防治实行经营许可证制度，并且规定危险废物收集、贮存、处置的经营活动主体限于单位，个人不得从事上述活动。所谓收集，是指危险废物经营单位将分散的危险废物进行集中的活动。所谓贮存，是指危险废物经营单位在危险废物处置前，将其放置在符合环境保护标准的场所或者设施中，以及为了将分散的危险废物进行集中，在自备的临时设施或者场所每批置放重量超过5000千克或者置放时间超过90个工作日的活动。所谓利用、处置，是指危险废物经营单位将危险废物焚烧、煅烧、熔融、烧结、裂解、中和、消毒、蒸馏、萃取、沉淀、过滤、拆解以及用其他改变危险废物物理、化学、生物特性的方法，达到减少危险废物数量、缩小危险废物体积、减少或者消除其危险成分的活动，或者将危险废物最终置于符合环境保护规定要求的场所或者设施并不再回取的活动。《固体废物污染环境防治法》第57条规定："从事收集、贮存、处置危险废物经营活动的单位，必须向县级以上人民政府环境保护行政主管部门申请领取经营许可证；从事利用危险废物经营活动的单位，必须向国务院环境保护行政主管部门或者省、自治区、直辖市人民政府环境保护行政主管部门申请领取经营许可证。具体管理办法由国务院规定。""禁止无经营许可证或者不按照经营许可证规定从事危险废物收集、贮存、利用、处置的经营活动。""禁止将危险废物提供或者委托给无经营许可证的单位从事收集、贮存、利用、处置的经营活动。"①

为了加强对危险废物收集、贮存和处置经营活动的监督管理，防治危险废物污染环境，根据《固体废物污染环境防治法》，国务院制定了《危险废物经营许可证管理办法》，规定从事危险废物收集、贮存、处置经营活动的单位须依法领取危险废物经营许可证。为确保危险废物的收集、贮存、处置活动的安全，避免对环境的危害，《危险废物经营许可证管理办法》对申请经营许可证的单位的技术、设施和能力作了相应规定。其中，申请领取危险废物收集、贮存、处置综合经营许可证，应当具备下列条件：（1）有3名以上环境工程专业或者相关专业中级以上职称，并有3年以上固体废物污

① 环境保护部《关于企业回收利用自身产生的危险废物是否属于危险废物经营活动的复函》（环函〔2005〕203号）规定："回收利用企业内部产生的危险废物，不属于利用危险废物的经营活动。因此，对于回收利用内部产生的危险废物的企业，不要求领取危险废物经营许可证，但必须遵照危险废物申报登记、转移联单制度，将危险废物的产生、转移、利用及处置情况向环保主管部门进行申报和登记，并保证危险废物回收利用符合相应的环保标准，得到妥善无害化处置。"

染治理经历的技术人员；(2)有符合国务院交通主管部门有关危险货物运输安全要求的运输工具；(3)有符合国家或者地方环境保护标准和安全要求的包装工具，中转和临时存放设施、设备以及经验收合格的贮存设施、设备；(4)有符合国家或者省、自治区、直辖市危险废物处置设施建设规划，符合国家或者地方环境保护标准和安全要求的处置设施、设备和配套的污染防治设施；其中，医疗废物集中处置设施，还应当符合国家有关医疗废物处置的卫生标准和要求；(5)有与所经营的危险废物类别相适应的处置技术和工艺；(6)有保证危险废物经营安全的规章制度、污染防治措施和事故应急救援措施；(7)以填埋方式处置危险废物的，应当依法取得填埋场所的土地使用权。而申请领取危险废物收集经营许可证，应当具备下列条件：(1)有防雨、防渗的运输工具；(2)有符合国家或者地方环境保护标准和安全要求的包装工具，中转和临时存放设施、设备；(3)有保证危险废物经营安全的规章制度、污染防治措施和事故应急救援措施。

国家对危险废物经营许可证实行分级审批颁发，下列单位的危险废物经营许可证，由国务院环境保护主管部门审批颁发：(1)年焚烧1万吨以上危险废物的；(2)处置含多氯联苯、汞等对环境和人体健康威胁极大的危险废物的；(3)利用列入国家危险废物处置设施建设规划的综合性集中处置设施处置危险废物的。医疗废物集中处置单位的危险废物经营许可证，由医疗废物集中处置设施所在地设区的市级人民政府环境保护主管部门审批颁发。危险废物收集经营许可证，由县级人民政府环境保护主管部门审批颁发。其他危险废物经营许可证，由省、自治区、直辖市人民政府环境保护主管部门审批颁发。

(二)危险废物污染环境共同犯罪的认定规则

共同犯罪，是指二人以上共同故意犯罪。共同犯罪的成立必须满足以下条件：(1)犯罪主观方面必须为故意；(2)各行为人之间必须出于共同的犯罪意图，经意思联络共同实施犯罪。如前所述，污染环境罪主观方面为复合罪过，但是构成共同犯罪要求罪过形式须为故意。

根据前述规定，从事危险废物收集、贮存、处置经营活动，必须持有危险废物经营许可证。按照经营方式，危险废物经营许可证分为危险废物收集、贮存、处置综合经营许可证和危险废物收集经营许可证。领取危险废物综合经营许可证的单位，可以从事各类别危险废物的收集、贮存、处置经营活动；领取危险废物收集经营许可证的单位，只能从事机动车维修活动中产生的废矿物油和居民日常生活中产生的废镉镍电池的危险废物收集经营活动。

根据有关规定，禁止无经营许可证或者不按照经营许可证规定从事危险废物收集、贮存、处置经营活动。实践中，由于危险废物的正常处置费用较高，非法处置危险废物成为环境污染犯罪产业化中最为集中的形态。据有关方面介绍,工业生产中产生的危险废物、有毒物质、固定废物等污染物,如果按照环保要求处理,其正常处理费用为每吨2800～3200元,但这些企业委托他人非法处置的价格在每吨60～120元,非法处置危险废物存在巨大的利益空间。① 因此,一些企业为降低所产生的危险废物的处置成本,将危险废物交由未取得危险废物经营许可证的企业处理,而这些企业往往再倒手有偿转给他人处理。实践中也发生不少通过交通运输工具将危险废物运输至偏僻地方进行倾倒的事件。而且,为逃避环保部门的监管,不少故意跨行政区域、甚至跨省转移危险废物,造成污染的跨区域转移。此类违法倾倒行为具有流动性、隐蔽性的特征,对环境危害十分巨大,但其违法成本非常低。如果刑事惩治不跟上,仅仅依靠环保部门的行政执法,难以有效阻遏此类违法行为的发生和迅速蔓延。

从实践来看,行为人在明知他人未取得经营许可证或者超出经营许可范围的情况下,向他人提供或者委托他人收集、贮存、利用、处置危险废物,具体表现为两种形式:(1)行为人明知他人未取得经营许可证,向他人提供或者委托他人收集、贮存、利用、处置危险废物。(2)行为人明知他人超出经营许可范围,向他人提供或者委托他人收集、贮存、利用、处置危险废物。危险废物经营许可证包括危险废物经营方式、危险废物类别等内容。此种情形下,危险废物的收集、贮存、利用、处置方虽然有经营许可证,但超出了经营许可范围,如持超出经营许可证范围收集其他类别的危险废物、持危险废物收集经营许可证处置危险废物的。

由于上述危险废物收集、贮存、利用、处置方实际不具有相应的技术、设施和能力,无法按照相关规定的要求对危险废物进行有效处置,往往将危险废物直接倾倒在土壤、河流中。而由于危险废物的特性,如果不加处理就进入大气、水体和土壤,直接参与生态系统的物质循环,将会对人体健康和环境造成严重危害。在司法实践中,对于接受危险废物后将危险废物直接倾倒、污染环境的行为人,往往可以以污染环境罪追究刑事责任。但是,对于危险废物提供方或者委托方,其往往辩解不明知危险废物的接收方会实施污染环境的行为,而司法机关也往往无法对其以污染环境罪的共同犯罪论处。经过调研发现,从支付的费用看,有关单位对污染环境的后续行为往往心知肚明,但为了降低危险废物的处置费用对严重污染环境的结果实际持放任心态,认定共同犯罪应无疑问。

实际上,司法实践中已有先例。例如,重庆长风化学工业有限公司(以下简称长风公司)委托重庆云光化工有限公司(以下简称云光公司)处置其生产过程中产生的危险废物(次级苯系物有机产品)。之后,蒋某某(云光公司法定代表人)将危险废物

① 陈光多:《在浙江法院保障"五水共治"依法推进　建设"两美浙江"新闻通气会上的发言稿》(2014年6月10日)。当然,不少地方危险废物的处置、利用费用远高于这一价格。

处置工作交由公司员工夏某负责。夏某在未审查张某某是否具备危险废物处置资质的情况下，将长风公司委托处置的危险废物直接转交给张某某处置。张某某随后与胡某某和周某取得联系并经实地查看，决定将危险废物运往四川省兴文县共乐镇境内的黄水沱倾倒。2011 年 6 月 12 日，张某某联系一辆罐车在长风公司装载 28 吨多工业废水，准备运往兴文县共乐镇境内的黄水沱倾倒。后因车辆太大而道路窄小，不能驶入黄水沱，周某、胡某某、张某某等人临时决定将工业废水倾倒在大坳口公路边的荒坡处，致使当地环境受到严重污。2011 年 6 月 14 日，张某某在长风公司装载三车铁桶装半固体状危险废物约 75 余吨，倾倒在黄水沱振兴硫铁矿的荒坡处，致使当地环境受到严重污染，并对当地居民的身体健康和企业的生产作业产生影响。经鉴定，黄水沱和大坳口两处危险废物的处置费、现场清理费、运输费等为 918315 元。本案中，云光公司作为专业的化工危险废物处置企业，在接受长风公司委托处置其生产过程中产生的危险废物（次级苯系物有机产品）后，应当依照有关规定处置危险废物。然而，云光公司将长风公司委托处置的危险废物直接转交给张某某处置。如前所述，《固体废物污染环境防治法》禁止个人从事危险废物的处置，张某某不可能取得危险废物收集、贮存、处置综合经营许可证，显然不具备处置危险废物的资质。云光公司将长风公司委托处置的危险废物直接转交给不具备资质的张某某处置，违反了《固体废物污染环境防治法》关于“禁止将危险废物提供或者委托给无经营许可证的单位从事收集、贮存、利用、处置的经营活动”的规定。被告人张某某随后伙同被告人胡某某、周某，直接向土地倾倒危险废物，造成环境严重污染，且后果严重。被告人张某某、胡某某、周某的行为显然构成了污染环境罪的共同犯罪。需要注意的是，云光公司的非法委托危险废物处置的行为，是被告人张某某、胡某某、周某实施后续污染环境行为的主要原因，且云光公司对于被告人张某某无处置危险废物的资质是明知的，可以推断其对被告人张某某等后续实施的非法处置危险废物、进而污染环境的行为也是明知的，应当认定为污染环境罪的共同犯罪。①

为加强对此类犯罪的惩治，充分发挥司法解释的警示、教育功能，《2013 年解释》专门对涉危险废物的环境污染共同犯罪的认定规则作了明确，第 7 条规定：“行为人明知他人无经营许可证或者超出经营许可范围，向其提供或者委托其收集、贮存、利用、处置危险废物，严重污染环境的，以污染环境罪的共同犯罪论处。”《环境污染犯罪解释》第 7 条吸收了上述规定。②

---

① 四川省兴文县人民法院以污染环境罪分别判处被告重庆云光化工有限公司罚金 50 万元；被告人夏某有期徒刑 2 年，并处罚金 2 万元；张某某有期徒刑 1 年 6 个月，并处罚金 2 万元。对蒋某某、周某、胡某某宣告缓刑。判决宣告后，被告单位、各被告人均未上诉，检察机关亦未抗诉。

② 司法适用中值得注意的是，“实践中，更多地注重追究排污人的刑事责任，易忽视对于危险废物提供方追究刑事责任”。参见陈庆瑞：《污染环境罪的司法适用问题》，载《人民司法》2016 年第 4 期。

需要注意的是,《环境污染犯罪解释》第7条采取推定的证明方式,即只需要证明行为人明知对方无危险废物经营许可证或者超出经营许可范围即可,而无须证明行为人明知危险废物的接收方会实施后续的污染环境行为。此种情形下,对于危险废物接收方实施后续的污染环境犯罪行为,应当共同归属于危险废物提供方和接收方,以污染环境罪的共同犯罪论处。申言之,只需要证明行为人明知对方无经营许可资质,无须证明行为人明知对方会实施后续污染环境具体行为,即可对行为人以污染环境罪的共同犯罪论处。例如,2013年6月,中镁公司在搬迁过程中,未审核上海三英物资利用有限公司(以下简称三英公司)有无处置危险废物经营许可资格的情况下,仍委托三英公司处置厂区内的危险废物。同年7月中下旬,三英公司的工作人员将存放在中镁公司C6厂房等处的危险废物(废乳化液"危险废物类别HW09")倾倒在厂区内北侧临时挖成的无任何防渗漏措施的坑塘内,严重污染环境。本案中,被告单位中镁公司曾在2010~2012年间委托有资质的星月公司按规定处理废乳化液等危险废物并向环保部门备案。但在涉案搬迁工程中,被告单位及被告人林某某、陈某某在应当审核而未审核三英公司有无危险废物处理资质,即向其提供、委托处置危险废物,可以推定被告单位及被告人林某某、陈某某明知三英公司无危险废物处置资质,应当以污染环境罪的共同犯罪论处。①

此外,《环境污染犯罪解释》第17条第6款专门规定:"本解释所称'无危险废物经营许可证',包括未取得危险废物经营许可证,或者超出危险废物经营许可证的经营范围。"对此,处理具体案件,不仅应审查行为人有无危险废物经营许可证,而且应当审查危险废物经营许可证的期限及具体经营范围。例如,冯某、周某、姚某共同出资入股,从2013年3月起合伙经营非法加工点,从上游企业收购含铜废水,在加工点提炼后生成有价值的铜粉和氯化亚铜出售。该加工点没有任何污水处理设施,污染环境的重金属废水排入长江。经查,该加工点第1排厂房压滤机旁废水中重金属铜含量为5650mg/L(国家标准为0.5 mg/L),第4排厂房压滤机旁废水中重金属铜含量为2900mg/L(国家标准为0.5 mg/L),属于"严重污染环境"。本案中,潘某负责

① 上海市闵行区人民法院认为,被告单位中镁公司明知他人无经营许可证,仍向他人委托处置、提供危险废物;被告人林某某作为中镁公司的总经理和公司搬迁工作总负责,明知他人无经营许可证,仍同意向他人委托处置、提供危险废物;被告人陈某某、孙某某作为中镁公司拆迁现场负责人,明知他人无经营许可证,仍要求他人处置危险废物,并授意他人非法倾倒危险废物60余吨;被告人刘某某作为公司法定代表人,明知其公司无经营许可证,仍承接危险废物的处置工作,并默许其公司人员非法倾倒危险废物;被告人张某某、董某某违反国家规定,指使他人(均另案处理)倾倒危险废物60余吨,致使公私财物损失达人民币98万余元,上述被告单位及被告人的行为均已构成污染环境罪,且属共同犯罪。以污染环境罪判处被告单位中镁公司罚金人民币20万元;判处被告人林某某、陈某某、孙某某、刘某某、张某某有期徒刑1年至1年2个月不等,并处罚金10000~14000元不等。对林某某、陈某某适用缓刑。参见最高人民法院中国应用法学研究所编:《环境资源审判典型案例选编(刑事卷)》,人民法院出版社2015年版,第55~57页。

从上游企业收购含铜废水,加工点所需的原材料含铜稀氨水(系危险废物)主要来自南通东昌化工有限公司(以下简称东昌公司)。东昌公司负责安全生产和环境保护的经理缪某认为,东昌公司及其他本人的行为不构成非法处置,2013 年 3 月潘某来公司购买含铜稀氨水时,提供了江阴中鑫再生资源公司(以下简称中鑫公司)的营业执照和危险废物经营许可证的复印件,而他以为潘某就是该公司的员工,就与其以每吨 100 元的价格签订了含铜稀氨水的交易合同,供货期限是 2013 年 4 月 31 日至 12 月 31 日,是正常的公司之间交易。经查,潘某并非中鑫公司人员,中鑫公司的危险废物经营许可证上标明是处理酸性铜水的资质,许可限期是 2013 年 5 月到期。而东昌公司的含铜稀氨水为碱性铜水,作为公司环保负责人缪某,明知潘某提供超过许可范围和许可期限的危险废物经营许可证,不向中鑫公司核实潘某的身份,不向环保部门部门报备危险废物跨地区转移运输的五联单,在 2013 年 4 月至 2014 年 4 月一年间,通过潘某向该非法加工点提供 500 吨含铜稀氨水,而后者在提炼取铜过程中严重污染环境。因此,对于本案应当以污染环境罪的共同犯罪论处。[①]

顺带提及的是,《2013 年解释》起草过程中,有意见提出,除行为人明知他人无经营许可证或者超出经营许可范围,向其提供或者委托其收集、贮存、利用、处置危险废物,可以污染环境罪的共同犯罪论处外,对于行为人明知他人实质无危险废物处置能力(即使其有经营许可证),而委托其处置危险废物的,如造成严重污染环境的,也可以污染环境罪的共同犯罪论处。经研究认为,上述意见有一定的道理,但从当前的情况来看,判断危险废物接收方实际是否具有危险废物的处置能力,操作难度较大。因此,最终未采纳上述意见。

此外,从实践来看,有些行为人持有危险废物经营许可证(可能是非法租借的经营许可证,也可能是确实具有经营许可证),但危险废物交易价格明显低于市场价格。例如,某种危险废物的处置价格为每吨 3000 元,但行为人以每吨 200 元的价格收购危险废物。从交易的价格加以判断,可以推定行为人不可能正常处置危险废物,只可能是非法倾倒。因此,有意见认为,此种情形下如果行为人最终将危废非法倾倒,严重污染环境的,对于向其提供或者委托其收集、贮存、利用、处置危险废物的行为人也应当以共同犯罪论处。本书认为,对于上述情形,如果可以依据“交易价格明显低于市场价格”的情形,结合其他证据认定行为人的主观明知,即可以污染环境罪共同犯罪论处的情形。

如前所述,领取危险废物经营许可证,需要企业具有一定的资质和条件。实践

---

① 江苏省南通市港闸区人民法院判决冯某、周某、姚某、潘某等构成污染环境罪;判决东昌公司犯污染环境罪,判处罚金 5 万元;判决缪某犯污染环境罪,判处拘役 3 个月,缓刑 6 个月,并处罚金人民币 3000 元。参见《公安部督办案件收官! 要办成一件危废案件有多难?》,载 http://huanbao. bjx. com. cn/news/20160407/722721. shtml,最后访问日期:2016 年 8 月 10 日。

中，一些企业为降低危废处置成本，将危险废物外包给无危险废物经营许可的企业处理，这些企业有可能再次转包，造成层层转包，乱象百出。甚至，个别具有危险废物经营许可证的企业将危险废物经营许可证非法出租、出借给无许可证的企业，而租借许可证的企业非法倾倒、处置危险废物，严重污染环境。本书认为，上述情形也可以认定为污染环境罪的共同犯罪。

【《环境污染犯罪解释》条文】

第七条　明知他人无危险废物经营许可证，向其提供或者委托其收集、贮存、利用、处置危险废物，严重污染环境的，以共同犯罪论处。

第七节　污染环境犯罪竞合的处理规则

《环境污染犯罪解释》第 8 条对实施环境污染行为的犯罪竞合情形和处断规则作了明确规定，排放、倾倒、处置含有毒害性、放射性、传染病病原体等物质的污染物，同时触犯数个罪名的，择一重罪处断。

一、污染环境犯罪的竞合

（一）污染环境罪的刑罚配置现状

我国关于环境污染犯罪的刑罚配置为“三年以下有期徒刑或者拘役、单处罚金”“三年以上七年以下有期徒刑”，整体低于其他国家。以德国为例，德国刑法关于污染水域、污染土地和污染空气的刑法配置均为“处 5 年以下自由刑或罚金刑”（故意犯罪）、“处 3 年以下自由刑或罚金刑”（过失犯罪）。可见，与德国关于环境污染犯罪的基本法定刑配置相比，我国刑法关于污染环境罪的刑罚配置水平较低。特别是《德国刑法典》第 330 条对危害环境的特别严重情形作了明确规定：“（1）故意犯第 324 条至第 329 条之罪，情节特别严重的，处 6 个月以上 10 年以下自由刑。行为人具有下列行为之一的，一般认为情节特别严重：1. 污染水域、土地或第 329 条第 3 款规定的保护区，致使此等污染不能清除，或需花费巨额费用或相当长时间之后才能清除的，2. 危害公共供水设备的，3. 持久损害濒危灭绝的动物或植物的，或 4. 为获利而行为的。（2）因故意实施第 324 条至第 329 条之罪，造成下列结果之一，如该行为在第 330 条第 1 款至第 3 款未规定刑罚的，在第 1 项情形下处 1 年以上 10 年以下自由刑，在第 2 项情形下处 3 年以上自由刑：1. 致他人有死亡危险或严重损害他人健康或不特定多数人健康的，或 2. 造成他人死亡的。（3）犯第 2 款第 1 项之罪情节较轻的，处 6 个月以上5年以下自由刑，犯第2款第2项之罪情节较轻的，处1年以上10年以下自由刑。”①

而且，与刑法分则第六章第六节“破坏环境资源保护罪”中其他罪名相比，污染环境罪的法定刑配置也显偏轻。例如，非法处置进口的固体废物罪、擅自进口固体废物罪的基本法定刑配置为“五年以下有期徒刑或者拘役”，第二档法定刑配置为“五年以上十年以下有期徒刑”，第三档法定刑配置为“十年以上有期徒刑”；盗伐林木罪的基本法定刑配置为“三年以下有期徒刑、拘役或者管制、单处罚金”，第二档法定刑配置为“三年以上七年以下有期徒刑”，第三档法定刑配置为“七年以上有期徒刑”。污染环境罪侵害的环境法益本身涉及公共安全，在社会危害性方面较上述罪名明显更大，故罪刑配置不均衡的问题较为突出。着眼于长远，应当适时修改刑法提升污染环境罪的法定刑配置，实现罪刑均衡；着力于当下，应当充分利用犯罪竞合原理适用其他较重的罪名惩治危害特别严重的污染环境犯罪，充分发挥刑法的威慑功能。实际上，如果我国刑法关于污染环境罪的刑罚配置将来得以提升，则投放危险物质罪等其他罪名几无可适用空间。

（二）投放危险物质罪的概念与构成特征

投放危险物质罪，是指故意投放毒害性、放射性、传染病病原体等物质，危害公共安全的行为。投放危险物质罪侵害的法益的是公共安全，即不特定多数人的生命健康或者财产安全。所谓毒害性物质，是指能够引起人和动物中毒，危害其生命、健康的物质；所谓放射性物质，是指通过原子核裂变能够放出射线，对任何动物具有严重伤害的物质；所谓传染病病原体，是指能够引起传染病的病菌或者病毒等物质。需要注意的是，投放危险物质罪，必须针对不特定对象投放上述物质，如果行为人有意识地将杀害的对象控制为特定的对象，不可能危及其他不特定对象的，由于未危害公共安全，不构成本罪，但可能成立故意杀人罪等其他犯罪。本罪的成立不需要发生实害后果，只要投放危险物质的行为危害公共安全，即使尚未造成严重后果的，也构成投放危险物质罪；导致致人重伤、死亡或者使公私财产遭受重大损失的实害后果的，则符合投放危险物质罪的结果加重情节。投放危险物质罪的主体为一般主体，凡年满14周岁、具有刑事责任能力的人都可以成为本罪的主体。投放危险物质罪的主观方面为故意，即行为人明知自己投放危险物质的行为会危害公共安全，而希望或者放任此种结果发生。过失投放危险物质的，不构成本罪，但可能构成过失投放危险物质罪。犯罪动机多种多样，不影响犯罪的成立。

根据刑法第114条的规定，犯投放危险物质罪的，处3年以上10年以下有期徒

① 《德国刑法典》，徐久生、庄敬华译，中国方正出版社2004年版，第164页。

刑。根据刑法第115条第1款的规定,致人重伤、死亡或者使公私财产遭受重大损失的,处10年以上有期徒刑、无期徒刑或者死刑。

(三)污染环境犯罪竞合的处理

从实践来看,违反国家规定,故意排放、倾倒、处置含有毒害性、放射性、传染病病原体等物质的污染物,实质上是直接投放毒害性、放射性、传染病病原体等物质,根据刑法理论,属于想象竞合犯,可依照刑法第114条、第115条的规定,以投放危险物质罪定罪处罚。

早在1997年刑法施行前,即有针对环境污染行为适用投毒罪的判决。曹某某投毒案即是适例。1988年,曹某某承包向阳化工厂,明知本厂没有处理含氰废渣的能力,但为牟取暴利,仍于1989年1月4日与上海锯条总厂签订了处理钢锯热处理产生的含氰废渣的协议。协议规定:自1989年1月起,上海锯条总厂将每月约10吨的含氰废渣委托向阳化工厂处理;向阳化工厂必须按当地环保部门规定处理含氰废渣,坚决杜绝二次污染,不能存放在露天场所等。签约后的当月,曹某某即派人雇船到上海锯条厂热处理车间装运含氰废渣,并指使所派人员将其全部抛入返程的沿途河中。此后,每月都有10吨含氰废渣被抛入宝山区、嘉定县及江苏太仓县的水域中。自1989年1月至1991年8月,曹某某指使陆某某等人先后25次将294吨含氰废渣抛入水中。在两年多的时间里,向阳化工厂向水域抛扔的废渣可折合成纯氰化物20多吨,致使大面积水域遭到严重污染,大量鱼及水生生物死亡,当地自来水厂停止供水,部分企业停产,造成直接经济损失210余万元,给环境和人民群众身体健康造成巨大危害。1992年8月17日,上海市中级人民法院以投毒罪判处主犯曹某某死缓,剥夺政治权利终身。①

1997年刑法施行后,《刑法修正案(三)》将投毒罪修改为投放危险物质罪。2009年,江苏、山东两地法院先后作出对污染环境案件适用投放危险物质罪的判决。

胡某某(盐城市标新化工有限公司董事长)、丁某某(公司生产厂长)于2007年年底至2009年2月16日间,明知所在公司系环保部门规定的"废水不外排"企业,亦明知该公司在"氯代醚酮"生产过程中所产生的废水含有毒、有害物质,仍将大量废水排放至该公司北侧的5支河内,任其流经蟒蛇河污染盐城市区城西、越河自来水厂取水口,致2009年2月20日盐城市区20多万居民饮用水停水长达66小时40分,造成直接经济损失543.21万元。江苏省盐城市盐都区法院经审理认为,被告人胡某某、丁某某明知废水中含有有毒、有害物质,仍大量排放,危害公共安全,并致公私财产遭受重大损失,其行为已构成投放危险物质罪,依法以该罪分别判处被告人胡某某

① 欧阳梓华:《从曹某某案看我国环境刑法适用的尴尬》,载《长沙大学学报》2007年第1期。

有期徒刑10年、丁某某有期徒刑6年。盐城市中级人民法院驳回上诉,维持原判。

阿散酸是一种兽药的药物饲料添加剂,属于农业部严格限制定点生产的产品。于某甲未经批准于2009年4月开始生产阿散酸,非法经营额共计194万元。于某甲将生产过程中产生的含砷量严重超标的废水存放于已作防渗处理的专用蓄水池内,未进行净化处理。于某甲明知生产阿散酸产生的是高浓度含砷剧毒废水,也明知排放该剧毒废水可能产生的严重后果,仍指使时任该公司生产厂长的许某某、时任公司采购员的于某乙2人将池内的有毒废水在适当时予以排出。2009年7月,许某某、于某乙分两次将蓄水池内700余立方米的废水排至南涑河中,致使高新区、罗庄区、郯城县区域的南涑河、老涑河、五里河等主要河流严重污染,造成经济损失共计人民币37148390.50元。山东省临沂市罗庄区人民法院经审理认为:被告人于某甲主观上明知其公司在生产阿散酸过程中会产生高浓度含砷剧毒废水,也明知排放该剧毒废水可能产生的严重后果,客观上仍指使被告人许某某、于某乙在雨后深夜向公共水域进行大量排放,致使国家财产遭受重大损失,其行为属于刑法规定的间接故意;被告人许某某、于某乙受被告人于某甲指使,主观上持放任的态度,客观上实施了向公共水域排放大量剧毒废水的行为,三被告人的行为危害了公共安全,使国家财产遭受重大损失,均已构成投放危险物质罪。此外,被告人于某甲还构成非法经营罪。对被告人于某甲以投放危险物质罪、非法经营罪数罪并罚,决定执行有期徒刑15年,并处罚金人民币50万元;以投放危险物质罪判处被告人许某某有期徒刑6年;以投放危险物质罪判处被告人于某乙有期徒刑5年。①

二、污染环境犯罪竞合的处理规则

(一)污染环境犯罪竞合处理规则的确立

对于司法实务中的上述判决,理论界也存在不同看法,有论者持赞成态度,认为体现了对此类犯罪的严惩;也有论者认为,上述判决违反了罪刑法定原则。在《刑法修正案(八)》施行前,刑法实务和理论基本认为重大环境污染事故罪系过失犯罪,而投放危险物质罪系故意犯罪,二者之间的界限较为明晰。《刑法修正案(八)》将重大

① 本案定性的关键在于判断行为人的主观罪过和所侵犯的法益。本案所排放的高浓度含砷剧毒废水,据临沂市环境保护科学研究所出具的砷的毒理性说明,证实所违法排放含砷废水的初始浓度为13627MG/L,进入河流水体经稀释后浓度值最高地点达132.31MG/L。含砷废水中砷的存在形式主要以三价态存在,该价态的砷经生物甲基化作用转变成烷基砷,上述两种物质均为剧毒有害物质,可在体内蓄积造成更大的毒害作用,进入土壤的砷通过植物的根系被植物吸收,该部分砷本身对植物无害,但极易在植物体内积累,然后通过食物链被人和动物吸收,从而对人和动物造成危害。且从本案的后果来看,非法排放高浓度含砷剧毒废水已经对不特定多数人的生命健康和财产安全造成侵害,侵犯了公共安全。而从三被告人的供述来看,对于高浓度含砷剧毒废水的毒害性系明知,进而非法排放的行为在主观上系故意。综上,法院认为三被告人的行为已超出重大环境污染事故罪的构成要件,认定为投放危险物质罪更为适宜。

环境污染事故罪修改为污染环境罪后，一般认为污染环境罪的主观方面通常系故意，即行为人对非法排放、倾倒、处置行为对环境的污染主观上系故意。但是，对于违反国家规定，排放、倾倒、处置含有毒害性、放射性、传染病病原体等物质的污染物，造成十分严重后果的行为，宜否适用投放危险物质罪，实践中则存在不同认识。

针对上述情况，司法解释有必要对此问题作出明确，以统一法律适用。经研究认为，污染环境的行为能否构成其他犯罪，关键取决于所涉行为是否同时符合污染环境罪与其他犯罪的构成要件。这并不违反罪刑法定原则，罪刑法定原则也并不意味着某种行为只符合某一个犯罪构成，否则，就不可能存在竞合犯的问题了。行为人违反国家规定，排放、倾倒、处置污染物，严重污染环境的行为，原则上只能定性为污染环境罪，但如果所涉行为同时符合了投放危险物质罪的构成要件，如污染物系含有毒害性、放射性、传染病病原体等物质的污染物，可以认定为投放危险物质罪的对象“危险物质”；污染行为构成对公共安全的危害的，则应当认为该行为同时符合了污染环境罪与投放危险物质罪，以处罚较重的犯罪定罪处罚。基于此，《2013 年解释》第 8 条规定：“违反国家规定，排放、倾倒、处置含有毒害性、放射性、传染病病原体等物质的污染物，同时构成污染环境罪、非法处置进口的固体废物罪、投放危险物质罪等犯罪的，依照处罚较重的犯罪定罪处罚。”《环境污染犯罪解释》第 8 条沿用上述规定。

（二）污染环境犯罪竞合处理规则的适用

污染环境罪在违反国家规定，排放、倾倒或者处置有放射性的废物、含传染病病原体的废物、有毒物质时，不仅严重污染环境，还可能危害公共安全，此时污染环境罪就可能与投放危险物质罪竞合。污染环境罪与投放危险物质罪竞合，必须满足下列条件：第一，排放、倾倒或者处置的废物必须是有放射性、含传染病病原体、有毒物质。如果排放、倾倒或者处置的是其他有害物质，只能污染环境，不可能危害公共安全。第二，排放、倾倒或者处置的有放射性的废物、含传染病病原体的废物、有毒物质，必须是已造成危害公共安全的后果或者存在足以危害人生命和健康的可能。如果没有证据证明排放、倾倒或者处置的污染物足以危害人体健康，也就无法认定危害公共安全。比如将有毒物质排放到湖泊、河流中，稀释后含量极低，对人体健康已构不成危害，也就不能危害公共安全。第三，排放、倾倒或者处置的有放射性的废物、含传染病病原体的废物、有毒物质，主观方面必须系故意，过失不能构成投放危险物质罪。总之，违反国家规定，排放、倾倒或者处置有放射性的废物、含传染病病原体的废物、有毒物质的行为，只有同时满足上述条件，才可能同时构成污染环境罪和投放危险物质罪，依照处罚较重的犯罪投放危险物质罪定罪处罚。否则只能以污染环境罪定罪处罚。

司法适用中需要注意的是，对污染环境的行为应当原则上适用污染环境罪，适用投放危险物质罪等其他犯罪的，应当特别慎重。特别是，认定行为人主观方面应综合行为人供述、认知能力、犯罪行为等证据，不能仅以犯罪危害后果严重反推行为人的主观方面具有危害公共安全的故意。例如，2012 年 7 月下旬，为处理副产品硫酰氯（系危险化学品），山东兴氟新材料有限公司总经理助理邢某（另案处理）在请示总经理刘某某（另案处理）同意后，与樊某某商定每吨给樊某某 300 元由樊某某拉走硫酰氯。同年 7 月 25 日，被告人樊某某安排被告人王某某、蔡某用罐车到山东兴氟新材料有限公司拉走 35 吨硫酰氯，山东兴氟新材料有限公司支付给樊某某 10500 元。同年 7 月 27 日凌晨 2 时许，被告人樊某某、王某某、蔡某将罐车开至高青县花沟镇唐口村南小清河大桥上，将该 35 吨硫酰氯倾倒于小清河中，硫酰氯遇水反应生成的毒气雾团飘至邹平县焦桥镇韩套村，将熟睡中的村民熏醒，致上百村民呼吸系统受损，并造成庄稼苗木等重大财产损失，村民韩某某因吸入酸性刺激气体，致气管和肺充血、水肿，直接加重心肺负荷，导致急性呼吸循环衰竭死亡。2012 年 7 月 28 日，被告人王某某被抓获归案，同日被告人樊某某、蔡某到公安机关投案自首。本案中，被告人樊某某、王某某、蔡某违反国家规定，往河中倾倒具有腐蚀性、刺激性的化学品硫酰氯，严重污染环境，并造成 1 人死亡、重大财产损失的特别严重后果。但是，综合全案来看，三被告人作案前不明知其所要倾倒液体的化学成分，对倾倒该液体可能产生的危害后果缺乏准确的预判。被告人王某某、蔡某第 1 次倾倒硫酰氯时，因产生大量刺激性烟雾且倾倒地点离村庄和庄稼较近而停止倾倒，后三被告人选择深夜在水流量较大、离村庄有一定距离的小清河河段倾倒，从其变更倾倒地点的原因来看，其并不希望或者放任危害结果的发生，结合三被告人作案后返回现场查看是否造成危害后果来看，其主观上不具有危害公共安全的故意。①

对涉案行为人主观上是否符合投放危险物质罪所要求的要件，客观上是否对公共安全造成危害的判断方面，须从严把握。特别是，对于排放、倾倒、处置的污染物的危害程度，可能影响行为的定性。例如，2013 年 8 月 21 日晚上 7 点多，被告人傅某某、李某某、詹某某在被告人赵某家吃饭后，詹某某提议晚上一起到茅坪镇四溪河里去毒鱼，傅某某、李某某、赵某表示同意。然后，詹某某购买 3 瓶“甲氰菊酯”农药。当晚 8 时左右，赵某、傅某某、詹某某、李某某、温某某等骑摩托车一同前往四溪河，在离四溪渔场上游约 20 米远的地方，詹某某将一瓶农药、傅某某将两瓶农药倒入河水里，并将农药瓶丢弃在水中。尔后，傅某某、李某某、赵某、詹某某、温某某等人一起在河

---

① 山东省淄博市中级人民法院判决：以污染环境罪判处被告人樊某某有期徒刑 6 年 6 个月，并处罚金人民币 15 万元；以污染环境罪判处被告人王某某有期徒刑 6 年，并处罚金人民币 10 万元；以污染环境罪判处被告人蔡某有期徒刑 5 年 6 个月，并处罚金人民币 10 万元。宣判后，被告人未提起上诉，检察机关亦未抗诉，判决已发生法律效力。参见最高人民法院中国应用法学研究所编：《环境资源审判典型案例选编（刑事卷）》，人民法院出版社 2015 年版，第 101 ~ 102 页。

里捡鱼。9时许,被害人魏某经营的鲟鱼养殖厂正在使用四溪河水喂养的鲟鱼幼苗开始死亡,发现有人在其取水地点的河里捡死鱼遂报案。魏某虽及时采取相应补救措施,仍有37355尾鲟鱼幼苗死亡,损失为64357.50元。在河流中投放农药等有害有毒物质的犯罪行为,社会危害性极大,法律应予严厉打击。本案中,被投放农药的泗溪河位于三峡库区附近,流经多个三峡移民村,最终汇入长江,是沿岸牲畜饮水、鱼类养殖、庄稼灌溉的主要水源,四被告人投放农药的行为已经对流域内不特定多数人的生命、健康和财产安全以及生态环境造成严重威胁,且四被告人也明知投放农药的行为会产生这样的结果,仍然在公共水域投放农药,事实上也造成了被害人的财产损失,四被告人的行为均构成投放危险物质罪。[①]

【刑法条文】

第一百一十四条[②] **【放火罪】【决水罪】【爆炸罪】【投放危险物质罪】【以危险方法危害公共安全罪】**放火、决水、爆炸以及投放毒害性、放射性、传染病病原体等物质或者以其他危险方法危害公共安全,尚未造成严重后果的,处三年以上十年以下有期徒刑。

第一百一十五条第一款[③] 放火、决水、爆炸以及投放毒害性、放射性、传染病病原体等物质或者以其他危险方法致人重伤、死亡或者使公私财产遭受重大损失的,处十年以上有期徒刑、无期徒刑或者死刑。

【《环境污染犯罪解释》条文】

第八条 违反国家规定,排放、倾倒、处置含有毒害性、放射性、传染病病原体等物质的污染物,同时构成污染环境罪、非法处置进口的固体废物罪、投放危险物质罪等犯罪的,依照处罚较重的规定定罪处罚。

---

① 本案竞合的罪名是非法捕捞水产品罪和投放危险物质罪两个罪名,但仍然具有参考意义。被告人李某某、赵某、詹某某分别主动向公安机关投案,如实供述了犯罪事实;被告人傅某某经传唤归案后如实供述了犯罪事实。同时,各被告人的亲属与被害人魏某达成赔偿协议,被害人魏某出具了谅解书。湖北省秭归县人民法院判决:(1)被告人傅某某犯投放危险物质罪,判处有期徒刑3年,缓刑4年。(2)被告人赵某犯投放危险物质罪,判处有期徒刑2年,缓刑3年。(3)被告人詹某某犯投放危险物质罪,判处有期徒刑2年,缓刑3年。(4)被告人李某某犯投放危险物质罪,判处有期徒刑1年6个月,缓刑2年。一审宣判后,被告人均未提起上诉,检察机关亦未抗诉,判决已发生法律效力。参见最高人民法院中国应用法学研究所编:《环境资源审判典型案例选编(刑事卷)》,人民法院出版社2015年版,第193~195页。

② 本条经2001年12月29日《刑法修正案(三)》第1条修改。

1997年《刑法》第114条原规定:"放火、决水、爆炸、投毒或者以其他危险方法破坏工厂、矿场、油田、港口、河流、水源、仓库、住宅、森林、农场、谷场、牧场、重要管道、公共建筑物或者其他公私财产,危害公共安全,尚未造成严重后果的,处三年以上十年以下有期徒刑。"

③ 本条第1款经2001年12月29日《刑法修正案(三)》第2条修改。

1997年《刑法》第115条第1款原规定:"放火、决水、爆炸、投毒或者以其他危险方法致人重伤、死亡或者使公私财产遭受重大损失的,处十年以上有期徒刑、无期徒刑或者死刑。"

第八节　环境污染犯罪相关术语的界定

环境污染刑事案件专业性较强，涉及专门术语多。为统一相关案件的办理，《环境污染犯罪解释》对“有毒物质”“危险废物”“二年内”“重点排污单位”“违法所得”“公私财产损失”“生态环境损害”“无危险废物经营许可证”等相关术语作了明确界定。其中，第13条第1款、第15条关于“有毒物质”的认定、第17条第4款关于“公私财产损失”的计算是重点内容。

一、“有毒物质”的范围

根据刑法第338条规定，违规排放、倾倒、处置的对象为“有放射性的废物、含传染病病原体的废物、有毒物质或者其他有害物质”。因此，办理污染环境刑事案件，会涉及“有放射性的废物”“含传染病病原体的废物”“有毒物质”“有害物质”等多个专门术语。从实践来看，对“有放射性的废物”“含传染病病原体的废物”的认定，实践中无太大争议，无须专门解释。而“其他有害物质”范围十分宽泛，无法具体界定。因此，实践中有争议、亟须作出明确界定，且从操作方面看可以作出明确界定的是“有毒物质”的范围。基于此，《2013年解释》第10条对“有毒物质”专门作了界定。① 根据实践有关情况，《环境污染犯罪解释》对“有毒物质”的规定作出调整，删去“剧毒化学品、列入重点环境管理危险化学品名录的化学品，以及含有上述化学品的物质”的表述，第15条规定：“下列物质应当认定为刑法第三百三十八条规定的‘有毒物质’：（一）危险废物，是指列入国家危险废物名录，或者根据国家规定的危险废物鉴别标准和鉴别方法认定的，具有危险特性的废物；（二）《关于持久性有机污染物的斯德哥尔摩公约》附件所列物质；（三）含重金属的污染物；（四）其他具有毒性，可能污染环

---

① 《2013年解释》第10条规定：“下列物质应当认定为‘有毒物质’：（一）危险废物，包括列入国家危险废物名录的废物，以及根据国家规定的危险废物鉴别标准和鉴别方法认定的具有危险特性的废物；（二）剧毒化学品、列入重点环境管理危险化学品名录的化学品，以及含有上述化学品的物质；（三）含有铅、汞、镉、铬等重金属的物质；（四）《关于持久性有机污染物的斯德哥尔摩公约》附件所列物质；（五）其他具有毒性，可能污染环境的物质。”

境的物质。”①

(一)危险废物

危险废物具有危险特性,是固体废物环境管理的重点。《固体废物污染环境防治法》第 88 条规定:“危险废物,是指列入国家危险废物名录或者根据国家规定的危险废物鉴别标准和鉴别方法认定的具有危险特性的固体废物。”以此为基础,《环境污染犯罪解释》第 15 条第 1 项规定:“危险废物,是指列入国家危险废物名录,或者根据国家规定的危险废物鉴别标准和鉴别方法认定的,具有危险特性的废物。”

1. 危险废物的术语由来。固体废物种类繁杂、数量庞大,采用统一制度进行管理几无可能,故各国普遍采用具有针对性的危险废物管理制度,但称谓有所不同。例如,瑞士称作“特殊废物”(special waste),日本称作“特别管理废物”等,但普遍称作“hazardous waste”。“hazardous”的原意是指有风险的,有别于“dangerous”(危险的),其本身与“危险”有概念上的不同。之所以产生这种差异,是由于《控制危险废料越境转移及其处置巴塞尔公约》中文稿将“hazardous waste”翻译成“危险废物”,而在制定《固体废物污染环境防治法》时为和国际接轨,最终就沿用了“危险废物”这个词。但是在使用汉字的其他国家和地区,该词一般被翻译成“有害废物”。②

2. 危险废物名录的沿革。1998 年 1 月,国家环境保护局、国家经济贸易委员会、对外贸易经济合作部、公安部发布《国家危险废物名录》(1998 版)。当时,由于当时国内缺乏基础研究,于是全部借鉴国外经验,把《控制危险废物越境转移及其处置巴塞尔公约》里包含的危险废物名录作为我国的第一版危险废物名录。2008 年 6 月,环境保护部、国家发展和改革委员会联合发布《国家危险废物名录》(2008 版)。第二版录借鉴了美国、日本、欧盟这三大体系的危险废物名录,对其进行筛查合并。③

《国家危险废物名录》(2008 版)施行以来,对加强我国危险废物管理起到了重要的基础支撑作用。但是,随着我国危险废物管理的深入,特别是《2013 年解释》的实施,《国家危险废物名录》(2008 版)已不能满足我国危险废物管理的需要,亟待修订完善。2016 年 6 月,环境保护部联合国家发展和改革委员会、公安部发布《国家危险

---

① 本书认为,对于“有毒物质”应当从实质上加以把握,而不应从形式上理解。例如,对于“含重金属的污染物”,由于国家允许达标排放含重金属的污染物,故不应认为只要污染物中含有重金属即属“有毒物质”,而应限于浓度超过相应标准的含重金属的污染物。以此为基础,本书认为,对于司法实践中业已出现的通过暗管、渗井、渗坑、裂隙、溶洞、灌注等逃避监管的方式排放含重金属的物质,但经监测发现浓度并未超标的案件,通常不宜认定为“通过暗管、渗井、渗坑、裂隙、溶洞、灌注等逃避监管的方式排放有毒物质”,不应以犯罪论处。

② 《用名录来规范危险废物管理——专访中国环境科学研究院固体废物污染控制技术研究所首席研究员、所长王琪》,载《中国环境报》2016 年 6 月 30 日,第 5 版。

③ 《用名录来规范危险废物管理——专访中国环境科学研究院固体废物污染控制技术研究所首席研究员、所长王琪》,载《中国环境报》2016 年 6 月 30 日,第 5 版。

废物名录》(2016 版),自 2016 年 8 月 1 日起施行。新版名录修订坚持问题导向,遵循连续性、实用性、动态性等原则,不仅调整了危险废物名录,还增加了《危险废物豁免管理清单》。《国家危险废物名录》(2008 版)共有 49 个大类别 400 种危险废物。《国家危险废物名录》(2016 版)将危险废物调整为 46 大类别 479 种(其中 362 种来自原名录,新增 117 种)。其中,将原名录中 HW06 有机溶剂废物、HW41 废卤化有机溶剂和 HW42 废有机溶剂合并成 HW06 废有机溶剂与含有机溶剂废物,将原名录表述有歧义且需要鉴别的 HW43 含多氯苯并呋喃类废物和 HW44 含多氯苯并二恶英废物删除,增加 HW50 废催化剂。新增的 117 种危险废物,源于科研成果和危险废物鉴别工作积累以及征求意见结果,主要是对 HW11 精蒸馏残渣和 HW50 废催化剂类废物进行了细化。《国家危险废物名录》(2016 版)发布实施,将推动危险废物科学化和精细化管理,对防范危险废物环境风险、改善生态环境质量起到重要作用。

3. 危险废物的范围。根据《环境污染犯罪解释》第 15 条第 1 项的规定,危险废物的具体范围如下:

(1)列入《国家危险废物名录》的固体废物(包括液态废物)。《国家危险废物名录》(2016 版)第 2 条规定:"具有下列情形之一的固体废物(包括液态废物),列入本名录:(一)具有腐蚀性、毒性、易燃性、反应性或者感染性等一种或者几种危险特性的;(二)不排除具有危险特性,可能对环境或者人体健康造成有害影响,需要按照危险废物进行管理的。"《国家危险废物名录》(2016 版)共有 46 大类别 479 种危险废物。

(2)列入《医疗废物分类目录》的医疗废物。与《国家危险废物名录》(2008 版)相比,新版名录在前言部分明确了医疗废物的管理内容。《国家危险废物名录》(2016 版)第 3 条规定:"医疗废物属于危险废物。医疗废物分类按照《医疗废物分类目录》执行。"根据《医疗废物条例》第 2 条的规定,医疗废物,是指医疗卫生机构在医疗、预防、保健以及其他相关活动中产生的具有直接或者间接感染性、毒性以及其他危害性的废物。医疗废物分类目录,由国务院卫生行政主管部门和环境保护行政主管部门共同制定、公布。2003 年 10 月,卫生部、国家环保总局印发《医疗废物分类目录》(卫医发〔2003〕287 号),对医疗废物作了明确,具体分为感染性废物、病理性废物、损伤性废物、药物性废物、化学性废物 5 大类。

(3)按照国家规定的危险废物鉴别标准和鉴别方法认定的具有危险特性的固体废物。《国家危险废物名录》(2016 版)第 8 条规定:"对不明确是否具有危险特性的固体废物,应当按照国家规定的危险废物鉴别标准和鉴别方法予以认定。""经鉴别具有危险特性的,属于危险废物,应当根据其主要有害成分和危险特性确定所属废物类别,并按代码'900-000-××'(××为危险废物类别代码)进行归类管理。""经鉴别不具有危险特性的,不属于危险废物。"依照危险废物鉴别标准和方法认定的危险废物数量极少，目前暂无准确统计。从司法适用来看，对于虽未列入《国家危险废物名录》，但按照国家规定的危险废物鉴别标准和鉴别方法认定的具有危险特性的固体废物国家规定的固体废物，也可以依法认定为危险废物。

4. 废弃危险化学品。我国是化学品生产和消费大国，多种化学品产量或消费量位居世界前列。《危险化学品安全管理条例》第 3 条规定："本条例所称危险化学品，是指具有毒害、腐蚀、爆炸、燃烧、助燃等性质，对人体、设施、环境具有危害的剧毒化学品和其他化学品。""危险化学品目录，由国务院安全生产监督管理部门会同国务院工业和信息化、公安、环境保护、卫生、质量监督检验检疫、交通运输、铁路、民用航空、农业主管部门，根据化学品危险特性的鉴别和分类标准确定、公布，并适时调整。"2015 年 2 月，安全监管总局、工业和信息化部、公安部、环境保护部、交通运输部、农业部、国家卫生计生委、质检总局、铁路局、民航局发布《危险化学品目录》(2015 版)，自 2015 年 5 月 1 日起实施，《危险化学品名录》(2002 版)、《剧毒化学品目录》(2002 版)[①]同时予以废止。《危险化学品目录》(2015 版)共列出 2828 种危险化学品，主要根据化学品分类和标签系列国家标准，从化学品 28 类 95 个危险类别中，选取了其中危险性较大的 81 个类别作为威胁化学品的确定原则。其中含有剧毒化学品条目 148 种。

《危险化学品安全管理条例》第 2 条规定："废弃危险化学品的处置，依照有关环境保护的法律、行政法规和国家有关规定执行。"[②]《危险废物名录》(2008 版)附录 A 列明了优先管理类废弃危险化学品共 498 种，仅包括具有毒性的化学品，未包括具有其他危险特性的化学品。2014 年 4 月，环境保护部办公厅发布《关于发布〈重点环境管理危险化学品目录〉的通知》(环办〔2014〕33 号)，正式对外发布重点环境管理危险化学品目录。[③] 基于此，《2013 年解释》第 10 条第 2 项将"剧毒化学品、列入重点环

---

① 《剧毒化学品目录》(2002 版)规定："剧毒化学品是指具有非常剧烈毒性危害的化学品，包括人工合成的化学品及其混合物(含农药)和天然毒素。"依照上述定义和所规定的判断界限，《剧毒化学品目录》共收录有 335 种化学品。

② 《废弃危险化学品污染环境防治办法》(已于 2016 年 7 月 13 日废止)第 2 条规定："本办法所称废弃危险化学品，是指未经使用而被所有人抛弃或者放弃的危险化学品，淘汰、伪劣、过期、失效的危险化学品，由公安、海关、质检、工商、农业、安全监管、环保等主管部门在行政管理活动中依法收缴的危险化学品以及接收的公众上交的危险化学品。""废弃危险化学品属于危险废物，列入国家危险废物名录。"

③ 在《2013 年解释》制定时，《重点环境管理危险化学品目录》尚在编制中。根据《重点环境管理危险化学品目录》的规定，重点环境管理危险化学品的范围为符合下列条件之一的化学品：(1)具有持久性、生物累积性和毒性的；(2)生产使用量大或者用途广泛，且同时具有高的环境危害性和(或)健康危害性；(3)属于需要实施重点环境管理的其他危险化学品，包括《关于持久性有机污染物的斯德哥尔摩公约》《关于汞的水俣公约》管制的化学品等。列入《重点环境管理危险化学品目录》的化学品共有 84 种。2016 年 7 月 13 日，环境保护部发布《关于废止部分环保部门规章和规范性文件的决定》，明确废止《关于发布〈重点环境管理危险化学品目录〉的通知》(环办〔2014〕33 号)。自此，《重点环境管理危险化学品目录》不复存在。

境管理危险化学品名录的化学品，以及含有上述化学品的物质”纳入“有毒物质”范围，未涵括其他危险化学品。

废弃危险化学品属于危险废物。此次危险废物名录修订中，根据我国《危险废物鉴别标准》对危险特性的规定，将具有危险特性的危险化学品全部纳入。鉴于《危险化学品目录》（2015 版）涵盖了所有危险特性，《国家危险废物名录》（2016 版）直接采用了《危险化学品目录》，第 4 条规定：“列入《危险化学品目录》的化学品废弃后属于危险废物。”因此，《环境污染犯罪解释》第 15 条未再单独规定危险化学品，但是，根据该条第 1 项的规定，所有废弃危险化学品都属于危险废物，可以纳入“有毒物质”的范畴。

5. 危险废物豁免管理清单。危险废物豁免管理可以减少危险废物管理过程中的总体环境风险，提高危险废物环境管理效率。《国家危险废物名录》（2016 版）增加了《危险废物豁免管理清单》。列入《危险废物豁免管理清单》中的危险废物，在所列的豁免环节，且满足相应的豁免条件时，可以按照豁免内容的规定实行豁免管理。具体而言，共有 16 种危险废物列入《危险废物豁免管理清单》，其中 7 种危险废物的某个特定环节的管理已经在相关标准中进行了豁免，如生活垃圾焚烧飞灰满足入场标准后可进入生活垃圾填埋场填埋（填埋场不需要危险废物经营许可证）；另外 9 种是基于现有的研究基础可以确定某个环节豁免后其环境风险可以接受，如废弃电路板在运输工具满足防雨、防渗漏、防遗撒要求时可以不按危险废物进行运输。

《危险废物豁免管理清单》仅豁免了危险废物特定环节的部分管理要求，并没有豁免其危险废物的属性。确定某种废物是否符合豁免管理的流程为：①（1）确定该废物属于列入《危险废物豁免管理清单》的危险废物（核对废物类别/代码和名称）；（2）确定该废物的豁免环节是否与《危险废物豁免管理清单》一致；（3）核对是否具备《危险废物豁免管理清单》列明的豁免条件。

具体而言，列入《危险废物豁免管理清单》中的危险废物，在所列的豁免环节，且满足相应的豁免条件时，可以按照豁免内容的规定实行豁免管理。在满足上述条件前提下，“豁免内容”含义如下：②（1）“全过程不按危险废物管理”：全过程（各管理环节）均豁免，无须执行危险废物环境管理的有关规定；（2）“收集过程不按危险废物管理”：收集企业不需要持有危险废物收集经营许可证或危险废物综合经营许可证；（3）“利用过程不按危险废物管理”：利用企业不需要持有危险废物综合经营许可证；（4）“填埋过程不按危险废物管理”：填埋企业不需要持有危险废物综合经营许可证；

① 《推动危废科学化精细化管理——〈危险化学品目录〉（2016 版）解读》，载《中国环境报》2016 年 6 月 22 日，第 2 版。

② 《推动危废科学化精细化管理——〈危险化学品目录〉（2016 版）解读》，载《中国环境报》2016 年 6 月 22 日，第 2 版。

(5)“水泥窑协同处置过程不按危险废物管理”:水泥企业不需要持有危险废物综合经营许可证;(6)“不按危险废物进行运输”:运输工具可不采用危险货物运输工具;(7)“转移过程不按危险废物管理”:进行转移活动的运输车辆可不具有危险货物运输资质;转移过程中可不运行危险废物转移联单,但转移活动需事后备案。

《危险废物豁免管理清单》仅豁免了危险废物在特定环节的部分管理要求,在豁免环节的前后环节,仍应按照危险废物进行管理;且在豁免环节内,可以豁免的内容也仅限于满足所列条件下的列明的内容,其他危险废物或者不满足豁免条件的此类危险废物的管理仍需执行危险废物管理的要求。如生活垃圾焚烧飞灰满足《生活垃圾填埋场污染控制标准》(GB16889－2008)第6.3条要求且进入生活垃圾填埋场填埋,填埋过程可不按危险废物管理;如果不能满足《生活垃圾填埋场污染控制标准》(GB16889－2008)第6.3条要求或不进入生活垃圾填埋场,则处置过程仍然需要按照危险废物管理。①

6.危险废物的认定。依据《固体废物污染环境防治法》《固体废物鉴别导则(试行)》,首先对需界定的物质是否属于固体废物进行鉴别。经鉴别属于固体废物的,则应依据《国家危险废物名录》和《危险废物鉴别标准》对该物质进行进一步鉴别。凡列入《国家危险废物名录》或经鉴别认定具有危险特性的,则属于危险废物。②

司法实践中,对于危险废物如何认定,特别是对于危险废物是否需要鉴别,甚至鉴定或者检验,往往存在不同认识。经研究认为,对于危险废物的认定问题不宜一概而论,而应当区分不同情况处理:原则上,对于列入《国家危险废物名录》的废物,可以直接依据目录认定,无须通过鉴定等方式进行鉴别。例如,《国家危险废物名录》对于废物类别、行业来源(危险废物的产生源)、废物代码、危险特性(指腐蚀性、毒性、易燃性、反应性和感染性)均有明确描述,特别是对废物系在何生产阶段产生均有叙述。因此,实践中,对于列入目录的危险废物可以直接依据规定进行认定,符合相应特征的即可认定为危险废物,没有必要要求一律通过鉴定、检验等方式进行鉴别后再认定。当然,如果该危险废物已经同非危险废物混合,或者系未列入目录的,则原则上应当对物品的特征进行鉴别,符合相应特征的,才能认定为危险废物。基于此,《环境污染犯罪解释》第13条第1款规定:“对国家危险废物名录所列的废物,可以依据涉

① 焚烧飞灰是危险废物,但可以选择的合理去向很多,如进入生活垃圾场填埋处理、进入水泥窑去生产水泥等,但按照此前的规定,垃圾填埋场、水泥生产企业必须申请经营许可证才能处理飞灰,使得这些企业缺乏处理飞灰的积极性,飞灰的无害化妥善处置无法落到实处。因此企业希望把飞灰从危险废物拿掉。但是飞灰也确实存在一定危害,比如含有重金属。因此,采用豁免的方式解决这一问题,生活垃圾焚烧飞灰的豁免权则仅是在生活垃圾填埋场处置过程及水泥窑协同处理过程中发挥作用。参见《用名录来规范危险废物管理——专访中国环境科学研究院固体废物污染控制技术研究所首席研究员、所长王琪》,载《中国环境报》2016年6月30日,第5版。

② 环境保护部办公厅《关于如何界定危险废物与产品意见的复函》(环办函〔2010〕677号)。

案物质的来源、产生过程、被告人供述、证人证言以及经批准或者备案的环境影响评价文件等证据,结合环境保护主管部门、公安机关等出具的书面意见作出认定。"需要注意的是,对于此处的"环境保护主管部门、公安机关等",包括但不限于环境保护主管部门、公安机关,对于列入《医疗废物分类目录》的医疗废物,也可以由卫生行政部门出具书面意见。

7. 危险废物的鉴别。《2013 年解释》将非法排放、倾倒、处置危险废物 3 吨以上的行为规定为污染环境罪的入罪标准之一,危险废物鉴别成为立案的重要依据。如前所述,《2013 年解释》施行后,40% 以上的污染环境刑事案件涉及危险废物,需要做大量的鉴别工作。如前所述,对于一般案件涉及的危险废物,可以直接予以认定,并无太大困难。但是,据实践反映,有些行为人非法排放、倾倒、处置的并非单纯的危险废物,如将危险废物与非危险废物混合后进行非法排放、倾倒、处置,甚至不排除个别行为人基于逃避法律追究的目的实施了上述混合行为。例如,行为人将 2 吨危险废物与 8 吨非危险废物混合后并将其非法倾倒,如何认定行为人倾倒的危险废物的数量则有不同认识①。对此,《国家危险废物名录》(2016 版)第 6 条②、第 8 条对此作了规定。具体而言:

(1)危险废物与其他固体废物混合后的属性判定应根据《危险废物鉴别标准通则》(GB5085.7-2007)的第 5 条"危险废物混合后判定规则"进行判定,具有毒性(包括浸出毒性、急性毒性及其他毒性)和感染性等一种或一种以上危险特性的危险废物与其他固体废物混合,混合后的废物属于危险废物。仅具有腐蚀性、易燃性或反应性的危险废物与其他固体废物混合,混合后的废物经 GB 5085.1、GB 5085.4 和 GB 5085.5鉴别不再具有危险特性的,不属于危险废物。危险废物与放射性废物混合,混合后的废物应按照放射性废物管理。③《危险废物鉴别标准通则》(GB5085.7-2007)第5 部分明确规定了危险废物混合后的判定规则。据此,对于将危险废物和非

---

① 第一种观点认为,为加大对此类行为的惩治力度,应当依据混合物的数量直接认定危险废物的数量,即认定行为人非法倾倒 10 吨危险废物;第二种观点认为,从有利于被告人的原则出发,由于 2 吨危险废物和 8 吨非危险废物混合,则原来的 2 吨危险废物不复存在,则不能直接依据倾倒危险废物的数量认定被告人构成污染环境罪;第三种观点则认为,仍然应当认定非法倾倒 2 吨危险废物。经研究认为,上述三种观点均有不妥之处:将危险废物和非危险废物混合后,有的混合物中危险废物浓度高(如将 99 吨危险废物与 1 吨非危险废物混合),有的混合物中危险废物浓度低(如将 1 吨危险废物与 99 吨非危险废物混合),甚至有的将酸性危险废物与碱性危险废物进行中和反应。如按照第一种观点一律按照混合物数量直接认定危险废物数量,明显存在不合理之处,如果依据第二种观点则无疑是放纵犯罪,而第三种观点在实践中较难操作,因为在危险废物和非危险废物混合后,判断出混合物中危险废物的量并非易事。

② 第 6 条规定:"危险废物与其他固体废物的混合物,以及危险废物处理后的废物的属性判定,按照国家规定的危险废物鉴别标准执行。"

③ 《推动危废科学化精细化管理——〈危险化学品目录〉(2016 版)解读》,载《中国环境报》2016 年 6 月 22 日,第 2 版。

危险废物的混合物，需要根据国家危险废物鉴别标准和鉴别方法进行鉴别，如果仍然具有危险特性的，则应当将混合物全部认定为危险废物；如果混合物已不具有危险特性的，则不能再认定为危险废物。而且，该问题系环境污染专门性问题。在难以确定的情况下，应当由司法鉴定机构出具鉴定意见，或者由环境保护部、公安部指定的机构出具检验报告。

（2）危险废物处理后的属性判定应根据《危险废物鉴别标准通则》（GB5085.7－2007）的第6条"危险废物处理后判定规则"进行判定，具有毒性（包括浸出毒性、急性毒性及其他毒性）和感染性等一种或一种以上危险特性的危险废物处理后的废物仍属于危险废物，国家有关法规、标准另有规定的除外（如铬渣）。仅具有腐蚀性、易燃性或反应性的危险废物处理后，经GB 5085.1、GB 5085.4和GB 5085.5鉴别不再具有危险特性的，不属于危险废物。①

（3）《国家危险废物名录》（2016版）第8条规定，对不明确是否具有危险特性的固体废物，应当按照国家规定的危险废物鉴别标准和鉴别方法予以认定。经鉴别具有危险特性的，属于危险废物，应当根据其主要有害成分和危险特性确定所属废物类别，并按代码"900－000－××"（××为危险废物类别代码）进行归类管理。如鉴别后的危险废物主要有害成分为砷，其危险废物类别代码应为"900－000－24"。

8. 危险废物的鉴别程序。我国目前有一套完整的危险废物鉴别标准，包含与危险废物有关的"腐蚀性""反应性""易燃性""急性毒性""毒性物质含量""浸出毒性"等各项危险特性的鉴别，还有《危险废物鉴别标准通则》对危险废物的鉴别程序以及相关判定进行了统一规定。

《危险废物鉴别标准通则》规定，危险废物的鉴别程序第一个步骤应是依据《固体废物污染环境防治法》《固体废物鉴别导则》判断待鉴别的物品、物质是否属于固体废物，不属于固体废物的，则不属于危险废物。只有经判断属于固体废物的，才进入下一步，依据《国家危险废物名录》进行判断。《危险废物鉴别标准通则》规定，未列入《名录》的物质或物品，应进入危险废物鉴别的第3步骤，即依据GB5085.1－GB5085.6鉴别标准进行鉴别，凡具有腐蚀性、毒性、易燃性、反应性等一种或一种以上危险特性的，属于危险废物。

《危险废物鉴别标准通则》第4.4条规定，对未列入《国家危险废物名录》或根据危险废物鉴别标准无法鉴别，但可能对人体健康或生态环境造成有害影响的固体废物，由国务院环境保护行政主管部门组织专家认定。

---

① 《推动危废科学化精细化管理——〈危险化学品目录〉（2016版）解读》，载《中国环境报》2016年6月22日，第2版。

（二）持久性有机污染物

持久性有机污染物（POPs），是指具有毒性、生物蓄积性和半挥发性，在环境中持久存在，且能够在环境中长距离迁移的一类化学物质。持久性有机污染物是人类自己创造出的恶魔，而且在目前所知因人类活动而向环境排放的污染物中，持久性有机污染物是对人类生存威胁最大的一类污染物。[①] 它会对人类健康和环境造成严重危害，并且这些危害会在数代人体内延续，因此对人类生存繁衍和可持续发展构成了重大威胁。同一般污染物相比较，持久性有机污染物具有如下特性：[②]（1）持久性。不同于一些污染物可以通过物理的、化学的或生物的净化作用降低或者解除危害性，持久性有机污染物具有抗光解、化学分解和生物降解性，在水中的半衰期大于两个月，在土壤中和沉积物中的半衰期大于6个月。（2）生物蓄积性。持久性有机污染物具有高度的脂溶性，能够在脂肪组织中蓄积，并通过食物链逐级放大，这也就意味着会对处于食物链顶级的人类造成更大的危害。（3）远距离迁移性。持久性有机污染物不仅可以通过河流、海洋水体或迁徙动物进行远距离环境迁移；同时，因为持久性有机污染物具有半挥发性，可以远距离散播到地球各地。从全球来看，由于纬度的差异，地球就像一个大的蒸馏装置，中低纬度地区温度相对较高，持久性有机污染物挥发进入大气，随着大气的环流，向高纬度地区迁移，遇到寒冷的空气持久性有机污染物就会沉降下来，这就是通常所说的"全球蒸馏效应"。同样，持久性有机污染物也会随着局部地区季节的变化发生这样的迁移现象，通常称之为"蚂蚱跳效应"。因此，科学家们在远离工业发展的南北两极也监测到了持久性有机污染物的存在。（4）毒性。持久性有机污染物能够对人类身体健康和生态系统产生危害，具有致癌、致畸、致突变的效应。生物体通过饮食等途径摄入持久性有机污染物，将可能导致自身生殖、遗传、免疫、内分泌等系统受到影响，从而危害机体健康，并且这些毒性危害可持续数代之久。例如，日本1968年发生多氯联苯污染导致的米糠油事件，受害者的第三代体内仍能检测到有毒物质存在。

20世纪60年代以来，世界各地发生了多起严重的持久性有机污染物污染事件，如1968年日本米糠油事件、1999年比利时二恶英鸡事件。一系列的污染事件使人们深刻认识到持久性有机污染物对环境造成的严重污染及对生物体造成的巨大危害。[③] 从1998年开始，各国政府通过一系列谈判和协商，形成了《关于持久性有机污

① 《什么是POPs和POPs公约》，载《中国环境报》2006年8月4日，第4版。

② 《〈关于持久性有机污染物的斯德哥尔摩公约〉——积极应对新增列POPs》，载《中国环境报》2013年11月7日，第4版。

③ 《〈关于持久性有机污染物的斯德哥尔摩公约〉——积极应对新增列POPs》，载《中国环境报》2013年11月7日，第4版。

染物的斯德哥尔摩公约》,从而拉开了人类向持久性有机污染物宣战的序幕。该公约于2001年5月23日开放供各国签署,并于2004年5月17日在国际上生效。2004年6月25日,第十届全国人民代表大会常务委员会第十次会议审议通过《关于批准〈关于持久性有机污染物的斯德哥尔摩公约〉的决定》。[①]

根据《环境污染犯罪解释》第15条第2项的规定,持久性有机污染物的范围为《关于持久性有机污染物的斯德哥尔摩公约》附件所列物质。目前,我国管理的持久性有机污染物为《关于持久性有机污染物的斯德哥尔摩公约》所管控的化学物质。公约管控清单为开放式的,可在清单中增列科学认可的、符合持久性有机污染物特性的新物质。[②] 目前,列入公约附件且为我国批准的化学物质共有23种,分别为艾氏剂、A－六氯环己烷、B－六氯环己烷、氯丹、十氯酮、狄氏剂、异狄氏剂、七氯、六溴联苯、六溴二苯醚和七溴二苯醚、六氯代苯、林丹、灭蚁灵、五氯苯、多氯联苯、四溴二苯醚和五溴二苯醚、毒杀芬、硫丹、六溴环十二烷、滴滴涕、全氟辛基磺酸及其盐类和全氟辛基磺酰氟、多氯二苯并对二恶英和多氯二苯并呋喃(合称二恶英)。[③] 此外,六氯丁二烯、五氯苯酚及其盐类和酯类、多氯萘三种物质于2015年列入公约附件,但尚未为我国批准。

(三)重金属

重金属的定义目前还没有严格统一的提法,一般指比重在4.0以上约60种金属元素或比重在5.0以上的45种金属元素(更多地采用5.0的划分)。金属和非金属没有明显的界线,由金属向非金属过渡的中间元素,如硅、锗、砷、锑、硒等称为类金属。

在环境污染领域中,重金属主要是指对生物有明显毒性的金属元素或类金属元素。重金属污染指的就是因人类活动导致环境中的重金属含量增加,超出正常范围,并导致环境质量恶化。重金属污染的特点表现为:(1)重金属的毒性通常由微量所

---

① 2004年11月11日,该公约对我国生效,并适用于香港特别行政区和澳门特别行政区。

② 管控物质分别列在《公约》附件A、附件B和附件C中。列入附件A的物质为消除类物质,需要各缔约方按照公约要求禁止或消除该物质。列入附件B的物质属于限制类物质,严格限制其使用。列入附件C的物质属于非故意生产的副产物类物质,缔约方需按照要求通过改进工艺或技术,减少或消除副产物POPs。我国在递交公约接受书时曾声明,对附件A、附件B或附件C的任何修正案,只有在我国对修正案交存了批准、接受、核准或加入文书之后方对我国生效。

③ 该公约首批管控的为12种化学物质,通称"肮脏的一打",分为杀虫剂、工业化学品和副产物三种类型,分别为艾氏剂、氯丹、滴滴涕、狄氏剂、异狄氏剂、七氯、灭蚁灵、毒杀芬、六氯代苯、多氯联苯、二恶英和呋喃。2013年8月30日,十二届全国人大常委会第四次会议审议批准《〈关于持久性有机污染物的斯德哥尔摩公约〉新增列九种持久性有机污染物修正案》和《〈关于持久性有机污染物的斯德哥尔摩公约〉新增列硫丹修正案》。2016年7月2日,十二届全国人大常委会第二十一次会议审议批准《〈关于持久性有机污染物的斯德哥尔摩公约〉新增列六溴环十二烷修正案》。

致，一般重金属产生毒性的浓度范围在 1 - 10mg/L，毒性较强的重金属如汞、镉等为 0.01 - 0.001mg/L。(2)重金属及其化合物的毒性几乎都通过与机体结合而发挥作用，某些重金属可在生物体内转化为毒性更强的有机化合物。例如，日本水俣病就是由汞的甲基化作用形成甲基汞，破坏人的神经系统所致。(3)重金属不能被生物降解，[①]生物从环境中摄取的重金属可通过食物链发生生物放大、富集，在人体内不断积蓄造成慢性中毒。例如，淡水浮游植物能富集汞 1000 倍，而淡水无脊椎动物及鱼类的富集作用可高达 10000 倍。(4)重金属的毒性与金属的形态有关。例如，六价铬的毒性是三价铬的 10 倍。重金属污染环境后，往往具有一定的慢性中毒(如汞污染引起的水俣病，镉污染引起的骨痛病等)、致癌作用(如六价铬等)、致畸作用(如汞和铅等)、变态反应与炎症，并对免疫系统造成一定的影响。

我国是一个重金属种类比较丰富，地域分布也比较广泛的国家，开采重金属的历史比较长。受制于我国经济水平发展不高，以及对重金属对环境污染和人体健康影响的认识不足等因素，在重金属的开采、冶炼、加工过程中，造成不少重金属如铅、贡、镉、钴、砷等进入大气、水、土壤，造成了严重的环境污染，也对人体健康造成严重威胁。[②] 特别是改革开放以来，随着经济高速发展，资源开发利用的速度和强度都迅速提升，重金属污染问题日益凸显，已成为我国当前亟待解决的重要问题之一。随着我国工业化的不断加速，涉及重金属排放的行业越来越多，包括矿山开采、家属冶炼、化工、印染、皮革、农药、饲料等，再加上一些污染企业的违法开采、超标排放等问题突出，使重金属污染形势严峻。[③④]

重金属污染危害大，治理成本高。近年来，我国在长期的矿产开发、加工以及工业化进程中累积形成的重金属污染逐渐显现，污染事件呈多发态势，对生态环境和群

---

① 重金属污染物不同于其他污染物的可降解特性，不少污染物(如氨氮和可生物降解的有机物)可以通过物理的、化学的或生物的净化作用，使其有害性降低或解除。而重金属污染物具有长期性、累积性、潜伏性和不可逆性等特点，永远在环境里循环，很难在环境中降解，对环境和人群的危害极大。

② 胥树凡:《解决重金属污染问题已迫在眉睫》，载《中国环境报理事会十周年纪念特刊》(2012 年 11 月)。

③ 《重金属污染事件频发》，载《中国青年报》2012 年 2 月 1 日，第 7 版。

④ 据报道，据不完全统计，全国受污染的耕地约有 1.5 万亩，污水灌溉污染的耕地约有 3250 万亩，固体废弃物堆存占地和毁田 200 万亩，合计约占耕地总面积的 1/10 以上，多数集中在经济较发达的地区。而且，土壤污染危害巨大。据估算，全国每年因重金属污染的粮食超过 1200 万吨，造成的直接经济损失超过 200 亿元。土壤污染造成有害物质在农作物中积累，并通过食物链进入人体，引发各种疾病，最终危害人体健康。有相关实验结果表明，从湖南衡阳到长沙的湘江中下游沿岸，蔬菜中的砷、镉、镍、铅含量与国家《食品中污染物限量》标准比较，超标率分别为 95.8%、68.8%、10.4%、95.8%。而这些"超标农作物"不仅被当地农户每天食用，还被运送到更多的乡镇和城市。参见《国务院正式批复〈重金属污染综合防治"十二五"规划〉》，载 http://www.evtimes.cn/html/201105/26890_2.html，最后访问日期:2016 年 7 月 24 日。

众健康造成严重威胁。[①][②] 2009年11月,国务院办公厅转发了环境保护部等部门《关于加强重金属污染防治工作的指导意见》,明确了重金属污染防治的目标任务、工作重点以及相关政策措施。2011年2月,国务院正式批复《重金属污染综合防治"十二五"规划》,这是我国首次将重金属污染的防治纳入国家的规划中。《重金属污染综合防治"十二五"规划》确定了重点防控的重金属污染物是铅(Pb)、汞(Hg)、镉(Cd)、铬(Cr)和类金属砷(As)等,兼顾镍(Ni)、铜(Cu)、锌(Zn)、银(Ag)、钒(V)、锰(Mn)、钴(Co)、铊(Tl)、锑(Sb)等其他重金属污染物。

鉴于重金属污染物对于环境和人体的严重危害,《2013年解释》第10条第3项将"含有铅、汞、镉、铬等重金属的物质"列入有毒物质的范畴。关于该项规定的具体理解,特别是"等"的具体外延,实践中存在不同认识。对于兼顾防控的重金属污染物能否纳入"等"的范围,尚存疑义。司法实务一般主张,基于严厉打击非法排放、倾倒、处置重金属污染物行为的考虑,可以逐步将《重金属污染综合防治"十二五"规划》兼顾防控的重金属污染物纳入《2013年解释》第10条第3项"等"的范围。[③] 而在《2013年解释》施行期间,各地实际上根据自己的实际情况,在《重金属污染综合防治"十二五"规划》兼顾防控的重金属范围内,确定本地的"重金属"范围。个别地方也通过会议纪要等规范性文件的方式,对重金属的范围作了"等外"适用[④]。

《环境污染犯罪解释》起草过程中,就重金属的范围专门听取了有关方面的意见,仍然存在不同认识:(1)除铅、汞、镉、铬外,将砷纳入即可。(2)除铅、汞、镉、铬外,将《重金属污染综合防治"十二五"规划》兼顾防控的其他重金属,除铜、锌、锰以外,全部纳入。(3)除铅、汞、镉、铬外,将《重金属污染综合防治"十二五"规划》兼顾防控的其他重金属全部纳入。此外,还有意见主张将重金属的范围扩大到《重金属污染综合防治"十二五"规划》以外的重金属。经综合考虑有关方面的意见,《环境污染犯罪解释》第1条第3项、第4项,第15条第3项将重金属明确为包括《重金属污染

① 据《重金属污染综合防治"十二五"规划》,2005~2009年,全国发生重金属污染事件39起,特别是2009年以来连续发生的陕西凤翔县、湖南武冈市和浏阳市等20多起重特大重金属污染事件,对群众健康造成了严重威胁。

② 2009~2010年间,全国共发生重金属污染事件31起,2009年环境保护部接报的12起重金属、类金属污染事件,致使4035人血铅超标,182人镉超标,引发32起群体事件。2010年全国发生18起重金属污染事件,导致数千人相应的生理指标偏高,也导致了群体性事件发生。参见胥树凡:《解决重金属污染问题已迫在眉睫》,载《中国环境报理事会十周年纪念特刊》(2012年11月)。

③ 胡云腾主编:《〈最高人民法院、最高人民检察院关于办理环境污染刑事案件适用法律若干问题的解释〉理解与适用》,人民法院出版社2014年版,第85~86页。

④ 浙江省高级人民法院、人民检察院、公安厅、环境保护厅《关于办理环境污染刑事案件若干问题的会议纪要》明确提出:"《解释》第十条中的重金属范围,除了条文中明确列举的铅、汞、镉、铬之外,其他的重金属可参照国务院《重金属污染综合防治'十二五'规划》和《浙江省重金属综合防治规划(2010-2015)》来把握。"

综合防治“十二五”规划》重点防控和兼顾防控的所有重金属，但对各类重金属的入罪标准作了区分，既体现了严厉惩治重金属污染环境犯罪的立场，又兼顾了罪责刑相适应原则的基本要求。而且，据向有关部门和专家了解，《重金属污染综合防治“十二五”规划》已经涵括了我国主要的重金属污染物，将重金属的范围再予扩张并无必要，故亦未再保留“等”的表述。具体而言，根据《环境污染犯罪解释》第15条第3项的规定，含下列重金属的污染物应当认定为“有毒物质”：

1. 铅（Pb）。铅污染的来源广泛，主要来自矿山开采、金属冶炼、汽车废气、制造以及使用铅制品的工矿企业。铅的人为排放是造成当今世界铅污染的主要原因。铅为人体非必需元素，通过消化道、呼吸道、皮肤三个途径吸收入人体后进入血液循环中，约有95%储存于骨组织中，少量存留于肝、肾、心、脑、肌肉及血液。血液中铅浓度大量增高可发生铅中毒。由于铅在环境中的长期持久性，又对许多生命组织有较强的潜在性毒性，所以铅一直被列为强污染物。

2. 汞（Hg）。汞俗称水银，是严重危害人体健康的环境毒物。汞的人为源主要来自于化石燃料燃烧，尤其是煤炭的燃烧。汞为人体非必需元素。汞对人体的毒性，在很大程度上决定其存在形态。汞在环境中以金属汞、无机汞化合物和有机汞化合物三种形态存在。各种形态的汞一般均具有毒性，但毒性大小不同，按无机汞、金属汞、有机汞的顺序递增，其中烷基汞是已知毒性最大的汞化合物。汞具有很强的神经毒性，金属汞中毒主要有头痛、头晕、乏力等全身症状；过量吸收汞蒸汽的主要靶器官是中枢神经系统。排放到大气中的汞可以通过大气进行长距离迁移，在自然界不同环境介质中循环。在自然环境中，无机汞可以在一定介质条件下转化为甲基汞和二甲基汞，这一过程被称为汞的甲基化。甲基汞对生态系统的重要影响就是它可以在生物体内累积，并沿着食物链富集。

3. 镉（Cd）。人为源主要来自于铅锌矿的开采、选矿及冶炼，电镀工业，以及用镉化合物作原料的化工产业。镉不是人体的必需元素。人体内的镉是出生后从外界环境中吸取的，主要通过食物、水和空气而进入体内蓄积下来。其中最主要的途径是食物，其中米、蔬菜占全部镉摄取量的一半以上（镉比其他重金属更容易被农作物所吸附）。金属镉本身无毒，但其化合物，镉的蒸气特别是镉的氧化物毒性很大。而且是属于积蓄性的，引起慢性中毒的潜伏期可达10～30年。镉对环境的污染主要是对土壤的污染。

4. 铬（Cr）。人为源主要来自于化工、冶金，轻工等生产过程中，其中尤以有钙焙烧生产铬化合物和湿法生产铬铁合金过程中生产的铬渣数量最大，危害也最为严重。铬是人体必需微量元素，广泛地分布于体内各个器官、组织和体液中，主要功能是在糖代谢和脂类代谢中起作用。铬的毒性和生物可用性不取决于铬的总量，而是取决于铬存在的形态。三价铬被认为是维持哺乳动物葡萄糖、脂肪和蛋白质代谢的必需元素，而六价铬则对人体有高毒性。六价格及其化合物是国际癌症研究机构（IARC）确认的致癌物。环境中铬（包括各种铬酸盐）在自然界的迁移十分活跃，易于造成环境的污染，其迁移活动主要是通过大气（气溶胶和粉尘）、水和生物链来完成，其中含铬工业废水、废渣的排放是铬迁移扩散的主要途径。

5. 砷（As）。砷又名砒，属于类金属，具有两性元素的性质。单质砷无毒性，但砷在在自然界中主要以化合物形态存在，特别是 As_2O_3，又名砒霜，是剧毒物质。砷是一种毒性很强的元素，不同形态的砷毒性可以有较大差异。一般来说，无机砷的毒性大于有机砷，其毒性顺序为：AsH_3、As（III）、As（V）、甲基胂酸（MMA）、二甲基胂酸（DMA）、砷胆碱（AsC）、砷甜菜碱（AsB），而 AsC 和 AsB 常被认为是无毒的。砷和砷化物通过水、大气和食物等途径进入人体，造成危害。无机砷可抑制酶的活性，三价无机砷还可与蛋白质的巯基反应。三价砷对线粒体呼吸作用有明显的抑制作用。长期接触无机砷会对人和动物体内许多器官产生影响，如造成肝功能异常等。砷中毒是一个以皮肤损害为主的全身性疾病，它可以危害人体的皮肤、呼吸、消化、泌尿、心血管、神经、造血系统等。

6. 镍（Ni）。镍的主要工业污染来源是采矿、冶炼、电镀等工业排放的废水和废渣。金属镍几乎没有急性毒性，一般的镍盐毒性也较低，但羰基镍却能产生很强的毒性。镍盐易引起过敏性皮炎，对水生生物具有明显的毒性作用。

7. 铜（Cu）。铜是人类最早使用的金属。铜的离子（铜质）对生物而言，不论是动物或植物，是必需的元素。人体缺乏铜会引起贫血，毛发异常，骨和动脉异常，以致脑障碍。但如过剩，会引起肝硬化、腹泻、呕吐、运动障碍和知觉神经障碍。铜对水生生物毒性很大，游离态的铜离子的毒性比络合态铜要大得多。铜对人体的潜在毒性很轻，只有当摄入量大大超过了正常值时，方会引起胃肠紊乱等不良反应。

8. 锌（Zn）。锌是人体必需的微量元素之一，在人体生长发育、生殖遗传、免疫、内分泌等重要生理过程中起着极其重要的作用。大量锌会引发恶心、呕吐、发烧、血液中高密度脂蛋白减少，进而提高心血管疾病发生概率。

9. 银（Ag）。银并不会对人的身体产生毒性，但长期接触银金属和无毒银化合物也会引致银质沉着症。即身体色素产生变化，皮肤表面会显出灰蓝色，虽无毒性，但仍会影响外观。

10. 钒（V）。钒在体内不易蓄积，因而由食物摄入引起的中毒十分罕见，但每天摄入 10mg 以上或每克食物中含钒 10 ~ 20 微克，可发生中毒。通常可出现生长缓慢、腹泻、摄入量减少，甚至导致死亡。

11. 锰（Mn）。锰是人和动物生长发育必需的，但过量的锰也会产生毒效应。锰过多（如长期接触锰化物时）可造成中毒。适量的锰对于植物生长是重要的，过量的锰对植物也有明显的毒效应。

12. 钴(Co)。经常注射钴制剂或暴露于过量的原始钴环境中,可引起钴中毒。儿童对钴的毒性敏感。钴可经消化道和呼吸道进入人体,在血浆中无机钴附着在白蛋白上,最初贮存于肝和肾,然后贮存于骨、脾、胰、小肠以及其他组织。钴主要通过尿液排出,少部分由肠、汗、头发等途径排出,一般不在体内蓄积。

13. 铊(Tl)。铊具有高毒性、蓄积性,为强烈的神经毒物。通常情况下,铊对70kg成人的最小致死量为50~80mg。铊对人体的危害主要表现为急性铊中毒和慢性铊中毒。因铊具有蓄积性,往往滞后发病,慢性铊中毒早期诊断难度大,容易被忽视。故而,与急性铊中毒相比,慢性铊中毒对人体的危害更大。

14. 锑(Sb)。锑会刺激人的眼、鼻、喉咙及皮肤,持续接触可破坏心脏及肝脏功能,吸入高含量的锑会导致锑中毒,症状包括呕吐、头痛、呼吸困难,严重者可能死亡。①

(四)其他有毒物质

鉴于实践中"有毒物质"的表现形式繁多,可能无法为《环境污染犯罪解释》第15条前3项所涵括,第4项专门规定"其他具有毒性,可能污染环境的物质"兜底项。适用中需要注意的是,"有毒物质"是"有害物质"中具有毒性的物质,其属性不仅在于对环境的危害,更在于其本身的毒性。换言之,有毒物质是指那些直接或者间接被生物摄入体内后,可能导致该生物或者其后代发病、行为反常、遗传异变、生理机能失常、机体变形或者死亡的污染物。② 因此,实践中要注意有毒物质的典型特征,避免将其他有害物质纳入有毒物质的范围。

二、"公私财产损失"的计算

根据《环境污染犯罪解释》的规定,公私财产损失数额是环境污染犯罪的重要定罪量刑标准。具体而言,实施污染环境行为,致使公私财产损失30万元以上的,构成污染环境罪;致使公私财产损失100万元以上的,构成污染环境罪的结果加重犯。因此,如何把握"公私财产损失"的范围,特别是如何计算,直接影响到罪与非罪、罪轻与罪重的界限,须予以重视。基于此,为便于司法实践操作,《环境污染犯罪解释》第17条第4款对"公私财产损失"的计算范围作了进一步明确。

---

① 国际氧化锑工业协会早年进行的试验表明,老鼠若长时间暴露在含锑高浓度空气中,肺部会产生炎症,进而染上肺癌。虽然至今尚未出现因吸入过量锑而染上肺癌的个案,但仍不排除其对人体的潜在危险。

② 对此,《水污染防治法》第91条明确规定:"有毒污染物,是指那些直接或者间接被生物摄入体内后,可能导致该生物或者其后代发病、行为反常、遗传异变、生理机能失常、机体变形或者死亡的污染物。"

(一)“公私财产损失”的范围

《2006年解释》第4条规定:“本解释所称‘公私财产损失’,包括污染环境行为直接造成的财产损毁、减少的实际价值,为防止污染扩大以及消除污染而采取的必要的、合理的措施而发生的费用。”《2013年解释》第9条在上述规定的基础上规定:“本解释所称‘公私财产损失’,包括污染环境行为直接造成财产损毁、减少的实际价值,以及为防止污染扩大、消除污染而采取必要合理措施所产生的费用。”显而易见,关于“公私财产损失”的计算范围,《2013年解释》第9条与《2006年解释》第4条的规定并无实质差异。对于污染环境行为直接造成的财产损毁、减少的实际价值应当纳入“公私财产损失”的范围及其具体计算,理论上和实践中均无争议。然而,对于直接财产损毁、减少的价值以外的“公私财产损失”的计算范围,特别是在处理具体案件时,实务部门仍然存在较大的争议。为统一法律适用,消除分歧,《环境污染犯罪解释》第17条第4款规定:“本解释所称‘公私财产损失’,包括实施刑法第三百三十八条、第三百三十九条规定的行为直接造成财产损毁、减少的实际价值,为防止污染扩大、消除污染而采取必要合理措施所产生的费用,以及处置突发环境事件的应急监测费用。”对此,以下几个具体问题值得注意:

1.“公私财产损失”的计算范围可否直接适用环境污染损害数额计算推荐方法?

为规范环境损害鉴定评估工作,环保部于2011年5月印发了《环境污染损害数额计算推荐方法》(第Ⅰ版),并经修订于2014年10月印发《环境污染损害数额计算推荐方法》(第Ⅱ版)。[①] 有观点认为,环境污染刑事案件所涉及的公私财产损失数额认定,应当按照环境污染损害数额计算推荐方法执行。

环境污染损害数额计算推荐方法适用于因污染环境或破坏生态行为(包括突发环境事件)导致人身、财产、生态环境损害、应急处置费用和其他事务性费用的鉴定评估。根据目前我国现行法律法规的规定,环境污染损害行为涉及行政责任、民事责任和刑事责任,环境污染损害数额计算推荐方法涉及对上述3类案件中的环境污染损害数额计算。本书认为,鉴于环境污染刑事责任的特殊性,对于《环境污染犯罪解释》所涉及的“公私财产损失”的计算,虽然可以参考环境污染损害数额计算推荐方法的有关规定,但不宜直接适用,而仍然应当严格依照《环境污染犯罪解释》第17条第4款的规定作出准确认定。

2.医疗费用应否纳入“公私财产损失”的计算范围?

《2013年解释》在起草过程中,曾根据有关方面的意见,将“医疗损失”纳入了“公

① 2016年7月,环境保护部印发《生态环境损害鉴定评估技术指南 总纲》,供各地在开展生态环境损害鉴定评估工作中参照执行。这是对《环境污染损害数额计算推荐方法》相关内容的完善和升级,二者不一致的,以总纲为准。

私财产损失"的计算范围,规定:"本解释所称的'公私财产损失',包括污染环境行为直接造成的财产损毁、减少的实际价值,医疗费用,以及为防止污染扩大、消除污染而采取的必要、合理的措施所产生的费用。"

征求意见过程中,针对上述规定,有意见认为,将"医疗费用"计算在"公私财产损失"的范围内并不妥当,建议予以删除。主要考虑是:(1)根据《物权法》《侵权责任法》等相关规定的精神,公私财产损失一般指财产因损毁、灭失而导致的价值贬损,与自然人人身遭受侵害而造成的损失具有严格区别。(2)严重损害人体健康的,其损失范围包括但不限于医疗费用。《侵权责任法》第 16 条规定:"侵害他人造成人身损害的,应当赔偿医疗费、护理费、交通费等为治疗和康复支出的合理费用,以及因误工减少的收入。造成残疾的,还应当赔偿残疾生活辅助具费和残疾赔偿金。造成死亡的,还应当赔偿丧葬费和死亡赔偿金。"《刑事诉讼法解释》第 155 条第 2 款亦规定:"犯罪行为造成被害人人身损害的,应当赔偿医疗费、护理费、交通费等为治疗和康复支付的合理费用,以及因误工减少的收入。造成被害人残疾的,还应当赔偿残疾生活辅助具费等费用;造成被害人死亡的,还应当赔偿丧葬费等费用。"因此,按照上述规定,仅将"医疗费用"纳入"公私财产损失"的计算范围,也存在不妥之处。(3)如环境污染对人体健康造成危害的,应当根据其他标准判断是否达到定罪标准,如"致使三十人以上中毒""致使三人以上轻伤、轻度残疾或者器官组织损伤导致一般功能障碍""致使一人以上重伤、中度残疾或者器官组织损伤导致严重功能障碍"等情形,而不是计算为公私财产损失。而如果既将医疗费计算为公私财产损失,从而适用致使公私财产损失 30 万元的标准,又适用其他标准,则存在"重复评价"的嫌疑。

经研究认为,上述主张将医疗费用从"公私财产损失"的计算范围内排除的观点确有道理,《2013 年解释》最终予以采纳,《环境污染犯罪解释》沿用这一立场。因此,司法实践中,对于污染环境行为造成人体损伤的,不应根据医疗费用的数额定罪量刑,而应当从中毒人数、致人伤害的人数和程度等方面作出判断,从而准确定罪量刑。

3."为防止污染扩大、消除污染而采取必要合理措施所产生的费用"应当如何把握?

《环境污染犯罪解释》第 17 条第 4 款明确规定,除污染环境行为直接造成财产损毁、减少的实际价值外,为防止污染扩大、消除污染而采取必要合理措施所产生的费用也应当纳入"公私财产损失"的计算范围。

关于"防止污染扩大"的含义,可以参考环境污染损害数额计算推荐方法的界定,即"当污染物等有害物质向环境排放,为防止污染扩散所采取的应急处置措施"。申言之,为防止污染扩大而采取必要合理措施所产生的费用,实际上是在污染发生后,针对未受到污染的周边环境采取防范措施所产生的费用。

关于"消除污染"的含义,实践中存在较大争议。本书认为,此部分费用宜理解为防止污染扩大所采取必要合理措施所产生的费用以外的其他应急处置费用,主要是清理现场的费用,不宜理解为包括"污染修复费用"在内。实际上,关于污染修复费用应否纳入"公私财产损失"的计算范围,实践中有不同认识,《2013 年解释》起草过程中也有意见主张将其明确纳入。按照环境污染损害数额计算推荐方法的界定,污染修复费用指"污染事故应急处理结束后,经过污染风险评估确定应该采取的将污染引发的风险降至可接受水平的人工干预措施所需费用,包括制定修复方案和监测、监管产生的费用"。环境污染损害数额计算推荐方法还分别针对土壤、水体和其他环境要素提出修复费用计算方法。例如,土壤修复费用指经鉴定受污染土壤采取修复措施的费用,包括编制修复方案、土壤修复和后期监测监管发生的所有费用。而从实践来看,环境修复费用的数额十分之高,难以为"致使公私财产损失三十万元以上"或者"致使公私财产损失一百万元以上"这样的标准所涵括。而如前所述,基于严厉惩治环境污染犯罪的考虑,《2013 年解释》仍然维持了《2006 年解释》关于"公私财产损失"的具体定罪量刑标准。基于这一实际情况,不宜再将污染修复费用纳入"公私财产损失"的计算范围,否则,将可能导致过于严苛。《环境污染犯罪解释》延续了这一立场。当然,根据《环境污染犯罪解释》第 17 条第 5 款的规定,环境修复费用可以纳入"生态环境损害"的范畴,用以判断是否达到生态环境严重损害的程度。

4. 突发环境事件的应急监测费用如何认定?

对于环境监测费用是否可以纳入"公私财产损失"的计算范围,存在较大争议。《2013 年解释》对此未作明确。而实践中已有对现场监测所产生的费用应否纳入"公私财产损失"计算范围存在争议的案件。《环境污染犯罪解释》起草过程中,经慎重研究认为,"公私财产损失"不包括日常环境监测费用,但因所涉行为导致的各类环境应急措施和应急处置费用(包括应急监测费用)应当列为"为防止污染扩大、消除污染而采取必要合理措施所产生的费用"。为消除司法实践中的争议,《环境污染犯罪解释》第 17 条第 4 款明确"公私财产损失"包括处置突发环境事件的应急监测费用。按照《突发环境事件应急管理办法》的规定,突发环境事件,是指由于污染物排放或者自然灾害、生产安全事故等因素,导致污染物或者放射性物质等有毒有害物质进入大气、水体、土壤等环境介质,突然造成或者可能造成环境质量下降,危及公众身体健康和财产安全,或者造成生态环境破坏,或者造成重大社会影响,需要采取紧急措施予以应对的事件。突发环境事件按照事件严重程度,分为特别重大、重大、较大和一般四级。[①] 2015 年,全国共发生突发环境事件 330 起,其中重大事件 3 起,较大事

---

① 《突发事件应对法》第 3 条规定:"本法所称突发事件,是指突然发生,造成或者可能造成严重社会危害,需要采取应急处置措施予以应对的自然灾害、事故灾难、公共卫生事件和社会安全事件。""按照社会危害程度、影响范围等因素,自然灾害、事故灾难、公共卫生事件分为特别重大、重大、较大和一般四级。法律、行政法规或者国务院另有规定的,从其规定。""突发事件的分级标准由国务院或者国务院确定的部门制定。"

件5起,一般事件322起。①

此外,按照环境污染损害数额计算推荐方法的界定,调查评估费用指"对环境污染损害评估所支出的费用,按实际评估发生的费用计算,包括现场预调查、勘察监测、污染场地调查、风险评估、损害评估费用"。经研究认为,基于常理,不应将"评估费用"纳入"公私财产损失"的计算范围。《环境污染犯罪解释》第17条第4款所规定的"公私财产损失"的计算范围,直接涉及对行为人追究相应的刑事责任,而非民事赔偿责任,应当严格限缩能够归属于行为人的公私财产损失的范围。对比其他刑事案件,即可对此问题有更为清晰的认识:行为人诈骗他人财物,公安机关抓捕行为人所产生的费用,自然不能被认定为诈骗数额,不能成为对行为人追究刑事责任的依据;同样,行为人故意致被害人轻伤,对被害人进行轻伤鉴定所产生的费用,也不能成为影响对行为人追究刑事责任的依据。

(二)"公私财产损失"的计算

根据《环境污染犯罪解释》的相关规定,实践中对"公私财产损失"计算还须进一步注意具体操作问题,以作出妥善处理:

1."公私财产损失"计算的适格主体包括哪些?

对于污染环境行为所造成的"公私财产损失"的计算,无疑属于案件涉及的环境污染专门性问题,依照《环境污染犯罪解释》第14条的规定,可以由司法鉴定机构出具鉴定意见,或者由国务院环境保护主管部门、公安部门指定的机构出具报告。特别是,2016年1月,最高人民法院、最高人民检察院、司法部联合发布《关于将环境损害司法鉴定纳入统一登记管理范围的通知》,司法部、环境保护部联合发布《关于规范环境损害司法鉴定管理工作的通知》,就环境损害司法鉴定实行统一登记管理和规范环境损害司法鉴定工作作出明确规定。因此,对于环境污染刑事案件公私财产损失的计算,可以由上述环境损害司法鉴定机构出具鉴定意见,也可以由环境保护部、公安部指定机构出具报告。

2."公私财产损失"计算适宜在何时间段作出?

根据刑事诉讼法及相关规定,公安机关经审查,认为有犯罪事实需要追究刑事责任,且属于自己管辖的,才能予以刑事立案。因此,从行政执法与刑事司法有效衔接

---

① 环境保护部直接调度处置突发环境事件82起,包括重大事件3起,较大事件3起,一般事件76起。3起重大事件分别为:河北省邢台市新河县城区地下水污染事件、济南章丘市普集镇发生危险废物倾倒致人中毒死亡事件、甘肃陇星锑业有限公司选矿厂尾矿库溢流井破裂致尾砂泄漏事件。参见《环境保护部通报去年突发环境事件基本情况 2015年全国突发环境事件减少141起》,载《中国环境报》2016年4月14日,第1版。2011年以来,环境保护部每年调度处置的突发环境事件总量呈缓慢下降的态势,其中,2011年为212起,2012年为202起,2013年为197起,2014年为98起,2015年为82起。

的角度而言,宜在公安机关刑事立案之前对污染环境行为造成的公私财产损失的数额作出准确认定,以判断其是否达到30万元以上的标准,从而决定是否移送公安机关作为刑事案件处理。

3.是否所有环境污染刑事案件均应计算“公私财产损失”?

司法实践中,有的环境污染刑事案件可能直接适用“公私财产损失”以外的其他入罪标准(如排放特定污染物超标3倍/10倍的标准),且明显不会适用“公私财产损失”的标准上档量刑,是否仍然需要计算“公私财产损失”,存在不同的认识。本书认为,由于公私财产损失数额是裁量刑罚的重要标准,故而,上述案件仍然应当计算公私财产损失。但是,鉴于司法实践中依据《环境污染犯罪解释》第17条第4款的规定出具专门的公私财产损失数额程序烦琐且费用不菲,此种情形下可以考虑由环保部门或者公安机关计算“公私财产损失”并出具报告,作为裁量具体刑罚的参考。

【《环境污染犯罪解释》条文】

第十三条第一款　对国家危险废物名录所列的废物,可以依据涉案物质的来源、产生过程、被告人供述、证人证言以及经批准或者备案的环境影响评价文件等证据,结合环境保护主管部门、公安机关等出具的书面意见作出认定。

第十五条　下列物质应当认定为刑法第三百三十八条规定的“有毒物质”:

(一)危险废物,是指列入国家危险废物名录,或者根据国家规定的危险废物鉴别标准和鉴别方法认定的,具有危险特性的废物;

(二)《关于持久性有机污染物的斯德哥尔摩公约》附件所列物质;

(三)含重金属的污染物;

(四)其他具有毒性,可能污染环境的物质。

第十七条　本解释所称“二年内”,以第一次违法行为受到行政处罚的生效之日与又实施相应行为之日的时间间隔计算确定。

本解释所称“重点排污单位”,是指设区的市级以上人民政府环境保护主管部门依法确定的应当安装、使用污染物排放自动监测设备的重点监控企业及其他单位。

本解释所称“违法所得”,是指实施刑法第三百三十八条、第三百三十九条规定的行为所得和可得的全部违法收入。

本解释所称“公私财产损失”,包括实施刑法第三百三十八条、第三百三十九条规定的行为直接造成财产损毁、减少的实际价值,为防止污染扩大、消除污染而采取必要合理措施所产生的费用,以及处置突发环境事件的应急监测费用。

本解释所称“生态环境损害”,包括生态环境修复费用,生态环境修复期间服务功能的损失和生态环境功能永久性损害造成的损失,以及其他必要合理费用。

本解释所称“无危险废物经营许可证”,包括未取得危险废物经营许可证,或者超出危险废物经营许可证的经营范围。

第九节 监测数据的刑事证据属性

为加强环境保护行政执法与刑事司法之间的有效衔接，节约司法资源，《环境污染犯罪解释》第12条对环境保护主管部门及其所属监测机构出具的环境监测数据的刑事证据资格和公安机关获取的环境检测数据的使用作了专门规定。

一、环境行政执法与刑事司法的衔接

（一）行政执法与刑事司法的衔接

从司法实践来看，不少刑事案件先是由有关行政机关在行政执法或者查办案件过程中依法调查后，再移送公安机关、人民检察院立案侦查的。在行政执法和刑事司法的衔接过程之中，对于行政机关收集的证据能否使用以及如何使用，1996年刑事诉讼法未作规定。而从司法实践来看，无论是行政机关收集、调取、制作的物证、书证、视听资料、检验报告、鉴定意见、勘验笔录、现场笔录，还是行政机关制作的证人证言、当事人陈述等调查笔录，通常都要求在移送刑事司法处理后由侦查机关重新收集。这不仅在一定程度上造成了资源的浪费，更为严重的是，一些证据材料存在灭失的可能，待进入司法程序后侦查机关无法重新收集。因此，将行政机关在行政执法和查办案件过程中收集的证据一律排除在刑事诉讼之外，不能直接作为证据使用，给司法机关查明案件事实带来了困难，不利于刑事诉讼充分发挥打击犯罪的职能。

为加强行政执法与刑事司法之间的衔接，提高诉讼效率，更好地证明案件事实，2013年1月1日起施行的修正后刑事诉讼法对行政机关收集的证据材料在刑事诉讼中作为证据使用的问题作了明确，第52条第2款规定："行政机关在行政执法和查办案件过程中收集的物证、书证、视听资料、电子数据等证据材料，在刑事诉讼中可以作为证据使用。"有关司法解释和规范性文件对此作了进一步的规定。①

① 《刑事诉讼法解释》第65条规定："行政机关在行政执法和查办案件过程中收集的物证、书证、视听资料、电子数据等证据材料，在刑事诉讼中可以作为证据使用；经法庭查证属实，且收集程序符合有关法律、行政法规规定的，可以作为定案的根据。""根据法律、行政法规规定行使国家行政管理职权的组织，在行政执法和查办案件过程中收集的证据材料，视为行政机关收集的证据材料。"

(二)环境监测的行政执法意义

环境监测是环境保护工作的“哨兵”和“耳目”。[①] 所谓环境监测,是指人们对影响人类和其他生物生存和发展的环境质量状况进行监视性测定的活动。[②]《环境保护法》第17条规定:“国家建立、健全环境监测制度。国务院环境保护主管部门制定监测规范,会同有关部门组织监测网络,统一规划国家环境质量监测站(点)的设置,建立监测数据共享机制,加强对环境监测的管理。”“有关行业、专业等各类环境质量监测站(点)的设置应当符合法律法规规定和监测规范的要求。”“监测机构应当使用符合国家标准的监测设备,遵守监测规范。监测机构及其负责人对监测数据的真实性和准确性负责。”根据《环境监测管理办法》第3条的规定,环境监测工作是县级以上环境保护主管部门的法定职责。根据《全国环境监测管理条例》的规定,全国环境保护系统设置4级环境监测站:(1)一级站:中国环境监测总站;(2)二级站:各省、自治区、直辖市设置省级环境监测中心站;(3)三级站:各省辖市设置市环境监测站(或中心站);(4)四级站:各县、旗、县级市、大城市的区设置环境监测站。各级环境监测站受同级环境保护主管部门的领导,业务上受上一级环境监测站的指导。

关于环境监测数据的收集,有关法律法规作了相应规定。例如,《水污染防治法》第25条规定:“国家建立水环境质量监测和水污染物排放监测制度。国务院环境保护主管部门负责制定水环境监测规范,统一发布国家水环境状况信息,会同国务院水行政等部门组织监测网络。”《固体废物污染环境防治法》第12条第1款规定:“国务院环境保护行政主管部门建立固体废物污染环境监测制度,制定统一的监测规范,并会同有关部门组织监测网络。”

环境监测对于掌握环境质量状况和发展趋势,特别是对科学管理环境和环境执法监督具有重要意义。申言之,环境监测数据是环境行政执法的重要依据,诸如排污许可证、排污收费、总量控制、环境信息公开等环境法律制度的执行,以及超标、超总量、超范围排污等环境违法行为的认定,均离不开环境监测数据的技术支持。而且,环境监测数据还可以在行政执法和民事纠纷处理中充当证据材料。《水污染防治法》第89条规定:“因水污染引起的损害赔偿责任和赔偿金额的纠纷,当事人可以委托环境监测机构提供监测数据。环境监测机构应当接受委托,如实提供有关监测数据。”《固体废物污染环境防治法》第87条规定:“固体废物污染环境的损害赔偿责任和赔偿金额的纠纷,当事人可以委托环境监测机构提供监测数据。环境监测机构应当接受委托,如实提供有关监测数据。”

---

① 信春鹰主编:《〈中华人民共和国环境保护法〉学习读本》,中国民主法制出版社2014年版,第105页。

② 《环境科学大辞典》,环境科学出版社1991年版,第297页。

（三）环境监测数据在刑事诉讼中的使用

实现环境保护行政执法与刑事司法的有效衔接，是有效防治环境污染违法犯罪的重要方面。实际上，环境监测数据不仅在行政执法和民事纠纷处理中可以充当证据材料，也是认定环境污染犯罪行为的第一手证据。例如，依据排放污染物超标倍数认定构成污染环境罪的“严重污染环境”，则离不开监测数据。实践中较为突出的问题是，环境保护主管部门及其所属监测机构收集的监测数据在刑事诉讼中如何使用。申言之，环境保护主管部门及其所属监测机构进行环境监测是行政执法行为，所获取的监测数据在属性上属于行政证据，无疑可以作为行政处罚的证据使用。然而，作为行政证据的监测数据能否作为刑事证据使用，不无疑义。为实现行政执法与刑事司法的有效衔接，《2013 年解释》第 11 条第 2 款作了专门规定，《环境污染犯罪解释》第 12 条根据实践需要又作了进一步完善。

二、环境行政监测数据的使用

（一）环境监测数据认可程序的设置

我国幅员辽阔，各地经济社会发展不平衡，各地、各级环境保护主管部门及其所属监测机构的监测条件、水平不同，所出具的监测数据在客观性、准确性方面会有一定的差异。鉴于刑事案件的处理涉及被告人权益，为确保相关监测数据的客观、准确，确保相关案件公正处理，《2013 年解释》第 11 条第 2 款专门规定：“县级以上环境保护部门及其所属监测机构出具的监测数据，经省级以上环境保护部门认可的，可以作为证据使用。”这实际上是在“经省级以上环境保护部门认可”①的前提下赋予县级以上环境保护主管部门及其所属监测机构出具的监测数据的刑事证据资格。

例如，被告人王某在无证无照、无污染防治设备的情况下，在其家院中自建一小镀锌加工厂，自 2013 年 6 月至 9 月进行电镀锌、镍加工，加工过程中产生大量含有有毒物质重金属镍、锌的污水。王某不经任何处理，将生产过程中的电镀水直接排放到渗坑中渗入地下。经邯郸市环境监测中心站监测，渗坑污水中锌、镍浓度锌含量为 2.63 ×10MG/L，镍含量为 3.56 ×10MG/L。河北省环境保护厅对邯郸市环境中心监测站检测的监测数据予以认可。对此，辩护人提出：认定本案定罪唯一客观的证据邯

---

① 需要注意的是，设置认可程序的目的在于确保相关监测数据的客观、准确，确保相关案件公正处理。基于此，省级以上环境保护主管部门对报请认可的监测数据的审查就不应仅仅是单纯的形式审查，也应当对监测流程的合法与否、监测方法的科学与否等实质内容进行审查。但是，这种实质审查主要是依据报请认可的监测数据报告等材料进行，而且也应当考虑具体案件的办理效率，故亦非完全意义上的实质审查。参见胡云腾主编：《〈最高人民法院、最高人民检察院关于办理环境污染刑事案件适用法律若干问题的解释〉理解与适用》，人民法院出版社 2014 年版，第 102 ~103 页。

环站(Q)2013－180号监检报告,仅是环保站的一次取样所得结论,而非持续的监测,邯郸市环境监测中心站不是鉴定机构,该监检报告仅说明了锌、镍离子的含量,并未说明锌、镍单离子的状态,即使河北省环境保护厅对该监测报告的数据进行了认定,因其偶然性,不应得到司法机关的确认。法院裁判认为,邯郸市环境监测中心站对被告人王某小镀锌加工厂内渗坑的污水水样进行监测分析获取的数据,即"锌、镍浓度锌含量为2.63×10MG/L,镍含量为3.56×10MG/L",即属于县级以上环境保护主管部门所属监测机构出具的监测数据。该监测数据在自然属性上属于行政证据,并不当然可以作为刑事证据使用。该监测数据要作为刑事证据使用,根据《2013年解释》第11条第2款的规定,必须"经省级以上环境保护部门认可"。据此,河北省环境保护厅对邯郸市环境监测中心站的上述监测数据予以认可,从而,该监测数据也具有刑事证据资格,可以作为刑事证据使用。因此,根据《2013年解释》第11条第2款的规定,法院认可了这一监测数据的刑事证据资格,进而作为认定被告人王某构成污染环境罪的证据。

(二)环境监测数据认可程序的取消

应当指出的是,《2013年解释》设定监测数据认可程序的现实情况是,当时办理环境污染刑事案件尚处于起步阶段,各地缺乏成熟经验。因此,"经省级以上环境保护部门认可"的程序设置,对于确保监测数据的准确,提升环境污染刑事案件的质量,确保此类案件办理的"不偏不倚",发挥了重要的作用。可以佐证的是,在《2013年解释》施行期间,省级以上环境保护主管部门认真审查监测数据,严格把关,对部分监测数据不予认可,切实保证污染环境刑事案件的证据质量。①

当然,随着环境污染刑事案件办理的逐渐增多,监测数据认可程序不能完全适应办案实际需求的现象也开始显现;与之同时,环境监测制度改革也正在深入推进。具体而言:(1)党的十八届五中全会提出"实行省以下环保机构监测监察执法垂直管理制度",垂直管理后环境监测事权将上收,市县一级环境保护主管部门将不再负责环境监测工作。(2)根据《计量法》《认证认可条例》等法律法规,经计量认证合格的机构所提供的数据具有法律效力,无须由行政部门另行认可。(3)实践证明,由于环境监测样品的不可复制性,省级环境保护主管部门的认可程序只能进行形式审查,可能导致程序冗杂、效率低下,不利于环境污染刑事案件的及时办理。(4)刑事诉讼法第

---

① 《2013年解释》施行期间,省级以上环境保护主管部门不予认可的监测数据占到多大比例,尚无全面统计。但是,至少可以在一些省级环境保护主管部门的官网上见到不予认可的文书。如湖北省环境保护厅《关于不予认可十堰市环境保护监测站(2014)十环监字(WTW)第15号监测报告的复函》(鄂环函〔2014〕369号),载 http://report.hbepb.gov.cn:8080/pub/root8/shbth/201408/t20140826_71795.html,最后访问日期:2016年7月24日。

52 条第 2 款规定:“行政机关在行政执法和查办案件过程中收集的物证、书证、视听资料、电子数据等证据材料,在刑事诉讼中可以作为证据使用。”据此,环境保护主管部门及其所属监测机构收集的监测数据在刑事诉讼中应当可以作为证据使用。

基于上述考虑,《环境污染犯罪解释》第 12 条第 1 款取消了环境监测数据的认可程序,明确规定:“环境保护主管部门及其所属监测机构在行政执法过程中收集的监测数据,在刑事诉讼中可以作为证据使用。”据此,环境保护主管部门及其所属监测机构在行政执法和查办案件过程中收集的监测数据具有刑事证据资格,不需要再经过省级以上环境保护主管部门的认可。实践中需要注意的是,第三方监测机构虽然不属于环境保护主管部门所属的监测机构,但只要是在环境保护主管部门或者所属监测机构的主持下从事相关监测活动或者提供技术支持,以环境保护主管部门或者所属监测机构名义作出的监测报告,也应当认为符合《环境污染犯罪解释》第 12 条第 1 款的规定,在刑事诉讼中可以作为证据使用。

三、环境刑事检测数据的使用

《2013 年解释》施行期间,对于公安机关在刑事立案后或者初查过程中提取污染物样品进行检测获取的数据,是否需要经过省级以上环境保护主管部门认可,才能作为刑事证据使用,实践中争议较大。经研究认为,公安机关收集的环境刑事检测数据,符合刑事证据收集相关要求的,可以作为证据使用。主要考虑如下:(1)根据刑事诉讼法和相关规定,公安机关作为刑事侦查机关,享有当然的刑事证据收集权力,其收集的证据作为刑事证据使用无须经过行政认可等其他程序。(2)从司法实践来看,要求公安机关收集的数据必须经过环境保护主管部门的认可程序,可能会制约公安机关对环境污染案件的查办,不合时宜。(3)近年来,公安机关办理环境污染刑事案件的取证能力大幅提升,能够满足有关技术规范的要求。总之,直接赋予公安机关提取污染物样品进行检测获取的数据的刑事证据资格,具有法理依据,符合现实需要。

基于上述考虑,《环境污染犯罪解释》第 12 条第 2 款规定:“公安机关单独或者会同环境保护主管部门,提取污染物样品进行检测获取的数据,在刑事诉讼中可以作为证据使用。”有必要强调的是,与环境保护主管部门获取监测数据适用行政执法的相关规定不同,无论是刑事立案后,还是初查过程中,公安机关获取检测数据都属于刑事侦查活动,应当适用刑事诉讼法的相关规范。而且,公安机关应当严格依照刑事诉讼法的相关规定,规范相关取证行为,确保相关证据的合法、客观。本书认为,当下较为适宜的方式是公安机关与环境保护主管部门执法联动,以充分利用公安机关控制现场的能力和环境保护主管部门的技术优势,确保相关证据的准确性。

【《环境污染犯罪解释》条文】

第十二条 环境保护主管部门及其所属监测机构在行政执法过程中收集的监测

数据,在刑事诉讼中可以作为证据使用。

公安机关单独或者会同环境保护主管部门,提取污染物样品进行检测获取的数据,在刑事诉讼中可以作为证据使用。

第十节　环境污染专门性问题的认定

鉴定难是困扰环境污染刑事案件办理的三大难题之一。为解决这一实际困难,《环境污染犯罪解释》第 14 条规定对案件所涉的环境污染专门性问题可以由鉴定机构出具鉴定意见,或者由环境保护部、公安部指定的机构出具检验报告,从而确立了鉴定与检验“两条腿走路”的原则。

一、环境污染专门性问题的鉴定与检验

(一)司法鉴定的有关问题

我国的司法鉴定体制是从新中国成立初期开始起步,不断发展完善起来的。这一发展过程中的标志性事件是,2005 年 2 月 28 日第十届全国人民代表大会常务委员会第十四次会议审议通过《关于司法鉴定管理问题的决定》,自 2005 年 10 月 1 日起施行。在此之前,人民法院、人民检察院和公安机关各自组建了本部门的司法鉴定组织体系。此外,司法行政机关的部分附属机构、部分科研院校也建有司法鉴定机构。为了加强对鉴定人和鉴定机构的管理,适应司法机关和公民、组织进行诉讼的需要,保障诉讼活动的顺利进行,《关于司法鉴定管理问题的决定》对司法鉴定工作进行统一规范管理:人民法院和司法行政部门不得设立鉴定机构;侦查机关根据侦查工作的需要设立的鉴定机构,不得面向社会接受委托从事司法鉴定业务;国务院司法行政部门主管全国鉴定人和鉴定机构的登记管理工作,省级人民政府司法行政部门依照规定,负责对鉴定人和鉴定机构的登记、名册编制和公告。

根据《关于司法鉴定管理问题的决定》的规定,国家对从事下列司法鉴定业务的鉴定人和鉴定机构实行登记管理制度:(1)法医类鉴定,包括法医病理鉴定、法医临床鉴定、法医精神病鉴定、法医物证鉴定和法医毒物鉴定;(2)物证类鉴定,包括文书鉴定、痕迹鉴定和微量鉴定;(3)声像资料鉴定,包括对录音带、录像带、磁盘、光盘、图片等载体上记录的声音、图像信息的真实性、完整性及其所反映的情况过程进行的鉴定和对记录的声音、图像中的语言、人体、物体作出种类或者同一认定;(4)根据诉讼需要由国务院司法行政部门商最高人民法院、最高人民检察院确定的其他应当对鉴定

人和鉴定机构实行登记管理的鉴定事项。[①] 需要注意的是，法律对上述事项的鉴定人和鉴定机构的管理另有规定的，从其规定。

鉴定意见是证据的种类之一，和其他证据种类一样，必须经过审查判断，查证属实的，才能作为定案的根据。由于鉴定是解决刑事诉讼中的专门性问题，而解决专门性问题的鉴定机构和鉴定人应当具有相应的资质，才能确保鉴定意见的可靠性。因此，根据刑事诉讼法和有关规定，对鉴定机构和鉴定人法定资质的审查是其中的重要内容。鉴定人和鉴定机构不具备法定资质的，鉴定意见不得作为定案的根据。

（二）检验报告的有关问题

《关于司法鉴定管理问题的决定》施行后，改革后的司法鉴定体制处于建设之中，原有的鉴定机构需要重新进行资质审查和登记注册。这样一来，在我国刑事诉讼中出现了很多需要鉴定的领域欠缺具有资质的司法鉴定机构的现象，导致刑事诉讼中的许多专门性问题无法获取有资质的鉴定人出具的鉴定意见，影响了对案件事实的查实和诉讼程序的顺利进行。[②] 毋庸置疑，这是我国司法鉴定体制从过去的多元局面向目前的规范管理迈进必然要历经的阶段，不会影响我国司法鉴定体制改革的良好局面。但是，对于目前存在的一些领域司法鉴定机构缺失或者较少的现象，应当

---

① 2016年1月，最高人民法院、最高人民检察院、司法部和环境保护部就环境损害司法鉴定实行统一登记管理和规范环境损害司法鉴定工作作出明确规定。这是《关于司法鉴定管理问题的决定》施行以来，就"其他应当对鉴定人和鉴定机构实行登记管理的鉴定事项"作出的唯一具体规定。根据司法部、环境保护部《关于规范环境损害司法鉴定管理工作的通知》（司发通〔2015〕118号）的规定，环境损害司法鉴定，是指在诉讼活动中鉴定人运用环境科学的技术或者专门知识，采用监测、检测、现场勘察、实验模拟或者综合分析等技术方法，对环境污染或者生态破坏诉讼涉及的专门性问题进行鉴别和判断并提供鉴定意见的活动。环境诉讼中需要解决的专门性问题包括：确定污染物的性质；确定生态环境遭受损害的性质、范围和程度；评定因果关系；评定污染治理与运行成本以及防止损害扩大、修复生态环境的措施获方案等。具体而言，环境损害司法鉴定的主要领域包括：（1）污染物性质鉴定，主要包括危险废物鉴别、有毒物质鉴定，以及污染物其他物理、化学等性质的鉴定。（2）地表水和沉积物环境损害鉴定，主要包括因环境污染或生态破坏造成河流、湖泊、水库等地表水资源和沉积物生态环境损害的鉴定。（3）空气污染环境损害鉴定，主要包括因污染物质排放或泄露造成环境空气或室内空气环境损害的鉴定。（4）土壤与地下水环境损害鉴定，主要包括因环境污染或生态破坏造成农田、矿区、居住和工矿企业用地等土壤与地下水资源及生态环境损害的鉴定。（5）近海海洋与海岸带环境损害鉴定，主要包括因近海海域环境污染或生态破坏造成的海岸、潮间带、水下岸坡等近海海洋环境资源及生态环境损害的鉴定。（6）生态系统环境损害鉴定，主要对动物、植物等生物资源和森林、草原、湿地等生态系统，以及因生态破坏而造成的生物资源与生态系统功能损害的鉴定。（7）其他环境损害鉴定，主要包括由于噪音、振动、光、热、电磁辐射、核辐射等污染造成的环境损害鉴定。

② 顺带需要提及的是，对于法医类鉴定、物证类鉴定、声像资料鉴定"三大类鉴定"以外的鉴定事项，司法行政机关赋予了其司法鉴定资质，实际上也有违《关于司法鉴定管理问题的决定》的规定，因为对于三大类鉴定以外的鉴定事项，系"由国务院司法行政部门商最高人民法院、最高人民检察院确定的其他应当对鉴定人和鉴定机构实行登记管理的鉴定事项"，并不应当由司法行政机关一家予以确定。而在一些案件审理过程中，也有当事人对司法行政机关指定的承担"三大类鉴定"以外事项的鉴定机构的资质提出质疑。

及时采取相应措施,以确保相关案件的及时、顺利办理。

作为应对,部分司法解释针对司法实践中的现实情况,规定可以委托一些尚不具备司法鉴定资质的机构对一些专门性问题进行检验。[①] 这些部门经检验得出的检验报告,可以作为定罪量刑的参考,是解决这一问题的妥善办法。此外,在办理案件的过程中,在所涉专门性问题没有鉴定机构的情形下,侦查机关或者有关部门委托一些实际上具备这方面的专业知识、但尚未取得鉴定资质的机构进行检验并出具意见的,司法机关可以结合案件情况对所出具的意见进行审查,并根据情况可以作为证明案件事实的参考。需要注意的是,在前述情形下,司法机关并不是依据鉴定意见对案件事实进行证明,而且,检验报告也只能作为定罪量刑的参考,这点必须认识到。为了进一步规范检验报告的有关问题,《刑事诉讼法解释》第 87 条第 1 款规定:"对案件中的专门性问题需要鉴定,但没有法定司法鉴定机构,或者法律、司法解释规定可以进行检验的,可以指派、聘请有专门知识的人进行检验,检验报告可以作为定罪量刑的参考。"

(三)环境污染专门性问题的鉴定与检验

办理环境污染刑事案件,经常涉及污染物认定、损失评估等专门性问题,需要由司法鉴定机构出具鉴定意见。据《2013 年解释》起草过程中有关部门提供的情况,环境保护部试点的已有 9 家专门的鉴定机构(分别设在环境保护部环境规划院、环境保护部环境监测总站、江苏、重庆、山东、湖南、河南、河北、昆明),其中 3 家获得了司法鉴定资格(江苏、重庆、昆明)。此外,环境污染案件的鉴定机构是开放的,除了环境保护部试点单位的之外,还有社会化运营的单位(直接申请司法鉴定资格)。同时,渔业、海洋等其他部委也成立了一些鉴定机构。但总体而言,具有环境污染鉴定资质的机构偏少,难以满足办案实践需求,影响了对案件事实的认定,进而影响了对环境污染犯罪的打击实效。

为确保相关案件的及时、顺利办理,经综合有关方面意见,《2013 年解释》决定对环境污染刑事案件的专门性问题的处理作出专门规定。经研究,《2013 年解释》在起

---

① 《危害计算机信息系统安全犯罪解释》第 10 条规定:"对于是否属于刑法第二百八十五条、第二百八十六条规定的'国家事务、国防建设、尖端科学技术领域的计算机信息系统'、'专门用于侵入、非法控制计算机信息系统的程序、工具'、'计算机病毒等破坏性程序'难以确定的,应当委托省级以上负责计算机信息系统安全保护管理工作的部门检验。司法机关根据检验结论,并结合案件具体情况认定。"司法解释之所以作出这样的规定,就是考虑到司法实践中能对这些事项进行鉴定的司法鉴定机构偏少。2013 年 4 月 2 日最高人民法院、最高人民检察院《关于办理盗窃刑事案件适用法律若干问题的解释》第 4 条第 1 款第 1 项规定:"被盗财物有有效价格证明的,根据有效价格证明认定;无有效价格证明,或者根据价格证明认定盗窃数额明显不合理的,应当按照有关规定委托估价机构估价。"此处的"委托估价机构估价",是指由价格认证机构对价格进行认证,而这并非司法鉴定,实际上就是检验,所出具的价格认证报告也就是检验报告。

草过程中拟规定:“对环境污染刑事案件中的专门性问题难以确定的,应当由司法鉴定机构出具鉴定意见。条件不具备的,可以由国务院环境保护部门指定的机构出具检验报告。”有意见认为,规定在鉴定条件不具备时才能由国务院环境保护主管部门指定的机构出具检验报告,对检验报告的适用条件规定不清晰,在实践中容易出现不同认识,影响案件的办理。经慎重研究,《2013 年解释》最终形成了鉴定与检验“两条腿走路”的原则,第 11 条第 1 款规定:“对案件所涉的环境污染专门性问题难以确定的,由司法鉴定机构出具鉴定意见,或者由国务院环境保护部门指定的机构出具检验报告。”从《2013 年解释》实施情况来看,鉴定机构和环境保护部指定的检验机构仍然偏少,难以满足实际办案所需。为此,《环境污染犯罪解释》第 14 条增加规定公安部亦可指定出具检验报告的机构,即规定:“对案件所涉的环境污染专门性问题难以确定的,依据司法鉴定机构出具的鉴定意见,或者国务院环境保护主管部门、公安部门指定的机构出具的报告,结合其他证据作出认定。”

二、环境污染专门性问题鉴定与检验的具体操作

(一)环境污染专门性问题检验机构的指定

对案件所涉的环境污染专门性问题难以确定,需要由司法鉴定机构出具鉴定意见的,可以选择列入司法鉴定机构名册的机构进行。根据《2013 年解释》第 11 条第 1 款的授权,环境保护部也可以指定环境污染专门性问题的检验机构。2014 年 1 月 3 日,环境保护部办公厅印发《环境损害鉴定评估推荐机构名录(第一批)》(环办〔2014〕3 号),指定推荐了第一批 12 家环境损害鉴定评估推荐机构。2016 年 2 月 4 日,环境保护部办公厅印发《环境损害鉴定评估推荐机构名录(第二批)》(环办政法〔2016〕10 号),指定推荐了第二批 17 家环境损害鉴定评估推荐机构。在《环境污染犯罪解释》施行后,上述指定推荐似可继续适用。而根据《环境污染犯罪解释》的规定,公安部也应当尽快指定环境污染专门性问题的检验机构,并充分考虑地域的平衡性。在办理环境污染刑事案件的过程中,对案件所涉的环境污染专门性问题难以确定的,可以由这些机构出具检验报告。

实际上,《2013 年解释》施行后,对于第 11 条第 1 款赋予环境保护部指定环境污染专门性问题检验机构的规定,也存在不同认识,甚至有意见认为环境保护部指定检验机构实际上是一种行政许可,并不适宜。本书认为,上述规定系对司法解释规定的误读。对环境污染专门性问题检验机构的指定,与行政许可系完全不相干的两回事,只是为了便于相关刑事案件的顺利处理而作出的特别规定,并不涉及被指定机构的职能调整等事项。

(二)鉴定意见与检验报告“两条腿走路”

鉴定意见系刑事诉讼法第48条规定的法定证据种类，而检验报告系《刑事诉讼法解释》根据刑事案件的办案需要而规定可以作为参考的证据材料。因此，在《环境污染犯罪解释》第14条规定对环境污染专门性问题可以进行鉴定与检验并行后，在司法实践中必须面临的问题就是如何取舍对待鉴定意见与检验报告的效力问题。对于案件涉及的同一个环境污染专门性问题，既有鉴定机构出具的鉴定意见，又有环境保护部、公安部指定的机构出具检验报告，特别是在鉴定意见与检验报告所提出意见有所出入、甚至截然相反时，如何取舍，亟待统一认识。本书认为，在《环境污染犯罪解释》确立了环境污染专门性问题鉴定意见与检验报告“两条腿走路”原则的基础下，不能因为鉴定意见与检验报告的形式而当然采纳鉴定意见，而应当进行实质审查判断。其主要考虑是：(1)《刑事诉讼法》第48条第1款规定：“可以用于证明案件事实的材料，都是证据。”无论是鉴定意见，还是检验报告，无疑都可以用于证明案件事实，都是证据材料，自然不宜因形式而当然排除，而应当进行进一步的实质审查。(2)环境污染专门性问题的判断十分复杂，特别是在污染行为与损害结果的因果关系、污染损害评估等方面，对于这些问题存在不同认定意见的情况下，对鉴定意见和检验报告的进一步审查，对于更好地判定专门性问题，更为准确地查明案件事实，确保案件的公正处理，具有积极意义。

(三)鉴定意见和检验报告的审查判断

《刑事诉讼法解释》第84条规定：“对鉴定意见应当着重审查以下内容：(一)鉴定机构和鉴定人是否具有法定资质；(二)鉴定人是否存在应当回避的情形；(三)检材的来源、取得、保管、送检是否符合法律、有关规定，与相关提取笔录、扣押物品清单等记载的内容是否相符，检材是否充足、可靠；(四)鉴定意见的形式要件是否完备，是否注明提起鉴定的事由、鉴定委托人、鉴定机构、鉴定要求、鉴定过程、鉴定方法、鉴定日期等相关内容，是否由鉴定机构加盖司法鉴定专用章并由鉴定人签名、盖章；(五)鉴定程序是否符合法律、有关规定；(六)鉴定的过程和方法是否符合相关专业的规范要求；(七)鉴定意见是否明确；(八)鉴定意见与案件待证事实有无关联；(九)鉴定意见与勘验、检查笔录及相关照片等其他证据是否矛盾；(十)鉴定意见是否依法及时告知相关人员，当事人对鉴定意见有无异议。”因此，对于环境污染专门性问题的鉴定意见，应当根据上述规定事项进行审查判断，经查证属实的，才能作为定案的根据。

《刑事诉讼法解释》第87条第2款规定：“对检验报告的审查与认定，参照适用本节的有关规定。”因此，对于环境污染专门性问题的检验报告，也应当参照上述规定事项认真审查判断检验报告的真实性、关联性和合法性，对检验机构和检验人员的资质、检验对象的有关情况、检验过程的科学性、检验报告的形式等进行综合判断，经查证属实的，才能将检验报告作为定罪量刑的参考。

（四）鉴定人与检验人员的出庭

《刑事诉讼法》第 187 条第 3 款规定："诉讼人、当事人或者辩护人、诉讼代理人对鉴定意见有异议，人民法院认为鉴定人有必要出庭的，鉴定人应当出庭作证。"这一规定确定了鉴定人出庭的基本规则。而《刑事诉讼法》第 187 条第 3 款进一步明确了鉴定人经人民法院通知拒不出庭作证的法律后果，规定："经人民法院通知，鉴定人拒不出庭作证的，鉴定意见不得作为定案的根据。"

在刑事诉讼法已经要求鉴定人出庭作证的情况下，针对本来已作例外规定的检验报告，没有理由赋予检验人不出庭的特权。因此，《刑事诉讼法解释》第 87 条第 3 款规定："经人民法院通知，检验人拒不出庭作证的，检验报告不得作为定罪量刑的参考。"据此，司法实践中，人民法院应当参照鉴定人出庭作证的相关规定，及时通知检验人出庭作证。

根据上述规定，在环境污染刑事案件审理过程中，诉讼人、当事人或者辩护人、诉讼代理人对环境污染专门性问题的鉴定意见或者检验报告有异议，人民法院认为鉴定人或者检验人有必要出庭的，应当依法通知鉴定人或者检验人员出庭作证。经人民法院通知，鉴定人、检验人拒不出庭作证的，应当依据刑事诉讼法及《刑事诉讼法解释》的规定排除相应的鉴定意见或者检验报告，不得作为定罪量刑的依据或者参考。

（五）有专门知识的人出庭

环境污染专门性问题的判断较为特殊，需要较强的科学技术和专业知识的支持，依赖着相关领域专家的特殊专业知识。因此，在英美等发达国家的环境污染刑事案件的办理过程中，"专家意见"在此类案件的审理过程中起着举足轻重的作用。如果说"专家意见"主要是英美法系国家的特色制度的话，在我国刑事诉讼中，与之相对应的是修正后刑事诉讼法增设的有专门知识的人出庭制度。

自意大利 1998 年刑事司法改革引入技术顾问制度之后，越来越多的大陆法系国家开始考虑建立这一制度的必要性和可行性。而在我国，是否在刑事诉讼中引入专家辅助人制度一直以来都是学术界和实务界探讨的焦点问题。① 修正后刑事诉讼法最终引入有专门知识的人出庭制度，在法庭审理过程中由有专门知识的人对鉴定人作出的鉴定意见提出意见，实现有专门知识的人与鉴定人的对抗。第 192 条第 2 款

① 汪建成：《司法鉴定模式与专家证人模式的融合——中国刑事司法鉴定制度改革的方向》，载《国家检察官学院学报》2011 年第 4 期。

规定："公诉人、当事人和辩护人、诉讼代理人可以申请法庭通知有专门知识的人出庭，就鉴定人作出的鉴定意见提出意见。"

对于环境污染专门性问题的鉴定意见和检验报告的判断需要较强的专业性知识，人民法院在审理案件的过程中，可以依据刑事诉讼法的规定，充分运用有专门知识的人这一"外力"，更好地审查环境污染专门性问题的鉴定意见或者检验报告。实际上，具有环境污染专门知识的人出庭，就环境污染专门性问题的鉴定意见或者检验报告发表意见，为公诉人、当事人、诉讼参与人等提供专业辅助，一方面，可以为审判人员审查判断鉴定意见、检验报告提供参考，有利于其作出科学的判断，且也能够在一定程度上减少重复鉴定、重复检验的发生，节约诉讼资源，提高审判工作的效率；另一方面，有专门知识的人出庭，就环境污染专门性问题的鉴定意见或者检验报告进行对抗，能够增进对鉴定意见或者检验报告的审查，防止鉴定人的错误鉴定或者检验人员的错误检验对法官裁判的影响，能够更好地维护当事人的合法权益，增强刑事诉讼的人权保障功能。

需要注意的是，根据《刑事诉讼法解释》第 217 条的规定，有专门知识的人并不要求具备鉴定人资质。因此，在环境污染刑事案件的审理过程中，可以出庭的有专门知识的人只要具备环境污染专业知识即可，并不限定为有关鉴定机构的鉴定人或者环境保护部、公安部指定的检验机构的检验人。此外，《刑事诉讼法解释》第 217 条第 2 款规定："申请有专门知识的人出庭，不得超过 2 人。有多种类鉴定意见的，可以相应增加人数。"因此，在环境污染刑事案件的审理过程中，控辩双方原则上可以各申请两名具有环境污染专门知识的人出庭。

【《刑事诉讼法解释》条文】

第八十七条　对案件中的专门性问题需要鉴定，但没有法定司法鉴定机构，或者法律、司法解释规定可以进行检验的，可以指派、聘请有专门知识的人进行检验，检验报告可以作为定罪量刑的参考。

对检验报告的审查与认定，参照适用本节的有关规定。

经人民法院通知，检验人拒不出庭作证的，检验报告不得作为定罪量刑的参考。

【《环境污染犯罪解释》条文】

第十四条　对案件所涉的环境污染专门性问题难以确定的，依据司法鉴定机构出具的鉴定意见，或者国务院环境保护主管部门、公安部门指定的机构出具的报告，结合其他证据作出认定。

第三章　矿产资源犯罪的共性问题

矿产资源犯罪是对各种严重破坏矿产资源的危害行为的统称，是环境资源犯罪的重要类型。具体而言，矿产资源犯罪主要包括非法采矿罪、破坏性采矿罪两个罪名。本章围绕非法采矿罪、破坏性采矿罪，就矿产资源犯罪司法适用的有关共性问题进行探讨。

第一节　矿产资源犯罪的刑法规定与司法解释

一、矿产资源犯罪的刑法规定

（一）矿产资源的法律保护

矿产资源，是指由地质作用形成的，具有利用价值的，呈固态、液态、气态的自然资源。矿产资源属于非可再生资源，其储量是有限的。矿产资源是人类生活资料与生产资料的主要来源，是人类生产和社会发展的重要物质基础，充当目前95%以上的能源、80%以上的工业原料、70%以上的农业生产资料。[①] 目前，全世界已知的矿产资源有170多种，其中有80多种应用较广泛。我国目前已发现矿产资源168种（已探明有储量的矿产155种），其中能源矿产11种，金属矿产59种，非金属矿产92种，水气矿产6种。我国矿产资源门类比较丰富，部分矿种储量居世界前茅，探明储量潜在价值仅次于美国和俄罗斯，居世界第3位，是世界上矿产资源最丰富、矿种最齐全配套的少数几个国家之一。但是，由于人口众多，我国人均矿产资源占有量仅为世界人均占有量的58%，居世界第53位。

---

① 自然资源可以分为不可再生资源与可再生资源。不可再生资源是地壳中储量固定的资源，主要是矿产资源。由于它们不能在人类历史尺度上由自然过程再生（如铜），或者由于它们自然再生的速度远远慢于被开采利用的速度（如煤和石油），它们是可能耗竭的。参见钱易、唐孝炎主编：《环境保护与可持续发展》（第二版），高等教育出版社2010年版，第3、17页。

我国宪法和相关法律均确立了国家对矿产资源的所有权。《宪法》第9条明确规定,矿藏属于国家所有,即全民所有。《物权法》第46条规定:“矿藏、水流、海域属于国家所有。”《矿产资源法》第3条第1款、第2款规定:“矿产资源属于国家所有,由国务院行使国家对矿产资源的所有权。”“国家保障矿产资源的合理开发利用。禁止任何组织或者个人用任何手段侵占或者破坏矿产资源。各级人民政府必须加强矿产资源的保护工作。”由此确立了矿产资源的保护原则,即矿产资源作为国家所有的财产,只能由国务院代表国家行使所有权。未经许可,任何单位和个人均不得擅自开采、侵占或破坏。为加强矿产资源的勘查、开发利用和保护工作,《矿产资源法》及相关法律法规建立了探矿权①、采矿权②有偿取得的制度,开采矿产资源必须按照国家有关规定缴纳资源税和资源补偿费。

(二)矿产资源犯罪的立法规定

矿产资源是国家所有的宝贵财富,是社会主义现代化建设的重要物质基础。受利益驱动,非法采挖和滥采滥挖矿产资源的现象屡禁不止,造成矿产资源的破坏,亟需加以规制。然而,1979年刑法并未规定专门的矿产资源犯罪。随着经济社会发展,加强对矿产资源刑事保护的需要越来越迫切,1986年《矿产资源法》、1996年修正后《矿产资源法》以附属刑法的形式加以补充。其中,修正后《矿产资源法》第39条规定:“违反本法规定,未取得采矿许可证擅自采矿的,擅自进入国家规划矿区、对国民经济具有重要价值的矿区范围采矿的,擅自开采国家规定实行保护性开采的特定矿种的,责令停止开采、赔偿损失,没收采出的矿产品和违法所得,可以并处罚款;拒不停止开采,造成矿产资源破坏的,依照刑法第一百五十六条的规定对直接责任人员追究刑事责任。”“单位和个人进入他人依法设立的国有矿山企业和其他矿山企业矿区范围内采矿的,依照前款规定处罚。”第40条规定:“超越批准的矿区范围采矿的,责令退回本矿区范围内开采、赔偿损失,没收越界开采的矿产品和违法所得,可以并处罚款;拒不退回本矿区范围内开采,造成矿产资源破坏的,吊销采矿许可证,依照刑法第一百五十六条的规定对直接责任人员追究刑事责任。”第44条规定:“违反本法规定,采取破坏性的开采方法开采矿产资源的,处以罚款,可以吊销采矿许可证;造成矿产资源严重破坏的,依照刑法第156条的规定对直接责任人员追究刑事责任。”可见,对于非法采矿和破坏性采矿行为,《矿产资源法》规定按照1979年刑法第一百五十六条规定的故意毁坏公私财物罪追究刑事责任。上述规定一定程度上填补了对矿

---

① 根据《矿产资源法实施细则》第6条的规定,探矿权,是指在依法取得的勘查许可证规定的范围内,勘查矿产资源的权利。取得勘查许可证的单位或者个人称为探矿权人。

② 根据《矿产资源法实施细则》第6条的规定,采矿权,是指在依法取得的采矿许可证规定的范围内,开采矿产资源和获得所开采的矿产品的权利。取得采矿许可证的单位或者个人称为采矿权人。

产资源犯罪刑事责任追究的立法空白，进一步巩固了国家对矿产资源的所有权，加强了对矿产资源的刑事保护，有其可取的一面。但是，矿产资源犯罪与故意毁坏公私财物犯罪的区别显而易见，对其适用故意毁坏财物罪只是权宜之计。

1997年修订刑法时，对矿产资源保护的认识得以深化，刑法分则第六章第六节"破坏环境资源保护罪"专门规定了非法采矿罪和破坏性采矿罪。第343条规定："违反矿产资源法的规定，未取得采矿许可证擅自采矿的，擅自进入国家规划矿区、对国民经济具有重要价值的矿区和他人矿区范围采矿的，擅自开采国家规定实行保护性开采的特定矿种，经责令停止开采后拒不停止开采，造成矿产资源破坏的，处三年以下有期徒刑、拘役或者管制，并处或者单处罚金；造成矿产资源严重破坏的，处三年以上七年以下有期徒刑，并处罚金。""违反矿产资源法的规定，采取破坏性的开采方法开采矿产资源，造成矿产资源严重破坏的，处五年以下有期徒刑或者拘役，并处罚金。"

（三）矿产资源犯罪的立法修改

1997年刑法设置专门的矿产资源犯罪，对于依法惩治非法采矿和破坏性采矿犯罪行为，有效保护矿产资源的合理开发利用发挥了重要作用。然而，从司法实践来看，非法采矿罪的适用也存在一些问题，亟须通过立法修改作进一步完善。据执法机关反映，"一些地方非法采矿活动猖獗，严重破坏矿产资源和生态环境，群众意见很大。但从实际情况看……对这类案件追究刑事责任的不多。"[①]究其原因，除了受到地方保护以及个别地方有关监督管理部门及其工作人员监管不力、玩忽职守等因素的影响，刑法规定的本身也存在进一步完善的必要。根据1997年刑法第343条第1款的规定，构成非法采矿罪须同时具备三个要件：(1)未取得采矿许可证擅自采矿的，擅自进入国家规划矿区、对国民经济具有重要价值的矿区和他人矿区范围采矿的，擅自开采国家规定实行保护性开采的特定矿种；(2)经责令停止开采后拒不停止开采；(3)造成矿产资源破坏。实践中，"经责令停止开采后拒不停止开采"的要件难以满足。对于发现的非法采矿行为，不论造成矿产资源破坏多么严重，只能发出责令停止开采通知书，非法采矿者被责令停止开采后拒不停止开采的才可能构成非法采矿罪。"由于法律上这一漏洞，行为人就玩起了猫腻游戏，钻法律的空子。非法采矿地多处于山上，且通信工具发达，执法行动易被发觉，执法人员赶到现场，违法人员已闻讯跑走，无法对具体人员下达规范性行政执法文书，缺乏这一法定证据，无法构成'经责令停止开采后拒不停止开采'；一些地方非法采矿往往是多人组合私开坑口，在矿产主

---

① 全国人大常委会法制工作委员会刑法室编：《中华人民共和国刑法修正案(八)·条文说明、立法理由及相关规定》，北京大学出版社2011年版，第183页。

管部门查处告知处罚后一矿主表示不再非法生产了，下次再查获时又换由另一个户主顶替接受处罚；有的接到责令停产通知后，不断地进行名义上的流转以逃避刑法的追究。由于缺乏针对同一行为人的《责令改正行为通知书》，构不成非法采矿罪中的‘经责令停止开采后拒不停止开采’的要求。”①

为了加大对非法采矿犯罪活动的打击力度，《刑法修正案（八）》进一步完善了非法采矿罪的规定，将“经责令停止开采后拒不停止开采，造成矿产资源破坏”的要件修改为“情节严重”，降低了入罪门槛；将升档处罚情节由“造成矿产资源严重破坏”修改为“情节特别严重”。据此，构成非法采矿罪不再要求“经责令停止开采后拒不停止开采”，而只要求实施非法采矿行为，达到情节严重的程度。

二、矿产资源犯罪的司法解释

（一）矿产资源犯罪解释的制定

1997 年刑法关于非法采矿罪、破坏性采矿罪的规定，为严厉打击矿产资源犯罪提供了有力的法律依据。但是，由于刑法条文的规定比较原则，司法实践中对于如何准确界定罪与非罪的界限、如何裁量刑罚标准不一，一定程度上影响了打击实效。为此，根据国土资源主管部门的建议，在广泛征求意见的基础上，2003 年 5 月 16 日，最高人民法院审判委员会第 1270 次会议审议通过《关于审理非法采矿、破坏性采矿刑事案件具体应用法律若干问题的解释》（法释〔2003〕9 号，以下简称《2003 年解释》），主要对非法采矿和破坏性采矿行为的认定、造成矿产资源破坏的认定和鉴定等问题作了明确规定，进一步加大了对矿产资源的刑事司法保护力度。②

（二）矿产资源犯罪解释的修订

《刑法修正案（八）》对非法采矿罪的构成要件作了修改完善，不仅取消了“经责令停止开采后拒不停止开采”的前提条件，而且将定罪量刑标准由“造成矿产资源破坏”“造成矿产资源严重破坏”修改为“情节严重”“情节特别严重”。《刑法修正案（八）》施行后，司法实践对于“情节严重”“情节特别严重”的具体情况认识不一，影响了对非法采矿刑事案件的办理。2012 年 4 月，国土资源部致函最高人民法院，建议尽快修订《2003 年解释》，为惩治矿产资源犯罪提供更为有力的法律依据。

根据法律修改情况，以《2003 年解释》为基础，结合当前实践，最高人民法院研究

① 黄太云：《刑法修正案解读全编——根据刑法修正案（八）全新阐释》，人民法院出版社 2011 年版，第 88 页。

② 孙军工：《〈最高人民法院关于审理非法采矿、破坏性采矿刑事案件具体应用法律若干问题的解释〉的理解与适用》，载《中国刑事审判指导案例》，法律出版社 2009 年版，第 348 页。

室起草了司法解释初稿。在深入调研，听取有关方面意见的基础上，经反复研究讨论形成了征求意见稿，分别征求了最高人民检察院、公安部、国土资源部、水利部、国家海洋局等中央有关单位的意见，并征求了最高人民法院有关审判庭和各高级人民法院的意见。2016 年 3 月，最高人民法院研究室会同有关部门召开专家论证会，分别邀请刑法专家和矿产资源、水利专家对解释稿进行论证研讨。此后，根据专家论证会作了修改完善，形成新的征求意见稿，征求了全国人大常委会法工委意见，并根据法工委意见进一步征求了国务院法制办的意见。此后，根据法工委和国务院法制办意见作了进一步研究修改。2016 年 9 月 26 日最高人民法院审判委员会第 1694 次会议、2016 年 11 月 4 日最高人民检察院第十二届检察委员会第 57 次会议通过审议通过《关于办理非法采矿、破坏性采矿刑事案件适用法律若干问题的解释》（法释〔2016〕25 号，以下简称《矿产资源犯罪解释》），自 2016 年 12 月 1 日起施行。

这是 1997 年刑法施行以来最高司法机关就矿产资源犯罪再次发布专门司法解释，体现了对矿产资源司法保护的高度重视。《矿产资源犯罪解释》根据法律规定和立法精神，结合近年来办理矿产资源犯罪案件的实际问题，对矿产资源犯罪的定罪量刑标准及有关法律适用问题作了全面、系统的规定，对于依法惩治矿产资源犯罪，进一步加大对矿产资源的司法保护必将发挥重要作用。

三、矿产资源犯罪解释的时间效力问题

《矿产资源犯罪解释》第 16 条对时间效力问题作了明确，规定："本解释自 2016 年 12 月 1 日起施行。本解释施行后，《最高人民法院关于审理非法采矿、破坏性采矿刑事案件具体应用法律若干问题的解释》（法释〔2003〕9 号）同时废止。"在此，有必要讨论一下《矿产资源犯罪解释》适用的时间效力问题。

（一）非法采矿罪的时间效力问题

《刑法修正案（八）》第 47 条对 1997 年刑法第 343 条第 1 款关于非法采矿罪的规定作了修改，自 2011 年 5 月 1 日起施行。2011 年 5 月 1 日前实施的非法采矿行为，在《矿产资源犯罪解释》生效后（2016 年 12 月 1 日后）未经审判或者判决尚未确定的，根据从旧兼从轻的溯及力原则，无疑应当适用修正前的刑法和《2003 年解释》的规定，对此应当没有疑问和争议。

对于 2011 年 5 月 1 日以后、《矿产资源犯罪解释》生效前（2016 年 11 月 30 日前）实施的非法采矿行为，无疑应当适用修正后刑法第 343 条第 1 款的规定。但是，涉及刑法第 343 条第 1 款相关规定的具体把握，究竟应当适用《2003 年解释》的规定，还是《矿产资源犯罪解释》的规定，恐会存在不同认识。

本书认为，《刑法修正案（八）》关于刑法第 343 条的修改是实质性的重大修改，

对于该罪的入罪要件和定罪量刑标准均作了实质改动。因此，在《刑法修正案（八）》施行后，《2003 年解释》针对非法采矿罪的定罪量刑标准“造成矿产资源破坏”“造成矿产资源严重破坏”的规定自然失效。在此前提下，对于 2011 年 5 月 1 日以后、《矿产资源犯罪解释》生效前（2016 年 11 月 30 日前）实施的非法采矿行为，应当认为属于《司法解释时间效力规定》第 2 条规定的情形，即行为时无相关司法解释，原则上应当直接适用《矿产资源犯罪解释》的规定定罪量刑。[①] 但是，对于《矿产资源犯罪解释》第 3 条第 1 款第 3 项“二年内曾因非法采矿受过两次以上行政处罚，又实施非法采矿行为的”、第 4 项“造成生态环境严重损害的”规定，原则上不宜适用于上述非法采矿案件用于认定非法采矿“情节严重”。[②] 同理，对于《矿产资源犯罪解释》第 3 条第 2 款第 2 项“造成生态环境特别严重损害的”规定，也不宜适用于上述非法采矿案件用于认定非法采矿“情节特别严重”。

（二）破坏性采矿罪的时间效力问题

由于《刑法修正案（八）》未对破坏性采矿罪作出修改，在 2011 年 5 月 1 日以后、《矿产资源犯罪解释》生效前（2016 年 11 月 30 日前），《2003 年解释》的有关规定仍然继续有效。因此，对于这一时间段内的破坏性采矿行为，属于《司法解释时间效力规定》第 3 条的规定的行为时已有相关司法解释的情形。对此，可以区分为两种情形处理：（1）一般而言，由于《矿产资源犯罪解释》第 6 条的定罪量刑标准明显高于《2003 年解释》的规定，适用新的司法解释对行为人有利，故应适用《矿产资源犯罪解释》的规定。（2）例外情形下，《矿产资源犯罪解释》第 6 条“造成国家规划矿区、对国民经济具有重要价值的矿区和国家规定实行保护性开采的特定矿种资源破坏的价值在二十五万元至五十万元以上的”规定可能低于《2003 年解释》规定的入罪标准，适用新的司法解释对行为人不利，则应适用《2003 解释》的规定。

【刑法条文】

第三百四十三条　【非法采矿罪】违反矿产资源法的规定，未取得采矿许可证擅自采矿，擅自进入国家规划矿区、对国民经济具有重要价值的矿区和他人矿区范围采矿，或者擅自开采国家规定实行保护性开采的特定矿种，情节严重的，处三年以下有期徒刑、拘役或者管制，并处或者单处罚金；情节特别严重的，处三年以上七年以下有

---

① 通常而言，相较于《2003 年解释》，《矿产资源犯罪解释》关于非法采矿罪的定罪量刑标准对行为人更为有利。

② 《司法解释时间效力规定》对刑事司法解释时间效力的相关规定，背后根基是“不知不为罪”。因此，在新的司法解释出台后，如果新的司法解释严于行为时的司法解释，行为人无法预知自己行为的不利后果，故不能对行为人适用新的司法解释。因此，对于刑事司法解释溯及力的问题，应关注这一实质根基。适用行为人在行为时无法预见、且一般人同样无法预见的司法解释对行为人定罪处罚，似不符合正义的基本要求。

期徒刑，并处罚金。

【破坏性采矿罪】违反矿产资源法的规定，采取破坏性的开采方法开采矿产资源，造成矿产资源严重破坏的，处五年以下有期徒刑或者拘役，并处罚金。

第三百四十六条　【单位犯破坏环境资源罪的处罚规定】单位犯本节第三百三十八条至第三百四十五条规定之罪的，对单位判处罚金，并对其直接负责的主管人员和其他直接责任人员，依照本节各该条的规定处罚。

【《矿产资源犯罪解释》条文】

为依法惩处非法采矿、破坏性采矿犯罪活动，根据《中华人民共和国刑法》《中华人民共和国刑事诉讼法》的有关规定，现就办理此类刑事案件适用法律的若干问题解释如下：

第十五条　本解释自2016年12月1日起施行。本解释施行后，《最高人民法院关于审理非法采矿、破坏性采矿刑事案件具体应用法律若干问题的解释》（法释〔2003〕9号）同时废止。

第二节　非法采矿罪的定罪量刑

一、非法采矿罪的概念与构成特征

根据刑法第343条第1款的规定，非法采矿罪，是指违反矿产资源法的规定，未取得采矿许可证擅自采矿，擅自进入国家规划矿区、对国民经济具有重要价值的矿区和他人矿区范围采矿，或者擅自开采国家规定实行保护性开采的特定矿种，情节严重的行为。

（一）非法采矿罪的对象

非法采矿罪的对象是“矿产资源”，即由地质作用形成的，具有利用价值的，呈固态、液态、气态的自然资源。需要注意的是：(1)《矿产资源法实施细则》第2条第2款规定：“矿产资源的矿种和分类见本细则所附《矿产资源分类细目》。新发现的矿种由国务院地质矿产主管部门报国务院批准后公布。”据此，非法采矿罪的对象限于国务院批准公布的矿种，新发现但尚未经国务院批准公布的矿种不能成为本罪的对象。(2)非法采矿罪的对象限于天然矿种，人工合成的矿种不能成为本罪的对象。

（二）非法采矿罪的客观方面

非法采矿罪的客观方面表现为违反矿产资源法的规定，未取得采矿许可证擅自采矿,擅自进入国家规划矿区、对国民经济具有重要价值的矿区和他人矿区范围采矿,或者擅自开采国家规定实行保护性开采的特定矿种,情节严重的行为。对于本罪的客观方面,应当注意从以下三个方面予以把握:

1. 违反矿产资源法的规定。这是非法采矿罪在客观方面的前提条件,即行为人采挖矿产资源的行为违反了矿产资源法的规定,否则不构成非法采矿罪。非法采矿罪采取了空白罪状的方式,将行为非法的判断依据交由矿产资源法加以规定。对于此处规定的"矿产资源法",应当从广义上加以理解把握,包括但不限于《矿产资源法》,对此本书第四章将作具体阐释。

2. 实施非法采矿行为。关于非法采矿罪的客观行为方式,一般区分为"未取得采矿许可证擅自采矿""擅自进入国家规划矿区、对国民经济具有重要价值的矿区和他人矿区范围采矿""擅自开采国家规定实行保护性开采的特定矿种"等情形。① 本书认为,上述观点似可作进一步斟酌。刑法第 343 条第 1 款关于非法采矿罪客观行为方式的表述为"未取得采矿许可证擅自采矿,擅自进入国家规划矿区、对国民经济具有重要价值的矿区和他人矿区范围采矿,或者擅自开采国家规定实行保护性开采的特定矿种"。从语言逻辑角度加以细究,"未取得采矿许可证"之后跟着三个"擅自……"的表述。而无论是"擅自采矿",还是"擅自进入国家规划矿区、对国民经济具有重要价值的矿区和他人矿区范围采矿",抑或"擅自开采国家规定实行保护性开采的特定矿种",均应以"未取得采矿许可证"为前提,否则就不构成非法采矿。故而,不宜认为"未取得采矿许可证擅自采矿"系与"擅自进入国家规划矿区、对国民经济具有重要价值的矿区和他人矿区范围采矿""擅自开采国家规定实行保护性开采的特定矿种"并列的情形。正因为如此,《矿产资源犯罪解释》第 2 条未再仅仅针对"未取得采矿许可证擅自采矿"作出解释,而是就非法采矿罪客观行为方式均涉及的"未取得采矿许可证"的具体情形作了明确。

基于以上分析,本书认为,非法采矿罪的客观行为方式包括如下五种情形:(1)未取得采矿许可证擅自采矿,主要是指对未设立矿区的矿产资源进行非开采的情形;(2)未取得采矿许可证擅自进入国家规划矿区采矿;(3)未取得采矿许可证擅自进入对国民经济具有重要价值的矿区采矿;(4)未取得采矿许可证擅自进入他人矿区范围

---

① 周道鸾、张军主编:《刑法罪名精释》(第四版)(下),人民法院出版社 2013 年版,第 878 ~ 879 页;王作富主编:《刑法学》(第六版),中国人民大学出版社 2016 年版,第 486 页。此外,还有论者对"擅自进入国家规划矿区、对国民经济具有重要价值的矿区和他人矿区范围采矿"情形作了进一步细分。参见全国人大常委会法制工作委员会刑法室编:《中华人民共和国刑法修正案(八)· 条文说明、立法理由及相关规定》,北京大学出版社 2011 年版,第 182 页。

采矿;[①](5)未取得采矿许可证擅自开采国家规定实行保护性开采的特定矿种。第一种情形是指对未设立矿区的矿产资源进行非法开采;后面四种情形是指对已设立矿区的矿产资源或者"两矿区一矿种"进行非法开采。无论如何,上述情形的共同要件为"未取得采矿许可证",即未取得有关主管部门颁发的采矿许可证。同样,基于有效惩治犯罪的需要,对于此处规定的"采矿许可证",应当从广义上加以理解把握,对此本书第四章将作具体阐释。

3. 达到情节严重的程度。这是非法采矿罪在客观方面的情节要求。根据刑法第343条第1款的规定,非法采矿罪是情节犯,只有达到情节严重的程度,才构成犯罪。对于情节严重的判断,既可以从非法开采的矿产品价值角度加以认定,也可以基于其他情节加以判断。

(三)非法采矿罪的主体

非法采矿罪主体是一般主体,凡年满16周岁、具有刑事责任能力自然人均可以构成本罪。单位可以成为本罪的主体。

(四)非法采矿罪的主观方面

关于非法采矿罪的主观罪过形式,特别是在《刑法修正案(八)》之前,理论界存在不同认识,个别观点认为本罪的主观方面包括过失,但多数观点主张本罪的主观方面限于故意,但在故意的具体罪过形式方面又存在不同看法。[②] 本书认为,非法采矿罪的主观方面限于故意,包括直接故意和间接故意。如果行为人主观方面不是出于故意,而是出于过失,如对自己的矿区范围认识错误擅自进入相邻的他人矿区范围采矿的,不应以非法采矿罪论处。

二、"未取得采矿许可证"的认定

根据刑法第343条第1款的规定,为统一法律适用,《2003年解释》第2条规定:"具有下列情形之一的,属于本解释第一条第(一)项规定的'未取得采矿许可证擅自采矿':(一)无采矿许可证开采矿产资源的;(二)采矿许可证被注销、吊销后继续开采矿产资源的;(三)超越采矿许可证规定的矿区范围开采矿产资源的;(四)未按采矿许可证规定的矿种开采矿产资源的(共生、伴生矿种除外);(五)其他未取得采矿许可证开采矿产资源的情形。"如前所述,"未取得采矿许可证"是非法采矿罪所涉客

---

① 需要注意的是,非法采矿行为也是一种盗窃行为,但它是创造价值的劳动,使原始赋存的矿产资源成为了可以现实利用的产品,这一点又与单纯的盗窃行为不同。故而,擅自进入他人矿区范围采矿的行为也应适用非法采矿罪。但是,如果窃取他人已经开采出来的矿产品的,则应适用盗窃罪。

② 李希慧、董文辉、李冠煜:《环境犯罪研究》,知识产权出版社2013年版,第230页。

观行为方式的共性要件,故而,不宜仅仅针对"未取得采矿许可证擅自采矿"作出解释,而是应当对"未取得采矿许可证"这一共性要件作出明确。

基于此,《矿产资源犯罪解释》第2条在《2003年解释》第2条规定的基础上,对"未取得采矿许可证"的具体情形作了明确,即"具有下列情形之一的,应当认定为刑法第三百四十三条第一款规定的'未取得采矿许可证':(一)无许可证的;(二)许可证被注销、吊销、撤销的;(三)超越许可证规定的矿区范围或者开采范围的;(四)超出许可证规定的矿种的(共生、伴生矿种除外);(五)其他未取得许可证的情形"。其中,第2项"许可证被注销、吊销、撤销的"规定,系根据《矿产资源法》第47条"违法颁发的勘查许可证、采矿许可证,上级人民政府地质矿产主管部门有权予以撤销"的规定,增加了"撤销"的情形;①第3项"超越采矿许可证规定的矿区范围或者开采范围开采矿产资源的"规定,系根据非法采砂犯罪的情形增加了"开采范围"的表述。

《矿产资源犯罪解释》第2条第3项实际上将越界开采认定为"未取得采矿许可证"。所谓越界开采,是指采矿权人擅自超出采矿许可证规定的矿区范围(含平面范围和开采深度)开采矿产资源的行为。② 根据《矿产资源开采登记管理办法》第32条的规定,矿区范围,是指经登记管理机关依法划定的可供开采矿产资源的范围、井巷工程设施分布范围或者露天剥离范围的立体空间区域。《矿产资源法》第40条规定:"超越批准的矿区范围采矿的,责令退回本矿区范围内开采、赔偿损失,没收越界开采的矿产品和违法所得,可以并处罚款;拒不退回本矿区范围内开采,造成矿产资源破坏的,吊销采矿许可证,依照刑法第一百五十六条的规定③对直接责任人员追究刑事责任。"越界采矿实际上属于"未取得采矿许可证"开采矿产资源,情节严重的,应当以非法采矿罪论处。

实践中,一些矿山企业在被责令停产停业期间仍然擅自采矿的情况较为普遍,且往往是引发矿难的重大隐患。2007年最高人民法院、最高人民检察院《关于办理危害矿山生产安全刑事案件具体应用法律若干问题的解释》第8条第1款规定:"在采矿许可证被依法暂扣期间擅自开采的,视为刑法第三百四十三条第一款规定的'未取得采矿许可证擅自采矿'。"《矿产资源犯罪解释》起草过程中,拟将上述规定吸收为认定"未取得采矿许可证"的情形。征求意见过程中,有意见提出:(1)采矿许可证被暂扣,但采矿主体仍然合法存在,只不过是采矿业务资格暂时与采矿主体分离,不同

① 顺带提及的是,《矿产资源法》未明确规定注销采矿许可证的情形,但《矿产资源开采登记管理办法》第16条规定:"采矿权人在采矿许可证有效期内或者有效期届满,停办、关闭矿山的,应当自决定停办或者关闭矿山之日起30日内,向原发证机关申请办理采矿许可证注销登记手续。"采矿许可证被注销的,也应当认定为"未取得采矿许可证"。

② 国土资源部执法监察局编:《国土资源违法行为查处工作流程》,地质出版社2014年版,第83页。

③ 此处指1979年刑法的规定,对应1997年刑法,应指第343条第1款规定的非法采矿罪。

于“未取得采矿许可证”的情形，没有必要纳入刑事制裁的范围。(2)根据国务院《关于预防煤矿生产安全事故的特别规定》第11条第1款的规定，被责令停产整顿的煤矿，应当暂扣采矿许可证。而根据该规定第8条的规定，停产整顿可能是因为存在重大安全生产隐患和行为，也可能因为煤矿改制、承包后，未重新取得或者变更采矿许可证、安全生产许可证、煤炭生产许可证和营业执照等程序性瑕疵导致。因此，暂扣采矿许可证与未取得、吊销、注销采矿许可证等情况存在较大的差别，如果将因程序性瑕疵导致的暂扣许可证纳入“未取得采矿许可证”的情形，失之过严，有违刑法的谦抑性。经研究认为，上述意见确有一定道理，故拟限定为“因存在重大安全隐患而被暂扣许可证期间开采矿产资源的”情形。专家论证过程中，有意见提出，上述规定虽然具有实践合理性，但从法理层面而言不妥。主要表现为：(1)采矿许可证被暂扣的情形，不同于行为人自始未取得采矿许可证的情形，行为人实际上属于采矿权人，将此种情形下开采矿产资源的行为认定为“未取得采矿许可证”，恐有不妥。(2)从规范的保护目的而言，因存在重大安全隐患而暂扣许可证，所保护的是安全生产，而非法采矿罪保护的矿产资源。因此，对于违反因存在重大安全隐患而被暂扣许可证期间不得开采矿产资源的规定，擅自开采矿产资源的，适用非法采矿罪的规定，不符合规范的保护目的。(3)因存在重大安全隐患而被暂扣采矿许可证期间开采矿产资源的，否定适用非法采矿罪，但构成其他犯罪的，可以按照其他犯罪处理，并不存在法律适用的漏洞。经研究认为，上述意见确有道理，予以采纳。

《矿产资源犯罪解释》起草过程中，对于采矿许可证到期后继续开采矿产资源的情形，宜否认定为“未取得采矿许可证”，存在不同认识。经研究认为，实践中采矿许可证到期后继续开采矿产资源的情形十分复杂，一律认定为“未取得采矿许可证”恐有不妥。而且，对于其中情节严重的，可以吊销许可证，进而认定为《矿产资源犯罪解释》第2条第3项规定的情形。因此，未将此种情形明确列为“未取得采矿许可证”的情形。

此外，《矿产资源法》第6条第1款、第3款规定：“除按下列规定可以转让外，探矿权、采矿权不得转让：(一)探矿权人有权在划定的勘查作业区内进行规定的勘查作业，有权优先取得勘查作业区内矿产资源的采矿权。探矿权人在完成规定的最低勘查投入后，经依法批准，可以将探矿权转让他人。(二)已取得采矿权的矿山企业，因企业合并、分立，与他人合资、合作经营，或者因企业资产出售以及有其他变更企业资产产权的情形而需要变更采矿权主体的，经依法批准可以将采矿权转让他人采矿。”“禁止将探矿权、采矿权倒卖牟利。”第42条第2款进一步规定：“违反本法第六条的规定将探矿权、采矿权倒卖牟利的，吊销勘查许可证、采矿许可证，没收违法所得，处以罚款。”因此，对于非法转让采矿权的，可以吊销采矿许可证，进而认定为《矿产资源犯罪解释》第2条第2项规定的情形。

三、非法采矿罪的定罪量刑标准

根据刑法第 343 条第 1 款的规定，非法采矿罪设有两个法定刑档次：情节严重的，符合基本法定刑档次，处 3 年以下有期徒刑、拘役或者管制，并处或者单处罚金；情节特别严重的，构成情节加重犯，处 3 年以上 7 年以下有期徒刑，并处罚金。为统一法律适用，根据修法精神，经综合考虑各方面意见，《矿产资源犯罪解释》第 3 条对非法采矿罪"情节严重""情节特别严重"的具体认定标准作了规定。

（一）非法采矿罪定罪量刑标准设定的主要考虑

《2003 年解释》第 3 条规定："非法采矿造成矿产资源破坏的价值，数额在五万元以上的，属于刑法第三百四十三条第一款规定的'造成矿产资源破坏'；数额在三十万元以上的，属于刑法第三百四十三条第一款规定的'造成矿产资源严重破坏'。"《2003 年解释》施行后，国土资源部《非法采矿、破坏性采矿造成矿产资源破坏价值鉴定程序的规定》（国土资发〔2005〕175 号）第 6 条规定："非法采矿破坏的矿产资源价值，包括采出的矿产品价值和按照科学合理的开采方法应该采出但因矿床破坏已难以采出的矿产资源折算的价值。"而司法实践中，实际上通常直接以采出的矿产品价值作为认定"造成矿产资源破坏的价值"。① 因此，《2003 年解释》第 3 条关于矿产资源破坏的价值，实际上可以等同于非法开采的矿产品价值。在《2003 年解释》规定的基础上，《矿产资源犯罪解释》第 3 条对非法采矿罪的定罪量刑标准作了规定，明确了"情节严重""情节特别严重"的具体情形。相关定罪量刑标准的设定主要考虑如下：

1. 基于从结果犯转化为情节犯的修法精神设定入罪标准。如前所述，1997 年刑法第 343 条第 1 款将非法采矿罪的入罪要件规定为"经责令停止开采后拒不停止开采，造成矿产资源破坏"。由此可见，1997 年刑法规定的非法采矿罪为结果犯，必须造成矿产资源破坏。而《刑法修正案（八）》对非法采矿罪作了重大完善，将入罪门槛修改为"情节严重"，从而将非法采矿罪调整为情节犯。《刑法修正案（八）》对非法采矿罪的修改体现了立法模式上结果本位向行为本位的转变，降低了具体入罪的门槛。根据法律修改的精神，不宜再将"情节严重"限制在造成实害后果的情形，否则法律

---

① 例如，2011 年 8 月至 2012 年 5 月间，被告人谭某某在其经营的北京鲁家滩第二采石场的采矿许可证于 2011 年 7 月被注销的情况下，雇佣他人非法开采石灰岩 113670 吨，价值 2803350 元。法院经审理认为，本案当中非法开采的石灰岩数量为 11 万余吨，造成矿产资源破坏价值 280 万余元，参照《2003 年解释》第 3 条"非法采矿造成矿产资源破坏的价值，数额在三十万元以上的，属于刑法第三百四十三条第一款规定的'造成矿产资源严重破坏'"的规定，应当认定为非法采矿"情节特别严重"。法院以非法采矿罪判处被告单位北京鲁家滩第二采石场罚金人民币 10 万元，被告人谭某某有期徒刑 3 年 6 个月，罚金人民币 4000 元（其他被告人被判处刑罚情况略）。参见最高人民法院中国应用法学研究所编：《环境资源审判典型案例选编（刑事卷）》，人民法院出版社 2015 年版，第 1 ~ 2 页。

修改将失去实际意义。因此,关于非法采矿罪的定罪量刑,《矿产资源犯罪解释》第3条以非法开采的矿产品价值作为主要标准,同时将行为人多次实施非法采矿行为的情节作为入罪标准,以准确反映修法精神。①

2. 基于矿产品价格上涨对定罪量刑标准作适当提升。矿产资源属于不可再生资源,处于持续递减的消耗之中。从环境法益保护的角度,非法采矿行为对矿产资源的破坏具有不可逆性。而且,非法采矿不单破坏了矿产资源,还存在毁损农田、占用林地、污染江河、大气等诸多严重问题。特别是,南方的矿藏大多在山区,非法采矿对森林、林地、水体、生物物种等生态资源均造成不同程度的损害。刑法是当前威慑遏制非法采矿行为的重要手段,不宜因当前经济社会水平的提高,而对非法采矿罪的起刑点作大幅提升。考虑矿产品价格上涨因素②,第1项规定的"开采的矿产品价值在十万元至三十万元以上"较之《2003年解释》第3条的规定未作过大调整,惩治非法采矿犯罪的力度并未降低。

3. 基于全国矿产资源分布"贫富不均"设置幅度标准。关于幅度标准的设置,在《2003年解释》起草过程中即有过争议。有意见认为,"对破坏矿产资源犯罪的起刑标准应当全国统一,不宜各地不同"。经研究认为,从保护矿产资源的角度考虑,这一意见是可行的,但考虑到我国矿产资源分布不均,不同地方的占有量和分布品种是有差别的,规定统一的标准反而会导致量刑失衡。因此,《2003年解释》最终设置了幅度标准。③

经多方征求意见和反复研究,《矿产资源犯罪解释》继续沿用幅度标准模式,这主要是基于我国矿产资源"贫富不均"的现实,不同地域的非法采矿行为在获取矿产品的价值、查处难度、生态环境危害性等方面存在一定差异度。北方矿产资源往往是富矿,以大型平地、露天开采为主,非法开采的矿产品价值往往较大。北方某高级人民法院提出,从实践来看,非法开采的矿产品价值往往远大于20万元。因此,如果入罪门槛过低,势必使得刑法干预的范围过大,建议将入罪门槛设置为"开采的矿产品价值在三十万元以上"。但是,南方多是贫矿,以硐采(相对于露天采矿而言的一种地下采矿方式)为主,非法开采的矿产品价值往往相对较小。故而,南方某高级人民法院建议将入罪门槛设置为"开采的矿产品价值在五万元至二十万元以上"。因此,统

---

① 顺带提及的是,这一修改也为非法采矿罪的入罪标准考虑环境法益提供了可能。实际上,《矿产资源犯罪解释》相关规定突出了对环境法益的考量。

② 据统计,从2003~2015年,我国煤、铁、金、银、铜、铅、锌、铝、锡等主要矿产品的市场价格平均上涨将近1倍。例如,山西优质煤的价格从258.3元/吨上涨至413.5元/吨,铁矿石的国内进口均价从32.6美元/吨上涨至56.1美元/吨;铜的平均价格(上海交易所)从18776元/吨上涨至40893元/吨;黄金的平均价格(上海黄金交易所)由96.7元/克上涨至235.2元/克。

③ 孙军工:《〈最高人民法院关于审理非法采矿、破坏性采矿刑事案件具体应用法律若干问题的解释〉的理解与适用》,载《中国刑事审判指导案例》,法律出版社2009年版,第348页。

一入罪标准在不同地方的司法实践中难以体现罪责刑相适应,宜设置幅度标准,由各地确定具体标准,以准确反映矿产资源犯罪在当地的实际社会危害。

基于上述考虑,《矿产资源犯罪解释》第 3 条设置幅度标准,第 15 条进一步规定各省、自治区、直辖市高级人民法院、人民检察院,可以根据本地区实际情况,在司法解释规定的数额幅度内,确定本地区执行的具体数额标准,报最高人民法院、最高人民检察院备案。具体而言,各省、自治区、直辖市高级人民法院、人民检察院确定本地区执行的具体数额标准时,宜综合考量本地的矿产资源情况、非法采矿犯罪的态势等因素,确保具体标准契合本地实际,有利于切实加大对矿产资源的刑事司法保护力度。

4. 针对特定非法采矿行为降低入罪门槛。考虑到国家规划矿区、对国民经济具有重要价值的矿区和国家规定实行保护性开采的特定矿种(以下简称两矿区一矿种)的重要性,相关的非法采矿行为较之一般非法采矿行为在社会危害性上更大。因此,《矿产资源犯罪解释》第 3 条明确规定针对两矿区一矿种非法采矿的,较之一般非法采矿行为的定罪量刑标准减半,以体现对此类行为的从严惩治。

5. 将造成生态环境严重损害因素纳入定罪量刑的考量范围。中共中央、国务院《生态文明体制改革总体方案》提出:“严格实行生态环境损害赔偿制度。强化生产者环境保护法律责任,大幅度提高违法成本。健全环境损害赔偿方面的法律制度、评估方法和实施机制,对违反环保法律法规的,依法严惩重罚;对造成生态环境损害的,以损害程度等因素依法确定赔偿额度;对造成严重后果的,依法追究刑事责任。”而非法采矿行为往往会造成生态环境损害,故而,《矿产资源犯罪解释》根据造成生态环境损害的程度设置了定罪量刑标准。

此外,《矿产资源犯罪解释》起草过程中,有观点主张不再将“造成矿产资源破坏的价值”作为非法采矿罪的定罪量刑标准。其主要理由如下:(1)非法采矿罪实质上是盗窃国家矿产资源的犯罪(刑法专门规定为非法采矿罪),评价这一行为的主要标准应是非法获取的矿产品价值,而非造成矿产资源破坏的价值。可以类比的是,对于盗窃案件,应当以所窃取的财物价值作为定罪量刑标准。最高人民法院、最高人民检察院《关于办理盗窃刑事案件适用法律若干问题的解释》第 11 条规定:“盗窃公私财物并造成财物损毁的,按照下列规定处理:(一)采用破坏性手段盗取公私财物,造成其他财物损毁的,以盗窃罪定罪处罚;同时构成盗窃罪和其他犯罪的,择一重罪从重处罚……(三)盗窃行为未构成犯罪,但损毁财物行为构成其他犯罪的,以其他犯罪定罪处罚。”因此,对于非法采矿罪,不宜以“造成矿产资源破坏的价值”作为定罪量刑标准。(2)实践中,“造成矿产资源破坏的价值”难以认定。如前所述,造成矿产资源破坏的价值,是指采用正常的开采方式应该采取的矿产品价值与造成破坏只能采出的矿产品价值之间的差额。地方国土资源主管部门反映,由于矿产资源赋存于地下且开采中的不确定因素较多，很难事先预知应该采出的矿产品价值，也很难准确认定破坏与未破坏之间的差额，且鉴定程序烦琐、费用高，不利于及时打击、惩处违法行为。如前所述，受制于技术条件，司法实践中认定造成矿产资源破坏的价值，实际采用的就是非法开采的矿产品价值。应当说，上述观点不无道理。但是，《矿产资源犯罪解释》最终未予采纳。主要考虑如下：其一，基于严厉惩治非法采矿罪的立场，相关定罪量刑标准的设置应当多元化，故保留矿产资源破坏价值的定罪量刑标准更为妥当。其二，非法采矿行为可能采用破坏性的开采方法，从而造成矿产资源破坏，这是不争的事实。故而，保留矿产资源破坏价值的定罪量刑标准符合实际情况。其三，当前对于造成矿产资源破坏的价值计算确实存在困难，但是，随着技术的进一步发展，上述问题会迎刃而解。故而，基于相关定罪量刑标准设置的前瞻性考虑，保留矿产资源破坏价值的定罪量刑标准亦无不妥。

（二）非法采矿罪“情节严重”的认定标准

《矿产资源犯罪解释》第 3 条第 1 款对非法采矿罪“情节严重”的具体情形作了规定。具体而言，实施非法采矿行为，具有下列情形之一的，应当认定为刑法第 343 条第 1 款规定的“情节严重”：

1. 开采的矿产品价值或者造成矿产资源破坏的价值在 10 万元至 30 万元以上的。开采的矿产品价值是衡量非法采矿行为社会危害性的基础因素，也是认定非法采矿“情节严重”的基本标准。经对河北、陕西、内蒙古、辽宁、江西、山东、湖南、广东、四川、云南、陕西等省（区）99 个矿产资源丰富的市（地）2009～2011 年查处的 7880 件违法采矿案件分析，开采的矿产品价值在 5 万元以上的 6658 件，占 84.49%；5 万元以上 10 万元以下的 449 件，占 5.7%；10 万元以上 30 万元以下的 343 件，占 4.35%；30 万元以上 50 万元以下的 103 件，占 1.31%；50 万元以上的 327 件，占 4.15%。因此，综合考虑前述矿产品价格上涨因素，将非法采矿罪的入罪标准设定为“开采的矿产品价值在十万元至三十万元以上”，可以确保追究刑事责任的非法采矿行为占全部非法采矿违法行为的 10% 左右，可以有效控制刑法适用范围，既充分发挥刑法的功能，又为行政处罚留有空间。

2. 在国家规划矿区、对国民经济具有很重要价值的矿区采矿，开采国家规定实行保护性开采的特定矿种，矿产品价值或者造成矿产资源破坏的价值在 5 万元至 15 万元以上的。该项标准体现了对两矿区一矿种的特殊保护。《矿产资源保护法》第 15 条规定：“国家对国家规划矿区、对国民经济具有重要价值的矿区和国家规定实行保护性开采的特定矿种，实行有计划的开采；未经国务院有关主管部门批准，任何单位和个人不得开采。”根据《矿产资源法实施细则》第 6 条的规定，对两矿区一矿种的范围应作如下把握：

（1）国家规划矿区，是指国家根据建设规划和矿产资源规划，为建设大、中型矿山划定的矿产资源分布区域。

（2）对国民经济具有重要价值的矿区，是指国家根据国民经济发展需要划定的，尚未列入国家建设规划的，储量大、质量好、具有开发前景的矿产资源保护区域。

（3）国家规定实行保护性开采的特定矿种，是指国务院根据国民经济建设和高科技发展的需要，以及资源稀缺、贵重程度确定的，由国务院有关主管部门按照国家计划批准开采的矿种。根据有关规定，具体包括如下5种矿种：一是黄金矿产。黄金矿产是国家极其宝贵的资源，对国民经济具有重要价值。大量的个体采矿者涌入黄金矿山和勘查矿区乱采滥挖，严重影响、干扰了金矿企业的生产和勘查矿区的正常工作，不仅污染环境、破坏资源和生态平衡，而且扰乱社会秩序，助长走私和倒卖黄金等非法行为，有的酿成了重大人身伤亡事故，使国家和人民的利益受到侵害。为了加强对开采黄金矿产的管理，保护国家的宝贵资源，1988年10月30日国务院《关于对黄金矿产实行保护性开采的通知》规定："根据《中华人民共和国矿产资源法》第十五条规定，国务院决定将黄金矿列为实行保护性开采的特定矿种，实行有计划的开采，未经国家黄金管理局批准，任何单位和个人不得开采；自本通知发出之日起，停止审批个体采金，不得再向个体发放黄金矿产采矿许可证。"二是钨、锡、锑、离子型稀土矿产。有色金属矿产对我国社会主义现代化建设具有重大作用，其中钨、锡、锑、离子型稀土是我国的优势矿产，在世界上具有举足轻重的地位。为了合理开发利用和保护国家的宝贵资源，1991年1月15日国务院《关于将钨、锡、锑、离子型稀土矿产列为国家实行保护性开采特定矿种的通知》根据《矿产资源法》第15条的规定，决定将钨、锡、锑、离子型稀土矿产列为国家实行保护性开采的特定矿种，从开采、选冶、加工到市场销售、出口等各个环节，实行有计划的统一管理，规定钨、锡、锑和离子型稀土矿产分别由中国有色金属工业总公司和国务院稀土领导小组协助国家计委做好分管矿产资源开发的中长期规划和矿区规划，实行有计划的开采，按照先中央后地方的原则，开办全民所有制矿山企业；不适于开办全民所有制矿山企业的零星分散资源，允许集体所有制矿山企业开采；禁止个体（含联户）开采。凡开采钨、锡、锑、离子型稀土矿产或以开采这些矿产为主的全民所有制矿山企业、集体所有制矿山企业，需经中国有色金属工业总公司、国务院稀土领导小组审查批准。

3. 二年内曾因非法采矿受过两次以上行政处罚，又实施非法采矿行为的。一方面，实践中出现"蚂蚁搬家"式的非法采矿行为，不少采矿人员利用小型货车、农业三轮车等交通工具进行"蚂蚁搬家"式开采。在被查获后，行为人往往否认在被抓前存在开采行为，称只是刚刚开采，而被查获的矿产品达不到入罪标准。而且，此种情形的矿产品交易往往采取现金交易的方式，收集交易单据等其他证据也十分困难。因此，对于此种行为，只能予以行政处罚，对屡罚屡犯者难以起到效果。另一方面，实践中一些犯罪分子是长期从事非法采矿的惯犯，特别是其中有一些在受过多次行政处罚甚至刑事处罚后还屡教不改，继续进行非法采矿，应加大对该类人员的打击力度，以起到震慑效果。因此，以因非法采矿受过的刑事处罚次数作为考量情节，将多次实施者认定为“情节严重”，纳入刑事处罚范围。

需要注意的是，借鉴其他司法解释有关规定①，“二年内”宜以第一次违法行为受到行政处罚的生效之日与又实施相应行为之日的时间间隔计算确定。此外，“两次以上行政处罚”，包括但不限于国土资源主管部门的行政处罚，只要是有关部门依法对非法采矿行为给予的行政处罚即可。

4. 造成生态环境严重损害的。《矿产资源犯罪解释》第 3 条不仅以经济损失来衡量是否构成非法采矿“情节严重”，而且将“环境价值”明确纳入判断“情节严重”的考量因素。非法采矿行为往往会造成生态环境损害，故实践中可以根据造成生态环境损害的程度判断是否达到“情节严重”的标准，对于达到严重损害程度的应当以非法采矿罪定罪处罚。

5. 其他情节严重的情形。《矿产资源犯罪解释》第 3 条第 1 款第 5 项为兜底项，需要由司法实践根据具体情况裁量适用。司法适用中，既要敢于根据具体案情适用兜底项，同时也要持慎重态度，考虑与前述具体情形之间的相当性。

（三）非法采矿罪“情节特别严重”的认定标准

《矿产资源犯罪解释》第 3 条第 2 款明确了“情节特别严重”的认定标准。通常情况下，“情节特别严重”和“情节严重”之间为 5 倍的倍数关系。具体而言，实施非法采矿行为，价值在 50 万元至 150 万元以上，或者在国家规划矿区、对国民经济具有重要价值的矿区采矿，开采国家规定实行保护性开采的特定矿种，价值在 25 万元至 75 万元以上的，应当认定为“情节特别严重”。此外，对于非法采矿造成生态环境特别严重损害的，也应当认定为“情节特别严重”。

四、非法采矿犯罪专门性问题的认定规则

办理非法采矿刑事案件，通常涉及非法开采的矿产品价值计算等专门性问题。《矿产资源犯罪解释》第 13 条、第 14 条通过总结司法经验，对非法开采的矿产品价值、造成矿产资源破坏的价值、生态环境的损害程度等专门性问题认定规则作了明确。

---

① 最高人民法院、最高人民检察院《关于办理走私刑事案件适用法律若干问题的解释》第 17 条规定：“刑法第一百五十三条第一款规定的‘一年内曾因走私被给予二次行政处罚后又走私’中的‘一年内’，以因走私第一次受到行政处罚的生效之日与‘又走私’行为实施之日的时间间隔计算确定。”

(一)非法开采的矿产品价值的认定规则

1. 非法开采的矿产品价值,根据销赃数额认定。具体而言,非法开采的矿产品价值,可以通过查阅销售矿产品的台账等方式查明销赃数额后认定。

2. 无销赃数额,销赃数额难以查证,或者根据销赃数额认定明显不合理的,根据矿产品价格和数量认定。具体而言,此种情形下,非法开采的矿产品价值,可以根据行为人非法采矿的矿产品数量,结合行为发生时当地的矿产品价格计算。

3. 矿产品价值难以确定的,由有关价格认证机构作出价格认证,或者由省级以上人民政府国土资源主管部门出具报告。司法机关依据所出具的报告,结合其他证据作出认定。

需要注意的是,《2003 年解释》第 6 条规定:"破坏性的开采方法以及造成矿产资源破坏或者严重破坏的数额,由省级以上地质矿产主管部门出具鉴定结论,经查证属实后予以认定。"此次司法解释起草过程中,国土资源主管部门反映,对于这些专门性问题一律由省级主管部门出具报告,程序烦琐,影响了案件的办理,建议改由设区的市级主管部门出具报告。然而,征求意见过程中,绝大多数地方法院建议仍由省级主管部门出具报告,以确保报告的客观性。而且,从统计数据看,2002 ~ 2013 年间,全国法院共审理非法采矿刑事案件 4777 件,年均仅 398 件,案件量最多的山西年均案件也仅为 100 件左右;全国法院共审理破坏性采矿刑事案件 13 件,年均仅 1 件。可见,由于案件量并不大,故将报告的出具主体维持在省级主管部门,实践中基本可以操作,并不会影响案件的办理。

实际上,如果司法实践中妥当把握《矿产资源犯罪解释》第 13 条第 2 款的规定并灵活运用,因出具报告程序烦琐影响案件办理的问题则可以迎刃而解。首先,对于非法采矿案件可以查明销赃数额或者开采的矿产品数量的,可以直接根据销赃数额或者矿产品数量认定非法开采的矿产品价值,不需要再由有关部门出具报告。其次,在矿产品价值难以确定的的情况下,并存由有关价格认证机构作出价格认证和由省级以上人民政府国土资源主管部门出具报告两条路径。通常而言,可以选择由价格认证机构进行价格认证这一相对便捷的途径。最后,只有在价格认证不便作出的情况下,才宜考虑由省级以上人民政府国土资源主管部门出具报告。

司法实践中,犯罪行为人为了逃避打击,将非法采矿的矿洞炸毁,或者由于无安全设施开采中矿洞倒塌、透水等情形大量存在,这些矿洞已经不具备进洞鉴定条件,对此种情形以何种方式认定,困扰司法实践。本书认为,除了由省级以上人民政府国土资源主管部门出具报告外,还可以考虑将其他一些能相互印证,且可确认犯罪嫌疑人非法采矿价值的证据。例如,根据矿产品的价格,结合侦查过程中查获的犯罪嫌疑人的出矿记录、过磅单或者附近同类同源矿洞生产情况确定开采的矿产品数量,综合认定非法开采的矿产品价值。

(二)造成矿产资源破坏价值的认定规则

根据《矿产资源犯罪解释》第14条的规定,对于非法采矿造成矿产资源破坏的价值,司法机关依据省级以上人民政府国土资源主管部门出具的报告,结合其他证据作出认定。

(三)造成生态环境损害程度的认定规则

根据《矿产资源犯罪解释》第14条的规定,对于非法采矿造成生态环境的损害程度,司法机关根据司法鉴定机构出具鉴定意见,结合其他证据作出认定。

顺带需要提及的问题是,对于《矿产资源犯罪解释》第13条、第14条规定的省级以上人民政府国土资源、水行政、海洋等主管部门或者国务院水行政主管部门在国家确定的重要江河、湖泊设立的流域管理机构就矿产资源犯罪专门性问题出具的报告,当事人有异议的,可以依照刑事诉讼法相关规定提出意见或者要求重新出具报告,一般不能直接向人民法院提起行政诉讼。这一问题由来已久,早在《2003年解释》施行期间,对于依照第6条出具的鉴定结论,利害关系人对鉴定结论不服,以地质矿产主管部门为被告提起行政诉讼,是否属于人民法院受案范围,意见不一致:第一种意见认为,不属于人民法院行政诉讼的受案范围。理由:此鉴定结论并不是地质矿产主管部门基于法定职责而作出的具体行政行为。在公安机关办理刑事案件中只起到证据的作用,必须在庭审中接受当事人的质证,"经查证属实后予以认定",对人民法院没有绝对的羁束力,对当事人的权利和义务亦不产生直接的影响。第二种意见认为,属于人民法院行政诉讼的受案范围。理由:此鉴定结论是一种确认行为,是特定的行政机关代表国家所作的一种判断,对当事人的法律责任已经作出明确的划分。特别是在经过行政复议,复议机关已经告知当事人有提起行政诉讼权利的情况下,人民法院不予受理尤为不妥。经研究,2005年2月22日最高人民法院行政审判庭《关于地质矿产主管部门作出的非法采矿及破坏性采矿鉴定结论是否属于人民法院受案范围问题的答复》(〔2004〕行他字第16号)答复如下:"《最高人民法院关于审理非法采矿、破坏性采矿刑事案件具体应用法律若干问题的解释》第六条中规定的'地质矿产主管部门所作的鉴定结论',作为刑事案件中的证据,将在刑事诉讼中接受审查,对当事人不直接产生权利义务的实质影响。因此,当事人对地质矿产主管部门作出的上述鉴定结论有异议,可以依照刑事诉讼法的有关规定要求重新鉴定,一般不能直接向人民法院提起行政诉讼。"

【刑法条文】

第三百四十三条第一款　【非法采矿罪】违反矿产资源法的规定,未取得采矿许可证擅自采矿，擅自进入国家规划矿区、对国民经济具有重要价值的矿区和他人矿区范围采矿，或者擅自开采国家规定实行保护性开采的特定矿种，情节严重的，处三年以下有期徒刑、拘役或者管制，并处或者单处罚金；情节特别严重的，处三年以上七年以下有期徒刑，并处罚金。

【《矿产资源犯罪解释》条文】

第二条　具有下列情形之一的，应当认定为刑法第三百四十三条第一款规定的“未取得采矿许可证”：

（一）无许可证的；

（二）许可证被注销、吊销、撤销的；

（三）超越许可证规定的矿区范围或者开采范围的；

（四）超出许可证规定的矿种的（共生、伴生矿种除外）；

（五）其他未取得许可证的情形。

第三条　实施非法采矿行为，具有下列情形之一的，应当认定为刑法第三百四十三条第一款规定的“情节严重”：

（一）开采的矿产品价值或者造成矿产资源破坏的价值在十万元至三十万元以上的；

（二）在国家规划矿区、对国民经济具有重要价值的矿区采矿，开采国家规定实行保护性开采的特定矿种，或者在禁采区、禁采期内采矿，开采的矿产品价值或者造成矿产资源破坏的价值在五万元至十五万元以上的；

（三）二年内曾因非法采矿受过两次以上行政处罚，又实施非法采矿行为的；

（四）造成生态环境严重损害的；

（五）其他情节严重的情形。

实施非法采矿行为，具有下列情形之一的，应当认定为刑法第三百四十三条第一款规定的“情节特别严重”：

（一）数额达到前款第一项、第二项规定标准五倍以上的；

（二）造成生态环境特别严重损害的；

（三）其他情节特别严重的情形。

第十三条　非法开采的矿产品价值，根据销赃数额认定；无销赃数额，销赃数额难以查证，或者根据销赃数额认定明显不合理的，根据矿产品价格和数量认定。

矿产品价值难以确定的，依据下列机构出具的报告，结合其他证据作出认定：

（一）价格认证机构出具的报告；

（二）省级以上人民政府国土资源、水行政、海洋等主管部门出具的报告；

（三）国务院水行政主管部门在国家确定的重要江河、湖泊设立的流域管理机构出具的报告。

第十四条 对案件所涉的有关专门性问题难以确定的,依据下列机构出具的鉴定意见或者报告,结合其他证据作出认定:

(一)司法鉴定机构就生态环境损害出具的鉴定意见;

(二)省级以上人民政府国土资源主管部门就造成矿产资源破坏的价值、是否属于破坏性开采方法出具的报告;

(三)省级以上人民政府水行政主管部门或者国务院水行政主管部门在国家确定的重要江河、湖泊设立的流域管理机构就是否危害防洪安全出具的报告;

(四)省级以上人民政府海洋主管部门就是否造成海岸线严重破坏出具的报告。

第十五条 各省、自治区、直辖市高级人民法院、人民检察院,可以根据本地区实际情况,在本解释第三条、第六条规定的数额幅度内,确定本地区执行的具体数额标准,报最高人民法院、最高人民检察院备案。

第三节 破坏性采矿罪的定罪量刑

《矿产资源犯罪解释》第6条、第14条对破坏性采矿罪的定罪量刑标准和破坏性采矿罪的行为方式认定作了规定。从司法实践来看,破坏性采矿刑事案件极少,司法经验相对不足,且相关问题的认定尤为专业,须妥当把握。

一、破坏性采矿罪的概念与构成特征

根据刑法第343条第2款的规定,破坏性采矿罪,是指违反矿产资源法的规定,采取破坏性的开采方法开采矿产资源,造成矿产资源严重破坏的行为。

(一)非法采矿罪的客观方面

破坏性采矿罪的客观方面表现为违反矿产资源法的规定,采取破坏性的开采方法开采矿产资源,造成矿产资源严重破坏的行为。对于本罪的客观方面,应当从三个方面予以把握:

1. 违反矿产资源法的规定。这是破坏性采矿罪在客观方面的前提条件,即行为人采挖矿产资源的行为违反了矿产资源法的规定,否则不能构成破坏性采矿罪。矿产资源的有限性与不可再生性,决定了必须对其加以保护和合理利用。为了保护矿产资源的合理开发利用,我国通过一系列法律法规对矿产资源的开采作出规定,禁止任何组织和个人以任何手段破坏矿产资源。《矿产资源法》第15条规定:“设立矿山企业,必须符合国家规定的资质条件,并依照法律和国家有关规定,由审批机关对其

矿区范围、矿山设计或者开采方案、生产技术条件、安全措施和环境保护措施等进行审查;审查合格的,方予批准。"第29条规定:"开采矿产资源,必须采取合理的开采顺序、开采方法和选矿工艺。矿山企业的开采回采率、采矿贫化率和选矿回收率应当达到设计要求。"第30条规定:"在开采主要矿产的同时,对具有工业价值的共生和伴生矿产应当统一规划,综合开采,综合利用,防止浪费;对暂时不能综合开采或者必须同时采出而暂时还不能综合利用的矿产以及含有有用组分的尾矿,应当采取有效的保护措施,防止损失破坏。"然而,一些采矿权人为了降低成本,获取最高的产值和利润,违反矿产资源开发利用方案,采富弃贫、采易弃难、采厚弃薄、采大弃小,使得开采回采率、采矿贫化率和选矿回收率未能达到设计要求,造成矿产资源严重破坏,具有刑事惩治的必要。与非法采矿罪一样,破坏性采矿罪的对象也是"矿产资源"。

2. 采取破坏性的开采方法开采矿产资源。这是破坏性采矿罪在客观方面的行为方式。基于有效保护和充分利用矿产资源的需要,开采矿产资源,必须采用合理的开采顺序、方法和选矿工艺,以免造成矿产资源的破坏与浪费。而采取破坏性的开采方法开采矿产资源,会造成矿产资源的破坏。对于"采取破坏性的开采方法开采矿产资源"的认定,后文将作具体阐释。

3. 造成矿产资源严重破坏。这是破坏性采矿罪在客观方面的结果要求。根据刑法第343条第2款的规定,破坏性采矿罪是结果犯,只有造成矿产资源严重破坏的结果,才构成犯罪。

(二)破坏性采矿罪的主体

关于破坏性采矿罪的主体,有观点认为是一般主体①,也有观点认为是特殊主体,即取得采矿许可证的个人或者单位②。本书赞同后一种观点,主张破坏性采矿罪的主体为特殊主体,即取得采矿许可证的单位或者个人(采矿权人)。主要考虑如下:(1)从刑法第343条的表述来,非法采矿罪是与破坏性采矿罪相对应的罪名,且破坏性采矿罪的刑罚配置低于非法采矿罪,其实质就在于非法采矿罪是无证采矿,破坏性采矿罪是有证滥采。因此,如不将破坏性采矿罪的主体限于采矿权人,则无法将其与非法采矿罪界分开来,也无法解释其刑罚配置低于非法采矿罪的事实。(2)破坏性采矿罪的入罪门槛为"造成矿产资源严重破坏"。造成矿产资源破坏的价值,是指破坏性采矿行为导致应该采出但因矿床破坏已难以采出的矿产资源折算的价值。这进一步说明破坏性采矿罪的本质,即采矿权人在依法取得的采矿许可证规定的范围内,有权开采矿产资源和获得所开采的矿产品,但也有义务采取合理的开采顺序、开采方法

① 周道鸾、张军主编:《刑法罪名精释》(第四版)(下),人民法院出版社2013年版,第881页。

② 高铭暄、马克昌主编:《刑法学》(第七版),北京大学出版社、高等教育出版社2016年版,第588页;王作富主编:《刑法学》(第六版),中国人民大学出版社2016年版,第487页。

和选矿工艺，防止矿产资源的破坏。由于采矿权人采取破坏性的开采方法开采矿产资源，导致矿产资源严重破坏，故而对其应以破坏性采矿罪追究刑事责任。上述情形只能适用于采矿权人，而无法适用于未取得采矿许可证的一般主体。(3)《矿产资源法》第44条规定："违反本法规定，采取破坏性的开采方法开采矿产资源的，处以罚款，可以吊销采矿许可证；造成矿产资源严重破坏的，依照刑法第一百五十六条的规定①对直接责任人员追究刑事责任。"破坏性采矿罪是行政犯，上述规定实际上是破坏性采矿罪在行政法律规范中的对应性规定。此处规定"可以吊销采矿许可证"，表明矿产资源也规定破坏性采矿罪的主体必须是取得采矿许可证的采矿权人，而非未取得采矿许可证的一般主体。

(三)破坏性采矿罪的主观方面

破坏性采矿罪主观方面表现为故意，过失不能构成本罪。具体而言，本罪行为人在主观方面既可以表现为直接故意，也可以表现为间接故意。

二、"采取破坏性的开采方法开采矿产资源"的认定规则

根据刑法第343条第2款的规定，破坏性采矿罪的行为方式表现为"采取破坏性的开采方法开采矿产资源"。因此，如何认定"采取破坏性的开采方法开采矿产资源"，是准确适用破坏性采矿罪的前提条件。然而，受制于各种因素，"破坏性的开采方法"的认定较为困难，特别是难以对其作出准确概括。因此，《矿产资源犯罪解释》未再对"采取破坏性的开采方法开采矿产资源"作出明确界定，但是第14条规定了程序性认定规则，即对是否属于破坏性的开采方法，依据省级以上人民政府国土资源主管部门出具的报告，结合其他证据作出认定。

(一)"采取破坏性的开采方法开采矿产资源"实体认定规定的舍弃

在《2003年解释》起草过程中，"经研究认为，根据《矿产资源开采登记管理办法》第5条的规定，采矿权申请人申请办理采矿许可证时，向登记管理机关提交的资料中只有矿产资源开发利用方案可以衡量采矿权人是否实施破坏性采矿行为。因此，只能用是否违反矿产资源开发利用方案来界定破坏性采矿"②。基于此，《2003年解释》第4条规定："刑法第三百四十三条第二款规定的破坏性采矿罪中'采取破坏性的开采方法开采矿产资源'，是指行为人违反地质矿产主管部门审查批准的矿产资源开发利用方案开采矿产资源，并造成矿产资源严重破坏的行为。"

① 此处指1979年刑法的规定，对应1997年刑法，应指第343条第2款规定的破坏性采矿罪。

② 孙军工：《〈最高人民法院关于审理非法采矿、破坏性采矿刑事案件具体应用法律若干问题的解释〉的理解与适用》，载《中国刑事审判指导案例》，法律出版社2009年版，第348页。

应当承认,《2003 年解释》以违反矿产资源开发利用方案作为认定破坏性的开采方法的依据,有其合理性。但是,从司法适用的情况来看,也存在不足之处:其一,现行法律并未规定“矿产资源开发利用方案”,只有《矿产资源开采登记管理办法》第 5 条规定采矿权申请人申请办理采矿许可证中提及“矿产资源开发利用方案”。而《矿产资源开采登记管理办法》属于行政法规,效力位阶不如法律。其二,在开采过程中,受制于地质等因素影响,采矿权人可能违反矿产资源开发利用方案,但未必会造成矿产资源严重破坏,故以矿产资源开发利用方案作为认定破坏性的开采方法的依据,可能存在不妥。①

《矿产资源犯罪解释》起草过程中,有意见提出,有关法律明确提及“矿山设计”,如《矿产资源法》第 15 条规定:“设立矿山企业,必须符合国家规定的资质条件,并依照法律和国家有关规定,由审批机关对其矿区范围、矿山设计或者开采方案、生产技术条件、安全措施和环境保护措施等进行审查;审查合格的,方予批准。”《煤炭法》第 18 条规定,开办煤矿企业,应当有符合煤矿安全生产和环境保护要求的矿山设计。因此,建议以违反矿山设计作为认定破坏性的开采方法的依据。但是,对此也存在不同认识。而且,从技术层面而言,对于破坏性的开采方法的认定,可能会随着技术的发展而不断完善。经慎重研究,《矿产资源犯罪解释》暂不对“采取破坏性的开采方法开采矿产资源”的认定标准作出明确。但是,考虑到其认定的专业性较强,为确保相关案件依法得到稳妥、正确处理,《矿产资源犯罪解释》仍对其认定程序作出明确,即第 14 条规定,对是否属于破坏性的开采方法难以确定的,依据省级以上人民政府国土资源主管部门出具的报告,结合其他证据作出认定。

(二)“采取破坏性的开采方法开采矿产资源”认定应当注意的问题

1. 避免简单地将开采回采率、采矿贫化率和选矿回收率作为判断标准。在《2003 年解释》施行前,“大多数学者依据《矿产资源法》第二十九条的规定进行解释,认为破坏性的开采方法,是指开采矿产资源,没有采取合理的开采顺序、开采方法和选矿工艺,致使矿山企业的开采回采率、采矿贫化率和选矿回收率没有达到设计要求。简言之,即‘三率’指标没有达到设计要求”②。而且,在《2003 年解释》论证过程中,也有意见认为“应当将开采回采率、采矿贫化率和选矿回收率是否达到设计要求,作为

---

① 此外,《2003 年解释》第 4 条对“采取破坏性的开采方法开采矿产资源”的界定,除了违反矿产资源开发利用方案外,还要求具备“造成矿产资源严重破坏”的要件。以“造成矿产资源严重破坏”作为界定“采取破坏性的开采方法开采矿产资源”的要件,则与破坏性采矿罪的入罪结果要件“造成矿产资源严重破坏”存在重复,故在具体措辞上也有进一步完善的空间。

② 冯军、孙学军主编:《破坏环境资源保护罪立案追诉标准与司法认定实务》,中国人民公安大学出版社 2010 年版,第 143 页。

判断破坏性开采方法的标准”。经研究认为,“实践中,采取破坏性开采方法采矿,‘三率’往往不达标。但是,‘三率’不达标的情形也会经常出现在合理方法采矿的情况下,原因在于矿床结构复杂,与当初的设计要求有所出入是在所难免的。因此,以‘三率’作为判断标准显然不妥”①。

2. 妥善把握破坏性的开采方法的本质特征。所谓“破坏性开采方法”,是指使用不合理的开采顺序、不合理的开采方法以及不合理的选矿工艺开采矿产资源,造成矿产资源严重破坏的方法。如前所述,不宜直接以开采回采率、采矿贫化率和选矿回收率“三率”作为判断“采取破坏性的开采方法开采矿产资源”的标准。但是,造成矿产资源严重破坏的开采方法必然会表现为“三率”未达到设计要求,故可以“三率”为具体标准判断“破坏性开采方法”。具体而言,“破坏性开采方法”可以具体理解为采取不合理的开采顺序、开采方法和选矿工艺,造成开采回采率、采矿贫化率和选矿回收率未达到设计要求的方法。开采回采率,是指采矿过程中开采出的矿石与该采区拥有的矿石储量的百分比。开采回采率越高,说明采出的矿石越多,丢失在矿井里的矿石越少,矿山的资源开发利用效益越好。在开采过程中,由于废石、矸石混入或者高品位矿石损失、部分有用组份溶解或散失,导致采出的矿石品位地域开采前计算的工业储量中的矿石地质品位,这种现象称为矿石贫化。因此,采矿贫化率则是指实际采出矿石的品位比原矿石的品位降低百分比。选矿回收率是指选矿产品(一般为精矿)中所含被回收有用成分的质量占入选矿石中该有用成分质量的百分比。

3. 综合考虑违反矿产资源开发利用方案、矿山设计等。虽然《矿产资源犯罪解释》未再明确规定以矿产资源开发利用方案或者矿山设计作为认定破坏性的开采方法的依据,但是,仍然可以将采矿权人违反矿产资源开发利用方案、矿山设计的情节作为判断认定破坏性的开采方法的考量依据之一。当然,判断开采方法是否具有破坏性,除考虑是否符合矿产资源开发利用方案、矿山设计外,还应考虑该方法客观上能否破坏矿产资源,其与矿产资源严重破坏的后果之间是否具有直接因果关系。而且,需要注意的是,目前对矿产资源开发利用方案的审查逐步多元,有国土资源主管部门审查,也有委托专业协会审查多种形式。因此,不宜限定为经国土资源主管部门审查批准的矿产资源开发利用方案、矿山设计。

4. 严格适用《矿产资源犯罪解释》第14条的程序性规定。司法实践中应当注意以下问题:(1)“采取破坏性的开采方法开采矿产资源”的认定专业性较强,原则上应当严格依照《矿产资源犯罪解释》的规定,由省级以上人民政府国土资源主管部门出具报告。司法机关依据报告,结合其他证据认定。(2)省级以上人民政府国土资源主

① 孙军工:《〈最高人民法院关于审理非法采矿、破坏性采矿刑事案件具体应用法律若干问题的解释〉的理解与适用》,载《中国刑事审判指导案例》,法律出版社2009年版,第348页。

管部门对于“采取破坏性的开采方法开采矿产资源”问题出具报告，应当根据技术发展情况，综合考虑各种因素，最终就是否系“采取破坏性的开采方法开采矿产资源”提出明确性意见。而且，“采取破坏性的开采方法开采矿产资源”与“造成矿产资源破坏的价值”实际上是相关的问题，在出具报告的过程中宜关联考虑。

三、破坏性采矿罪的入罪标准

根据刑法第343条第2款的规定，破坏性采矿罪只设有一个法定刑档次，即造成矿产资源严重破坏的，处5年以下有期徒刑或者拘役，并处罚金。因此，对于破坏性采矿罪的定罪量刑，应当以造成矿产资源破坏的价值作为标准。

《2003年解释》以造成矿产资源破坏的价值数额在30万元至50万元以上作为认定破坏性采矿“造成矿产资源严重破坏”的标准。从司法适用来看，上述入罪标准基本妥当，可以继续沿用。因此，在适当考虑矿产品价格上涨因素的基础上，《矿产资源犯罪解释》对入罪标准作了适当提升，同时突出了对两矿区一矿种的特殊保护，在第6条规定：“造成矿产资源破坏的价值在五十万元至一百万元以上，或者造成国家规划矿区、对国民经济具有重要价值的矿区和国家规定实行保护性开采的特定矿种资源破坏的价值在二十五万元至五十万元以上的，应当认定为刑法第三百四十三条第二款规定的‘造成矿产资源严重破坏’。”根据《矿产资源犯罪解释》第15条的规定，各省、自治区、直辖市高级人民法院、人民检察院，可以根据本地区实际情况，在上述数额幅度内，确定本地区执行的具体数额标准，报最高人民法院、最高人民检察院备案。

《矿产资源犯罪解释》第14条规定，对造成矿产资源破坏的价值难以确定的，依据省级以上人民政府国土资源主管部门出具的报告，结合其他证据作出认定。据此，司法实践中应当注意把握以下问题：(1)对于破坏性采矿造成矿产资源破坏的价值，应当向省级以上人民政府国土资源主管部门提出申请，附具有关调查报告和相关材料，由其就造成矿产资源破坏的价值出具报告。(2)造成矿产资源破坏的价值，是指破坏性采矿行为导致应该采出但因矿床破坏已难以采出的矿产资源折算的价值。鉴于这一专门性问题的技术性较强，省级以上人民政府国土资源主管部门可以委托专业技术机构从技术层面提出意见或者提供必要的协助，但仍应由省级以上人民政府国土资源主管部门进行审查并最终就造成矿产资源破坏的价值出具报告。

【刑法条文】

第三百四十三条第二款 **【破坏性采矿罪】**违反矿产资源法的规定，采取破坏性的开采方法开采矿产资源，造成矿产资源严重破坏的，处五年以下有期徒刑或者拘役，并处罚金。

【《矿产资源犯罪解释》条文】

第六条 造成矿产资源破坏的价值在五十万元至一百万元以上，或者造成国家规划矿区、对国民经济具有重要价值的矿区和国家规定实行保护性开采的特定矿种资源破坏的价值在二十五万元至五十万元以上的，应当认定为刑法第三百四十三条第二款规定的“造成矿产资源严重破坏”。

第十四条 对案件所涉的有关专门性问题难以确定的，依据下列机构出具的鉴定意见或者报告，结合其他证据作出认定：

（一）司法鉴定机构就生态环境损害出具的鉴定意见；

（二）省级以上人民政府国土资源主管部门就造成矿产资源破坏的价值、是否属于破坏性开采方法出具的报告；

（三）省级以上人民政府水行政主管部门或者国务院水行政主管部门在国家确定的重要江河、湖泊设立的流域管理机构就是否危害防洪安全出具的报告；

（四）省级以上人民政府海洋主管部门就是否造成海岸线严重破坏出具的报告。

第十五条 各省、自治区、直辖市高级人民法院、人民检察院，可以根据本地区实际情况，在本解释第三条、第六条规定的数额幅度内，确定本地区执行的具体数额标准，报最高人民法院、最高人民检察院备案。

第四节 矿产资源犯罪的其他法律适用问题

一、掩饰、隐瞒犯罪所得的矿产品及其收益的处理

从司法实践来看，矿产资源犯罪形成了利益链条，后续的窝藏、转移、收购、代为销售等环节成为了此类犯罪蔓延的重要原因。没有后续的倒卖、掩饰等行为，就不可能有前端的非法采矿活动；而且，如对倒卖、掩饰等行为放任自流，将会刺激前端犯罪愈加猖獗。特别是，司法实践中，相对于前端犯罪的高风险，后续犯罪获利颇丰但刑事风险实际较低。为有效惩治此类犯罪，保护国家矿产资源，《矿产资源犯罪解释》第7条规定：“明知是犯罪所得的矿产品及其产生的收益，而予以窝藏、转移、收购、代为销售或者以其他方法掩饰、隐瞒的，依照刑法第三百一十二条的规定，以掩饰、隐瞒犯罪所得、犯罪所得收益罪定罪处罚。”“实施前款规定的犯罪行为，事前通谋的，以共同犯罪论处。”据此，司法实践在坚持对非法采矿、破坏性采矿犯罪行为严惩的同时，更要关注后续的倒卖、掩饰等犯罪。对于明知是犯罪所得的矿产品及其产生的收益而予以掩饰、隐瞒行为，应依法追究刑事责任，以严厉惩治和有效防范矿产资源犯罪。

起草过程中，对于宜否作出上述规定，存在不同看法。有意见提出，最高人民法院《关于审理掩饰、隐瞒犯罪所得、犯罪所得收益刑事案件适用法律若干问题的解释》（法释〔2015〕11号，以下简称《掩饰、隐瞒犯罪所得、犯罪所得收益罪解释》）对掩

饰、隐瞒犯罪所得、犯罪所得收益罪的法律适用问题作了规定,《矿产资源犯罪解释》对掩饰、隐瞒矿产资源犯罪所得、犯罪所得收益的情形再作规定并无必要。经研究认为,在司法解释对掩饰、隐瞒犯罪所得、犯罪所得收益罪的法律适用问题作出一般性规定的基础上,作为专门针对矿产资源犯罪的司法解释,《矿产资源犯罪解释》对掩饰、隐瞒矿产资源犯罪所得、犯罪所得收益的情形作出专门规定,对于明确相关法律的具体适用,有效惩治矿产资源犯罪的利益链条,有其现实意义。故而,最终维持上述规定。

对于《矿产资源犯罪解释》第 7 条规定的上游犯罪包括非法采矿罪,没有异议。对于上游犯罪是否包括破坏性采矿罪,存在不同看法。有意见提出,破坏性采矿罪不同于非法采矿罪,行为人系开采矿产资源的合法主体,只是在开采方法上违反了矿产资源法的规定。因此,破坏性采矿罪所获取的矿产品及其产生的收益本身仍然是合法的,不应当视为犯罪所得,故后续的窝藏、转移、收购、代为销售等行为不能构成掩饰、隐瞒犯罪所得、犯罪所得收益罪。经研究,未采纳上述意见,《矿产资源犯罪解释》第 7 条未明确将破坏性采矿罪排除在上游犯罪之外。主要考虑如下:(1)从现行规定来看,刑法第 312 条的对象涵括除刑法第 191 条规定的洗钱罪的上游犯罪以外的所有犯罪的犯罪所得及其产生的收益。因此,“刑法第三百一十二条的适用范围就扩大到了除刑法第一百九十一条规定的上游犯罪以外的所有犯罪”①。基于上述考虑,破坏性采矿罪也应当成为刑法第 312 条的适用范围。明知是破坏性采矿犯罪所获取的矿产品及其所得收益,而予以窝藏、转移、收购、代为销售或者以其他方法掩饰、隐瞒的,应当构成掩饰、隐瞒犯罪所得、犯罪所得收益罪。(2)刑法第 345 条第 1 款、第 2 款分别规定了盗伐林木罪与滥伐林木罪,第 3 款规定了非法收购、运输盗伐、滥伐的林木罪。据此,盗伐林木罪和滥伐林木罪均可以成为非法收购、运输盗伐、滥伐的林木罪的上游犯罪。非法采矿罪与破坏性采矿罪之间的关系,可以类比盗伐林木罪与滥伐林木罪之间的关系。基于此,根据立法精神和刑法规范的内在逻辑,应当认为破坏性采矿罪亦可以成为掩饰、隐瞒犯罪所得、犯罪所得收益罪的上游犯罪。

司法适用中需要注意的是,《矿产资源犯罪解释》对掩饰、隐瞒犯罪所得的矿产品及其产生的收益行为未单独规定定罪量刑标准,故应当适用《掩饰、隐瞒犯罪所得、犯罪所得收益罪解释》的规定。对此,有两个问题需要特别注意:(1)《掩饰、隐瞒犯罪所得、犯罪所得收益罪解释》第 8 条第 1 款规定:“认定掩饰、隐瞒犯罪所得、犯罪所得收益罪,以上游犯罪事实成立为前提。”据此,对于掩饰、隐瞒犯罪所得的矿产品及其产生收益行为的入罪以非法采矿、破坏性采矿行为构成犯罪为前提。对于上游行为未达到入罪标准的,即使后续的掩饰、隐瞒行为达到入罪标准,也不能认定为犯罪。

① 黄太云:《〈刑法修正案(六)〉的理解与适用》(下),载《人民检察》2006 年第 15 期。

(2)对于掩饰、隐瞒犯罪所得的矿产品及其产生的收益行为的量刑,特别是升档量刑,应当注意与作为上游犯罪的非法采矿罪、破坏性采矿罪的量刑平衡。

二、多次实施矿产资源违法犯罪的价值数额累计

《矿产资源犯罪解释》第 8 条对矿产资源犯罪的价值数额累计规则作了明确,规定:"多次非法采矿、破坏性采矿构成犯罪,依法应当追诉的,或者二年内多次非法采矿、破坏性采矿未经处理的,价值数额累计计算。"根据这一规定,对于矿产资源犯罪的价值数额累计应当区分情况处理:

1. 二年内多次非法采矿或者破坏性采矿未经处理的,价值数额累计计算。《行政处罚法》第 29 条第 1 款规定:"违法行为在二年内未被发现的,不再给予行政处罚。法律另有规定的除外。"据此,违法行为在二年内未被发现就不再给予行政处罚,与刑法规定的犯罪追诉期限不同。因此,对于实施非法采矿、破坏性采矿违法行为,每次均未达到定罪量刑标准,如果未经处理的,也应当以二年为限进行累计计算,如果累计数额构成犯罪的,应当依法定罪处罚。

2. 多次非法采矿或者破坏性采矿构成犯罪,依法应当追诉的,价值数额累计计算,不受二年的限制,而应当适用犯罪追诉期限的规定。

三、单位实施矿产资源犯罪的定罪量刑

根据刑法第 346 条的规定,单位可以成为非法采矿罪、破坏性采矿罪的犯罪主体。对于单位犯非法采矿罪、破坏性采矿罪的,应当对单位判处罚金,并对其直接负责的主管人员和其他直接责任人员,依照刑法第 343 条的规定定罪处罚。为了统一裁判尺度,《矿产资源犯罪解释》第 9 条对单位矿产资源犯罪的定罪量刑标准作了明确。基于严厉矿产资源犯罪、切实保护矿产资源的考虑,《矿产资源犯罪解释》沿袭司法解释起草的一贯思路,对单位实施非法采矿罪、破坏性采矿罪,与自然人犯罪适用统一的定罪量刑标准。

四、矿产资源犯罪惩治的宽严相济

根据宽严相济刑事政策的要求,《矿产资源犯罪解释》根据矿产资源犯罪的具体情况,实行区别对待,突出惩治重点。其中,第 10 条规定:"实施非法采矿犯罪,不属于'情节特别严重',或者实施破坏性采矿犯罪,行为人系初犯,全部退赃退赔,积极修复环境,并确有悔改表现的,可以认定为犯罪情节轻微,不起诉或者免予刑事处罚。"第 11 条规定:"对受雇佣为非法采矿、破坏性采矿犯罪提供劳务的人员,除参与利润分成或者领取高额固定工资的以外,一般不以犯罪论处,但曾因非法采矿、破坏性采矿受过处罚的除外。"该两条规定可谓办理矿产资源犯罪案件贯彻宽严相济刑事政策

的直接体现,司法适用中应当注意妥善把握:

1. 贯彻认罪认罚从宽制度。为贯彻落实中共中央《关于全面推进依法治国若干重大问题的决定》提出的"完善刑事诉讼中认罪认罚从宽制度",考虑到司法实践中的复杂情况,《矿产资源犯罪解释》规定对实施非法采矿、破坏性采矿犯罪情节轻微的情形规定可以不起诉或者免予刑事处罚。具体限定为如下条件:(1)行为人系初犯,认罪认罚,确有悔改表现;(2)达到入罪标准,不包括情节加重情形;(3)全部退赃退赔,积极修复环境。应当指出的是,上述规定的目的在于促使行为人在实施矿产资源犯罪后及时采取措施,全部退赃退赔,积极修复环境,充分发挥刑法的威慑和教育功能。

2. 实行区别对待原则。贯彻宽严相济刑事政策,要求根据犯罪的具体情况,实行区别对待,突出打击重点。矿产资源犯罪案件,特别是非法采矿案件,往往具有聚众性的特征。据司法实践反映,非法采矿、破坏性采矿犯罪的涉案主体有多个层次:第一个层次是出资者、组织者、经营者;第二个层次是管理者,也就是具体犯罪活动的执行者;第三个层次是提供具体劳务的打工者。基于宽严相济刑事政策的要求,应当重点打击第一层次的主体;对于第三层次的主体应当区分情况,对于仅仅领取正常劳务报酬且无其他恶劣情节的,可以不以犯罪论处。然而,司法实践中,个别案件的处理存在打击面过大的问题,对受雇佣领取微薄工资报酬人员也予以定罪处罚。为秉持刑法的谦抑性,避免实践中打击面过大,同时要突出打击重点、特别是严厉打击出资者等幕后人员,《矿产资源犯罪解释》明确了区别对待原则,要求重点打击出资者、组织者、经营者。对受雇佣为非法采矿、破坏性采矿犯罪提供劳务的人员,除参与利润分成或者领取高额固定工资的外,一般不以犯罪论处,但曾因非法采矿、破坏性采矿受过处罚的除外。

五、矿产资源犯罪所得之物与所用之物的处理

《刑法》第 64 条规定:"犯罪分子违法所得的一切财物,应当予以追缴或者责令退赔;对被害人的合法财产,应当及时返还;违禁品和供犯罪所用的本人财物,应当予以没收。没收的财物和罚金,一律上缴国库,不得挪用和自行处理。"为了规范矿产资源犯罪所得之物、所用之物的处理,《矿产资源犯罪解释》第 12 条规定:"对非法采矿、破坏性采矿犯罪的违法所得及其收益,应当依法追缴或者责令退赔。""对用于非法采矿、破坏性采矿犯罪的专门工具和供犯罪所用的本人财物,应当依法没收。"据此,司法实践中,对于非法采矿、破坏性采矿犯罪的违法所得及其收益,应当依法追缴或者责令退赔。对用于非法采矿、破坏性采矿犯罪的专门工具和供犯罪所用的本人财物,也应当依法没收。关于矿产资源犯罪专门工具的追缴、没收,实践中应当慎重把握:一方面,要综合考虑案件具体情况,特别是所涉工具与犯罪的关联度,如用于运送

行为人前往非法采矿场所的汽车，则依法通常不应没收；另一方面，追缴、没收应当考虑比例原则，综合考量违法所得与工具的实际价值，慎重作出决定。

六、矿产资源犯罪的罪数处断与从重处罚

从司法实践来看，实施矿产资源犯罪会涉及罪数处断和从重处罚的相关问题。本书认为，下列问题应当注意把握：

1. 实行数罪并罚原则处理的情形。实施非法采矿、破坏性采矿犯罪，以暴力、威胁方法阻碍国土资源主管部门的工作人员依法执行职务，构成妨害公务罪的，造成重大伤亡事故，或者造成矿产资源破坏以外的其他严重后果，构成重大责任事故罪、强令违章冒险作业罪、重大劳动安全事故罪的，故意毁坏矿区界桩等，构成故意毁坏财物罪或者其他犯罪的，均应当实行数罪并罚。

2. 实行择一重罪处断原则处理的情形。实践中，有的非法采矿行为以危害公共安全的方式进行，非法采矿所获矿产资源价值虽小，但危害公共安全。例如，在废弃矿井采矿，如果采矿不当，将会导致整个矿区下塌。故而，以危害公共安全的危险方法实施非法采矿、破坏性采矿犯罪，同时构成矿产资源犯罪和危害公共安全犯罪的，依照处罚较重的规定从重处罚。

3. 对破坏环境资源保护的情形区分情况择一重罪处断或者数罪并罚。从实践来看，非法采矿过程中往往会涉及破坏环境资源保护，对此的处理不宜一概而论：在采矿过程中，违反国家规定，排放、倾倒或者处置有毒物质或者其他有害物质，严重污染环境，构成污染环境罪的，应当数罪并罚，因为上述情形并非非法采矿的必要条件；而非法采矿通常会造成耕地、林地、植物、动物等资源破坏，这是非法采矿的必经过程，故对上述情形不宜数罪并罚，宜择一重罪处断。

4. 酌情从重处罚的情形。实践中有些地方非法采矿行为猖獗，一些国家工作人员为非法采矿行为充当“保护伞”，甚至参与其中。这是矿产资源犯罪屡禁不止的一个重要原因，应加大对此类人员的打击力度，以起到震慑效果。因此，对国家工作人员实施或者参与实施非法采矿、破坏性采矿犯罪的，宜酌情从重处罚。

【《矿产资源犯罪解释》条文】

第七条 明知是犯罪所得的矿产品及其产生的收益，而予以窝藏、转移、收购、代为销售或者以其他方法掩饰、隐瞒的，依照刑法第三百一十二条的规定，以掩饰、隐瞒犯罪所得、犯罪所得收益罪定罪处罚。

实施前款规定的犯罪行为，事前通谋的，以共同犯罪论处。

第八条 多次非法采矿、破坏性采矿构成犯罪，依法应当追诉的，或者二年内多次非法采矿、破坏性采矿未经处理的，价值数额累计计算。

第九条 单位犯刑法第三百四十三条规定之罪的，依照本解释规定的相应自然

人犯罪的定罪量刑标准，对直接负责的主管人员和其他直接责任人员定罪处罚，并对单位判处罚金。

第十条　实施非法采矿犯罪，不属于“情节特别严重”，或者实施破坏性采矿犯罪，行为人系初犯，全部退赃退赔，积极修复环境，并确有悔改表现的，可以认定为犯罪情节轻微，不起诉或者免予刑事处罚。

第十一条　对受雇佣为非法采矿、破坏性采矿犯罪提供劳务的人员，除参与利润分成或者领取高额固定工资的以外，一般不以犯罪论处，但曾因非法采矿、破坏性采矿受过处罚的除外。

第十二条　对非法采矿、破坏性采矿犯罪的违法所得及其收益，应当依法追缴或者责令退赔。

对用于非法采矿、破坏性采矿犯罪的专门工具和供犯罪所用的本人财物，应当依法没收。

第四章　非法采砂犯罪的特殊问题

砂是我国重要的矿产资源之一。近年来,非法采砂屡禁不止,社会危害严重,亟须刑事规制。根据刑法规定,对于非法采砂情节严重的行为应当适用非法采矿罪。然而,非法采砂犯罪的行为表现与一般的非法采矿犯罪有所区别,具有一定的特殊性。基于此,本章将围绕非法采砂犯罪的定罪量刑和司法适用的特殊问题进行阐释。①②

第一节　非法采砂的规制困境与非法采矿罪的扩大适用

一、非法采砂的态势与规制现状

(一)非法采砂的态势与危害

我国幅员辽阔,河湖众多。③ 河湖水域是储存水资源的空间区域和重要的国土生态空间,是防洪、排涝、灌溉、供水、航运、养殖和维护生态平衡的重要基础。砂资源

---

① 非法采挖海砂与河道非法采砂的情形具有相似性,面临的定性争议等问题也大致相同。限于篇幅,本章主要围绕河道非法采砂问题进行阐释,捎带论述非法采挖海砂适用法律涉及的问题。

② 就河道管理范围而言,砂,是指河道砂石。主要考虑如下:(1)《矿产资源法实施条例》附件"矿产资源分类细目"中,"河道砂石"属于"天然石英砂(玻璃用砂、铸型用砂、建筑用砂、水泥配料用砂、水泥标准砂、砖瓦用砂)",该细目仅从成分和用途的角度进行分类,并未区别"细砂"抑或"卵石"。(2)"细砂"和"卵石"颗径和分布不同,但基本成分均为二氧化硅。而且,"细砂"和"卵石"均为河床组成部分,对防洪安全和河势稳定具有重要影响。在河道采砂管理中,河道"砂"和"石"通常是一并管理的。(3)《长江河道采砂管理条例》第2条规定,"在长江宜宾以下干流河道内从事开采砂石(以下简称长江采砂)及其管理活动的,应当遵守本条例",将"砂"和"石"均包含在了采砂管理的范围内。

③ 据2010~2012年全国第一次水利普查统计,流域面积50平方公里及以上河流有45203条,总长度为150.85万公里;常年水面面积1平方公里及以上湖泊2865个,水面总面积7.8万平方公里(不含跨国界湖泊境外面积)。

是河道[①]河床的组成部分，是维持河道水沙平衡的重要物资条件，是保持河势稳定的基本要素。近年来，伴随我国社会经济的快速发展，各类基础设施建设规模提速，建筑用砂需求大增，价格暴涨。在暴利的驱动下，河道非法采砂高发频发，十分突出。[②]一些单位和个人在巨大利益驱使下，纠集盗采团伙，严密组织，分工协作，非法盗采河砂，甚至形成完备的"采—转—售"利益链条。一些地方呈现出"凡有河砂的地方，即有非法采砂"的严峻局面[③④⑤]，不但破坏正常的水事秩序，而且危害防洪安全、供水安全、航运安全、涉水工程安全和水生态安全。具体而言：[⑥]

一是危害河道防洪安全。河砂是保持河床稳定和水流动平衡必不可少的铺盖层和保护层，非法采砂会破坏河床自然形态，严重威胁河道的防洪安全。一些非法采砂船只采砂器具和功率超出国家标准，采砂区域不受限制，近堤深挖时有发生，严重破坏水底砂层和水流动态平衡，造成防洪工程基部空心化，使堤防、坝体的控水能力严重削弱，引发渗水管涌险情甚至塌陷决堤危险。例如，2010 年 1 月 28 日，广东汕头榕江大堤玉路段发生 306 米坍塌，而非法采砂改变原河床形态是造成险情的主要原因。[⑦]

二是影响水资源保护利用。河湖水域是储存水资源的空间区域，河砂是"水盆"的重要组成部分。非法采砂活动，造成河床千疮百孔，阻塞河道、降低水位、污染水质，严重破坏水资源的开发、利用和保护，进而影响到人民群众的正常生产生活。例如，海南珠碧江下游非法采砂严重，留下的大坑成为海水倒灌"温床"，导致水源地盐碱化严重，加之其他原因，致使儋州两万居民无法使用自来水。[⑧]

① 《河道管理条例》第 2 条第 1 款规定："本条例适用于中华人民共和国领域内的河道（包括湖泊、人工水道、行洪区、蓄洪区，滞洪区）。"

② 由于海砂含有大量的氯离子，如用作建筑材料，可能腐蚀钢筋，导致混凝土结构下降，极可能引发"海砂屋"等工程事故。故而，不少海砂通常不能用作建筑材料，但被用于填海造地等其他用途。

③ 例如，骆马湖是江苏境内第四大淡水湖，湖泊总面积 375 平方公里，总蓄水容积 21 亿多立方米，是南水北调的重要调蓄中转站，也是徐州、宿迁两市的城市饮用水水源地。近年来，骆马湖非法采砂规模越来越大，据媒体报道，已达到上千条船、上万人公开进行的地步。

④ 又如洪泽湖是我国第 4 大淡水湖泊，也是南水北调东线工程重要的中转站。2008 年非法采砂船的数量为 27 只，2012 年 5 月非法采砂船数量破百，2016 年上半年这一数据已经达到历史最高值 873 只，直接参与非法采砂的竟达近万人。参见《洪泽湖地区非法采砂亟待重拳治理》，载《中国环境报》2016 年 7 月 25 日，第 5 版。

⑤ 2015 年海南省人大常委会执法检查发现，海南河道乱采滥挖河砂问题十分突出，建筑用砂中高达 85% 以上来自非法采挖。2012 年全省专项清理行动时，合法采砂场点只有 20 个，占 7%，非法采砂场点竟多达 258 个，占 93%。参见《全省建筑用砂 85% 以上系非法开采》，载《海南日报》2015 年 5 月 26 日，A03 版。

⑥ 此外，近年来，随着我国沿海经济的快速发展，海洋工程建设项目增多，海砂作为填海造地工程的主要填料，市场需求较大，海砂使用价值越来越高。与之相伴随的是，非法采挖海砂行为也日益猖獗，危及近海航运安全，侵蚀海岸地貌，造成沙源流失和海水污染，破坏海洋生态环境。

⑦ 王金生：《河道非法采砂入刑的法律适用问题探讨》，载《水利发展研究》2015 年第 1 期。

⑧ 《龙头拧出苦咸水　两万居民买水吃》，载《海南日报》2013 年 1 月 7 日，第 A7 版。

三是危害通航安全。非法采砂船舶大多系“三无”船舶,操作人员缺乏专业培训,安全意识差,在航道中随意穿梭往来,常在航道内和航道设施附近滥采乱挖,同时还有大量的运砂船舶云集相伴,占据航道,给航道通航安全造成极大危害。例如,1998年8月30日,长江油轮公司6203船队在长江安庆水域与占据航道的一非法采砂船发生碰撞,造成一艘3500吨级分节油轮当即起火爆炸,直接经济损失数百万元。①

四是危害桥梁和其他涉水工程安全。非法采砂活动对桥梁、矿井、油气管道等涉水工程安全构成极大威胁。常年非法采砂,改变了河床自然坡度及水流形态,使得桥梁的防护深度不足,导致桥梁出现险情甚至坍塌。此外,非法采砂船舶破坏通信电缆、天然气输送管道等事件也时有发生。

五是破坏水生态环境。河砂具有保护河道、储存水源、过滤污染物、维护生态平衡的重要作用。非法采砂活动,极大地破坏了河床自然形态,使河湖自净能力普遍减弱,水污染几率成倍增加,水质标准显著下降。特别是,非法采砂作业严重破坏了作业区域的鱼类繁殖、生长、栖息、洄游等,使得水生物食物链断裂,生物群落结构遭到破坏。例如,由于非法采砂泛滥,洪泽湖河蚬资源存量由1991年的21.29万吨降为2014年的2.8万吨,几无可捕资源;鱼类由1981年的84种降为2014年的49种,且野生土著鱼类种群大量减少,鱼类种群趋于低龄化、小型化。② 又如,2012年,长江九江段和鄱阳湖水域连续发现江豚死亡事件。据介绍,这与江豚的生存环境恶化有一定关系,而长江、鄱阳湖的采砂及船舶航行等活动都对江豚的生存环境造成破坏。③

(二)非法采砂的规制困境

如后所述,由于刑法缺乏明确规定,司法实务对非法采砂行为的刑法适用存在不同认识。进而导致的局面是,非法采砂行为鲜有被追究刑事责任的,大多只是被认定为水事违法行为而被予以行政处罚。据有关部门统计,近年来每年发生非法采砂等水事违法案件约3万余件,但是受到刑事惩治的水事刑事案件所占比例极小。

根据现行水法律法规的有关规定,对严重水事违法行为,一般只能给予罚款、没收违法所得等行政处罚。根据《河道管理条例》第44条的规定,未经批准或者不按照河道主管机关的规定在河道管理范围内采砂的,县级以上地方人民政府河道主管机关除责令其纠正违法行为、采取补救措施外,可以并处警告、罚款、没收非法所得;对有关责任人员,由其所在单位或者上级主管机关给予行政处分;构成犯罪的,依法追究刑事责任。对于罚金的具体数额,《河道管理条例》并无明确规定。而水利部《水行政处罚实施办法》第8条的规定,罚款不得超过违法所得的3倍,最高不得超过3

---

① 王金生:《河道非法采砂入刑的法律适用问题探讨》,载《水利发展研究》2015年第1期。

② 《洪泽湖地区非法采砂亟待重拳治理》,载《中国环境报》2016年7月25日,第5版。

③ 《鄱阳湖江豚生存面临三大杀手:采砂 滥捕 环境污染》,载《长江日报》2012年4月23日,第13版。

万元。当然,《长江河道采砂管理条例》就长江非法采砂的行为处罚作出了更为严厉的规定,第18条第1款规定:"违反本条例规定,未办理河道采砂许可证,擅自在长江采砂的,由县级以上地方人民政府水行政主管部门或者长江水利委员会依据职权,责令停止违法行为,没收违法所得和非法采砂机具,并处十万元以上三十万元以下的罚款;情节严重的,扣押或者没收非法采砂船舶,并对没收的非法采砂船舶予以拍卖,拍卖款项全部上缴财政。"

众所周知,非法采砂行为牟取暴利,非法所得日均数万元甚至数10万元,而最高3万元或者30万元的行政罚款难以对其有所触动。非法采砂获取的暴利与违法行为承担的低廉成本对比悬殊,使得违法行为者在受到行政处罚后仍然从事非法采砂活动,致使非法采砂违法行为屡禁不止,高发频发的态势难以得到根本扭转。一些地方形象地概况河道非法采砂现象为"收益比贩毒高,安全比贩毒好,成本比酒驾低"。①一言以蔽之,非法采砂呈高发频发态势,仅仅依靠水行政主管部门的行政执法难以根本扭转,迫切需要刑事规制手段作为后盾。

二、非法采砂的刑事规制

(一)非法采砂的刑事规制亟须加强

虽然《河道管理条例》《长江河道采砂管理规定》均对非法采砂行为有"构成犯罪的,依法追究刑事责任"的规定,但由于刑法中缺乏直接对应的具体罪名,且相关司法解释和规范性文件对此种行为的刑法适用也未作明确,故对非法采砂行为追究刑事责任的案件较少。考虑到司法实践中对非法采砂行为适用的罪名中最为常见的为非法采矿罪,在此主要以非法采矿罪的适用为例予以说明。

在《刑法修正案(八)》施行之前,非法采矿罪的入罪前提要件为"经责令停止开采后拒不停止开采"。而河道非法采砂处于江河湖泊之中,执法行动易被发觉,违法人员容易逃脱,执法人员难以对具体人员下达责令停止开采的行政执法文书。故而,通常而言,对于河道采砂行为难以满足"经责令停止开采后拒不停止开采"的要件,无法以非法采矿罪追究刑事责任。故而,在《刑法修正案(八)》施行前,实践中鲜见对非法采砂适用非法采矿罪的案例。为应对这一局面,司法实务探索在"经责令停止开采后拒不停止开采"的规范含义的最大范围内作扩大解释,以满足司法实践的需要。例如,最高人民法院研究室《关于王某某非法采矿案、张某某等人盗窃上诉案相

---

① 对于非法采挖海砂的行为,按照《海洋环境保护法》最高处罚金10万元,而依据《海域使用管理法》按照未经批准的临时用海进行处理,处罚不超过万元,与非法采挖海砂的违法所得相比,难以起到惩戒和威慑作用。参见宫亚男:《盗采海砂违法行为的发生成因及整治措施探究》,载《南方农机》2015年第5期。"海砂堪比软黄金"、"海砂比毒品更赚钱,比毒品更安全",这些在海砂非法开采业中流传的话语,也充分揭示了非法采挖海砂行为的现状与法律规制的不足。

关问题的答复》(法研〔2009〕44 号)针对河道非法采砂案件的法律适用明确提出:“从保护环境资源的角度出发,‘经责令停止开采’不必限定于有关行政执法部门面对面责令每一个非法采挖者停止开采,因为有些非法采挖行为极为隐蔽,行政执法部门很难迅速发现每一个非法采挖行为,要求面对面责令每一个非法采挖者停止开采行为是对行政执法部门的苛求,不利于环境资源的保护。但是,从保障人权的角度出发,‘责令停止开采’必须达到行为人知晓或者推定其知晓有关部门不允许实施采挖行为的程度,如果与行为人类似的一般人多数知晓有关部门已不允许在某一地区采挖有关矿产,就可以推定行为人知晓,可以认定为已经‘责令停止开采’。”

根据司法实践所需,《刑法修正案(八)》对非法采矿罪作了进一步完善,将“经责令停止开采后拒不停止开采,造成矿产资源破坏”的要件修改为“情节严重”,降低了入罪门槛。据此,构成非法采矿罪不再要求“经责令停止开采后拒不停止开采”,而只要求实施非法采矿行为,达到情节严重的程度。因此,在《刑法修正案(八)》施行后,对于河道非法采砂行为追究刑事责任的,越来越多地适用非法采矿罪。近年来,江苏、安徽、江西、湖北、四川、山东、广东、浙江等地均出现对非法采砂者以非法采矿罪追究刑事责任的案例。① 但是,对于非法采砂行为适用非法采矿罪缺乏明确依据,且在一些法律适用问题方面衔接不畅,②故司法实践中大量非法采矿行为仍然游离在刑事规制之外。当然,如后所述,在《刑法修正案(八)》施行前后,司法实践中存在对非法采砂适用其他罪名追究刑事责任的情况,但整体而言,受到刑事追究的只占非法采砂行为的极少数。

(二)非法采砂的刑事规制尚待统一

司法适用是能动而非被动适用法律的过程。在非法采砂受到刑事追究的案件中,由于非法采矿罪的适用不畅,司法实践开始转而适用其他罪名,这一现象在《刑法修正案(八)》施行前较为突出。从实践来看,对于非法采砂行为适用过非法采矿罪、盗窃罪、非法经营罪、以危险方法危害公共安全罪、非法占用农用地罪、故意毁坏财物罪、寻衅滋事罪、妨害公务罪等罪名。③ 当然,不同罪名的适用情形较为复杂,有的实

---

① 王金生:《河道非法采砂入刑的法律适用问题探讨》,载《水利发展研究》2015 年第 1 期。

② 在此期间,对于非法采砂适用非法采矿罪追究刑事责任,由于没有出台新的司法解释,司法实践中仍然参照适用《2003 年解释》的规定。而《2003 年解释》第 6 条规定:“破坏性的开采方法以及造成矿产资源破坏或者严重破坏的数额,由省级以上地质矿产主管部门出具鉴定结论,经查证属实后予以认定。”参照适用这一规定,司法实践中对于非法采砂案件的情节严重的认定往往依据非法采砂的数额,而且要求有关部门提交由省级以上人民政府国土资源主管部门对数额出具的报告。

③ 《矿产资源犯罪解释》起草过程中,经对 37 起河道非法采砂刑事判决的分析发现,多数适用非法采矿罪(23 起),部分适用盗窃罪(5 起)、非法经营罪(4 起),还有个别适用非法占用农用地罪、寻衅滋事罪、妨害公务罪、以危险方法危害公共安全罪等其他罪名。

际没有评价非法采矿行为本身，而是针对手段行为适用以危险方法危害公共安全罪、非法占用农用地罪，或者针对采砂过程中毁坏财物的情形适用故意毁坏财物罪，或者针对在非法采砂所伴随的寻衅滋事、妨害公务等情节适用寻衅滋事罪、妨害公务罪。即便如此，对非法采砂行为的刑法适用也存在明显不统一的情况，给有关部门移送案件和司法机关追究刑事责任造成困难，亟须加以统一规范。①

需要指出的是，在司法解释作出统一规范前，不少地方司法机关已经在积极探索对非法采砂行为适用非法采矿罪。例如，2011 年 4 月至 2012 年 4 月间，被告人蔡某某、谢某某（在逃）合股无证采挖河砂，并设立砂场进行非法销售，将无证开采的河砂以每立方米 30 ~ 48 元的价格非法销售。2012 年 2 月至 5 月期间，被告人李某某、蔡某某、郑某某、唐某某等人出资合股，在交付了一定款项给沿岸村民后与被告人董某甲、董某乙、董某丙等人合作，无证采挖河砂，并设立砂场非法销售河砂。期间由被告人李某某负责砂场的日常管理。关于本案的定性，广东省郁南县人民检察院指控，被告人蔡某某、李某某、郑某某、董某甲、董某乙、董某丙的行为触犯刑法第 225 条的规定，应当以非法经营罪追究刑事责任。郁南县人民法院经审理认为，非法采矿罪相对于非法经营罪是特别规定，且非法经营罪主要是指其非法经营扰乱了市场秩序，而 6 被告人的行为主要是破坏了环境资源的保护而非市场秩序，其行为符合非法采矿罪的构成要件，应以非法采矿罪追究其刑事责任，对于公诉机关认为 6 被告人的行为构成非法经营罪的定性应予纠正。因此，法院以非法采矿罪对各被告人判处相应的刑罚。②

（三）非法采砂的刑事规制路径选择

自然资源并非"取之不尽、用之不竭"，加强对自然资源的法律保护，是必然趋势。党的十八大提出实施最严格的土地、水资源和环境保护管理制度。目前，只有水资源保护在刑法中没有直接对应的条文。这导致了水资源与其他环境资源之刑法保护的显著落差，影响了我国环境资源整体刑法保护体系的构建。将非法采砂这一严重水事违法行为适度纳入刑事规制范围，构建水域管理秩序的刑法保护机制，是切实贯彻党和国家水资源战略决策，全面落实最严格水资源管理制度，保障水资源水环境承载能力与经济社会发展相协调，完善生态文明建设制度体系的必然要求。

---

① 同样，各地对盗采海砂行为的定性也适用非法采矿罪、盗窃罪和危害公共安全犯罪等不同罪名，亟待统一。参见《"海砂强盗"逍遥法外　联合打击遇入刑争议》，载《法制日报》2010 年 8 月 10 日，第 4 版。

② 针对本案，有论者进一步指出："本案被告人盗采河砂并售卖获利的行为虽然涉及盗采河砂以及售卖河砂两种行为，但售卖河砂行为只是被告人盗采河砂牟利的方式和手段，被告人的行为主要是破坏了环境资源的保护而非市场秩序，不应以非法经营罪定罪量刑，其行为符合非法采矿罪的构成要件，应以非法采矿罪追究其刑事责任。"参见最高人民法院中国应用法学研究所编：《环境资源审判典型案例选编（刑事卷）》，人民法院出版社 2015 年版，第 330 ~ 335 页。

加强水域管理秩序的刑法保护,落实最严格水资源管理制度,当务之急是将非法采砂这一严重违反水法、危害水域管理秩序的行为纳入刑事规制范围。解决这一问题,不外乎两种路径:第一种路径是,通过刑法修正案的方式,在刑法中增设单独的非法采砂罪;第二种路径是,通过法律解释的方式,明确将非法采砂行为纳入刑法规制范围,适用其他罪名进行惩治。从应然层面而言,第一种路径无疑是最佳路径,最符合罪刑法定原则,有利于严厉惩治和有效震慑非法采砂犯罪行为。然而,基于刑法的相对稳定性,刑法修正案的容量相对有限,在刑法中设置单独的非法采砂罪难度加大,且须历经较长的历程。① 故而,基于实然层面的考虑,第二种路径成为必然选择,即在罪刑法定原则之下,将非法采砂犯罪纳入刑法已有的适当罪名规制范围。而从现行刑法规定来看,对非法采砂行为最宜适用的罪名应当是非法采矿罪,通过司法解释的方式明确对非法采砂行为适用非法采矿罪进行惩处,成为最妥当的选择。

如前所述,在《刑法修正案(八)》施行后,根据有关部门的建议,最高人民法院在《2003 年解释》的基础上,启动了新的矿产资源犯罪解释的起草工作。在司法解释起草过程中,水利部及有关部门也向最高人民法院反映非法采砂违法犯罪的有关问题,建议在《矿产资源犯罪解释》中规定对非法采砂犯罪以非法采矿罪论处,并明确相关定罪量刑标准和有关法律适用问题。经反复征求意见和慎重研究,《矿产资源犯罪解释》最终通过扩大适用非法采矿罪的方式,明确了非法采砂行为的定性,并对定罪量刑标准及有关法律适用问题作了规定。可以说,《矿产资源犯罪解释》为困扰多年的非法采砂案件刑事规制和争执不休的定性问题画上了圆满的句号,必将对于实施最严格的水资源管理制度,促进合理开发、节约和保护水资源,实现水资源的可持续利用,提供有力司法保障。

三、非法采矿罪的扩大适用

(一)非法采矿罪的扩大适用

如前所述,对于非法采砂行为的定性,司法实践中存在较大的认识分歧。而且,部分高级人民法院曾就非法采砂行为的定性问题请示最高人民法院。为统一法律适

① 近年来,各地对于通过修改刑法对非法采砂行为加以刑事规制的呼声越来越高,有关方面也进行了有益探索。例如,长江水利委员会关于《〈长江河道采砂管理条例〉实施十周年情况报告》提议国家立法追究非法采砂者刑事责任,以有效维护河道采砂管理秩序,保障防洪及通航等涉及公共安全。2012 年全国"两会"期间,山东省多名全国人大代表联名提出《关于修改我国"生态刑法条款"的议案》,提出对刑法第 343 条作出修改,将非法采砂罪单列,并规定明确的刑罚配置。2013 年全国"两会"期间,安徽省全国人大代表建议修改刑法,增设破坏水利设施罪,对违反国家规定,直接或者间接破坏水利设施的,诸如非法采砂或者组织他人非法采砂,数额较大、情节严重的,依法追究刑事责任。参见王金生:《河道非法采砂入刑的法律适用问题探讨》,载《水利发展研究》2015 年第 1 期。

用,有必要通过司法解释对河道非法采砂和非法采挖海砂的定性作出明确规定。基于此,《矿产资源犯罪解释》第 4 条、第 5 条规定对非法采砂行为扩大适用非法采矿罪。主要考虑如下:

1. 砂属于矿产资源。《矿产资源法实施条例》第 2 条第 1 款规定:“矿产资源是指由地质作用形成的,具有利用价值的,呈固态、液态、气态的自然资源。”“矿产资源的矿种和分类见本细则所附《矿产资源分类细目》。新发现的矿种由国务院地质矿产主管部门报国务院批准后公布。”河(江)砂属河流相沉积天然石英砂,主要化学成分为二氧化硅,经长期地质作用形成。《矿产资源分类细目》将河(江)砂归属到非金属矿产天然石英砂中。对此,1998 年 8 月 12 日国土资源部《关于开山凿石、采挖砂、石、土等矿产资源适用法律问题的复函》(国土资函 190 号)明确提出:“根据《中华人民共和国矿产资源法实施细则》第二条‘矿产资源是指由地质作用形成的,具有利用价值的,呈固态、液态、气态的自然资源’的规定,砂、石、粘土及构成山体的各类岩石属矿产资源。”可见,河(江)砂的矿产资源属性不容置疑。

实践中,有意见以所采河(江)砂达不到建筑用砂标准以及《长江河道采砂管理条例》将长江采砂管理机构有原先的地质矿产主管部门调整为水行政主管部门为由而否定河(江)砂的矿产资源属性。本书认为上述观点难以成立。其一,从河道中直接开采出来的砂称之为原状砂,其中泥质含量相对成品砂而言较高属正常现象。河(江)砂中泥质含量不影响河(江)砂的矿产资源属性。其二,建筑用砂标准是工程建筑上对砂的技术性要求,不是认定河(江)砂矿产资源属性的依据。其三,为维护河势稳定,保障防洪和通航安全,《长江河道采砂管理条例》规定由水行政主管部门管理长江采砂活动,但资源属性与资源监管部门没有必然联系,采砂管理部门的改变不能导致河(江)砂矿产资源属性的改变。

2. 砂可以成为非法采矿罪的对象。《矿产资源法》第 35 条第 1 款规定:“国家……允许个人采挖零星分散资源和只能用作普通建筑材料的砂、石、粘土以及为生活自用采挖少量矿产。”1998 年 8 月 12 日国土资源部《关于开山凿石、采挖砂、石、土等矿产资源适用法律问题的复函》(国土资函 190 号)提出,凡以营利为目的开采砂、石、粘土及构成山体的各类岩石属矿产资源的单位、个人,“均应按照矿产资源法及其配套法规的有关规定办理采矿登记手续,领取采矿许可证;矿产品均应按照《矿产资源补偿费征收管理规定》的相关条款缴纳矿产资源补偿费。”可见,砂受矿产资源法的调整,可以成为非法采矿罪的对象。而且,《水法》第 39 条第 1 款规定“国家实行采砂许可制度”。《河道管理条例》第 25 条规定,在河道管理范围内进行采砂活动,必须报经河道主管机关批准,涉及其他部门的,由河道管理机关会同有关部门批准。因此,对于未取得许可证非法采砂的行为,实质上是“未取得采矿许可证擅自采矿”,应当适用非法采矿罪。

3. 非法采砂行为符合非法采矿罪的构成。总体而言,采砂与采矿具有高度的重合性,非法采砂行为符合非法采矿罪的构成要件特征。非法采矿罪的客观行为方式之一为违反矿产资源法的规定,未取得采矿许可证擅自采矿,情节严重的行为。如后所述,对"违反矿产资源法的规定"和"采矿许可证"不应拘泥于字面含义,而应作扩大解释,兹不赘言。在此有必要探讨的是,采砂实质也是采矿。采矿是开采矿产资源的过程,即利用机械的方法从地表或者地壳内江矿产资源(矿石)挖掘并运输到集中场合,实质是物料的选择性开采与搬运过程。而采砂是采用机械设备,将河砂从水中或者河砂堆积层挖掘开,使之与水或者其他物料分离,并运输到特定场合对方的行为。可见,采砂与采矿具有高度相似性,实质也是一种采矿的过程,故非法采砂行为实质上也是非法采矿行为。

4. 附属刑法相关规定对非法采砂行为刑事规制作了铺垫。《水法》第 72 条规定,在水工程保护范围内,从事影响水工程运行和危害水工程安全的爆破、打井、采石、取土等活动,构成犯罪的,依照刑法的有关规定追究刑事责任。《河道管理条例》第 44 条规定,未经批准或者不按照河道主管机关的规定在河道管理范围内采砂,构成犯罪的,依法追究刑事责任。《长江河道采砂管理条例》第 18 条第 1 款、第 19 条规定,未办理河道采砂许可证,擅自在长江采砂,或者未按照河道采砂许可证规定的要求采砂,触犯刑律的,依法追究刑事责任。水事法律法规中关于刑事责任条款的规定,为对非法采砂行为适用非法采矿罪进行刑事规制,提供了支撑和基础。

5. 非法采砂行为的刑事规制不宜适用盗窃罪。如前所述,在《刑法修正案(八)》施行前,由于受制于非法采矿罪"经责令停止开采后拒不停止开采"这一要件,一些地方对非法采砂行为适用了其他罪名。而基于"取证容易、量刑也较重,有利于进一步遏制当前非法采砂行为"的考虑,适用最多的罪名就是盗窃罪。① 这是一种相对功利的做法。然而,本书认为,对于非法采砂的行为不宜适用盗窃罪定罪处罚。主要考虑如下:(1)适用盗窃罪难以全面评价非法采砂行为侵犯的法益。非法采砂行为不仅侵犯了砂资源的所有权,更为重要的是侵犯了国家的砂资源管理制度,进而对自然资源保护造成侵害。适用盗窃罪,难以全面涵括其所侵犯的法益。(2)非法采砂的对象较一般盗窃对象具有特殊性。根据我国刑法的规定,自然资源不能成为盗窃罪的犯罪对象,对于行为人侵犯自然资源的,应当依照刑法分则规定的犯罪追究刑事责任,如非法捕捞水产品罪、盗伐林木罪等。如前所述,砂属于矿产资源。而矿产资源种类多、分布广泛,与人民群众生活联系紧密。在我国一些地区,由于自然环境决定,不少群众长期以来依靠采挖、出售附近的矿产资源为生。在民众的法情感中,采挖矿产行

① 有的地方以规范性文件的方式作出明确,如河北省曾以水利、公安联合文件(冀水政法〔2003〕13 号)的形式规定"对于偷采盗采河道砂石、砂金的,视为盗窃国家财物"。参见孟祺:《河道非法采砂入刑的理性思考》,载《当代经济》2015 年第 25 期。

为与传统的盗窃行为相比，背德性、可谴责性较小，如果将非法采挖矿产行为以盗窃行为论处，似与民众的法情感不符。(3)非法采砂行为较一般的盗窃行为具有特殊性。非法采矿行为尽管是一种非法行为，但它是创造价值的劳动，使原始赋存的矿产资源成为了可以现实利用的产品，这一点又与单纯的盗窃行为不同，又使非法采砂行为与盗窃行为相比可谴责性降低。(4)刑法对非法采挖矿产资源的行为作了特殊规定。非法采矿本质上确属一种盗窃行为——盗挖国家矿产资源。但是，刑法第 343 条已将此种盗窃行为专门规定为非法采矿罪，根据“特别法优于一般法”的法条适用原则，对非法采矿行为应当适用非法采矿罪、而非盗窃罪。否则，将会出现刑法适用的混乱，如对国家工作人员利用职务上的便利，窃取、骗取公共财物的，应当适用盗窃罪、诈骗罪定罪处罚。而非法采砂行为实质上是非法采挖砂资源的行为，自然应当适用非法采矿罪。① (5)该种观点符合司法实践的通常做法。如前所述，司法实践中对河道非法采砂行为多数适用非法采矿罪而非盗窃罪定罪处罚。而 2009 年最高人民法院研究室《关于王某某非法采矿案、张某某等人盗窃上诉案相关问题的答复》明确提出，对于非法采砂的行为不宜适用盗窃罪，符合非法采矿罪构成要件的，可以非法采矿罪定罪处罚。

6. 境外非法采砂刑事规制经验的借鉴。从境外来看，对于非法采砂行为追究刑事责任是通例。西班牙、德国、罗马尼亚和我国台湾地区均将非法采砂直接规定为犯罪，瑞士、芬兰、墨西哥、朝鲜以及欧洲理事会均按照相关罪刑条文惩治非法采砂行为。总体而言，多数认为非法采砂侵犯的是环境资源保护秩序或者水利管理秩序。例如，我国台湾地区“水利法”第 78 条明确禁止“在行水区内擅采砂石”、“在距堤脚或堤防附属建造物四周规定之距离内……挖取泥砂砖石等物”，第 92 条进一步规定对上述情形，“除通知限期回复原状、清除或废止违禁设施外，处六千元以上三万元以下罚款；因而损害他人权益者，处三年以下有期徒刑、拘役或科或并科四千元以上二万元以下罚金；致生公共危险者，处五年以下有期徒刑，得并科六千元以上三万元以下罚金”。因此，对非法采砂行为适用非法采矿罪追究刑事责任，符合以刑事手段保护砂资源的趋势。

基于上述考虑，《矿产资源犯罪解释》第 4 条第 1 款规定：“在河道管理范围内采砂，具有下列情形之一，符合刑法第三百四十三条第一款和本解释第二条、第三条规定的，以非法采矿罪定罪处罚：(一)依据相关规定应当办理河道采砂许可证，未取得河道采砂许可证的；(二)依据相关规定应当办理河道采砂许可证和采矿许可证，既未取得河道采砂许可证，又未取得采矿许可证的。”第 5 条第 1 款规定：“未取得海砂

① 有学者也指出：“从刑法规定的布局上看，我们认为，国家所有的原生态自然资源不能成为盗窃罪的犯罪对象。”陈兴良：《口授刑法学》，中国人民大学出版社 2007 年版，第 267 页。

开采海域使用权证，且未取得采矿许可证，采挖海砂，符合刑法第三百四十三条第一款和本解释第二条、第三条规定的，以非法采矿罪定罪处罚。”需要提及的是，《矿产资源法》第35条规定：“……允许个人采挖零星分散资源和只能用作普通建筑材料的砂、石、粘土以及为生活自用采挖少量矿产。”实践中，对于个人为了生活自用少量采砂的，不宜以犯罪论处。故而，《矿产资源犯罪解释》起草过程中，拟将非法采砂入罪明确限制为“以营利为目的”。后经进一步研究认为，非法采砂的入罪除须符合第4条、第5条的规定外，通常还应当同时符合第3条的规定。由于第3条设置有一定的入罪门槛，实践中为生活自用少量采砂的，不会达到这一入罪门槛。故而，最终未明确规定“以营利为目的”的要件。

顺带提及的是，征求意见过程中，有意见提出，实践中违法采砂行为大量存在，在司法解释中单独明确并强调非法采砂应当予以追究刑事责任，存在打击面过大、执法成本较高的风险。经研究，未采纳上述意见。除了前述考虑外，还基于下列原因：其一，打击非法采砂行为，规范河道采砂、海洋采砂秩序，并不会影响基建用砂所需。而就河道采砂而言，按照河道采砂规划或者采砂许可证规定的可采区、可采期、可采量和开采方式，有计划、有步骤地适度采砂，既可以疏浚河道，又能满足建筑用砂需要。从江西、湖南等几个采砂管理比较规范的省份看，严格依法管理河道采砂、打击非法采砂，并没有影响本地基建用砂需要，其开采的砂还可以供应长江下游的江苏、上海等省份。此外，河砂并不是建筑用砂的唯一来源，近年来建筑用砂采用碎石替代河砂的比例已经提高到30%左右。其二，从实践来看，规范采砂行为，并不会增加老百姓用砂和工程建设用砂成本。以江西省南昌市为例，自2011年10月开展河道采砂专项整治以来，既较好地维护了堤防安全、桥梁安全、通航安全、河流生态安全，又保护了河道砂资源，保障了砂市场稳定。

（二）“违反矿产资源法的规定”的扩大解释

根据刑法第343条的规定，非法采矿罪的前提是“违反矿产资源法的规定”。有待进一步研究的问题是，“违反矿产资源法的规定”是否等同于“违反《矿产资源法》的规定”，对于违反《矿产资源法》以外的其他法律、行政法规关于矿产资源开发、利用、保护和管理的规定的，是否也可以认定为“违反矿产资源法的规定”。

关于矿产资源开发、利用、保护和管理，除《矿产资源法》作了集中规定外，其他有关法律法规亦有涉及。如前所述，砂属于矿产资源，那么，《水法》《河道管理条例》《长江河道采砂管理条例》等法律、行政法规中关于采砂的规定就应当属于关于矿产资源开发、利用、保护和管理的规定。例如，《水法》第39条对河道采砂作了专门规定：“国家实行河道采砂许可制度。河道采砂许可制度实施办法，由国务院规定。”《河道管理条例》第25条规定，在河道管理范围内进行采砂活动，必须报经河道主管机关批准。《长江河道采砂管理条例》第9条第1款规定:“国家对长江采砂实行采砂许可制度。”

经研究认为,为避免法律适用漏洞,对于刑法第343条规定的“违反矿产资源法的规定”,不宜限缩为违反《矿产资源法》的规定,而应当包括违反《水法》等其他法律、法规中关于矿产资源开发、利用、保护和管理的规定的情形。基于此,《矿产资源犯罪解释》第1条明确规定:“违反《中华人民共和国矿产资源法》《中华人民共和国水法》等法律、行政法规有关矿产资源开发、利用、保护和管理的规定的,应当认定为刑法第三百四十三条规定的‘违反矿产资源法的规定’。”

征求意见过程中,有意见提出,《水法》第39条关于河道采砂许可制度的规定是从影响河势稳定或者危及堤防安全角度作出的制度安排,并不涉及矿产资源管理,故将“违反矿产资源法的规定”的含义扩展至违反《水法》的有关规定缺少直接的法律依据。经研究认为,其一,如前所述,刑法第343条“违反矿产资源法的规定”,不应按照字面含义理解为“违反《矿产资源法》的规定”,也不宜限缩理解为“违反矿产资源管理法律、法规的规定”,而应当理解为“违反与矿产资源开发、利用、保护和管理相关的法律、法规的规定”。其二,《水法》的相关规定虽然不直接涉及矿产资源管理,且系从影响河势稳定或者危及堤防安全角度作出的制度安排,但无疑对河道管理范围内采砂作了明确,属于与矿产资源开发、利用、保护和管理相关的规定,将其理解为“矿产资源法的规定”并无不妥。其三,1990年5月18日及1991年3月7日全国人大常委会法工委两次答复,明确河道采砂应当同时执行水法和矿产资源法的相关规定。[①] 因此,未采纳上述意见。

---

① 1990年5月18日全国人大常委会法制工作委员会《关于在河道、航道范围内开采砂石、砂金适用法律问题的答复》(法工办发14号)提出:“矿产资源法第十三条关于开办国营矿山企业的审批程序的规定,是为保护和合理开发利用矿产资源而作出的监督管理规定;水法第二十四条第四款关于在河道内开采砂石、砂金的审批程序的规定,是为保证行洪、排涝和航行安全而作出的监督管理规定。两个法律的上述规定并不矛盾。国营矿山企业在行洪、排涝河道和航道范围内开采砂石、砂金,既应执行矿产资源法第十三条的规定,由地质矿产主管部门依法颁发采矿许可证,同时也应执行水法第二十四条的规定,经河道主管部门批准或者经河道主管部门会同航道主管部门批准。”1991年3月7日全国人大常委会法制工作委员会《关于在河道、航道范围内开采砂石、砂金适用法律问题的再次答复》(法工委发18号)提出:“一、国营矿山企业在行洪、排涝河道和航道范围内开采砂石,既应执行水法第二十四条的规定,经河道主管部门批准或者经河道主管部门会同航道主管部门批准,同时也应执行矿产资源法第十三条的规定,由地质矿产主管部门颁发采矿许可证。”“二、乡镇集体矿山企业和个体在行洪、排涝河道和航道范围内开采砂石,既应执行水法第二十四条的规定,经河道主管部门批准或者经河道主管部门会同航道主管部门批准,同时也应执行省、自治区、直辖市人大常委会制定的开办乡镇集体矿山企业的审查批准、颁发采矿许可证的办法和个体采矿的管理办法中的有关规定。”“三、在行洪、排涝河道和航道范围内开采砂金,既应执行水法第二十四条的规定,经河道主管部门批准或者经河道主管部门会同航道主管部门批准,同时也应执行矿产资源法第十五条的规定,经国务院有关主管部门(国家黄金管理局)批准,并应按照矿产资源法的有关规定,国营矿山企业开采砂金的,由地质矿产主管部门颁发采矿许可证,乡镇集体矿山企业开采砂金的,应当执行省、自治区、直辖市人大常委会制定的开办乡镇集体矿山企业的审查批准、颁发采矿许可证的办法中的有关规定。”“四、采砂管理费和矿产资源开发管理费的问题,请向国务院请示。”

（三）“未取得采矿许可证擅自采矿”的扩大解释

从实践来看，对非法采砂适用非法采矿罪，可能适用的客观行为方式主要为“未取得采矿许可证擅自采矿”。《矿产资源犯罪解释》第4条第1款、第5条第1款对刑法第343条第1款规定的“未取得采矿许可证擅自采矿”作了扩大解释。

1.“采矿许可证”的扩大解释。根据《矿产资源法》等法律法规的规定，开采矿产资源通常需要取得采矿许可证；但对于采砂应当取得的许可证，则有专门规定。

1988年，国务院颁布《河道管理条例》第25条，赋予水行政主管部门河道采砂管理职能，规定在河道管理范围内进行采砂活动，必须报经河道主管机关批准，涉及其他部门的，由河道管理机关会同有关部门批准。2002年，修订后《水法》第39条第1款规定：“国家实行河道采砂许可制度。河道采砂许可制度实施办法，由国务院规定。”目前，国务院尚未对河道采砂许可制度实施办法作出具体规定。①

2001年10月，国务院颁布《长江河道采砂管理条例》，自2002年1月1日起正式施行。《长江河道采砂管理条例》第9条规定：“国家对长江采砂实行采砂许可制度。”“河道采砂许可证由沿江省、直辖市人民政府水行政主管部门审批发放；属于省际边界重点河段的，经有关省、直辖市人民政府水行政主管部门签署意见后，由长江水利委员会审批发放；涉及航道的，审批发放前应当征求长江航务管理局和长江海事机构的意见。省际边界重点河段的范围由国务院水行政主管部门划定。”“河道采砂许可证式样由国务院水行政主管部门规定，由沿江省、直辖市人民政府水行政主管部门和长江水利委员会印制。”据此，长江干流河道采砂实行“一证一费”。② “一证”是指长江河道采砂许可证，由长江水利委员会和沿江省、直辖市人民政府水行政主管部门审批发放（省际边界重点河段由长江水利委员会发放）；“一费”指长江河道砂石资源费，由长江水利委员会和沿江省、直辖市人民政府水行政主管部门负责收取。

2008年国务院批复的水利部“三定方案”的“其他事项”中规定了河道采砂管理职责的分工是：长江宜宾以下干流河道采砂管理体制按《长江河道采砂管理条例》规定的体制执行。其他河道采砂管理的职责分工是：水利部对河道采砂影响防洪安全、河势稳定，堤防安全负责，国土资源部对保障河道内砂石资源合理开发利用负责，交通运输部对河道采砂影响通航安全负责。由水利部牵头，会同国土资源部、交通运输部等部门，负责河道采砂监督管理工作，统一编制河道采砂规划和计划。河道采砂的

---

① 国务院曾于2004年印发《河道采砂许可制度实施办法》（征求意见稿），但迄今未予正式颁布。参见王金生：《关于遏制河道非法采砂行为的立法思考》，载《水利发展研究》2013年第1期。

② 《长江河道采砂管理条例》第2条规定：“在长江宜宾以下干流河道内从事开采砂石（以下简称长江采砂）及其管理活动的，应当遵守本条例。”

水上执法监督,要充分发挥交通运输部门执法机构的作用。①

近年来,为扭转河道采砂秩序混乱、非法采砂活动猖獗的现象,在国务院对河道采砂许可制度实施办法作出具体规定前,各地理顺管理体制,加强河道采砂管理工作。经对地方省级地方性法规、政府规章及规范性文件梳理,河道采砂许可情况如下:(1)由水行政主管部门发放采砂许可证的有28个省(自治区、直辖市)。其中,天津、山西、辽宁、吉林、山东、广东、海南、四川、云南、西藏、甘肃等11个省份,由省级地方性法规作出规定;北京、河北、江苏、安徽、福建、江西、河南、湖北、重庆、陕西等10个省份,由省级政府规章作出规定;黑龙江、湖南等2个省份由省级人民政府办公厅规范性文件作出规定;贵州、宁夏等2个省份由水利厅、财政厅等联合规范性文件作出规定;上海(长江河道范围内)、内蒙古、新疆等3个省份有水利厅(水务局)规范性文件作出规定。(2)发放采砂许可证和采矿许可证。包括浙江(地方性法规)、青海(省水利厅、国土资源厅联合发文)2个省份。(3)广西规定由县级以上水行政主管部门负责河道采砂的统一规划、行政许可及其监管管理工作,从事河道采砂的单位和个人应当办理河道采砂许可证;在河道进行采金等以采挖矿产资源为目的的采砂活动,还应当办理采矿许可证。

采砂海砂需要取得海砂开采海域使用权证(由海洋主管部门发放)和采矿许可证(由国土资源主管部门发放)。《海域使用管理法》第3条规定:"海域属于国家所有,国务院代表国家行使海域所有权。任何单位或者个人不得侵占、买卖或者以其他形式非法转让海域。""单位和个人使用海域,必须依法取得海域使用权。"《矿产资源开采登记管理办法》第3条第1款明确规定,开采领海及中国管辖的其他海域的矿产资源,由国务院地质矿产主管部门审批登记,颁发采矿许可证。因此,开采海砂的,除了申请海砂开采海域使用权证外②,还应向国土资源部申请采矿许可证。

为避免法律适用的漏洞,《矿产资源犯罪解释》第4条第1款、第5条第1款对刑法第343条第1款规定的"采矿许可证"作扩大解释,将开采河砂需要申请的采矿许可证、河道采砂许可证和开采海砂需要申请的采矿许可证、海砂开采海域使用权证均涵括在内。

2."未取得采矿许可证擅自采矿"的认定。如前所述,《矿产资源犯罪解释》对刑

---

① 王金生:《关于遏制河道非法采砂行为的立法思考》,载《水利发展研究》2013年第1期。

② 2012年12月17日国家海洋局《关于在全国范围内实施市场化配置方式出让海砂开采海域使用权的通告》规定:"为进一步公平、公开、公正配置海域资源,规范海砂开采用海秩序,发挥国家资源的最大效益,我局决定,自2013年1月1日起,在全国范围内实施以拍卖挂牌等市场化配置方式出让海砂开采海域使用权。通告发布即日起,我局不再受理海砂开采海域使用申请。"根据2012年12月28日国家海洋局《关于全面实施以市场化方式出让海砂开采海域使用权的通知》的规定,海砂开采海域使用权由沿海省(区、市)海洋行政主管部门以拍卖挂牌等市场化方式出让。沿海省(区、市)海洋行政主管部门按规定组织编制拟出让海域拍卖挂牌方案,经国家海洋局审查同意,报省人民政府批准后实施,并负责办理海域使用权登记发证手续。

法第343条规定的“采矿许可证”作了扩大解释，除采矿许可证外，将采砂许可证、海砂开采海域使用权证等开采河砂、海砂所应取得的许可证也涵括在内。由之带来的问题是，如何准确认定“未取得采矿许可证擅自采矿”。对于实行一证管理的区域，这一问题并不存在。但是，对于实行“两证”管理的区域，由于两证之间没有先后之分，取得其中一个证并非申领另一个证的前置程序，且实践中经常会出现取得其中一个证但无法取得另一个证的情形。例如，行为人已经申领了海域开采使用权证，并缴纳了海域使用金；但是行为人继而向有关部门申领采矿许可证，未被批准。经研究认为，这一现象与现行的采砂管理体制不无关系，如果统一许可证发放或者明确两证之间的衔接关系完全可以避免上述现象。此种情况下对行为人开采海砂的行为以非法采矿罪追究刑事责任，有违期待可能性理论，并不合适。总之，不应由行为人承担由于现行采砂管理体制带来的不利后果，上述情形不宜认定为刑法第343条第1款规定的“未取得采矿许可证擅自采矿”，不应以非法采矿罪论处。[①]

基于上述考虑，《矿产资源犯罪解释》第4条第1款规定：“在河道管理范围内采砂，具有下列情形之一，符合刑法第三百四十三条第一款和本解释第二条、第三条规定的，以非法采矿罪定罪处罚：（一）依据相关规定应当办理河道采砂许可证，未取得河道采砂许可证的；（二）依据相关规定应当办理河道采砂许可证和采矿许可证，既未取得河道采砂许可证，又未取得采矿许可证的。”第5条第1款规定：“未取得海砂开采海域使用权证，且未取得采矿许可证，采挖海砂，符合刑法第三百四十三条第一款和本解释第二条、第三条规定的，以非法采矿罪定罪处罚。”申言之，对于实行一证管理的区域，以是否取得该许可证为认定非法采矿的标准；[②]对于实行两证管理的区域，只要取得一个许可证的，即不能认定为非法采矿，不宜以非法采矿罪论处。[③]

需要注意的是，由于《矿产资源犯罪解释》第2条对“未取得采矿许可证”作了明确，故第4条第1款、第5条第1款明确对于采砂领域“未取得采矿许可证擅自采矿”的认定要适用第2条的规定。对此司法实务要注意把握。例如，在实行一证管理的区域，虽然取得了河道采砂许可证，但是许可证被注销、吊销、撤销后继续采砂的，符

① 当然，针对此种情形应否行政处罚，以及如何行政处罚，是另一个问题，不在本书的讨论范围内。

② 例如，根据《长江河道采砂管理条例》的规定，长江宜宾以下干流河道采砂实行“一证”，即长江河道采砂许可证。因此，在这一区域未取得长江河道采砂许可证采砂的，即为“未取得采矿许可证擅自采矿”，情节严重的，以非法采矿罪论处。

③ 根据浙江地方性法规的规定，河道采砂需要办理采砂许可证和采矿许可证，只要取得其中一个许可证的，即不能认定为“未取得采矿许可证擅自采矿”，不能以非法采矿罪论处。因此，在该区域，只有未取得采矿许可证，且未取得采砂许可证，在河道管理范围内采砂的，才能认定为“未取得采矿许可证擅自采矿”，情节严重的，以非法采矿罪论处。同理，海砂开采需要取得海砂开采海域使用权证和采矿许可证，只要行为人取得其中一个许可证的，即不能认定为“未取得采矿许可证擅自采矿”，不能以非法采矿罪论处。只有未取得采矿许可证，且未取得海砂开采海域使用权证，开采海砂的，才能认定为“未取得采矿许可证擅自采矿”，情节严重的，以非法采矿罪论处。

合《矿产资源犯罪解释》第 2 条第 2 项、第 3 项的规定，也应当认定为“未取得采矿许可证擅自采矿”。①

【刑法条文】

第三百四十三条第一款　【非法采矿罪】违反矿产资源法的规定，未取得采矿许可证擅自采矿，擅自进入国家规划矿区、对国民经济具有重要价值的矿区和他人矿区范围采矿，或者擅自开采国家规定实行保护性开采的特定矿种，情节严重的，处三年以下有期徒刑、拘役或者管制，并处或者单处罚金；情节特别严重的，处三年以上七年以下有期徒刑，并处罚金。

第三百四十六条　【单位犯破坏环境资源保护罪的处罚规定】单位犯本节第三百三十八条至第三百四十五条规定之罪的，对单位判处罚金，并对其直接负责的主管人员和其他直接责任人员，依照本节各该条的规定处罚。

【《矿产资源犯罪解释》条文】

第一条　违反《中华人民共和国矿产资源法》《中华人民共和国水法》等法律、行政法规有关矿产资源开发、利用、保护和管理的规定的，应当认定为刑法第三百四十三条规定的“违反矿产资源法的规定”。

第二条　具有下列情形之一的，应当认定为刑法第三百四十三条第一款规定的“未取得采矿许可证”：

（一）无许可证的；

（二）许可证被注销、吊销、撤销的；

（三）超越许可证规定的矿区范围或者开采范围的；

（四）超出许可证规定的矿种的（共生、伴生矿种除外）；

（五）其他未取得许可证的情形。

第四条　在河道管理范围内采砂，具有下列情形之一，符合刑法第三百四十三条第一款和本解释第二条、第三条规定的，以非法采矿罪定罪处罚：

（一）依据相关规定应当办理河道采砂许可证，未取得河道采砂许可证的；

（二）依据相关规定应当办理河道采砂许可证和采矿许可证，既未取得河道采砂许可证，又未取得采矿许可证的。

实施前款规定行为，虽不具有本解释第三条第一款规定的情形，但严重影响河势稳定，危害防洪安全的，应当认定为刑法第三百四十三条第一款规定的“情节严重”。

---

①　需要注意的是，实践中对于采砂许可证的发放采取了多种方式，有的采取拍卖的方式，可能出现的情形是由于行为人竞价过高，导致排除砂价大幅上涨等因素，按照批准的开采量采砂无法收回成本。此种情形下，实际上难以期待采砂许可权人不越界采砂，故即使行为人超越采矿许可证的开采范围采砂的，只要没有危及防洪安全的，基于期待可能性理论，也不宜对行为人以非法采矿罪追究刑事责任。

第五条　未取得海砂开采海域使用权证，且未取得采矿许可证，采挖海砂，符合刑法第三百四十三条第一款和本解释第二条、第三条规定的，以非法采矿罪定罪处罚。

实施前款规定行为，虽不具有本解释第三条第一款规定的情形，但造成海岸线严重破坏的，应当认定为刑法第三百四十三条第一款规定的“情节严重”。

第二节　非法采砂犯罪的定罪量刑

《矿产资源犯罪解释》第3条、第4条、第5条明确了对非法采砂行为适用非法采矿罪追究刑事责任的具体定罪量刑标准。其中，第3条、第4条第1款、第5条第1款明确对非法采砂行为适用非法采矿定罪量刑的一般标准，第4条第2款、第5条第2款进一步对非法采砂行为确定了专门的入罪标准。

一、非法采砂犯罪定罪量刑标准设定的主要考虑

《矿产资源犯罪解释》关于非法采砂犯罪定罪量刑标准的设置，特别是采用一般标准与特殊标准并存的模式，主要有如下考虑：

1. 非法采砂行为实质上是一种非法采矿活动。对此，前文已有较为充分的论述，兹不赘言。基于非法采砂是非法采矿的类型之一，自然应当适用非法采矿罪的定罪量刑标准。故而，对于《矿产资源犯罪解释》第4条第1款、第5条第1款明确规定，对非法采砂的定罪量刑适用第3条关于非法采矿罪的定罪量刑标准。

2. 非法采砂行为具有特殊性。对非法采砂行为予以刑事规制，除了其对砂资源的破坏外，更为重要的是非法采砂行为对河势稳定和防洪安全的危害。与一般非法采矿行为有所不同，非法采砂，特别是在禁采区、禁采期实施河道采砂，可能改变河势，甚至影响河势稳定，危害防洪安全。可见，严格规范河砂开采的目的，不仅仅是维护其经济价值，更重要的是维护防洪安全和生态安全等公共利益。因此，不应单纯以矿产品价值作为非法采砂的入罪标准，还应当同时考虑非法采砂行为对防洪安全的危害。实践中，对于一些非法采砂行为，虽然在矿产品价值或者造成矿产资源破坏的价值方面未达到入罪标准，但影响河势稳定，危害防洪安全的，也应当认定为“情节严重”。此外，对于非法采挖海砂行为的入罪，也应当兼顾应其严重破坏海岸线的情形。基于此，《矿产资源犯罪解释》第4条第2款、第5条第2款专门针对非法采砂行为从危害防洪安全或者造成海岸线严重破坏的角度设置了特殊入罪标准。

二、非法采砂犯罪定罪量刑的一般标准

根据《矿产资源犯罪解释》第 4 条第 1 款、第 5 条第 1 款的规定，对于非法采砂构成非法采矿罪“情节严重”、“情节特别严重”的标准应当适用第 3 条关于非法采矿罪的标准。当然，从司法实践来看，在非法采砂刑事案件中依据造成矿产资源破坏的价值和造成生态环境严重损害的程度定罪量刑的情形较为少见，故在此不作专门阐释。

（一）非法采砂犯罪“情节严重”的认定

1. 非法采砂价值在 10 万元至 30 万元以上的。非法采砂的价值是衡量非法采砂行为社会危害性的基础因素，也是认定“情节严重”的基本标准。因此，适用非法采矿罪入罪的一般标准，非法采砂价值在 10 万元至 30 万元以上的，应当认定为“情节严重”。

《矿产资源犯罪解释》起草过程中，专门对长江水利委员会、淮河水利委员会和河北、江苏、江西、广东、河南、湖北、四川、广西、安徽、福建等 10 省（自治区）128 个采砂活动较为突出的市县 2013～2015 年查处的 5783 件非法采砂案件有关情况进行了分析。开采的砂石资源在 10 万元以下的 5150 件，占 89.05%，10 万元以上 20 万元以下的 223 件，占 3.86%；20 万元以上 30 万元以下的 143 件，占 2.48%；30 万元以上的 267 件，占 4.61%（禁采期、禁采区减半计算）。因此，对非法采砂案件直接适用一般非法采矿入罪标准，大致可以将刑事惩治范围控制在 10% 左右，基本能否满足惩治非法采砂犯罪的现实需要，且可以为行政处罚留有空间。

需要说明的是，起草过程中，有意见提出，砂资源价值受市场价格波动因素影响较大，且计算方法不统一，故建议以非法采砂重量（以方为单位）作为认定“情节严重”的基本标准。经研究，未采纳上述意见。主要考虑如下：（1）以非法采砂重量作为认定“情节严重”的标准的方案，与以非法采砂的价值作为认定标准的方案，没有实质区别。而采用后一方案，更有利于司法解释规定的统一，体现非法采砂行为与非法采矿行为在罪刑实质上的一致性。（2）砂市场价格波动较大，对非法采砂价值的认定恰恰应当考虑市场价格波动因素，以准确体现行为的社会危害性。[①]（3）关于非法采砂的价值认定问题，《矿产资源犯罪解释》第 13 条明确了具体规则，司法实践操作不存在困难。

2. 在禁采区、禁采期内非法采砂，价值在 5 万元至 15 万元以上的。考虑到在禁采区、禁采期内非法采砂，社会危害性更大，入罪门槛宜适当低于一般的非法采挖行

① 砂价格波动较大，而且各地差异明显。据水利部门提供的数据，2016 年上半年河北、河南、江苏、湖北、安徽、广东、福建、广西、江西的砂价格（以方为计算单位）分别为 20～125 元、20～55 元、20～88 元、25～90 元、10～21 元、45～120 元、50～150 元、20～125 元、22～100 元。

为，故《矿产资源犯罪解释》第3条第1款第2项针对禁采区、禁采期内非法采砂行为降低入罪门槛，设置为“矿产品价值在五万元至十五万元以上”。

需要说明的是，有关法律法规对禁采区、禁采期作了相应规定。例如，《水法》第39条第2款规定：“在河道管理范围内采砂，影响河势稳定或者危及堤防安全的，有关县级以上人民政府水行政主管部门应当划定禁采区和规定禁采期，并予以公告。”《航道法》第36条第1款规定：“禁止在河道内依法划定的砂石禁采区采砂……”《水库大坝安全管理条例》第13条规定：“禁止在大坝管理和保护范围内进行爆破、打井、采石、采矿、挖沙、取土、修坟等危害大坝安全的活动。”实践中，河道采砂规划的禁采区包括水利工程保护区、水源保护区、水生态自然保护区以及相关法律法规禁止采砂的区域。禁采期一般是指江河、湖泊等达到或超过警戒水位时，水利工程出现重大险情或者发生突发情况时，桥梁、码头以及过河隧道、缆线、管道等基础设施施工期间以及依法应当禁止采砂的其他时段。

实际上，司法实践中对在禁采区非法采砂行为的定罪处罚已有相关案例。例如，2011年9月至2012年4月，被告人陈某某、徐某甲、徐某乙负责联系买砂船并维持采砂秩序，被告人杨某、朱某某、刘某某利用自己的采砂船，被告人杜某某、丁某某受他人雇佣，在长江南通段非法采砂。江苏省人民政府《关于同意江苏省长江河道采砂规划实施方案的批复》(苏政复〔2006〕98号)明确规定：“我省境内长江干流可设立5个可采区，分别为征润洲一、征润洲二、五峰山、落成洲、永安洲，年度控制开采量500万吨，采砂船控制数量13艘。另设苏皖省际边界重点河段可采区1个，年度控制开采量60万吨。除上述可采区外，我省境内长江干流均为禁采区。”由此可见，长江南通段属于禁采区。江苏省南通市港闸区人民法院经审理认为，被告人陈某某、杜某某、杨某、徐某甲、徐某乙、朱某某、刘某某、丁某某违反矿产资源法的规定，未取得河道采砂许可证而擅自在禁采区内采砂，因此应当以非法采矿罪追究8被告人的刑事责任。以非法采矿罪判处各被告人有期徒刑2年6个月至4年不等，并处罚金人民币10万元至40万元不等。①

3. 二年内曾因非法采砂(非法采矿)受过两次以上行政处罚，又实施非法采砂(非法采矿)行为的。行为人在多次被行政处罚的情况下，仍然继续实施违法行为，其主观恶性和客观社会危害性远超过实施一次违法行为，应当加以刑事规制。而且，如前所述，将非法采矿受过的行政处罚次数作入罪考量情节，也是基于对实践中取证困难的回应。如前所述，“二年内”宜以第一次违法行为受到行政处罚的生效之日与又实施相应行为之日的时间间隔计算确定。此外，“两次以上行政处罚”，不限于水行政

① 最高人民法院中国应用法学研究所编：《环境资源审判典型案例选编(刑事卷)》，人民法院出版社2015年版，第326～328页。

主管部门的行政处罚,只要是有关部门依法对非法采砂(或者其他非法采矿行为)给予的行政处罚即可。

4. 其他情节严重的情形。对于其他情节严重情形,司法实践中应当根据案件具体情况审慎确定,妥善适用兜底项的规定。

(二)非法采砂犯罪"情节特别严重"的认定

《矿产资源犯罪解释》第3条第2款明确了"情节特别严重"的认定标准。通常情况下,"情节特别严重"和"情节严重"之间为5倍的倍数关系。据此,实施非法采砂行为,价值在50万元至150万元以上,或者在禁采区、禁采期内非法采砂,价值在25万元至75万元以上的,应当认定为"情节特别严重",以非法采矿罪处3年以上7年以下有期徒刑,并处罚金。

实际上,以往司法实践中已有依据非法采砂价值认定为非法采矿罪"情节特别严重"的案例。例如,2011年年底,被告人汤某甲通过转包方式从案外人张某某、谭某某等人处取得骆马湖水域的承包经营权用于养殖。2012年5月至2013年8月间,被告人汤某甲、韩某、陆某某、闫某等人相互结伙,采取共同出资入股的方式,未取得采矿许可证,多次在骆马湖新沂市水产试验场陆渡口养殖区非法开采建筑用砂矿,汤某乙在汤某甲等人的沙塘进行日常管理。经有关部门认定,汤某甲等人非法开采建筑用砂矿量总体积为365076.48立方米,价值人民币6206300.16元。本案中,被告人汤某甲、汤某乙、韩某、陆某某、闫某在明知其未取得许可证的情况下,擅自采砂,且非法采砂价值特别大,应当认定为非法采矿罪"情节特别严重"。据此,江苏省徐州市新沂市人民法院作出一审判决,分别以非法采矿罪判处汤某甲、韩某、汤某乙、陆某某、闫某等人有期徒刑3年至4年,并分别处罚金。被告人汤某乙、韩某、陆某某、闫某不服提起上诉,徐州市中级人民法院二审维持原判。①

(三)非法采砂的价值认定规则

对非法采砂犯罪的定罪量刑,通常应当以非法采砂的价值作为标准,故非法采砂的价值认定问题就尤为重要。根据《矿产资源犯罪解释》第13条的规定,对于非法采砂的价值认定规则如下:

1. 非法采砂的价值,根据销赃数额认定;无销赃数额,销赃数额难以查证,或者根据销赃数额认定明显不合理的,根据砂价格和非法采砂数量认定。换言之,如果可以查明销赃数额的,也可以根据销赃数额认定非法采砂的价值;无销赃数额,销赃数额

---

① 《徐州法院发布十个环境资源审判刑事典型案例》,载徐州中院官网:http://xzzy.chinacourt.org/public/detail.php?id=30423,最后访问日期:2016年7月24日。

难以查证,或者根据销赃数额认定明显不合理的,可以根据非法采砂的数量,结合行为地的砂价格,认定非法采矿的矿产品价值。

2. 非法采砂价值难以确定的,司法机关依据价格认证机构出具的报告,或者省级以上人民政府水行政、海洋等主管部门以及国务院水行政主管部门在国家确定的重要江河、湖泊设立的流域管理机构[①]出具的报告,结合其他证据作出认定。

需要注意的是,在非法采砂价值难以确定情况下,并存由有关价格认证机构作出价格认证和由主管部门出具报告两条路径。通常而言,可以选择由价格认证机构进行价格认证这一相对便捷的途径,以避免程序烦琐影响相关案件办理。在价格认证不便作出的情况下,才宜考虑由主管部门出具报告。

三、非法采砂犯罪定罪量刑的特殊标准

(一)非法采砂犯罪的特殊定罪量刑标准

与一般非法采矿行为相比,非法采砂的形态与危害更为复杂。河砂具有河床构成要素和国家矿产资源的双重属性。如前所述,严格规制河砂开采的目的,不仅仅在于其经济价值,更在于其生态价值和防洪安全等公共利益。因此,对非法采砂行为的刑事规制,应当考虑非法采砂对河势稳定、防洪安全造成的危害。

由于非法采砂行为与危害防洪安全的实害后果之间具有非同步性、非显性、渐进性和时空跨度性的特点,因果关系的证明较为困难。而且,一旦出现现实危害,将难以挽回损失,为时已晚。因此,为了有效防范非法采砂对防洪安全的危害,应当实现刑法防线的适度前移,在非法采砂行为影响河势稳定,危害防洪安全,但尚未达到危害公共安全程度时加以规制。基于上述考虑,《矿产资源犯罪解释》第 4 条第 2 款规定:"实施前款规定行为,虽不具有本解释第三条第一款规定的情形,但严重影响河势稳定,危害防洪安全的,应当认定为刑法第三百四十三条第一款规定的'情节严重'。"据此,实践中,对于一些非法采砂行为,虽然在矿产品价值方面未达到入罪标准,但影响河势稳定,危害防洪安全的,也应当认定为"情节严重"。

同理,非法采挖海砂不仅破坏矿产资源,还可能严重破坏海岸线。特别是在入海

---

① "一条流域一个制度",这一古老法谚揭示了流域问题和流域管理制度的特殊性。20 世纪以来,针对流域功能复杂、流域特殊问题较多的大江大河流域进行专门性立法,设立特别机构并赋予其流域治理的统筹权,已成惯例。从美国的田纳西河、澳大利亚的墨累达令河、欧洲的莱茵河、塞纳河等,这些流域机构均通过国内立法或者国际公约等方式,建立特别机构并赋予其流域治理的统筹权。参见《长江立法到了历史最好机遇期》,载《法制日报》2016 年 5 月 10 日,第 9 版。我国也不例外,现行的流域立法有《长江河道采砂管理条例》和《太湖流域管理条例》两部行政法规。关于流域管理,根据《水法》规定,国家对水资源实行流域管理与行政区域管理相结合的管理体制。国务院水行政主管部门在国家确定的重要江河、湖泊设立流域管理机构,即长江、黄河、淮河、海河、珠江、松辽水利委员会和太湖流域管理局。其中,长江、黄河水利委员会为副部级单位,其他均为正厅级单位。

口、滨海湿地、海岛、红树林、珊瑚礁、濒危海洋栖息地等典型、敏感海域开采海砂,极易造成海岸线改变。[①][②] 基于对海岸线和海洋生态环境的特殊保护,《矿产资源犯罪解释》第5条第2款规定:"实施前款规定行为,虽不具有本解释第三条第一款规定的情形,但造成海岸线严重破坏的,应当认定为刑法第三百四十三条第一款规定的'情节严重'。"

(二)危害防洪安全的认定规则

非法采砂行为对河势稳定和防洪安全造成危害的情形复杂,既有对堤防、闸坝、护岸等防洪工程和设施的影响,也有对河势稳定、水流形态和防洪抢险的影响。因此,宜根据现有水法律法规的规定,对非法采砂出现的危害进行综合判断。[③]

从实践来看,危害防洪安全这一抽象概念可以具体化为如下情形:(1)非法采砂造成堤防、闸坝、护岸等防洪工程设施毁损、功能失效的情形。实践中,一些非法采砂活动直接破坏了堤防、闸坝、护岸、护坡、丁坝、分汊河道护底等防洪工程结构,或造成防洪工程护脚前缘土体坍塌,致使防洪工程设施基部空心化,受水流冲刷后导致上述工程毁损,甚至引发渗水管涌甚至岸线崩塌等险情。(2)非法采砂造成河势、流态改变,出现防洪险情、险工、险段的情形。实践中,一些非法采砂活动造成河道局部深坑、堆积大量弃渣,使得河床下切、主流改道、水位下降,导致河势、流态改变,致使已建河道控导及防护工程失效,出现防洪险情、险工、险段。防洪险情有:大坝和堤防的漫溢;坝(堤)体和坝(堤)基大面积的渗水、管涌与流土;堤身的漏洞、跌窝;库岸、堤岸堤坡的崩塌;大风浪对水工建筑物的拍打淘刷;堤坝和其他挡水挡土建筑物的脱坡、滑动与倾覆;混凝土建筑物与土工建筑物接触处的严重渗水等。险工险段,是指河道堤防上存在着不利于堤防防洪安全的隐患所在的工程和堤段。堤防上的主要险工有:滑坡;崩岸、裂缝;漏洞;浪坎;管涌;散浸;跌窝;迎流顶冲;堤脚陡坎;穿堤建筑物接触渗漏;建筑物老化损坏;闸门锈蚀、漏水、变形等。(3)使用禁止使用的或者超出限定功率一定倍数以上的采砂机具进行采砂。实践中,一些非法采砂船只使用禁止使用的采砂机具采砂,或者使用超出限定功率的采砂机具采砂,对水底砂层造成严重扰动,极易出现防洪工程设施损毁、失效,河势、流态改变的后果,影响河势稳定和

---

① 海砂被过度开采后,沙滩的砂子就会随潮汐回填,使海岸线后退。例如,盗采海砂曾使山东省日照市的海岸线后退了100米。参见《"海砂强盗"逍遥法外　联合打击遇入刑争议》,载《法制日报》2010年8月10日,第4版。

② 据《全国生态环境十年变化(2000~2010年)调查评估报告》,中国的自然海岸线长度减少了10.5%,将近减少了2000公里的海岸线。参见《十二届全国人大常委会第二十次会议分组审议二〇一五年度全国环境状况和环境保护目标完成情况的报告》,载《中国环境报》2016年4月27日,第5版。

③ 需要注意的是,此处的危害不同于公共安全的危害。否则,同时构成危害公共安全犯罪的,应当择一重罪从重处断。

防洪安全。如长江中游宜宾段的大功率链斗式挖沙船,很容易就破坏了河床卵砂结构,造成水流和航道改变,引发次生灾害。鄱阳湖、骆马湖的大型吸砂王,可以短时在河床造成数十米深的深坑,对湖泊生态层造成毁灭性破坏。(4)对非法采砂还可能对取水工程、供水工程等工程设施造成损毁,或者导致水位下降,致工程失效,造成公共事故等危害后果。

对于非法采砂导致上述情形的,可以进一步通过消除非法采砂危害后果而采取修复、补救措施需支付的费用认定"是否危害防洪安全"。对于需支付的费用较大的,可以认定为"危害防洪安全"。考虑到在禁采区、禁采期非法采砂,相比一般非法采砂行为,对河势稳定、防洪安全造成的影响与危害程度会更大,需要采取更加严厉的制裁措施进行打击。因此,在禁采区、禁采期采砂,严重影响河势稳定、危害防洪安全的情形的入罪门槛低于在可采区、可采期非法采砂的入罪门槛。

《矿产资源犯罪解释》第 14 条规定,对是否危害防洪安全,依据省级以上人民政府水行政主管部门或者国务院水行政主管部门在国家确定的重要江河、湖泊设立的流域管理机构出具的报告,结合其他证据作出认定。司法实践中需要注意的是:(1)由于危害防洪安全的认定专业性较强,原则上应当严格依照《矿产资源犯罪解释》的规定,由有关主管部门出具报告。司法机关根据报告,并结合案件具体情况认定。(2)省级以上人民政府水行政主管部门或者国务院水行政主管部门在国家确定的重要江河、湖泊设立的流域管理机构就是否危害防洪安全出具报告,应当综合考虑非法采砂行为对堤防、闸坝、护岸等防洪工程和设施的影响,对河势稳定、水流形态和防洪抢险的影响等因素,综合进行判断,最终就是否危害防洪安全提出明确性意见。

(三)造成海岸线严重破坏的认定规则

根据《矿产资源犯罪解释》第 14 条的规定,对于对是否造成海岸线严重破坏,依据省级以上人民政府海洋主管部门出具的报告,结合其他证据作出认定。由于这一问题专业性较强,司法实践中应当由有关主管部门出具报告。司法机关依据报告,并结合其他证据作出认定。

【《矿产资源犯罪解释》条文】

第三条 实施非法采矿行为,具有下列情形之一的,应当认定为刑法第三百四十三条第一款规定的"情节严重":

(一)开采的矿产品价值或者造成矿产资源破坏的价值在十万元至三十万元以上的;

(二)在国家规划矿区、对国民经济具有重要价值的矿区采矿,开采国家规定实行保护性开采的特定矿种,或者在禁采区、禁采期内采矿,开采的矿产品价值或者造成矿产资源破坏的价值在五万元至十五万元以上的;

（三）二年内曾因非法采矿受过两次以上行政处罚，又实施非法采矿行为的；

（四）造成生态环境严重损害的；

（五）其他情节严重的情形。

实施非法采矿行为，具有下列情形之一的，应当认定为刑法第三百四十三条第一款规定的“情节特别严重”：

（一）数额达到前款第一项、第二项规定标准五倍以上的；

（二）造成生态环境特别严重损害的；

（三）其他情节特别严重的情形。

第四条 在河道管理范围内采砂，具有下列情形之一，符合刑法第三百四十三条第一款和本解释第二条、第三条规定的，以非法采矿罪定罪处罚：

（一）依据相关规定应当办理河道采砂许可证，未取得河道采砂许可证的；

（二）依据相关规定应当办理河道采砂许可证和采矿许可证，既未取得河道采砂许可证，又未取得采矿许可证的。

实施前款规定行为，虽不具有本解释第三条第一款规定的情形，但严重影响河势稳定，危害防洪安全的，应当认定为刑法第三百四十三条第一款规定的“情节严重”。

第十三条 非法开采的矿产品价值，根据销赃数额认定；无销赃数额，销赃数额难以查证，或者根据销赃数额认定明显不合理的，根据矿产品价格和数量认定。

矿产品价值难以确定的，依据下列机构出具的报告，结合其他证据作出认定：

（一）价格认证机构出具的报告；

（二）省级以上人民政府国土资源、水行政、海洋等主管部门出具的报告；

（三）国务院水行政主管部门在国家确定的重要江河、湖泊设立的流域管理机构出具的报告。

第十四条 对案件所涉的有关专门性问题难以确定的，依据下列机构出具的鉴定意见或者报告，结合其他证据作出认定：

（一）司法鉴定机构就生态环境损害出具的鉴定意见；

（二）省级以上人民政府国土资源主管部门就造成矿产资源破坏的价值、是否属于破坏性开采方法出具的报告；

（三）省级以上人民政府水行政主管部门或者国务院水行政主管部门在国家确定的重要江河、湖泊设立的流域管理机构就是否危害防洪安全出具的报告；

（四）省级以上人民政府海洋主管部门就是否造成海岸线严重破坏出具的报告。

第十五条 各省、自治区、直辖市高级人民法院、人民检察院，可以根据本地区实际情况，在本解释第三条、第六条规定的数额幅度内，确定本地区执行的具体数额标准，报最高人民法院、最高人民检察院备案。

第三节　非法采砂犯罪的其他法律适用问题

就非法采砂犯罪而言,《矿产资源犯罪解释》除了明确定性和规定定罪量刑标准以外,还涉及掩饰、隐瞒犯罪所得的河砂的定性,多次实施非法采砂违法犯罪价值数额的累计,单位实施非法采砂犯罪的定罪量刑,非法采砂犯罪所得之物与所用之物的处理,以及非法采砂犯罪惩治的宽严相济等法律适用问题。限于篇幅,在此只围绕非法采砂犯罪利益链条的惩治、宽严相济的把握、专门工具的处理和危害航道安全的处断等问题进行阐释。对于非法采砂犯罪涉及的其他问题,可以参阅本书第三章第四节的有关内容。

一、非法采砂犯罪利益链条的惩治

非法采砂,"问题在水上,根子在岸上"。近年来,非法采砂已形成了采、运、储、销一条龙的分工合作模式,构成了利益链条,后续的窝藏、转移、运输、收购、加工、代为销售等环节成为了此类犯罪蔓延的重要原因。因此,严惩非法采砂犯罪,必须注重斩断利益链条,方能收到实效。①

《矿产资源犯罪解释》第 7 条规定:"明知是犯罪所得的矿产品及其产生的收益,而予以窝藏、转移、收购、代为销售或者以其他方法掩饰、隐瞒的,依照刑法第三百一十二条的规定,以掩饰、隐瞒犯罪所得、犯罪所得收益罪定罪处罚。""实施前款规定的犯罪行为,事前通谋的,以共同犯罪论处。"司法实践中,应当充分运用上述规定,有效斩断非法采砂犯罪的利益链条,系统规制非法采砂上下游作业,构建全方位打击非法采砂犯罪的刑事惩治机制。一方面,对于明知是犯罪所得的河砂,而予以窝藏、转移、收购、代为销售或者以其他方法掩饰、隐瞒的,以掩饰、隐瞒犯罪所得罪定罪处罚。例如,对于运砂船舶装运非法采砂船舶偷采的河砂,如果排除事前通谋的,应当以掩饰、隐瞒犯罪所得罪定罪处罚。另一方面,事前通谋,窝藏、转移、收购、代为销售或者以其他方法掩饰、隐瞒犯罪所得的河砂的,以共同犯罪论处。据此,对于存在事前通谋针对砂实施采、运、储、销的各个环节,应当以共同犯罪论处。

二、非法采砂犯罪惩治的宽严相济

《矿产资源犯罪解释》第 10 条规定:"实施非法采矿犯罪,不属于'情节特别严

① 同样,非法采挖海砂的现象也日益猖獗,形成由海砂的开采、运输、加工、销售组成的一条完整产业链条,亟需对犯罪利益链条加以规制。

重’，或者实施破坏性采矿犯罪，行为人系初犯，全部退赃退赔，积极修复环境，并确有悔改表现的，可以认定为犯罪情节轻微，不起诉或者免予刑事处罚。”第 11 条规定：“对受雇佣为非法采矿、破坏性采矿犯罪提供劳务的人员，除参与利润分成或者领取高额固定工资的之外，一般不以犯罪论处，但曾因非法采矿、破坏性采矿受过处罚的除外。”根据该两条规定，办理非法采矿案件应当贯彻宽严相济刑事政策，根据案件具体情况，实行区别对待，突出惩治重点。

1. 贯彻认罪认罚从宽制度。考虑到司法实践中的复杂情况，根据《矿产资源犯罪解释》第 10 条的规定，对于实施非法采砂行为，虽已达到应当追究刑事责任的标准，但行为人系初犯，全部退赃退赔，积极修复环境，并确有悔改表现的，应当按照“认罪认罚从宽”原则处理，即可以认定为犯罪情节轻微，不起诉或者免予刑事处罚。

2. 实行区别对待原则。非法采砂犯罪案件往往具有聚众性的特征。可以说，近年来，非法采砂已由过去的单打独斗逐步演变为不法分子抱团结伙、相互协作的有组织活动，且初步建立了对执法人员、船艇进行盯梢、跟踪、通风报信和集体反制的机制。这就要求根据非法采砂犯罪的具体情况，实行区别对待，突出打击重点。根据《矿产资源犯罪解释》第 11 条的规定，应当重点打击出资者、组织者、经营者。对于其他成员，应当根据其在共同犯罪中的作用，综合考虑参与时间长短、案发后的表现等情况区别对待：对于现场管理人员，虽然其不是采砂主，也不参与投资分红，但其负责管理，在共同犯罪中作用较大，一般应当以对其定罪处罚。对于受雇佣为非法采砂犯罪提供劳务的人员，以及负责后勤采买等辅助事务人员，除参与利润分成或者领取高额固定工资的之外，一般不以犯罪论处，但曾因矿产资源犯罪受过处罚的除外。负责望风了哨、通风报信的人员，虽不直接参与非法采砂，但对于非法采砂而言是必不可少的帮助行为，且对抗查处、逃避侦查的主观恶性明显。对于此类人员，可以根据其在共同犯罪中的作用斟酌处理，特别是对于为阻止执法部门查处实施妨害公务、暴力抗法等行为的，应当依法追究刑事责任。

三、非法采砂犯罪专门工具的处理

《矿产资源犯罪解释》第 12 条规定：“对非法采矿、破坏性采矿犯罪的违法所得及其收益，应当依法追缴或者责令退赔。”“对用于非法采矿、破坏性采矿犯罪的专门工具和供犯罪所用的本人财物，应当依法没收。”据此，司法实践中，对于非法采砂的违法所得及其收益，应当依法追缴或者责令退赔；对用于非法采砂的专门工具和供犯罪所用的本人财物，应当依法没收。在此着重就非法采砂专门工具的处理问题作一探讨。

非法采砂的专门工具主要是采砂机具和采砂船舶。《长江河道采砂管理条例》第 18 条第 1 款规定：“违反本条例规定，未办理河道采砂许可证，擅自在长江采砂的，由县级以上地方人民政府水行政主管部门或者长江水利委员会依据职权，责令停止违法行为，没收违法所得和非法采砂机具，并处十万元以上三十万元以下的罚款；情节严重的，扣押或者没收非法采砂船舶，并对没收的非法采砂船舶予以拍卖，拍卖款项全部上缴财政。"一般而言，采砂机具是非法采砂行为的直接工具，造价相对不高，在行政执法中往往采取现场捣毁、查封、扣押、没收机具等处理方式，争议较小。但是，对于采砂船舶，则情况较为复杂。采砂船舶的价格差异较大。一些小型船舶价值万余元，而在淮河流域的吸砂王、长江干流的大型翻斗式采砂船，造价数百万元至两三千万元。而且，有的采砂船舶系其他船舶改装而成，可以用作其他用途；有的采砂船舶系集资或贷款建造，主体众多或者涉及抵押权等其他项权利；有的采砂船舶还是行为人的基本生活场所。从以往行政执法的实践来看，采取没收、拍卖等方式处理，涉及社会稳定等问题。

对于非法采砂船舶能否作为犯罪工具予以没收，实践中存在较大争议。由于这一问题十分复杂，且涉及面广，法院往往在判决时予以回避，由有关部门裁量处理。实践中，地方综合运用多种手段处置采砂船舶。起草过程中，对于宜否规定该条以及具体表述，存在不同认识：第一种意见认为，宜规定该条，且宜明确对非法采砂船只可以作为"用于犯罪的工具"进行没收，以彻底斩断非法采砂行为的利益链，从经济上使得非法采砂人难以获利，反而遭受巨大损失。第二种意见认为，不宜规定该条，特别是不宜明确采砂船只可以作为"用于犯罪的工具"没收。主要考虑是：(1)如前所述，采砂船只造价从数百万到上千万不等，作为犯罪工具予以没收，似不符合处罚的比例原则。(2)根据刑法第64条的规定，"供犯罪所用的本人财物，应当予以没收"。然而，司法实践中，对于"供犯罪所用的本人财物"的具体范围，存在重大认识分歧。特别是，有些非法采砂船只还有抵押权等他物权，能否认定为"供犯罪所用的本人财物"，恐有争议。(3)当前，人民法院的判决不涉及非法采砂船只的处置，而由地方采取各种措施灵活处置，社会效果良好。而从实践来看，一些非法采砂船只系村民集资或者贷款购买，如果判决予以没收，恐会引发群体性事件，不利于社会的稳定。经研究，《矿产资源犯罪解释》第12条第2款最终采纳了第一种意见，以将非法采砂犯罪专门工具的处理纳入法治轨道，确保相关活动依法有序。当然，司法适用中应当综合考虑案件情况，依法稳妥处理。

四、非法采砂犯罪危害航道安全的处断

从实践来看，非法采砂严重破坏航道，危害航行安全。以长江为例，改革开放以来特别是"十二五"期以来，国家投入大量资金整治长江航道，使长江航运通过能力大幅提升，2015年货物通过量达21.8亿吨，有力促进了沿江经济社会发展。受利益驱动，长江非法采砂现象屡禁不止。采砂过程中抛弃的废石弃渣直接堆到河道里形

成砂堆影响河道,并致使长江流态紊乱,航道条件恶化,严重危及航行安全。据有关部门统计,2012 年,登记在册的长江水上交通事故,超过 70% 涉及非法采砂,死亡失踪人数占比高达 42.1% 。①

稳定的航道条件是船舶航行安全的必要保证。作为国家重要水路交通基础设施,航道既有道路、铁路等交通设施共同的属性,又具有特殊的自然属性。航道通航条件、技术状况随河流水文变化的动态特征,决定了保障船舶安全航行的航道水深、宽度、弯曲半径等技术尺度,直接受河床地貌和水文变化影响。非法采砂直接破坏河床演变的自然规律,导致航道条件恶化,亟须加以规制。《航道法》第 43 条第 2 款规定:"违反本法规定,在航道和航道保护范围内采砂,损害航道通航条件的,由负责航道管理的部门责令停止违法行为,没收违法所得,可以扣押或者没收非法采砂船舶,并处五万元以上三十万元以下罚款;造成损失的,依法承担赔偿责任。"第 46 条规定:"违反本法规定,构成违反治安管理行为的,依法给予治安管理处罚;构成犯罪的,依法追究刑事责任。"而《刑法》第 117 条规定:"破坏轨道、桥梁、隧道、公路、机场、航道、灯塔、标志或者进行其他破坏活动,足以使火车、汽车、电车、船只、航空器发生倾覆、毁坏危险,尚未造成严重后果的,处三年以上十年以下有期徒刑。"第 119 条规定:"破坏交通工具、交通设施、电力设备、燃气设备、易燃易爆设备,造成严重后果的,处十年以上有期徒刑、无期徒刑或者死刑。"因此,破坏航道或者进行其他破坏活动,足以使船只发生倾覆、毁坏危险的,可以同时构成破坏交通设施罪。对此种情形,应择一重罪从重处罚。

【《矿产资源犯罪解释》条文】

第七条　明知是犯罪所得的矿产品及其产生的收益,而予以窝藏、转移、收购、代为销售或者以其他方法掩饰、隐瞒的,依照刑法第三百一十二条的规定,以掩饰、隐瞒犯罪所得、犯罪所得收益罪定罪处罚。

实施前款规定的犯罪行为,事前通谋的,以共同犯罪论处。

第八条　多次非法采矿、破坏性采矿构成犯罪,依法应当追诉的,或者二年内多次非法采矿、破坏性采矿未经处理的,价值数额累计计算。

第九条　单位犯刑法第三百四十三条规定之罪的,依照本解释规定的相应自然人犯罪的定罪量刑标准,对直接负责的主管人员和其他直接责任人员定罪处罚,并对单位判处罚金。

第十条　实施非法采矿犯罪,不属于"情节特别严重",或者实施破坏性采矿犯罪,行为人系初犯,全部退赃退赔,积极修复环境,并确有悔改表现的,可以认定为犯

① 《唐冠军代表:严厉打击长江非法采砂》,载新华网:http://news.xinhuanet.com/politics/2016lh/2016-03/13/c_1118314861.htm,最后访问日期:2016 年 7 月 24 日。

罪情节轻微,不起诉或者免予刑事处罚。

第十一条 对受雇佣为非法采矿、破坏性采矿犯罪提供劳务的人员,除参与利润分成或者领取高额固定工资的以外,一般不以犯罪论处,但曾因非法采矿、破坏性采矿受过处罚的除外。

第十二条 对非法采矿、破坏性采矿犯罪的违法所得及其收益,应当依法追缴或者责令退赔。

对用于非法采矿、破坏性采矿犯罪的专门工具和供犯罪所用的本人财物,应当依法没收。

附录一　办理环境污染犯罪案件常用法律法规及规范性文件

中华人民共和国环境保护法

（1989 年 12 月 26 日第七届全国人民代表大会常务委员会第十一次会议通过　2014 年 4 月 24 日第十二届全国人民代表大会常务委员会第八次会议修订　自 2015 年 1 月 1 日起施行）

目　　录

第一章　总　　则

第一条　为保护和改善环境，防治污染和其他公害，保障公众健康，推进生态文明建设，促进经济社会可持续发展，制定本法。

第二条　本法所称环境，是指影响人类生存和发展的各种天然的和经过人工改造的自然因素的总体，包括大气、水、海洋、土地、矿藏、森林、草原、湿地、野生生物、自然遗迹、人文遗迹、自然保护区、风景名胜区、城市和乡村等。

第三条　本法适用于中华人民共和国领域和中华人民共和国管辖的其他海域。

第四条　保护环境是国家的基本国策。

国家采取有利于节约和循环利用资源、保护和改善环境、促进人与自然和谐的经济、技术政策和措施，使经济社会发展与环境保护相协调。

第五条　环境保护坚持保护优先、预防为主、综合治理、公众参与、损害担责的原则。

第六条　一切单位和个人都有保护环境的义务。

地方各级人民政府应当对本行政区域的环境质量负责。

企业事业单位和其他生产经营者应当防止、减少环境污染和生态破坏，对所造成的损害依法承担责任。

公民应当增强环境保护意识，采取低碳、节俭的生活方式，自觉履行环境保护义务。

第七条 国家支持环境保护科学技术研究、开发和应用，鼓励环境保护产业发展，促进环境保护信息化建设，提高环境保护科学技术水平。

第八条 各级人民政府应当加大保护和改善环境、防治污染和其他公害的财政投入，提高财政资金的使用效益。

第九条 各级人民政府应当加强环境保护宣传和普及工作，鼓励基层群众性自治组织、社会组织、环境保护志愿者开展环境保护法律法规和环境保护知识的宣传，营造保护环境的良好风气。

教育行政部门、学校应当将环境保护知识纳入学校教育内容，培养学生的环境保护意识。

新闻媒体应当开展环境保护法律法规和环境保护知识的宣传，对环境违法行为进行舆论监督。

第十条 国务院环境保护主管部门，对全国环境保护工作实施统一监督管理；县级以上地方人民政府环境保护主管部门，对本行政区域环境保护工作实施统一监督管理。

县级以上人民政府有关部门和军队环境保护部门，依照有关法律的规定对资源保护和污染防治等环境保护工作实施监督管理。

第十一条 对保护和改善环境有显著成绩的单位和个人，由人民政府给予奖励。

第十二条 每年6月5日为环境日。

第二章 监督管理

第十三条 县级以上人民政府应当将环境保护工作纳入国民经济和社会发展规划。

国务院环境保护主管部门会同有关部门，根据国民经济和社会发展规划编制国家环境保护规划，报国务院批准并公布实施。

县级以上地方人民政府环境保护主管部门会同有关部门，根据国家环境保护规划的要求，编制本行政区域的环境保护规划，报同级人民政府批准并公布实施。

环境保护规划的内容应当包括生态保护和污染防治的目标、任务、保障措施等，并与主体功能区规划、土地利用总体规划和城乡规划等相衔接。

第十四条 国务院有关部门和省、自治区、直辖市人民政府组织制定经济、技术政策，应当充分考虑对环境的影响，听取有关方面和专家的意见。

第十五条 国务院环境保护主管部门制定国家环境质量标准。

省、自治区、直辖市人民政府对国家环境质量标准中未作规定的项目，可以制定地方环境质量标准；对国家环境质量标准中已作规定的项目，可以制定严于国家环境质量标准的地方环境质量标准。地方环境质量标准应当报国务院环境保护主管部门备案。

国家鼓励开展环境基准研究。

第十六条 国务院环境保护主管部门根据国家环境质量标准和国家经济、技术条件，制定国家污染物排放标准。

省、自治区、直辖市人民政府对国家污染物排放标准中未作规定的项目，可以制定地方污染物排放标准；对国家污染物排放标准中已作规定的项目，可以制定严于国家污染物排放标准的地方污染物排放标准。地方污染物排放标准应当报国务院环境保护主管部门备案。

第十七条　国家建立、健全环境监测制度。国务院环境保护主管部门制定监测规范，会同有关部门组织监测网络，统一规划国家环境质量监测站（点）的设置，建立监测数据共享机制，加强对环境监测的管理。

有关行业、专业等各类环境质量监测站（点）的设置应当符合法律法规规定和监测规范的要求。

监测机构应当使用符合国家标准的监测设备，遵守监测规范。监测机构及其负责人对监测数据的真实性和准确性负责。

第十八条　省级以上人民政府应当组织有关部门或者委托专业机构，对环境状况进行调查、评价，建立环境资源承载能力监测预警机制。

第十九条　编制有关开发利用规划，建设对环境有影响的项目，应当依法进行环境影响评价。

未依法进行环境影响评价的开发利用规划，不得组织实施；未依法进行环境影响评价的建设项目，不得开工建设。

第二十条　国家建立跨行政区域的重点区域、流域环境污染和生态破坏联合防治协调机制，实行统一规划、统一标准、统一监测、统一的防治措施。

前款规定以外的跨行政区域的环境污染和生态破坏的防治，由上级人民政府协调解决，或者由有关地方人民政府协商解决。

第二十一条　国家采取财政、税收、价格、政府采购等方面的政策和措施，鼓励和支持环境保护技术装备、资源综合利用和环境服务等环境保护产业的发展。

第二十二条　企业事业单位和其他生产经营者，在污染物排放符合法定要求的基础上，进一步减少污染物排放的，人民政府应当依法采取财政、税收、价格、政府采购等方面的政策和措施予以鼓励和支持。

第二十三条　企业事业单位和其他生产经营者，为改善环境，依照有关规定转产、搬迁、关闭的，人民政府应当予以支持。

第二十四条　县级以上人民政府环境保护主管部门及其委托的环境监察机构和其他负有环境保护监督管理职责的部门，有权对排放污染物的企业事业单位和其他生产经营者进行现场检查。被检查者应当如实反映情况，提供必要的资料。实施现场检查的部门、机构及其工作人员应当为被检查者保守商业秘密。

第二十五条　企业事业单位和其他生产经营者违反法律法规规定排放污染物，造成或者可能造成严重污染的，县级以上人民政府环境保护主管部门和其他负有环境保护监督管理职责的部门，可以查封、扣押造成污染物排放的设施、设备。

第二十六条　国家实行环境保护目标责任制和考核评价制度。县级以上人民政府应当将环境保护目标完成情况纳入对本级人民政府负有环境保护监督管理职责的部门及其负责人和下级人民政府及其负责人的考核内容，作为对其考核评价的重要依据。考核结果应当向社会公开。

第二十七条　县级以上人民政府应当每年向本级人民代表大会或者人民代表大会常务委员会报告环境状况和环境保护目标完成情况，对发生的重大环境事件应当及时向本级人民代表大会常务委员会报告，依法接受监督。

第三章　保护和改善环境

第二十八条　地方各级人民政府应当根据环境保护目标和治理任务，采取有效措施，改善环境质量。

未达到国家环境质量标准的重点区域、流域的有关地方人民政府，应当制定限期达标规划，并采取措施按期达标。

第二十九条　国家在重点生态功能区、生态环境敏感区和脆弱区等区域划定生态保护红线，实行严格保护。

各级人民政府对具有代表性的各种类型的自然生态系统区域，珍稀、濒危的野生动植物自然分布区域，重要的水源涵养区域，具有重大科学文化价值的地质构造、著名溶洞和化石分布区、冰川、火山、温泉等自然遗迹，以及人文遗迹、古树名木，应当采取措施予以保护，严禁破坏。

第三十条　开发利用自然资源，应当合理开发，保护生物多样性，保障生态安全，依法制定有关生态保护和恢复治理方案并予以实施。

引进外来物种以及研究、开发和利用生物技术，应当采取措施，防止对生物多样性的破坏。

第三十一条　国家建立、健全生态保护补偿制度。

国家加大对生态保护地区的财政转移支付力度。有关地方人民政府应当落实生态保护补偿资金，确保其用于生态保护补偿。

国家指导受益地区和生态保护地区人民政府通过协商或者按照市场规则进行生态保护补偿。

第三十二条　国家加强对大气、水、土壤等的保护，建立和完善相应的调查、监测、评估和修复制度。

第三十三条　各级人民政府应当加强对农业环境的保护，促进农业环境保护新技术的使用，加强对农业污染源的监测预警，统筹有关部门采取措施，防治土壤污染和土地沙化、盐渍化、贫瘠化、石漠化、地面沉降以及防治植被破坏、水土流失、水体富营养化、水源枯竭、种源灭绝等生态失调现象，推广植物病虫害的综合防治。

县级、乡级人民政府应当提高农村环境保护公共服务水平，推动农村环境综合整治。

第三十四条　国务院和沿海地方各级人民政府应当加强对海洋环境的保护。向海洋排放污染物、倾倒废弃物，进行海岸工程和海洋工程建设，应当符合法律法规规定和有关标准，防止和减少对海洋环境的污染损害。

第三十五条　城乡建设应当结合当地自然环境的特点，保护植被、水域和自然景观，加强城市园林、绿地和风景名胜区的建设与管理。

第三十六条　国家鼓励和引导公民、法人和其他组织使用有利于保护环境的产品和再生产品，减少废弃物的产生。

国家机关和使用财政资金的其他组织应当优先采购和使用节能、节水、节材等有利于保护环境的产品、设备和设施。

第三十七条　地方各级人民政府应当采取措施，组织对生活废弃物的分类处置、回收利用。

第三十八条　公民应当遵守环境保护法律法规,配合实施环境保护措施,按照规定对生活废弃物进行分类放置,减少日常生活对环境造成的损害。

第三十九条　国家建立、健全环境与健康监测、调查和风险评估制度;鼓励和组织开展环境质量对公众健康影响的研究,采取措施预防和控制与环境污染有关的疾病。

第四章　防治污染和其他公害

第四十条　国家促进清洁生产和资源循环利用。

国务院有关部门和地方各级人民政府应当采取措施,推广清洁能源的生产和使用。

企业应当优先使用清洁能源,采用资源利用率高、污染物排放量少的工艺、设备以及废弃物综合利用技术和污染物无害化处理技术,减少污染物的产生。

第四十一条　建设项目中防治污染的设施,应当与主体工程同时设计、同时施工、同时投产使用。防治污染的设施应当符合经批准的环境影响评价文件的要求,不得擅自拆除或者闲置。

第四十二条　排放污染物的企业事业单位和其他生产经营者,应当采取措施,防治在生产建设或者其他活动中产生的废气、废水、废渣、医疗废物、粉尘、恶臭气体、放射性物质以及噪声、振动、光辐射、电磁辐射等对环境的污染和危害。

排放污染物的企业事业单位,应当建立环境保护责任制度,明确单位负责人和相关人员的责任。

重点排污单位应当按照国家有关规定和监测规范安装使用监测设备,保证监测设备正常运行,保存原始监测记录。

严禁通过暗管、渗井、渗坑、灌注或者篡改、伪造监测数据,或者不正常运行防治污染设施等逃避监管的方式违法排放污染物。

第四十三条　排放污染物的企业事业单位和其他生产经营者,应当按照国家有关规定缴纳排污费。排污费应当全部专项用于环境污染防治,任何单位和个人不得截留、挤占或者挪作他用。

依照法律规定征收环境保护税的,不再征收排污费。

第四十四条　国家实行重点污染物排放总量控制制度。重点污染物排放总量控制指标由国务院下达,省、自治区、直辖市人民政府分解落实。企业事业单位在执行国家和地方污染物排放标准的同时,应当遵守分解落实到本单位的重点污染物排放总量控制指标。

对超过国家重点污染物排放总量控制指标或者未完成国家确定的环境质量目标的地区,省级以上人民政府环境保护主管部门应当暂停审批其新增重点污染物排放总量的建设项目环境影响评价文件。

第四十五条　国家依照法律规定实行排污许可管理制度。

实行排污许可管理的企业事业单位和其他生产经营者应当按照排污许可证的要求排放污染物;未取得排污许可证的,不得排放污染物。

第四十六条　国家对严重污染环境的工艺、设备和产品实行淘汰制度。任何单位和个人不得生产、销售或者转移、使用严重污染环境的工艺、设备和产品。

禁止引进不符合我国环境保护规定的技术、设备、材料和产品。

第四十七条　各级人民政府及其有关部门和企业事业单位,应当依照《中华人民共和国突发事件应对法》的规定，做好突发环境事件的风险控制、应急准备、应急处置和事后恢复等工作。

县级以上人民政府应当建立环境污染公共监测预警机制，组织制定预警方案；环境受到污染，可能影响公众健康和环境安全时，依法及时公布预警信息，启动应急措施。

企业事业单位应当按照国家有关规定制定突发环境事件应急预案，报环境保护主管部门和有关部门备案。在发生或者可能发生突发环境事件时，企业事业单位应当立即采取措施处理，及时通报可能受到危害的单位和居民，并向环境保护主管部门和有关部门报告。

突发环境事件应急处置工作结束后，有关人民政府应当立即组织评估事件造成的环境影响和损失，并及时将评估结果向社会公布。

第四十八条 生产、储存、运输、销售、使用、处置化学物品和含有放射性物质的物品，应当遵守国家有关规定，防止污染环境。

第四十九条 各级人民政府及其农业等有关部门和机构应当指导农业生产经营者科学种植和养殖，科学合理施用农药、化肥等农业投入品，科学处置农用薄膜、农作物秸秆等农业废弃物，防止农业面源污染。

禁止将不符合农用标准和环境保护标准的固体废物、废水施入农田。施用农药、化肥等农业投入品及进行灌溉，应当采取措施，防止重金属和其他有毒有害物质污染环境。

畜禽养殖场、养殖小区、定点屠宰企业等的选址、建设和管理应当符合有关法律法规规定。从事畜禽养殖和屠宰的单位和个人应当采取措施，对畜禽粪便、尸体和污水等废弃物进行科学处置，防止污染环境。

县级人民政府负责组织农村生活废弃物的处置工作。

第五十条 各级人民政府应当在财政预算中安排资金，支持农村饮用水水源地保护、生活污水和其他废弃物处理、畜禽养殖和屠宰污染防治、土壤污染防治和农村工矿污染治理等环境保护工作。

第五十一条 各级人民政府应当统筹城乡建设污水处理设施及配套管网，固体废物的收集、运输和处置等环境卫生设施，危险废物集中处置设施、场所以及其他环境保护公共设施，并保障其正常运行。

第五十二条 国家鼓励投保环境污染责任保险。

第五章 信息公开和公众参与

第五十三条 公民、法人和其他组织依法享有获取环境信息、参与和监督环境保护的权利。

各级人民政府环境保护主管部门和其他负有环境保护监督管理职责的部门，应当依法公开环境信息、完善公众参与程序，为公民、法人和其他组织参与和监督环境保护提供便利。

第五十四条 国务院环境保护主管部门统一发布国家环境质量、重点污染源监测信息及其他重大环境信息。省级以上人民政府环境保护主管部门定期发布环境状况公报。

县级以上人民政府环境保护主管部门和其他负有环境保护监督管理职责的部门，应当依法公开环境质量、环境监测、突发环境事件以及环境行政许可、行政处罚、排污费的征收和使用情况等信息。

县级以上地方人民政府环境保护主管部门和其他负有环境保护监督管理职责的部门，

应当将企业事业单位和其他生产经营者的环境违法信息记入社会诚信档案，及时向社会公布违法者名单。

第五十五条　重点排污单位应当如实向社会公开其主要污染物的名称、排放方式、排放浓度和总量、超标排放情况，以及防治污染设施的建设和运行情况，接受社会监督。

第五十六条　对依法应当编制环境影响报告书的建设项目，建设单位应当在编制时向可能受影响的公众说明情况，充分征求意见。

负责审批建设项目环境影响评价文件的部门在收到建设项目环境影响报告书后，除涉及国家秘密和商业秘密的事项外，应当全文公开；发现建设项目未充分征求公众意见的，应当责成建设单位征求公众意见。

第五十七条　公民、法人和其他组织发现任何单位和个人有污染环境和破坏生态行为的，有权向环境保护主管部门或者其他负有环境保护监督管理职责的部门举报。

公民、法人和其他组织发现地方各级人民政府、县级以上人民政府环境保护主管部门和其他负有环境保护监督管理职责的部门不依法履行职责的，有权向其上级机关或者监察机关举报。

接受举报的机关应当对举报人的相关信息予以保密，保护举报人的合法权益。

第五十八条　对污染环境、破坏生态，损害社会公共利益的行为，符合下列条件的社会组织可以向人民法院提起诉讼：

（一）依法在设区的市级以上人民政府民政部门登记；

（二）专门从事环境保护公益活动连续五年以上且无违法记录。

符合前款规定的社会组织向人民法院提起诉讼，人民法院应当依法受理。

提起诉讼的社会组织不得通过诉讼牟取经济利益。

第六章　法律责任

第五十九条　企业事业单位和其他生产经营者违法排放污染物，受到罚款处罚，被责令改正，拒不改正的，依法作出处罚决定的行政机关可以自责令改正之日的次日起，按照原处罚数额按日连续处罚。

前款规定的罚款处罚，依照有关法律法规按照防治污染设施的运行成本、违法行为造成的直接损失或者违法所得等因素确定的规定执行。

地方性法规可以根据环境保护的实际需要，增加第一款规定的按日连续处罚的违法行为的种类。

第六十条　企业事业单位和其他生产经营者超过污染物排放标准或者超过重点污染物排放总量控制指标排放污染物的，县级以上人民政府环境保护主管部门可以责令其采取限制生产、停产整治等措施；情节严重的，报经有批准权的人民政府批准，责令停业、关闭。

第六十一条　建设单位未依法提交建设项目环境影响评价文件或者环境影响评价文件未经批准，擅自开工建设的，由负有环境保护监督管理职责的部门责令停止建设，处以罚款，并可以责令恢复原状。

第六十二条　违反本法规定，重点排污单位不公开或者不如实公开环境信息的，由县级以上地方人民政府环境保护主管部门责令公开，处以罚款，并予以公告。

第六十三条　企业事业单位和其他生产经营者有下列行为之一，尚不构成犯罪的，除依照有关法律法规规定予以处罚外,由县级以上人民政府环境保护主管部门或者其他有关部门将案件移送公安机关,对其直接负责的主管人员和其他直接责任人员,处十日以上十五日以下拘留;情节较轻的,处五日以上十日以下拘留:

(一)建设项目未依法进行环境影响评价,被责令停止建设,拒不执行的;

(二)违反法律规定,未取得排污许可证排放污染物,被责令停止排污,拒不执行的;

(三)通过暗管、渗井、渗坑、灌注或者篡改、伪造监测数据,或者不正常运行防治污染设施等逃避监管的方式违法排放污染物的;

(四)生产、使用国家明令禁止生产、使用的农药,被责令改正,拒不改正的。

第六十四条 因污染环境和破坏生态造成损害的,应当依照《中华人民共和国侵权责任法》的有关规定承担侵权责任。

第六十五条 环境影响评价机构、环境监测机构以及从事环境监测设备和防治污染设施维护、运营的机构,在有关环境服务活动中弄虚作假,对造成的环境污染和生态破坏负有责任的,除依照有关法律法规规定予以处罚外,还应当与造成环境污染和生态破坏的其他责任者承担连带责任。

第六十六条 提起环境损害赔偿诉讼的时效期间为三年,从当事人知道或者应当知道其受到损害时起计算。

第六十七条 上级人民政府及其环境保护主管部门应当加强对下级人民政府及其有关部门环境保护工作的监督。发现有关工作人员有违法行为,依法应当给予处分的,应当向其任免机关或者监察机关提出处分建议。

依法应当给予行政处罚,而有关环境保护主管部门不给予行政处罚的,上级人民政府环境保护主管部门可以直接作出行政处罚的决定。

第六十八条 地方各级人民政府、县级以上人民政府环境保护主管部门和其他负有环境保护监督管理职责的部门有下列行为之一的,对直接负责的主管人员和其他直接责任人员给予记过、记大过或者降级处分;造成严重后果的,给予撤职或者开除处分,其主要负责人应当引咎辞职:

(一)不符合行政许可条件准予行政许可的;

(二)对环境违法行为进行包庇的;

(三)依法应当作出责令停业、关闭的决定而未作出的;

(四)对超标排放污染物、采用逃避监管的方式排放污染物、造成环境事故以及不落实生态保护措施造成生态破坏等行为,发现或者接到举报未及时查处的;

(五)违反本法规定,查封、扣押企业事业单位和其他生产经营者的设施、设备的;

(六)篡改、伪造或者指使篡改、伪造监测数据的;

(七)应当依法公开环境信息而未公开的;

(八)将征收的排污费截留、挤占或者挪作他用的;

(九)法律法规规定的其他违法行为。

第六十九条 违反本法规定,构成犯罪的,依法追究刑事责任。

第七章 附　　则

第七十条 本法自2015年1月1日起施行。

中华人民共和国大气污染防治法

（1987 年 9 月 5 日第六届全国人民代表大会常务委员会第二十二次会议通过　根据 1995 年 8 月 29 日第八届全国人民代表大会常务委员会第十五次会议《关于修改〈中华人民共和国大气污染防治法〉的决定》修正　2000 年 4 月 29 日第九届全国人民代表大会常务委员会第十五次会议第一次修订　2015 年 8 月 29 日第十二届全国人民代表大会常务委员会第十六次会议第二次修订）

目　　录

第一章　总　　则

第一条　为保护和改善环境，防治大气污染，保障公众健康，推进生态文明建设，促进经济社会可持续发展，制定本法。

第二条　防治大气污染，应当以改善大气环境质量为目标，坚持源头治理，规划先行，转变经济发展方式，优化产业结构和布局，调整能源结构。

防治大气污染，应当加强对燃煤、工业、机动车船、扬尘、农业等大气污染的综合防治，推行区域大气污染联合防治，对颗粒物、二氧化硫、氮氧化物、挥发性有机物、氨等大气污染物和温室气体实施协同控制。

第三条　县级以上人民政府应当将大气污染防治工作纳入国民经济和社会发展规划，加大对大气污染防治的财政投入。

地方各级人民政府应当对本行政区域的大气环境质量负责，制定规划，采取措施，控制或者逐步削减大气污染物的排放量，使大气环境质量达到规定标准并逐步改善。

第四条 国务院环境保护主管部门会同国务院有关部门，按照国务院的规定，对省、自治区、直辖市大气环境质量改善目标、大气污染防治重点任务完成情况进行考核。省、自治区、直辖市人民政府制定考核办法，对本行政区域内地方大气环境质量改善目标、大气污染防治重点任务完成情况实施考核。考核结果应当向社会公开。

第五条 县级以上人民政府环境保护主管部门对大气污染防治实施统一监督管理。

县级以上人民政府其他有关部门在各自职责范围内对大气污染防治实施监督管理。

第六条 国家鼓励和支持大气污染防治科学技术研究，开展对大气污染来源及其变化趋势的分析，推广先进适用的大气污染防治技术和装备，促进科技成果转化，发挥科学技术在大气污染防治中的支撑作用。

第七条 企业事业单位和其他生产经营者应当采取有效措施，防止、减少大气污染，对所造成的损害依法承担责任。

公民应当增强大气环境保护意识，采取低碳、节俭的生活方式，自觉履行大气环境保护义务。

第二章 大气污染防治标准和限期达标规划

第八条 国务院环境保护主管部门或者省、自治区、直辖市人民政府制定大气环境质量标准，应当以保障公众健康和保护生态环境为宗旨，与经济社会发展相适应，做到科学合理。

第九条 国务院环境保护主管部门或者省、自治区、直辖市人民政府制定大气污染物排放标准，应当以大气环境质量标准和国家经济、技术条件为依据。

第十条 制定大气环境质量标准、大气污染物排放标准，应当组织专家进行审查和论证，并征求有关部门、行业协会、企业事业单位和公众等方面的意见。

第十一条 省级以上人民政府环境保护主管部门应当在其网站上公布大气环境质量标准、大气污染物排放标准，供公众免费查阅、下载。

第十二条 大气环境质量标准、大气污染物排放标准的执行情况应当定期进行评估，根据评估结果对标准适时进行修订。

第十三条 制定燃煤、石油焦、生物质燃料、涂料等含挥发性有机物的产品、烟花爆竹以及锅炉等产品的质量标准，应当明确大气环境保护要求。

制定燃油质量标准，应当符合国家大气污染物控制要求，并与国家机动车船、非道路移动机械大气污染物排放标准相互衔接，同步实施。

前款所称非道路移动机械，是指装配有发动机的移动机械和可运输工业设备。

第十四条 未达到国家大气环境质量标准城市的人民政府应当及时编制大气环境质量限期达标规划，采取措施，按照国务院或者省级人民政府规定的期限达到大气环境质量标准。

编制城市大气环境质量限期达标规划，应当征求有关行业协会、企业事业单位、专家和公众等方面的意见。

第十五条 城市大气环境质量限期达标规划应当向社会公开。直辖市和设区的市的大气环境质量限期达标规划应当报国务院环境保护主管部门备案。

第十六条 城市人民政府每年在向本级人民代表大会或者其常务委员会报告环境状况和环境保护目标完成情况时，应当报告大气环境质量限期达标规划执行情况，并向社会公开。

第十七条　城市大气环境质量限期达标规划应当根据大气污染防治的要求和经济、技术条件适时进行评估、修订。

第三章　大气污染防治的监督管理

第十八条　企业事业单位和其他生产经营者建设对大气环境有影响的项目，应当依法进行环境影响评价、公开环境影响评价文件；向大气排放污染物的，应当符合大气污染物排放标准，遵守重点大气污染物排放总量控制要求。

第十九条　排放工业废气或者本法第七十八条规定名录中所列有毒有害大气污染物的企业事业单位、集中供热设施的燃煤热源生产运营单位以及其他依法实行排污许可管理的单位，应当取得排污许可证。排污许可的具体办法和实施步骤由国务院规定。

第二十条　企业事业单位和其他生产经营者向大气排放污染物的，应当依照法律法规和国务院环境保护主管部门的规定设置大气污染物排放口。

禁止通过偷排、篡改或者伪造监测数据、以逃避现场检查为目的的临时停产、非紧急情况下开启应急排放通道、不正常运行大气污染防治设施等逃避监管的方式排放大气污染物。

第二十一条　国家对重点大气污染物排放实行总量控制。

重点大气污染物排放总量控制目标，由国务院环境保护主管部门在征求国务院有关部门和各省、自治区、直辖市人民政府意见后，会同国务院经济综合主管部门报国务院批准并下达实施。

省、自治区、直辖市人民政府应当按照国务院下达的总量控制目标，控制或者削减本行政区域的重点大气污染物排放总量。

确定总量控制目标和分解总量控制指标的具体办法，由国务院环境保护主管部门会同国务院有关部门规定。省、自治区、直辖市人民政府可以根据本行政区域大气污染防治的需要，对国家重点大气污染物之外的其他大气污染物排放实行总量控制。

国家逐步推行重点大气污染物排污权交易。

第二十二条　对超过国家重点大气污染物排放总量控制指标或者未完成国家下达的大气环境质量改善目标的地区，省级以上人民政府环境保护主管部门应当会同有关部门约谈该地区人民政府的主要负责人，并暂停审批该地区新增重点大气污染物排放总量的建设项目环境影响评价文件。约谈情况应当向社会公开。

第二十三条　国务院环境保护主管部门负责制定大气环境质量和大气污染源的监测和评价规范，组织建设与管理全国大气环境质量和大气污染源监测网，组织开展大气环境质量和大气污染源监测，统一发布全国大气环境质量状况信息。

县级以上地方人民政府环境保护主管部门负责组织建设与管理本行政区域大气环境质量和大气污染源监测网，开展大气环境质量和大气污染源监测，统一发布本行政区域大气环境质量状况信息。

第二十四条　企业事业单位和其他生产经营者应当按照国家有关规定和监测规范，对其排放的工业废气和本法第七十八条规定名录中所列有毒有害大气污染物进行监测，并保存原始监测记录。其中，重点排污单位应当安装、使用大气污染物排放自动监测设备，与环境保护主管部门的监控设备联网，保证监测设备正常运行并依法公开排放信息。监测的具体办法和重点排污单位的条件由国务院环境保护主管部门规定。

重点排污单位名录由设区的市级以上地方人民政府环境保护主管部门按照国务院环境保护主管部门的规定，根据本行政区域的大气环境承载力、重点大气污染物排放总量控制指标的要求以及排污单位排放大气污染物的种类、数量和浓度等因素，商有关部门确定，并向社会公布。

第二十五条 重点排污单位应当对自动监测数据的真实性和准确性负责。环境保护主管部门发现重点排污单位的大气污染物排放自动监测设备传输数据异常，应当及时进行调查。

第二十六条 禁止侵占、损毁或者擅自移动、改变大气环境质量监测设施和大气污染物排放自动监测设备。

第二十七条 国家对严重污染大气环境的工艺、设备和产品实行淘汰制度。

国务院经济综合主管部门会同国务院有关部门确定严重污染大气环境的工艺、设备和产品淘汰期限，并纳入国家综合性产业政策目录。

生产者、进口者、销售者或者使用者应当在规定期限内停止生产、进口、销售或者使用列入前款规定目录中的设备和产品。工艺的采用者应当在规定期限内停止采用列入前款规定目录中的工艺。

被淘汰的设备和产品，不得转让给他人使用。

第二十八条 国务院环境保护主管部门会同有关部门，建立和完善大气污染损害评估制度。

第二十九条 环境保护主管部门及其委托的环境监察机构和其他负有大气环境保护监督管理职责的部门，有权通过现场检查监测、自动监测、遥感监测、远红外摄像等方式，对排放大气污染物的企业事业单位和其他生产经营者进行监督检查。被检查者应当如实反映情况，提供必要的资料。实施检查的部门、机构及其工作人员应当为被检查者保守商业秘密。

第三十条 企业事业单位和其他生产经营者违反法律法规规定排放大气污染物，造成或者可能造成严重大气污染，或者有关证据可能灭失或者被隐匿的，县级以上人民政府环境保护主管部门和其他负有大气环境保护监督管理职责的部门，可以对有关设施、设备、物品采取查封、扣押等行政强制措施。

第三十一条 环境保护主管部门和其他负有大气环境保护监督管理职责的部门应当公布举报电话、电子邮箱等，方便公众举报。

环境保护主管部门和其他负有大气环境保护监督管理职责的部门接到举报的，应当及时处理并对举报人的相关信息予以保密；对实名举报的，应当反馈处理结果等情况，查证属实的，处理结果依法向社会公开，并对举报人给予奖励。

举报人举报所在单位的，该单位不得以解除、变更劳动合同或者其他方式对举报人进行打击报复。

第四章　大气污染防治措施

第一节　燃煤和其他能源污染防治

第三十二条 国务院有关部门和地方各级人民政府应当采取措施，调整能源结构，推广清洁能源的生产和使用；优化煤炭使用方式，推广煤炭清洁高效利用，逐步降低煤炭在一次能源消费中的比重，减少煤炭生产、使用、转化过程中的大气污染物排放。

第三十三条　国家推行煤炭洗选加工，降低煤炭的硫分和灰分，限制高硫分、高灰分煤炭的开采。新建煤矿应当同步建设配套的煤炭洗选设施，使煤炭的硫分、灰分含量达到规定标准；已建成的煤矿除所采煤炭属于低硫分、低灰分或者根据已达标排放的燃煤电厂要求不需要洗选的以外，应当限期建成配套的煤炭洗选设施。

禁止开采含放射性和砷等有毒有害物质超过规定标准的煤炭。

第三十四条　国家采取有利于煤炭清洁高效利用的经济、技术政策和措施，鼓励和支持洁净煤技术的开发和推广。

国家鼓励煤矿企业等采用合理、可行的技术措施，对煤层气进行开采利用，对煤矸石进行综合利用。从事煤层气开采利用的，煤层气排放应当符合有关标准规范。

第三十五条　国家禁止进口、销售和燃用不符合质量标准的煤炭，鼓励燃用优质煤炭。

单位存放煤炭、煤矸石、煤渣、煤灰等物料，应当采取防燃措施，防止大气污染。

第三十六条　地方各级人民政府应当采取措施，加强民用散煤的管理，禁止销售不符合民用散煤质量标准的煤炭，鼓励居民燃用优质煤炭和洁净型煤，推广节能环保型炉灶。

第三十七条　石油炼制企业应当按照燃油质量标准生产燃油。

禁止进口、销售和燃用不符合质量标准的石油焦。

第三十八条　城市人民政府可以划定并公布高污染燃料禁燃区，并根据大气环境质量改善要求，逐步扩大高污染燃料禁燃区范围。高污染燃料的目录由国务院环境保护主管部门确定。

在禁燃区内，禁止销售、燃用高污染燃料；禁止新建、扩建燃用高污染燃料的设施，已建成的，应当在城市人民政府规定的期限内改用天然气、页岩气、液化石油气、电或者其他清洁能源。

第三十九条　城市建设应当统筹规划，在燃煤供热地区，推进热电联产和集中供热。在集中供热管网覆盖地区，禁止新建、扩建分散燃煤供热锅炉；已建成的不能达标排放的燃煤供热锅炉，应当在城市人民政府规定的期限内拆除。

第四十条　县级以上人民政府质量监督部门应当会同环境保护主管部门对锅炉生产、进口、销售和使用环节执行环境保护标准或者要求的情况进行监督检查；不符合环境保护标准或者要求的，不得生产、进口、销售和使用。

第四十一条　燃煤电厂和其他燃煤单位应当采用清洁生产工艺，配套建设除尘、脱硫、脱硝等装置，或者采取技术改造等其他控制大气污染物排放的措施。

国家鼓励燃煤单位采用先进的除尘、脱硫、脱硝、脱汞等大气污染物协同控制的技术和装置，减少大气污染物的排放。

第四十二条　电力调度应当优先安排清洁能源发电上网。

第二节　工业污染防治

第四十三条　钢铁、建材、有色金属、石油、化工等企业生产过程中排放粉尘、硫化物和氮氧化物的，应当采用清洁生产工艺，配套建设除尘、脱硫、脱硝等装置，或者采取技术改造等其他控制大气污染物排放的措施。

第四十四条　生产、进口、销售和使用含挥发性有机物的原材料和产品的，其挥发性有机物含量应当符合质量标准或者要求。

国家鼓励生产、进口、销售和使用低毒、低挥发性有机溶剂。

第四十五条 产生含挥发性有机物废气的生产和服务活动，应当在密闭空间或者设备中进行，并按照规定安装、使用污染防治设施；无法密闭的，应当采取措施减少废气排放。

第四十六条 工业涂装企业应当使用低挥发性有机物含量的涂料，并建立台账，记录生产原料、辅料的使用量、废弃量、去向以及挥发性有机物含量。台账保存期限不得少于三年。

第四十七条 石油、化工以及其他生产和使用有机溶剂的企业，应当采取措施对管道、设备进行日常维护、维修，减少物料泄漏，对泄漏的物料应当及时收集处理。

储油储气库、加油加气站、原油成品油码头、原油成品油运输船舶和油罐车、气罐车等，应当按照国家有关规定安装油气回收装置并保持正常使用。

第四十八条 钢铁、建材、有色金属、石油、化工、制药、矿产开采等企业，应当加强精细化管理，采取集中收集处理等措施，严格控制粉尘和气态污染物的排放。

工业生产企业应当采取密闭、围挡、遮盖、清扫、洒水等措施，减少内部物料的堆存、传输、装卸等环节产生的粉尘和气态污染物的排放。

第四十九条 工业生产、垃圾填埋或者其他活动产生的可燃性气体应当回收利用，不具备回收利用条件的，应当进行污染防治处理。

可燃性气体回收利用装置不能正常作业的，应当及时修复或者更新。在回收利用装置不能正常作业期间确需排放可燃性气体的，应当将排放的可燃性气体充分燃烧或者采取其他控制大气污染物排放的措施，并向当地环境保护主管部门报告，按照要求限期修复或者更新。

第三节　机动车船等污染防治

第五十条 国家倡导低碳、环保出行，根据城市规划合理控制燃油机动车保有量，大力发展城市公共交通，提高公共交通出行比例。

国家采取财政、税收、政府采购等措施推广应用节能环保型和新能源机动车船、非道路移动机械，限制高油耗、高排放机动车船、非道路移动机械的发展，减少化石能源的消耗。

省、自治区、直辖市人民政府可以在条件具备的地区，提前执行国家机动车大气污染物排放标准中相应阶段排放限值，并报国务院环境保护主管部门备案。

城市人民政府应当加强并改善城市交通管理，优化道路设置，保障人行道和非机动车道的连续、畅通。

第五十一条 机动车船、非道路移动机械不得超过标准排放大气污染物。

禁止生产、进口或者销售大气污染物排放超过标准的机动车船、非道路移动机械。

第五十二条 机动车、非道路移动机械生产企业应当对新生产的机动车和非道路移动机械进行排放检验。经检验合格的，方可出厂销售。检验信息应当向社会公开。

省级以上人民政府环境保护主管部门可以通过现场检查、抽样检测等方式，加强对新生产、销售机动车和非道路移动机械大气污染物排放状况的监督检查。工业、质量监督、工商行政管理等有关部门予以配合。

第五十三条 在用机动车应当按照国家或者地方的有关规定，由机动车排放检验机构定期对其进行排放检验。经检验合格的，方可上道路行驶。未经检验合格的，公安机关交通管理部门不得核发安全技术检验合格标志。

县级以上地方人民政府环境保护主管部门可以在机动车集中停放地、维修地对在用机动车的大气污染物排放状况进行监督抽测；在不影响正常通行的情况下，可以通过遥感监测等技术手段对在道路上行驶的机动车的大气污染物排放状况进行监督抽测，公安机关交通管理部门予以配合。

第五十四条　机动车排放检验机构应当依法通过计量认证，使用经依法检定合格的机动车排放检验设备，按照国务院环境保护主管部门制定的规范，对机动车进行排放检验，并与环境保护主管部门联网，实现检验数据实时共享。机动车排放检验机构及其负责人对检验数据的真实性和准确性负责。

环境保护主管部门和认证认可监督管理部门应当对机动车排放检验机构的排放检验情况进行监督检查。

第五十五条　机动车生产、进口企业应当向社会公布其生产、进口机动车车型的排放检验信息、污染控制技术信息和有关维修技术信息。

机动车维修单位应当按照防治大气污染的要求和国家有关技术规范对在用机动车进行维修，使其达到规定的排放标准。交通运输、环境保护主管部门应当依法加强监督管理。

禁止机动车所有人以临时更换机动车污染控制装置等弄虚作假的方式通过机动车排放检验。禁止机动车维修单位提供该类维修服务。禁止破坏机动车车载排放诊断系统。

第五十六条　环境保护主管部门应当会同交通运输、住房城乡建设、农业行政、水行政等有关部门对非道路移动机械的大气污染物排放状况进行监督检查，排放不合格的，不得使用。

第五十七条　国家倡导环保驾驶，鼓励燃油机动车驾驶人在不影响道路通行且需停车三分钟以上的情况下熄灭发动机，减少大气污染物的排放。

第五十八条　国家建立机动车和非道路移动机械环境保护召回制度。

生产、进口企业获知机动车、非道路移动机械排放大气污染物超过标准，属于设计、生产缺陷或者不符合规定的环境保护耐久性要求的，应当召回；未召回的，由国务院质量监督部门会同国务院环境保护主管部门责令其召回。

第五十九条　在用重型柴油车、非道路移动机械未安装污染控制装置或者污染控制装置不符合要求，不能达标排放的，应当加装或者更换符合要求的污染控制装置。

第六十条　在用机动车排放大气污染物超过标准的，应当进行维修；经维修或者采用污染控制技术后，大气污染物排放仍不符合国家在用机动车排放标准的，应当强制报废。其所有人应当将机动车交售给报废机动车回收拆解企业，由报废机动车回收拆解企业按照国家有关规定进行登记、拆解、销毁等处理。

国家鼓励和支持高排放机动车船、非道路移动机械提前报废。

第六十一条　城市人民政府可以根据大气环境质量状况，划定并公布禁止使用高排放非道路移动机械的区域。

第六十二条　船舶检验机构对船舶发动机及有关设备进行排放检验。经检验符合国家排放标准的，船舶方可运营。

第六十三条　内河和江海直达船舶应当使用符合标准的普通柴油。远洋船舶靠港后应当使用符合大气污染物控制要求的船舶用燃油。

新建码头应当规划、设计和建设岸基供电设施；已建成的码头应当逐步实施岸基供电设施改造。船舶靠港后应当优先使用岸电。

第六十四条 国务院交通运输主管部门可以在沿海海域划定船舶大气污染物排放控制区，进入排放控制区的船舶应当符合船舶相关排放要求。

第六十五条 禁止生产、进口、销售不符合标准的机动车船、非道路移动机械用燃料；禁止向汽车和摩托车销售普通柴油以及其他非机动车用燃料；禁止向非道路移动机械、内河和江海直达船舶销售渣油和重油。

第六十六条 发动机油、氮氧化物还原剂、燃料和润滑油添加剂以及其他添加剂的有害物质含量和其他大气环境保护指标，应当符合有关标准的要求，不得损害机动车船污染控制装置效果和耐久性，不得增加新的大气污染物排放。

第六十七条 国家积极推进民用航空器的大气污染防治，鼓励在设计、生产、使用过程中采取有效措施减少大气污染物排放。

民用航空器应当符合国家规定的适航标准中的有关发动机排出物要求。

第四节 扬尘污染防治

第六十八条 地方各级人民政府应当加强对建设施工和运输的管理，保持道路清洁，控制料堆和渣土堆放，扩大绿地、水面、湿地和地面铺装面积，防治扬尘污染。

住房城乡建设、市容环境卫生、交通运输、国土资源等有关部门，应当根据本级人民政府确定的职责，做好扬尘污染防治工作。

第六十九条 建设单位应当将防治扬尘污染的费用列入工程造价，并在施工承包合同中明确施工单位扬尘污染防治责任。施工单位应当制定具体的施工扬尘污染防治实施方案。

从事房屋建筑、市政基础设施建设、河道整治以及建筑物拆除等施工单位，应当向负责监督管理扬尘污染防治的主管部门备案。

施工单位应当在施工工地设置硬质围挡，并采取覆盖、分段作业、择时施工、洒水抑尘、冲洗地面和车辆等有效防尘降尘措施。建筑土方、工程渣土、建筑垃圾应当及时清运；在场地内堆存的，应当采用密闭式防尘网遮盖。工程渣土、建筑垃圾应当进行资源化处理。

施工单位应当在施工工地公示扬尘污染防治措施、负责人、扬尘监督管理主管部门等信息。

暂时不能开工的建设用地，建设单位应当对裸露地面进行覆盖；超过三个月的，应当进行绿化、铺装或者遮盖。

第七十条 运输煤炭、垃圾、渣土、砂石、土方、灰浆等散装、流体物料的车辆应当采取密闭或者其他措施防止物料遗撒造成扬尘污染，并按照规定路线行驶。

装卸物料应当采取密闭或者喷淋等方式防治扬尘污染。

城市人民政府应当加强道路、广场、停车场和其他公共场所的清扫保洁管理，推行清洁动力机械化清扫等低尘作业方式，防治扬尘污染。

第七十一条 市政河道以及河道沿线、公共用地的裸露地面以及其他城镇裸露地面，有关部门应当按照规划组织实施绿化或者透水铺装。

第七十二条 贮存煤炭、煤矸石、煤渣、煤灰、水泥、石灰、石膏、砂土等易产生扬尘的物料应当密闭；不能密闭的，应当设置不低于堆放物高度的严密围挡，并采取有效覆盖措施防治扬尘污染。

码头、矿山、填埋场和消纳场应当实施分区作业，并采取有效措施防治扬尘污染。

第五节　农业和其他污染防治

第七十三条　地方各级人民政府应当推动转变农业生产方式，发展农业循环经济，加大对废弃物综合处理的支持力度，加强对农业生产经营活动排放大气污染物的控制。

第七十四条　农业生产经营者应当改进施肥方式，科学合理施用化肥并按照国家有关规定使用农药，减少氨、挥发性有机物等大气污染物的排放。

禁止在人口集中地区对树木、花草喷洒剧毒、高毒农药。

第七十五条　畜禽养殖场、养殖小区应当及时对污水、畜禽粪便和尸体等进行收集、贮存、清运和无害化处理，防止排放恶臭气体。

第七十六条　各级人民政府及其农业行政等有关部门应当鼓励和支持采用先进适用技术，对秸秆、落叶等进行肥料化、饲料化、能源化、工业原料化、食用菌基料化等综合利用，加大对秸秆还田、收集一体化农业机械的财政补贴力度。

县级人民政府应当组织建立秸秆收集、贮存、运输和综合利用服务体系，采用财政补贴等措施支持农村集体经济组织、农民专业合作经济组织、企业等开展秸秆收集、贮存、运输和综合利用服务。

第七十七条　省、自治区、直辖市人民政府应当划定区域，禁止露天焚烧秸秆、落叶等产生烟尘污染的物质。

第七十八条　国务院环境保护主管部门应当会同国务院卫生行政部门，根据大气污染物对公众健康和生态环境的危害和影响程度，公布有毒有害大气污染物名录，实行风险管理。

排放前款规定名录中所列有毒有害大气污染物的企业事业单位，应当按照国家有关规定建设环境风险预警体系，对排放口和周边环境进行定期监测，评估环境风险，排查环境安全隐患，并采取有效措施防范环境风险。

第七十九条　向大气排放持久性有机污染物的企业事业单位和其他生产经营者以及废弃物焚烧设施的运营单位，应当按照国家有关规定，采取有利于减少持久性有机污染物排放的技术方法和工艺，配备有效的净化装置，实现达标排放。

第八十条　企业事业单位和其他生产经营者在生产经营活动中产生恶臭气体的，应当科学选址，设置合理的防护距离，并安装净化装置或者采取其他措施，防止排放恶臭气体。

第八十一条　排放油烟的餐饮服务业经营者应当安装油烟净化设施并保持正常使用，或者采取其他油烟净化措施，使油烟达标排放，并防止对附近居民的正常生活环境造成污染。

禁止在居民住宅楼、未配套设立专用烟道的商住综合楼以及商住综合楼内与居住层相邻的商业楼层内新建、改建、扩建产生油烟、异味、废气的餐饮服务项目。

任何单位和个人不得在当地人民政府禁止的区域内露天烧烤食品或者为露天烧烤食品提供场地。

第八十二条　禁止在人口集中地区和其他依法需要特殊保护的区域内焚烧沥青、油毡、橡胶、塑料、皮革、垃圾以及其他产生有毒有害烟尘和恶臭气体的物质。

禁止生产、销售和燃放不符合质量标准的烟花爆竹。任何单位和个人不得在城市人民政府禁止的时段和区域内燃放烟花爆竹。

第八十三条 国家鼓励和倡导文明、绿色祭祀。

火葬场应当设置除尘等污染防治设施并保持正常使用,防止影响周边环境。

第八十四条 从事服装干洗和机动车维修等服务活动的经营者,应当按照国家有关标准或者要求设置异味和废气处理装置等污染防治设施并保持正常使用,防止影响周边环境。

第八十五条 国家鼓励、支持消耗臭氧层物质替代品的生产和使用,逐步减少直至停止消耗臭氧层物质的生产和使用。

国家对消耗臭氧层物质的生产、使用、进出口实行总量控制和配额管理。具体办法由国务院规定。

第五章 重点区域大气污染联合防治

第八十六条 国家建立重点区域大气污染联防联控机制,统筹协调重点区域内大气污染防治工作。国务院环境保护主管部门根据主体功能区划、区域大气环境质量状况和大气污染传输扩散规律,划定国家大气污染防治重点区域,报国务院批准。

重点区域内有关省、自治区、直辖市人民政府应当确定牵头的地方人民政府,定期召开联席会议,按照统一规划、统一标准、统一监测、统一的防治措施的要求,开展大气污染联合防治,落实大气污染防治目标责任。国务院环境保护主管部门应当加强指导、督促。

省、自治区、直辖市可以参照第一款规定划定本行政区域的大气污染防治重点区域。

第八十七条 国务院环境保护主管部门会同国务院有关部门、国家大气污染防治重点区域内有关省、自治区、直辖市人民政府,根据重点区域经济社会发展和大气环境承载力,制定重点区域大气污染联合防治行动计划,明确控制目标,优化区域经济布局,统筹交通管理,发展清洁能源,提出重点防治任务和措施,促进重点区域大气环境质量改善。

第八十八条 国务院经济综合主管部门会同国务院环境保护主管部门,结合国家大气污染防治重点区域产业发展实际和大气环境质量状况,进一步提高环境保护、能耗、安全、质量等要求。

重点区域内有关省、自治区、直辖市人民政府应当实施更严格的机动车大气污染物排放标准,统一在用机动车检验方法和排放限值,并配套供应合格的车用燃油。

第八十九条 编制可能对国家大气污染防治重点区域的大气环境造成严重污染的有关工业园区、开发区、区域产业和发展等规划,应当依法进行环境影响评价。规划编制机关应当与重点区域内有关省、自治区、直辖市人民政府或者有关部门会商。

重点区域内有关省、自治区、直辖市建设可能对相邻省、自治区、直辖市大气环境质量产生重大影响的项目,应当及时通报有关信息,进行会商。

会商意见及其采纳情况作为环境影响评价文件审查或者审批的重要依据。

第九十条 国家大气污染防治重点区域内新建、改建、扩建用煤项目的,应当实行煤炭的等量或者减量替代。

第九十一条 国务院环境保护主管部门应当组织建立国家大气污染防治重点区域的大气环境质量监测、大气污染源监测等相关信息共享机制,利用监测、模拟以及卫星、航测、遥感等新技术分析重点区域内大气污染来源及其变化趋势，并向社会公开。

第九十二条　国务院环境保护主管部门和国家大气污染防治重点区域内有关省、自治区、直辖市人民政府可以组织有关部门开展联合执法、跨区域执法、交叉执法。

第六章　重污染天气应对

第九十三条　国家建立重污染天气监测预警体系。

国务院环境保护主管部门会同国务院气象主管机构等有关部门、国家大气污染防治重点区域内有关省、自治区、直辖市人民政府，建立重点区域重污染天气监测预警机制，统一预警分级标准。可能发生区域重污染天气的，应当及时向重点区域内有关省、自治区、直辖市人民政府通报。

省、自治区、直辖市、设区的市人民政府环境保护主管部门会同气象主管机构等有关部门建立本行政区域重污染天气监测预警机制。

第九十四条　县级以上地方人民政府应当将重污染天气应对纳入突发事件应急管理体系。

省、自治区、直辖市、设区的市人民政府以及可能发生重污染天气的县级人民政府，应当制定重污染天气应急预案，向上一级人民政府环境保护主管部门备案，并向社会公布。

第九十五条　省、自治区、直辖市、设区的市人民政府环境保护主管部门应当会同气象主管机构建立会商机制，进行大气环境质量预报。可能发生重污染天气的，应当及时向本级人民政府报告。省、自治区、直辖市、设区的市人民政府依据重污染天气预报信息，进行综合研判，确定预警等级并及时发出预警。预警等级根据情况变化及时调整。任何单位和个人不得擅自向社会发布重污染天气预报预警信息。

预警信息发布后，人民政府及其有关部门应当通过电视、广播、网络、短信等途径告知公众采取健康防护措施，指导公众出行和调整其他相关社会活动。

第九十六条　县级以上地方人民政府应当依据重污染天气的预警等级，及时启动应急预案，根据应急需要可以采取责令有关企业停产或者限产、限制部分机动车行驶、禁止燃放烟花爆竹、停止工地土石方作业和建筑物拆除施工、停止露天烧烤、停止幼儿园和学校组织的户外活动、组织开展人工影响天气作业等应急措施。

应急响应结束后，人民政府应当及时开展应急预案实施情况的评估，适时修改完善应急预案。

第九十七条　发生造成大气污染的突发环境事件，人民政府及其有关部门和相关企业事业单位，应当依照《中华人民共和国突发事件应对法》、《中华人民共和国环境保护法》的规定，做好应急处置工作。环境保护主管部门应当及时对突发环境事件产生的大气污染物进行监测，并向社会公布监测信息。

第七章　法律责任

第九十八条　违反本法规定，以拒绝进入现场等方式拒不接受环境保护主管部门及其委托的环境监察机构或者其他负有大气环境保护监督管理职责的部门的监督检查，或者在接受监督检查时弄虚作假的，由县级以上人民政府环境保护主管部门或者其他负有大气环境保护监督管理职责的部门责令改正，处二万元以上二十万元以下的罚款；构成违反治安管理行为的，由公安机关依法予以处罚。

第九十九条 违反本法规定，有下列行为之一的，由县级以上人民政府环境保护主管部门责令改正或者限制生产、停产整治，并处十万元以上一百万元以下的罚款；情节严重的，报经有批准权的人民政府批准，责令停业、关闭：

（一）未依法取得排污许可证排放大气污染物的；

（二）超过大气污染物排放标准或者超过重点大气污染物排放总量控制指标排放大气污染物的；

（三）通过逃避监管的方式排放大气污染物的。

第一百条 违反本法规定，有下列行为之一的，由县级以上人民政府环境保护主管部门责令改正，处二万元以上二十万元以下的罚款；拒不改正的，责令停产整治：

（一）侵占、损毁或者擅自移动、改变大气环境质量监测设施或者大气污染物排放自动监测设备的；

（二）未按照规定对所排放的工业废气和有毒有害大气污染物进行监测并保存原始监测记录的；

（三）未按照规定安装、使用大气污染物排放自动监测设备或者未按照规定与环境保护主管部门的监控设备联网，并保证监测设备正常运行的；

（四）重点排污单位不公开或者不如实公开自动监测数据的；

（五）未按照规定设置大气污染物排放口的。

第一百零一条 违反本法规定，生产、进口、销售或者使用国家综合性产业政策目录中禁止的设备和产品，采用国家综合性产业政策目录中禁止的工艺，或者将淘汰的设备和产品转让给他人使用的，由县级以上人民政府经济综合主管部门、出入境检验检疫机构按照职责责令改正，没收违法所得，并处货值金额一倍以上三倍以下的罚款；拒不改正的，报经有批准权的人民政府批准，责令停业、关闭。进口行为构成走私的，由海关依法予以处罚。

第一百零二条 违反本法规定，煤矿未按照规定建设配套煤炭洗选设施的，由县级以上人民政府能源主管部门责令改正，处十万元以上一百万元以下的罚款；拒不改正的，报经有批准权的人民政府批准，责令停业、关闭。

违反本法规定，开采含放射性和砷等有毒有害物质超过规定标准的煤炭的，由县级以上人民政府按照国务院规定的权限责令停业、关闭。

第一百零三条 违反本法规定，有下列行为之一的，由县级以上地方人民政府质量监督、工商行政管理部门按照职责责令改正，没收原材料、产品和违法所得，并处货值金额一倍以上三倍以下的罚款：

（一）销售不符合质量标准的煤炭、石油焦的；

（二）生产、销售挥发性有机物含量不符合质量标准或者要求的原材料和产品的；

（三）生产、销售不符合标准的机动车船和非道路移动机械用燃料、发动机油、氮氧化物还原剂、燃料和润滑油添加剂以及其他添加剂的；

（四）在禁燃区内销售高污染燃料的。

第一百零四条 违反本法规定，有下列行为之一的，由出入境检验检疫机构责令改正，没收原材料、产品和违法所得，并处货值金额一倍以上三倍以下的罚款；构成走私的，由海关依法予以处罚：

（一）进口不符合质量标准的煤炭、石油焦的；

（二）进口挥发性有机物含量不符合质量标准或者要求的原材料和产品的；

（三）进口不符合标准的机动车船和非道路移动机械用燃料、发动机油、氮氧化物还原剂、燃料和润滑油添加剂以及其他添加剂的。

第一百零五条　违反本法规定，单位燃用不符合质量标准的煤炭、石油焦的，由县级以上人民政府环境保护主管部门责令改正，处货值金额一倍以上三倍以下的罚款。

第一百零六条　违反本法规定，使用不符合标准或者要求的船舶用燃油的，由海事管理机构、渔业主管部门按照职责处一万元以上十万元以下的罚款。

第一百零七条　违反本法规定，在禁燃区内新建、扩建燃用高污染燃料的设施，或者未按照规定停止燃用高污染燃料，或者在城市集中供热管网覆盖地区新建、扩建分散燃煤供热锅炉，或者未按照规定拆除已建成的不能达标排放的燃煤供热锅炉的，由县级以上地方人民政府环境保护主管部门没收燃用高污染燃料的设施，组织拆除燃煤供热锅炉，并处二万元以上二十万元以下的罚款。

违反本法规定，生产、进口、销售或者使用不符合规定标准或者要求的锅炉，由县级以上人民政府质量监督、环境保护主管部门责令改正，没收违法所得，并处二万元以上二十万元以下的罚款。

第一百零八条　违反本法规定，有下列行为之一的，由县级以上人民政府环境保护主管部门责令改正，处二万元以上二十万元以下的罚款；拒不改正的，责令停产整治：

（一）产生含挥发性有机物废气的生产和服务活动，未在密闭空间或者设备中进行，未按照规定安装、使用污染防治设施，或者未采取减少废气排放措施的；

（二）工业涂装企业未使用低挥发性有机物含量涂料或者未建立、保存台账的；

（三）石油、化工以及其他生产和使用有机溶剂的企业，未采取措施对管道、设备进行日常维护、维修，减少物料泄漏或者对泄漏的物料未及时收集处理的；

（四）储油储气库、加油加气站和油罐车、气罐车等，未按照国家有关规定安装并正常使用油气回收装置的；

（五）钢铁、建材、有色金属、石油、化工、制药、矿产开采等企业，未采取集中收集处理、密闭、围挡、遮盖、清扫、洒水等措施，控制、减少粉尘和气态污染物排放的；

（六）工业生产、垃圾填埋或者其他活动中产生的可燃性气体未回收利用，不具备回收利用条件未进行防治污染处理，或者可燃性气体回收利用装置不能正常作业，未及时修复或者更新的。

第一百零九条　违反本法规定，生产超过污染物排放标准的机动车、非道路移动机械的，由省级以上人民政府环境保护主管部门责令改正，没收违法所得，并处货值金额一倍以上三倍以下的罚款，没收销毁无法达到污染物排放标准的机动车、非道路移动机械；拒不改正的，责令停产整治，并由国务院机动车生产主管部门责令停止生产该车型。

违反本法规定，机动车、非道路移动机械生产企业对发动机、污染控制装置弄虚作假、以次充好，冒充排放检验合格产品出厂销售的，由省级以上人民政府环境保护主管部门责令停产整治，没收违法所得，并处货值金额一倍以上三倍以下的罚款，没收销毁无法达到污染物排放标准的机动车、非道路移动机械，并由国务院机动车生产主管部门责令停止生产该车型。

第一百一十条 违反本法规定，进口、销售超过污染物排放标准的机动车、非道路移动机械的，由县级以上人民政府工商行政管理部门、出入境检验检疫机构按照职责没收违法所得，并处货值金额一倍以上三倍以下的罚款，没收销毁无法达到污染物排放标准的机动车、非道路移动机械；进口行为构成走私的，由海关依法予以处罚。

违反本法规定，销售的机动车、非道路移动机械不符合污染物排放标准的，销售者应当负责修理、更换、退货；给购买者造成损失的，销售者应当赔偿损失。

第一百一十一条 违反本法规定，机动车生产、进口企业未按照规定向社会公布其生产、进口机动车车型的排放检验信息或者污染控制技术信息的，由省级以上人民政府环境保护主管部门责令改正，处五万元以上五十万元以下的罚款。

违反本法规定，机动车生产、进口企业未按照规定向社会公布其生产、进口机动车车型的有关维修技术信息的，由省级以上人民政府交通运输主管部门责令改正，处五万元以上五十万元以下的罚款。

第一百一十二条 违反本法规定，伪造机动车、非道路移动机械排放检验结果或者出具虚假排放检验报告的，由县级以上人民政府环境保护主管部门没收违法所得，并处十万元以上五十万元以下的罚款；情节严重的，由负责资质认定的部门取消其检验资格。

违反本法规定，伪造船舶排放检验结果或者出具虚假排放检验报告的，由海事管理机构依法予以处罚。

违反本法规定，以临时更换机动车污染控制装置等弄虚作假的方式通过机动车排放检验或者破坏机动车车载排放诊断系统的，由县级以上人民政府环境保护主管部门责令改正，对机动车所有人处五千元的罚款；对机动车维修单位处每辆机动车五千元的罚款。

第一百一十三条 违反本法规定，机动车驾驶人驾驶排放检验不合格的机动车上道路行驶的，由公安机关交通管理部门依法予以处罚。

第一百一十四条 违反本法规定，使用排放不合格的非道路移动机械，或者在用重型柴油车、非道路移动机械未按照规定加装、更换污染控制装置的，由县级以上人民政府环境保护等主管部门按照职责责令改正，处五千元的罚款。

违反本法规定，在禁止使用高排放非道路移动机械的区域使用高排放非道路移动机械的，由城市人民政府环境保护等主管部门依法予以处罚。

第一百一十五条 违反本法规定，施工单位有下列行为之一的，由县级以上人民政府住房城乡建设等主管部门按照职责责令改正，处一万元以上十万元以下的罚款；拒不改正的，责令停工整治：

（一）施工工地未设置硬质围挡，或者未采取覆盖、分段作业、择时施工、洒水抑尘、冲洗地面和车辆等有效防尘降尘措施的；

（二）建筑土方、工程渣土、建筑垃圾未及时清运，或者未采用密闭式防尘网遮盖的。

违反本法规定，建设单位未对暂时不能开工的建设用地的裸露地面进行覆盖，或者未对超过三个月不能开工的建设用地的裸露地面进行绿化、铺装或者遮盖的，由县级以上人民政府住房城乡建设等主管部门依照前款规定予以处罚。

第一百一十六条 违反本法规定，运输煤炭、垃圾、渣土、砂石、土方、灰浆等散装、流体物料的车辆，未采取密闭或者其他措施防止物料遗撒的，由县级以上地方人民政府确定的监督管理部门责令改正，处二千元以上二万元以下的罚款；拒不改正的，车辆不得上道路行驶。

第一百一十七条　违反本法规定，有下列行为之一的，由县级以上人民政府环境保护等主管部门按照职责责令改正，处一万元以上十万元以下的罚款；拒不改正的，责令停工整治或者停业整治：

（一）未密闭煤炭、煤矸石、煤渣、煤灰、水泥、石灰、石膏、砂土等易产生扬尘的物料的；

（二）对不能密闭的易产生扬尘的物料，未设置不低于堆放物高度的严密围挡，或者未采取有效覆盖措施防治扬尘污染的；

（三）装卸物料未采取密闭或者喷淋等方式控制扬尘排放的；

（四）存放煤炭、煤矸石、煤渣、煤灰等物料，未采取防燃措施的；

（五）码头、矿山、填埋场和消纳场未采取有效措施防治扬尘污染的；

（六）排放有毒有害大气污染物名录中所列有毒有害大气污染物的企业事业单位，未按照规定建设环境风险预警体系或者对排放口和周边环境进行定期监测、排查环境安全隐患并采取有效措施防范环境风险的；

（七）向大气排放持久性有机污染物的企业事业单位和其他生产经营者以及废弃物焚烧设施的运营单位，未按照国家有关规定采取有利于减少持久性有机污染物排放的技术方法和工艺，配备净化装置的；

（八）未采取措施防止排放恶臭气体的。

第一百一十八条　违反本法规定，排放油烟的餐饮服务业经营者未安装油烟净化设施、不正常使用油烟净化设施或者未采取其他油烟净化措施，超过排放标准排放油烟的，由县级以上地方人民政府确定的监督管理部门责令改正，处五千元以上五万元以下的罚款；拒不改正的，责令停业整治。

违反本法规定，在居民住宅楼、未配套设立专用烟道的商住综合楼、商住综合楼内与居住层相邻的商业楼层内新建、改建、扩建产生油烟、异味、废气的餐饮服务项目的，由县级以上地方人民政府确定的监督管理部门责令改正；拒不改正的，予以关闭，并处一万元以上十万元以下的罚款。

违反本法规定，在当地人民政府禁止的时段和区域内露天烧烤食品或者为露天烧烤食品提供场地的，由县级以上地方人民政府确定的监督管理部门责令改正，没收烧烤工具和违法所得，并处五百元以上二万元以下的罚款。

第一百一十九条　违反本法规定，在人口集中地区对树木、花草喷洒剧毒、高毒农药，或者露天焚烧秸秆、落叶等产生烟尘污染的物质的，由县级以上地方人民政府确定的监督管理部门责令改正，并可以处五百元以上二千元以下的罚款。

违反本法规定，在人口集中地区和其他依法需要特殊保护的区域内，焚烧沥青、油毡、橡胶、塑料、皮革、垃圾以及其他产生有毒有害烟尘和恶臭气体的物质的，由县级人民政府确定的监督管理部门责令改正，对单位处一万元以上十万元以下的罚款，对个人处五百元以上二千元以下的罚款。

违反本法规定，在城市人民政府禁止的时段和区域内燃放烟花爆竹的，由县级以上地方人民政府确定的监督管理部门依法予以处罚。

第一百二十条　违反本法规定，从事服装干洗和机动车维修等服务活动，未设置异味和废气处理装置等污染防治设施并保持正常使用，影响周边环境的，由县级以上地方人民政府环境保护主管部门责令改正，处二千元以上二万元以下的罚款；拒不改正的，责令停业整治。

第一百二十一条 违反本法规定，擅自向社会发布重污染天气预报预警信息，构成违反治安管理行为的，由公安机关依法予以处罚。

违反本法规定，拒不执行停止工地土石方作业或者建筑物拆除施工等重污染天气应急措施的，由县级以上地方人民政府确定的监督管理部门处一万元以上十万元以下的罚款。

第一百二十二条 违反本法规定，造成大气污染事故的，由县级以上人民政府环境保护主管部门依照本条第二款的规定处以罚款；对直接负责的主管人员和其他直接责任人员可以处上一年度从本企业事业单位取得收入百分之五十以下的罚款。

对造成一般或者较大大气污染事故的，按照污染事故造成直接损失的一倍以上三倍以下计算罚款；对造成重大或者特大大气污染事故的，按照污染事故造成的直接损失的三倍以上五倍以下计算罚款。

第一百二十三条 违反本法规定，企业事业单位和其他生产经营者有下列行为之一，受到罚款处罚，被责令改正，拒不改正的，依法作出处罚决定的行政机关可以自责令改正之日的次日起，按照原处罚数额按日连续处罚：

（一）未依法取得排污许可证排放大气污染物的；

（二）超过大气污染物排放标准或者超过重点大气污染物排放总量控制指标排放大气污染物的；

（三）通过逃避监管的方式排放大气污染物的；

（四）建筑施工或者贮存易产生扬尘的物料未采取有效措施防治扬尘污染的。

第一百二十四条 违反本法规定，对举报人以解除、变更劳动合同或者其他方式打击报复的，应当依照有关法律的规定承担责任。

第一百二十五条 排放大气污染物造成损害的，应当依法承担侵权责任。

第一百二十六条 地方各级人民政府、县级以上人民政府环境保护主管部门和其他负有大气环境保护监督管理职责的部门及其工作人员滥用职权、玩忽职守、徇私舞弊、弄虚作假的，依法给予处分。

第一百二十七条 违反本法规定，构成犯罪的，依法追究刑事责任。

第八章　附　　则

第一百二十八条 海洋工程的大气污染防治，依照《中华人民共和国海洋环境保护法》的有关规定执行。

第一百二十九条 本法自2016年1月1日起施行。

中华人民共和国水污染防治法

（1984 年 5 月 11 日第六届全国人民代表大会常务委员会第五次会议通过　根据 1996 年 5 月 15 日第八届全国人民代表大会常务委员会第十九次会议《关于修改〈中华人民共和国水污染防治法〉的决定》修正　2008 年 2 月 28 日第十届全国人民代表大会常务委员会第三十二次会议修订　自 2008 年 6 月 1 日起施行）

目　　录

第一章　总　　则

第一条　为了防治水污染，保护和改善环境，保障饮用水安全，促进经济社会全面协调可持续发展，制定本法。

第二条　本法适用于中华人民共和国领域内的江河、湖泊、运河、渠道、水库等地表水体以及地下水体的污染防治。

海洋污染防治适用《中华人民共和国海洋环境保护法》。

第三条　水污染防治应当坚持预防为主、防治结合、综合治理的原则，优先保护饮用水水源，严格控制工业污染、城镇生活污染，防治农业面源污染，积极推进生态治理工程建设，预防、控制和减少水环境污染和生态破坏。

第四条　县级以上人民政府应当将水环境保护工作纳入国民经济和社会发展规划。

县级以上地方人民政府应当采取防治水污染的对策和措施，对本行政区域的水环境质量负责。

第五条　国家实行水环境保护目标责任制和考核评价制度，将水环境保护目标完成情况作为对地方人民政府及其负责人考核评价的内容。

第六条 国家鼓励、支持水污染防治的科学技术研究和先进适用技术的推广应用，加强水环境保护的宣传教育。

第七条 国家通过财政转移支付等方式，建立健全对位于饮用水水源保护区区域和江河、湖泊、水库上游地区的水环境生态保护补偿机制。

第八条 县级以上人民政府环境保护主管部门对水污染防治实施统一监督管理。

交通主管部门的海事管理机构对船舶污染水域的防治实施监督管理。

县级以上人民政府水行政、国土资源、卫生、建设、农业、渔业等部门以及重要江河、湖泊的流域水资源保护机构，在各自的职责范围内，对有关水污染防治实施监督管理。

第九条 排放水污染物，不得超过国家或者地方规定的水污染物排放标准和重点水污染物排放总量控制指标。

第十条 任何单位和个人都有义务保护水环境，并有权对污染损害水环境的行为进行检举。

县级以上人民政府及其有关主管部门对在水污染防治工作中做出显著成绩的单位和个人给予表彰和奖励。

第二章 水污染防治的标准和规划

第十一条 国务院环境保护主管部门制定国家水环境质量标准。

省、自治区、直辖市人民政府可以对国家水环境质量标准中未作规定的项目，制定地方标准，并报国务院环境保护主管部门备案。

第十二条 国务院环境保护主管部门会同国务院水行政主管部门和有关省、自治区、直辖市人民政府，可以根据国家确定的重要江河、湖泊流域水体的使用功能以及有关地区的经济、技术条件，确定该重要江河、湖泊流域的省界水体适用的水环境质量标准，报国务院批准后施行。

第十三条 国务院环境保护主管部门根据国家水环境质量标准和国家经济、技术条件，制定国家水污染物排放标准。

省、自治区、直辖市人民政府对国家水污染物排放标准中未作规定的项目，可以制定地方水污染物排放标准；对国家水污染物排放标准中已作规定的项目，可以制定严于国家水污染物排放标准的地方水污染物排放标准。地方水污染物排放标准须报国务院环境保护主管部门备案。

向已有地方水污染物排放标准的水体排放污染物的，应当执行地方水污染物排放标准。

第十四条 国务院环境保护主管部门和省、自治区、直辖市人民政府，应当根据水污染防治的要求和国家或者地方的经济、技术条件，适时修订水环境质量标准和水污染物排放标准。

第十五条 防治水污染应当按流域或者按区域进行统一规划。国家确定的重要江河、湖泊的流域水污染防治规划，由国务院环境保护主管部门会同国务院经济综合宏观调控、水行政等部门和有关省、自治区、直辖市人民政府编制，报国务院批准。

前款规定外的其他跨省、自治区、直辖市江河、湖泊的流域水污染防治规划，根据国家确定的重要江河、湖泊的流域水污染防治规划和本地实际情况，由有关省、自治区、直辖市人民政府环境保护主管部门会同同级水行政等部门和有关市、县人民政府编制，经有关省、自治区、直辖市人民政府审核，报国务院批准。

省、自治区、直辖市内跨县江河、湖泊的流域水污染防治规划，根据国家确定的重要江河、湖泊的流域水污染防治规划和本地实际情况，由省、自治区、直辖市人民政府环境保护主管部门会同同级水行政等部门编制，报省、自治区、直辖市人民政府批准，并报国务院备案。

经批准的水污染防治规划是防治水污染的基本依据，规划的修订须经原批准机关批准。

县级以上地方人民政府应当根据依法批准的江河、湖泊的流域水污染防治规划，组织制定本行政区域的水污染防治规划。

第十六条　国务院有关部门和县级以上地方人民政府开发、利用和调节、调度水资源时，应当统筹兼顾，维持江河的合理流量和湖泊、水库以及地下水体的合理水位，维护水体的生态功能。

第三章　水污染防治的监督管理

第十七条　新建、改建、扩建直接或者间接向水体排放污染物的建设项目和其他水上设施，应当依法进行环境影响评价。

建设单位在江河、湖泊新建、改建、扩建排污口的，应当取得水行政主管部门或者流域管理机构同意；涉及通航、渔业水域的，环境保护主管部门在审批环境影响评价文件时，应当征求交通、渔业主管部门的意见。

建设项目的水污染防治设施，应当与主体工程同时设计、同时施工、同时投入使用。水污染防治设施应当经过环境保护主管部门验收，验收不合格的，该建设项目不得投入生产或者使用。

第十八条　国家对重点水污染物排放实施总量控制制度。

省、自治区、直辖市人民政府应当按照国务院的规定削减和控制本行政区域的重点水污染物排放总量，并将重点水污染物排放总量控制指标分解落实到市、县人民政府。市、县人民政府根据本行政区域重点水污染物排放总量控制指标的要求，将重点水污染物排放总量控制指标分解落实到排污单位。具体办法和实施步骤由国务院规定。

省、自治区、直辖市人民政府可以根据本行政区域水环境质量状况和水污染防治工作的需要，确定本行政区域实施总量削减和控制的重点水污染物。

对超过重点水污染物排放总量控制指标的地区，有关人民政府环境保护主管部门应当暂停审批新增重点水污染物排放总量的建设项目的环境影响评价文件。

第十九条　国务院环境保护主管部门对未按照要求完成重点水污染物排放总量控制指标的省、自治区、直辖市予以公布。省、自治区、直辖市人民政府环境保护主管部门对未按照要求完成重点水污染物排放总量控制指标的市、县予以公布。

县级以上人民政府环境保护主管部门对违反本法规定、严重污染水环境的企业予以公布。

第二十条　国家实行排污许可制度。

直接或者间接向水体排放工业废水和医疗污水以及其他按照规定应当取得排污许可证方可排放的废水、污水的企业事业单位，应当取得排污许可证；城镇污水集中处理设施的运营单位，也应当取得排污许可证。排污许可的具体办法和实施步骤由国务院规定。

禁止企业事业单位无排污许可证或者违反排污许可证的规定向水体排放前款规定的废水、污水。

第二十一条 直接或者间接向水体排放污染物的企业事业单位和个体工商户，应当按照国务院环境保护主管部门的规定，向县级以上地方人民政府环境保护主管部门申报登记拥有的水污染物排放设施、处理设施和在正常作业条件下排放水污染物的种类、数量和浓度，并提供防治水污染方面的有关技术资料。

企业事业单位和个体工商户排放水污染物的种类、数量和浓度有重大改变的，应当及时申报登记；其水污染物处理设施应当保持正常使用；拆除或者闲置水污染物处理设施的，应当事先报县级以上地方人民政府环境保护主管部门批准。

第二十二条 向水体排放污染物的企业事业单位和个体工商户，应当按照法律、行政法规和国务院环境保护主管部门的规定设置排污口；在江河、湖泊设置排污口的，还应当遵守国务院水行政主管部门的规定。

禁止私设暗管或者采取其他规避监管的方式排放水污染物。

第二十三条 重点排污单位应当安装水污染物排放自动监测设备，与环境保护主管部门的监控设备联网，并保证监测设备正常运行。排放工业废水的企业，应当对其所排放的工业废水进行监测，并保存原始监测记录。具体办法由国务院环境保护主管部门规定。

应当安装水污染物排放自动监测设备的重点排污单位名录，由设区的市级以上地方人民政府环境保护主管部门根据本行政区域的环境容量、重点水污染物排放总量控制指标的要求以及排污单位排放水污染物的种类、数量和浓度等因素，商同级有关部门确定。

第二十四条 直接向水体排放污染物的企业事业单位和个体工商户，应当按照排放水污染物的种类、数量和排污费征收标准缴纳排污费。

排污费应当用于污染的防治，不得挪作他用。

第二十五条 国家建立水环境质量监测和水污染物排放监测制度。国务院环境保护主管部门负责制定水环境监测规范，统一发布国家水环境状况信息，会同国务院水行政等部门组织监测网络。

第二十六条 国家确定的重要江河、湖泊流域的水资源保护工作机构负责监测其所在流域的省界水体的水环境质量状况，并将监测结果及时报国务院环境保护主管部门和国务院水行政主管部门；有经国务院批准成立的流域水资源保护领导机构的，应当将监测结果及时报告流域水资源保护领导机构。

第二十七条 环境保护主管部门和其他依照本法规定行使监督管理权的部门，有权对管辖范围内的排污单位进行现场检查，被检查的单位应当如实反映情况，提供必要的资料。检查机关有义务为被检查的单位保守在检查中获取的商业秘密。

第二十八条 跨行政区域的水污染纠纷，由有关地方人民政府协商解决，或者由其共同的上级人民政府协调解决。

第四章 水污染防治措施

第一节 一般规定

第二十九条 禁止向水体排放油类、酸液、碱液或者剧毒废液。

禁止在水体清洗装贮过油类或者有毒污染物的车辆和容器。

第三十条　禁止向水体排放、倾倒放射性固体废物或者含有高放射性和中放射性物质的废水。

向水体排放含低放射性物质的废水，应当符合国家有关放射性污染防治的规定和标准。

第三十一条　向水体排放含热废水，应当采取措施，保证水体的水温符合水环境质量标准。

第三十二条　含病原体的污水应当经过消毒处理；符合国家有关标准后，方可排放。

第三十三条　禁止向水体排放、倾倒工业废渣、城镇垃圾和其他废弃物。

禁止将含有汞、镉、砷、铬、铅、氰化物、黄磷等的可溶性剧毒废渣向水体排放、倾倒或者直接埋入地下。

存放可溶性剧毒废渣的场所，应当采取防水、防渗漏、防流失的措施。

第三十四条　禁止在江河、湖泊、运河、渠道、水库最高水位线以下的滩地和岸坡堆放、存贮固体废弃物和其他污染物。

第三十五条　禁止利用渗井、渗坑、裂隙和溶洞排放、倾倒含有毒污染物的废水、含病原体的污水和其他废弃物。

第三十六条　禁止利用无防渗漏措施的沟渠、坑塘等输送或者存贮含有毒污染物的废水、含病原体的污水和其他废弃物。

第三十七条　多层地下水的含水层水质差异大的，应当分层开采；对已受污染的潜水和承压水，不得混合开采。

第三十八条　兴建地下工程设施或者进行地下勘探、采矿等活动，应当采取防护性措施，防止地下水污染。

第三十九条　人工回灌补给地下水，不得恶化地下水质。

第二节　工业水污染防治

第四十条　国务院有关部门和县级以上地方人民政府应当合理规划工业布局，要求造成水污染的企业进行技术改造，采取综合防治措施，提高水的重复利用率，减少废水和污染物排放量。

第四十一条　国家对严重污染水环境的落后工艺和设备实行淘汰制度。

国务院经济综合宏观调控部门会同国务院有关部门，公布限期禁止采用的严重污染水环境的工艺名录和限期禁止生产、销售、进口、使用的严重污染水环境的设备名录。

生产者、销售者、进口者或者使用者应当在规定的期限内停止生产、销售、进口或者使用列入前款规定的设备名录中的设备。工艺的采用者应当在规定的期限内停止采用列入前款规定的工艺名录中的工艺。

依照本条第二款、第三款规定被淘汰的设备，不得转让给他人使用。

第四十二条　国家禁止新建不符合国家产业政策的小型造纸、制革、印染、染料、炼焦、炼硫、炼砷、炼汞、炼油、电镀、农药、石棉、水泥、玻璃、钢铁、火电以及其他严重污染水环境的生产项目。

第四十三条　企业应当采用原材料利用效率高、污染物排放量少的清洁工艺，并加强管理，减少水污染物的产生。

第三节　城镇水污染防治

第四十四条　城镇污水应当集中处理。

县级以上地方人民政府应当通过财政预算和其他渠道筹集资金,统筹安排建设城镇污水集中处理设施及配套管网,提高本行政区域城镇污水的收集率和处理率。

国务院建设主管部门应当会同国务院经济综合宏观调控、环境保护主管部门,根据城乡规划和水污染防治规划,组织编制全国城镇污水处理设施建设规划。县级以上地方人民政府组织建设、经济综合宏观调控、环境保护、水行政等部门编制本行政区域的城镇污水处理设施建设规划。县级以上地方人民政府建设主管部门应当按照城镇污水处理设施建设规划,组织建设城镇污水集中处理设施及配套管网,并加强对城镇污水集中处理设施运营的监督管理。

城镇污水集中处理设施的运营单位按照国家规定向排污者提供污水处理的有偿服务,收取污水处理费用,保证污水集中处理设施的正常运行。向城镇污水集中处理设施排放污水、缴纳污水处理费用的,不再缴纳排污费。收取的污水处理费用应当用于城镇污水集中处理设施的建设和运行,不得挪作他用。

城镇污水集中处理设施的污水处理收费、管理以及使用的具体办法,由国务院规定。

第四十五条　向城镇污水集中处理设施排放水污染物,应当符合国家或者地方规定的水污染物排放标准。

城镇污水集中处理设施的出水水质达到国家或者地方规定的水污染物排放标准的,可以按照国家有关规定免缴排污费。

城镇污水集中处理设施的运营单位,应当对城镇污水集中处理设施的出水水质负责。

环境保护主管部门应当对城镇污水集中处理设施的出水水质和水量进行监督检查。

第四十六条　建设生活垃圾填埋场,应当采取防渗漏等措施,防止造成水污染。

第四节　农业和农村水污染防治

第四十七条　使用农药,应当符合国家有关农药安全使用的规定和标准。

运输、存贮农药和处置过期失效农药,应当加强管理,防止造成水污染。

第四十八条　县级以上地方人民政府农业主管部门和其他有关部门,应当采取措施,指导农业生产者科学、合理地施用化肥和农药,控制化肥和农药的过量使用,防止造成水污染。

第四十九条　国家支持畜禽养殖场、养殖小区建设畜禽粪便、废水的综合利用或者无害化处理设施。

畜禽养殖场、养殖小区应当保证其畜禽粪便、废水的综合利用或者无害化处理设施正常运转,保证污水达标排放,防止污染水环境。

第五十条　从事水产养殖应当保护水域生态环境,科学确定养殖密度,合理投饵和使用药物,防止污染水环境。

第五十一条　向农田灌溉渠道排放工业废水和城镇污水,应当保证其下游最近的灌溉取水点的水质符合农田灌溉水质标准。

利用工业废水和城镇污水进行灌溉,应当防止污染土壤、地下水和农产品。

第五节　船舶水污染防治

第五十二条　船舶排放含油污水、生活污水，应当符合船舶污染物排放标准。从事海洋航运的船舶进入内河和港口的，应当遵守内河的船舶污染物排放标准。

船舶的残油、废油应当回收，禁止排入水体。

禁止向水体倾倒船舶垃圾。

船舶装载运输油类或者有毒货物，应当采取防止溢流和渗漏的措施，防止货物落水造成水污染。

第五十三条　船舶应当按照国家有关规定配置相应的防污设备和器材，并持有合法有效的防止水域环境污染的证书与文书。

船舶进行涉及污染物排放的作业，应当严格遵守操作规程，并在相应的记录簿上如实记载。

第五十四条　港口、码头、装卸站和船舶修造厂应当备有足够的船舶污染物、废弃物的接收设施。从事船舶污染物、废弃物接收作业，或者从事装载油类、污染危害性货物船舱清洗作业的单位，应当具备与其运营规模相适应的接收处理能力。

第五十五条　船舶进行下列活动，应当编制作业方案，采取有效的安全和防污染措施，并报作业地海事管理机构批准：

（一）进行残油、含油污水、污染危害性货物残留物的接收作业，或者进行装载油类、污染危害性货物船舱的清洗作业；

（二）进行散装液体污染危害性货物的过驳作业；

（三）进行船舶水上拆解、打捞或者其他水上、水下船舶施工作业。

在渔港水域进行渔业船舶水上拆解活动，应当报作业地渔业主管部门批准。

第五章　饮用水水源和其他特殊水体保护

第五十六条　国家建立饮用水水源保护区制度。饮用水水源保护区分为一级保护区和二级保护区；必要时，可以在饮用水水源保护区外围划定一定的区域作为准保护区。

饮用水水源保护区的划定，由有关市、县人民政府提出划定方案，报省、自治区、直辖市人民政府批准；跨市、县饮用水水源保护区的划定，由有关市、县人民政府协商提出划定方案，报省、自治区、直辖市人民政府批准；协商不成的，由省、自治区、直辖市人民政府环境保护主管部门会同同级水行政、国土资源、卫生、建设等部门提出划定方案，征求同级有关部门的意见后，报省、自治区、直辖市人民政府批准。

跨省、自治区、直辖市的饮用水水源保护区，由有关省、自治区、直辖市人民政府商有关流域管理机构划定；协商不成的，由国务院环境保护主管部门会同同级水行政、国土资源、卫生、建设等部门提出划定方案，征求国务院有关部门的意见后，报国务院批准。

国务院和省、自治区、直辖市人民政府可以根据保护饮用水水源的实际需要，调整饮用水水源保护区的范围，确保饮用水安全。有关地方人民政府应当在饮用水水源保护区的边界设立明确的地理界标和明显的警示标志。

第五十七条　在饮用水水源保护区内，禁止设置排污口。

第五十八条　禁止在饮用水水源一级保护区内新建、改建、扩建与供水设施和保护水源无关的建设项目;已建成的与供水设施和保护水源无关的建设项目,由县级以上人民政府责令拆除或者关闭。

禁止在饮用水水源一级保护区内从事网箱养殖、旅游、游泳、垂钓或者其他可能污染饮用水水体的活动。

第五十九条 禁止在饮用水水源二级保护区内新建、改建、扩建排放污染物的建设项目;已建成的排放污染物的建设项目,由县级以上人民政府责令拆除或者关闭。

在饮用水水源二级保护区内从事网箱养殖、旅游等活动的,应当按照规定采取措施,防止污染饮用水水体。

第六十条 禁止在饮用水水源准保护区内新建、扩建对水体污染严重的建设项目;改建建设项目,不得增加排污量。

第六十一条 县级以上地方人民政府应当根据保护饮用水水源的实际需要,在准保护区内采取工程措施或者建造湿地、水源涵养林等生态保护措施,防止水污染物直接排入饮用水水体,确保饮用水安全。

第六十二条 饮用水水源受到污染可能威胁供水安全的,环境保护主管部门应当责令有关企业事业单位采取停止或者减少排放水污染物等措施。

第六十三条 国务院和省、自治区、直辖市人民政府根据水环境保护的需要,可以规定在饮用水水源保护区内,采取禁止或者限制使用含磷洗涤剂、化肥、农药以及限制种植养殖等措施。

第六十四条 县级以上人民政府可以对风景名胜区水体、重要渔业水体和其他具有特殊经济文化价值的水体划定保护区,并采取措施,保证保护区的水质符合规定用途的水环境质量标准。

第六十五条 在风景名胜区水体、重要渔业水体和其他具有特殊经济文化价值的水体的保护区内,不得新建排污口。在保护区附近新建排污口,应当保证保护区水体不受污染。

第六章 水污染事故处置

第六十六条 各级人民政府及其有关部门,可能发生水污染事故的企业事业单位,应当依照《中华人民共和国突发事件应对法》的规定,做好突发水污染事故的应急准备、应急处置和事后恢复等工作。

第六十七条 可能发生水污染事故的企业事业单位,应当制定有关水污染事故的应急方案,做好应急准备,并定期进行演练。

生产、储存危险化学品的企业事业单位,应当采取措施,防止在处理安全生产事故过程中产生的可能严重污染水体的消防废水、废液直接排入水体。

第六十八条 企业事业单位发生事故或者其他突发性事件,造成或者可能造成水污染事故的,应当立即启动本单位的应急方案,采取应急措施,并向事故发生地的县级以上地方人民政府或者环境保护主管部门报告。环境保护主管部门接到报告后,应当及时向本级人民政府报告,并抄送有关部门。

造成渔业污染事故或者渔业船舶造成水污染事故的,应当向事故发生地的渔业主管部门报告,接受调查处理。其他船舶造成水污染事故的,应当向事故发生地的海事管理机构报告,接受调查处理;给渔业造成损害的,海事管理机构应当通知渔业主管部门参与调查处理。

第七章　法律责任

第六十九条　环境保护主管部门或者其他依照本法规定行使监督管理权的部门，不依法作出行政许可或者办理批准文件的，发现违法行为或者接到对违法行为的举报后不予查处的，或者有其他未依照本法规定履行职责的行为的，对直接负责的主管人员和其他直接责任人员依法给予处分。

第七十条　拒绝环境保护主管部门或者其他依照本法规定行使监督管理权的部门的监督检查，或者在接受监督检查时弄虚作假的，由县级以上人民政府环境保护主管部门或者其他依照本法规定行使监督管理权的部门责令改正，处一万元以上十万元以下的罚款。

第七十一条　违反本法规定，建设项目的水污染防治设施未建成、未经验收或者验收不合格，主体工程即投入生产或者使用的，由县级以上人民政府环境保护主管部门责令停止生产或者使用，直至验收合格，处五万元以上五十万元以下的罚款。

第七十二条　违反本法规定，有下列行为之一的，由县级以上人民政府环境保护主管部门责令限期改正；逾期不改正的，处一万元以上十万元以下的罚款：

（一）拒报或者谎报国务院环境保护主管部门规定的有关水污染物排放申报登记事项的；

（二）未按照规定安装水污染物排放自动监测设备或者未按照规定与环境保护主管部门的监控设备联网，并保证监测设备正常运行的；

（三）未按照规定对所排放的工业废水进行监测并保存原始监测记录的。

第七十三条　违反本法规定，不正常使用水污染物处理设施，或者未经环境保护主管部门批准拆除、闲置水污染物处理设施的，由县级以上人民政府环境保护主管部门责令限期改正，处应缴纳排污费数额一倍以上三倍以下的罚款。

第七十四条　违反本法规定，排放水污染物超过国家或者地方规定的水污染物排放标准，或者超过重点水污染物排放总量控制指标的，由县级以上人民政府环境保护主管部门按照权限责令限期治理，处应缴纳排污费数额二倍以上五倍以下的罚款。

限期治理期间，由环境保护主管部门责令限制生产、限制排放或者停产整治。限期治理的期限最长不超过一年；逾期未完成治理任务的，报经有批准权的人民政府批准，责令关闭。

第七十五条　在饮用水水源保护区内设置排污口的，由县级以上地方人民政府责令限期拆除，处十万元以上五十万元以下的罚款；逾期不拆除的，强制拆除，所需费用由违法者承担，处五十万元以上一百万元以下的罚款，并可以责令停产整顿。

除前款规定外，违反法律、行政法规和国务院环境保护主管部门的规定设置排污口或者私设暗管的，由县级以上地方人民政府环境保护主管部门责令限期拆除，处二万元以上十万元以下的罚款；逾期不拆除的，强制拆除，所需费用由违法者承担，处十万元以上五十万元以下的罚款；私设暗管或者有其他严重情节的，县级以上地方人民政府环境保护主管部门可以提请县级以上地方人民政府责令停产整顿。

未经水行政主管部门或者流域管理机构同意，在江河、湖泊新建、改建、扩建排污口的，由县级以上人民政府水行政主管部门或者流域管理机构依据职权，依照前款规定采取措施、给予处罚。

第七十六条　有下列行为之一的，由县级以上地方人民政府环境保护主管部门责令停止违法行为，限期采取治理措施，消除污染，处以罚款；逾期不采取治理措施的，环境保护主管部门可以指定有治理能力的单位代为治理，所需费用由违法者承担：

（一）向水体排放油类、酸液、碱液的；

（二）向水体排放剧毒废液，或者将含有汞、镉、砷、铬、铅、氰化物、黄磷等的可溶性剧毒废渣向水体排放、倾倒或者直接埋入地下的；

（三）在水体清洗装贮过油类、有毒污染物的车辆或者容器的；

（四）向水体排放、倾倒工业废渣、城镇垃圾或者其他废弃物，或者在江河、湖泊、运河、渠道、水库最高水位线以下的滩地、岸坡堆放、存贮固体废弃物或者其他污染物的；

（五）向水体排放、倾倒放射性固体废物或者含有高放射性、中放射性物质的废水的；

（六）违反国家有关规定或者标准，向水体排放含低放射性物质的废水、热废水或者含病原体的污水的；

（七）利用渗井、渗坑、裂隙或者溶洞排放、倾倒含有毒污染物的废水、含病原体的污水或者其他废弃物的；

（八）利用无防渗漏措施的沟渠、坑塘等输送或者存贮含有毒污染物的废水、含病原体的污水或者其他废弃物的。

有前款第三项、第六项行为之一的，处一万元以上十万元以下的罚款；有前款第一项、第四项、第八项行为之一的，处二万元以上二十万元以下的罚款；有前款第二项、第五项、第七项行为之一的，处五万元以上五十万元以下的罚款。

第七十七条 违反本法规定，生产、销售、进口或者使用列入禁止生产、销售、进口、使用的严重污染水环境的设备名录中的设备，或者采用列入禁止采用的严重污染水环境的工艺名录中的工艺的，由县级以上人民政府经济综合宏观调控部门责令改正，处五万元以上二十万元以下的罚款；情节严重的，由县级以上人民政府经济综合宏观调控部门提出意见，报请本级人民政府责令停业、关闭。

第七十八条 违反本法规定，建设不符合国家产业政策的小型造纸、制革、印染、染料、炼焦、炼硫、炼砷、炼汞、炼油、电镀、农药、石棉、水泥、玻璃、钢铁、火电以及其他严重污染水环境的生产项目的，由所在地的市、县人民政府责令关闭。

第七十九条 船舶未配置相应的防污染设备和器材，或者未持有合法有效的防止水域环境污染的证书与文书的，由海事管理机构、渔业主管部门按照职责分工责令限期改正，处二千元以上二万元以下的罚款；逾期不改正的，责令船舶临时停航。

船舶进行涉及污染物排放的作业，未遵守操作规程或者未在相应的记录簿上如实记载的，由海事管理机构、渔业主管部门按照职责分工责令改正，处二千元以上二万元以下的罚款。

第八十条 违反本法规定，有下列行为之一的，由海事管理机构、渔业主管部门按照职责分工责令停止违法行为，处以罚款；造成水污染的，责令限期采取治理措施，消除污染；逾期不采取治理措施的，海事管理机构、渔业主管部门按照职责分工可以指定有治理能力的单位代为治理，所需费用由船舶承担：

（一）向水体倾倒船舶垃圾或者排放船舶的残油、废油的；

（二）未经作业地海事管理机构批准，船舶进行残油、含油污水、污染危害性货物残留物的接收作业，或者进行装载油类、污染危害性货物船舱的清洗作业，或者进行散装液体污染危害性货物的过驳作业的；

（三）未经作业地海事管理机构批准，进行船舶水上拆解、打捞或者其他水上、水下船舶施工作业的；

（四）未经作业地渔业主管部门批准，在渔港水域进行渔业船舶水上拆解的。

有前款第一项、第二项、第四项行为之一的，处五千元以上五万元以下的罚款；有前款第三项行为的，处一万元以上十万元以下的罚款。

第八十一条　有下列行为之一的，由县级以上地方人民政府环境保护主管部门责令停止违法行为，处十万元以上五十万元以下的罚款；并报经有批准权的人民政府批准，责令拆除或者关闭：

（一）在饮用水水源一级保护区内新建、改建、扩建与供水设施和保护水源无关的建设项目的；

（二）在饮用水水源二级保护区内新建、改建、扩建排放污染物的建设项目的；

（三）在饮用水水源准保护区内新建、扩建对水体污染严重的建设项目，或者改建建设项目增加排污量的。

在饮用水水源一级保护区内从事网箱养殖或者组织进行旅游、垂钓或者其他可能污染饮用水水体的活动的，由县级以上地方人民政府环境保护主管部门责令停止违法行为，处二万元以上十万元以下的罚款。个人在饮用水水源一级保护区内游泳、垂钓或者从事其他可能污染饮用水水体的活动的，由县级以上地方人民政府环境保护主管部门责令停止违法行为，可以处五百元以下的罚款。

第八十二条　企业事业单位有下列行为之一的，由县级以上人民政府环境保护主管部门责令改正；情节严重的，处二万元以上十万元以下的罚款：

（一）不按照规定制定水污染事故的应急方案的；

（二）水污染事故发生后，未及时启动水污染事故的应急方案，采取有关应急措施的。

第八十三条　企业事业单位违反本法规定，造成水污染事故的，由县级以上人民政府环境保护主管部门依照本条第二款的规定处以罚款，责令限期采取治理措施，消除污染；不按要求采取治理措施或者不具备治理能力的，由环境保护主管部门指定有治理能力的单位代为治理，所需费用由违法者承担；对造成重大或者特大水污染事故的，可以报经有批准权的人民政府批准，责令关闭；对直接负责的主管人员和其他直接责任人员可以处上一年度从本单位取得的收入百分之五十以下的罚款。

对造成一般或者较大水污染事故的，按照水污染事故造成的直接损失的百分之二十计算罚款；对造成重大或者特大水污染事故的，按照水污染事故造成的直接损失的百分之三十计算罚款。

造成渔业污染事故或者渔业船舶造成水污染事故的，由渔业主管部门进行处罚；其他船舶造成水污染事故的，由海事管理机构进行处罚。

第八十四条　当事人对行政处罚决定不服的，可以申请行政复议，也可以在收到通知之日起十五日内向人民法院起诉；期满不申请行政复议或者起诉，又不履行行政处罚决定的，由作出行政处罚决定的机关申请人民法院强制执行。

第八十五条　因水污染受到损害的当事人，有权要求排污方排除危害和赔偿损失。

由于不可抗力造成水污染损害的，排污方不承担赔偿责任；法律另有规定的除外。

水污染损害是由受害人故意造成的，排污方不承担赔偿责任。水污染损害是由受害人重大过失造成的，可以减轻排污方的赔偿责任。

水污染损害是由第三人造成的，排污方承担赔偿责任后，有权向第三人追偿。

第八十六条 因水污染引起的损害赔偿责任和赔偿金额的纠纷，可以根据当事人的请求，由环境保护主管部门或者海事管理机构、渔业主管部门按照职责分工调解处理；调解不成的，当事人可以向人民法院提起诉讼。当事人也可以直接向人民法院提起诉讼。

第八十七条 因水污染引起的损害赔偿诉讼，由排污方就法律规定的免责事由及其行为与损害结果之间不存在因果关系承担举证责任。

第八十八条 因水污染受到损害的当事人人数众多的，可以依法由当事人推选代表人进行共同诉讼。

环境保护主管部门和有关社会团体可以依法支持因水污染受到损害的当事人向人民法院提起诉讼。

国家鼓励法律服务机构和律师为水污染损害诉讼中的受害人提供法律援助。

第八十九条 因水污染引起的损害赔偿责任和赔偿金额的纠纷，当事人可以委托环境监测机构提供监测数据。环境监测机构应当接受委托，如实提供有关监测数据。

第九十条 违反本法规定，构成违反治安管理行为的，依法给予治安管理处罚；构成犯罪的，依法追究刑事责任。

第八章　附　　则

第九十一条 本法中下列用语的含义：

（一）水污染，是指水体因某种物质的介入，而导致其化学、物理、生物或者放射性等方面特性的改变，从而影响水的有效利用，危害人体健康或者破坏生态环境，造成水质恶化的现象。

（二）水污染物，是指直接或者间接向水体排放的，能导致水体污染的物质。

（三）有毒污染物，是指那些直接或者间接被生物摄入体内后，可能导致该生物或者其后代发病、行为反常、遗传异变、生理机能失常、机体变形或者死亡的污染物。

（四）渔业水体，是指划定的鱼虾类的产卵场、索饵场、越冬场、洄游通道和鱼虾贝藻类的养殖场的水体。

第九十二条 本法自 2008 年 6 月 1 日起施行。

中华人民共和国固体废物污染环境防治法

（1995 年 10 月 30 日第八届全国人民代表大会常务委员会第十六次会议通过　2004 年 12 月 29 日第十届全国人民代表大会常务委员会第十三次会议修订　根据 2013 年 6 月 29 日第十二届全国人民代表大会常务委员会第三次会议《关于修改〈中华人民共和国文物保护法〉等十二部法律的决定》第一次修正　根据 2015 年 4 月 24 日第十二届全国人民代表大会常务委员会第十四次会议《关于修改〈中华人民共和国港口法〉等七部法律的决定》第二次修正　根据 2016 年 11 月 7 日第十二届全国人民代表大会常务委员会第二十四次会议《关于修改〈中华人民共和国对外贸易法〉等十二部法律的决定》第三次修正）

目　　录

第一章　总　　则

第一条　为了防治固体废物污染环境，保障人体健康，维护生态安全，促进经济社会可持续发展，制定本法。

第二条　本法适用于中华人民共和国境内固体废物污染环境的防治。

固体废物污染海洋环境的防治和放射性固体废物污染环境的防治不适用本法。

第三条　国家对固体废物污染环境的防治，实行减少固体废物的产生量和危害性、充分合理利用固体废物和无害化处置固体废物的原则，促进清洁生产和循环经济发展。

国家采取有利于固体废物综合利用活动的经济、技术政策和措施，对固体废物实行充分回收和合理利用。

国家鼓励、支持采取有利于保护环境的集中处置固体废物的措施，促进固体废物污染环境防治产业发展。

第四条　县级以上人民政府应当将固体废物污染环境防治工作纳入国民经济和社会发展计划，并采取有利于固体废物污染环境防治的经济、技术政策和措施。

国务院有关部门、县级以上地方人民政府及其有关部门组织编制城乡建设、土地利用、区域开发、产业发展等规划，应当统筹考虑减少固体废物的产生量和危害性、促进固体废物的综合利用和无害化处置。

第五条 国家对固体废物污染环境防治实行污染者依法负责的原则。

产品的生产者、销售者、进口者、使用者对其产生的固体废物依法承担污染防治责任。

第六条 国家鼓励、支持固体废物污染环境防治的科学研究、技术开发、推广先进的防治技术和普及固体废物污染环境防治的科学知识。

各级人民政府应当加强防治固体废物污染环境的宣传教育，倡导有利于环境保护的生产方式和生活方式。

第七条 国家鼓励单位和个人购买、使用再生产品和可重复利用产品。

第八条 各级人民政府对在固体废物污染环境防治工作以及相关的综合利用活动中作出显著成绩的单位和个人给予奖励。

第九条 任何单位和个人都有保护环境的义务，并有权对造成固体废物污染环境的单位和个人进行检举和控告。

第十条 国务院环境保护行政主管部门对全国固体废物污染环境的防治工作实施统一监督管理。国务院有关部门在各自的职责范围内负责固体废物污染环境防治的监督管理工作。

县级以上地方人民政府环境保护行政主管部门对本行政区域内固体废物污染环境的防治工作实施统一监督管理。县级以上地方人民政府有关部门在各自的职责范围内负责固体废物污染环境防治的监督管理工作。

国务院建设行政主管部门和县级以上地方人民政府环境卫生行政主管部门负责生活垃圾清扫、收集、贮存、运输和处置的监督管理工作。

第二章　固体废物污染环境防治的监督管理

第十一条 国务院环境保护行政主管部门会同国务院有关行政主管部门根据国家环境质量标准和国家经济、技术条件，制定国家固体废物污染环境防治技术标准。

第十二条 国务院环境保护行政主管部门建立固体废物污染环境监测制度，制定统一的监测规范，并会同有关部门组织监测网络。

大、中城市人民政府环境保护行政主管部门应当定期发布固体废物的种类、产生量、处置状况等信息。

第十三条 建设产生固体废物的项目以及建设贮存、利用、处置固体废物的项目，必须依法进行环境影响评价，并遵守国家有关建设项目环境保护管理的规定。

第十四条 建设项目的环境影响评价文件确定需要配套建设的固体废物污染环境防治设施，必须与主体工程同时设计、同时施工、同时投入使用。固体废物污染环境防治设施必须经原审批环境影响评价文件的环境保护行政主管部门验收合格后，该建设项目方可投入生产或者使用。对固体废物污染环境防治设施的验收应当与对主体工程的验收同时进行。

第十五条 县级以上人民政府环境保护行政主管部门和其他固体废物污染环境防治工作的监督管理部门，有权依据各自的职责对管辖范围内与固体废物污染环境防治有关的单位进行现场检查。被检查的单位应当如实反映情况，提供必要的资料。检查机关应当为被检查的单位保守技术秘密和业务秘密。

检查机关进行现场检查时，可以采取现场监测、采集样品、查阅或者复制与固体废物污染环境防治相关的资料等措施。检查人员进行现场检查，应当出示证件。

第三章 固体废物污染环境的防治

第一节 一般规定

第十六条 产生固体废物的单位和个人，应当采取措施，防止或者减少固体废物对环境的污染。

第十七条 收集、贮存、运输、利用、处置固体废物的单位和个人，必须采取防扬散、防流失、防渗漏或者其他防止污染环境的措施；不得擅自倾倒、堆放、丢弃、遗撒固体废物。

禁止任何单位或者个人向江河、湖泊、运河、渠道、水库及其最高水位线以下的滩地和岸坡等法律、法规规定禁止倾倒、堆放废弃物的地点倾倒、堆放固体废物。

第十八条 产品和包装物的设计、制造，应当遵守国家有关清洁生产的规定。国务院标准化行政主管部门应当根据国家经济和技术条件、固体废物污染环境防治状况以及产品的技术要求，组织制定有关标准，防止过度包装造成环境污染。

生产、销售、进口依法被列入强制回收目录的产品和包装物的企业，必须按照国家有关规定对该产品和包装物进行回收。

第十九条 国家鼓励科研、生产单位研究、生产易回收利用、易处置或者在环境中可降解的薄膜覆盖物和商品包装物。

使用农用薄膜的单位和个人，应当采取回收利用等措施，防止或者减少农用薄膜对环境的污染。

第二十条 从事畜禽规模养殖应当按照国家有关规定收集、贮存、利用或者处置养殖过程中产生的畜禽粪便，防止污染环境。

禁止在人口集中地区、机场周围、交通干线附近以及当地人民政府划定的区域露天焚烧秸秆。

第二十一条 对收集、贮存、运输、处置固体废物的设施、设备和场所，应当加强管理和维护，保证其正常运行和使用。

第二十二条 在国务院和国务院有关主管部门及省、自治区、直辖市人民政府划定的自然保护区、风景名胜区、饮用水水源保护区、基本农田保护区和其他需要特别保护的区域内，禁止建设工业固体废物集中贮存、处置的设施、场所和生活垃圾填埋场。

第二十三条 转移固体废物出省、自治区、直辖市行政区域贮存、处置的，应当向固体废物移出地的省、自治区、直辖市人民政府环境保护行政主管部门提出申请。移出地的省、自治区、直辖市人民政府环境保护行政主管部门应当商经接受地的省、自治区、直辖市人民政府环境保护行政主管部门同意后，方可批准转移该固体废物出省、自治区、直辖市行政区域。未经批准的，不得转移。

第二十四条 禁止中华人民共和国境外的固体废物进境倾倒、堆放、处置。

第二十五条 禁止进口不能用作原料或者不能以无害化方式利用的固体废物；对可以用作原料的固体废物实行限制进口和非限制进口分类管理。

国务院环境保护行政主管部门会同国务院对外贸易主管部门、国务院经济综合宏观调控部门、海关总署、国务院质量监督检验检疫部门制定、调整并公布禁止进口、限制进口和非限制进口的固体废物目录。

禁止进口列入禁止进口目录的固体废物。进口列入限制进口目录的固体废物，应当经国务院环境保护行政主管部门会同国务院对外贸易主管部门审查许可。

进口的固体废物必须符合国家环境保护标准，并经质量监督检验检疫部门检验合格。

进口固体废物的具体管理办法，由国务院环境保护行政主管部门会同国务院对外贸易主管部门、国务院经济综合宏观调控部门、海关总署、国务院质量监督检验检疫部门制定。

第二十六条 进口者对海关将其所进口的货物纳入固体废物管理范围不服的，可以依法申请行政复议，也可以向人民法院提起行政诉讼。

第二节 工业固体废物污染环境的防治

第二十七条 国务院环境保护行政主管部门应当会同国务院经济综合宏观调控部门和其他有关部门对工业固体废物对环境的污染作出界定，制定防治工业固体废物污染环境的技术政策，组织推广先进的防治工业固体废物污染环境的生产工艺和设备。

第二十八条 国务院经济综合宏观调控部门应当会同国务院有关部门组织研究、开发和推广减少工业固体废物产生量和危害性的生产工艺和设备，公布限期淘汰产生严重污染环境的工业固体废物的落后生产工艺、落后设备的名录。

生产者、销售者、进口者、使用者必须在国务院经济综合宏观调控部门会同国务院有关部门规定的期限内分别停止生产、销售、进口或者使用列入前款规定的名录中的设备。生产工艺的采用者必须在国务院经济综合宏观调控部门会同国务院有关部门规定的期限内停止采用列入前款规定的名录中的工艺。

列入限期淘汰名录被淘汰的设备，不得转让给他人使用。

第二十九条 县级以上人民政府有关部门应当制定工业固体废物污染环境防治工作规划，推广能够减少工业固体废物产生量和危害性的先进生产工艺和设备，推动工业固体废物污染环境防治工作。

第三十条 产生工业固体废物的单位应当建立、健全污染环境防治责任制度，采取防治工业固体废物污染环境的措施。

第三十一条 企业事业单位应当合理选择和利用原材料、能源和其他资源，采用先进的生产工艺和设备，减少工业固体废物产生量，降低工业固体废物的危害性。

第三十二条 国家实行工业固体废物申报登记制度。

产生工业固体废物的单位必须按照国务院环境保护行政主管部门的规定，向所在地县级以上地方人民政府环境保护行政主管部门提供工业固体废物的种类、产生量、流向、贮存、处置等有关资料。

前款规定的申报事项有重大改变的，应当及时申报。

第三十三条 企业事业单位应当根据经济、技术条件对其产生的工业固体废物加以利用；对暂时不利用或者不能利用的，必须按照国务院环境保护行政主管部门的规定建设贮存设施、场所，安全分类存放，或者采取无害化处置措施。

建设工业固体废物贮存、处置的设施、场所，必须符合国家环境保护标准。

第三十四条 禁止擅自关闭、闲置或者拆除工业固体废物污染环境防治设施、场所；确有必要关闭、闲置或者拆除的，必须经所在地县级以上地方人民政府环境保护行政主管部门核准，并采取措施，防止污染环境。

第三十五条　产生工业固体废物的单位需要终止的，应当事先对工业固体废物的贮存、处置的设施、场所采取污染防治措施，并对未处置的工业固体废物作出妥善处置，防止污染环境。

产生工业固体废物的单位发生变更的，变更后的单位应当按照国家有关环境保护的规定对未处置的工业固体废物及其贮存、处置的设施、场所进行安全处置或者采取措施保证该设施、场所安全运行。变更前当事人对工业固体废物及其贮存、处置的设施、场所的污染防治责任另有约定的，从其约定；但是，不得免除当事人的污染防治义务。

对本法施行前已经终止的单位未处置的工业固体废物及其贮存、处置的设施、场所进行安全处置的费用，由有关人民政府承担；但是，该单位享有的土地使用权依法转让的，应当由土地使用权受让人承担处置费用。当事人另有约定的，从其约定；但是，不得免除当事人的污染防治义务。

第三十六条　矿山企业应当采取科学的开采方法和选矿工艺，减少尾矿、矸石、废石等矿业固体废物的产生量和贮存量。

尾矿、矸石、废石等矿业固体废物贮存设施停止使用后，矿山企业应当按照国家有关环境保护规定进行封场，防止造成环境污染和生态破坏。

第三十七条　拆解、利用、处置废弃电器产品和废弃机动车船，应当遵守有关法律、法规的规定，采取措施，防止污染环境。

第三节　生活垃圾污染环境的防治

第三十八条　县级以上人民政府应当统筹安排建设城乡生活垃圾收集、运输、处置设施，提高生活垃圾的利用率和无害化处置率，促进生活垃圾收集、处置的产业化发展，逐步建立和完善生活垃圾污染环境防治的社会服务体系。

第三十九条　县级以上地方人民政府环境卫生行政主管部门应当组织对城市生活垃圾进行清扫、收集、运输和处置，可以通过招标等方式选择具备条件的单位从事生活垃圾的清扫、收集、运输和处置。

第四十条　对城市生活垃圾应当按照环境卫生行政主管部门的规定，在指定的地点放置，不得随意倾倒、抛撒或者堆放。

第四十一条　清扫、收集、运输、处置城市生活垃圾，应当遵守国家有关环境保护和环境卫生管理的规定，防止污染环境。

第四十二条　对城市生活垃圾应当及时清运，逐步做到分类收集和运输，并积极开展合理利用和实施无害化处置。

第四十三条　城市人民政府应当有计划地改进燃料结构，发展城市煤气、天然气、液化气和其他清洁能源。

城市人民政府有关部门应当组织净菜进城，减少城市生活垃圾。

城市人民政府有关部门应当统筹规划，合理安排收购网点，促进生活垃圾的回收利用工作。

第四十四条　建设生活垃圾处置的设施、场所，必须符合国务院环境保护行政主管部门和国务院建设行政主管部门规定的环境保护和环境卫生标准。

禁止擅自关闭、闲置或者拆除生活垃圾处置的设施、场所；确有必要关闭、闲置或者拆除的，必须经所在地的市、县级人民政府环境卫生行政主管部门商所在地环境保护行政主管部门同意后核准，并采取措施，防止污染环境。

第四十五条 从生活垃圾中回收的物质必须按照国家规定的用途或者标准使用，不得用于生产可能危害人体健康的产品。

第四十六条 工程施工单位应当及时清运工程施工过程中产生的固体废物，并按照环境卫生行政主管部门的规定进行利用或者处置。

第四十七条 从事公共交通运输的经营单位，应当按照国家有关规定，清扫、收集运输过程中产生的生活垃圾。

第四十八条 从事城市新区开发、旧区改建和住宅小区开发建设的单位，以及机场、码头、车站、公园、商店等公共设施、场所的经营管理单位，应当按照国家有关环境卫生的规定，配套建设生活垃圾收集设施。

第四十九条 农村生活垃圾污染环境防治的具体办法，由地方性法规规定。

第四章 危险废物污染环境防治的特别规定

第五十条 危险废物污染环境的防治，适用本章规定；本章未作规定的，适用本法其他有关规定。

第五十一条 国务院环境保护行政主管部门应当会同国务院有关部门制定国家危险废物名录，规定统一的危险废物鉴别标准、鉴别方法和识别标志。

第五十二条 对危险废物的容器和包装物以及收集、贮存、运输、处置危险废物的设施、场所，必须设置危险废物识别标志。

第五十三条 产生危险废物的单位，必须按照国家有关规定制定危险废物管理计划，并向所在地县级以上地方人民政府环境保护行政主管部门申报危险废物的种类、产生量、流向、贮存、处置等有关资料。

前款所称危险废物管理计划应当包括减少危险废物产生量和危害性的措施以及危险废物贮存、利用、处置措施。危险废物管理计划应当报产生危险废物的单位所在地县级以上地方人民政府环境保护行政主管部门备案。

本条规定的申报事项或者危险废物管理计划内容有重大改变的，应当及时申报。

第五十四条 国务院环境保护行政主管部门会同国务院经济综合宏观调控部门组织编制危险废物集中处置设施、场所的建设规划，报国务院批准后实施。

县级以上地方人民政府应当依据危险废物集中处置设施、场所的建设规划组织建设危险废物集中处置设施、场所。

第五十五条 产生危险废物的单位，必须按照国家有关规定处置危险废物，不得擅自倾倒、堆放；不处置的，由所在地县级以上地方人民政府环境保护行政主管部门责令限期改正；逾期不处置或者处置不符合国家有关规定的，由所在地县级以上地方人民政府环境保护行政主管部门指定单位按照国家有关规定代为处置，处置费用由产生危险废物的单位承担。

第五十六条 以填埋方式处置危险废物不符合国务院环境保护行政主管部门规定的，应当缴纳危险废物排污费。危险废物排污费征收的具体办法由国务院规定。

危险废物排污费用于污染环境的防治，不得挪作他用。

第五十七条　从事收集、贮存、处置危险废物经营活动的单位，必须向县级以上人民政府环境保护行政主管部门申请领取经营许可证；从事利用危险废物经营活动的单位，必须向国务院环境保护行政主管部门或者省、自治区、直辖市人民政府环境保护行政主管部门申请领取经营许可证。具体管理办法由国务院规定。

禁止无经营许可证或者不按照经营许可证规定从事危险废物收集、贮存、利用、处置的经营活动。

禁止将危险废物提供或者委托给无经营许可证的单位从事收集、贮存、利用、处置的经营活动。

第五十八条　收集、贮存危险废物，必须按照危险废物特性分类进行。禁止混合收集、贮存、运输、处置性质不相容而未经安全性处置的危险废物。

贮存危险废物必须采取符合国家环境保护标准的防护措施，并不得超过一年；确需延长期限的，必须报经原批准经营许可证的环境保护行政主管部门批准；法律、行政法规另有规定的除外。

禁止将危险废物混入非危险废物中贮存。

第五十九条　转移危险废物的，必须按照国家有关规定填写危险废物转移联单。跨省、自治区、直辖市转移危险废物的，应当向危险废物移出地省、自治区、直辖市人民政府环境保护行政主管部门申请。移出地省、自治区、直辖市人民政府环境保护行政主管部门应当商经接受地省、自治区、直辖市人民政府环境保护行政主管部门同意后，方可批准转移该危险废物。未经批准的，不得转移。

转移危险废物途经移出地、接受地以外行政区域的，危险废物移出地设区的市级以上地方人民政府环境保护行政主管部门应当及时通知沿途经过的设区的市级以上地方人民政府环境保护行政主管部门。

第六十条　运输危险废物，必须采取防止污染环境的措施，并遵守国家有关危险货物运输管理的规定。

禁止将危险废物与旅客在同一运输工具上载运。

第六十一条　收集、贮存、运输、处置危险废物的场所、设施、设备和容器、包装物及其他物品转作他用时，必须经过消除污染的处理，方可使用。

第六十二条　产生、收集、贮存、运输、利用、处置危险废物的单位，应当制定意外事故的防范措施和应急预案，并向所在地县级以上地方人民政府环境保护行政主管部门备案；环境保护行政主管部门应当进行检查。

第六十三条　因发生事故或者其他突发性事件，造成危险废物严重污染环境的单位，必须立即采取措施消除或者减轻对环境的污染危害，及时通报可能受到污染危害的单位和居民，并向所在地县级以上地方人民政府环境保护行政主管部门和有关部门报告，接受调查处理。

第六十四条　在发生或者有证据证明可能发生危险废物严重污染环境、威胁居民生命财产安全时，县级以上地方人民政府环境保护行政主管部门或者其他固体废物污染环境防治工作的监督管理部门必须立即向本级人民政府和上一级人民政府有关行政主管部门报告，由人民政府采取防止或者减轻危害的有效措施。有关人民政府可以根据需要责令停止导致或者可能导致环境污染事故的作业。

第六十五条 重点危险废物集中处置设施、场所的退役费用应当预提，列入投资概算或者经营成本。具体提取和管理办法，由国务院财政部门、价格主管部门会同国务院环境保护行政主管部门规定。

第六十六条 禁止经中华人民共和国过境转移危险废物。

第五章 法律责任

第六十七条 县级以上人民政府环境保护行政主管部门或者其他固体废物污染环境防治工作的监督管理部门违反本法规定，有下列行为之一的，由本级人民政府或者上级人民政府有关行政主管部门责令改正，对负有责任的主管人员和其他直接责任人员依法给予行政处分；构成犯罪的，依法追究刑事责任：

（一）不依法作出行政许可或者办理批准文件的；

（二）发现违法行为或者接到对违法行为的举报后不予查处的；

（三）有不依法履行监督管理职责的其他行为的。

第六十八条 违反本法规定，有下列行为之一的，由县级以上人民政府环境保护行政主管部门责令停止违法行为，限期改正，处以罚款：

（一）不按照国家规定申报登记工业固体废物，或者在申报登记时弄虚作假的；

（二）对暂时不利用或者不能利用的工业固体废物未建设贮存的设施、场所安全分类存放，或者未采取无害化处置措施的；

（三）将列入限期淘汰名录被淘汰的设备转让给他人使用的；

（四）擅自关闭、闲置或者拆除工业固体废物污染环境防治设施、场所的；

（五）在自然保护区、风景名胜区、饮用水水源保护区、基本农田保护区和其他需要特别保护的区域内，建设工业固体废物集中贮存、处置的设施、场所和生活垃圾填埋场的；

（六）擅自转移固体废物出省、自治区、直辖市行政区域贮存、处置的；

（七）未采取相应防范措施，造成工业固体废物扬散、流失、渗漏或者造成其他环境污染的；

（八）在运输过程中沿途丢弃、遗撒工业固体废物的。

有前款第一项、第八项行为之一的，处五千元以上五万元以下的罚款；有前款第二项、第三项、第四项、第五项、第六项、第七项行为之一的，处一万元以上十万元以下的罚款。

第六十九条 违反本法规定，建设项目需要配套建设的固体废物污染环境防治设施未建成、未经验收或者验收不合格，主体工程即投入生产或者使用的，由审批该建设项目环境影响评价文件的环境保护行政主管部门责令停止生产或者使用，可以并处十万元以下的罚款。

第七十条 违反本法规定，拒绝县级以上人民政府环境保护行政主管部门或者其他固体废物污染环境防治工作的监督管理部门现场检查的，由执行现场检查的部门责令限期改正；拒不改正或者在检查时弄虚作假的，处二千元以上二万元以下的罚款。

第七十一条 从事畜禽规模养殖未按照国家有关规定收集、贮存、处置畜禽粪便，造成环境污染的，由县级以上地方人民政府环境保护行政主管部门责令限期改正，可以处五万元以下的罚款。

第七十二条　违反本法规定,生产、销售、进口或者使用淘汰的设备,或者采用淘汰的生产工艺的,由县级以上人民政府经济综合宏观调控部门责令改正;情节严重的,由县级以上人民政府经济综合宏观调控部门提出意见,报请同级人民政府按照国务院规定的权限决定停业或者关闭。

第七十三条　尾矿、矸石、废石等矿业固体废物贮存设施停止使用后,未按照国家有关环境保护规定进行封场的,由县级以上地方人民政府环境保护行政主管部门责令限期改正,可以处五万元以上二十万元以下的罚款。

第七十四条　违反本法有关城市生活垃圾污染环境防治的规定,有下列行为之一的,由县级以上地方人民政府环境卫生行政主管部门责令停止违法行为,限期改正,处以罚款:

(一)随意倾倒、抛撒或者堆放生活垃圾的;

(二)擅自关闭、闲置或者拆除生活垃圾处置设施、场所的;

(三)工程施工单位不及时清运施工过程中产生的固体废物,造成环境污染的;

(四)工程施工单位不按照环境卫生行政主管部门的规定对施工过程中产生的固体废物进行利用或者处置的;

(五)在运输过程中沿途丢弃、遗撒生活垃圾的。

单位有前款第一项、第三项、第五项行为之一的,处五千元以上五万元以下的罚款;有前款第二项、第四项行为之一的,处一万元以上十万元以下的罚款。个人有前款第一项、第五项行为之一的,处二百元以下的罚款。

第七十五条　违反本法有关危险废物污染环境防治的规定,有下列行为之一的,由县级以上人民政府环境保护行政主管部门责令停止违法行为,限期改正,处以罚款:

(一)不设置危险废物识别标志的;

(二)不按照国家规定申报登记危险废物,或者在申报登记时弄虚作假的;

(三)擅自关闭、闲置或者拆除危险废物集中处置设施、场所的;

(四)不按照国家规定缴纳危险废物排污费的;

(五)将危险废物提供或者委托给无经营许可证的单位从事经营活动的;

(六)不按照国家规定填写危险废物转移联单或者未经批准擅自转移危险废物的;

(七)将危险废物混入非危险废物中贮存的;

(八)未经安全性处置,混合收集、贮存、运输、处置具有不相容性质的危险废物的;

(九)将危险废物与旅客在同一运输工具上载运的;

(十)未经消除污染的处理将收集、贮存、运输、处置危险废物的场所、设施、设备和容器、包装物及其他物品转作他用的;

(十一)未采取相应防范措施,造成危险废物扬散、流失、渗漏或者造成其他环境污染的;

(十二)在运输过程中沿途丢弃、遗撒危险废物的;

(十三)未制定危险废物意外事故防范措施和应急预案的。

有前款第一项、第二项、第七项、第八项、第九项、第十项、第十一项、第十二项、第十三项行为之一的,处一万元以上十万元以下的罚款;有前款第三项、第五项、第六项行为之一的,处二万元以上二十万元以下的罚款;有前款第四项行为的,限期缴纳,逾期不缴纳的,处应缴纳危险废物排污费金额一倍以上三倍以下的罚款。

第七十六条　违反本法规定,危险废物产生者不处置其产生的危险废物又不承担依法应当承担的处置费用的，由县级以上地方人民政府环境保护行政主管部门责令限期改正，处代为处置费用一倍以上三倍以下的罚款。

第七十七条 无经营许可证或者不按照经营许可证规定从事收集、贮存、利用、处置危险废物经营活动的，由县级以上人民政府环境保护行政主管部门责令停止违法行为，没收违法所得，可以并处违法所得三倍以下的罚款。

不按照经营许可证规定从事前款活动的，还可以由发证机关吊销经营许可证。

第七十八条 违反本法规定，将中华人民共和国境外的固体废物进境倾倒、堆放、处置的，进口属于禁止进口的固体废物或者未经许可擅自进口属于限制进口的固体废物用作原料的，由海关责令退运该固体废物，可以并处十万元以上一百万元以下的罚款；构成犯罪的，依法追究刑事责任。进口者不明的，由承运人承担退运该固体废物的责任，或者承担该固体废物的处置费用。

逃避海关监管将中华人民共和国境外的固体废物运输进境，构成犯罪的，依法追究刑事责任。

第七十九条 违反本法规定，经中华人民共和国过境转移危险废物的，由海关责令退运该危险废物，可以并处五万元以上五十万元以下的罚款。

第八十条 对已经非法入境的固体废物，由省级以上人民政府环境保护行政主管部门依法向海关提出处理意见，海关应当依照本法第七十八条的规定作出处罚决定；已经造成环境污染的，由省级以上人民政府环境保护行政主管部门责令进口者消除污染。

第八十一条 违反本法规定，造成固体废物严重污染环境的，由县级以上人民政府环境保护行政主管部门按照国务院规定的权限决定限期治理；逾期未完成治理任务的，由本级人民政府决定停业或者关闭。

第八十二条 违反本法规定，造成固体废物污染环境事故的，由县级以上人民政府环境保护行政主管部门处二万元以上二十万元以下的罚款；造成重大损失的，按照直接损失的百分之三十计算罚款，但是最高不超过一百万元，对负有责任的主管人员和其他直接责任人员，依法给予行政处分；造成固体废物污染环境重大事故的，并由县级以上人民政府按照国务院规定的权限决定停业或者关闭。

第八十三条 违反本法规定，收集、贮存、利用、处置危险废物，造成重大环境污染事故，构成犯罪的，依法追究刑事责任。

第八十四条 受到固体废物污染损害的单位和个人，有权要求依法赔偿损失。

赔偿责任和赔偿金额的纠纷，可以根据当事人的请求，由环境保护行政主管部门或者其他固体废物污染环境防治工作的监督管理部门调解处理；调解不成的，当事人可以向人民法院提起诉讼。当事人也可以直接向人民法院提起诉讼。

国家鼓励法律服务机构对固体废物污染环境诉讼中的受害人提供法律援助。

第八十五条 造成固体废物污染环境的，应当排除危害，依法赔偿损失，并采取措施恢复环境原状。

第八十六条 因固体废物污染环境引起的损害赔偿诉讼，由加害人就法律规定的免责事由及其行为与损害结果之间不存在因果关系承担举证责任。

第八十七条 固体废物污染环境的损害赔偿责任和赔偿金额的纠纷，当事人可以委托环境监测机构提供监测数据。环境监测机构应当接受委托，如实提供有关监测数据。

第六章　附　　则

第八十八条　本法下列用语的含义：

（一）固体废物，是指在生产、生活和其他活动中产生的丧失原有利用价值或者虽未丧失利用价值但被抛弃或者放弃的固态、半固态和置于容器中的气态的物品、物质以及法律、行政法规规定纳入固体废物管理的物品、物质。

（二）工业固体废物，是指在工业生产活动中产生的固体废物。

（三）生活垃圾，是指在日常生活中或者为日常生活提供服务的活动中产生的固体废物以及法律、行政法规规定视为生活垃圾的固体废物。

（四）危险废物，是指列入国家危险废物名录或者根据国家规定的危险废物鉴别标准和鉴别方法认定的具有危险特性的固体废物。

（五）贮存，是指将固体废物临时置于特定设施或者场所中的活动。

（六）处置，是指将固体废物焚烧和用其他改变固体废物的物理、化学、生物特性的方法，达到减少已产生的固体废物数量、缩小固体废物体积、减少或者消除其危险成份的活动，或者将固体废物最终置于符合环境保护规定要求的填埋场的活动。

（七）利用，是指从固体废物中提取物质作为原材料或者燃料的活动。

第八十九条　液态废物的污染防治，适用本法；但是，排入水体的废水的污染防治适用有关法律，不适用本法。

第九十条　中华人民共和国缔结或者参加的与固体废物污染环境防治有关的国际条约与本法有不同规定的，适用国际条约的规定；但是，中华人民共和国声明保留的条款除外。

第九十一条　本法自 2005 年 4 月 1 日起施行。

中华人民共和国海洋环境保护法

（1982年8月23日第五届全国人民代表大会常务委员会第二十四次会议通过　1999年12月25日第九届全国人民代表大会常务委员会第十三次会议修订　根据2013年12月28日第十二届全国人民代表大会常务委员会第六次会议《关于修改〈中华人民共和国海洋环境保护法〉等七部法律的决定》第一次修正　根据2016年11月7日第十二届全国人民代表大会常务委员会第二十四次会议《关于修改〈中华人民共和国海洋环境保护法〉的决定》第二次修正）

目　　录

第一章　总　　则

第一条　为了保护和改善海洋环境，保护海洋资源，防治污染损害，维护生态平衡，保障人体健康，促进经济和社会的可持续发展，制定本法。

第二条　本法适用于中华人民共和国内水、领海、毗连区、专属经济区、大陆架以及中华人民共和国管辖的其他海域。

在中华人民共和国管辖海域内从事航行、勘探、开发、生产、旅游、科学研究及其他活动，或者在沿海陆域内从事影响海洋环境活动的任何单位和个人，都必须遵守本法。

在中华人民共和国管辖海域以外，造成中华人民共和国管辖海域污染的，也适用本法。

第三条　国家在重点海洋生态功能区、生态环境敏感区和脆弱区等海域划定生态保护红线，实行严格保护。

国家建立并实施重点海域排污总量控制制度，确定主要污染物排海总量控制指标，并对主要污染源分配排放控制数量。具体办法由国务院制定。

第四条　一切单位和个人都有保护海洋环境的义务，并有权对污染损害海洋环境的单位和个人，以及海洋环境监督管理人员的违法失职行为进行监督和检举。

第五条　国务院环境保护行政主管部门作为对全国环境保护工作统一监督管理的部门，对全国海洋环境保护工作实施指导、协调和监督，并负责全国防治陆源污染物和海岸工程建设项目对海洋污染损害的环境保护工作。

国家海洋行政主管部门负责海洋环境的监督管理，组织海洋环境的调查、监测、监视、评价和科学研究，负责全国防治海洋工程建设项目和海洋倾倒废弃物对海洋污染损害的环境保护工作。

国家海事行政主管部门负责所辖港区水域内非军事船舶和港区水域外非渔业、非军事船舶污染海洋环境的监督管理，并负责污染事故的调查处理；对在中华人民共和国管辖海域航行、停泊和作业的外国籍船舶造成的污染事故登轮检查处理。船舶污染事故给渔业造成损害的，应当吸收渔业行政主管部门参与调查处理。

国家渔业行政主管部门负责渔港水域内非军事船舶和渔港水域外渔业船舶污染海洋环境的监督管理，负责保护渔业水域生态环境工作，并调查处理前款规定的污染事故以外的渔业污染事故。

军队环境保护部门负责军事船舶污染海洋环境的监督管理及污染事故的调查处理。

沿海县级以上地方人民政府行使海洋环境监督管理权的部门的职责，由省、自治区、直辖市人民政府根据本法及国务院有关规定确定。

第六条　环境保护行政主管部门、海洋行政主管部门和其他行使海洋环境监督管理权的部门，根据职责分工依法公开海洋环境相关信息；相关排污单位应当依法公开排污信息。

第二章　海洋环境监督管理

第七条　国家海洋行政主管部门会同国务院有关部门和沿海省、自治区、直辖市人民政府根据全国海洋主体功能区规划，拟定全国海洋功能区划，报国务院批准。

沿海地方各级人民政府应当根据全国和地方海洋功能区划，保护和科学合理地使用海域。

第八条　国家根据海洋功能区划制定全国海洋环境保护规划和重点海域区域性海洋环境保护规划。

毗邻重点海域的有关沿海省、自治区、直辖市人民政府及行使海洋环境监督管理权的部门，可以建立海洋环境保护区域合作组织，负责实施重点海域区域性海洋环境保护规划、海洋环境污染的防治和海洋生态保护工作。

第九条　跨区域的海洋环境保护工作，由有关沿海地方人民政府协商解决，或者由上级人民政府协调解决。

跨部门的重大海洋环境保护工作，由国务院环境保护行政主管部门协调；协调未能解决的，由国务院作出决定。

第十条　国家根据海洋环境质量状况和国家经济、技术条件，制定国家海洋环境质量标准。

沿海省、自治区、直辖市人民政府对国家海洋环境质量标准中未作规定的项目，可以制定地方海洋环境质量标准。

沿海地方各级人民政府根据国家和地方海洋环境质量标准的规定和本行政区近岸海域环境质量状况，确定海洋环境保护的目标和任务，并纳入人民政府工作计划，按相应的海洋环境质量标准实施管理。

第十一条 国家和地方水污染物排放标准的制定，应当将国家和地方海洋环境质量标准作为重要依据之一。在国家建立并实施排污总量控制制度的重点海域，水污染物排放标准的制定，还应当将主要污染物排海总量控制指标作为重要依据。

排污单位在执行国家和地方水污染物排放标准的同时，应当遵守分解落实到本单位的主要污染物排海总量控制指标。

对超过主要污染物排海总量控制指标的重点海域和未完成海洋环境保护目标、任务的海域，省级以上人民政府环境保护行政主管部门、海洋行政主管部门，根据职责分工暂停审批新增相应种类污染物排放总量的建设项目环境影响报告书（表）。

第十二条 直接向海洋排放污染物的单位和个人，必须按照国家规定缴纳排污费。依照法律规定缴纳环境保护税的，不再缴纳排污费。

向海洋倾倒废弃物，必须按照国家规定缴纳倾倒费。

根据本法规定征收的排污费、倾倒费，必须用于海洋环境污染的整治，不得挪作他用。具体办法由国务院规定。

第十三条 国家加强防治海洋环境污染损害的科学技术的研究和开发，对严重污染海洋环境的落后生产工艺和落后设备，实行淘汰制度。

企业应当优先使用清洁能源，采用资源利用率高、污染物排放量少的清洁生产工艺，防止对海洋环境的污染。

第十四条 国家海洋行政主管部门按照国家环境监测、监视规范和标准，管理全国海洋环境的调查、监测、监视，制定具体的实施办法，会同有关部门组织全国海洋环境监测、监视网络，定期评价海洋环境质量，发布海洋巡航监视通报。

依照本法规定行使海洋环境监督管理权的部门分别负责各自所辖水域的监测、监视。

其他有关部门根据全国海洋环境监测网的分工，分别负责对入海河口、主要排污口的监测。

第十五条 国务院有关部门应当向国务院环境保护行政主管部门提供编制全国环境质量公报所必需的海洋环境监测资料。

环境保护行政主管部门应当向有关部门提供与海洋环境监督管理有关的资料。

第十六条 国家海洋行政主管部门按照国家制定的环境监测、监视信息管理制度，负责管理海洋综合信息系统，为海洋环境保护监督管理提供服务。

第十七条 因发生事故或者其他突发性事件，造成或者可能造成海洋环境污染事故的单位和个人，必须立即采取有效措施，及时向可能受到危害者通报，并向依照本法规定行使海洋环境监督管理权的部门报告，接受调查处理。

沿海县级以上地方人民政府在本行政区域近岸海域的环境受到严重污染时，必须采取有效措施，解除或者减轻危害。

第十八条 国家根据防止海洋环境污染的需要，制定国家重大海上污染事故应急计划。

国家海洋行政主管部门负责制定全国海洋石油勘探开发重大海上溢油应急计划，报国务院环境保护行政主管部门备案。

国家海事行政主管部门负责制定全国船舶重大海上溢油污染事故应急计划，报国务院环境保护行政主管部门备案。

沿海可能发生重大海洋环境污染事故的单位，应当依照国家的规定，制定污染事故应急计划，并向当地环境保护行政主管部门、海洋行政主管部门备案。

沿海县级以上地方人民政府及其有关部门在发生重大海上污染事故时，必须按照应急计划解除或者减轻危害。

第十九条　依照本法规定行使海洋环境监督管理权的部门可以在海上实行联合执法，在巡航监视中发现海上污染事故或者违反本法规定的行为时，应当予以制止并调查取证，必要时有权采取有效措施，防止污染事态的扩大，并报告有关主管部门处理。

依照本法规定行使海洋环境监督管理权的部门，有权对管辖范围内排放污染物的单位和个人进行现场检查。被检查者应当如实反映情况，提供必要的资料。

检查机关应当为被检查者保守技术秘密和业务秘密。

第三章　海洋生态保护

第二十条　国务院和沿海地方各级人民政府应当采取有效措施，保护红树林、珊瑚礁、滨海湿地、海岛、海湾、入海河口、重要渔业水域等具有典型性、代表性的海洋生态系统，珍稀、濒危海洋生物的天然集中分布区，具有重要经济价值的海洋生物生存区域及有重大科学文化价值的海洋自然历史遗迹和自然景观。

对具有重要经济、社会价值的已遭到破坏的海洋生态，应当进行整治和恢复。

第二十一条　国务院有关部门和沿海省级人民政府应当根据保护海洋生态的需要，选划、建立海洋自然保护区。

国家级海洋自然保护区的建立，须经国务院批准。

第二十二条　凡具有下列条件之一的，应当建立海洋自然保护区：

（一）典型的海洋自然地理区域、有代表性的自然生态区域，以及遭受破坏但经保护能恢复的海洋自然生态区域；

（二）海洋生物物种高度丰富的区域，或者珍稀、濒危海洋生物物种的天然集中分布区域；

（三）具有特殊保护价值的海域、海岸、岛屿、滨海湿地、入海河口和海湾等；

（四）具有重大科学文化价值的海洋自然遗迹所在区域；

（五）其他需要予以特殊保护的区域。

第二十三条　凡具有特殊地理条件、生态系统、生物与非生物资源及海洋开发利用特殊需要的区域，可以建立海洋特别保护区，采取有效的保护措施和科学的开发方式进行特殊管理。

第二十四条　国家建立健全海洋生态保护补偿制度。

开发利用海洋资源，应当根据海洋功能区划合理布局，严格遵守生态保护红线，不得造成海洋生态环境破坏。

第二十五条　引进海洋动植物物种，应当进行科学论证，避免对海洋生态系统造成危害。

第二十六条　开发海岛及周围海域的资源，应当采取严格的生态保护措施，不得造成海岛地形、岸滩、植被以及海岛周围海域生态环境的破坏。

第二十七条　沿海地方各级人民政府应当结合当地自然环境的特点，建设海岸防护设施、沿海防护林、沿海城镇园林和绿地,对海岸侵蚀和海水入侵地区进行综合治理。

禁止毁坏海岸防护设施、沿海防护林、沿海城镇园林和绿地。

第二十八条 国家鼓励发展生态渔业建设,推广多种生态渔业生产方式,改善海洋生态状况。

新建、改建、扩建海水养殖场,应当进行环境影响评价。

海水养殖应当科学确定养殖密度,并应当合理投饵、施肥,正确使用药物,防止造成海洋环境的污染。

第四章 防治陆源污染物对海洋环境的污染损害

第二十九条 向海域排放陆源污染物,必须严格执行国家或者地方规定的标准和有关规定。

第三十条 入海排污口位置的选择,应当根据海洋功能区划、海水动力条件和有关规定,经科学论证后,报设区的市级以上人民政府环境保护行政主管部门审查批准。

环境保护行政主管部门在批准设置入海排污口之前,必须征求海洋、海事、渔业行政主管部门和军队环境保护部门的意见。

在海洋自然保护区、重要渔业水域、海滨风景名胜区和其他需要特别保护的区域,不得新建排污口。

在有条件的地区,应当将排污口深海设置,实行离岸排放。设置陆源污染物深海离岸排放排污口,应当根据海洋功能区划、海水动力条件和海底工程设施的有关情况确定,具体办法由国务院规定。

第三十一条 省、自治区、直辖市人民政府环境保护行政主管部门和水行政主管部门应当按照水污染防治有关法律的规定,加强入海河流管理,防治污染,使入海河口的水质处于良好状态。

第三十二条 排放陆源污染物的单位,必须向环境保护行政主管部门申报拥有的陆源污染物排放设施、处理设施和在正常作业条件下排放陆源污染物的种类、数量和浓度,并提供防治海洋环境污染方面的有关技术和资料。

排放陆源污染物的种类、数量和浓度有重大改变的,必须及时申报。

第三十三条 禁止向海域排放油类、酸液、碱液、剧毒废液和高、中水平放射性废水。

严格限制向海域排放低水平放射性废水;确需排放的,必须严格执行国家辐射防护规定。

严格控制向海域排放含有不易降解的有机物和重金属的废水。

第三十四条 含病原体的医疗污水、生活污水和工业废水必须经过处理,符合国家有关排放标准后,方能排入海域。

第三十五条 含有机物和营养物质的工业废水、生活污水,应当严格控制向海湾、半封闭海及其他自净能力较差的海域排放。

第三十六条 向海域排放含热废水,必须采取有效措施,保证邻近渔业水域的水温符合国家海洋环境质量标准,避免热污染对水产资源的危害。

第三十七条 沿海农田、林场施用化学农药,必须执行国家农药安全使用的规定和标准。

沿海农田、林场应当合理使用化肥和植物生长调节剂。

第三十八条　在岸滩弃置、堆放和处理尾矿、矿渣、煤灰渣、垃圾和其他固体废物的，依照《中华人民共和国固体废物污染环境防治法》的有关规定执行。

第三十九条　禁止经中华人民共和国内水、领海转移危险废物。

经中华人民共和国管辖的其他海域转移危险废物的，必须事先取得国务院环境保护行政主管部门的书面同意。

第四十条　沿海城市人民政府应当建设和完善城市排水管网，有计划地建设城市污水处理厂或者其他污水集中处理设施，加强城市污水的综合整治。

建设污水海洋处置工程，必须符合国家有关规定。

第四十一条　国家采取必要措施，防止、减少和控制来自大气层或者通过大气层造成的海洋环境污染损害。

第五章　防治海岸工程建设项目对海洋环境的污染损害

第四十二条　新建、改建、扩建海岸工程建设项目，必须遵守国家有关建设项目环境保护管理的规定，并把防治污染所需资金纳入建设项目投资计划。

在依法划定的海洋自然保护区、海滨风景名胜区、重要渔业水域及其他需要特别保护的区域，不得从事污染环境、破坏景观的海岸工程项目建设或者其他活动。

第四十三条　海岸工程建设项目单位，必须对海洋环境进行科学调查，根据自然条件和社会条件，合理选址，编制环境影响报告书（表）。在建设项目开工前，将环境影响报告书（表）报环境保护行政主管部门审查批准。

环境保护行政主管部门在批准环境影响报告书（表）之前，必须征求海洋、海事、渔业行政主管部门和军队环境保护部门的意见。

第四十四条　海岸工程建设项目的环境保护设施，必须与主体工程同时设计、同时施工、同时投产使用。环境保护设施应当符合经批准的环境影响评价报告书（表）的要求。

第四十五条　禁止在沿海陆域内新建不具备有效治理措施的化学制浆造纸、化工、印染、制革、电镀、酿造、炼油、岸边冲滩拆船以及其他严重污染海洋环境的工业生产项目。

第四十六条　兴建海岸工程建设项目，必须采取有效措施，保护国家和地方重点保护的野生动植物及其生存环境和海洋水产资源。

严格限制在海岸采挖砂石。露天开采海滨砂矿和从岸上打井开采海底矿产资源，必须采取有效措施，防止污染海洋环境。

第六章　防治海洋工程建设项目对海洋环境的污染损害

第四十七条　海洋工程建设项目必须符合全国海洋主体功能区规划、海洋功能区划、海洋环境保护规划和国家有关环境保护标准。海洋工程建设项目单位应当对海洋环境进行科学调查，编制海洋环境影响报告书（表），并在建设项目开工前，报海洋行政主管部门审查批准。

海洋行政主管部门在批准海洋环境影响报告书（表）之前，必须征求海事、渔业行政主管部门和军队环境保护部门的意见。

第四十八条　海洋工程建设项目的环境保护设施，必须与主体工程同时设计、同时施工、同时投产使用。环境保护设施未经海洋行政主管部门验收,或者经验收不合格的,建设项目不得投入生产或者使用。

拆除或者闲置环境保护设施,必须事先征得海洋行政主管部门的同意。

第四十九条 海洋工程建设项目,不得使用含超标准放射性物质或者易溶出有毒有害物质的材料。

第五十条 海洋工程建设项目需要爆破作业时,必须采取有效措施,保护海洋资源。

海洋石油勘探开发及输油过程中,必须采取有效措施,避免溢油事故的发生。

第五十一条 海洋石油钻井船、钻井平台和采油平台的含油污水和油性混合物,必须经过处理达标后排放;残油、废油必须予以回收,不得排放入海。经回收处理后排放的,其含油量不得超过国家规定的标准。

钻井所使用的油基泥浆和其他有毒复合泥浆不得排放入海。水基泥浆和无毒复合泥浆及钻屑的排放,必须符合国家有关规定。

第五十二条 海洋石油钻井船、钻井平台和采油平台及其有关海上设施,不得向海域处置含油的工业垃圾。处置其他工业垃圾,不得造成海洋环境污染。

第五十三条 海上试油时,应当确保油气充分燃烧,油和油性混合物不得排放入海。

第五十四条 勘探开发海洋石油,必须按有关规定编制溢油应急计划,报国家海洋行政主管部门的海区派出机构备案。

第七章 防治倾倒废弃物对海洋环境的污染损害

第五十五条 任何单位未经国家海洋行政主管部门批准,不得向中华人民共和国管辖海域倾倒任何废弃物。

需要倾倒废弃物的单位,必须向国家海洋行政主管部门提出书面申请,经国家海洋行政主管部门审查批准,发给许可证后,方可倾倒。

禁止中华人民共和国境外的废弃物在中华人民共和国管辖海域倾倒。

第五十六条 国家海洋行政主管部门根据废弃物的毒性、有毒物质含量和对海洋环境影响程度,制定海洋倾倒废弃物评价程序和标准。

向海洋倾倒废弃物,应当按照废弃物的类别和数量实行分级管理。

可以向海洋倾倒的废弃物名录,由国家海洋行政主管部门拟定,经国务院环境保护行政主管部门提出审核意见后,报国务院批准。

第五十七条 国家海洋行政主管部门按照科学、合理、经济、安全的原则选划海洋倾倒区,经国务院环境保护行政主管部门提出审核意见后,报国务院批准。

临时性海洋倾倒区由国家海洋行政主管部门批准,并报国务院环境保护行政主管部门备案。

国家海洋行政主管部门在选划海洋倾倒区和批准临时性海洋倾倒区之前,必须征求国家海事、渔业行政主管部门的意见。

第五十八条 国家海洋行政主管部门监督管理倾倒区的使用,组织倾倒区的环境监测。对经确认不宜继续使用的倾倒区,国家海洋行政主管部门应当予以封闭,终止在该倾倒区的一切倾倒活动,并报国务院备案。

第五十九条 获准倾倒废弃物的单位,必须按照许可证注明的期限及条件,到指定的区域进行倾倒。废弃物装载之后，批准部门应当予以核实。

第六十条　获准倾倒废弃物的单位，应当详细记录倾倒的情况，并在倾倒后向批准部门作出书面报告。倾倒废弃物的船舶必须向驶出港的海事行政主管部门作出书面报告。

第六十一条　禁止在海上焚烧废弃物。

禁止在海上处置放射性废弃物或者其他放射性物质。废弃物中的放射性物质的豁免浓度由国务院制定。

第八章　防治船舶及有关作业活动对海洋环境的污染损害

第六十二条　在中华人民共和国管辖海域，任何船舶及相关作业不得违反本法规定向海洋排放污染物、废弃物和压载水、船舶垃圾及其他有害物质。

从事船舶污染物、废弃物、船舶垃圾接收、船舶清舱、洗舱作业活动的，必须具备相应的接收处理能力。

第六十三条　船舶必须按照有关规定持有防止海洋环境污染的证书与文书，在进行涉及污染物排放及操作时，应当如实记录。

第六十四条　船舶必须配置相应的防污设备和器材。

载运具有污染危害性货物的船舶，其结构与设备应当能够防止或者减轻所载货物对海洋环境的污染。

第六十五条　船舶应当遵守海上交通安全法律、法规的规定，防止因碰撞、触礁、搁浅、火灾或者爆炸等引起的海难事故，造成海洋环境的污染。

第六十六条　国家完善并实施船舶油污损害民事赔偿责任制度；按照船舶油污损害赔偿责任由船东和货主共同承担风险的原则，建立船舶油污保险、油污损害赔偿基金制度。

实施船舶油污保险、油污损害赔偿基金制度的具体办法由国务院规定。

第六十七条　载运具有污染危害性货物进出港口的船舶，其承运人、货物所有人或者代理人，必须事先向海事行政主管部门申报。经批准后，方可进出港口、过境停留或者装卸作业。

第六十八条　交付船舶装运污染危害性货物的单证、包装、标志、数量限制等，必须符合对所装货物的有关规定。

需要船舶装运污染危害性不明的货物，应当按照有关规定事先进行评估。

装卸油类及有毒有害货物的作业，船岸双方必须遵守安全防污操作规程。

第六十九条　港口、码头、装卸站和船舶修造厂必须按照有关规定备有足够的用于处理船舶污染物、废弃物的接收设施，并使该设施处于良好状态。

装卸油类的港口、码头、装卸站和船舶必须编制溢油污染应急计划，并配备相应的溢油污染应急设备和器材。

第七十条　船舶及有关作业活动应当遵守有关法律法规和标准，采取有效措施，防止造成海洋环境污染。海事行政主管部门等有关部门应当加强对船舶及有关作业活动的监督管理。

船舶进行散装液体污染危害性货物的过驳作业，应当事先按照有关规定报经海事行政主管部门批准。

第七十一条　船舶发生海难事故，造成或者可能造成海洋环境重大污染损害的，国家海事行政主管部门有权强制采取避免或者减少污染损害的措施。

对在公海上因发生海难事故，造成中华人民共和国管辖海域重大污染损害后果或者具有污染威胁的船舶、海上设施，国家海事行政主管部门有权采取与实际的或者可能发生的损害相称的必要措施。

第七十二条 所有船舶均有监视海上污染的义务，在发现海上污染事故或者违反本法规定的行为时，必须立即向就近的依照本法规定行使海洋环境监督管理权的部门报告。

民用航空器发现海上排污或者污染事件，必须及时向就近的民用航空空中交通管制单位报告。接到报告的单位，应当立即向依照本法规定行使海洋环境监督管理权的部门通报。

第九章 法律责任

第七十三条 违反本法有关规定，有下列行为之一的，由依照本法规定行使海洋环境监督管理权的部门责令停止违法行为、限期改正或者责令采取限制生产、停产整治等措施，并处以罚款；拒不改正的，依法作出处罚决定的部门可以自责令改正之日的次日起，按照原罚款数额按日连续处罚；情节严重的，报经有批准权的人民政府批准，责令停业、关闭：

（一）向海域排放本法禁止排放的污染物或者其他物质的；

（二）不按照本法规定向海洋排放污染物，或者超过标准、总量控制指标排放污染物的；

（三）未取得海洋倾倒许可证，向海洋倾倒废弃物的；

（四）因发生事故或者其他突发性事件，造成海洋环境污染事故，不立即采取处理措施的。

有前款第（一）、（三）项行为之一的，处三万元以上二十万元以下的罚款；有前款第（二）、（四）项行为之一的，处二万元以上十万元以下的罚款。

第七十四条 违反本法有关规定，有下列行为之一的，由依照本法规定行使海洋环境监督管理权的部门予以警告，或者处以罚款：

（一）不按照规定申报，甚至拒报污染物排放有关事项，或者在申报时弄虚作假的；

（二）发生事故或者其他突发性事件不按照规定报告的；

（三）不按照规定记录倾倒情况，或者不按照规定提交倾倒报告的；

（四）拒报或者谎报船舶载运污染危害性货物申报事项的。

有前款第（一）、（三）项行为之一的，处二万元以下的罚款；有前款第（二）、（四）项行为之一的，处五万元以下的罚款。

第七十五条 违反本法第十九条第二款的规定，拒绝现场检查，或者在被检查时弄虚作假的，由依照本法规定行使海洋环境监督管理权的部门予以警告，并处二万元以下的罚款。

第七十六条 违反本法规定，造成珊瑚礁、红树林等海洋生态系统及海洋水产资源、海洋保护区破坏的，由依照本法规定行使海洋环境监督管理权的部门责令限期改正和采取补救措施，并处一万元以上十万元以下的罚款；有违法所得的，没收其违法所得。

第七十七条 违反本法第三十条第一款、第三款规定设置入海排污口的，由县级以上地方人民政府环境保护行政主管部门责令其关闭，并处二万元以上十万元以下的罚款。

第七十八条 违反本法第三十九条第二款的规定，经中华人民共和国管辖海域，转移危险废物的，由国家海事行政主管部门责令非法运输该危险废物的船舶退出中华人民共和国管辖海域，并处五万元以上五十万元以下的罚款。

第七十九条 海岸工程建设项目未依法进行环境影响评价的，依照《中华人民共和国环境影响评价法》的规定处理。

第八十条 违反本法第四十四条的规定，海岸工程建设项目未建成环境保护设施，或者环境保护设施未达到规定要求即投入生产、使用的，由环境保护行政主管部门责令其停止生产或者使用，并处二万元以上十万元以下的罚款。

第八十一条 违反本法第四十五条的规定，新建严重污染海洋环境的工业生产建设项目的，按照管理权限，由县级以上人民政府责令关闭。

第八十二条 违反本法第四十七条第一款的规定，进行海洋工程建设项目的，由海洋行政主管部门责令其停止施工，根据违法情节和危害后果，处建设项目总投资额百分之一以上百分之五以下的罚款，并可以责令恢复原状。

违反本法第四十八条的规定，海洋工程建设项目未建成环境保护设施、环境保护设施未达到规定要求即投入生产、使用的，由海洋行政主管部门责令其停止生产、使用，并处五万元以上二十万元以下的罚款。

第八十三条 违反本法第四十九条的规定，使用含超标准放射性物质或者易溶出有毒有害物质材料的，由海洋行政主管部门处五万元以下的罚款，并责令其停止该建设项目的运行，直到消除污染危害。

第八十四条 违反本法规定进行海洋石油勘探开发活动，造成海洋环境污染的，由国家海洋行政主管部门予以警告，并处二万元以上二十万元以下的罚款。

第八十五条 违反本法规定，不按照许可证的规定倾倒，或者向已经封闭的倾倒区倾倒废弃物的，由海洋行政主管部门予以警告，并处三万元以上二十万元以下的罚款；对情节严重的，可以暂扣或者吊销许可证。

第八十六条 违反本法第五十五条第三款的规定，将中华人民共和国境外废弃物运进中华人民共和国管辖海域倾倒的，由国家海洋行政主管部门予以警告，并根据造成或者可能造成的危害后果，处十万元以上一百万元以下的罚款。

第八十七条 违反本法规定，有下列行为之一的，由依照本法规定行使海洋环境监督管理权的部门予以警告，或者处以罚款：

(一)港口、码头、装卸站及船舶未配备防污设施、器材的；

(二)船舶未持有防污证书、防污文书，或者不按照规定记载排污记录的；

(三)从事水上和港区水域拆船、旧船改装、打捞和其他水上、水下施工作业，造成海洋环境污染损害的；

(四)船舶载运的货物不具备防污适运条件的。

有前款第(一)、(四)项行为之一的，处二万元以上十万元以下的罚款；有前款第(二)项行为的，处二万元以下的罚款；有前款第(三)项行为的，处五万元以上二十万元以下的罚款。

第八十八条 违反本法规定，船舶、石油平台和装卸油类的港口、码头、装卸站不编制溢油应急计划的，由依照本法规定行使海洋环境监督管理权的部门予以警告，或者责令限期改正。

第八十九条 造成海洋环境污染损害的责任者，应当排除危害，并赔偿损失；完全由于第三者的故意或者过失，造成海洋环境污染损害的，由第三者排除危害，并承担赔偿责任。

对破坏海洋生态、海洋水产资源、海洋保护区，给国家造成重大损失的，由依照本法规定行使海洋环境监督管理权的部门代表国家对责任者提出损害赔偿要求。

第九十条 对违反本法规定，造成海洋环境污染事故的单位，除依法承担赔偿责任外，由依照本法规定行使海洋环境监督管理权的部门依照本条第二款的规定处以罚款；对直接负责的主管人员和其他直接责任人员可以处上一年度从本单位取得收入百分之五十以下的罚款；直接负责的主管人员和其他直接责任人员属于国家工作人员的，依法给予处分。

对造成一般或者较大海洋环境污染事故的，按照直接损失的百分之二十计算罚款；对造成重大或者特大海洋环境污染事故的，按照直接损失的百分之三十计算罚款。

对严重污染海洋环境、破坏海洋生态，构成犯罪的，依法追究刑事责任。

第九十一条 完全属于下列情形之一，经过及时采取合理措施，仍然不能避免对海洋环境造成污染损害的，造成污染损害的有关责任者免予承担责任：

（一）战争；

（二）不可抗拒的自然灾害；

（三）负责灯塔或者其他助航设备的主管部门，在执行职责时的疏忽，或者其他过失行为。

第九十二条 对违反本法第十二条有关缴纳排污费、倾倒费规定的行政处罚，由国务院规定。

第九十三条 海洋环境监督管理人员滥用职权、玩忽职守、徇私舞弊，造成海洋环境污染损害的，依法给予行政处分；构成犯罪的，依法追究刑事责任。

第十章 附 则

第九十四条 本法中下列用语的含义是：

（一）海洋环境污染损害，是指直接或者间接地把物质或者能量引入海洋环境，产生损害海洋生物资源、危害人体健康、妨害渔业和海上其他合法活动、损害海水使用素质和减损环境质量等有害影响。

（二）内水，是指我国领海基线向内陆一侧的所有海域。

（三）滨海湿地，是指低潮时水深浅于六米的水域及其沿岸浸湿地带，包括水深不超过六米的永久性水域、潮间带（或洪泛地带）和沿海低地等。

（四）海洋功能区划，是指依据海洋自然属性和社会属性，以及自然资源和环境特定条件，界定海洋利用的主导功能和使用范畴。

（五）渔业水域，是指鱼虾类的产卵场、索饵场、越冬场、洄游通道和鱼虾贝藻类的养殖场。

（六）油类，是指任何类型的油及其炼制品。

（七）油性混合物，是指任何含有油份的混合物。

（八）排放，是指把污染物排入海洋的行为，包括泵出、溢出、泄出、喷出和倒出。

（九）陆地污染源（简称陆源），是指从陆地向海域排放污染物，造成或者可能造成海洋环境污染的场所、设施等。

（十）陆源污染物，是指由陆地污染源排放的污染物。

（十一）倾倒，是指通过船舶、航空器、平台或者其他载运工具，向海洋处置废弃物和其他有害物质的行为，包括弃置船舶、航空器、平台及其辅助设施和其他浮动工具的行为。

（十二）沿海陆域，是指与海岸相连，或者通过管道、沟渠、设施，直接或者间接向海洋排放污染物及其相关活动的一带区域。

（十三）海上焚烧，是指以热摧毁为目的，在海上焚烧设施上，故意焚烧废弃物或者其他物质的行为，但船舶、平台或者其他人工构造物正常操作中，所附带发生的行为除外。

第九十五条　涉及海洋环境监督管理的有关部门的具体职权划分，本法未作规定的，由国务院规定。

第九十六条　中华人民共和国缔结或者参加的与海洋环境保护有关的国际条约与本法有不同规定的，适用国际条约的规定；但是，中华人民共和国声明保留的条款除外。

第九十七条　本法自 2000 年 4 月 1 日起施行。

中华人民共和国环境影响评价法

（2002 年 10 月 28 日第九届全国人民代表大会常务委员会第三十次会议通过 根据2016 年 7 月 2 日第十二届全国人民代表大会常务委员会第二十一次会议《关于修改〈中华人民共和国节约能源法〉等六部法律的决定》修正）

第一章　总　　则

第一条　为了实施可持续发展战略，预防因规划和建设项目实施后对环境造成不良影响，促进经济、社会和环境的协调发展，制定本法。

第二条　本法所称环境影响评价，是指对规划和建设项目实施后可能造成的环境影响进行分析、预测和评估，提出预防或者减轻不良环境影响的对策和措施，进行跟踪监测的方法与制度。

第三条　编制本法第九条所规定的范围内的规划，在中华人民共和国领域和中华人民共和国管辖的其他海域内建设对环境有影响的项目，应当依照本法进行环境影响评价。

第四条　环境影响评价必须客观、公开、公正，综合考虑规划或者建设项目实施后对各种环境因素及其所构成的生态系统可能造成的影响，为决策提供科学依据。

第五条　国家鼓励有关单位、专家和公众以适当方式参与环境影响评价。

第六条　国家加强环境影响评价的基础数据库和评价指标体系建设，鼓励和支持对环境影响评价的方法、技术规范进行科学研究，建立必要的环境影响评价信息共享制度，提高环境影响评价的科学性。

国务院环境保护行政主管部门应当会同国务院有关部门，组织建立和完善环境影响评价的基础数据库和评价指标体系。

第二章　规划的环境影响评价

第七条　国务院有关部门、设区的市级以上地方人民政府及其有关部门，对其组织编制的土地利用的有关规划，区域、流域、海域的建设、开发利用规划，应当在规划编制过程中组织进行环境影响评价，编写该规划有关环境影响的篇章或者说明。

规划有关环境影响的篇章或者说明，应当对规划实施后可能造成的环境影响作出分析、预测和评估，提出预防或者减轻不良环境影响的对策和措施，作为规划草案的组成部分一并报送规划审批机关。

未编写有关环境影响的篇章或者说明的规划草案，审批机关不予审批。

第八条　国务院有关部门、设区的市级以上地方人民政府及其有关部门，对其组织编制的工业、农业、畜牧业、林业、能源、水利、交通、城市建设、旅游、自然资源开发的有关专项规划（以下简称专项规划），应当在该专项规划草案上报审批前，组织进行环境影响评价，并向审批该专项规划的机关提出环境影响报告书。

前款所列专项规划中的指导性规划，按照本法第七条的规定进行环境影响评价。

第九条　依照本法第七条、第八条的规定进行环境影响评价的规划的具体范围，由国务院环境保护行政主管部门会同国务院有关部门规定，报国务院批准。

第十条　专项规划的环境影响报告书应当包括下列内容：

（一）实施该规划对环境可能造成影响的分析、预测和评估；

（二）预防或者减轻不良环境影响的对策和措施；

（三）环境影响评价的结论。

第十一条　专项规划的编制机关对可能造成不良环境影响并直接涉及公众环境权益的规划，应当在该规划草案报送审批前，举行论证会、听证会，或者采取其他形式，征求有关单位、专家和公众对环境影响报告书草案的意见。但是，国家规定需要保密的情形除外。

编制机关应当认真考虑有关单位、专家和公众对环境影响报告书草案的意见，并应当在报送审查的环境影响报告书中附具对意见采纳或者不采纳的说明。

第十二条　专项规划的编制机关在报批规划草案时，应当将环境影响报告书一并附送审批机关审查；未附送环境影响报告书的，审批机关不予审批。

第十三条　设区的市级以上人民政府在审批专项规划草案，作出决策前，应当先由人民政府指定的环境保护行政主管部门或者其他部门召集有关部门代表和专家组成审查小组，对环境影响报告书进行审查。审查小组应当提出书面审查意见。

参加前款规定的审查小组的专家，应当从按照国务院环境保护行政主管部门的规定设立的专家库内的相关专业的专家名单中，以随机抽取的方式确定。

由省级以上人民政府有关部门负责审批的专项规划，其环境影响报告书的审查办法，由国务院环境保护行政主管部门会同国务院有关部门制定。

第十四条　审查小组提出修改意见的，专项规划的编制机关应当根据环境影响报告书结论和审查意见对规划草案进行修改完善，并对环境影响报告书结论和审查意见的采纳情况作出说明；不采纳的，应当说明理由。

设区的市级以上人民政府或者省级以上人民政府有关部门在审批专项规划草案时，应当将环境影响报告书结论以及审查意见作为决策的重要依据。

在审批中未采纳环境影响报告书结论以及审查意见的，应当作出说明，并存档备查。

第十五条　对环境有重大影响的规划实施后，编制机关应当及时组织环境影响的跟踪评价，并将评价结果报告审批机关；发现有明显不良环境影响的，应当及时提出改进措施。

第三章　建设项目的环境影响评价

第十六条　国家根据建设项目对环境的影响程度，对建设项目的环境影响评价实行分类管理。

建设单位应当按照下列规定组织编制环境影响报告书、环境影响报告表或者填报环境影响登记表（以下统称环境影响评价文件）：

（一）可能造成重大环境影响的，应当编制环境影响报告书，对产生的环境影响进行全面评价；

（二）可能造成轻度环境影响的，应当编制环境影响报告表，对产生的环境影响进行分析或者专项评价；

（三）对环境影响很小、不需要进行环境影响评价的，应当填报环境影响登记表。

建设项目的环境影响评价分类管理名录，由国务院环境保护行政主管部门制定并公布。

第十七条　建设项目的环境影响报告书应当包括下列内容：

（一）建设项目概况；

（二）建设项目周围环境现状；

（三）建设项目对环境可能造成影响的分析、预测和评估；

（四）建设项目环境保护措施及其技术、经济论证；

（五）建设项目对环境影响的经济损益分析；

（六）对建设项目实施环境监测的建议；

（七）环境影响评价的结论。

环境影响报告表和环境影响登记表的内容和格式，由国务院环境保护行政主管部门制定。

第十八条　建设项目的环境影响评价，应当避免与规划的环境影响评价相重复。

作为一项整体建设项目的规划，按照建设项目进行环境影响评价，不进行规划的环境影响评价。

已经进行了环境影响评价的规划包含具体建设项目的，规划的环境影响评价结论应当作为建设项目环境影响评价的重要依据，建设项目环境影响评价的内容应当根据规划的环境影响评价审查意见予以简化。

第十九条　接受委托为建设项目环境影响评价提供技术服务的机构，应当经国务院环境保护行政主管部门考核审查合格后，颁发资质证书，按照资质证书规定的等级和评价范围，从事环境影响评价服务，并对评价结论负责。为建设项目环境影响评价提供技术服务的机构的资质条件和管理办法，由国务院环境保护行政主管部门制定。

国务院环境保护行政主管部门对已取得资质证书的为建设项目环境影响评价提供技术服务的机构的名单，应当予以公布。

为建设项目环境影响评价提供技术服务的机构，不得与负责审批建设项目环境影响评价文件的环境保护行政主管部门或者其他有关审批部门存在任何利益关系。

第二十条　环境影响评价文件中的环境影响报告书或者环境影响报告表，应当由具有相应环境影响评价资质的机构编制。

任何单位和个人不得为建设单位指定对其建设项目进行环境影响评价的机构。

第二十一条　除国家规定需要保密的情形外，对环境可能造成重大影响、应当编制环境影响报告书的建设项目，建设单位应当在报批建设项目环境影响报告书前，举行论证会、听证会，或者采取其他形式，征求有关单位、专家和公众的意见。

建设单位报批的环境影响报告书应当附具对有关单位、专家和公众的意见采纳或者不采纳的说明。

第二十二条　建设项目的环境影响报告书、报告表，由建设单位按照国务院的规定报有审批权的环境保护行政主管部门审批。

海洋工程建设项目的海洋环境影响报告书的审批，依照《中华人民共和国海洋环境保护法》的规定办理。

审批部门应当自收到环境影响报告书之日起六十日内，收到环境影响报告表之日起三十日内,分别作出审批决定并书面通知建设单位。

国家对环境影响登记表实行备案管理。

审核、审批建设项目环境影响报告书、报告表以及备案环境影响登记表,不得收取任何费用。

第二十三条　国务院环境保护行政主管部门负责审批下列建设项目的环境影响评价文件:

(一)核设施、绝密工程等特殊性质的建设项目;

(二)跨省、自治区、直辖市行政区域的建设项目;

(三)由国务院审批的或者由国务院授权有关部门审批的建设项目。

前款规定以外的建设项目的环境影响评价文件的审批权限,由省、自治区、直辖市人民政府规定。

建设项目可能造成跨行政区域的不良环境影响,有关环境保护行政主管部门对该项目的环境影响评价结论有争议的,其环境影响评价文件由共同的上一级环境保护行政主管部门审批。

第二十四条　建设项目的环境影响评价文件经批准后,建设项目的性质、规模、地点、采用的生产工艺或者防治污染、防止生态破坏的措施发生重大变动的,建设单位应当重新报批建设项目的环境影响评价文件。

建设项目的环境影响评价文件自批准之日起超过五年,方决定该项目开工建设的,其环境影响评价文件应当报原审批部门重新审核;原审批部门应当自收到建设项目环境影响评价文件之日起十日内,将审核意见书面通知建设单位。

第二十五条　建设项目的环境影响评价文件未依法经审批部门审查或者审查后未予批准的,建设单位不得开工建设。

第二十六条　建设项目建设过程中,建设单位应当同时实施环境影响报告书、环境影响报告表以及环境影响评价文件审批部门审批意见中提出的环境保护对策措施。

第二十七条　在项目建设、运行过程中产生不符合经审批的环境影响评价文件的情形的,建设单位应当组织环境影响的后评价,采取改进措施,并报原环境影响评价文件审批部门和建设项目审批部门备案;原环境影响评价文件审批部门也可以责成建设单位进行环境影响的后评价,采取改进措施。

第二十八条　环境保护行政主管部门应当对建设项目投入生产或者使用后所产生的环境影响进行跟踪检查,对造成严重环境污染或者生态破坏的,应当查清原因、查明责任。对属于为建设项目环境影响评价提供技术服务的机构编制不实的环境影响评价文件的,依照本法第三十二条的规定追究其法律责任;属于审批部门工作人员失职、渎职,对依法不应批准的建设项目环境影响评价文件予以批准的,依照本法第三十四条的规定追究其法律责任。

第四章　法 律 责 任

第二十九条　规划编制机关违反本法规定,未组织环境影响评价,或者组织环境影响评价时弄虚作假或者有失职行为,造成环境影响评价严重失实的,对直接负责的主管人员和其他直接责任人员,由上级机关或者监察机关依法给予行政处分。

第三十条　规划审批机关对依法应当编写有关环境影响的篇章或者说明而未编写的规

划草案，依法应当附送环境影响报告书而未附送的专项规划草案，违法予以批准的，对直接负责的主管人员和其他直接责任人员，由上级机关或者监察机关依法给予行政处分。

第三十一条 建设单位未依法报批建设项目环境影响报告书、报告表，或者未依照本法第二十四条的规定重新报批或者报请重新审核环境影响报告书、报告表，擅自开工建设的，由县级以上环境保护行政主管部门责令停止建设，根据违法情节和危害后果，处建设项目总投资额百分之一以上百分之五以下的罚款，并可以责令恢复原状；对建设单位直接负责的主管人员和其他直接责任人员，依法给予行政处分。

建设项目环境影响报告书、报告表未经批准或者未经原审批部门重新审核同意，建设单位擅自开工建设的，依照前款的规定处罚、处分。

建设单位未依法备案建设项目环境影响登记表的，由县级以上环境保护行政主管部门责令备案，处五万元以下的罚款。

海洋工程建设项目的建设单位有本条所列违法行为的，依照《中华人民共和国海洋环境保护法》的规定处罚。

第三十二条 接受委托为建设项目环境影响评价提供技术服务的机构在环境影响评价工作中不负责任或者弄虚作假，致使环境影响评价文件失实的，由授予环境影响评价资质的环境保护行政主管部门降低其资质等级或者吊销其资质证书，并处所收费用一倍以上三倍以下的罚款；构成犯罪的，依法追究刑事责任。

第三十三条 负责审核、审批、备案建设项目环境影响评价文件的部门在审批、备案中收取费用的，由其上级机关或者监察机关责令退还；情节严重的，对直接负责的主管人员和其他直接责任人员依法给予行政处分。

第三十四条 环境保护行政主管部门或者其他部门的工作人员徇私舞弊，滥用职权，玩忽职守，违法批准建设项目环境影响评价文件的，依法给予行政处分；构成犯罪的，依法追究刑事责任。

第五章 附 则

第三十五条 省、自治区、直辖市人民政府可以根据本地的实际情况，要求对本辖区的县级人民政府编制的规划进行环境影响评价。具体办法由省、自治区、直辖市参照本法第二章的规定制定。

第三十六条 军事设施建设项目的环境影响评价办法，由中央军事委员会依照本法的原则制定。

第三十七条 本法自 2003 年 9 月 1 日起施行。

危险废物经营许可证管理办法

（2004 年 5 月 30 日国务院令第 408 号公布　根据 2013 年 12 月 7 日国务院令第 645 号《关于修改部分行政法规的决定》修订　根据 2016 年 2 月 6 日国务院令第 666 号《关于修改部分行政法规的决定》修订）

第一章　总　　则

第一条　为了加强对危险废物收集、贮存和处置经营活动的监督管理，防治危险废物污染环境，根据《中华人民共和国固体废物污染环境防治法》，制定本办法。

第二条　在中华人民共和国境内从事危险废物收集、贮存、处置经营活动的单位，应当依照本办法的规定，领取危险废物经营许可证。

第三条　危险废物经营许可证按照经营方式，分为危险废物收集、贮存、处置综合经营许可证和危险废物收集经营许可证。

领取危险废物综合经营许可证的单位，可以从事各类别危险废物的收集、贮存、处置经营活动；领取危险废物收集经营许可证的单位，只能从事机动车维修活动中产生的废矿物油和居民日常生活中产生的废镉镍电池的危险废物收集经营活动。

第四条　县级以上人民政府环境保护主管部门依照本办法的规定，负责危险废物经营许可证的审批颁发与监督管理工作。

第二章　申请领取危险废物经营许可证的条件

第五条　申请领取危险废物收集、贮存、处置综合经营许可证，应当具备下列条件：

（一）有 3 名以上环境工程专业或者相关专业中级以上职称，并有 3 年以上固体废物污染治理经历的技术人员；

（二）有符合国务院交通主管部门有关危险货物运输安全要求的运输工具；

（三）有符合国家或者地方环境保护标准和安全要求的包装工具，中转和临时存放设施、设备以及经验收合格的贮存设施、设备；

（四）有符合国家或者省、自治区、直辖市危险废物处置设施建设规划，符合国家或者地方环境保护标准和安全要求的处置设施、设备和配套的污染防治设施；其中，医疗废物集中处置设施，还应当符合国家有关医疗废物处置的卫生标准和要求；

（五）有与所经营的危险废物类别相适应的处置技术和工艺；

（六）有保证危险废物经营安全的规章制度、污染防治措施和事故应急救援措施；

（七）以填埋方式处置危险废物的，应当依法取得填埋场所的土地使用权。

第六条　申请领取危险废物收集经营许可证，应当具备下列条件：

（一）有防雨、防渗的运输工具；

（二）有符合国家或者地方环境保护标准和安全要求的包装工具，中转和临时存放设施、设备；

（三）有保证危险废物经营安全的规章制度、污染防治措施和事故应急救援措施。

第三章　申请领取危险废物经营许可证的程序

第七条　国家对危险废物经营许可证实行分级审批颁发。

医疗废物集中处置单位的危险废物经营许可证，由医疗废物集中处置设施所在地设区的市级人民政府环境保护主管部门审批颁发。

危险废物收集经营许可证，由县级人民政府环境保护主管部门审批颁发。

本条第二款、第三款规定之外的危险废物经营许可证，由省、自治区、直辖市人民政府环境保护主管部门审批颁发。

第八条　申请领取危险废物经营许可证的单位，应当在从事危险废物经营活动前向发证机关提出申请，并附具本办法第五条或者第六条规定条件的证明材料。

第九条　发证机关应当自受理申请之日起20个工作日内，对申请单位提交的证明材料进行审查，并对申请单位的经营设施进行现场核查。符合条件的，颁发危险废物经营许可证，并予以公告；不符合条件的，书面通知申请单位并说明理由。

发证机关在颁发危险废物经营许可证前，可以根据实际需要征求卫生、城乡规划等有关主管部门和专家的意见。

第十条　危险废物经营许可证包括下列主要内容：

（一）法人名称、法定代表人、住所；

（二）危险废物经营方式；

（三）危险废物类别；

（四）年经营规模；

（五）有效期限；

（六）发证日期和证书编号。

危险废物综合经营许可证的内容，还应当包括贮存、处置设施的地址。

第十一条　危险废物经营单位变更法人名称、法定代表人和住所的，应当自工商变更登记之日起15个工作日内，向原发证机关申请办理危险废物经营许可证变更手续。

第十二条　有下列情形之一的，危险废物经营单位应当按照原申请程序，重新申请领取危险废物经营许可证：

（一）改变危险废物经营方式的；

（二）增加危险废物类别的；

（三）新建或者改建、扩建原有危险废物经营设施的；

（四）经营危险废物超过原批准年经营规模20%以上的。

第十三条　危险废物综合经营许可证有效期为5年；危险废物收集经营许可证有效期为3年。

危险废物经营许可证有效期届满，危险废物经营单位继续从事危险废物经营活动的，应当于危险废物经营许可证有效期届满30个工作日前向原发证机关提出换证申请。原发证机关应当自受理换证申请之日起20个工作日内进行审查，符合条件的，予以换证；不符合条件的，书面通知申请单位并说明理由。

第十四条　危险废物经营单位终止从事收集、贮存、处置危险废物经营活动的，应当对经营设施、场所采取污染防治措施，并对未处置的危险废物作出妥善处理。

危险废物经营单位应当在采取前款规定措施之日起 20 个工作日内向原发证机关提出注销申请，由原发证机关进行现场核查合格后注销危险废物经营许可证。

第十五条　禁止无经营许可证或者不按照经营许可证规定从事危险废物收集、贮存、处置经营活动。

禁止从中华人民共和国境外进口或者经中华人民共和国过境转移电子类危险废物。

禁止将危险废物提供或者委托给无经营许可证的单位从事收集、贮存、处置经营活动。

禁止伪造、变造、转让危险废物经营许可证。

第四章　监督管理

第十六条　县级以上地方人民政府环境保护主管部门应当于每年 3 月 31 日前将上一年度危险废物经营许可证颁发情况报上一级人民政府环境保护主管部门备案。

上级环境保护主管部门应当加强对下级环境保护主管部门审批颁发危险废物经营许可证情况的监督检查，及时纠正下级环境保护主管部门审批颁发危险废物经营许可证过程中的违法行为。

第十七条　县级以上人民政府环境保护主管部门应当通过书面核查和实地检查等方式，加强对危险废物经营单位的监督检查，并将监督检查情况和处理结果予以记录，由监督检查人员签字后归档。

公众有权查阅县级以上人民政府环境保护主管部门的监督检查记录。

县级以上人民政府环境保护主管部门发现危险废物经营单位在经营活动中有不符合原发证条件的情形的，应当责令其限期整改。

第十八条　县级以上人民政府环境保护主管部门有权要求危险废物经营单位定期报告危险废物经营活动情况。危险废物经营单位应当建立危险废物经营情况记录簿，如实记载收集、贮存、处置危险废物的类别、来源、去向和有无事故等事项。

危险废物经营单位应当将危险废物经营情况记录簿保存 10 年以上，以填埋方式处置危险废物的经营情况记录簿应当永久保存。终止经营活动的，应当将危险废物经营情况记录簿移交所在地县级以上地方人民政府环境保护主管部门存档管理。

第十九条　县级以上人民政府环境保护主管部门应当建立、健全危险废物经营许可证的档案管理制度，并定期向社会公布审批颁发危险废物经营许可证的情况。

第二十条　领取危险废物收集经营许可证的单位，应当与处置单位签订接收合同，并将收集的废矿物油和废镉镍电池在 90 个工作日内提供或者委托给处置单位进行处置。

第二十一条　危险废物的经营设施在废弃或者改作其他用途前，应当进行无害化处理。

填埋危险废物的经营设施服役期届满后，危险废物经营单位应当按照有关规定对填埋过危险废物的土地采取封闭措施，并在划定的封闭区域设置永久性标记。

第五章　法律责任

第二十二条　违反本办法第十一条规定的，由县级以上地方人民政府环境保护主管部门责令限期改正，给予警告；逾期不改正的，由原发证机关暂扣危险废物经营许可证。

第二十三条 违反本办法第十二条、第十三条第二款规定的，由县级以上地方人民政府环境保护主管部门责令停止违法行为；有违法所得的，没收违法所得；违法所得超过10万元的，并处违法所得1倍以上2倍以下的罚款；没有违法所得或者违法所得不足10万元的，处5万元以上10万元以下的罚款。

第二十四条 违反本办法第十四条第一款、第二十一条规定的，由县级以上地方人民政府环境保护主管部门责令限期改正；逾期不改正的，处5万元以上10万元以下的罚款；造成污染事故，构成犯罪的，依法追究刑事责任。

第二十五条 违反本办法第十五条第一款、第二款、第三款规定的，依照《中华人民共和国固体废物污染环境防治法》的规定予以处罚。

违反本办法第十五条第四款规定的，由县级以上地方人民政府环境保护主管部门收缴危险废物经营许可证或者由原发证机关吊销危险废物经营许可证，并处5万元以上10万元以下的罚款；构成犯罪的，依法追究刑事责任。

第二十六条 违反本办法第十八条规定的，由县级以上地方人民政府环境保护主管部门责令限期改正，给予警告；逾期不改正的，由原发证机关暂扣或者吊销危险废物经营许可证。

第二十七条 违反本办法第二十条规定的，由县级以上地方人民政府环境保护主管部门责令限期改正，给予警告；逾期不改正的，处1万元以上5万元以下的罚款，并可以由原发证机关暂扣或者吊销危险废物经营许可证。

第二十八条 危险废物经营单位被责令限期整改，逾期不整改或者经整改仍不符合原发证条件的，由原发证机关暂扣或者吊销危险废物经营许可证。

第二十九条 被依法吊销或者收缴危险废物经营许可证的单位，5年内不得再申请领取危险废物经营许可证。

第三十条 县级以上人民政府环境保护主管部门的工作人员，有下列行为之一的，依法给予行政处分；构成犯罪的，依法追究刑事责任：

（一）向不符合本办法规定条件的单位颁发危险废物经营许可证的；

（二）发现未依法取得危险废物经营许可证的单位和个人擅自从事危险废物经营活动不予查处或者接到举报后不依法处理的；

（三）对依法取得危险废物经营许可证的单位不履行监督管理职责或者发现违反本办法规定的行为不予查处的；

（四）在危险废物经营许可证管理工作中有其他渎职行为的。

第六章 附 则

第三十一条 本办法下列用语的含义：

（一）危险废物，是指列入国家危险废物名录或者根据国家规定的危险废物鉴别标准和鉴别方法认定的具有危险性的废物。

（二）收集，是指危险废物经营单位将分散的危险废物进行集中的活动。

（三）贮存，是指危险废物经营单位在危险废物处置前，将其放置在符合环境保护标准的场所或者设施中，以及为了将分散的危险废物进行集中，在自备的临时设施或者场所每批置放重量超过5000千克或者置放时间超过90个工作日的活动。

（四）处置，是指危险废物经营单位将危险废物焚烧、煅烧、熔融、烧结、裂解、中和、消毒、蒸馏、萃取、沉淀、过滤、拆解以及用其他改变危险废物物理、化学、生物特性的方法，达到减少危险废物数量、缩小危险废物体积、减少或者消除其危险成分的活动，或者将危险废物最终置于符合环境保护规定要求的场所或者设施并不再回取的活动。

第三十二条　本办法施行前，依照地方性法规、规章或者其他文件的规定已经取得危险废物经营许可证的单位，应当在原危险废物经营许可证有效期届满30个工作日前，依照本办法的规定重新申请领取危险废物经营许可证。逾期不办理的，不得继续从事危险废物经营活动。

第三十三条　本办法自2004年7月1日起施行。

最高人民法院、最高人民检察院关于办理环境污染刑事案件适用法律若干问题的解释

（2016年11月7日最高人民法院审判委员会第1698次会议、2016年12月8日最高人民检察院第十二届检察委员会第58次会议通过　2016年12月23日公布　法释〔2016〕29号　自2017年1月1日起施行）

为依法惩治有关环境污染犯罪，根据《中华人民共和国刑法》《中华人民共和国刑事诉讼法》的有关规定，现就办理此类刑事案件适用法律的若干问题解释如下：

第一条　实施刑法第三百三十八条规定的行为，具有下列情形之一的，应当认定为“严重污染环境”：

（一）在饮用水水源一级保护区、自然保护区核心区排放、倾倒、处置有放射性的废物、含传染病病原体的废物、有毒物质的；

（二）非法排放、倾倒、处置危险废物三吨以上的；

（三）排放、倾倒、处置含铅、汞、镉、铬、砷、铊、锑的污染物，超过国家或者地方污染物排放标准三倍以上的；

（四）排放、倾倒、处置含镍、铜、锌、银、钒、锰、钴的污染物，超过国家或者地方污染物排放标准十倍以上的；

（五）通过暗管、渗井、渗坑、裂隙、溶洞、灌注等逃避监管的方式排放、倾倒、处置有放射性的废物、含传染病病原体的废物、有毒物质的；

（六）二年内曾因违反国家规定，排放、倾倒、处置有放射性的废物、含传染病病原体的废物、有毒物质受过两次以上行政处罚，又实施前列行为的；

（七）重点排污单位篡改、伪造自动监测数据或者干扰自动监测设施，排放化学需氧量、氨氮、二氧化硫、氮氧化物等污染物的；

（八）违法减少防治污染设施运行支出一百万元以上的；

（九）违法所得或者致使公私财产损失三十万元以上的；

（十）造成生态环境严重损害的；

（十一）致使乡镇以上集中式饮用水水源取水中断十二小时以上的；

（十二）致使基本农田、防护林地、特种用途林地五亩以上，其他农用地十亩以上，其他土地二十亩以上基本功能丧失或者遭受永久性破坏的；

（十三）致使森林或者其他林木死亡五十立方米以上，或者幼树死亡二千五百株以上的；

（十四）致使疏散、转移群众五千人以上的；

（十五）致使三十人以上中毒的；

（十六）致使三人以上轻伤、轻度残疾或者器官组织损伤导致一般功能障碍的；

（十七）致使一人以上重伤、中度残疾或者器官组织损伤导致严重功能障碍的；

（十八）其他严重污染环境的情形。

第二条　实施刑法第三百三十九条、第四百零八条规定的行为，致使公私财产损失三十万元以上，或者具有本解释第一条第十项至第十七项规定情形之一的，应当认定为“致使公私财产遭受重大损失或者严重危害人体健康”或者“致使公私财产遭受重大损失或者造成人身伤亡的严重后果”。

第三条　实施刑法第三百三十八条、第三百三十九条规定的行为，具有下列情形之一的，应当认定为“后果特别严重”：

（一）致使县级以上城区集中式饮用水水源取水中断十二小时以上的；

（二）非法排放、倾倒、处置危险废物一百吨以上的；

（三）致使基本农田、防护林地、特种用途林地十五亩以上，其他农用地三十亩以上，其他土地六十亩以上基本功能丧失或者遭受永久性破坏的；

（四）致使森林或者其他林木死亡一百五十立方米以上，或者幼树死亡七千五百株以上的；

（五）致使公私财产损失一百万元以上的；

（六）造成生态环境特别严重损害的；

（七）致使疏散、转移群众一万五千人以上的；

（八）致使一百人以上中毒的；

（九）致使十人以上轻伤、轻度残疾或者器官组织损伤导致一般功能障碍的；

（十）致使三人以上重伤、中度残疾或者器官组织损伤导致严重功能障碍的；

（十一）致使一人以上重伤、中度残疾或者器官组织损伤导致严重功能障碍，并致使五人以上轻伤、轻度残疾或者器官组织损伤导致一般功能障碍的；

（十二）致使一人以上死亡或者重度残疾的；

（十三）其他后果特别严重的情形。

第四条　实施刑法第三百三十八条、第三百三十九条规定的犯罪行为，具有下列情形之一的，应当从重处罚：

（一）阻挠环境监督检查或者突发环境事件调查，尚不构成妨害公务等犯罪的；

（二）在医院、学校、居民区等人口集中地区及其附近，违反国家规定排放、倾倒、处置有放射性的废物、含传染病病原体的废物、有毒物质或者其他有害物质的；

（三）在重污染天气预警期间、突发环境事件处置期间或者被责令限期整改期间，违反国家规定排放、倾倒、处置有放射性的废物、含传染病病原体的废物、有毒物质或者其他有害物质的；

（四）具有危险废物经营许可证的企业违反国家规定排放、倾倒、处置有放射性的废物、含传染病病原体的废物、有毒物质或者其他有害物质的。

第五条　实施刑法第三百三十八条、第三百三十九条规定的行为，刚达到应当追究刑事责任的标准，但行为人及时采取措施，防止损失扩大、消除污染，全部赔偿损失，积极修复生态环境，且系初犯，确有悔罪表现的，可以认定为情节轻微，不起诉或者免予刑事处罚；确有必要判处刑罚的，应当从宽处罚。

第六条　无危险废物经营许可证从事收集、贮存、利用、处置危险废物经营活动，严重污染环境的，按照污染环境罪定罪处罚；同时构成非法经营罪的，依照处罚较重的规定定罪处罚。

实施前款规定的行为，不具有超标排放污染物、非法倾倒污染物或者其他违法造成环境污染的情形的，可以认定为非法经营情节显著轻微危害不大，不认为是犯罪；构成生产、销售伪劣产品等其他犯罪的，以其他犯罪论处。

第七条 明知他人无危险废物经营许可证，向其提供或者委托其收集、贮存、利用、处置危险废物，严重污染环境的，以共同犯罪论处。

第八条 违反国家规定，排放、倾倒、处置含有毒害性、放射性、传染病病原体等物质的污染物，同时构成污染环境罪、非法处置进口的固体废物罪、投放危险物质罪等犯罪的，依照处罚较重的规定定罪处罚。

第九条 环境影响评价机构或其人员，故意提供虚假环境影响评价文件，情节严重的，或者严重不负责任，出具的环境影响评价文件存在重大失实，造成严重后果的，应当依照刑法第二百二十九条、第二百三十一条的规定，以提供虚假证明文件罪或者出具证明文件重大失实罪定罪处罚。

第十条 违反国家规定，针对环境质量监测系统实施下列行为，或者强令、指使、授意他人实施下列行为的，应当依照刑法第二百八十六条的规定，以破坏计算机信息系统罪论处：

（一）修改参数或者监测数据的；

（二）干扰采样，致使监测数据严重失真的；

（三）其他破坏环境质量监测系统的行为。

重点排污单位篡改、伪造自动监测数据或者干扰自动监测设施，排放化学需氧量、氨氮、二氧化硫、氮氧化物等污染物，同时构成污染环境罪和破坏计算机信息系统罪的，依照处罚较重的规定定罪处罚。

从事环境监测设施维护、运营的人员实施或者参与实施篡改、伪造自动监测数据、干扰自动监测设施、破坏环境质量监测系统等行为的，应当从重处罚。

第十一条 单位实施本解释规定的犯罪的，依照本解释规定的定罪量刑标准，对直接负责的主管人员和其他直接责任人员定罪处罚，并对单位判处罚金。

第十二条 环境保护主管部门及其所属监测机构在行政执法过程中收集的监测数据，在刑事诉讼中可以作为证据使用。

公安机关单独或者会同环境保护主管部门，提取污染物样品进行检测获取的数据，在刑事诉讼中可以作为证据使用。

第十三条 对国家危险废物名录所列的废物，可以依据涉案物质的来源、产生过程、被告人供述、证人证言以及经批准或者备案的环境影响评价文件等证据，结合环境保护主管部门、公安机关等出具的书面意见作出认定。

对于危险废物的数量，可以综合被告人供述，涉案企业的生产工艺、物耗、能耗情况，以及经批准或者备案的环境影响评价文件等证据作出认定。

第十四条 对案件所涉的环境污染专门性问题难以确定的，依据司法鉴定机构出具的鉴定意见，或者国务院环境保护主管部门、公安部门指定的机构出具的报告，结合其他证据作出认定。

第十五条 下列物质应当认定为刑法第三百三十八条规定的“有毒物质”：

（一）危险废物，是指列入国家危险废物名录，或者根据国家规定的危险废物鉴别标准和鉴别方法认定的，具有危险特性的废物；

（二）《关于持久性有机污染物的斯德哥尔摩公约》附件所列物质；

（三）含重金属的污染物；

（四）其他具有毒性，可能污染环境的物质。

第十六条 无危险废物经营许可证，以营利为目的，从危险废物中提取物质作为原材料或者燃料，并具有超标排放污染物、非法倾倒污染物或者其他违法造成环境污染的情形的行为，应当认定为“非法处置危险废物”。

第十七条 本解释所称“二年内”，以第一次违法行为受到行政处罚的生效之日与又实施相应行为之日的时间间隔计算确定。

本解释所称“重点排污单位”，是指设区的市级以上人民政府环境保护主管部门依法确定的应当安装、使用污染物排放自动监测设备的重点监控企业及其他单位。

本解释所称“违法所得”，是指实施刑法第三百三十八条、第三百三十九条规定的行为所得和可得的全部违法收入。

本解释所称“公私财产损失”，包括实施刑法第三百三十八条、第三百三十九条规定的行为直接造成财产损毁、减少的实际价值，为防止污染扩大、消除污染而采取必要合理措施所产生的费用，以及处置突发环境事件的应急监测费用。

本解释所称“生态环境损害”，包括生态环境修复费用，生态环境修复期间服务功能的损失和生态环境功能永久性损害造成的损失，以及其他必要合理费用。

本解释所称“无危险废物经营许可证”，是指未取得危险废物经营许可证，或者超出危险废物经营许可证的经营范围。

第十八条 本解释自 2017 年 1 月 1 日起施行。本解释施行后，《最高人民法院、最高人民检察院关于办理环境污染刑事案件适用法律若干问题的解释》（法释〔2013〕15 号）同时废止；之前发布的司法解释与本解释不一致的，以本解释为准。

环境保护部、公安部关于加强环境保护与公安部门执法衔接配合工作的意见

（2013 年 11 月 4 日　环发〔2013〕126 号）

各省、自治区、直辖市环境保护厅（局）、公安厅（局），新疆生产建设兵团环境保护局、公安局：

为依法严惩环境污染违法犯罪行为，保障人民群众身体健康，现就加强环境保护、公安两部门在环境执法工作中的衔接配合提出如下意见：

一、进一步认识环境执法衔接配合工作的重要性

（一）树立责任意识，明确监管职责。环境保护部门要严格依法行政，认真执行各项环境保护法律法规，加大对环境违法行为的查处力度。做好排污企业监督管理工作，建立重点企业管理档案；强化日常检查，重点检查企业污染防治设施运行以及污染物排放情况，并对环境违法行为依法实施行政处罚。

公安部门依据《中华人民共和国治安管理处罚法》的有关规定，对违法排放、倾倒危险物质的违法行为人，以及盗窃、损毁环境监测设施的违法行为人依法予以治安管理处罚。依据《中华人民共和国刑法》等相关规定，对涉嫌构成环境污染犯罪的，要立案侦查。对阻挠环境监督检查或者突发环境事件调查的行为，公安部门要及时排除阻扰，坚决依法处理。对因环境执法可能引发群体性事件的，环境保护、公安等部门要立即报告党委、政府，在党委、政府统一领导下妥善处置。

（二）树立合作意识，联合整治突出环境问题。各级环境保护、公安部门要紧密结合当地实际，强化部门执法联动，发挥综合监管优势，开展统一行动，集中解决在一定区域、一定时段严重污染环境、群众反应强烈的突出问题。要在执法联动中不断推进依法行政，切实做到严格、规范、公正、文明执法。

（三）树立证据意识，依法严厉打击环境污染犯罪。各级环境保护、公安部门要牢固树立证据意识，及时、全面、准确收集涉嫌环境污染犯罪的各类证据。环境保护部门在执法过程中要及时收集、提取、监测、固定污染物种类、浓度、数量等证据。各级公安机关依法侦办环境污染刑事案件，要借助环境保护部门的专业知识和技术支持，提高办案质量。公安机关应结合自身职能，主动摸排环境污染犯罪线索，发动群众举报，立案侦查环境污染犯罪案件，对重大案件实行挂牌督办，坚决依法严厉打击环境污染犯罪案件。

二、加强组织领导，建立完善衔接配合工作机制

（一）建立联动执法联席会议制度，解决重大联动事项。各级环境保护、公安部门应建立联席会议制度，必要时可邀请人民检察院、政府法制机构等相关部门共同参加联席会议。定期组织召开联席会议，充分发挥联席会议的协调指导作用，通报查处环境违法犯罪行为以及联动工作的有关情况，研究联动工作中存在的问题，提出加强联动工作的对策。协调解决

涉及相关部门的环境执法问题，建立长效工作机制，促进联动协作配合。联席会议应形成会议纪要，明确议定事项。

（二）建立联动执法联络员制度，强化日常联动执法。各级环境保护、公安部门应明确内部机构在环境违法案件查处中的职能分工，分别确定具体牵头部门及联络人员，开展经常性的信息互通、协调办理环境违法犯罪案件。制定联动工作方案和行动计划，积极开展执法联动专项行动，依法加大对重大环境违法犯罪案件的综合惩处力度。

（三）建立完善案件移送机制，规范联动执法程序。各级环境保护、公安部门要严格按照法律规定，不断完善涉嫌违反治安管理、环境污染犯罪案件的移送、受理、立案机制。各级环境保护、公安部门要按照《关于环境保护行政主管部门移送涉嫌环境犯罪案件的若干规定》（环发〔2007〕78号）和本地区制定的关于案件移送规定的要求，明确案件移送的职责、时限、程序和监督等要求，积极做好案件调查、证据收集、法律适用等工作，防止"以罚代刑"。

（四）建立重大案件会商和督办制度，加强案件风险研判。对于案情重大、复杂、社会影响大的案件，由环境保护部门会同公安部门联合挂牌督办，必要时邀请人民检察院、政府法制、安监等部门，针对案件性质、复杂程度、涉及范围、可能导致的后果等情况，进行事前风险评估研判，并对案件的调查、证据的使用等细节进行讨论，确保案件依法处理。

（五）建立紧急案件联合调查机制，做到执法工作无缝衔接。遇到重大环境污染等紧急情况，环境保护、公安部门要及时启动相应的调查程序，分工协作，防止证据灭失。环境保护部门负责对污染物进行取样、监测，出具监测报告，依法进行调查取证工作，提高案件查处效率。对环境污染涉案责任人身份不易确定、可能逃逸、证据难保全，可能涉嫌违反治安管理或者环境污染犯罪的，公安部门应当依法及时调查、立案侦查。

（六）建立案件信息共享机制，提高联动执法效率。各级环境保护、公安部门应根据各自的专业特长和执法特点相互学习，相互指导，共同研究，努力提高调查取证的能力和证据质量，实现证据的互信和共享。两个部门应当及时通报环境污染犯罪案件的办理动态、共同分析案件办理中的疑难问题，共同研究打击环境污染犯罪的对策和机制。有条件的地区可借助电子化办公系统设置电子化环境保护、公安联合执法系统，实现环境违法案件信息互联互通，提高联动执法效率。

（七）建立奖惩机制，提高执法效率。各级环境保护、公安部门要将本部门查处打击环境污染违法犯罪、开展联合执法情况等纳入本系统目标考核，组织开展年度表彰奖励工作，有效调动执法人员积极性和主动性。对环境污染违法犯罪案件该查不查、该移送不移送，或者干扰案件查处，甚至包庇纵容的，要依法追究失职、渎职、滥用职权人员的法律责任。

三、强化各项保障措施，为执法联动配合工作奠定基础

（一）提供组织保障，密切协作配合。各级环境保护、公安部门要加强组织领导，落实责任部门和责任人，精心周密部署，制定实施方案，建立长效机制，认真研究解决执法衔接配合中存在的困难和问题，推动规范严格执法。环境保护、公安部门指定专职人员负责案件移送审查工作，专职打击环境污染违法、犯罪行为，推进环境执法联动的常态化、制度化。

（二）强化业务培训，提高办案水平。各级环境保护、公安部门要把提高执法人员业务素质作为一项最为紧迫的基础工作，切实抓紧、抓好、抓出成效。要通过联合培训、典型案件剖析、跨部门学习锻炼等多种形式，全面系统地学习环境保护执法和刑事办案涉及的法律、法规和标准，重点加强案件调查取证、移送办理及有关法律适用知识的培训，提升环境执法办案能力和水平。

（三）加大宣传力度，营造执法氛围。各级环境保护、公安部门要坚持走群众路线，发动群众，依靠群众，争取群众对环境保护执法工作的理解和支持。深入开展"保护环境、人人有责"公益宣传教育，深入化工、造纸、医药、印染、采矿、冶炼、固废处理等高污染企业，以案说法，强化教育警示效果，威慑环境违法行为人。要公布举报电话、邮箱或者微博，方便群众举报、投诉环境违法犯罪行为。对经查证属实的群众举报线索，要向举报人兑现奖励。

（四）落实经费保障，确保运转有序。各级环境保护、公安部门要加强执法衔接配合机制建设的资金保障，将日常办公、信息交流、举报奖励、办案设备、人员培训、宣传教育等工作所需经费纳入部门年度工作预算，积极向财政部门申请专项经费，确保环境执法衔接配合机制正常运转。

请将本意见逐级传达到县级环境保护部门和基层公安办案单位。执行中遇到问题，分别请示环境保护部、公安部。

行政主管部门移送适用行政拘留环境违法案件暂行办法

（2014 年 12 月 24 公安部、环境保护部、工业和信息化部、国家质量监督检验检疫总局发布　自 2015 年 1 月 1 日起施行）

第一条　为规范环境违法案件行政拘留的实施，监督和保障职能部门依法行使职权，依据《中华人民共和国环境保护法》（以下简称《环境保护法》）的规定，制定本办法。

第二条　本办法适用于县级以上环境保护主管部门或者其他负有环境保护监督管理职责的部门办理尚不构成犯罪，依法作出行政处罚决定后，仍需要移送公安机关处以行政拘留的案件。

第三条　《环境保护法》第六十三条第一项规定的建设项目未依法进行环境影响评价，被责令停止建设，拒不执行的行为，包括以下情形：

（一）送达责令停止建设决定书后，再次检查发现仍在建设的；

（二）现场检查时虽未建设，但有证据证明在责令停止建设期间仍在建设的；

（三）被责令停止建设后，拒绝、阻扰环境保护主管部门或者其他负有环境保护监督管理职责的部门核查的。

第四条　《环境保护法》第六十三条第二项规定的违反法律规定，未取得排污许可证排放污染物，被责令停止排污，拒不执行的行为，包括以下情形：

（一）送达责令停止排污决定书后，再次检查发现仍在排污的；

（二）现场检查虽未发现当场排污，但有证据证明在被责令停止排污期间有过排污事实的；

（三）被责令停止排污后，拒绝、阻挠环境保护主管部门或者其他具有环境保护管理职责的部门核查的。

第五条　《环境保护法》第六十三条第三项规定的通过暗管、渗井、渗坑、灌注等逃避监管的方式违法排放污染物，是指通过暗管、渗井、渗坑、灌注等不经法定排放口排放污染物等逃避监管的方式违法排放污染物：

暗管是指通过隐蔽的方式达到规避监管目的而设置的排污管道，包括埋入地下的水泥管、瓷管、塑料管等，以及地上的临时排污管道；

渗井、渗坑是指无防渗漏措施或起不到防渗作用的、封闭或半封闭的坑、池、塘、井和沟、渠等；

灌注是指通过高压深井向地下排放污染物。

第六条　《环境保护法》第六十三条第三项规定的通过篡改、伪造监测数据等逃避监管的方式违法排放污染物，是指篡改、伪造用于监控、监测污染物排放的手工及自动监测仪器设备的监测数据，包括以下情形：

(一)违反国家规定,对污染源监控系统进行删除、修改、增加、干扰,或者对污染源监控系统中存储、处理、传输的数据和应用程序进行删除、修改、增加,造成污染源监控系统不能正常运行的;

(二)破坏、损毁监控仪器站房、通讯线路、信息采集传输设备、视频设备、电力设备、空调、风机、采样泵及其它监控设施的,以及破坏、损毁监控设施采样管线,破坏、损毁监控仪器、仪表的;

(三)稀释排放的污染物故意干扰监测数据的;

(四)其他致使监测、监控设施不能正常运行的情形。

第七条 《环境保护法》第六十三条第三项规定的通过不正常运行防治污染设施等逃避监管的方式违法排放污染物,包括以下情形:

(一)将部分或全部污染物不经过处理设施,直接排放的;

(二)非紧急情况下开启污染物处理设施的应急排放阀门,将部分或者全部污染物直接排放的;

(三)将未经处理的污染物从污染物处理设施的中间工序引出直接排放的;

(四)在生产经营或者作业过程中,停止运行污染物处理设施的;

(五)违反操作规程使用污染物处理设施,致使处理设施不能正常发挥处理作用的;

(六)污染物处理设施发生故障后,排污单位不及时或者不按规程进行检查和维修,致使处理设施不能正常发挥处理作用的;

(七)其他不正常运行污染防治设施的情形。

第八条 《环境保护法》第六十三条第四项规定的生产、使用国家明令禁止生产、使用的农药,被责令改正,拒不改正的行为,包括以下情形:

(一)送达责令改正文书后再次检查发现仍在生产、使用的;

(二)无正当理由不及时完成责令改正文书规定的改正要求的;

(三)送达责令改正文书后,拒绝、阻挠环境保护、农业、工业和信息化、质量监督检验检疫等主管部门核查的。

国家明令禁止生产、使用的农药是指法律、行政法规和国家有关部门规章、规范性文件明令禁止生产、使用的农药。

第九条 《环境保护法》第六十三条规定的直接负责的主管人员是指违法行为主要获利者和在生产、经营中有决定权的管理、指挥、组织人员;其他直接责任人员是指直接排放、倾倒、处置污染物或者篡改、伪造监测数据的工作人员等。

第十条 县级以上人民政府环境保护主管部门或者其他负有环境保护监督管理职责的部门向公安机关移送环境违法案件,应当制作案件移送审批单,报经本部门负责人批准。

第十一条 案件移送部门应当向公安机关移送下列案卷材料:

(一)移送材料清单;

(二)案件移送书;

(三)案件调查报告;

(四)涉案证据材料;

(五)涉案物品清单;

(六)行政执法部门的处罚决定等相关材料;

（七）其他有关涉案材料等。

案件移送部门向公安机关移送的案卷材料应当为原件，移送前应当将案卷材料复印备查。案件移送部门对移送材料的真实性、合法性负责。

第十二条　案件移送部门应当在作出移送决定后3日内将案件移送书和案件相关材料移送至同级公安机关；公安机关应当按照《公安机关办理行政案件程序规定》的要求受理。

第十三条　公安机关经审查，认为案件违法事实不清、证据不足的，可以在受案后3日内书面告知案件移送部门补充移送相关证据材料，也可以按照《公安机关办理行政案件程序规定》调查取证。

第十四条　公安机关对移送的案件，认为事实清楚、证据确实充分，依法决定行政拘留的，应当在作出决定之日起3日内将决定书抄送案件移送部门。

第十五条　公安机关对移送的案件，认为事实不清、证据不足，不符合行政拘留条件的，应当在受案后5日内书面告知案件移送部门并说明理由，同时退回案卷材料。案件移送部门收到书面告知及退回的案卷材料后应当依法予以结案。

第十六条　实施行政拘留的环境违法案件案卷原件由公安机关结案归档。案件移送部门应当将行政处罚决定书、送交回执等公安机关制作的文书以及其他证据补充材料复印存档，公安机关应当予以配合。

第十七条　上级环境保护主管部门或者其他负有环境保护监督管理职责的部门负责对下级部门经办案件的稽查，发现下级部门应当移送而未移送的，应当责令移送。

第十八条　当事人不服行政拘留处罚申请行政复议或者提起行政诉讼的，案件移送部门应当协助配合公安机关做好行政复议、行政应诉相关工作。

第十九条　本办法有关期间的规定，均为工作日。

第二十条　本办法自2015年1月1日起施行。

环境保护行政执法与刑事司法衔接工作办法

（2017 年 1 月 25 日环境保护部、公安部、最高人民检察院发布　环环监[2017]17 号）

第一章　总　　则

第一条　为进一步健全环境保护行政执法与刑事司法衔接工作机制，依法惩治环境犯罪行为，切实保障公众健康，推进生态文明建设，依据《刑法》《刑事诉讼法》《环境保护法》《行政执法机关移送涉嫌犯罪案件的规定》（国务院令第 310 号）等法律、法规及有关规定，制定本办法。

第二条　本办法适用于各级环境保护主管部门（以下简称环保部门）、公安机关和人民检察院办理的涉嫌环境犯罪案件。

第三条　各级环保部门、公安机关和人民检察院应当加强协作，统一法律适用，不断完善线索通报、案件移送、资源共享和信息发布等工作机制。

第四条　人民检察院对环保部门移送涉嫌环境犯罪案件活动和公安机关对移送案件的立案活动，依法实施法律监督。

第二章　案件移送与法律监督

第五条　环保部门在查办环境违法案件过程中，发现涉嫌环境犯罪案件，应当核实情况并作出移送涉嫌环境犯罪案件的书面报告。本机关负责人应当自接到报告之日起 3 日内作出批准移送或者不批准移送的决定。向公安机关移送的涉嫌环境犯罪案件，应当符合下列条件：

（一）实施行政执法的主体与程序合法。

（二）有合法证据证明有涉嫌环境犯罪的事实发生。

第六条　环保部门移送涉嫌环境犯罪案件，应当自作出移送决定后 24 小时内向同级公安机关移交案件材料，并将案件移送书抄送同级人民检察院。

环保部门向公安机关移送涉嫌环境犯罪案件时，应当附下列材料：

（一）案件移送书，载明移送机关名称、涉嫌犯罪罪名及主要依据、案件主办人及联系方式等。案件移送书应当附移送材料清单，并加盖移送机关公章。

（二）案件调查报告，载明案件来源、查获情况、犯罪嫌疑人基本情况、涉嫌犯罪的事实、证据和法律依据、处理建议和法律依据等。

（三）现场检查（勘察）笔录、调查询问笔录、现场勘验图、采样记录单等。

（四）涉案物品清单，载明已查封、扣押等采取行政强制措施的涉案物品名称、数量、特征、存放地等事项，并附采取行政强制措施、现场笔录等表明涉案物品来源的相关材料。

（五）现场照片或者录音录像资料及清单，载明需证明的事实对象、拍摄人、拍摄时间、拍摄地点等。

（六）监测、检验报告、突发环境事件调查报告、认定意见。

（七）其他有关涉嫌犯罪的材料。

对环境违法行为已经作出行政处罚决定的，还应当附行政处罚决定书。

第七条 对环保部门移送的涉嫌环境犯罪案件，公安机关应当依法接受，并立即出具接受案件回执或者在涉嫌环境犯罪案件移送书的回执上签字。

第八条 公安机关审查发现移送的涉嫌环境犯罪案件材料不全的，应当在接受案件的24小时内书面告知移送的环保部门在3日内补正。但不得以材料不全为由，不接受移送案件。

公安机关审查发现移送的涉嫌环境犯罪案件证据不充分的，可以就证明有犯罪事实的相关证据等提出补充调查意见，由移送案件的环保部门补充调查。环保部门应当按照要求补充调查，并及时将调查结果反馈公安机关。因客观条件所限，无法补正的，环保部门应当向公安机关作出书面说明。

第九条 公安机关对环保部门移送的涉嫌环境犯罪案件，应当自接受案件之日起3日内作出立案或者不予立案的决定；涉嫌环境犯罪线索需要查证的，应当自接受案件之日起7日内作出决定；重大疑难复杂案件，经县级以上公安机关负责人批准，可以自受案之日起30日内作出决定。接受案件后对属于公安机关管辖但不属于本公安机关管辖的案件，应当在24小时内移送有管辖权的公安机关，并书面通知移送案件的环保部门，抄送同级人民检察院。对不属于公安机关管辖的，应当在24小时内退回移送案件的环保部门。

公安机关作出立案、不予立案、撤销案件决定的，应当自作出决定之日起3日内书面通知环保部门，并抄送同级人民检察院。公安机关作出不予立案或者撤销案件决定的，应当书面说明理由，并将案卷材料退回环保部门。

第十条 环保部门应当自接到公安机关立案通知书之日起3日内将涉案物品以及与案件有关的其他材料移交公安机关，并办理交接手续。

涉及查封、扣押物品的，环保部门和公安机关应当密切配合，加强协作，防止涉案物品转移、隐匿、损毁、灭失等情况发生。对具有危险性或者环境危害性的涉案物品，环保部门应当组织临时处理处置，公安机关应当积极协助；对无明确责任人、责任人不具备履行责任能力或者超出部门处置能力的，应当呈报涉案物品所在地政府组织处置。上述处置费用清单随附处置合同、缴费凭证等作为犯罪获利的证据，及时补充移送公安机关。

第十一条 环保部门认为公安机关不予立案决定不当的，可以自接到不予立案通知书之日起3个工作日内向作出决定的公安机关申请复议，公安机关应当自收到复议申请之日起3个工作日内作出立案或者不予立案的复议决定，并书面通知环保部门。

第十二条 环保部门对公安机关逾期未作出是否立案决定、以及对不予立案决定、复议决定、立案后撤销案件决定有异议的，应当建议人民检察院进行立案监督。人民检察院应当受理并进行审查。

第十三条 环保部门建议人民检察院进行立案监督的案件，应当提供立案监督建议书、相关案件材料，并附公安机关不予立案、立案后撤销案件决定及说明理由材料，复议维持不予立案决定材料或者公安机关逾期未作出是否立案决定的材料。

第十四条 人民检察院发现环保部门不移送涉嫌环境犯罪案件的，可以派员查询、调阅有关案件材料，认为涉嫌环境犯罪应当移送的，应当提出建议移送的检察意见。环保部门应当自收到检察意见后3日内将案件移送公安机关,并将执行情况通知人民检察院。

第十五条 人民检察院发现公安机关可能存在应当立案而不立案或者逾期未作出是否立案决定的,应当启动立案监督程序。

第十六条 环保部门向公安机关移送涉嫌环境犯罪案件,已作出的警告、责令停产停业、暂扣或者吊销许可证的行政处罚决定,不停止执行。未作出行政处罚决定的,原则上应当在公安机关决定不予立案或者撤销案件、人民检察院作出不起诉决定、人民法院作出无罪判决或者免予刑事处罚后,再决定是否给予行政处罚。涉嫌犯罪案件的移送办理期间,不计入行政处罚期限。

对尚未作出生效裁判的案件,环保部门依法应当给予或者提请人民政府给予暂扣或者吊销许可证、责令停产停业等行政处罚,需要配合的,公安机关、人民检察院应当给予配合。

第十七条 公安机关对涉嫌环境犯罪案件,经审查没有犯罪事实,或者立案侦查后认为犯罪事实显著轻微、不需要追究刑事责任,但经审查依法应当予以行政处罚的,应当及时将案件移交环保部门,并抄送同级人民检察院。

第十八条 人民检察院对符合逮捕、起诉条件的环境犯罪嫌疑人,应当及时批准逮捕、提起公诉。人民检察院对决定不起诉的案件,应当自作出决定之日起3日内,书面告知移送案件的环保部门,认为应当给予行政处罚的,可以提出予以行政处罚的检察意见。

第十九条 人民检察院对公安机关提请批准逮捕的犯罪嫌疑人作出不批准逮捕决定,并通知公安机关补充侦查的,或者人民检察院对公安机关移送审查起诉的案件审查后,认为犯罪事实不清、证据不足,将案件退回补充侦查的,应当制作补充侦查提纲,写明补充侦查的方向和要求。

对退回补充侦查的案件,公安机关应当按照补充侦查提纲的要求,在一个月内补充侦查完毕。公安机关补充侦查和人民检察院自行侦查需要环保部门协助的,环保部门应当予以协助。

第三章 证据的收集与使用

第二十条 环保部门在行政执法和查办案件过程中依法收集制作的物证、书证、视听资料、电子数据、监测报告、检验报告、认定意见、鉴定意见、勘验笔录、检查笔录等证据材料,在刑事诉讼中可以作为证据使用。

第二十一条 环保部门、公安机关、人民检察院收集的证据材料,经法庭查证属实,且收集程序符合有关法律、行政法规规定的,可以作为定案的根据。

第二十二条 环保部门或者公安机关依据《国家危险废物名录》或者组织专家研判等得出认定意见的,应当载明涉案单位名称、案由、涉案物品识别认定的理由,按照“经认定,……属于\不属于……危险废物,废物代码……”的格式出具结论,加盖公章。

第四章 协作机制

第二十三条 环保部门、公安机关和人民检察院应当建立健全环境行政执法与刑事司法衔接的长效工作机制。确定牵头部门及联络人,定期召开联席会议,通报衔接工作情况,研究存在的问题,提出加强部门衔接的对策,协调解决环境执法问题,开展部门联合培训。联席会议应明确议定事项。

第二十四条　环保部门、公安机关、人民检察院应当建立双向案件咨询制度。环保部门对重大疑难复杂案件，可以就刑事案件立案追诉标准、证据的固定和保全等问题咨询公安机关、人民检察院；公安机关、人民检察院可以就案件办理中的专业性问题咨询环保部门。受咨询的机关应当认真研究，及时答复；书面咨询的，应当在7日内书面答复。

第二十五条　公安机关、人民检察院办理涉嫌环境污染犯罪案件，需要环保部门提供环境监测或者技术支持的，环保部门应当按照上述部门刑事案件办理的法定时限要求积极协助，及时提供现场勘验、环境监测及认定意见。所需经费，应当列入本机关的行政经费预算，由同级财政予以保障。

第二十六条　环保部门在执法检查时，发现违法行为明显涉嫌犯罪的，应当及时向公安机关通报。公安机关认为有必要的可以依法开展初查，对符合立案条件的，应当及时依法立案侦查。在公安机关立案侦查前，环保部门应当继续对违法行为进行调查。

第二十七条　环保部门、公安机关应当相互依托"12369"环保举报热线和"110"报警服务平台，建立完善接处警的快速响应和联合调查机制，强化对打击涉嫌环境犯罪的联勤联动。在办案过程中，环保部门、公安机关应当依法及时启动相应的调查程序，分工协作，防止证据灭失。

第二十八条　在联合调查中，环保部门应当重点查明排污者严重污染环境的事实，污染物的排放方式，及时收集、提取、监测、固定污染物种类、浓度、数量、排放去向等。公安机关应当注意控制现场，重点查明相关责任人身份、岗位信息，视情节轻重对直接负责的主管人员和其他责任人员依法采取相应强制措施。两部门均应规范制作笔录，并留存现场摄像或照片。

第二十九条　对案情重大或者复杂疑难案件，公安机关可以听取人民检察院的意见。人民检察院应当及时提出意见和建议。

第三十条　涉及移送的案件在庭审中，需要出庭说明情况的，相关执法或者技术人员有义务出庭说明情况，接受庭审质证。

第三十一条　环保部门、公安机关和人民检察院应当加强对重大案件的联合督办工作，适时对重大案件进行联合挂牌督办，督促案件办理。同时，要逐步建立专家库，吸纳污染防治、重点行业以及环境案件侦办等方面的专家和技术骨干，为查处打击环境污染犯罪案件提供专业支持。

第三十二条　环保部门和公安机关在查办环境污染违法犯罪案件过程中发现包庇纵容、徇私舞弊、贪污受贿、失职渎职等涉嫌职务犯罪行为的，应当及时将线索移送人民检察院。

第五章　信息共享

第三十三条　各级环保部门、公安机关、人民检察院应当积极建设、规范使用行政执法与刑事司法衔接信息共享平台，逐步实现涉嫌环境犯罪案件的网上移送、网上受理和网上监督。

第三十四条　已经接入信息共享平台的环保部门、公安机关、人民检察院，应当自作出相关决定之日起7日内分别录入下列信息：

（一）适用一般程序的环境违法事实、案件行政处罚、案件移送、提请复议和建议人民检察院进行立案监督的信息；

（二）移送涉嫌犯罪案件的立案、不予立案、立案后撤销案件、复议、人民检察院监督立案后的处理情况，以及提请批准逮捕、移送审查起诉的信息；

（三）监督移送、监督立案以及批准逮捕、提起公诉、裁判结果的信息。

尚未建成信息共享平台的环保部门、公安机关、人民检察院，应当自作出相关决定后及时向其他部门通报前款规定的信息。

第三十五条 各级环保部门、公安机关、人民检察院应当对信息共享平台录入的案件信息及时汇总、分析、综合研判，定期总结通报平台运行情况。

第六章 附 则

第三十六条 各省、自治区、直辖市的环保部门、公安机关、人民检察院可以根据本办法制定本行政区域的实施细则。

第三十七条 环境行政执法中部分专有名词的含义。

（一）“现场勘验图”，是指描绘主要生产及排污设备布置等案发现场情况、现场周边环境、各采样点位、污染物排放途径的平面示意图。

（二）“外环境”，是指污染物排入的自然环境。满足下列条件之一的，视同为外环境。

1. 排污单位停产或没有排污，但有依法取得的证据证明其有持续或间歇排污，而且无可处理相应污染因子的措施的，经核实生产工艺后，其产污环节之后的废水收集池（槽、罐、沟）内。

2. 发现暗管，虽无当场排污，但在外环境有确认由该单位排放污染物的痕迹，此暗管连通的废水收集池（槽、罐、沟）内。

3. 排污单位连通外环境的雨水沟（井、渠）中任何一处。

4. 对排放含第一类污染物的废水，其产生车间或车间处理设施的排放口。无法在车间或者车间处理设施排放口对含第一类污染物的废水采样的，废水总排放口或查实由该企业排入其他外环境处。

第三十八条 本办法所涉期间除明确为工作日以外，其余均以自然日计算。期间开始之日不算在期间以内。期间的最后一日为节假日的，以节假日后的第一日为期满日期。

第三十九条 本办法自发布之日起施行。原国家环保总局、公安部和最高人民检察院《关于环境保护主管部门移送涉嫌环境犯罪案件的若干规定》（环发〔2007〕78 号）同时废止。

国家危险废物名录

《国家危险废物名录》已于2016年3月30日由环境保护部部务会议修订通过，现予公布，自2016年8月1日起施行。原环境保护部、国家发展和改革委员会发布的《国家危险废物名录》（环境保护部、国家发展和改革委员会令第1号）同时废止。

环境保护部部长　陈吉宁

发展改革委主任　徐绍史

公安部部长　郭声琨

2016年6月14日

附件

国家危险废物名录

第一条　根据《中华人民共和国固体废物污染环境防治法》的有关规定，制定本名录。

第二条　具有下列情形之一的固体废物（包括液态废物），列入本名录：

（一）具有腐蚀性、毒性、易燃性、反应性或者感染性等一种或者几种危险特性的；

（二）不排除具有危险特性，可能对环境或者人体健康造成有害影响，需要按照危险废物进行管理的。

第三条　医疗废物属于危险废物。医疗废物分类按照《医疗废物分类目录》执行。

第四条　列入《危险化学品目录》的化学品废弃后属于危险废物。

第五条　列入本名录附录《危险废物豁免管理清单》中的危险废物，在所列的豁免环节，且满足相应的豁免条件时，可以按照豁免内容的规定实行豁免管理。

第六条　危险废物与其他固体废物的混合物，以及危险废物处理后的废物的属性判定，按照国家规定的危险废物鉴别标准执行。

第七条　本名录中有关术语的含义如下：

（一）废物类别，是在《控制危险废物越境转移及其处置巴塞尔公约》划定的类别基础上，结合我国实际情况对危险废物进行的分类。

（二）行业来源，是指危险废物的产生行业。

（三）废物代码，是指危险废物的唯一代码，为8位数字。其中，第1－3位为危险废物产生行业代码（依据《国民经济行业分类（GB/T 4754－2011）》确定），第4－6位为危险废物顺序代码，第7－8位为危险废物类别代码。

（四）危险特性，包括腐蚀性（Corrosivity，C）、毒性（Toxicity，T）、易燃性（Ignitability，I）、反应性（Reactivity，R）和感染性（Infectivity，In）。

第八条　对不明确是否具有危险特性的固体废物，应当按照国家规定的危险废物鉴别标准和鉴别方法予以认定。

经鉴别具有危险特性的，属于危险废物，应当根据其主要有害成分和危险特性确定所属废物类别，并按代码“900－000－××”（××为危险废物类别代码）进行归类管理。

经鉴别不具有危险特性的，不属于危险废物。

第九条 本名录自2016年8月1日起施行。2008年6月6日环境保护部、国家发展和改革委员会发布的《国家危险废物名录》（环境保护部、国家发展和改革委员会令第1号）同时废止。

附表

国家危险废物名录

<table>
<tr><th>废物类别</th><th>行业来源</th><th>废物代码</th><th>危险废物</th><th>危险特性</th></tr>
<tr><td rowspan="6">HW01
医疗废物</td><td rowspan="5">卫生</td><td>831－001－01</td><td>感染性废物</td><td>In</td></tr>
<tr><td>831－002－01</td><td>损伤性废物</td><td>In</td></tr>
<tr><td>831－003－01</td><td>病理性废物</td><td>In</td></tr>
<tr><td>831－004－01</td><td>化学性废物</td><td>T</td></tr>
<tr><td>831－005－01</td><td>药物性废物</td><td>T</td></tr>
<tr><td>非特定行业</td><td>900－001－01</td><td>为防治动物传染病而需要收集和处置的废物</td><td>In</td></tr>
<tr><td rowspan="9">HW02
医药废物</td><td rowspan="5">化学药品
原料药制造</td><td>271－001－02</td><td>化学合成原料药生产过程中产生的蒸馏及反应残余物</td><td>T</td></tr>
<tr><td>271－002－02</td><td>化学合成原料药生产过程中产生的废母液及反应基废物</td><td>T</td></tr>
<tr><td>271－003－02</td><td>化学合成原料药生产过程中产生的废脱色过滤介质</td><td>T</td></tr>
<tr><td>271－004－02</td><td>化学合成原料药生产过程中产生的废吸附剂</td><td>T</td></tr>
<tr><td>271－005－02</td><td>化学合成原料药生产过程中的废弃产品及中间体</td><td>T</td></tr>
<tr><td rowspan="4">化学药品
制剂制造</td><td>272－001－02</td><td>化学药品制剂生产过程中的原料药提纯精制、再加工产生的蒸馏及反应残余物</td><td>T</td></tr>
<tr><td>272－002－02</td><td>化学药品制剂生产过程中的原料药提纯精制、再加工产生的废母液及反应基废物</td><td>T</td></tr>
<tr><td>272－003－02</td><td>化学药品制剂生产过程中产生的废脱色过滤介质</td><td>T</td></tr>
<tr><td>272－004－02</td><td>化学药品制剂生产过程中产生的废吸附剂</td><td>T</td></tr>
</table>

续表

废物类别	行业来源	废物代码	危险废物	危险特性
HW02 医药废物	兽用药品制造	272－005－02	化学药品制剂生产过程中产生的废弃产品及原料药	T
		275－001－02	使用砷或有机砷化合物生产兽药过程中产生的废水处理污泥	T
		275－002－02	使用砷或有机砷化合物生产兽药过程中蒸馏工艺产生的蒸馏残余物	T
		275－003－02	使用砷或有机砷化合物生产兽药过程中产生的废脱色过滤介质及吸附剂	T
		275－004－02	其他兽药生产过程中产生的蒸馏及反应残余物	T
		275－005－02	其他兽药生产过程中产生的废脱色过滤介质及吸附剂	T
		275－006－02	兽药生产过程中产生的废母液、反应基和培养基废物	T
		275－007－02	兽药生产过程中产生的废吸附剂	T
		275－008－02	兽药生产过程中产生的废弃产品及原料药	T
	生物药品制造	276－001－02	利用生物技术生产生物化学药品、基因工程药物过程中产生的蒸馏及反应残余物	T
		276－002－02	利用生物技术生产生物化学药品、基因工程药物过程中产生的废母液、反应基和培养基废物（不包括利用生物技术合成氨基酸、维生素过程中产生的培养基废物）	T
		276－003－02	利用生物技术生产生物化学药品、基因工程药物过程中产生的废脱色过滤介质（不包括利用生物技术合成氨基酸、维生素过程中产生的废脱色过滤介质）	T
		276－004－02	利用生物技术生产生物化学药品、基因工程药物过程中产生的废吸附剂	T
		276－005－02	利用生物技术生产生物化学药品、基因工程药物过程中产生的废弃产品、原料药和中间体	T

续表

废物类别	行业来源	废物代码	危险废物	危险特性
HW03 废药物、药品	非特定行业	900 - 002 - 03	生产、销售及使用过程中产生的失效、变质、不合格、淘汰、伪劣的药物和药品(不包括 HW01、HW02、900 - 999 - 49 类)	T
HW04 农药废物	农药制造	263 - 001 - 04	氯丹生产过程中六氯环戊二烯过滤产生的残余物;氯丹氯化反应器的真空汽提产生的废物	T
		263 - 002 - 04	乙拌磷生产过程中甲苯回收工艺产生的蒸馏残渣	T
		263 - 003 - 04	甲拌磷生产过程中二乙基二硫代磷酸过滤产生的残余物	T
		263 - 004 - 04	2,4,5 - 三氯苯氧乙酸生产过程中四氯苯蒸馏产生的重馏分及蒸馏残余物	T
		263 - 005 - 04	2,4 - 二氯苯氧乙酸生产过程中产生的含 2,6 - 二氯苯酚残余物	T
		263 - 006 - 04	乙烯基双二硫代氨基甲酸及其盐类生产过程中产生的过滤、蒸发和离心分离残余物及废水处理污泥;产品研磨和包装工序集(除)尘装置收集的粉尘和地面清扫废物	T
		263 - 007 - 04	溴甲烷生产过程中反应器产生的废水和酸干燥器产生的废硫酸;生产过程中产生的废吸附剂和废水分离器产生的废物	T
		263 - 008 - 04	其他农药生产过程中产生的蒸馏及反应残余物	T
		263 - 009 - 04	农药生产过程中产生的废母液与反应罐及容器清洗废液	T
		263 - 010 - 04	农药生产过程中产生的废滤料和吸附剂	T
		263 - 011 - 04	农药生产过程中产生的废水处理污泥	T
		263 - 012 - 04	农药生产、配制过程中产生的过期原料及废弃产品	T
	非特定行业	900 - 003 - 04	销售及使用过程中产生的失效、变质、不合格、淘汰、伪劣的农药产品	T

续表

废物类别	行业来源	废物代码	危险废物	危险特性
HW05 木材防腐剂废物	木材加工	201－001－05	使用五氯酚进行木材防腐过程中产生的废水处理污泥,以及木材防腐处理过程中产生的沾染该防腐剂的废弃木材残片	T
		201－002－05	使用杂酚油进行木材防腐过程中产生的废水处理污泥,以及木材防腐处理过程中产生的沾染该防腐剂的废弃木材残片	T
		201－003－05	使用含砷、铬等无机防腐剂进行木材防腐过程中产生的废水处理污泥,以及木材防腐处理过程中产生的沾染该防腐剂的废弃木材残片	T
	专用化学产品制造	266－001－05	木材防腐化学品生产过程中产生的反应残余物、废弃滤料及吸附剂	T
		266－002－05	木材防腐化学品生产过程中产生的废水处理污泥	T
		266－003－05	木材防腐化学品生产、配制过程中产生的废弃产品及过期原料	T
	非特定行业	900－004－05	销售及使用过程中产生的失效、变质、不合格、淘汰、伪劣的木材防腐化学品	T
HW06 废有机溶剂与含有机溶剂废物	非特定行业	900－401－06	工业生产中作为清洗剂或萃取剂使用后废弃的含卤素有机溶剂,包括四氯化碳、二氯甲烷、1,1－二氯乙烷、1,2－二氯乙烷、1,1,1－三氯乙烷、1,1,2－三氯乙烷、三氯乙烯、四氯乙烯	T,I
		900－402－06	工业生产中作为清洗剂或萃取剂使用后废弃的有毒有机溶剂,包括苯、苯乙烯、丁醇、丙酮	T,I
		900－403－06	工业生产中作为清洗剂或萃取剂使用后废弃的易燃易爆有机溶剂,包括正己烷、甲苯、邻二甲苯、间二甲苯、对二甲苯、1,2,4－三甲苯、乙苯、乙醇、异丙醇、乙醚、丙醚、乙酸甲酯、乙酸乙酯、乙酸丁酯、丙酸丁酯、苯酚	I
		900－404－06	工业生产中作为清洗剂或萃取剂使用后废弃的其他列入《危险化学品目录》的有机溶剂	T/I

续表

废物类别	行业来源	废物代码	危险废物	危险特性
HW06 废有机溶剂与含有机溶剂废物	非特定行业	900－405－06	900－401－06中所列废物再生处理过程中产生的废活性炭及其他过滤吸附介质	T
		900－406－06	900－402－06和900－404－06中所列废物再生处理过程中产生的废活性炭及其他过滤吸附介质	T
		900－407－06	900－401－06中所列废物分馏再生过程中产生的高沸物和釜底残渣	T
		900－408－06	900－402－06和900－404－06中所列废物分馏再生过程中产生的釜底残渣	T
		900－409－06	900－401－06中所列废物再生处理过程中产生的废水处理浮渣和污泥（不包括废水生化处理污泥）	T
		900－410－06	900－402－06和900－404－06中所列废物再生处理过程中产生的废水处理浮渣和污泥（不包括废水生化处理污泥）	T
HW07 热处理含氰废物	金属表面处理及热处理加工	336－001－07	使用氰化物进行金属热处理产生的淬火池残渣	T
		336－002－07	使用氰化物进行金属热处理产生的淬火废水处理污泥	T
		336－003－07	含氰热处理炉维修过程中产生的废内衬	T
		336－004－07	热处理渗碳炉产生的热处理渗碳氰渣	T
		336－005－07	金属热处理工艺盐浴槽釜清洗产生的含氰残渣和含氰废液	R,T
		336－049－07	氰化物热处理和退火作业过程中产生的残渣	T
HW08 废矿物油与含矿物油废物	石油开采	071－001－08	石油开采和炼制产生的油泥和油脚	T,I
		071－002－08	以矿物油为连续相配制钻井泥浆用于石油开采所产生的废弃钻井泥浆	T
	天然气开采	072－001－08	以矿物油为连续相配制钻井泥浆用于天然气开采所产生的废弃钻井泥浆	T

续表

废物类别	行业来源	废物代码	危险废物	危险特性
HW08 废矿物油与含矿物油废物	精炼石油产品制造	251－001－08	清洗矿物油储存、输送设施过程中产生的油/水和烃/水混合物	T
		251－002－08	石油初炼过程中储存设施、油—水—固态物质分离器、积水槽、沟渠及其他输送管道、污水池、雨水收集管道产生的含油污泥	T,I
		251－003－08	石油炼制过程中隔油池产生的含油污泥,以及汽油提炼工艺废水和冷却废水处理污泥(不包括废水生化处理污泥)	T
		251－004－08	石油炼制过程中溶气浮选工艺产生的浮渣	T,I
		251－005－08	石油炼制过程中产生的溢出废油或乳剂	T,I
		251－006－08	石油炼制换热器管束清洗过程中产生的含油污泥	T
		251－010－08	石油炼制过程中澄清油浆槽底沉积物	T,I
		251－011－08	石油炼制过程中进油管路过滤或分离装置产生的残渣	T,I
		251－012－08	石油炼制过程中产生的废过滤介质	T
	非特定行业	900－199－08	内燃机、汽车、轮船等集中拆解过程产生的废矿物油及油泥	T,I
		900－200－08	珩磨、研磨、打磨过程产生的废矿物油及油泥	T,I
		900－201－08	清洗金属零部件过程中产生的废弃煤油、柴油、汽油及其他由石油和煤炼制生产的溶剂油	T,I
		900－203－08	使用淬火油进行表面硬化处理产生的废矿物油	T
		900－204－08	使用轧制油、冷却剂及酸进行金属轧制产生的废矿物油	T
		900－205－08	镀锡及焊锡回收工艺产生的废矿物油	T
		900－209－08	金属、塑料的定型和物理机械表面处理过程中产生的废石蜡和润滑油	T,I
		900－210－08	油/水分离设施产生的废油、油泥及废水处理产生的浮渣和污泥(不包括废水生化处理污泥)	T,I

续表

废物类别	行业来源	废物代码	危险废物	危险特性
HW08 废矿物油与含矿物油废物	非特定行业	900-211-08	橡胶生产过程中产生的废溶剂油	T,I
		900-212-08	锂电池隔膜生产过程中产生的废白油	T
		900-213-08	废矿物油再生净化过程中产生的沉淀残渣、过滤残渣、废过滤吸附介质	T,I
		900-214-08	车辆、机械维修和拆解过程中产生的废发动机油、制动器油、自动变速器油、齿轮油等废润滑油	T,I
		900-215-08	废矿物油裂解再生过程中产生的裂解残渣	T,I
		900-216-08	使用防锈油进行铸件表面防锈处理过程中产生的废防锈油	T,I
		900-217-08	使用工业齿轮油进行机械设备润滑过程中产生的废润滑油	T,I
		900-218-08	液压设备维护、更换和拆解过程中产生的废液压油	T,I
		900-219-08	冷冻压缩设备维护、更换和拆解过程中产生的废冷冻机油	T,I
		900-220-08	变压器维护、更换和拆解过程中产生的废变压器油	T,I
		900-221-08	废燃料油及燃料油储存过程中产生的油泥	T,I
		900-222-08	石油炼制废水气浮、隔油、絮凝沉淀等处理过程中产生的浮油和污泥	T
		900-249-08	其他生产、销售、使用过程中产生的废矿物油及含矿物油废物	T,I
HW09 油/水、烃/水混合物或乳化液	非特定行业	900-005-09	水压机维护、更换和拆解过程中产生的油/水、烃/水混合物或乳化液	T
		900-006-09	使用切削油和切削液进行机械加工过程中产生的油/水、烃/水混合物或乳化液	T
		900-007-09	其他工艺过程中产生的油/水、烃/水混合物或乳化液	T

续表

废物类别	行业来源	废物代码	危险废物	危险特性
HW10 多氯(溴)联苯类废物	非特定行业	900－008－10	含多氯联苯(PCBs)、多氯三联苯(PCTs)、多溴联苯(PBBs)的电容器、变压器	T
		900－009－10	含有PCBs、PCTs和PBBs的电力设备的清洗液	T
		900－010－10	含有PCBs、PCTs和PBBs的电力设备中废弃的介质油、绝缘油、冷却油及导热油	T
		900－011－10	含有或沾染PCBs、PCTs和PBBs的废弃包装物及容器	T
HW11 精(蒸)馏残渣	精炼石油产品制造	251－013－11	石油精炼过程中产生的酸焦油和其他焦油	T
	炼焦	252－001－11	炼焦过程中蒸氨塔产生的残渣	T
		252－002－11	炼焦过程中澄清设施底部的焦油渣	T
		252－003－11	炼焦副产品回收过程中萘、粗苯精制产生的残渣	T
		252－004－11	炼焦和炼焦副产品回收过程中焦油储存设施中的焦油渣	T
		252－005－11	煤焦油精炼过程中焦油储存设施中的焦油渣	T
		252－006－11	煤焦油分馏、精制过程中产生的焦油渣	T
		252－007－11	炼焦副产品回收过程中产生的废水池残渣	T
		252－008－11	轻油回收过程中蒸馏、澄清、洗涤工序产生的残渣	T
		252－009－11	轻油精炼过程中的废水池残渣	T
		252－010－11	炼焦及煤焦油加工利用过程中产生的废水处理污泥(不包括废水生化处理污泥)	T
		252－011－11	焦炭生产过程中产生的酸焦油和其他焦油	T
		252－012－11	焦炭生产过程中粗苯精制产生的残渣	T
		252－013－11	焦炭生产过程中产生的脱硫废液	T
		252－014－11	焦炭生产过程中煤气净化产生的残渣和焦油	T

续表

废物类别	行业来源	废物代码	危险废物	危险特性
HW11 精(蒸)馏残渣	炼焦	252-015-11	焦炭生产过程中熄焦废水沉淀产生的焦粉及筛焦过程中产生的粉尘	T
		252-016-11	煤沥青改质过程中产生的闪蒸油	T
	燃气生产和供应业	450-001-11	煤气生产行业煤气净化过程中产生的煤焦油渣	T
		450-002-11	煤气生产过程中产生的废水处理污泥(不包括废水生化处理污泥)	T
		450-003-11	煤气生产过程中煤气冷凝产生的煤焦油	T
	基础化学原料制造	261-007-11	乙烯法制乙醛生产过程中产生的蒸馏残渣	T
		261-008-11	乙烯法制乙醛生产过程中产生的蒸馏次要馏分	T
		261-009-11	苄基氯生产过程中苄基氯蒸馏产生的蒸馏残渣	T
		261-010-11	四氯化碳生产过程中产生的蒸馏残渣和重馏分	T
		261-011-11	表氯醇生产过程中精制塔产生的蒸馏残渣	T
		261-012-11	异丙苯法生产苯酚和丙酮过程中产生的蒸馏残渣	T
		261-013-11	萘法生产邻苯二甲酸酐过程中产生的蒸馏残渣和轻馏分	T
		261-014-11	邻二甲苯法生产邻苯二甲酸酐过程中产生的蒸馏残渣和轻馏分	T
		261-015-11	苯硝化法生产硝基苯过程中产生的蒸馏残渣	T
		261-016-11	甲苯二异氰酸酯生产过程中产生的蒸馏残渣和离心分离残渣	T
		261-017-11	1,1,1-三氯乙烷生产过程中产生的蒸馏残渣	T
		261-018-11	三氯乙烯和四氯乙烯联合生产过程中产生的蒸馏残渣	T
		261-019-11	苯胺生产过程中产生的蒸馏残渣	T
		261-020-11	苯胺生产过程中苯胺萃取工序产生的蒸馏残渣	T

续表

废物类别	行业来源	废物代码	危险废物	危险特性
HW11 精(蒸)馏残渣	基础化学原料制造	261－021－11	二硝基甲苯加氢法生产甲苯二胺过程中干燥塔产生的反应残余物	T
		261－022－11	二硝基甲苯加氢法生产甲苯二胺过程中产品精制产生的轻馏分	T
		261－023－11	二硝基甲苯加氢法生产甲苯二胺过程中产品精制产生的废液	T
		261－024－11	二硝基甲苯加氢法生产甲苯二胺过程中产品精制产生的重馏分	T
		261－025－11	甲苯二胺光气化法生产甲苯二异氰酸酯过程中溶剂回收塔产生的有机冷凝物	T
		261－026－11	氯苯生产过程中的蒸馏及分馏残渣	T
		261－027－11	使用羧酸肼生产1,1－二甲基肼过程中产品分离产生的残渣	T
		261－028－11	乙烯溴化法生产二溴乙烯过程中产品精制产生的蒸馏残渣	T
		261－029－11	α－氯甲苯、苯甲酰氯和含此类官能团的化学品生产过程中产生的蒸馏残渣	T
		261－030－11	四氯化碳生产过程中的重馏分	T
		261－031－11	二氯乙烯单体生产过程中蒸馏产生的重馏分	T
		261－032－11	氯乙烯单体生产过程中蒸馏产生的重馏分	T
		261－033－11	1,1,1－三氯乙烷生产过程中蒸汽汽提塔产生的残余物	T
		261－034－11	1,1,1－三氯乙烷生产过程中蒸馏产生的重馏分	T
		261－035－11	三氯乙烯和四氯乙烯联合生产过程中产生的重馏分	T
		261－100－11	苯和丙烯生产苯酚和丙酮过程中产生的重馏分	T
		261－101－11	苯泵式消化生产硝基苯过程中产生的重馏分	T
		261－102－11	铁粉还原硝基苯生产苯胺过程中产生的重馏分	T

续表

废物类别	行业来源	废物代码	危险废物	危险特性
HW11 精(蒸)馏残渣	基础化学原料制造	261－103－11	苯胺、乙酸酐或乙酰苯胺为原料生产对硝基苯胺过程中产生的重馏分	T
		261－104－11	对氯苯胺氨解生产对硝基苯胺过程中产生的重馏分	T
		261－105－11	氨化法、还原法生产邻苯二胺过程中产生的重馏分	T
		261－106－11	苯和乙烯直接催化、乙苯和丙烯共氧化、乙苯催化脱氢生产苯乙烯过程中产生的重馏分	T
		261－107－11	二硝基甲苯还原催化生产甲苯二胺过程中产生的重馏分	T
		261－108－11	对苯二酚氧化生产二甲氧基苯胺过程中产生的重馏分	T
		261－109－11	萘磺化生产萘酚过程中产生的重馏分	T
		261－110－11	苯酚、三甲苯水解生产4,4′－二羟基二苯砜过程中产生的重馏分	T
		261－111－11	甲苯硝基化合物羰基化法、甲苯碳酸二甲酯法生产甲苯二异氰酸酯过程中产生的重馏分	T
		261－112－11	苯直接氯化生产氯苯过程中产生的重馏分	T
		261－113－11	乙烯直接氯化生产二氯乙烷过程中产生的重馏分	T
		261－114－11	甲烷氯化生产甲烷氯化物过程中产生的重馏分	T
		261－115－11	甲醇氯化生产甲烷氯化物过程中产生的釜底残液	T
		261－116－11	乙烯氯醇法、氧化法生产环氧乙烷过程中产生的重馏分	T
		261－117－11	乙炔气相合成、氧氯化生产氯乙烯过程中产生的重馏分	T
		261－118－11	乙烯直接氯化生产三氯乙烯、四氯乙烯过程中产生的重馏分	T
		261－119－11	乙烯氧氯化法生产三氯乙烯、四氯乙烯过程中产生的重馏分	T
		261－120－11	甲苯光气法生产苯甲酰氯产品精制过程中产生的重馏分	T

续表

废物类别	行业来源	废物代码	危险废物	危险特性
HW11 精(蒸)馏残渣	基础化学原料制造	261－121－11	甲苯苯甲酸法生产苯甲酰氯产品精制过程中产生的重馏分	T
		261－122－11	甲苯连续光氯化法、无光热氯化法生产氯化苄过程中产生的重馏分	T
		261－123－11	偏二氯乙烯氢氯化法生产1,1,1－三氯乙烷过程中产生的重馏分	T
		261－124－11	醋酸丙烯酯法生产环氧氯丙烷过程中产生的重馏分	T
		261－125－11	异戊烷(异戊烯)脱氢法生产异戊二烯过程中产生的重馏分	T
		261－126－11	化学合成法生产异戊二烯过程中产生的重馏分	T
		261－127－11	碳五馏分分离生产异戊二烯过程中产生的重馏分	T
		261－128－11	合成气加压催化生产甲醇过程中产生的重馏分	T
		261－129－11	水合法、发酵法生产乙醇过程中产生的重馏分	T
		261－130－11	环氧乙烷直接水合生产乙二醇过程中产生的重馏分	T
		261－131－11	乙醛缩合加氢生产丁二醇过程中产生的重馏分	T
		261－132－11	乙醛氧化生产醋酸蒸馏过程中产生的重馏分	T
		261－133－11	丁烷液相氧化生产醋酸过程中产生的重馏分	T
		261－134－11	电石乙炔法生产醋酸乙烯酯过程中产生的重馏分	T
		261－135－11	氢氰酸法生产原甲酸三甲酯过程中产生的重馏分	T
		261－136－11	β－苯胺乙醇法生产靛蓝过程中产生的重馏分	T
	常用有色金属冶炼	321－001－11	有色金属火法冶炼过程中产生的焦油状残余物	T
	环境治理	772－001－11	废矿物油再生过程中产生的酸焦油	T
	非特定行业	900－013－11	其他精炼、蒸馏和热解处理过程中产生的焦油状残余物	T

续表

废物类别	行业来源	废物代码	危险废物	危险特性
HW12 染料、涂料废物	涂料、油墨、颜料及类似产品制造	264－002－12	铬黄和铬橙颜料生产过程中产生的废水处理污泥	T
		264－003－12	钼酸橙颜料生产过程中产生的废水处理污泥	T
		264－004－12	锌黄颜料生产过程中产生的废水处理污泥	T
		264－005－12	铬绿颜料生产过程中产生的废水处理污泥	T
		264－006－12	氧化铬绿颜料生产过程中产生的废水处理污泥	T
		264－007－12	氧化铬绿颜料生产过程中烘干产生的残渣	T
		264－008－12	铁蓝颜料生产过程中产生的废水处理污泥	T
		264－009－12	使用含铬、铅的稳定剂配制油墨过程中,设备清洗产生的洗涤废液和废水处理污泥	T
		264－010－12	油墨的生产、配制过程中产生的废蚀刻液	T
		264－011－12	其他油墨、染料、颜料、油漆(不包括水性漆)生产过程中产生的废母液、残渣、中间体废物	T
		264－012－12	其他油墨、染料、颜料、油漆(不包括水性漆)生产过程中产生的废水处理污泥、废吸附剂	T
		264－013－12	油漆、油墨生产、配制和使用过程中产生的含颜料、油墨的有机溶剂废物	T
	纸浆制造	221－001－12	废纸回收利用处理过程中产生的脱墨渣	T
	非特定行业	900－250－12	使用有机溶剂、光漆进行光漆涂布、喷漆工艺过程中产生的废物	T,I
		900－251－12	使用油漆(不包括水性漆)、有机溶剂进行阻挡层涂敷过程中产生的废物	T,I
		900－252－12	使用油漆(不包括水性漆)、有机溶剂进行喷漆、上漆过程中产生的废物	T,I
		900－253－12	使用油墨和有机溶剂进行丝网印刷过程中产生的废物	T,I

续表

废物类别	行业来源	废物代码	危险废物	危险特性
HW12 染料、涂料废物	非特定行业	900－254－12	使用遮盖油、有机溶剂进行遮盖油的涂敷过程中产生的废物	T,I
		900－255－12	使用各种颜料进行着色过程中产生的废颜料	T
		900－256－12	使用酸、碱或有机溶剂清洗容器设备过程中剥离下的废油漆、染料、涂料	T
		900－299－12	生产、销售及使用过程中产生的失效、变质、不合格、淘汰、伪劣的油墨、染料、颜料、油漆	T
HW13 有机树脂类废物	合成材料制造	265－101－13	树脂、乳胶、增塑剂、胶水/胶合剂生产过程中产生的不合格产品	T
		265－102－13	树脂、乳胶、增塑剂、胶水/胶合剂生产过程中合成、酯化、缩合等工序产生的废母液	T
		265－103－13	树脂、乳胶、增塑剂、胶水/胶合剂生产过程中精馏、分离、精制等工序产生的釜底残液、废过滤介质和残渣	T
		265－104－13	树脂、乳胶、增塑剂、胶水/胶合剂生产过程中产生的废水处理污泥（不包括废水生化处理污泥）	T
	非特定行业	900－014－13	废弃的粘合剂和密封剂	T
		900－015－13	废弃的离子交换树脂	T
		900－016－13	使用酸、碱或有机溶剂清洗容器设备剥离下的树脂状、粘稠杂物	T
		900－451－13	废覆铜板、印刷线路板、电路板破碎分选回收金属后产生的废树脂粉	T
HW14 新化学物质废物	非特定行业	900－017－14	研究、开发和教学活动中产生的对人类或环境影响不明的化学物质废物	T/C/I/R
HW15 爆炸性废物	炸药、火工及焰火产品制造	267－001－15	炸药生产和加工过程中产生的废水处理污泥	R
		267－002－15	含爆炸品废水处理过程中产生的废活性炭	R
		267－003－15	生产、配制和装填铅基起爆药剂过程中产生的废水处理污泥	T,R

续表

废物类别	行业来源	废物代码	危险废物	危险特性
HW15 爆炸性废物	炸药、火工及焰火产品制造	267-004-15	三硝基甲苯生产过程中产生的粉红水、红水,以及废水处理污泥	R
	非特定行业	900-018-15	报废机动车拆解后收集的未引爆的安全气囊	R
HW16 感光材料废物	专用化学产品制造	266-009-16	显(定)影剂、正负胶片、像纸、感光材料生产过程中产生的不合格产品和过期产品	T
		266-010-16	显(定)影剂、正负胶片、像纸、感光材料生产过程中产生的残渣及废水处理污泥	T
	印刷	231-001-16	使用显影剂进行胶卷显影,定影剂进行胶卷定影,以及使用铁氰化钾、硫代硫酸盐进行影像减薄(漂白)产生的废显(定)影剂、胶片及废像纸	T
		231-002-16	使用显影剂进行印刷显影、抗蚀图形显影,以及凸版印刷产生的废显(定)影剂、胶片及废像纸	T
	电子元件制造	397-001-16	使用显影剂、氢氧化物、偏亚硫酸氢盐、醋酸进行胶卷显影产生的废显(定)影剂、胶片及废像纸	T
	电影	863-001-16	电影厂产生的废显(定)影剂、胶片及废像纸	T
	其他专业技术服务业	749-001-16	摄影扩印服务行业产生的废显(定)影剂、胶片及废像纸	T
	非特定行业	900-019-16	其他行业产生的废显(定)影剂、胶片及废像纸	T
HW17 表面处理废物	金属表面处理及热处理加工	336-050-17	使用氯化亚锡进行敏化处理产生的废渣和废水处理污泥	T
		336-051-17	使用氯化锌、氯化铵进行敏化处理产生的废渣和废水处理污泥	T
		336-052-17	使用锌和电镀化学品进行镀锌产生的废槽液、槽渣和废水处理污泥	T
		336-053-17	使用镉和电镀化学品进行镀镉产生的废槽液、槽渣和废水处理污泥	T
		336-054-17	使用镍和电镀化学品进行镀镍产生的废槽液、槽渣和废水处理污泥	T

续表

废物类别	行业来源	废物代码	危险废物	危险特性
HW17 表面处理废物	金属表面处理及热处理加工	336－055－17	使用镀镍液进行镀镍产生的废槽液、槽渣和废水处理污泥	T
		336－056－17	使用硝酸银、碱、甲醛进行敷金属法镀银产生的废槽液、槽渣和废水处理污泥	T
		336－057－17	使用金和电镀化学品进行镀金产生的废槽液、槽渣和废水处理污泥	T
		336－058－17	使用镀铜液进行化学镀铜产生的废槽液、槽渣和废水处理污泥	T
		336－059－17	使用钯和锡盐进行活化处理产生的废渣和废水处理污泥	T
		336－060－17	使用铬和电镀化学品进行镀黑铬产生的废槽液、槽渣和废水处理污泥	T
		336－061－17	使用高锰酸钾进行钻孔除胶处理产生的废渣和废水处理污泥	T
		336－062－17	使用铜和电镀化学品进行镀铜产生的废槽液、槽渣和废水处理污泥	T
		336－063－17	其他电镀工艺产生的废槽液、槽渣和废水处理污泥	T
		336－064－17	金属和塑料表面酸（碱）洗、除油、除锈、洗涤、磷化、出光、化抛工艺产生的废腐蚀液、废洗涤液、废槽液、槽渣和废水处理污泥	T/C
		336－066－17	镀层剥除过程中产生的废液、槽渣及废水处理污泥	T
		336－067－17	使用含重铬酸盐的胶体、有机溶剂、黏合剂进行漩流式抗蚀涂布产生的废渣及废水处理污泥	T
		336－068－17	使用铬化合物进行抗蚀层化学硬化产生的废渣及废水处理污泥	T
		336－069－17	使用铬酸镀铬产生的废槽液、槽渣和废水处理污泥	T
		336－101－17	使用铬酸进行塑料表面粗化产生的废槽液、槽渣和废水处理污泥	T
HW18 焚烧处置残渣	环境治理业	772－002－18	生活垃圾焚烧飞灰	T
		772－003－18	危险废物焚烧、热解等处置过程产生的底渣、飞灰和废水处理污泥（医疗废物焚烧处置产生的底渣除外）	T

续表

废物类别	行业来源	废物代码	危险废物	危险特性
HW18 焚烧处置残渣	环境治理业	772－004－18	危险废物等离子体、高温熔融等处置过程产生的非玻璃态物质和飞灰	T
		772－005－18	固体废物焚烧过程中废气处理产生的废活性炭	T
HW19 含金属羰基化合物废物	非特定行业	900－020－19	金属羰基化合物生产、使用过程中产生的含有羰基化合物成分的废物	T
HW20 含铍废物	基础化学原料制造	261－040－20	铍及其化合物生产过程中产生的熔渣、集(除)尘装置收集的粉尘和废水处理污泥	T
HW21 含铬废物	毛皮鞣制及制品加工	193－001－21	使用铬鞣剂进行铬鞣、复鞣工艺产生的废水处理污泥	T
		193－002－21	皮革切削工艺产生的含铬皮革废碎料	T
	基础化学原料制造	261－041－21	铬铁矿生产铬盐过程中产生的铬渣	T
		261－042－21	铬铁矿生产铬盐过程中产生的铝泥	T
		261－043－21	铬铁矿生产铬盐过程中产生的芒硝	T
		261－044－21	铬铁矿生产铬盐过程中产生的废水处理污泥	T
		261－137－21	铬铁矿生产铬盐过程中产生的其他废物	T
		261－138－21	以重铬酸钠和浓硫酸为原料生产铬酸酐过程中产生的含铬废液	T
	铁合金冶炼	315－001－21	铬铁硅合金生产过程中集(除)尘装置收集的粉尘	T
		315－002－21	铁铬合金生产过程中集(除)尘装置收集的粉尘	T
		315－003－21	铁铬合金生产过程中金属铬冶炼产生的铬浸出渣	T
	金属表面处理及热处理加工	336－100－21	使用铬酸进行阳极氧化产生的废槽液、槽渣及废水处理污泥	T
	电子元件制造	397－002－21	使用铬酸进行钻孔除胶处理产生的废渣和废水处理污泥	T

续表

废物类别	行业来源	废物代码	危险废物	危险特性
HW22 含铜废物	玻璃制造	304－001－22	使用硫酸铜进行敷金属法镀铜产生的废槽液、槽渣及废水处理污泥	T
	常用有色金属冶炼	321－101－22	铜火法冶炼烟气净化产生的收尘渣、压滤渣	T
		321－102－22	铜火法冶炼电除雾除尘产生的废水处理污泥	T
	电子元件制造	397－004－22	线路板生产过程中产生的废蚀铜液	T
		397－005－22	使用酸进行铜氧化处理产生的废液及废水处理污泥	T
		397－051－22	铜板蚀刻过程中产生的废蚀刻液及废水处理污泥	T
HW23 含锌废物	金属表面处理及热处理加工	336－103－23	热镀锌过程中产生的废熔剂、助熔剂和集（除）尘装置收集的粉尘	T
	电池制造	384－001－23	碱性锌锰电池、锌氧化银电池、锌空气电池生产过程中产生的废锌浆	T
	非特定行业	900－021－23	使用氢氧化钠、锌粉进行贵金属沉淀过程中产生的废液及废水处理污泥	T
HW24 含砷废物	基础化学原料制造	261－139－24	硫铁矿制酸过程中烟气净化产生的酸泥	T
HW25 含硒废物	基础化学原料制造	261－045－25	硒及其化合物生产过程中产生的熔渣、集（除）尘装置收集的粉尘和废水处理污泥	T
HW26 含镉废物	电池制造	384－002－26	镍镉电池生产过程中产生的废渣和废水处理污泥	T
HW27 含锑废物	基础化学原料制造	261－046－27	锑金属及粗氧化锑生产过程中产生的熔渣和集（除）尘装置收集的粉尘	T
		261－048－27	氧化锑生产过程中产生的熔渣	T
HW28 含碲废物	基础化学原料制造	261－050－28	碲及其化合物生产过程中产生的熔渣、集（除）尘装置收集的粉尘和废水处理污泥	T
HW29 含汞废物	天然气开采	072－002－29	天然气除汞净化过程中产生的含汞废物	T
	常用有色金属矿采选	091－003－29	汞矿采选过程中产生的尾砂和集（除）尘装置收集的粉尘	T

续表

废物类别	行业来源	废物代码	危险废物	危险特性
HW29 含汞废物	贵金属矿采选	092－002－29	混汞法提金工艺产生的含汞粉尘、残渣	T
	印刷	231－007－29	使用显影剂、汞化合物进行影像加厚（物理沉淀）以及使用显影剂、氨氯化汞进行影像加厚（氧化）产生的废液及残渣	T
	基础化学原料制造	261－051－29	水银电解槽法生产氯气过程中盐水精制产生的盐水提纯污泥	T
		261－052－29	水银电解槽法生产氯气过程中产生的废水处理污泥	T
		261－053－29	水银电解槽法生产氯气过程中产生的废活性炭	T
		261－054－29	卤素和卤素化学品生产过程中产生的含汞硫酸钡污泥	T
	合成材料制造	265－001－29	氯乙烯生产过程中含汞废水处理产生的废活性炭	T，C
		265－002－29	氯乙烯生产过程中吸附汞产生的废活性炭	T，C
		265－003－29	电石乙炔法聚氯乙烯生产过程中产生的废酸	T，C
		265－004－29	电石乙炔法生产氯乙烯单体过程中产生的废水处理污泥	T
	常用有色金属冶炼	321－103－29	铜、锌、铅冶炼过程中烟气制酸产生的废甘汞，烟气净化产生的废酸及废酸处理污泥	T
	电池制造	384－003－29	含汞电池生产过程中产生的含汞废浆层纸、含汞废锌膏、含汞废活性炭和废水处理污泥	T
	照明器具制造	387－001－29	含汞电光源生产过程中产生的废荧光粉和废活性炭	T
	通用仪器仪表制造	401－001－29	含汞温度计生产过程中产生的废渣	T
	非特定行业	900－022－29	废弃的含汞催化剂	T
		900－023－29	生产、销售及使用过程中产生的废含汞荧光灯管及其他废含汞电光源	T

续表

废物类别	行业来源	废物代码	危险废物	危险特性
HW29 含汞废物	非特定行业	900-024-29	生产、销售及使用过程中产生的废含汞温度计、废含汞血压计、废含汞真空表和废含汞压力计	T
		900-452-29	含汞废水处理过程中产生的废树脂、废活性炭和污泥	T
HW30 含铊废物	基础化学原料制造	261-055-30	铊及其化合物生产过程中产生的熔渣、集(除)尘装置收集的粉尘和废水处理污泥	T
HW31 含铅废物	玻璃制造	304-002-31	使用铅盐和铅氧化物进行显像管玻璃熔炼过程中产生的废渣	T
	电子元件制造	397-052-31	线路板制造过程中电镀铅锡合金产生的废液	T
	炼钢	312-001-31	电炉炼钢过程中集(除)尘装置收集的粉尘和废水处理污泥	T
	电池制造	384-004-31	铅蓄电池生产过程中产生的废渣、集(除)尘装置收集的粉尘和废水处理污泥	T
	工艺美术品制造	243-001-31	使用铅箔进行烤钵试金法工艺产生的废烤钵	T
	废弃资源综合利用	421-001-31	废铅蓄电池拆解过程中产生的废铅板、废铅膏和酸液	T
	非特定行业	900-025-31	使用硬脂酸铅进行抗黏涂层过程中产生的废物	T
HW32 无机氟化物废物	非特定行业	900-026-32	使用氢氟酸进行蚀刻产生的废蚀刻液	T,C
HW33 无机氰化物废物	贵金属矿采选	092-003-33	采用氰化物进行黄金选矿过程中产生的氰化尾渣和含氰废水处理污泥	T
	金属表面处理及热处理加工	336-104-33	使用氰化物进行浸洗过程中产生的废液	R,T
	非特定行业	900-027-33	使用氰化物进行表面硬化、碱性除油、电解除油产生的废物	R,T
		900-028-33	使用氰化物剥落金属镀层产生的废物	R,T
		900-029-33	使用氰化物和双氧水进行化学抛光产生的废物	R,T

续表

废物类别	行业来源	废物代码	危险废物	危险特性
HW34 废酸	精炼石油产品制造	251－014－34	石油炼制过程产生的废酸及酸泥	C
	涂料、油墨、颜料及类似产品制造	264－013－34	硫酸法生产钛白粉（二氧化钛）过程中产生的废酸	C
	基础化学原料制造	261－057－34	硫酸和亚硫酸、盐酸、氢氟酸、磷酸和亚磷酸、硝酸和亚硝酸等的生产、配制过程中产生的废酸及酸渣	C
		261－058－34	卤素和卤素化学品生产过程中产生的废酸	C
	钢压延加工	314－001－34	钢的精加工过程中产生的废酸性洗液	C,T
	金属表面处理及热处理加工	336－105－34	青铜生产过程中浸酸工序产生的废酸液	C
	电子元件制造	397－005－34	使用酸进行电解除油、酸蚀、活化前表面敏化、催化、浸亮产生的废酸液	C
		397－006－34	使用硝酸进行钻孔蚀胶处理产生的废酸液	C
		397－007－34	液晶显示板或集成电路板的生产过程中使用酸浸蚀剂进行氧化物浸蚀产生的废酸液	C
	非特定行业	900－300－34	使用酸进行清洗产生的废酸液	C
		900－301－34	使用硫酸进行酸性碳化产生的废酸液	C
		900－302－34	使用硫酸进行酸蚀产生的废酸液	C
		900－303－34	使用磷酸进行磷化产生的废酸液	C
		900－304－34	使用酸进行电解除油、金属表面敏化产生的废酸液	C
		900－305－34	使用硝酸剥落不合格镀层及挂架金属镀层产生的废酸液	C
		900－306－34	使用硝酸进行钝化产生的废酸液	C
		900－307－34	使用酸进行电解抛光处理产生的废酸液	C
		900－308－34	使用酸进行催化（化学镀）产生的废酸液	C

续表

废物类别	行业来源	废物代码	危险废物	危险特性
HW34 废酸	非特定行业	900－349－34	生产、销售及使用过程中产生的失效、变质、不合格、淘汰、伪劣的强酸性擦洗粉、清洁剂、污迹去除剂以及其他废酸液及酸渣	C
HW35 废碱	精炼石油产品制造	251－015－35	石油炼制过程产生的废碱液及碱渣	C,T
	基础化学原料制造	261－059－35	氢氧化钙、氨水、氢氧化钠、氢氧化钾等的生产、配制中产生的废碱液、固态碱及碱渣	C
	毛皮鞣制及制品加工	193－003－35	使用氢氧化钙、硫化钠进行浸灰产生的废碱液	C
	纸浆制造	221－002－35	碱法制浆过程中蒸煮制浆产生的废碱液	C,T
	非特定行业	900－350－35	使用氢氧化钠进行煮炼过程中产生的废碱液	C
		900－351－35	使用氢氧化钠进行丝光处理过程中产生的废碱液	C
		900－352－35	使用碱进行清洗产生的废碱液	C
		900－353－35	使用碱进行清洗除蜡、碱性除油、电解除油产生的废碱液	C
		900－354－35	使用碱进行电镀阻挡层或抗蚀层的脱除产生的废碱液	C
		900－355－35	使用碱进行氧化膜浸蚀产生的废碱液	C
		900－356－35	使用碱溶液进行碱性清洗、图形显影产生的废碱液	C
		900－399－35	生产、销售及使用过程中产生的失效、变质、不合格、淘汰、伪劣的强碱性擦洗粉、清洁剂、污迹去除剂以及其他废碱液、固态碱及碱渣	C
HW36 石棉废物	石棉及其他非金属矿采选	109－001－36	石棉矿选矿过程中产生的废渣	T
	基础化学原料制造	261－060－36	卤素和卤素化学品生产过程中电解装置拆换产生的含石棉废物	T
	石膏、水泥制品及类似制品制造	302－001－36	石棉建材生产过程中产生的石棉尘、废石棉	T

续表

废物类别	行业来源	废物代码	危险废物	危险特性
HW36 石棉废物	耐火材料制品制造	308－001－36	石棉制品生产过程中产生的石棉尘、废石棉	T
	汽车零部件及配件制造	366－001－36	车辆制动器衬片生产过程中产生的石棉废物	T
	船舶及相关装置制造	373－002－36	拆船过程中产生的石棉废物	T
	非特定行业	900－030－36	其他生产过程中产生的石棉废物	T
		900－031－36	含有石棉的废绝缘材料、建筑废物	T
		900－032－36	含有隔膜、热绝缘体等石棉材料的设施保养拆换及车辆制动器衬片的更换产生的石棉废物	T
HW37 有机磷化合物废物	基础化学原料制造	261－061－37	除农药以外其他有机磷化合物生产、配制过程中产生的反应残余物	T
		261－062－37	除农药以外其他有机磷化合物生产、配制过程中产生的废过滤吸附介质	T
		261－063－37	除农药以外其他有机磷化合物生产过程中产生的废水处理污泥	T
	非特定行业	900－033－37	生产、销售及使用过程中产生的废弃磷酸酯抗燃油	T
HW38 有机氰化物废物	基础化学原料制造	261－064－38	丙烯腈生产过程中废水汽提器塔底的残余物	R,T
		261－065－38	丙烯腈生产过程中乙腈蒸馏塔底的残余物	R,T
		261－066－38	丙烯腈生产过程中乙腈精制塔底的残余物	T
		261－067－38	有机氰化物生产过程中产生的废母液及反应残余物	T
		261－068－38	有机氰化物生产过程中催化、精馏和过滤工序产生的废催化剂、釜底残余物和过滤介质	T
		261－069－38	有机氰化物生产过程中产生的废水处理污泥	T
		261－140－38	废腈纶高温高压水解生产聚丙烯腈－铵盐过程中产生的过滤残渣	T

续表

废物类别	行业来源	废物代码	危险废物	危险特性
HW39 含酚废物	基础化学原料制造	261－070－39	酚及酚类化合物生产过程中产生的废母液和反应残余物	T
		261－071－39	酚及酚类化合物生产过程中产生的废过滤吸附介质、废催化剂、精馏残余物	T
HW40 含醚废物	基础化学原料制造	261－072－40	醚及醚类化合物生产过程中产生的醚类残液、反应残余物、废水处理污泥（不包括废水生化处理污泥）	T
HW45 含有机卤化物废物	基础化学原料制造	261－078－45	乙烯溴化法生产二溴乙烯过程中废气净化产生的废液	T
		261－079－45	乙烯溴化法生产二溴乙烯过程中产品精制产生的废吸附剂	T
		261－080－45	芳烃及其衍生物氯代反应过程中氯气和盐酸回收工艺产生的废液和废吸附剂	T
		261－081－45	芳烃及其衍生物氯代反应过程中产生的废水处理污泥	T
		261－082－45	氯乙烷生产过程中的塔底残余物	T
		261－084－45	其他有机卤化物的生产过程中产生的残液、废过滤吸附介质、反应残余物、废水处理污泥、废催化剂（不包括上述HW06、HW39类别的废物）	T
		261－085－45	其他有机卤化物的生产过程中产生的不合格、淘汰、废弃的产品（不包括上述HW06、HW39类别的废物）	T
		261－086－45	石墨作阳极隔膜法生产氯气和烧碱过程中产生的废水处理污泥	T
	非特定行业	900－036－45	其他生产、销售及使用过程中产生的含有机卤化物废物（不包括HW06类）	T
HW46 含镍废物	基础化学原料制造	261－087－46	镍化合物生产过程中产生的反应残余物及不合格、淘汰、废弃的产品	T
	电池制造	394－005－46	镍氢电池生产过程中产生的废渣和废水处理污泥	T
	非特定行业	900－037－46	废弃的镍催化剂	T

续表

废物类别	行业来源	废物代码	危险废物	危险特性
HW47 含钡废物	基础化学原料制造	261－088－47	钡化合物(不包括硫酸钡)生产过程中产生的熔渣、集(除)尘装置收集的粉尘、反应残余物、废水处理污泥	T
	金属表面处理及热处理加工	336－106－47	热处理工艺中产生的含钡盐浴渣	T
HW48 有色金属冶炼废物	常用有色金属矿采选	091－001－48	硫化铜矿、氧化铜矿等铜矿物采选过程中集(除)尘装置收集的粉尘	T
		091－002－48	硫砷化合物(雌黄、雄黄及硫砷铁矿)或其他含砷化合物的金属矿石采选过程中集(除)尘装置收集的粉尘	T
	常用有色金属冶炼	321－002－48	铜火法冶炼过程中集(除)尘装置收集的粉尘和废水处理污泥	T
		321－003－48	粗锌精炼加工过程中产生的废水处理污泥	T
		321－004－48	铅锌冶炼过程中,锌焙烧矿常规浸出法产生的浸出渣	T
		321－005－48	铅锌冶炼过程中,锌焙烧矿热酸浸出黄钾铁矾法产生的铁矾渣	T
		321－006－48	硫化锌矿常压氧浸或加压氧浸产生的硫渣(浸出渣)	T
		321－007－48	铅锌冶炼过程中,锌焙烧矿热酸浸出针铁矿法产生的针铁矿渣	T
		321－008－48	铅锌冶炼过程中,锌浸出液净化产生的净化渣,包括锌粉－黄药法、砷盐法、反向锑盐法、铅锑合金锌粉法等工艺除铜、锑、镉、钴、镍等杂质过程中产生的废渣	T
		321－009－48	铅锌冶炼过程中,阴极锌熔铸产生的熔铸浮渣	T
		321－010－48	铅锌冶炼过程中,氧化锌浸出处理产生的氧化锌浸出渣	T
		321－011－48	铅锌冶炼过程中,鼓风炉炼锌锌蒸气冷凝分离系统产生的鼓风炉浮渣	T
		321－012－48	铅锌冶炼过程中,锌精馏炉产生的锌渣	T

续表

废物类别	行业来源	废物代码	危险废物	危险特性
HW48 有色金属 冶炼废物	常用有色 金属冶炼	321-013-48	铅锌冶炼过程中,提取金、银、铋、镉、钴、铟、锗、铊、碲等金属过程中产生的废渣	T
		321-014-48	铅锌冶炼过程中,集(除)尘装置收集的粉尘	T
		321-016-48	粗铅精炼过程中产生的浮渣和底渣	T
		321-017-48	铅锌冶炼过程中,炼铅鼓风炉产生的黄渣	T
		321-018-48	铅锌冶炼过程中,粗铅火法精炼产生的精炼渣	T
		321-019-48	铅锌冶炼过程中,铅电解产生的阳极泥及阳极泥处理后产生的含铅废渣和废水处理污泥	T
		321-020-48	铅锌冶炼过程中,阴极铅精炼产生的氧化铅渣及碱渣	T
		321-021-48	铅锌冶炼过程中,锌焙烧矿热酸浸出黄钾铁矾法、热酸浸出针铁矿法产生的铅银渣	T
		321-022-48	铅锌冶炼过程中产生的废水处理污泥	T
		321-023-48	电解铝过程中电解槽维修及废弃产生的废渣	T
		321-024-48	铝火法冶炼过程中产生的初炼炉渣	T
		321-025-48	电解铝过程中产生的盐渣、浮渣	T
		321-026-48	铝火法冶炼过程中产生的易燃性撇渣	I
		321-027-48	铜再生过程中集(除)尘装置收集的粉尘和废水处理污泥	T
		321-028-48	锌再生过程中集(除)尘装置收集的粉尘和废水处理污泥	T
		321-029-48	铅再生过程中集(除)尘装置收集的粉尘和废水处理污泥	T
		321-030-48	汞再生过程中集(除)尘装置收集的粉尘和废水处理污泥	T
	稀有稀土 金属冶炼	323-001-48	仲钨酸铵生产过程中碱分解产生的碱煮渣(钨渣)、除钼过程中产生的除钼渣和废水处理污泥	T

续表

废物类别	行业来源	废物代码	危险废物	危险特性
HW49 其他废物	石墨及其他非金属矿物制品制造	309－001－49	多晶硅生产过程中废弃的三氯化硅和四氯化硅	R/C
	非特定行业	900－039－49	化工行业生产过程中产生的废活性炭	T
		900－040－49	无机化工行业生产过程中集(除)尘装置收集的粉尘	T
		900－041－49	含有或沾染毒性、感染性危险废物的废弃包装物、容器、过滤吸附介质	T/In
		900－042－49	由危险化学品、危险废物造成的突发环境事件及其处理过程中产生的废物	T/C/I/R/In
		900－044－49	废弃的铅蓄电池、镉镍电池、氧化汞电池、汞开关、荧光粉和阴极射线管	T
		900－045－49	废电路板(包括废电路板上附带的元器件、芯片、插件、贴脚等)	T
		900－046－49	离子交换装置再生过程中产生的废水处理污泥	T
		900－047－49	研究、开发和教学活动中,化学和生物实验室产生的废物(不包括HW03、900－999－49)	T/C/I/R
		900－999－49	未经使用而被所有人抛弃或者放弃的;淘汰、伪劣、过期、失效的;有关部门依法收缴以及接收的公众上交的危险化学品	T
HW50 废催化剂	精炼石油产品制造	251－016－50	石油产品加氢精制过程中产生的废催化剂	T
		251－017－50	石油产品催化裂化过程中产生的废催化剂	T
		251－018－50	石油产品加氢裂化过程中产生的废催化剂	T
		251－019－50	石油产品催化重整过程中产生的废催化剂	T
	基础化学原料制造	261－151－50	树脂、乳胶、增塑剂、胶水/胶合剂生产过程中合成、酯化、缩合等工序产生的废催化剂	T
		261－152－50	有机溶剂生产过程中产生的废催化剂	T
		261－153－50	丙烯腈合成过程中产生的废催化剂	T

续表

废物类别	行业来源	废物代码	危险废物	危险特性
HW50 废催化剂	基础化学原料制造	261－154－50	聚乙烯合成过程中产生的废催化剂	T
		261－155－50	聚丙烯合成过程中产生的废催化剂	T
		261－156－50	烷烃脱氢过程中产生的废催化剂	T
		261－157－50	乙苯脱氢生产苯乙烯过程中产生的废催化剂	T
		261－158－50	采用烷基化反应(歧化)生产苯、二甲苯过程中产生的废催化剂	T
		261－159－50	二甲苯临氢异构化反应过程中产生的废催化剂	T
		261－160－50	乙烯氧化生产环氧乙烷过程中产生的废催化剂	T
		261－161－50	硝基苯催化加氢法制备苯胺过程中产生的废催化剂	T
		261－162－50	乙烯和丙烯为原料,采用茂金属催化体系生产乙丙橡胶过程中产生的废催化剂	T
		261－163－50	乙炔法生产醋酸乙烯酯过程中产生的废催化剂	T
		261－164－50	甲醇和氨气催化合成、蒸馏制备甲胺过程中产生的废催化剂	T
		261－165－50	催化重整生产高辛烷值汽油和轻芳烃过程中产生的废催化剂	T
		261－166－50	采用碳酸二甲酯法生产甲苯二异氰酸酯过程中产生的废催化剂	T
		261－167－50	合成气合成、甲烷氧化和液化石油气氧化生产甲醇过程中产生的废催化剂	T
		261－168－50	甲苯氯化水解生产邻甲酚过程中产生的废催化剂	T
		261－169－50	异丙苯催化脱氢生产 α－甲基苯乙烯过程中产生的废催化剂	T
		261－170－50	异丁烯和甲醇催化生产甲基叔丁基醚过程中产生的废催化剂	T
		261－171－50	甲醇空气氧化法生产甲醛过程中产生的废催化剂	T
		261－172－50	邻二甲苯氧化法生产邻苯二甲酸酐过程中产生的废催化剂	T

续表

废物类别	行业来源	废物代码	危险废物	危险特性
HW50 废催化剂	基础化学原料制造	261-173-50	二氧化硫氧化生产硫酸过程中产生的废催化剂	T
		261-174-50	四氯乙烷催化脱氯化氢生产三氯乙烯过程中产生的废催化剂	T
		261-175-50	苯氧化法生产顺丁烯二酸酐过程中产生的废催化剂	T
		261-176-50	甲苯空气氧化生产苯甲酸过程中产生的废催化剂	T
		261-177-50	羟丙腈氨化、加氢生产3-氨基-1-丙醇过程中产生的废催化剂	T
		261-178-50	β-羟基丙腈催化加氢生产3-氨基-1-丙醇过程中产生的废催化剂	T
		261-179-50	甲乙酮与氨催化加氢生产2-氨基丁烷过程中产生的废催化剂	T
		261-180-50	苯酚和甲醇合成2,6-二甲基苯酚过程中产生的废催化剂	T
		261-181-50	糠醛脱羰制备呋喃过程中产生的废催化剂	T
		261-182-50	过氧化法生产环氧丙烷过程中产生的废催化剂	T
		261-183-50	除农药以外其他有机磷化合物生产过程中产生的废催化剂	T
	农药制造	263-013-50	农药生产过程中产生的废催化剂	T
	化学药品原料药制造	271-006-50	化学合成原料药生产过程中产生的废催化剂	T
	兽用药品制造	275-009-50	兽药生产过程中产生的废催化剂	T
	生物药品制造	276-006-50	生物药品生产过程中产生的废催化剂	T
	环境治理	772-007-50	烟气脱硝过程中产生的废钒钛系催化剂	T
	非特定行业	900-048-50	废液体催化剂	T
		900-049-50	废汽车尾气净化催化剂	T

附录

危险废物豁免管理清单

本目录各栏目说明：

1.“序号”指列入本目录危险废物的顺序编号；

2.“废物类别/代码”指列入本目录危险废物的类别或代码；

3.“危险废物”指列入本目录危险废物的名称；

4.“豁免环节”指可不按危险废物管理的环节；

5.“豁免条件”指可不按危险废物管理应具备的条件；

6.“豁免内容”指可不按危险废物管理的内容。

序号	废物类别/代码	危险废物	豁免环节	豁免条件	豁免内容
1	家庭源危险废物	家庭日常生活中产生的废药品及其包装物、废杀虫剂和消毒剂及其包装物、废油漆和溶剂及其包装物、废矿物油及其包装物、废胶片及废像纸、废荧光灯管、废温度计、废血压计、废镍镉电池和氧化汞电池以及电子类危险废物等	全部环节	未分类收集。	全过程不按危险废物管理。
			收集	分类收集。	收集过程不按危险废物管理。
2	193－002－21	含铬皮革废碎料	利用	用于生产皮件、再生革或静电植绒。	利用过程不按危险废物管理。
3	252－014－11	煤气净化产生的煤焦油	利用	满足《煤焦油标准（YB/T5075－2010）》，且作为原料深加工制取萘、洗油、蒽油等。	利用过程不按危险废物管理。
4	772－002－18	生活垃圾焚烧飞灰	处置	满足《生活垃圾填埋场污染控制标准》（GB16889－2008）中6.3条要求，进入生活垃圾填埋场填埋。	填埋过程不按危险废物管理。
				满足《水泥窑协同处置固体废物污染控制标准》（GB 30485－2013），进入水泥窑协同处置。	水泥窑协同处置过程不按危险废物管理。

续表

序号	废物类别/代码	危险废物	豁免环节	豁免条件	豁免内容
5	772－003－18	医疗废物焚烧飞灰	处置	满足《生活垃圾填埋场污染控制标准》(GB 16889－2008)中6.3条要求,进入生活垃圾填埋场填埋。	填埋过程不按危险废物管理。
6	772－003－18	危险废物焚烧产生的废金属	利用	用于金属冶炼。	利用过程不按危险废物管理。
7	900－451－13	采用破碎分选回收废覆铜板、印刷线路板、电路板中金属后的废树脂粉	运输	运输工具满足防雨、防渗漏、防遗撒要求。	不按危险废物进行运输。
			处置	进入生活垃圾填埋场填埋。	处置过程不按危险废物管理。
8	900－041－49	农药废弃包装物	收集	村、镇农户分散产生的农药废弃包装物的收集活动。	收集过程不按危险废物管理。
9	900－041－49	废弃的含油抹布、劳保用品	全部环节	混入生活垃圾。	全过程不按危险废物管理。
10	900－042－49	由危险化学品、危险废物造成的突发环境事件及其处理过程中产生的废物	转移	经接受地县级以上环境保护主管部门同意,按事发地县级以上地方环境保护主管部门提出的应急处置方案进行转移。	转移过程不按危险废物管理。
			处置	按事发地县级以上地方环境保护主管部门提出的应急处置方案进行处置或利用。	处置或利用过程可不按危险废物进行管理。
11	900－044－49	阴极射线管含铅玻璃	运输	运输工具满足防雨、防渗漏、防遗撒要求。	不按危险废物进行运输。
12	900－045－49	废弃电路板	运输	运输工具满足防雨、防渗漏、防遗撒要求。	不按危险废物进行运输。
13	HW01	医疗废物	收集	从事床位总数在19张以下(含19张)的医疗机构产生的医疗废物的收集活动。	收集过程不按危险废物管理。

续表

序号	废物类别/代码	危险废物	豁免环节	豁免条件	豁免内容
14	831-001-01	感染性废物	处置	按照《医疗废物高温蒸汽集中处理工程技术规范》(HJ/T 276-2006)或《医疗废物化学消毒集中处理工程技术规范》(HJ/T 228-2006)或《医疗废物微波消毒集中处理工程技术规范》(HJ/T 229-2006)进行处理后。	进入生活垃圾填埋场填埋处置或进入生活垃圾焚烧厂焚烧处置,处置过程不按危险废物管理。
15	831-002-01	损伤性废物	处置	按照《医疗废物高温蒸汽集中处理工程技术规范》(HJ/T 276-2006)或《医疗废物化学消毒集中处理工程技术规范》(HJ/T 228-2006)或《医疗废物微波消毒集中处理工程技术规范》(HJ/T 229-2006)进行处理后。	进入生活垃圾填埋场填埋处置或进入生活垃圾焚烧厂焚烧处置,处置过程不按危险废物管理。
16	831-003-01	病理性废物(人体器官和传染性的动物尸体等除外)	处置	按照《医疗废物化学消毒集中处理工程技术规范》(HJ/T 228-2006)或《医疗废物微波消毒集中处理工程技术规范》(HJ/T 229-2006)进行处理后。	进入生活垃圾焚烧厂焚烧处置,处置过程不按危险废物管理。

危险化学品目录

（2015年2月27日国家安全生产监督管理总局、工业和信息化部、公安部、环境保护部、交通运输部、农业部、国家卫生和计划生育委员会、国家质量监督检验检疫总局、国家铁路局、中国民用航空局公告2015年第5号公布）

说　　明

一、危险化学品的定义和确定原则

定义：具有毒害、腐蚀、爆炸、燃烧、助燃等性质，对人体、设施、环境具有危害的剧毒化学品和其他化学品。

确定原则：危险化学品的品种依据化学品分类和标签国家标准，从下列危险和危害特性类别中确定：

1. 物理危险

爆炸物：不稳定爆炸物、1.1、1.2、1.3、1.4。

易燃气体：类别1、类别2、化学不稳定性气体类别A、化学不稳定性气体类别B。

气溶胶（又称气雾剂）：类别1。

氧化性气体：类别1。

加压气体：压缩气体、液化气体、冷冻液化气体、溶解气体。

易燃液体：类别1、类别2、类别3。

易燃固体：类别1、类别2。

自反应物质和混合物：A型、B型、C型、D型、E型。

自燃液体：类别1。

自燃固体：类别1。

自热物质和混合物：类别1、类别2。

遇水放出易燃气体的物质和混合物：类别1、类别2、类别3。

氧化性液体：类别1、类别2、类别3。

氧化性固体：类别1、类别2、类别3。

有机过氧化物：A型、B型、C型、D型、E型、F型。

金属腐蚀物：类别1。

2. 健康危害

急性毒性：类别1、类别2、类别3。

皮肤腐蚀/刺激：类别1A、类别1B、类别1C、类别2。

严重眼损伤/眼刺激：类别1、类别2A、类别2B。

呼吸道或皮肤致敏：呼吸道致敏物1A、呼吸道致敏物1B、皮肤致敏物1A、皮肤致敏物1B。

生殖细胞致突变性:类别 1A、类别 1B、类别 2。

致癌性:类别 1A、类别 1B、类别 2。

生殖毒性:类别 1A、类别 1B、类别 2、附加类别。

特异性靶器官毒性－一次接触:类别 1、类别 2、类别 3。

特异性靶器官毒性－反复接触:类别 1、类别 2。

吸入危害:类别 1。

3. 环境危害

危害水生环境－急性危害:类别 1、类别 2;危害水生环境－长期危害:类别 1、类别 2、类别 3。

危害臭氧层:类别 1。

二、剧毒化学品的定义和判定界限

定义:具有剧烈急性毒性危害的化学品,包括人工合成的化学品及其混合物和天然毒素,还包括具有急性毒性易造成公共安全危害的化学品。

剧烈急性毒性判定界限:急性毒性类别 1,即满足下列条件之一:大鼠实验,经口 $LD_{50} \leqslant$ 5mg/kg,经皮 $LD_{50} \leqslant$50mg/kg,吸入(4h)$LC_{50} \leqslant$100ml/m^3(气体)或 0.5mg/L(蒸气)或0.05 mg/L(尘、雾)。经皮 LD_{50}的实验数据,也可使用兔实验数据。

三、《危险化学品目录》各栏目的含义

(一)“序号”是指《危险化学品目录》中化学品的顺序号。

(二)“品名”是指根据《化学命名原则》(1980)确定的名称。

(三)“别名”是指除“品名”以外的其他名称,包括通用名、俗名等。

(四)“CAS 号”是指美国化学文摘社对化学品的唯一登记号。

(五)“备注”是对剧毒化学品的特别注明。

四、其他事项

(一)《危险化学品目录》按“品名”汉字的汉语拼音排序。

(二)《危险化学品目录》中除列明的条目外,无机盐类同时包括无水和含有结晶水的化合物。

(三)序号 2828 是类属条目,《危险化学品目录》中除列明的条目外,符合相应条件的,属于危险化学品。

(四)《危险化学品目录》中除混合物之外无含量说明的条目,是指该条目的工业产品或者纯度高于工业产品的化学品,用作农药用途时,是指其原药。

(五)《危险化学品目录》中的农药条目结合其物理危险性、健康危害、环境危害及农药管理情况综合确定。

危险化学品目录

序号	品名	别名	CAS 号	备注
1	阿片	鸦片	8008－60－4	
2	氨	液氨;氨气	7664－41－7	

续表

序号	品名	别名	CAS 号	备注
3	5-氨基-1,3,3-三甲基环己甲胺	异佛尔酮二胺;3,3,5-三甲基-4,6-二氨基-2-烯环己酮;1-氨基-3-氨基甲基-3,5,5-三甲基环己烷	2855-13-2	
4	5-氨基-3-苯基-1-[双(N,N-二甲基氨基氧膦基)]-1,2,4-三唑[含量>20%]	威菌磷	1031-47-6	剧毒
5	4-[3-氨基-5-(1-甲基胍基)戊酰氨基]-1-[4-氨基-2-氧代-1(2H)-嘧啶基]-1,2,3,4-四脱氧-β,D赤己-2-烯吡喃糖醛酸	灰瘟素	2079-00-7	
6	4-氨基-N,N-二甲基苯胺	N,N-二甲基对苯二胺;对氨基-N,N-二甲基苯胺	99-98-9	
7	2-氨基苯酚	邻氨基苯酚	95-55-6	
8	3-氨基苯酚	间氨基苯酚	591-27-5	
9	4-氨基苯酚	对氨基苯酚	123-30-8	
10	3-氨基苯甲腈	间氨基苯甲腈;氰化氨基苯	2237-30-1	
11	2-氨基苯胂酸	邻氨基苯胂酸	2045-00-3	
12	3-氨基苯胂酸	间氨基苯胂酸	2038-72-4	
13	4-氨基苯胂酸	对氨基苯胂酸	98-50-0	
14	4-氨基苯胂酸钠	对氨基苯胂酸钠	127-85-5	
15	2-氨基吡啶	邻氨基吡啶	504-29-0	
16	3-氨基吡啶	间氨基吡啶	462-08-8	
17	4-氨基吡啶	对氨基吡啶;4-氨基氮杂苯;对氨基氮苯;γ-吡啶胺	504-24-5	
18	1-氨基丙烷	正丙胺	107-10-8	
19	2-氨基丙烷	异丙胺	75-31-0	
20	3-氨基丙烯	烯丙胺	107-11-9	剧毒
21	4-氨基二苯胺	对氨基二苯胺	101-54-2	
22	氨基胍重碳酸盐		2582-30-1	
23	氨基化钙	氨基钙	23321-74-6	

续表

序号	品名	别名	CAS 号	备注
24	氨基化锂	氨基锂	7782-89-0	
25	氨基磺酸		5329-14-6	
26	5-(氨基甲基)-3-异噁唑醇	3-羟基-5-氨基甲基异噁唑;蝇蕈醇	2763-96-4	
27	氨基甲酸胺		1111-78-0	
28	(2-氨基甲酰氧乙基)三甲基氯化铵	氯化氨甲酰胆碱;卡巴考	51-83-2	
29	3-氨基喹啉		580-17-6	
30	2-氨基联苯	邻氨基联苯;邻苯基苯胺	90-41-5	
31	4-氨基联苯	对氨基联苯;对苯基苯胺	92-67-1	
32	1-氨基乙醇	乙醛合氨	75-39-8	
33	2-氨基乙醇	乙醇胺;2-羟基乙胺	141-43-5	
34	2-(2-氨基乙氧基)乙醇		929-06-6	
35	氨溶液[含氨>10%]	氨水	1336-21-6	
36	N-氨基乙基哌嗪	1-哌嗪乙胺;N-(2-氨基乙基)哌嗪;2-(1-哌嗪基)乙胺	140-31-8	
37	八氟-2-丁烯	全氟-2-丁烯	360-89-4	
38	八氟丙烷	全氟丙烷	76-19-7	
39	八氟环丁烷	RC318	115-25-3	
40	八氟异丁烯	全氟异丁烯;1,1,3,3,3-五氟-2-(三氟甲基)-1-丙烯	382-21-8	剧毒
41	八甲基焦磷酰胺	八甲磷	152-16-9	剧毒
42	1,3,4,5,6,7,8,8-八氯-1,3,3a,4,7,7a-六氢-4,7-甲撑异苯并呋喃[含量>1%]	八氯六氢亚甲基苯并呋喃;碳氯灵	297-78-9	剧毒
43	1,2,4,5,6,7,8,8-八氯-2,3,3a,4,7,7a-六氢-4,7-亚甲基茚	氯丹	57-74-9	
44	八氯莰烯	毒杀芬	8001-35-2	
45	八溴联苯		27858-07-7	
46	白磷	黄磷	12185-10-3	

续表

序号	品名	别名	CAS 号	备注
47	钡	金属钡	7440-39-3	
48	钡合金			
49	苯	纯苯	71-43-2	
50	苯-1,3-二磺酰肼[糊状,浓度52%]		4547-70-0	
51	苯胺	氨基苯	62-53-3	
52	苯并呋喃	氧茚;香豆酮;古马隆	271-89-6	
53	1,2-苯二胺	邻苯二胺;1,2-二氨基苯	95-54-5	
54	1,3-苯二胺	间苯二胺;1,3-二氨基苯	108-45-2	
55	1,4-苯二胺	对苯二胺;1,4-二氨基苯;乌尔丝D	106-50-3	
56	1,2-苯二酚	邻苯二酚	120-80-9	
57	1,3-苯二酚	间苯二酚;雷琐酚	108-46-3	
58	1,4-苯二酚	对苯二酚;氢醌	123-31-9	
59	1,3-苯二磺酸溶液		98-48-6	
60	苯酚	酚;石炭酸	108-95-2	
	苯酚溶液			
61	苯酚二磺酸硫酸溶液			
62	苯酚磺酸		1333-39-7	
63	苯酚钠	苯氧基钠	139-02-6	
64	苯磺酰肼	发泡剂 BSH	80-17-1	
65	苯磺酰氯	氯化苯磺酰	98-09-9	
66	4-苯基-1-丁烯		768-56-9	
67	N-苯基-2-萘胺	防老剂 D	135-88-6	
68	2-苯基丙烯	异丙烯基苯;α-甲基苯乙烯	98-83-9	
69	2-苯基苯酚	邻苯基苯酚	90-43-7	
70	苯基二氯硅烷	二氯苯基硅烷	1631-84-1	
71	苯基硫醇	苯硫酚;巯基苯;硫代苯酚	108-98-5	剧毒
72	苯基氢氧化汞	氢氧化苯汞	100-57-2	

续表

序号	品名	别名	CAS 号	备注
73	苯基三氯硅烷	苯代三氯硅烷	98-13-5	
74	苯基溴化镁[浸在乙醚中的]		100-58-3	
75	苯基氧氯化膦	苯磷酰二氯	824-72-6	
76	N-苯基乙酰胺	乙酰苯胺;退热冰	103-84-4	
77	N-苯甲基-N-(3,4-二氯基苯)-DL-丙氨酸乙酯	新燕灵	22212-55-1	
78	苯甲腈	氰化苯;苯基氰;氰基苯;苄腈	100-47-0	
79	苯甲醚	茴香醚;甲氧基苯	100-66-3	
80	苯甲酸汞	安息香酸汞	583-15-3	
81	苯甲酸甲酯	尼哦油	93-58-3	
82	苯甲酰氯	氯化苯甲酰	98-88-4	
83	苯甲氧基磺酰氯			
84	苯肼	苯基联胺	100-63-0	
85	苯胩化二氯	苯胩化氯;二氯化苯胩	622-44-6	
86	苯醌		106-51-4	
87	苯硫代二氯化膦	苯硫代磷酰二氯;硫代二氯化膦苯	3497-00-5	
88	苯胂化二氯	二氯化苯胂;二氯苯胂	696-28-6	剧毒
89	苯胂酸		98-05-5	
90	苯四甲酸酐	均苯四甲酸酐	89-32-7	
91	苯乙醇腈	苯甲氰醇;扁桃腈	532-28-5	
92	N-(苯乙基-4-哌啶基)丙酰胺柠檬酸盐	枸橼酸芬太尼	990-73-8	
93	2-苯乙基异氰酸酯		1943-82-4	
94	苯乙腈	氰化苄;苄基氰	140-29-4	
95	苯乙炔	乙炔苯	536-74-3	
96	苯乙烯[稳定的]	乙烯苯	100-42-5	
97	苯乙酰氯		103-80-0	
98	吡啶	氮杂苯	110-86-1	

续表

序号	品名	别名	CAS 号	备注
99	1-(3-吡啶甲基)-3-(4-硝基苯基)脲	1-(4-硝基苯基)-3-(3-吡啶基甲基)脲;灭鼠优	53558-25-1	剧毒
100	吡咯	一氮二烯五环;氮杂茂	109-97-7	
101	2-吡咯酮		616-45-5	
102	4-[苄基(乙基)氨基]-3-乙氧基苯重氮氯化锌盐			
103	N-苄基-N-乙基苯胺	N-乙基-N-苄基苯胺;苄乙基苯胺	92-59-1	
104	2-苄基吡啶	2-苯甲基吡啶	101-82-6	
105	4-苄基吡啶	4-苯甲基吡啶	2116-65-6	
106	苄硫醇	α-甲苯硫醇	100-53-8	
107	变性乙醇	变性酒精		
108	(1R,2R,4R)-冰片-2-硫氰基醋酸酯	敌稻瘟	115-31-1	
109	丙胺氟磷	N,N′-氟磷酰二异丙胺;双(二异丙氨基)磷酰氟	371-86-8	
110	1-丙醇	正丙醇	71-23-8	
111	2-丙醇	异丙醇	67-63-0	
112	1,2-丙二胺	1,2-二氨基丙烷;丙邻二胺	78-90-0	
113	1,3-丙二胺	1,3-二氨基丙烷	109-76-2	
114	丙二醇乙醚	1-乙氧基-2-丙醇	1569-02-4	
115	丙二腈	二氰甲烷;氰化亚甲基;缩苹果腈	109-77-3	
116	丙二酸铊	丙二酸亚铊	2757-18-8	
117	丙二烯[稳定的]		463-49-0	
118	丙二酰氯	缩苹果酰氯	1663-67-8	
119	丙基三氯硅烷		141-57-1	
120	丙基胂酸	丙胂酸	107-34-6	
121	丙腈	乙基氰	107-12-0	剧毒
122	丙醛		123-38-6	
123	2-丙炔-1-醇	丙炔醇;炔丙醇	107-19-7	剧毒

续表

序号	品名	别名	CAS 号	备注
124	丙炔和丙二烯混合物[稳定的]	甲基乙炔和丙二烯混合物	59355 - 75 - 8	
125	丙炔酸		471 - 25 - 0	
126	丙酸		79 - 09 - 4	
127	丙酸酐	丙酐	123 - 62 - 6	
128	丙酸甲酯		554 - 12 - 1	
129	丙酸烯丙酯		2408 - 20 - 0	
130	丙酸乙酯		105 - 37 - 3	
131	丙酸异丙酯	丙酸 - 1 - 甲基乙基酯	637 - 78 - 5	
132	丙酸异丁酯	丙酸 - 2 - 甲基丙酯	540 - 42 - 1	
133	丙酸异戊酯		105 - 68 - 0	
134	丙酸正丁酯		590 - 01 - 2	
135	丙酸正戊酯		624 - 54 - 4	
136	丙酸仲丁酯		591 - 34 - 4	
137	丙酮	二甲基酮	67 - 64 - 1	
138	丙酮氰醇	丙酮合氰化氢;2 - 羟基异丁腈;氰丙醇	75 - 86 - 5	剧毒
139	丙烷		74 - 98 - 6	
140	丙烯		115 - 07 - 1	
141	2 - 丙烯 - 1 - 醇	烯丙醇;蒜醇;乙烯甲醇	107 - 18 - 6	剧毒
142	2 - 丙烯 - 1 - 硫醇	烯丙基硫醇	870 - 23 - 5	
143	2 - 丙烯腈[稳定的]	丙烯腈;乙烯基氰;氰基乙烯	107 - 13 - 1	
144	丙烯醛[稳定的]	烯丙醛;败脂醛	107 - 02 - 8	
145	丙烯酸[稳定的]		79 - 10 - 7	
146	丙烯酸 - 2 - 硝基丁酯		5390 - 54 - 5	
147	丙烯酸甲酯[稳定的]		96 - 33 - 3	
148	丙烯酸羟丙酯		2918 - 23 - 2	
149	2 - 丙烯酸 - 1,1 - 二甲基乙基酯	丙烯酸叔丁酯	1663 - 39 - 4	
150	丙烯酸乙酯[稳定的]		140 - 88 - 5	

续表

序号	品名	别名	CAS 号	备注
151	丙烯酸异丁酯[稳定的]		106-63-8	
152	2-丙烯酸异辛酯		29590-42-9	
153	丙烯酸正丁酯[稳定的]		141-32-2	
154	丙烯酰胺		79-06-1	
155	丙烯亚胺	2-甲基氮丙啶;2-甲基乙撑亚胺;丙撑亚胺	75-55-8	剧毒
156	丙酰氯	氯化丙酰	79-03-8	
157	草酸-4-氨基-N,N-二甲基苯胺	N,N-二甲基对苯二胺草酸;对氨基-N,N-二甲基苯胺草酸	24631-29-6	
158	草酸汞		3444-13-1	
159	超氧化钾		12030-88-5	
160	超氧化钠		12034-12-7	
161	次磷酸		6303-21-5	
162	次氯酸钡[含有效氯>22%]		13477-10-6	
163	次氯酸钙		7778-54-3	
164	次氯酸钾溶液[含有效氯>5%]		7778-66-7	
165	次氯酸锂		13840-33-0	
166	次氯酸钠溶液[含有效氯>5%]		7681-52-9	
167	粗苯	动力苯;混合苯		
168	粗蒽			
169	醋酸三丁基锡		56-36-0	
170	代森锰		12427-38-2	
171	单过氧马来酸叔丁酯[含量>52%]		1931-62-0	
	单过氧马来酸叔丁酯[含量≤52%,惰性固体含量≥48%]			
	单过氧马来酸叔丁酯[含量≤52%,含A型稀释剂≥48%]			
	单过氧马来酸叔丁酯[含量≤52%,糊状物]			
172	氮[压缩的或液化的]		7727-37-9	

续表

序号	品名	别名	CAS 号	备注
173	氮化锂		26134－62－3	
174	氮化镁		12057－71－5	
175	10－氮杂蒽	吖啶	260－94－6	
176	氘	重氢	7782－39－0	
177	地高辛	地戈辛;毛地黄叶毒苷	20830－75－5	
178	碲化镉		1306－25－8	
179	3－碘－1－丙烯	3－碘丙烯;烯丙基碘;碘代烯丙基	556－56－9	
180	1－碘－2－甲基丙烷	异丁基碘;碘代异丁烷	513－38－2	
181	2－碘－2－甲基丙烷	叔丁基碘;碘代叔丁烷	558－17－8	
182	1－碘－3－甲基丁烷	异戊基碘;碘代异戊烷	541－28－6	
183	4－碘苯酚	4－碘酚;对碘苯酚	540－38－5	
184	1－碘丙烷	正丙基碘;碘代正丙烷	107－08－4	
185	2－碘丙烷	异丙基碘;碘代异丙烷	75－30－9	
186	1－碘丁烷	正丁基碘;碘代正丁烷	542－69－8	
187	2－碘丁烷	仲丁基碘;碘代仲丁烷	513－48－4	
188	碘化钾汞	碘化汞钾	7783－33－7	
189	碘化氢[无水]		10034－85－2	
190	碘化亚汞	一碘化汞	15385－57－6	
191	碘化亚铊	一碘化铊	7790－30－9	
192	碘化乙酰	碘乙酰;乙酰碘	507－02－8	
193	碘甲烷	甲基碘	74－88－4	
194	碘酸		7782－68－5	
195	碘酸铵		13446－09－8	
196	碘酸钡		10567－69－8	
197	碘酸钙	碘钙石	7789－80－2	
198	碘酸镉		7790－81－0	
199	碘酸钾		7758－05－6	

续表

序号	品名	别名	CAS 号	备注
200	碘酸钾合一碘酸	碘酸氢钾;重碘酸钾	13455-24-8	
201	碘酸钾合二碘酸			
202	碘酸锂		13765-03-2	
203	碘酸锰		25659-29-4	
204	碘酸钠		7681-55-2	
205	碘酸铅		25659-31-8	
206	碘酸锶		13470-01-4	
207	碘酸铁		29515-61-5	
208	碘酸锌		7790-37-6	
209	碘酸银		7783-97-3	
210	1-碘戊烷	正戊基碘;碘代正戊烷	628-17-1	
211	碘乙酸	碘醋酸	64-69-7	
212	碘乙酸乙酯		623-48-3	
213	碘乙烷	乙基碘	75-03-6	
214	电池液[酸性的]			
215	电池液[碱性的]			
216	叠氮化钡	叠氮钡	18810-58-7	
217	叠氮化钠	三氮化钠	26628-22-8	剧毒
218	叠氮化铅[含水或水加乙醇≥20%]		13424-46-9	
219	2-丁醇	仲丁醇	78-92-2	
220	丁醇钠	丁氧基钠	2372-45-4	
221	1,4-丁二胺	1,4-二氨基丁烷;四亚甲基二胺;腐肉碱	110-60-1	
222	丁二腈	1,2-二氰基乙烷;琥珀腈	110-61-2	
223	1,3-丁二烯[稳定的]	联乙烯	106-99-0	
224	丁二酰氯	氯化丁二酰;琥珀酰氯	543-20-4	
225	丁基甲苯			
226	丁基磷酸	酸式磷酸丁酯	12788-93-1	

续表

序号	品名	别名	CAS 号	备注
227	2－丁基硫醇	仲丁硫醇	513－53－1	
228	丁基三氯硅烷		7521－80－4	
229	丁醛肟		110－69－0	
230	1－丁炔[稳定的]	乙基乙炔	107－00－6	
231	2－丁炔	巴豆炔;二甲基乙炔	503－17－3	
232	1－丁炔－3－醇		2028－63－9	
233	丁酸丙烯酯	丁酸烯丙酯;丁酸－2－丙烯酯	2051－78－7	
234	丁酸酐		106－31－0	
235	丁酸正戊酯	丁酸戊酯	540－18－1	
236	2－丁酮	丁酮;乙基甲基酮;甲乙酮	78－93－3	
237	2－丁酮肟		96－29－7	
238	1－丁烯		106－98－9	
239	2－丁烯		107－01－7	
240	2－丁烯－1－醇	巴豆醇;丁烯醇	6117－91－5	
241	3－丁烯－2－酮	甲基乙烯基酮;丁烯酮	78－94－4	剧毒
242	丁烯二酰氯[反式]	富马酰氯	627－63－4	
243	3－丁烯腈	烯丙基氰	109－75－1	
244	2－丁烯腈[反式]	巴豆腈;丙烯基氰	4786－20－3	
245	2－丁烯醛	巴豆醛;β－甲基丙烯醛	4170－30－3	
246	2－丁烯酸	巴豆酸	3724－65－0	
247	丁烯酸甲酯	巴豆酸甲酯	623－43－8	
248	丁烯酸乙酯	巴豆酸乙酯	623－70－1	
249	2－丁氧基乙醇	乙二醇丁醚;丁基溶纤剂	111－76－2	
250	毒毛旋花苷 G	羊角拗质	630－60－4	
251	毒毛旋花苷 K		11005－63－3	
252	杜廷	羟基马桑毒内酯;马桑苷	2571－22－4	
253	短链氯化石蜡($C_{10}-{}_{13}$)	$C_{10}-{}_{13}$氯代烃	85535－84－8	
254	对氨基苯磺酸	4－氨基苯磺酸	121－57－3	

续表

序号	品名	别名	CAS 号	备注
255	对苯二甲酰氯		100 - 20 - 9	
256	对甲苯磺酰氯		98 - 59 - 9	
257	对硫氰酸苯胺	对硫氰基苯胺;硫氰酸对氨基苯酯	15191 - 25 - 0	
258	1 - (对氯苯基) - 2,8,9 - 三氧 - 5 - 氮 - 1 - 硅双环(3,3,3)十二烷	毒鼠硅;氯硅宁;硅灭鼠	29025 - 67 - 0	剧毒
259	对氯苯硫醇	4 - 氯硫酚;对氯硫酚	106 - 54 - 7	
260	对蓋基化过氧氢[72% < 含量≤100%]	对蓋基过氧化氢	39811 - 34 - 2	
	对蓋基化过氧氢[含量≤72%,含 A 型稀释剂≥28%]			
261	对壬基酚		104 - 40 - 5	
262	对硝基苯酚钾	对硝基酚钾	1124 - 31 - 8	
263	对硝基苯酚钠	对硝基酚钠	824 - 78 - 2	
264	对硝基苯磺酸		138 - 42 - 1	
265	对硝基苯甲酰肼		636 - 97 - 5	
266	对硝基乙苯		100 - 12 - 9	
267	对异丙基苯酚	对异丙基酚	99 - 89 - 8	
268	多钒酸铵	聚钒酸铵	12207 - 63 - 5	
269	多聚甲醛	聚蚁醛;聚合甲醛	30525 - 89 - 4	
270	多聚磷酸	四磷酸	8017 - 16 - 1	
271	多硫化铵溶液		9080 - 17 - 5	
272	多氯二苯并对二噁英	PCDDs		
273	多氯二苯并呋喃	PCDFs		
274	多氯联苯	PCBs		
275	多氯三联苯		61788 - 33 - 8	
276	多溴二苯醚混合物			
277	苊	萘乙环	83 - 32 - 9	
278	蒽醌 - 1 - 胂酸	蒽醌 - α - 胂酸		

续表

序号	品名	别名	CAS 号	备注
279	蒽油乳膏			
	蒽油乳剂			
280	二-(1-羟基环己基)过氧化物[含量≤100%]		2407-94-5	
281	二-(2-苯氧乙基)过氧重碳酸酯[85%<含量≤100%]		41935-39-1	
	二-(2-苯氧乙基)过氧重碳酸酯[含量≤85%,含水≥15%]			
282	二(2-环氧丙基)醚	二缩水甘油醚;双环氧稀释剂;2,2′-[氧双(亚甲基)双环氧乙烷;二环氧甘油醚	2238-07-5	
283	二-(2-甲基苯甲酰)过氧化物[含量≤87%]	过氧化二-(2-甲基苯甲酰)	3034-79-5	
284	二-(2-羟基-3,5,6-三氯苯基)甲烷	2,2′-亚甲基-双(3,4,6-三氯苯酚);毒菌酚	70-30-4	
285	二-(2-新癸酰过氧异丙基)苯[含量≤52%,含A型稀释剂≥48%]			
286	二-(2-乙基己基)磷酸酯	2-乙基己基-2′-乙基己基磷酸酯	298-07-7	
287	二-(3,5,5-三甲基己酰)过氧化物[52%<含量≤82%,含A型稀释剂≥18%]		3851-87-4	
	二-(3,5,5-三甲基己酰)过氧化物[含量≤38%,含A型稀释剂≥62%]			
	二-(3,5,5-三甲基己酰)过氧化物[38%<含量≤52%,含A型稀释剂≥48%]			
	二-(3,5,5-三甲基己酰)过氧化物[含量≤52%,在水中稳定弥散]			

续表

序号	品名	别名	CAS 号	备注
288	2,2-二-(4,4-二(叔丁基过氧环己基)丙烷[含量≤22%,含B型稀释剂≥78%]		1705-60-8	
	2,2-二-(4,4-二(叔丁基过氧环己基)丙烷[含量≤42%,含惰性固体≥58%]			
289	二-(4-甲基苯甲酰)过氧化物[硅油糊状物,含量≤52%]		895-85-2	
290	二-(4-叔丁基环己基)过氧重碳酸酯[含量≤100%]	过氧化二碳酸-二-(4-叔丁基环己基)酯	15520-11-3	
	二-(4-叔丁基环己基)过氧重碳酸酯[含量≤42%,在水中稳定弥散]			
291	二(苯磺酰肼)醚	4,4′-氧代双苯磺酰肼	80-51-3	
292	1,6-二-(过氧化叔丁基-羰基氧)己烷[含量≤72%,含A型稀释剂≥28%]		36536-42-2	
293	二(氯甲基)醚	二氯二甲醚;对称二氯二甲醚;氧代二氯甲烷	542-88-1	
294	二(三氯甲基)碳酸酯	三光气	32315-10-9	
295	1,1-二-(叔丁基过氧)-3,3,5-三甲基环己烷[90%<含量≤100%]		6731-36-8	
	1,1-二-(叔丁基过氧)-3,3,5-三甲基环己烷[57%<含量≤90%,含A型稀释剂≥10%]			
	1,1-二-(叔丁基过氧)-3,3,5-三甲基环己烷[含量≤32%,含A型稀释剂≥26%,含B型稀释剂≥42%]			
	1,1-二-(叔丁基过氧)-3,3,5-三甲基环己烷[含量≤57%,含A型稀释剂≥43%]			
	1,1-二-(叔丁基过氧)-3,3,5-三甲基环己烷[含量≤57%,含惰性固体≥43%]			

续表

序号	品名	别名	CAS 号	备注
295	1,1－二－(叔丁基过氧)－3,3,5－三甲基环己烷[含量≤77%,含B型稀释剂≥23%]			
	1,1－二－(叔丁基过氧)－3,3,5－三甲基环己烷[含量≤90%,含A型稀释剂≥10%]			
296	2,2－二－(叔丁基过氧)丙烷[含量≤42%,含A型稀释剂≥13%,惰性固体含量≥45%]		4262－61－7	
	2,2－二－(叔丁基过氧)丙烷[含量≤52%,含A型稀释剂≥48%]			
297	3,3－二－(叔丁基过氧)丁酸乙酯[77%<含量≤100%]	3,3－双－(过氧化叔丁基)丁酸乙酯	55794－20－2	
	3,3－二－(叔丁基过氧)丁酸乙酯[含量≤52%]			
	3,3－二－(叔丁基过氧)丁酸乙酯[含量≤77%,含A型稀释剂≥23%]			
298	2,2－二－(叔丁基过氧)丁烷[含量≤52%,含A型稀释剂≥48%]		2167－23－9	
299	1,1－二－(叔丁基过氧)环己烷[80%<含量≤100%]	1,1－双－(过氧化叔丁基)环己烷	3006－86－8	
	1,1－二－(叔丁基过氧)环己烷[52%<含量≤80%,含A型稀释剂≥20%]			
	1,1－二－(叔丁基过氧)环己烷[42%<含量≤52%,含A型稀释剂≥48%]			
	1,1－二－(叔丁基过氧)环己烷[含量≤13%,含A型稀释剂≥13%,含B型稀释剂≥74%]			
	1,1－二－(叔丁基过氧)环己烷[含量≤27%,含A型稀释剂≥25%]			

续表

序号	品名	别名	CAS 号	备注
299	1,1－二－(叔丁基过氧)环己烷[含量≤42%,含A型稀释剂≥13%,惰性固体含量≥45%]			
	1,1－二－(叔丁基过氧)环己烷[含量≤42%,含A型稀释剂≥58%]			
	1,1－二－(叔丁基过氧)环己烷[含量≤72%,含B型稀释剂≥28%]			
300	1,1－二－(叔丁基过氧)环己烷和过氧化(2－乙基己酸)叔丁酯的混合物[1,1－二－(叔丁基过氧)环己烷含量≤43%,过氧化(2－乙基己酸)叔丁酯含量≤16%,含A型稀释剂≥41%]			
301	二－(叔丁基过氧)邻苯二甲酸酯[糊状,含量≤52%]			
	二－(叔丁基过氧)邻苯二甲酸酯[42%＜含量≤52%,含A型稀释剂≥48%]			
	二－(叔丁基过氧)邻苯二甲酸酯[含量≤42%,含A型稀释剂≥58%]			
302	3,3－二－(叔戊基过氧)丁酸乙酯[含量≤67%,含A型稀释剂≥33%]		67567－23－1	
303	2,2－二－(叔戊基过氧)丁烷[含量≤57%,含A型稀释剂≥43%]		13653－62－8	
304	4,4′－二氨基－3,3′－二氯二苯基甲烷		101－14－4	
305	3,3'－二氨基二丙胺	二丙三胺;3,3′－亚氨基二丙胺;三丙撑三胺	56－18－8	
306	2,4－二氨基甲苯	甲苯－2,4－二胺;2,4－甲苯二胺	95－80－7	
307	2,5－二氨基甲苯	甲苯－2,5－二胺;2,5－甲苯二胺	95－70－5	

续表

序号	品名	别名	CAS 号	备注
308	2,6－二氨基甲苯	甲苯－2,6－二胺;2,6－甲苯二胺	823－40－5	
309	4,4′－二氨基联苯	联苯胺;二氨基联苯	92－87－5	
310	二氨基镁		7803－54－5	
311	二苯胺		122－39－4	
312	二苯胺硫酸溶液			
313	二苯基胺氯胂	吩吡嗪化氯;亚当氏气	578－94－9	
314	二苯基二氯硅烷	二苯二氯硅烷	80－10－4	
315	二苯基二硒		1666－13－3	
316	二苯基汞	二苯汞	587－85－9	
317	二苯基甲烷二异氰酸酯	MDI	26447－40－5	
318	二苯基甲烷－4,4′－二异氰酸酯	亚甲基双(4,1－亚苯基)二异氰酸酯;4,4′－二异氰酸二苯甲烷	101－68－8	
319	二苯基氯胂	氯化二苯胂	712－48－1	
320	二苯基镁		555－54－4	
321	2－(二苯基乙酰基)－2,3－二氢－1,3－茚二酮	2－(2,2－二苯基乙酰基)－1,3－茚满二酮;敌鼠	82－66－6	剧毒
322	二苯甲基溴	溴二苯甲烷;二苯溴甲烷	776－74－9	
323	1,1－二苯肼	不对称二苯肼	530－50－7	
324	1,2－二苯肼	对称二苯肼	122－66－7	
325	二苄基二氯硅烷		18414－36－3	
326	二丙硫醚	正丙硫醚;二丙基硫;硫化二正丙基	111－47－7	
327	二碘化苯胂	苯基二碘胂	6380－34－3	
328	二碘化汞	碘化汞;碘化高汞;红色碘化汞	7774－29－0	
329	二碘甲烷		75－11－6	
330	N,N－二丁基苯胺		613－29－6	
331	二丁基二(十二酸)锡	二丁基二月桂酸锡;月桂酸二丁基锡	77－58－7	
332	二丁基二氯化锡		683－18－1	

续表

序号	品名	别名	CAS 号	备注
333	二丁基氧化锡	氧化二丁基锡	818-08-6	
334	S,S′-(1,4-二噁烷2,3-二基)O,O,O′,O′-四乙基双(二硫代磷酸酯)	敌噁磷	78-34-2	
335	1,3-二氟-2-丙醇		453-13-4	
336	1,2-二氟苯	邻二氟苯	367-11-3	
337	1,3-二氟苯	间二氟苯	372-18-9	
338	1,4-二氟苯	对二氟苯	540-36-3	
339	1,3-二氟丙-2-醇(Ⅰ)与1-氯-3-氟丙-2-醇(Ⅱ)的混合物	鼠甘伏;甘氟	8065-71-2	剧毒
340	二氟化氧	一氧化二氟	7783-41-7	剧毒
341	二氟甲烷	R32	75-10-5	
342	二氟磷酸[无水]	二氟代磷酸	13779-41-4	
343	1,1-二氟乙烷	R152a	75-37-6	
344	1,1-二氟乙烯	R1132a;偏氟乙烯	75-38-7	
345	二甘醇双(碳酸烯丙酯)和过二碳酸二异丙酯的混合物[二甘醇双(碳酸烯丙酯)≥88%,过二碳酸二异丙酯≤12%]			
346	二环庚二烯	2,5-降冰片二烯	121-46-0	
347	二环已胺		101-83-7	
348	1,3-二磺酰肼苯		26747-93-3	
349	β-二甲氨基丙腈	2-(二甲胺基)乙基氰	1738-25-6	
350	O-[4-((二甲氨基)磺酰基)苯基]O,O-二甲基硫代磷酸酯	伐灭磷	52-85-7	
351	二甲氨基二氮硒杂茚			
352	二甲氨基甲酰氯		79-44-7	
353	4-二甲氨基偶氮苯-4′-胂酸	锆试剂	622-68-4	

续表

序号	品名	别名	CAS 号	备注
354	二甲胺[无水]		124－40－3	
	二甲胺溶液			
355	1,2－二甲苯	邻二甲苯	95－47－6	
356	1,3－二甲苯	间二甲苯	108－38－3	
357	1,4－二甲苯	对二甲苯	106－42－3	
358	二甲苯异构体混合物		1330－20－7	
359	2,3－二甲苯酚	1－羟基－2,3－二甲基苯;2,3－二甲酚	526－75－0	
360	2,4－二甲苯酚	1－羟基－2,4－二甲基苯;2,4－二甲酚	105－67－9	
361	2,5－二甲苯酚	1－羟基－2,5－二甲基苯;2,5－二甲酚	95－87－4	
362	2,6－二甲苯酚	1－羟基－2,6－二甲基苯;2,6－二甲酚	576－26－1	
363	3,4－二甲苯酚	1－羟基－3,4－二甲基苯	95－65－8	
364	3,5－二甲苯酚	1－羟基－3,5－二甲基苯	108－68－9	
365	O,O－二甲基－(2,2,2－三氯－1－羟基乙基)膦酸酯	敌百虫	52－68－6	
366	O,O－二甲基－O－(2,2－二氯乙烯基)磷酸酯	敌敌畏	62－73－7	
367	O－O－二甲基－O－(2－甲氧甲酰基－1－甲基)乙烯基磷酸酯[含量>5%]	甲基－3－[(二甲氧基磷酰基)氧代]－2－丁烯酸酯;速灭磷	7786－34－7	剧毒
368	N,N－二甲基－1,3－丙二胺	3－二甲氨基－1－丙胺	109－55－7	
369	4,4－二甲基－1,3－二噁烷		766－15－4	
370	2,5－二甲基－1,4－二噁烷		15176－21－3	
371	2,5－二甲基－1,5－己二烯		627－58－7	
372	2,5－二甲基－2,4－己二烯		764－13－6	
373	2,3－二甲基－1－丁烯		563－78－0	
374	2,5－二甲基－2,5－二－(2－乙基己酰过氧)己烷[含量≤100%]	2,5－二甲基－2,5－双－(过氧化－2－乙基己酰)己烷	13052－09－0	

续表

序号	品名	别名	CAS 号	备注
375	2,5-二甲基-2,5-二-(3,5,5-三甲基己酰过氧)己烷[含量≤77%,含A型稀释剂≥23%]	2,5-二甲基-2,5-双-(过氧化-3,5,5-三甲基己酰)己烷		
376	2,5-二甲基-2,5-二(叔丁基过氧)-3-己烷[52%<含量≤86%,含A型稀释剂≥14%]		1068-27-5	
	2,5-二甲基-2,5-二(叔丁基过氧)-3-己烷[86%<含量≤100%]			
	2,5-二甲基-2,5-二(叔丁基过氧)-3-己烷[含量≤52%,含惰性固体≥48%]			
377	2,5-二甲基-2,5-二(叔丁基过氧)己烷[90%<含量≤100%]	2,5-二甲基-2,5-双-(过氧化叔丁基)己烷	78-63-7	
	2,5-二甲基-2,5-二(叔丁基过氧)己烷[52%<含量≤90%,含A型稀释剂≥10%]			
	2,5-二甲基-2,5-二(叔丁基过氧)己烷[含量≤52%,含A型稀释剂≥48%]			
	2,5-二甲基-2,5-二(叔丁基过氧)己烷[含量≤77%]			
	2,5-二甲基-2,5-二(叔丁基过氧)己烷[糊状物,含量≤47%]			
378	2,5-二甲基-2,5-二氢过氧化己烷[含量≤82%]	2,5-二甲基-2,5-过氧化二氢己烷	3025-88-5	
379	2,5-二甲基-2,5-双(苯甲酰过氧)己烷[82%<含量≤100%]	2,5-二甲基-2,5-双-(过氧化苯甲酰)己烷	2618-77-1	
	2,5-二甲基-2,5-双(苯甲酰过氧)己烷[含量≤82%,惰性固体含量≥18%]			
	2,5-二甲基-2,5-双(苯甲酰过氧)己烷[含量≤82%,含水≥18%]			

续表

序号	品名	别名	CAS 号	备注
380	2,5－二甲基－2,5－双－(过氧化叔丁基)－3－己炔[86%＜含量≤100%]		1068－27－5	
	2,5－二甲基－2,5－双－(过氧化叔丁基)－3－己炔[含量≤52%,含惰性固体≥48%]			
	2,5－二甲基－2,5－双－(过氧化叔丁基)－3－己炔[52%＜含量≤86% A型稀释剂≥14%]			
381	2,3－二甲基－2－丁烯	四甲基乙烯	563－79－1	
382	3－[2－(3,5－二甲基－2－氧代环己基)－2－羟基乙基]戊二酰胺	放线菌酮	66－81－9	
383	2,6－二甲基－3－庚烯		2738－18－3	
384	2,4－二甲基－3－戊酮	二异丙基甲酮	565－80－0	
385	二甲基－4－(甲基硫代)苯基磷酸酯	甲硫磷	3254－63－5	剧毒
386	1,1′－二甲基－4,4′－联吡啶阳离子	百草枯	4685－14－7	
387	3,3′－二甲基－4,4′－二氨基联苯	邻二氨基二甲基联苯;3,3′－二甲基联苯胺	119－93－7	
388	N′,N′－二甲基－N′－苯基－N′－(氟二氯甲硫基)磺酰胺	苯氟磺胺	1085－98－9	
389	O,O－二甲基－O－(1,2－二溴－2,2－二氯乙基)磷酸酯	二溴磷	300－76－5	
390	O,O－二甲基－O－(4－甲硫基－3－甲基苯基)硫代磷酸酯	倍硫磷	55－38－9	
391	O,O－二甲基－O－(4－硝基苯基)硫代磷酸酯	甲基对硫磷	298－00－0	
392	(E)－O,O－二甲基－O－[1－甲基－2－(1－苯基－乙氧基甲酰)乙烯基]磷酸酯	巴毒磷	7700－17－6	
393	(E)－O,O－二甲基－O－[1－甲基－2－(二甲基氨基甲酰)乙烯基]磷酸酯[含量＞25%]	3－二甲氧基磷氧基－N,N－二甲基异丁烯酰胺;百治磷	141－66－2	剧毒

续表

序号	品名	别名	CAS 号	备注
394	O,O－二甲基－O－[1－甲基－2－(甲基氨基甲酰)乙烯基]磷酸酯[含量>0.5%]	久效磷	6923－22－4	剧毒
395	O,O－二甲基－O－[1－甲基－2氯－2－(二乙基氨基甲酰)乙烯基]磷酸酯	2－氯－3－(二乙氨基)－1－甲基－3－氧代－1－丙烯二甲基磷酸酯;磷胺	13171－21－6	
396	O,O－二甲基－S－(2,3－二氢－5－甲氧基－2－氧代－1,3,4－噻二唑－3－基甲基)二硫代磷酸酯	杀扑磷	950－37－8	
397	O,O－二甲基－S－(2－甲硫基乙基)二硫代磷酸酯(Ⅱ)	二硫代田乐磷	2587－90－8	
398	O,O－二甲基－S－(2－乙硫基乙基)二硫代磷酸酯	甲基乙拌磷	640－15－3	
399	O,O－二甲基－S－(3,4－二氢－4－氧代苯并[d]－[1,2,3]－三氮苯－3－基甲基)二硫代磷酸酯	保棉磷	86－50－0	
400	O,O－二甲基－S－(N－甲基氨基甲酰甲基)硫代磷酸酯	氧乐果	1113－02－6	
401	O,O－二甲基－S－(吗啉代甲酰甲基)二硫代磷酸酯	茂硫磷	144－41－2	
402	O,O－二甲基－S－(酞酰亚胺基甲基)二硫代磷酸酯	亚胺硫磷	732－11－6	
403	O,O－二甲基－S－(乙基氨基甲酰甲基)二硫代磷酸酯	益棉磷	2642－71－9	
404	O－O－二甲基－S－[1,2－双(乙氧基甲酰)乙基]二硫代磷酸酯	马拉硫磷	121－75－5	
405	4－N,N－二甲基氨基－3,5－二甲基苯基N－甲基氨基甲酸酯	4－二甲氨基－3,5－二甲苯基－N－甲基氨基甲酸酯;兹克威	315－18－4	
406	4－N,N－二甲基氨基－3－甲基苯基N－甲基氨基甲酸酯	灭害威	2032－59－9	
407	4－二甲基氨基－6－(2－二甲基氨乙基氧基)甲苯－2－重氮氯化锌盐		135072－82－1	
408	8－(二甲基氨基甲基)－7－甲氧基氨基－3－甲基黄酮	二甲弗林	1165－48－6	

续表

序号	品名	别名	CAS 号	备注
409	3-二甲基氨基亚甲基亚氨基苯基-N-甲基氨基甲酸酯(或其盐酸盐)	伐虫脒	22259-30-9; 23422-53-9	
410	N,N-二甲基氨基乙腈	2-(二甲氨基)乙腈	926-64-7	剧毒
411	2,3-二甲基苯胺	1-氨基-2,3-二甲基苯	87-59-2	
412	2,4-二甲基苯胺	1-氨基-2,4-二甲基苯	95-68-1	
413	2,5-二甲基苯胺	1-氨基-2,5-二甲基苯	95-78-3	
414	2,6-二甲基苯胺	1-氨基-2,6-二甲基苯	87-62-7	
415	3,4-二甲基苯胺	1-氨基-3,4-二甲基苯	95-64-7	
416	3,5-二甲基苯胺	1-氨基-3,5-二甲基苯	108-69-0	
417	N,N-二甲基苯胺		121-69-7	
418	二甲基苯胺异构体混合物		1300-73-8	
419	3,5-二甲基苯甲酰氯		6613-44-1	
420	2,4-二甲基吡啶	2,4-二甲基氮杂苯	108-47-4	
421	2,5-二甲基吡啶	2,5-二甲基氮杂苯	589-93-5	
422	2,6-二甲基吡啶	2,6-二甲基氮杂苯	108-48-5	
423	3,4-二甲基吡啶	3,4-二甲基氮杂苯	583-58-4	
424	3,5-二甲基吡啶	3,5-二甲基氮杂苯	591-22-0	
425	N,N-二甲基苄胺	N-苄基二甲胺;苄基二甲胺	103-83-3	
426	N,N-二甲基丙胺		926-63-6	
427	N,N-二甲基丙醇胺	3-(二甲胺基)-1-丙醇	3179-63-3	
428	2,2-二甲基丙酸甲酯	三甲基乙酸甲酯	598-98-1	
429	2,2-二甲基丙烷	新戊烷	463-82-1	
430	1,3-二甲基丁胺	2-氨基-4-甲基戊烷	108-09-8	
431	1,3-二甲基丁醇乙酸酯	乙酸仲己酯;2-乙酸-4-甲基戊酯	108-84-9	
432	2,2-二甲基丁烷	新己烷	75-83-2	
433	2,3-二甲基丁烷	二异丙基	79-29-8	

续表

序号	品名	别名	CAS 号	备注
434	O,O－二甲基－对硝基苯基磷酸酯	甲基对氧磷	950－35－6	剧毒
435	二甲基二噁烷		25136－55－4	
436	二甲基二氯硅烷	二氯二甲基硅烷	75－78－5	
437	二甲基二乙氧基硅烷	二乙氧基二甲基硅烷	78－62－6	
438	2,5－二甲基呋喃	2,5－二甲基氧杂茂	625－86－5	
439	2,2－二甲基庚烷		1071－26－7	
440	2,3－二甲基庚烷		3074－71－3	
441	2,4－二甲基庚烷		2213－23－2	
442	2,5－二甲基庚烷		2216－30－0	
443	3,3－二甲基庚烷		4032－86－4	
444	3,4－二甲基庚烷		922－28－1	
445	3,5－二甲基庚烷		926－82－9	
446	4,4－二甲基庚烷		1068－19－5	
447	N,N－二甲基环己胺	二甲氨基环己烷	98－94－2	
448	1,1－二甲基环己烷		590－66－9	
449	1,2－二甲基环己烷		583－57－3	
450	1,3－二甲基环己烷		591－21－9	
451	1,4－二甲基环己烷		589－90－2	
452	1,1－二甲基环戊烷		1638－26－2	
453	1,2－二甲基环戊烷		2452－99－5	
454	1,3－二甲基环戊烷		2453－00－1	
455	2,2－二甲基己烷		590－73－8	
456	2,3－二甲基己烷		584－94－1	
457	2,4－二甲基己烷		589－43－5	
458	3,3－二甲基己烷		563－16－6	
459	3,4－二甲基己烷		583－48－2	
460	N,N－二甲基甲酰胺	甲酰二甲胺	68－12－2	

续表

序号	品名	别名	CAS 号	备注
461	1,1-二甲基肼	二甲基肼[不对称];N,N-二甲基肼	57-14-7	剧毒
462	1,2-二甲基肼	二甲基肼[对称]	540-73-8	剧毒
463	O,O′-二甲基硫代磷酰氯	二甲基硫代磷酰氯	2524-03-0	剧毒
464	二甲基氯乙缩醛		97-97-2	
465	2,6-二甲基吗啉		141-91-3	
466	二甲基镁		2999-74-8	
467	1,4-二甲基哌嗪		106-58-1	
468	二甲基胂酸钠	卡可酸钠	124-65-2	
469	2,3-二甲基戊醛		32749-94-3	
470	2,2-二甲基戊烷		590-35-2	
471	2,3-二甲基戊烷		565-59-3	
472	2,4-二甲基戊烷	二异丙基甲烷	108-08-7	
473	3,3-二甲基戊烷	2,2-二乙基丙烷	562-49-2	
474	N,N-二甲基硒脲	二甲基硒脲[不对称]	5117-16-8	
475	二甲基锌		544-97-8	
476	N,N-二甲基乙醇胺	N,N-二甲基-2-羟基乙胺;2-二甲氨基乙醇	108-01-0	
477	二甲基乙二酮	双乙酰;丁二酮	431-03-8	
478	N,N-二甲基异丙醇胺	1-(二甲胺基)-2-丙醇	108-16-7	
479	二甲醚	甲醚	115-10-6	
480	二甲胂酸	二甲次胂酸;二甲基胂酸;卡可地酸;卡可酸	75-60-5	
481	二甲双胍	双甲胍;马钱子碱	57-24-9	剧毒
482	2,6-二甲氧基苯甲酰氯		1989-53-3	
483	2,2-二甲氧基丙烷		77-76-9	
484	二甲氧基甲烷	二甲醇缩甲醛;甲缩醛;甲撑二甲醚	109-87-5	
485	3,3′-二甲氧基联苯胺	邻联二茴香胺;3,3′-二甲氧基-4,4′-二氨基联苯	119-90-4	

续表

序号	品名	别名	CAS 号	备注
486	二甲氧基马钱子碱	番木鳖碱	357-57-3	剧毒
487	1,1-二甲氧基乙烷	二甲醇缩乙醛;乙醛缩二甲醇	534-15-6	
488	1,2-二甲氧基乙烷	二甲基溶纤剂;乙二醇二甲醚	110-71-4	
489	二聚丙烯醛[稳定的]		100-73-2	
490	二聚环戊二烯	双茂;双环戊二烯;4,7-亚甲基-3a,4,7,7a-四氢茚	77-73-6	
491	二硫代-4,4′-二氨基代二苯	4,4′-二氨基二苯基二硫醚二硫代对氨基苯	722-27-0	
492	二硫化二甲基	二甲二硫;二甲基二硫;甲基化二硫	624-92-0	
493	二硫化钛		12039-13-3	
494	二硫化碳		75-15-0	
495	二硫化硒		7488-56-4	
496	2,3-二氯-1,4-萘醌	二氯萘醌	117-80-6	
497	1,1-二氯-1-硝基乙烷		594-72-9	
498	1,3-二氯-2-丙醇	1,3-二氯异丙醇;1,3-二氯代甘油	96-23-1	
499	1,3-二氯-2-丁烯		926-57-8	
500	1,4-二氯-2-丁烯		764-41-0	
501	1,2-二氯苯	邻二氯苯	95-50-1	
502	1,3-二氯苯	间二氯苯	541-73-1	
503	2,3-二氯苯胺		608-27-5	
504	2,4-二氯苯胺		554-00-7	
505	2,5-二氯苯胺		95-82-9	
506	2,6-二氯苯胺		608-31-1	
507	3,4-二氯苯胺		95-76-1	
508	3,5-二氯苯胺		626-43-7	
509	二氯苯胺异构体混合物		27134-27-6	
510	2,3-二氯苯酚	2,3-二氯酚	576-24-9	
511	2,4-二氯苯酚	2,4-二氯酚	120-83-2	

续表

序号	品名	别名	CAS 号	备注
512	2,5-二氯苯酚	2,5-二氯酚	583-78-8	
513	2,6-二氯苯酚	2,6-二氯酚	87-65-0	
514	3,4-二氯苯酚	3,4-二氯酚	95-77-2	
515	3,4-二氯苯基偶氮硫脲	3,4-二氯苯偶氮硫代氨基甲酰胺;灭鼠肼	5836-73-7	
516	二氯苯基三氯硅烷		27137-85-5	
517	2,4-二氯苯甲酰氯	2,4-二氯代氯化苯甲酰	89-75-8	
518	2-(2,4-二氯苯氧基)丙酸	2,4-滴丙酸	120-36-5	
519	3,4-二氯苄基氯	3,4-二氯氯化苄;氯化-3,4-二氯苄	102-47-6	
520	1,1-二氯丙酮		513-88-2	
521	1,3-二氯丙酮	α,γ-二氯丙酮	534-07-6	
522	1,2-二氯丙烷	二氯化丙烯	78-87-5	
523	1,3-二氯丙烷		142-28-9	
524	1,2-二氯丙烯	2-氯丙烯基氯	563-54-2	
525	1,3-二氯丙烯		542-75-6	
526	2,3-二氯丙烯		78-88-6	
527	1,4-二氯丁烷		110-56-5	
528	二氯二氟甲烷	R12	75-71-8	
529	二氯二氟甲烷和二氟乙烷的共沸物[含二氯二氟甲烷约74%]	R500		
530	1,2-二氯二乙醚	乙基-1,2-二氯乙醚	623-46-1	
531	2,2-二氯二乙醚	对称二氯二乙醚	111-44-4	
532	二氯硅烷		4109-96-0	
533	二氯化膦苯	苯基二氯磷;苯膦化二氯	644-97-3	
534	二氯化硫		10545-99-0	
535	二氯化乙基铝	乙基二氯化铝	563-43-9	
536	2,4-二氯甲苯		95-73-8	
537	2,5-二氯甲苯		19398-61-9	

续表

序号	品名	别名	CAS 号	备注
538	2,6-二氯甲苯		118-69-4	
539	3,4-二氯甲苯		95-75-0	
540	α,α-二氯甲苯	二氯化苄;二氯甲基苯;苄叉二氯;α,α-二氯甲基苯	98-87-3	
541	二氯甲烷	亚甲基氯;甲撑氯	75-09-2	
542	3,3′-二氯联苯胺		91-94-1	
543	二氯硫化碳	硫光气;硫代羰基氯	463-71-8	
544	二氯醛基丙烯酸	粘氯酸;二氯代丁烯醛酸;糠氯酸	87-56-9	
545	二氯四氟乙烷	R114	76-14-2	
546	1,5-二氯戊烷		628-76-2	
547	2,3-二氯硝基苯	1,2-二氯-3-硝基苯	3209-22-1	
548	2,4-二氯硝基苯		611-06-3	
549	2,5-二氯硝基苯	1,4-二氯-2-硝基苯	89-61-2	
550	3,4-二氯硝基苯		99-54-7	
551	二氯一氟甲烷	R21	75-43-4	
552	二氯乙腈	氰化二氯甲烷	3018-12-0	
553	二氯乙酸	二氯醋酸	79-43-6	
554	二氯乙酸甲酯	二氯醋酸甲酯	116-54-1	
555	二氯乙酸乙酯	二氯醋酸乙酯	535-15-9	
556	1,1-二氯乙烷	乙叉二氯	75-34-3	
557	1,2-二氯乙烷	乙撑二氯;亚乙基二氯;1,2-二氯化乙烯	107-06-2	
558	1,1-二氯乙烯	偏二氯乙烯;乙烯叉二氯	75-35-4	
559	1,2-二氯乙烯	二氯化乙炔	540-59-0	
560	二氯乙酰氯		79-36-7	
561	二氯异丙基醚	二氯异丙醚	108-60-1	
562	二氯异氰尿酸		2782-57-2	
563	1,4-二羟基-2-丁炔	1,4-丁炔二醇;丁炔二醇	110-65-6	

续表

序号	品名	别名	CAS 号	备注
564	1,5－二羟基－4,8－二硝基蒽醌		128－91－6	
565	3,4－二羟基－α－((甲氨基)甲基)苄醇	肾上腺素;付肾碱;付肾素	51－43－4	
566	2,2′－二羟基二乙胺	二乙醇胺	111－42－2	
567	3,6－二羟基邻苯二甲腈	2,3－二氰基对苯二酚	4733－50－0	
568	2,3－二氢－2,2－二甲基苯并呋喃－7－基－N－甲基氨基甲酸酯	克百威	1563－66－2	剧毒
569	2,3－二氢吡喃		25512－65－6	
570	2,3－二氰－5,6－二氯氢醌		84－58－2	
571	二肉豆蔻基过氧重碳酸酯[含量≤100%]		53220－22－7	
	二肉豆蔻基过氧重碳酸酯[含量≤42%,在水中稳定弥散]			
572	2,6－二噻－1,3,5,7－四氮三环－[3,3,1,1,3,7]癸烷－2,2,6,6－四氧化物	毒鼠强	80－12－6	剧毒
573	二叔丁基过氧化物[52%＜含量≤100%]	过氧化二叔丁基	110－05－4	
	二叔丁基过氧化物[含量≤52%,含B型稀释剂≥48%]			
574	二叔丁基过氧壬二酸酯[含量≤52%,含A型稀释剂≥48%]		16580－06－6	
575	1,1－二叔戊过氧基环己烷[含量≤82%,含A型稀释剂≥18%]		15667－10－4	
576	二－叔戊基过氧化物[含量≤100%]		10508－09－5	
577	二水合三氟化硼	三氟化硼水合物	13319－75－0	
578	二戊基磷酸	酸式磷酸二戊酯	3138－42－9	
579	二烯丙基胺	二烯丙胺	124－02－7	
580	二烯丙基代氰胺	N－氰基二烯丙基胺	538－08－9	
581	二烯丙基硫醚	硫化二烯丙基;烯丙基硫醚	592－88－1	
582	二烯丙基醚	烯丙基醚	557－40－4	

续表

序号	品名	别名	CAS 号	备注
583	4,6－二硝基－2－氨基苯酚	苦氨酸;二硝基氨基苯酚	96－91－3	
584	4,6－二硝基－2－氨基苯酚锆	苦氨酸锆	63868－82－6	
585	4,6－二硝基－2－氨基苯酚钠	苦氨酸钠	831－52－7	
586	1,2－二硝基苯	邻二硝基苯	528－29－0	
587	1,3－二硝基苯	间二硝基苯	99－65－0	
588	1,4－二硝基苯	对二硝基苯	100－25－4	
589	2,4－二硝基苯胺		97－02－9	
590	2,6－二硝基苯胺		606－22－4	
591	3,5－二硝基苯胺		618－87－1	
592	二硝基苯酚[干的或含水<15%]		25550－58－7	
	二硝基苯酚溶液			
593	2,4－二硝基苯酚[含水≥15%]	1－羟基－2,4－二硝基苯	51－28－5	
594	2,5－二硝基苯酚[含水≥15%]		329－71－5	
595	2,6－二硝基苯酚[含水≥15%]		573－56－8	
596	二硝基苯酚碱金属盐[干的或含水<15%]	二硝基酚碱金属盐		
597	2,4－二硝基苯酚钠		1011－73－0	
598	2,4－二硝基苯磺酰氯		1656－44－6	
599	2,4－二硝基苯甲醚	2,4－二硝基茴香醚	119－27－7	
600	3,5－二硝基苯甲酰氯	3,5－二硝基氯化苯甲酰	99－33－2	
601	2,4－二硝基苯肼		119－26－6	
602	1,3－二硝基丙烷		6125－21－9	
603	2,2－二硝基丙烷		595－49－3	
604	2,4－二硝基二苯胺		961－68－2	
605	3,4－二硝基二苯胺			
606	二硝基甘脲		55510－04－8	
607	2,4－二硝基甲苯		121－14－2	
608	2,6－二硝基甲苯		606－20－2	

续表

序号	品名	别名	CAS 号	备注
609	二硝基间苯二酚		519－44－8	
610	二硝基联苯		38094－35－8	
611	二硝基邻甲酚铵			
612	二硝基邻甲酚钾		5787－96－2	
613	4,6－二硝基邻甲苯酚钠		2312－76－7	
614	二硝基邻甲苯酚钠			
615	2,4－二硝基氯化苄	2,4－二硝基苯代氯甲烷	610－57－1	
616	1,5－二硝基萘		605－71－0	
617	1,8－二硝基萘		602－38－0	
618	2,4－二硝基萘酚		605－69－6	
619	2,4－二硝基萘酚钠	马汀氏黄;色淀黄	887－79－6	
620	2,7－二硝基芴		5405－53－8	
621	二硝基重氮苯酚[按质量含水或乙醇和水的混合物不低于40%]	重氮二硝基苯酚	4682－03－5	
622	1,2－二溴－3－丁酮		25109－57－3	
623	3,5－二溴－4－羟基苄腈	溴苯腈	1689－84－5	
624	1,2－二溴苯	邻二溴苯	583－53－9	
625	2,4－二溴苯胺		615－57－6	
626	2,5－二溴苯胺		3638－73－1	
627	1,2－二溴丙烷		78－75－1	
628	二溴二氟甲烷	二氟二溴甲烷	75－61－6	
629	二溴甲烷	二溴化亚甲基	74－95－3	
630	1,2－二溴乙烷	乙撑二溴;二溴化乙烯	106－93－4	
631	二溴异丙烷			
632	N,N′－二亚硝基－N,N′－二甲基对苯二酰胺		133－55－1	
633	二亚硝基苯		25550－55－4	
634	2,4－二亚硝基间苯二酚	1,3－二羟基－2,4－二亚硝基苯	118－02－5	

续表

序号	品名	别名	CAS 号	备注
635	N,N′-二亚硝基五亚甲基四胺[减敏的]	发泡剂 H	101-25-7	
636	二亚乙基三胺	二乙撑三胺	111-40-0	
637	二氧化氮		10102-44-0	
638	二氧化丁二烯	双环氧乙烷	298-18-0	
639	二氧化硫	亚硫酸酐	7446-09-5	
640	二氧化氯		10049-04-4	
641	二氧化铅	过氧化铅	1309-60-0	
642	二氧化碳[压缩的或液化的]	碳酸酐	124-38-9	
643	二氧化碳和环氧乙烷混合物	二氧化碳和氧化乙烯混合物		
644	二氧化碳和氧气混合物			
645	二氧化硒	亚硒酐	7446-08-4	
646	1,3-二氧戊环	二氧戊环;乙二醇缩甲醛	646-06-0	
647	1,4-二氧杂环己烷	二噁烷;1,4-二氧己环	123-91-1	
648	S-[2-(二乙氨基)乙基]-O,O-二乙基硫赶磷酸酯	胺吸磷	78-53-5	剧毒
649	N-二乙氨基乙基氯	2-氯乙基二乙胺	100-35-6	剧毒
650	二乙胺		109-89-7	
651	二乙二醇二硝酸酯[含不挥发、不溶于水的减敏剂≥25%]	二甘醇二硝酸酯	693-21-0	
652	N,N-二乙基-1,3-丙二胺	N,N-二乙基-1,3-二氨基丙烷;3-二乙氨基丙胺	104-78-9	
653	N,N-二乙基-1-萘胺	N,N-二乙基-α-萘胺	84-95-7	
654	O,O-二乙基-N-(1,3-二硫戊环-2-亚基)磷酰胺[含量>15%]	2-(二乙氧基磷酰亚氨基)-1,3-二硫戊环;硫环磷	947-02-4	剧毒
655	O,O-二乙基-N-(4-甲基-1,3-二硫戊环-2-亚基)磷酰胺[含量>5%]	二乙基(4-甲基-1,3-二硫戊环-2-叉氨基)磷酸酯;地胺磷	950-10-7	剧毒
656	O,O-二乙基-N-1,3-二噻丁环-2-亚基磷酰胺	丁硫环磷	21548-32-3	剧毒

续表

序号	品名	别名	CAS 号	备注
657	O,O－二乙基－O－(2,2－二氯－1－β－氯乙氧基乙烯基)－磷酸酯	彼氧磷	67329－01－5	
658	O,O－二乙基－O－(2－乙硫基乙基)硫代磷酸酯与O,O－二乙基－S－(2－乙硫基乙基)硫代磷酸酯的混合物[含量>3%]	内吸磷	8065－48－3	剧毒
659	O,O－二乙基－O－(3－氯－4－甲基香豆素－7－基)硫代磷酸酯	蝇毒磷	56－72－4	
660	O,O－二乙基－O－(4－甲基香豆素基－7)硫代磷酸酯	扑杀磷	299－45－6	剧毒
661	O,O－二乙基－O－(4－硝基苯基)磷酸酯	对氧磷	311－45－5	剧毒
662	O,O－二乙基－O－(4－硝基苯基)硫代磷酸酯[含量>4%]	对硫磷	56－38－2	剧毒
663	O,O－二乙基－O－(4－溴－2,5－二氯苯基)硫代磷酸酯	乙基溴硫磷	4824－78－6	
664	O,O－二乙基－O－(6－二乙胺次甲基－2,4－二氯)苯基硫逐磷酰酯盐酸盐			
665	O,O－二乙基－O－[2－氯－1－(2,4－二氯苯基)乙烯基]磷酸酯[含量>20%]	2－氯－1－(2,4－二氯苯基)乙烯基二乙基磷酸酯;毒虫畏	470－90－6	剧毒
666	O,O－二乙基－O－2,5－二氯－4－甲硫基苯基硫代磷酸酯	O－[2,5－二氯－4－(甲硫基)苯基]－O,O－二乙基硫代磷酸酯;虫螨磷	21923－23－9; 60238－56－4	
667	O,O－二乙基－O－2－吡嗪基硫代磷酸酯[含量>5%]	虫线磷	297－97－2	剧毒
668	O,O－二乙基－O－喹噁啉－2－基硫代磷酸酯	喹硫磷	13593－03－8	
669	O,O－二乙基－S－(2,5－二氯苯硫基甲基)二硫代磷酸酯	芬硫磷	2275－14－1	
670	O,O－二乙基－S－(2－氯－1－酞酰亚氨基乙基)二硫代磷酸酯	氯亚胺硫磷	10311－84－9	
671	O,O－二乙基－S－(2－乙基亚磺酰基乙基)二硫代磷酸酯	砜拌磷	2497－07－6	

续表

序号	品名	别名	CAS 号	备注
672	O,O－二乙基－S－(2－乙硫基乙基)二硫代磷酸酯[含量＞15%]	乙拌磷	298－04－4	剧毒
673	O,O－二乙基－S－(4－甲基亚磺酰基苯基)硫代磷酸酯[含量＞4%]	丰索磷	115－90－2	剧毒
674	O,O－二乙基－S－(4－氯苯硫基甲基)二硫代磷酸酯	三硫磷	786－19－6	
675	O,O－二乙基－S－(对硝基苯基)硫代磷酸	硫代磷酸－O,O－二乙基－S－(4－硝基苯基)酯	3270－86－8	剧毒
676	O,O－二乙基－S－(乙硫基甲基)二硫代磷酸酯	甲拌磷	298－02－2	剧毒
677	O,O－二乙基－S－(异丙基氨基甲酰甲基)二硫代磷酸酯[含量＞15%]	发硫磷	2275－18－5	剧毒
678	O,O－二乙基－S－[N－(1－氰基－1－甲基乙基)氨基甲酰甲基]硫代磷酸酯	S－{2－[(1－氰基－1－甲基乙基)氨基]－2－氧代乙基}－O,O－二乙基硫代磷酸酯;果虫磷	3734－95－0	
679	O,O－二乙基－S－氯甲基二硫代磷酸酯[含量＞15%]	氯甲硫磷	24934－91－6	剧毒
680	O,O－二乙基－S－叔丁基硫甲基二硫代磷酸酯	特丁硫磷	13071－79－9	剧毒
681	O,O－二乙基－S－乙基亚磺酰基甲基二硫代磷酸酯	甲拌磷亚砜	2588－03－6	
682	1－二乙基氨基－4－氨基戊烷	2－氨基－5－二乙基氨基戊烷;N′,N′－二乙基－1,4－戊二胺;2－氨基－5－二乙氨基戊烷	140－80－7	
683	二乙基氨基氰	氰化二乙胺	617－83－4	
684	1,2－二乙基苯	邻二乙基苯	135－01－3	
685	1,3－二乙基苯	间二乙基苯	141－93－5	
686	1,4－二乙基苯	对二乙基苯	105－05－5	
687	N,N－二乙基苯胺	二乙氨基苯	91－66－7	
688	N－(2,6－二乙基苯基)－N－甲氧基甲基－氯乙酰胺	甲草胺	15972－60－8	
689	N,N－二乙基对甲苯胺	4－(二乙胺基)甲苯	613－48－9	

续表

序号	品名	别名	CAS 号	备注
690	N,N－二乙基二硫代氨基甲酸－2－氯烯丙基酯	菜草畏	95－06－7	
691	二乙基二氯硅烷	二氯二乙基硅烷	1719－53－5	
692	二乙基汞	二乙汞	627－44－1	剧毒
693	1,2－二乙基肼	二乙基肼[不对称]	1615－80－1	
694	N,N－二乙基邻甲苯胺	2－(二乙胺基)甲苯	2728－04－3	
695	O,O′－二乙基硫代磷酰氯	二乙基硫代磷酰氯	2524－04－1	
696	二乙基镁		557－18－6	
697	二乙基硒		627－53－2	
698	二乙基锌		557－20－0	
699	N,N－二乙基乙撑二胺	N,N－二乙基乙二胺	100－36－7	
700	N,N－二乙基乙醇胺	2－(二乙胺基)乙醇	100－37－8	
701	二乙硫醚	硫代乙醚;二乙硫	352－93－2	
702	二乙烯基醚[稳定的]	乙烯基醚	109－93－3	
703	3,3－二乙氧基丙烯	丙烯醛二乙缩醛;二乙基缩醛丙烯醛	3054－95－3	
704	二乙氧基甲烷	甲醛缩二乙醇;二乙醇缩甲醛	462－95－3	
705	1,1－二乙氧基乙烷	乙叉二乙基醚;二乙醇缩乙醛;乙缩醛	105－57－7	
706	二异丙胺		108－18－9	
707	二异丙醇胺	2,2′－二羟基二丙胺	110－97－4	
708	O,O－二异丙基－S－(2－苯磺酰胺基)乙基二硫代磷酸酯	S－2－苯磺酰基氨基乙基－O,O－二异丙基二硫代磷酸酯;地散磷	741－58－2	
709	二异丙基二硫代磷酸锑			
710	N,N－二异丙基乙胺	N－乙基二异丙胺	7087－68－5	
711	N,N－二异丙基乙醇胺	N,N－二异丙氨基乙醇	96－80－0	
712	二异丁胺		110－96－3	
713	二异丁基酮	2,6－二甲基－4－庚酮	108－83－8	
714	二异戊醚		544－01－4	

续表

序号	品名	别名	CAS 号	备注
715	二异辛基磷酸	酸式磷酸二异辛酯	27215－10－7	
716	二正丙胺	二丙胺	142－84－7	
717	二正丙基过氧重碳酸酯[含量≤100%]		16066－38－9	
	二正丙基过氧重碳酸酯[含量≤77%,含B型稀释剂≥23%]			
718	二正丁胺	二丁胺	111－92－2	
719	N,N－二正丁基氨基乙醇	N,N－二正丁基乙醇胺;2－二丁氨基乙醇	102－81－8	
720	二－正丁基过氧重碳酸酯[含量≤27%,含B型稀释剂≥73%]		16215－49－9	
	二－正丁基过氧重碳酸酯[27%＜含量≤52%,含B型稀释剂≥48%]			
	二－正丁基过氧重碳酸酯[含量≤42%,在水(冷冻)中稳定弥散]			
721	二正戊胺	二戊胺	2050－92－2	
722	二仲丁胺		626－23－3	
723	发烟硫酸	硫酸和三氧化硫的混合物;焦硫酸	8014－95－7	
724	发烟硝酸		52583－42－3	
725	钒酸铵钠		12055－09－3	
726	钒酸钾	钒酸三钾	14293－78－8	
727	放线菌素		1402－38－6	
728	放线菌素D		50－76－0	
729	呋喃	氧杂茂	110－00－9	
730	2－呋喃甲醇	糠醇	98－00－0	
731	呋喃甲酰氯	氯化呋喃甲酰	527－69－5	
732	氟		7782－41－4	剧毒
733	1－氟－2,4－二硝基苯	2,4－二硝基－1－氟苯	70－34－8	
734	2－氟苯胺	邻氟苯胺;邻氨基氟化苯	348－54－9	

续表

序号	品名	别名	CAS号	备注
735	3-氟苯胺	间氟苯胺;间氨基氟化苯	372-19-0	
736	4-氟苯胺	对氟苯胺;对氨基氟化苯	371-40-4	
737	氟代苯	氟苯	462-06-6	
738	氟代甲苯		25496-08-6	
739	氟锆酸钾	氟化锆钾	16923-95-8	
740	氟硅酸	硅氟酸	16961-83-4	
741	氟硅酸铵		1309-32-6	
742	氟硅酸钾		16871-90-2	
743	氟硅酸钠		16893-85-9	
744	氟化铵		12125-01-8	
745	氟化钡		7787-32-8	
746	氟化锆		7783-64-4	
747	氟化镉		7790-79-6	
748	氟化铬	三氟化铬	7788-97-8	
749	氟化汞	二氟化汞	7783-39-3	
750	氟化钴	三氟化钴	10026-18-3	
751	氟化钾		7789-23-3	
752	氟化镧	三氟化镧	13709-38-1	
753	氟化锂		7789-24-4	
754	氟化钠		7681-49-4	
755	氟化铅	二氟化铅	7783-46-2	
756	氟化氢[无水]		7664-39-3	
757	氟化氢铵	酸性氟化铵;二氟化氢铵	1341-49-7	
758	氟化氢钾	酸性氟化钾;二氟化氢钾	7789-29-9	
759	氟化氢钠	酸性氟化钠;二氟化氢钠	1333-83-1	
760	氟化铷		13446-74-7	
761	氟化铯		13400-13-0	
762	氟化铜	二氟化铜	7789-19-7	

续表

序号	品名	别名	CAS 号	备注
763	氟化锌		7783-49-5	
764	氟化亚钴	二氟化钴	10026-17-2	
765	氟磺酸		7789-21-1	
766	2-氟甲苯	邻氟甲苯;邻甲基氟苯;2-甲基氟苯	95-52-3	
767	3-氟甲苯	间氟甲苯;间甲基氟苯;3-甲基氟苯	352-70-5	
768	4-氟甲苯	对氟甲苯;对甲基氟苯;4-甲基氟苯	352-32-9	
769	氟甲烷	R41;甲基氟	593-53-3	
770	氟磷酸[无水]		13537-32-1	
771	氟硼酸		16872-11-0	
772	氟硼酸-3-甲基-4-(吡咯烷-1-基)重氮苯		36422-95-4	
773	氟硼酸镉		14486-19-2	
774	氟硼酸铅		13814-96-5	
	氟硼酸铅溶液[含量>28%]			
775	氟硼酸锌		13826-88-5	
776	氟硼酸银		14104-20-2	
777	氟铍酸铵	氟化铍铵	14874-86-3	
778	氟铍酸钠		13871-27-7	
779	氟钽酸钾	钽氟酸钾;七氟化钽钾	16924-00-8	
780	氟乙酸	氟醋酸	144-49-0	剧毒
781	氟乙酸-2-苯酰肼	法尼林	2343-36-4	
782	氟乙酸钾	氟醋酸钾	23745-86-0	
783	氟乙酸甲酯		453-18-9	剧毒
784	氟乙酸钠	氟醋酸钠	62-74-8	剧毒
785	氟乙酸乙酯	氟醋酸乙酯	459-72-3	
786	氟乙烷	R161;乙基氟	353-36-6	

续表

序号	品名	别名	CAS号	备注
787	氟乙烯[稳定的]	乙烯基氟	75－02－5	
788	氟乙酰胺		640－19－7	剧毒
789	钙	金属钙	7440－70－2	
	金属钙粉	钙粉		
790	钙合金			
791	钙锰硅合金			
792	甘露糖醇六硝酸酯[湿的，按质量含水或乙醇和水的混合物不低于40%]	六硝基甘露醇	15825－70－4	
793	高碘酸	过碘酸；仲高碘酸	10450－60－9	
794	高碘酸铵	过碘酸铵	13446－11－2	
795	高碘酸钡	过碘酸钡	13718－58－6	
796	高碘酸钾	过碘酸钾	7790－21－8	
797	高碘酸钠	过碘酸钠	7790－28－5	
798	高氯酸[浓度＞72%]	过氯酸	7601－90－3	
	高氯酸[浓度≤50%]			
	高氯酸[浓度50%～72%]			
799	高氯酸铵	过氯酸铵	7790－98－9	
800	高氯酸钡	过氯酸钡	13465－95－7	
801	高氯酸醋酐溶液	过氯酸醋酐溶液		
802	高氯酸钙	过氯酸钙	13477－36－6	
803	高氯酸钾	过氯酸钾	7778－74－7	
804	高氯酸锂	过氯酸锂	7791－03－9	
805	高氯酸镁	过氯酸镁	10034－81－8	
806	高氯酸钠	过氯酸钠	7601－89－0	
807	高氯酸铅	过氯酸铅	13637－76－8	
808	高氯酸锶	过氯酸锶	13450－97－0	
809	高氯酸亚铁		13520－69－9	

续表

序号	品名	别名	CAS 号	备注
810	高氯酸银	过氯酸银	7783－93－9	
811	高锰酸钡	过锰酸钡	7787－36－2	
812	高锰酸钙	过锰酸钙	10118－76－0	
813	高锰酸钾	过锰酸钾;灰锰氧	7722－64－7	
814	高锰酸钠	过锰酸钠	10101－50－5	
815	高锰酸锌	过锰酸锌	23414－72－4	
816	高锰酸银	过锰酸银	7783－98－4	
817	镉[非发火的]		7440－43－9	
818	铬硫酸			
819	铬酸钾		7789－00－6	
820	铬酸钠		7775－11－3	
821	铬酸铍		14216－88－7	
822	铬酸铅		7758－97－6	
823	铬酸溶液		7738－94－5	
824	铬酸叔丁酯四氯化碳溶液		1189－85－1	
825	庚二腈	1,5－二氰基戊烷	646－20－8	
826	庚腈	氰化正己烷	629－08－3	
827	1－庚炔	正庚炔	628－71－7	
828	庚酸	正庚酸	111－14－8	
829	2－庚酮	甲基戊基甲酮	110－43－0	
830	3－庚酮	乙基正丁基甲酮	106－35－4	
831	4－庚酮	乳酮;二丙基甲酮	123－19－3	
832	1－庚烯	正庚烯;正戊基乙烯	592－76－7	
833	2－庚烯		592－77－8	
834	3－庚烯		592－78－9	
835	汞	水银	7439－97－6	

续表

序号	品名	别名	CAS 号	备注
836	挂-3-氯桥-6-氰基-2-降冰片酮-O-(甲基氨基甲酰基)肟	肟杀威	15271-41-7	
837	硅粉[非晶形的]		7440-21-3	
838	硅钙	二硅化钙	12013-56-8	
839	硅化钙		12013-55-7	
840	硅化镁		22831-39-6; 39404-03-0	
841	硅锂		68848-64-6	
842	硅铝		57485-31-1	
	硅铝粉[无涂层的]			
843	硅锰钙		12205-44-6	
844	硅酸铅		10099-76-0; 11120-22-2	
845	硅酸四乙酯	四乙氧基硅烷;正硅酸乙酯	78-10-4	
846	硅铁锂		64082-35-5	
847	硅铁铝[粉末状的]		12003-41-7	
848	癸二酰氯	氯化癸二酰	111-19-3	
849	癸硼烷	十硼烷;十硼氢	17702-41-9	剧毒
850	1-癸烯		872-05-9	
851	过二硫酸铵	高硫酸铵;过硫酸铵	7727-54-0	
852	过二硫酸钾	高硫酸钾;过硫酸钾	7727-21-1	
853	过二碳酸二-(2-乙基己)酯[77%<含量≤100%]		16111-62-9	
	过二碳酸二-(2-乙基己)酯[含量≤52%,在水(冷冻)中稳定弥散]			
	过二碳酸二-(2-乙基己)酯[含量≤62%,在水中稳定弥散]			
	过二碳酸二-(2-乙基己)酯[含量≤77%,含B型稀释剂≥23%]			

续表

序号	品名	别名	CAS 号	备注
854	过二碳酸二 - (2 - 乙氧乙)酯[含量≤52%,含 B 型稀释剂≥48%]			
855	过二碳酸二 - (3 - 甲氧丁)酯[含量≤52%,含 B 型稀释剂≥48%]		52238 - 68 - 3	
856	过二碳酸钠		3313 - 92 - 6	
857	过二碳酸异丙仲丁酯、过二碳酸二仲丁酯和过二碳酸二异丙酯的混合物[过二碳酸异丙仲丁酯≤32%,15%≤过二碳酸二仲丁酯≤18%,12%≤过二碳酸二异丙酯≤15%,含 A 型稀释剂≥38%]			
	过二碳酸异丙仲丁酯、过二碳酸二仲丁酯和过二碳酸二异丙酯的混合物[过二碳酸异丙仲丁酯≤52%,过二碳酸二仲丁酯≤28%,过二碳酸二异丙酯≤22%]			
858	过硫酸钠	过二硫酸钠;高硫酸钠	7775 - 27 - 1	
859	过氯酰氟	氟化过氯氧;氟化过氯酰	7616 - 94 - 6	
860	过硼酸钠	高硼酸钠	15120 - 21 - 5; 7632 - 04 - 4; 11138 - 47 - 9	
861	过新庚酸 - 1,1 - 二甲基 - 3 - 羟丁酯[含量≤52%,含 A 型稀释剂≥48%]		110972 - 57 - 1	
862	过新庚酸枯酯[含量≤77%,含 A 型稀释剂≥23%]		104852 - 44 - 0	
863	过新癸酸叔己酯[含量≤71%,含 A 型稀释剂≥29%]		26748 - 41 - 4	
864	过氧 - 3,5,5 - 三甲基己酸叔丁酯[32% < 含量≤100%]	叔丁基过氧化 - 3,5,5 - 三甲基己酸酯	13122 - 18 - 4	
	过氧 - 3,5,5 - 三甲基己酸叔丁酯[含量≤32%,含 B 型稀释剂≥68%]			
	过氧 - 3,5,5 - 三甲基己酸叔丁酯[含量≤42%,惰性固体含量≥58%]			

续表

序号	品名	别名	CAS 号	备注
865	过氧苯甲酸叔丁酯[77% <含量≤100%]		614-45-9	
	过氧苯甲酸叔丁酯[52% <含量≤77%,含A型稀释剂≥23%]			
	过氧苯甲酸叔丁酯[含量≤52%,惰性固体含量≥48%]			
866	过氧丁烯酸叔丁酯[含量≤77%,含A型稀释剂≥23%]	过氧化叔丁基丁烯酸酯;过氧化巴豆酸叔丁酯	23474-91-1	
867	过氧化钡	二氧化钡	1304-29-6	
868	过氧化苯甲酸叔戊酯[含量≤100%]	叔戊基过氧苯甲酸酯	4511-39-1	
869	过氧化丙酰[含量≤27%,含B型稀释剂≥73%]	过氧化二丙酰	3248-28-0	
870	过氧化二-(2,4-二氯苯甲酰)[糊状物,含量≤52%]		133-14-2	
	过氧化二-(2,4-二氯苯甲酰)[含硅油糊状,含量≤52%]			
	过氧化二-(2,4-二氯苯甲酰)[含量≤77%,含水≥23%]			
871	过氧化-二-(3,5,5-三甲基-1,2-二氧戊环)[糊状物,含量≤52%]			
872	过氧化二(3-甲基苯甲酰)、过氧化(3-甲基苯甲酰)苯甲酰和过氧化二苯甲酰的混合物[过氧化二(3-甲基苯甲酰)≤20%,过氧化(3-甲基苯甲酰)苯甲酰≤18%,过氧化二苯甲酰≤4%,含B型稀释剂≥58%]			
873	过氧化二-(4-氯苯甲酰)[含量≤77%]		94-17-7	
	过氧化二-(4-氯苯甲酰)[糊状物,含量≤52%]			

续表

序号	品名	别名	CAS 号	备注
874	过氧化二苯甲酰[51% <含量≤100%,惰性固体含量≤48%]		94-36-0	
	过氧化二苯甲酰[35% <含量≤52%,惰性固体含量≥48%]			
	过氧化二苯甲酰[36% <含量≤42%,含 A 型稀释剂≥18%,含水≤40%]			
	过氧化二苯甲酰[77% <含量≤94%,含水≥6%]			
	过氧化二苯甲酰[含量≤42%,在水中稳定弥散]			
	过氧化二苯甲酰[含量≤62%,惰性固体含量≥28%,含水≥10%]			
	过氧化二苯甲酰[含量≤77%,含水≥23%]			
	过氧化二苯甲酰[糊状物,52% <含量≤62%]			
	过氧化二苯甲酰[糊状物,含量≤52%]			
	过氧化二苯甲酰[糊状物,含量≤56.5%,含水≥15%]			
	过氧化二苯甲酰[含量≤35%,含惰性固体≥65%]			
875	过氧化二癸酰[含量≤100%]		762-12-9	
876	过氧化二琥珀酸[72% <含量≤100%]	过氧化双丁二酸;过氧化丁二酰	123-23-9	
	过氧化二琥珀酸[含量≤72%]			
877	2,2-过氧化二氢丙烷[含量≤27%,含惰性固体≥73%]		2614-76-8	
878	过氧化二碳酸二(十八烷基)酯[含量≤87%,含有十八烷醇]	过氧化二(十八烷基)二碳酸酯;过氧化二碳酸二硬脂酰酯	52326-66-6	
879	过氧化二碳酸二苯甲酯[含量≤87%,含水]	过氧化苄基二碳酸酯	2144-45-8	
880	过氧化二碳酸二乙酯[在溶液中,含量≤27%]	过氧化二乙基二碳酸酯	14666-78-5	

续表

序号	品名	别名	CAS 号	备注
881	过氧化二碳酸二异丙酯[52% <含量≤100%]	过氧重碳酸二异丙酯	105-64-6	
	过氧化二碳酸二异丙酯[含量≤52%,含B型稀释剂≥48%]			
	过氧化二碳酸二异丙酯[含量≤32%,含A型稀释剂≥68%]			
882	过氧化二乙酰[含量≤27%,含B型稀释剂≥73%]		110-22-5	
883	过氧化二异丙苯[52% <含量≤100%]	二枯基过氧化物;硫化剂 DCP	80-43-3	
	过氧化二异丙苯[含量≤52%,含惰性固体≥48%]			
884	过氧化二异丁酰[含量≤32%,含B型稀释剂≥68%]		3437-84-1	
	过氧化二异丁酰[32% <含量≤52%,含B型稀释剂≥48%]			
885	过氧化二月桂酰[含量≤100%]		105-74-8	
	过氧化二月桂酰[含量≤42%,在水中稳定弥散]			
886	过氧化二正壬酰[含量≤100%]			
887	过氧化二正辛酰[含量≤100%]	过氧化正辛酰	762-16-3	
888	过氧化钙	二氧化钙	1305-79-9	
889	过氧化环己酮[含量≤72%,含A型稀释剂≥28%]		78-18-2	
	过氧化环己酮[含量≤91%,含水≥9%]			
	过氧化环己酮[糊状物,含量≤72%]			
890	过氧化甲基环己酮[含量≤67%,含B型稀释剂≤33%]		11118-65-3	

续表

序号	品名	别名	CAS 号	备注
891	过氧化甲基乙基酮[10% < 有效氧含量 ≤10.7%,含 A 型稀释剂≥48%]		1338-23-4	
	过氧化甲基乙基酮[有效氧含量≤10%,含 A 型稀释剂≥55%]			
	过氧化甲基乙基酮[有效氧含量≤8.2%,含 A 型稀释剂≥60%]			
892	过氧化甲基异丙酮[活性氧含量≤6.7%,含 A 型稀释剂≥70%]		182893-11-4	
893	过氧化甲基异丁基酮[含量≤62%,含 A 型稀释剂≥19%]		28056-59-9	
894	过氧化钾		17014-71-0	
895	过氧化锂		12031-80-0	
896	过氧化邻苯二甲酸叔丁酯	过氧化叔丁基邻苯二甲酸酯	15042-77-0	
897	过氧化镁	二氧化镁	1335-26-8	
898	过氧化钠	双氧化钠;二氧化钠	1313-60-6	
899	过氧化脲	过氧化氢尿素;过氧化氢脲	124-43-6	
900	过氧化氢苯甲酰	过苯甲酸	93-59-4	
901	过氧化氢对孟烷	过氧化氢孟烷	80-47-7	
902	过氧化氢二叔丁基异丙基苯[42% < 含量≤100%,惰性固体含量≤57%]	二-(叔丁基过氧)异丙基苯	25155-25-3	
	过氧化氢二叔丁基异丙基苯[含量≤42%,惰性固体含量≥58%]			
903	过氧化氢溶液[含量 > 8%]		7722-84-1	
904	过氧化氢叔丁基[79% < 含量≤90%,含水≥10%]	过氧化叔丁醇;过氧化氢第三丁基;叔丁基过氧化氢	75-91-2	
	过氧化氢叔丁基[含量≤80%,含 A 型稀释剂≥20%]			
	过氧化氢叔丁基[含量≤79%,含水 > 14%]			
	过氧化氢叔丁基[含量≤72%,含水≥28%]			
905	过氧化氢四氢化萘		771-29-9	

续表

序号	品名	别名	CAS 号	备注
906	过氧化氢异丙苯[90% < 含量≤98%，含 A 型稀释剂≤10%]		80-15-9	
	过氧化氢异丙苯[含量≤90%，含 A 型稀释剂≥10%]			
907	过氧化十八烷酰碳酸叔丁酯	叔丁基过氧化硬脂酰碳酸酯		
908	过氧化叔丁基异丙基苯[42% < 含量≤100%]	1,1-二甲基乙基-1-甲基-1-苯基乙基过氧化物	3457-61-2	
	过氧化叔丁基异丙基苯[含量≤52%，惰性固体含量≥48%]			
909	过氧化双丙酮醇[含量≤57%，含 B 型稀释剂≥26%，含水≥8%]		54693-46-8	
910	过氧化锶	二氧化锶	1314-18-7	
911	过氧化碳酸钠水合物	过碳酸钠	15630-89-4	
912	过氧化锌	二氧化锌	1314-22-3	
913	过氧化新庚酸叔丁酯[含量≤42%，在水中稳定弥散]		26748-38-9	
	过氧化新庚酸叔丁酯[含量≤77%，含 A 型稀释剂≥23%]			
914	1-(2-过氧化乙基己醇-1),3-二甲基丁基过氧化新戊酸酯[含量≤52%，含 A 型稀释剂≥45%，含 B 型稀释剂≥10%]		228415-62-1	
915	过氧化乙酰苯甲酰[在溶液中含量≤45%]	乙酰过氧化苯甲酰	644-31-5	
916	过氧化乙酰丙酮[糊状物，含量≤32%，含溶剂≥44%，含水≥9%，带有惰性固体≥11%]		37187-22-7	
	过氧化乙酰丙酮[在溶液中，含量≤42%，含水≥8%，含 A 型稀释剂≥48%，含有效氧≤4.7%]			
917	过氧化异丁基甲基甲酮[在溶液中，含量≤62%，含 A 型稀释剂≥19%，含甲基异丁基酮]		37206-20-5	
918	过氧化月桂酸[含量≤100%]		2388-12-7	

续表

序号	品名	别名	CAS 号	备注
919	过氧化二异壬酰[含量≤100%]	过氧化二-(3,5,5-三甲基)己酰	3851-87-4	
920	过氧新癸酸枯酯[含量≤52%,在水中稳定弥散]	过氧化新癸酸异丙基苯酯;过氧化异丙苯基新癸酸酯	26748-47-0	
	过氧新癸酸枯酯[含量≤77%,含B型稀释剂≥23%]			
	过氧新癸酸枯酯[含量≤87%,含A型稀释剂≥13%]			
921	过氧新戊酸枯酯[含量≤77%,含B型稀释剂≥23%]		23383-59-7	
922	1,1,3,3-过氧新戊酸四甲叔丁酯[含量≤77%,含A型稀释剂≥23%]		22288-41-1	
923	过氧异丙基碳酸叔丁酯[含量≤77%,含A型稀释剂≥23%]		2372-21-6	
924	过氧重碳酸二环己酯[91%<含量≤100%]	过氧化二碳酸二环己酯	1561-49-5	
	过氧重碳酸二环己酯[含量≤42%,在水中稳定弥散]			
	过氧重碳酸二环己酯[含量≤91%]			
925	过氧重碳酸二仲丁酯[52%<含量<100%]	过氧化二碳酸二仲丁酯	19910-65-7	
	过氧重碳酸二仲丁酯[含量≤52%,含B型稀释剂≥48%]			
926	过乙酸[含量≤16%,含水≥39%,含乙酸≥15%,含过氧化氢≤24%,含有稳定剂]	过醋酸;过氧乙酸;乙酰过氧化氢	79-21-0	
	过乙酸[含量≤43%,含水≥5%,含乙酸≥35%,含过氧化氢≤6%,含有稳定剂]			
927	过乙酸叔丁酯[32%<含量≤52%,含A型稀释剂≥48%]		107-71-1	
	过乙酸叔丁酯[52%<含量≤77%,含A型稀释剂≥23%]			
	过乙酸叔丁酯[含量≤32%,含B型稀释剂≥68%]			

续表

序号	品名	别名	CAS 号	备注
928	海葱糖甙	红海葱甙	507-60-8	
929	氦[压缩的或液化的]		7440-59-7	
930	氨肥料[溶液,含游离氨>35%]			
931	核酸汞		12002-19-6	
932	红磷	赤磷	7723-14-0	
933	苄胺	苯甲胺	100-46-9	
934	花青甙	矢车菊甙	581-64-6	
935	环丙基甲醇		2516-33-8	
936	环丙烷		75-19-4	
937	环丁烷		287-23-0	
938	1,3,5-环庚三烯	环庚三烯	544-25-2	
939	环庚酮	软木酮	502-42-1	
940	环庚烷		291-64-5	
941	环庚烯		628-92-2	
942	环己胺	六氢苯胺;氨基环己烷	108-91-8	
943	环己二胺	1,2-二氨基环己烷	694-83-7	
944	1,3-环己二烯	1,2-二氢苯	592-57-4	
945	1,4-环己二烯	1,4-二氢苯	628-41-1	
946	2-环己基丁烷	仲丁基环己烷	7058-01-7	
947	N-环己基环己胺亚硝酸盐	二环己胺亚硝酸;亚硝酸二环己胺	3129-91-7	
948	环己基硫醇		1569-69-3	
949	环己基三氯硅烷		98-12-4	
950	环己基异丁烷	异丁基环己烷	1678-98-4	
951	1-环己基正丁烷	正丁基环己烷	1678-93-9	
952	环己酮		108-94-1	
953	环己烷	六氢化苯	110-82-7	
954	环己烯	1,2,3,4-四氢化苯	110-83-8	

续表

序号	品名	别名	CAS 号	备注
955	2－环己烯－1－酮	环己烯酮	930－68－7	
956	环己烯基三氯硅烷		10137－69－6	
957	环三亚甲基三硝胺[含水≥15%]	黑索金;旋风炸药	121－82－4	
	环三亚甲基三硝胺[减敏的]			
958	环三亚甲基三硝胺与环四亚甲基四硝胺混合物[含水≥15%或含减敏剂≥10%]	黑索金与奥克托金混合物		
959	环三亚甲基三硝胺与三硝基甲苯和铝粉混合物	黑索金与梯恩梯和铝粉混合炸药;黑索托纳尔		
960	环三亚甲基三硝胺与三硝基甲苯混合物[干的或含水<15%]	黑索雷特		
961	环四亚甲基四硝胺[含水≥15%]	奥克托今(HMX)	2691－41－0	
	环四亚甲基四硝胺[减敏的]			
962	环四亚甲基四硝胺与三硝基甲苯混合物[干的或含水<15%]	奥克托金与梯恩梯混合炸药;奥克雷特		
963	环烷酸钴[粉状的]	萘酸钴	61789－51－3	
964	环烷酸锌	萘酸锌	12001－85－3	
965	环戊胺	氨基环戊烷	1003－03－8	
966	环戊醇	羟基环戊烷	96－41－3	
967	1,3－环戊二烯	环戊间二烯;环戊二烯	542－92－7	
968	环戊酮		120－92－3	
969	环戊烷		287－92－3	
970	环戊烯		142－29－0	
971	1,3－环辛二烯		3806－59－5	
972	1,5－环辛二烯		111－78－4	
973	1,3,5,7－环辛四烯	环辛四烯	629－20－9	
974	环辛烷		292－64－8	
975	环辛烯		931－87－3	
976	2,3－环氧－1－丙醛	缩水甘油醛	765－34－4	
977	1,2－环氧－3－乙氧基丙烷		4016－11－9	

续表

序号	品名	别名	CAS 号	备注
978	2,3-环氧丙基苯基醚	双环氧丙基苯基醚	122-60-1	
979	1,2-环氧丙烷	氧化丙烯;甲基环氧乙烷	75-56-9	
980	1,2-环氧丁烷	氧化丁烯	106-88-7	
981	环氧乙烷	氧化乙烯	75-21-8	
982	环氧乙烷和氧化丙烯混合物[含环氧乙烷≤30%]	氧化乙烯和氧化丙烯混合物		
983	1,8-环氧对孟烷	桉叶油醇	470-82-6	
984	4,9-环氧,3-(2-羟基-2-甲基丁酸酯)15-(S)2-甲基丁酸酯),[3β(S),4α,7α,15α®,16β]-瑟文-3,4,7,14,15,16,20-庚醇	杰莫灵	63951-45-1	
985	黄原酸盐			
986	磺胺苯汞	磺胺汞		
987	磺化煤油			
988	混胺-02			
989	己醇钠		19779-06-7	
990	1,6-己二胺	1,6-二氨基己烷;己撑二胺	124-09-4	
991	己二腈	1,4-二氰基丁烷;氰化四亚甲基	111-69-3	
992	1,3-己二烯		592-48-3	
993	1,4-己二烯		592-45-0	
994	1,5-己二烯		592-42-7	
995	2,4-己二烯		592-46-1	
996	己二酰二氯	己二酰氯	111-50-2	
997	己基三氯硅烷		928-65-4	
998	己腈	戊基氰;氰化正戊烷	628-73-9	
999	己硫醇	巯基己烷	111-31-9	
1000	1-己炔		693-02-7	
1001	2-己炔		764-35-2	

续表

序号	品名	别名	CAS 号	备注
1002	3－己炔		928－49－4	
1003	己酸		142－62－1	
1004	2－己酮	甲基丁基甲酮	591－78－6	
1005	3－己酮	乙基丙基甲酮	589－38－8	
1006	1－己烯	丁基乙烯	592－41－6	
1007	2－己烯		592－43－8	
1008	4－己烯－1－炔－3－醇		10138－60－0	剧毒
1009	5－己烯－2－酮	烯丙基丙酮	109－49－9	
1010	己酰氯	氯化己酰	142－61－0	
1011	季戊四醇四硝酸酯[含蜡≥7%] 季戊四醇四硝酸酯[含水≥25%或含减敏剂≥15%]	泰安;喷梯尔;P. E. T. N.	78－11－5	
1012	季戊四醇四硝酸酯与三硝基甲苯混合物[干的或含水＜15%]	泰安与梯恩梯混合炸药;彭托雷特		
1013	镓	金属镓	7440－55－3	
1014	甲苯	甲基苯;苯基甲烷	108－88－3	
1015	甲苯－2,4－二异氰酸酯	2,4－二异氰酸甲苯酯;2,4－TDI	584－84－9	
1016	甲苯－2,6－二异氰酸酯	2,6－二异氰酸甲苯酯;2,6－TDI	91－08－7	
1017	甲苯二异氰酸酯	二异氰酸甲苯酯;TDI	26471－62－5	
1018	甲苯－3,4－二硫酚	3,4－二巯基甲苯	496－74－2	
1019	2－甲苯硫酚	邻甲苯硫酚;2－巯基甲苯	137－06－4	
1020	3－甲苯硫酚	间甲苯硫酚;3－巯基甲苯	108－40－7	
1021	4－甲苯硫酚	对甲苯硫酚;4－巯基甲苯	106－45－6	
1022	甲醇	木醇;木精	67－56－1	
1023	甲醇钾		865－33－8	
1024	甲醇钠	甲氧基钠	124－41－4	
1025	甲醇钠甲醇溶液	甲醇钠合甲醇		
1026	2－甲酚	1－羟基－2－甲苯;邻甲酚	95－48－7	
1027	3－甲酚	1－羟基－3－甲苯;间甲酚	108－39－4	

续表

序号	品名	别名	CAS 号	备注
1028	4－甲酚	1－羟基－4－甲苯;对甲酚	106－44－5	
1029	甲酚	甲苯基酸;克利沙酸;甲苯酚异构体混合物	1319－77－3	
1030	甲硅烷	硅烷;四氢化硅	7803－62－5	
1031	2－甲基－1,3－丁二烯[稳定的]	异戊间二烯;异戊二烯	78－79－5	
1032	6－甲基－1,4－二氮萘基－2,3－二硫代碳酸酯	6－甲基－1,3－二硫杂环戊烯并(4,5－b)喹喔啉－2－二酮;灭螨猛	2439－01－2	
1033	2－甲基－1－丙醇	异丁醇	78－83－1	
1034	2－甲基－1－丙硫醇	异丁硫醇	513－44－0	
1035	2－甲基－1－丁醇	活性戊醇;旋性戊醇	137－32－6	
1036	3－甲基－1－丁醇	异戊醇	123－51－3	
1037	2－甲基－1－丁硫醇		1878－18－8	
1038	3－甲基－1－丁硫醇	异戊硫醇	541－31－1	
1039	2－甲基－1－丁烯		563－46－2	
1040	3－甲基－1－丁烯	α－异戊烯;异丙基乙烯	563－45－1	
1041	3－(1－甲基－2－四氢吡咯基)吡啶硫酸盐	硫酸化烟碱	65－30－5	剧毒
1042	4－甲基－1－环己烯		591－47－9	
1043	1－甲基－1－环戊烯		693－89－0	
1044	2－甲基－1－戊醇		105－30－6	
1045	3－甲基－1－戊炔－3－醇	2－乙炔－2－丁醇	77－75－8	
1046	2－甲基－1－戊烯		763－29－1	
1047	3－甲基－1－戊烯		760－20－3	
1048	4－甲基－1－戊烯		691－37－2	
1049	2－甲基－2－丙醇	叔丁醇;三甲基甲醇;特丁醇	75－65－0	
1050	2－甲基－2－丁醇	叔戊醇	75－85－4	
1051	3－甲基－2－丁醇		598－75－4	
1052	2－甲基－2－丁硫醇	叔戊硫醇;特戊硫醇	1679－09－0	

续表

序号	品名	别名	CAS 号	备注
1053	3－甲基－2－丁酮	甲基异丙基甲酮	563－80－4	
1054	2－甲基－2－丁烯	β－异戊烯	513－35－9	
1055	5－甲基－2－己酮		110－12－3	
1056	2－甲基－2－戊醇		590－36－3	
1057	4－甲基－2－戊醇	甲基异丁基甲醇	108－11－2	
1058	3－甲基－2－戊酮	甲基仲丁基甲酮	565－61－7	
1059	4－甲基－2－戊酮	甲基异丁基酮;异己酮	108－10－1	
1060	2－甲基－2－戊烯		625－27－4	
1061	3－甲基－2－戊烯		922－61－2	
1062	4－甲基－2－戊烯		4461－48－7	
1063	3－甲基－2－戊烯－4－炔醇		105－29－3	
1064	1－甲基－3－丙基苯	3－丙基甲苯	1074－43－7	
1065	2－甲基－3－丁炔－2－醇		115－19－5	
1066	2－甲基－3－戊醇		565－67－3	
1067	3－甲基－3－戊醇		77－74－7	
1068	2－甲基－3－戊酮	乙基异丙基甲酮	565－69－5	
1069	4－甲基－3－戊烯－2－酮	异丙叉丙酮;异亚丙基丙酮	141－79－7	
1070	2－甲基－3－乙基戊烷		609－26－7	
1071	2－甲基－4,6－二硝基酚	4,6－二硝基邻甲苯酚;二硝酚	534－52－1	剧毒
1072	1－甲基－4－丙基苯	4－丙基甲苯	1074－55－1	
1073	2－甲基－5－乙基吡啶		104－90－5	
1074	3－甲基－6－甲氧基苯胺	邻氨基对甲苯甲醚	120－71－8	
1075	S－甲基－N－[(甲基氨基甲酰基)－氧基]硫代乙酰胺酸酯	灭多威;O－甲基氨基甲酰酯－2－甲硫基乙醛肟	16752－77－5	
1076	O－甲基－O－(2－异丙氧基甲酰基苯基)硫代磷酰胺	水胺硫磷	24353－61－5	
1077	O－甲基－O－(4－溴－2,5－二氯苯基)苯基硫代磷酸酯	溴苯膦	21609－90－5	

续表

序号	品名	别名	CAS 号	备注
1078	O－甲基－O－[(2－异丙氧基甲酰)苯基]－N－异丙基硫代磷酰胺	甲基异柳磷	99675－03－3	
1079	O－甲基－S－甲基－硫代磷酰胺	甲胺磷	10265－92－6	剧毒
1080	O－(甲基氨基甲酰基)－1－二甲氨基甲酰－1－甲硫基甲醛肟	杀线威	23135－22－0	
1081	O－甲基氨基甲酰基－2－甲基－2－(甲硫基)丙醛肟	涕灭威	116－06－3	剧毒
1082	O－甲基氨基甲酰基－3,3－二甲基－1－(甲硫基)丁醛肟	O－甲基氨基甲酰基－3,3－二甲基－1－(甲硫基)丁醛肟;久效威	39196－18－4	剧毒
1083	2－甲基苯胺	邻甲苯胺;2－氨基甲苯;邻氨基甲苯	95－53－4	
1084	3－甲基苯胺	间甲苯胺;3－氨基甲苯;间氨基甲苯	108－44－1	
1085	4－甲基苯胺	对甲基苯胺;4－氨甲苯;对氨基甲苯	106－49－0	
1086	N－甲基苯胺		100－61－8	
1087	甲基苯基二氯硅烷		149－74－6	
1088	α－甲基苯基甲醇	苯基甲基甲醇;α－甲基苄醇	98－85－1	
1089	2－甲基苯甲腈	邻甲苯基氰;邻甲基苯甲腈	529－19－1	
1090	3－甲基苯甲腈	间甲苯基氰;间甲基苯甲腈	620－22－4	
1091	4－甲基苯甲腈	对甲苯基氰;对甲基苯甲腈	104－85－8	
1092	4－甲基苯乙烯[稳定的]	对甲基苯乙烯	622－97－9	
1093	2－甲基吡啶	α－皮考林	109－06－8	
1094	3－甲基吡啶	β－皮考林	108－99－6	
1095	4－甲基吡啶	γ－皮考林	108－89－4	
1096	3－甲基吡唑－5－二乙基磷酸酯	吡唑磷	108－34－9	
1097	(S)－3－(1－甲基吡咯烷－2－基)吡啶	烟碱;尼古丁;1－甲基－2－(3－吡啶基)吡咯烷	54－11－5	剧毒
1098	甲基苄基溴	甲基溴化苄;α－溴代二甲苯	89－92－9	

续表

序号	品名	别名	CAS 号	备注
1099	甲基苄基亚硝胺	N－甲基－N－亚磷基苯甲胺	937－40－6	
1100	甲基丙基醚	甲丙醚	557－17－5	
1101	2－甲基丙烯腈[稳定的]	异丁烯腈	126－98－7	
1102	α－甲基丙烯醛	异丁烯醛	78－85－3	
1103	甲基丙烯酸[稳定的]	异丁烯酸	79－41－4	
1104	甲基丙烯酸－2－二甲氨乙酯	二甲氨基乙基异丁烯酸酯	2867－47－2	
1105	甲基丙烯酸甲酯[稳定的]	牙托水;有机玻璃单体;异丁烯酸甲酯	80－62－6	
1106	甲基丙烯酸三硝基乙酯			
1107	甲基丙烯酸烯丙酯	2－甲基－2－丙烯酸－2－丙烯基酯	96－05－9	
1108	甲基丙烯酸乙酯[稳定的]	异丁烯酸乙酯	97－63－2	
1109	甲基丙烯酸异丁酯[稳定的]		97－86－9	
1110	甲基丙烯酸正丁酯[稳定的]		97－88－1	
1111	甲基狄戈辛		30685－43－9	
1112	3－(1－甲基丁基)苯基－N－甲基氨基甲酸酯和3－(1－乙基丙基)苯基－N－甲基氨基甲酸酯	合杀威	8065－36－9	
1113	3－甲基丁醛	异戊醛	590－86－3	
1114	2－甲基丁烷	异戊烷	78－78－4	
1115	甲基二氯硅烷	二氯甲基硅烷	75－54－7	
1116	2－甲基呋喃		534－22－5	
1117	2－甲基庚烷		592－27－8	
1118	3－甲基庚烷		589－81－1	
1119	4－甲基庚烷		589－53－7	
1120	甲基环己醇	六氢甲酚	25639－42－3	
1121	甲基环己酮		1331－22－2	
1122	甲基环己烷	六氢化甲苯;环己基甲烷	108－87－2	
1123	甲基环戊二烯		26519－91－5	

续表

序号	品名	别名	CAS 号	备注
1124	甲基环戊烷		96－37－7	
1125	甲基磺酸		75－75－2	
1126	甲基磺酰氯	氯化硫酰甲烷;甲烷磺酰氯	124－63－0	剧毒
1127	3－甲基己烷		589－34－4	
1128	甲基肼	一甲肼;甲基联氨	60－34－4	剧毒
1129	2－甲基喹啉		91－63－4	
1130	4－甲基喹啉		491－35－0	
1131	6－甲基喹啉		91－62－3	
1132	7－甲基喹啉		612－60－2	
1133	8－甲基喹啉		611－32－5	
1134	甲基氯硅烷	氯甲基硅烷	993－00－0	
1135	N－甲基吗啉		109－02－4	
1136	1－甲基萘	α－甲基萘	90－12－0	
1137	2－甲基萘	β－甲基萘	91－57－6	
1138	2－甲基哌啶	2－甲基六氢吡啶	109－05－7	
1139	3－甲基哌啶	3－甲基六氢吡啶	626－56－2	
1140	4－甲基哌啶	4－甲基六氢吡啶	626－58－4	
1141	N－甲基哌啶	N－甲基六氢吡啶;1－甲基哌啶	626－67－5	
1142	N－甲基全氟辛基磺酰胺		31506－32－8	
1143	3－甲基噻吩	甲基硫茂	616－44－4	
1144	甲基三氯硅烷	三氯甲基硅烷	75－79－6	
1145	甲基三乙氧基硅烷	三乙氧基甲基硅烷	2031－67－6	
1146	甲基胂酸锌	稻脚青	20324－26－9	
1147	甲基叔丁基甲酮	3,3－二甲基－2－丁酮;1,1,1－三甲基丙酮;甲基特丁基酮	75－97－8	
1148	甲基叔丁基醚	2－甲氧基－2－甲基丙烷;MTBE	1634－04－4	
1149	2－甲基四氢呋喃	四氢－2－甲基呋喃	96－47－9	
1150	1－甲基戊醇	仲己醇;2－己醇	626－93－7	

续表

序号	品名	别名	CAS 号	备注
1151	甲基戊二烯		54363－49－4	
1152	4－甲基戊腈	异戊基氰;氰化异戊烷;异己腈	542－54－1	
1153	2－甲基戊醛	α－甲基戊醛	123－15－9	
1154	2－甲基戊烷	异己烷	107－83－5	
1155	3－甲基戊烷		96－14－0	
1156	2－甲基烯丙醇	异丁烯醇	513－42－8	
1157	甲基溴化镁[浸在乙醚中]		75－16－1	
1158	甲基乙烯醚[稳定的]	乙烯基甲醚	107－25－5	
1159	2－甲基己烷		591－76－4	
1160	甲基异丙基苯	伞花烃	99－87－6	
1161	甲基异丙烯甲酮[稳定的]		814－78－8	
1162	1－甲基异喹啉		1721－93－3	
1163	3－甲基异喹啉		1125－80－0	
1164	4－甲基异喹啉		1196－39－0	
1165	5－甲基异喹啉		62882－01－3	
1166	6－甲基异喹啉		42398－73－2	
1167	7－甲基异喹啉		54004－38－5	
1168	8－甲基异喹啉		62882－00－2	
1169	N－甲基正丁胺	N－甲基丁胺	110－68－9	
1170	甲基正丁基醚	1－甲氧基丁烷;甲丁醚	628－28－4	
1171	甲硫醇	巯基甲烷	74－93－1	
1172	甲硫醚	二甲硫;二甲基硫醚	75－18－3	
1173	甲醛溶液	福尔马林溶液	50－00－0	
1174	甲胂酸	甲基胂酸;甲次砷酸	56960－31－7	
1175	甲酸	蚁酸	64－18－6	
1176	甲酸环己酯		4351－54－6	
1177	甲酸甲酯		107－31－3	
1178	甲酸烯丙酯		1838－59－1	

续表

序号	品名	别名	CAS 号	备注
1179	甲酸亚铊	甲酸铊;蚁酸铊	992-98-3	
1180	甲酸乙酯		109-94-4	
1181	甲酸异丙酯		625-55-8	
1182	甲酸异丁酯		542-55-2	
1183	甲酸异戊酯		110-45-2	
1184	甲酸正丙酯		110-74-7	
1185	甲酸正丁酯		592-84-7	
1186	甲酸正己酯		629-33-4	
1187	甲酸正戊酯		638-49-3	
1188	甲烷		74-82-8	
1189	甲烷磺酰氟	甲磺氟酰;甲基磺酰氟	558-25-8	剧毒
1190	N-甲酰-2-硝甲基-1,3-全氢化噻嗪			
1191	4-甲氧基-4-甲基-2-戊酮		107-70-0	
1192	2-甲氧基苯胺	邻甲氧基苯胺;邻氨基苯甲醚;邻茴香胺	90-04-0	
1193	3-甲氧基苯胺	间甲氧基苯胺;间氨基苯甲醚;间茴香胺	536-90-3	
1194	4-甲氧基苯胺	对氨基苯甲醚;对甲氧基苯胺;对茴香胺	104-94-9	
1195	甲氧基苯甲酰氯	茴香酰氯	100-07-2	
1196	4-甲氧基二苯胺-4′-氯化重氮苯	凡拉明蓝盐 B;安安蓝 B 色盐	101-69-9	
1197	3-甲氧基乙酸丁酯	3-甲氧基丁基乙酸酯	4435-53-4	
1198	甲氧基乙酸甲酯		6290-49-9	
1199	2-甲氧基乙酸乙酯	乙酸甲基溶纤剂;乙二醇甲醚乙酸酯;乙酸乙二醇甲醚	110-49-6	
1200	甲氧基异氰酸甲酯	甲氧基甲基异氰酸酯	6427-21-0	
1201	甲乙醚	乙甲醚;甲氧基乙烷	540-67-0	
1202	甲藻毒素(二盐酸盐)	石房蛤毒素(盐酸盐)	35523-89-8	剧毒
1203	钾	金属钾	7440-09-7	

续表

序号	品名	别名	CAS 号	备注
1204	钾汞齐		37340-23-1	
1205	钾合金			
1206	钾钠合金	钠钾合金	11135-81-2	
1207	间苯二甲酰氯	二氯化间苯二甲酰	99-63-8	
1208	间苯三酚	1,3,5-三羟基苯;均苯三酚	108-73-6	
1209	间硝基苯磺酸		98-47-5	
1210	间异丙基苯酚		618-45-1	
1211	碱土金属汞齐			
1212	焦硫酸汞		1537199-53-3	
1213	焦砷酸		13453-15-1	
1214	焦油酸			
1215	金属锆		7440-67-7	
	金属锆粉[干燥的]	锆粉		
1216	金属铪粉	铪粉	7440-58-6	
1217	金属镧[浸在煤油中的]		7439-91-0	
1218	金属锰粉[含水≥25%]	锰粉	7439-96-5	
1219	金属钕[浸在煤油中的]		7440-00-8	
1220	金属铷	铷	7440-17-7	
1221	金属铯	铯	7440-46-2	
1222	金属锶	锶	7440-24-6	
1223	金属钛粉[干的]			
	金属钛粉[含水不低于25%,机械方法生产的,粒径小于53微米;化学方法生产的,粒径小于840微米]	7440-32-6		
1224	精蒽		120-12-7	
1225	肼水溶液[含肼≤64%]			
1226	酒石酸化烟碱		65-31-6	

续表

序号	品名	别名	CAS 号	备注
1227	酒石酸锑钾	吐酒石;酒石酸钾锑;酒石酸氧锑钾	28300－74－5	
1228	聚苯乙烯珠体[可发性的]			
1229	聚醚聚过氧叔丁基碳酸酯[含量≤52%,含B型稀释剂≥48%]			
1230	聚乙醛		9002－91－9	
1231	聚乙烯聚胺	多乙烯多胺;多乙撑多胺	29320－38－5	
1232	2－莰醇	冰片;龙脑	507－70－0	
1233	莰烯	樟脑萜;莰芬	79－92－5	
1234	糠胺	2－呋喃甲胺;麸胺	617－89－0	
1235	糠醛	呋喃甲醛	98－01－1	
1236	抗霉素A		1397－94－0	剧毒
1237	氪[压缩的或液化的]		7439－90－9	
1238	喹啉	苯并吡啶;氮杂萘	91－22－5	
1239	雷汞[湿的,按质量含水或乙醇和水的混合物不低于20%]	二雷酸汞;雷酸汞	628－86－4	
1240	锂	金属锂	7439－93－2	
1241	连二亚硫酸钙		15512－36－4	
1242	连二亚硫酸钾	低亚硫酸钾	14293－73－3	
1243	连二亚硫酸钠	保险粉;低亚硫酸钠	7775－14－6	
1244	连二亚硫酸锌	亚硫酸氢锌	7779－86－4	
1245	联苯		92－52－4	
1246	3－[(3－联苯－4－基)－1,2,3,4－四氢－1－萘基]－4－羟基香豆素	鼠得克	56073－07－5	
1247	联十六烷基过氧重碳酸酯[含量≤100%] 联十六烷基过氧重碳酸酯[含量≤42%,在水中稳定弥散]	过氧化二(十六烷基)二碳酸酯	26322－14－5	
1248	镰刀菌酮X		23255－69－8	剧毒

续表

序号	品名	别名	CAS 号	备注
1249	邻氨基苯硫醇	2－氨基硫代苯酚；2－巯基胺；邻氨基苯硫酚苯	137－07－5	
1250	邻苯二甲酸苯胺		50930－79－5	
1251	邻苯二甲酸二异丁酯		84－69－5	
1252	邻苯二甲酸酐［含马来酸酐大于0.05％］	苯酐；酞酐	85－44－9	
1253	邻苯二甲酰氯	二氯化邻苯二甲酰	88－95－9	
1254	邻苯二甲酰亚胺	酞酰亚胺	85－41－6	
1255	邻甲苯磺酰氯		133－59－5	
1256	邻硝基苯酚钾	邻硝基酚钾	824－38－4	
1257	邻硝基苯磺酸		80－82－0	
1258	邻硝基乙苯		612－22－6	
1259	邻异丙基苯酚	邻异丙基酚	88－69－7	
1260	磷化钙	二磷化三钙	1305－99－3	
1261	磷化钾		20770－41－6	
1262	磷化铝		20859－73－8	
1263	磷化铝镁			
1264	磷化镁	二磷化三镁	12057－74－8	
1265	磷化钠		12058－85－4	
1266	磷化氢	磷化三氢；膦	7803－51－2	剧毒
1267	磷化锶		12504－13－1	
1268	磷化锡		25324－56－5	
1269	磷化锌		1314－84－7	
1270	磷酸二乙基汞	谷乐生；谷仁乐生；乌斯普龙汞制剂	2235－25－8	
1271	磷酸三甲苯酯	磷酸三甲酚酯；增塑剂 TCP	1330－78－5	
1272	磷酸亚铊		13453－41－3	
1273	9－磷杂双环壬烷	环辛二烯膦		
1274	膦酸		10294－56－1	

续表

序号	品名	别名	CAS 号	备注
1275	β,β′－硫代二丙腈		111－97－7	
1276	2－硫代呋喃甲醇	糠硫醇	98－02－2	
1277	硫代甲酰胺		115－08－2	
1278	硫代磷酰氯	硫代氯化磷酰；三氯化硫磷；三氯硫磷	3982－91－0	剧毒
1279	硫代氯甲酸乙酯	氯硫代甲酸乙酯	2941－64－2	
1280	4－硫代戊醛	甲基巯基丙醛	3268－49－3	
1281	硫代乙酸	硫代醋酸	507－09－5	
1282	硫代异氰酸甲酯	异硫氰酸甲酯；甲基芥子油	556－61－6	
1283	硫化铵溶液			
1284	硫化钡		21109－95－5	
1285	硫化镉		1306－23－6	
1286	硫化汞	朱砂	1344－48－5	
1287	硫化钾	硫化二钾	1312－73－8	
1288	硫化钠	臭碱	1313－82－2	
1289	硫化氢		7783－06－4	
1290	硫磺	硫	7704－34－9	
1291	硫脲	硫代尿素	62－56－6	
1292	硫氢化钙		12133－28－7	
1293	硫氢化钠	氢硫化钠	16721－80－5	
1294	硫氰酸苄	硫氰化苄；硫氰酸苄酯	3012－37－1	
1295	硫氰酸钙	硫氰化钙	2092－16－2	
1296	硫氰酸汞		592－85－8	
1297	硫氰酸汞铵		20564－21－0	
1298	硫氰酸汞钾		14099－12－8	
1299	硫氰酸甲酯		556－64－9	
1300	硫氰酸乙酯		542－90－5	
1301	硫氰酸异丙酯		625－59－2	

续表

序号	品名	别名	CAS 号	备注
1302	硫酸		7664-93-9	
1303	硫酸-2,4-二氨基甲苯	2,4-二氨基甲苯硫酸	65321-67-7	
1304	硫酸-2,5-二氨基甲苯	2,5-二氨基甲苯硫酸	615-50-9	
1305	硫酸-2,5-二乙氧基-4-(4-吗啉基)-重氮苯		32178-39-5	
1306	硫酸-4,4′-二氨基联苯	硫酸联苯胺;联苯胺硫酸	531-86-2	
1307	硫酸-4-氨基-N,N-二甲基苯胺	N,N-二甲基对苯二胺硫酸;对氨基-N,N-二甲基苯胺硫酸	536-47-0	
1308	硫酸苯胺		542-16-5	
1309	硫酸苯肼	苯肼硫酸	2545-79-1	
1310	硫酸对苯二胺	硫酸对二氨基苯	16245-77-5	
1311	硫酸二甲酯	硫酸甲酯	77-78-1	
1312	硫酸二乙酯	硫酸乙酯	64-67-5	
1313	硫酸镉		10124-36-4	
1314	硫酸汞	硫酸高汞	7783-35-9	
1315	硫酸钴		10124-43-3	
1316	硫酸间苯二胺	硫酸间二氨基苯	541-70-8	
1317	硫酸马钱子碱	二甲氧基士的宁硫酸盐	4845-99-2	
1318	硫酸镍		7786-81-4	
1319	硫酸铍		13510-49-1	
1320	硫酸铍钾		53684-48-3	
1321	硫酸铅[含游离酸>3%]		7446-14-2	
1322	硫酸羟胺	硫酸胲	10039-54-0	
1323	硫酸氢-2-(N-乙羰基甲按基)-4-(3,4-二甲基苯磺酰)重氮苯			
1324	硫酸氢铵	酸式硫酸铵	7803-63-6	
1325	硫酸氢钾	酸式硫酸钾	7646-93-7	

续表

序号	品名	别名	CAS 号	备注
1326	硫酸氢钠	酸式硫酸钠	7681－38－1	
	硫酸氢钠溶液	酸式硫酸钠溶液		
1327	硫酸三乙基锡		57－52－3	剧毒
1328	硫酸铊	硫酸亚铊	7446－18－6	剧毒
1329	硫酸亚汞		7783－36－0	
1330	硫酸氧钒	硫酸钒酰	27774－13－6	
1331	硫酰氟	氟化磺酰	2699－79－8	
1332	六氟－2,3－二氯－2－丁烯	2,3－二氯六氟－2－丁烯	303－04－8	剧毒
1333	六氟丙酮	全氟丙酮	684－16－2	
1334	六氟丙酮水合物	全氟丙酮水合物;水合六氟丙酮	13098－39－0	
1335	六氟丙烯	全氟丙烯	116－15－4	
1336	六氟硅酸镁	氟硅酸镁	16949－65－8	
1337	六氟合硅酸钡	氟硅酸钡	17125－80－3	
1338	六氟合硅酸锌	氟硅酸锌	16871－71－9	
1339	六氟合磷氢酸[无水]	六氟代磷酸	16940－81－1	
1340	六氟化碲		7783－80－4	
1341	六氟化硫		2551－62－4	
1342	六氟化钨		7783－82－6	
1343	六氟化硒		7783－79－1	
1344	六氟乙烷	R116;全氟乙烷	76－16－4	
1345	3,3,6,6,9,9－六甲基－1,2,4,5－四氧环壬烷[含量52%～100%]		22397－33－7	
	3,3,6,6,9,9－六甲基－1,2,4,5－四氧环壬烷[含量≤52%,含A型稀释剂≥48%]			
	3,3,6,6,9,9－六甲基－1,2,4,5－四氧环壬烷[含量≤52%,含B型稀释剂≥48%]			
1346	六甲基二硅醚	六甲基氧二硅烷	107－46－0	
1347	六甲基二硅烷		1450－14－2	

续表

序号	品名	别名	CAS 号	备注
1348	六甲基二硅烷胺	六甲基二硅亚胺	999-97-3	
1349	六氢-3a,7a-二甲基-4,7-环氧异苯并呋喃-1,3-二酮	斑蝥素	56-25-7	
1350	六氯-1,3-丁二烯	六氯丁二烯;全氯-1,3-丁二烯	87-68-3	
1351	(1R,4S,4aS,5R,6R,7S,8S,8aR)-1,2,3,4,10,10-六氯-1,4,4a,5,6,7,8,8a-八氢-6,7-环氧-1,4,5,8-二亚甲基萘[含量2%~90%]	狄氏剂	60-57-1	剧毒
1352	(1R,4S,5R,8S)-1,2,3,4,10,10-六氯-1,4,4a,5,6,7,8,8a-八氢-6,7-环氧-1,4;5,8-二亚甲基萘[含量>5%]	异狄氏剂	72-20-8	剧毒
1353	1,2,3,4,10,10-六氯-1,4,4a,5,8,8a-六氢-1,4-挂-5,8-挂二亚甲基萘[含量>10%]	异艾氏剂	465-73-6	剧毒
1354	1,2,3,4,10,10-六氯-1,4,4a,5,8,8a-六氢-1,4:5,8-桥,挂-二甲撑萘[含量>75%]	六氯-六氢-二甲撑萘;艾氏剂	309-00-2	剧毒
1355	(1,4,5,6,7,7-六氯-8,9,10-三降冰片-5-烯-2,3-亚基双亚甲基)亚硫酸酯	1,2,3,4,7,7-六氯双环[2,2,1]庚烯-(2)-双羟甲基-5,6-亚硫酸酯;硫丹	115-29-7	
1356	六氯苯	六氯代苯;过氯苯;全氯代苯	118-74-1	
1357	六氯丙酮		116-16-5	
1358	六氯环戊二烯	全氯环戊二烯	77-47-4	剧毒
1359	α-六氯环己烷		319-84-6	
1360	β-六氯环己烷		319-85-7	
1361	γ-(1,2,4,5/3,6)-六氯环己烷	林丹	58-89-9	
1362	1,2,3,4,5,6-六氯环己烷	六氯化苯;六六六	608-73-1	
1363	六氯乙烷	全氯乙烷;六氯化碳	67-72-1	
1364	六硝基-1,2-二苯乙烯	六硝基芪	20062-22-0	
1365	六硝基二苯胺	六硝炸药;二苦基胺	131-73-7	

续表

序号	品名	别名	CAS 号	备注
1366	六硝基二苯胺铵盐	曙黄	2844-92-0	
1367	六硝基二苯硫	二苦基硫	28930-30-5	
1368	六溴二苯醚		36483-60-0	
1369	2,2′,4,4′,5,5′-六溴二苯醚		68631-49-2	
1370	2,2′,4,4′,5,6′-六溴二苯醚		207122-15-4	
1371	六溴环十二烷			
1372	六溴联苯		36355-01-8	
1373	六亚甲基二异氰酸酯	六甲撑二异氰酸酯;1,6-二异氰酸己烷;己撑二异氰酸酯;1,6-己二异氰酸酯	822-06-0	
1374	N,N-六亚甲基硫代氨基甲酸-S-乙酯	禾草敌	2212-67-1	
1375	六亚甲基四胺	六甲撑四胺;乌洛托品	100-97-0	
1376	六亚甲基亚胺	高哌啶	111-49-9	
1377	铝粉		7429-90-5	
1378	铝镍合金氢化催化剂			
1379	铝酸钠[固体]		1302-42-7	
	铝酸钠[溶液]			
1380	铝铁熔剂			
1381	氯	液氯;氯气	7782-50-5	剧毒
1382	1-氯-1,1-二氟乙烷	R142;二氟氯乙烷	75-68-3	
1383	3-氯-1,2-丙二醇	α-氯代丙二醇;3-氯-1,2-二羟基丙烷;α-氯甘油;3-氯代丙二醇	96-24-2	
1384	2-氯-1,3-丁二烯[稳定的]	氯丁二烯	126-99-8	
1385	2-氯-1-丙醇	2-氯-1-羟基丙烷	78-89-7	
1386	3-氯-1-丙醇	三亚甲基氯醇	627-30-5	
1387	3-氯-1-丁烯		563-52-0	
1388	1-氯-1-硝基丙烷	1-硝基-1-氯丙烷	600-25-9	
1389	2-氯-1-溴丙烷	1-溴-2-氯丙烷	3017-96-7	

续表

序号	品名	别名	CAS 号	备注
1390	1－氯－2,2,2－三氟乙烷	R133a	75－88－7	
1391	1－氯－2,3－环氧丙烷	环氧氯丙烷;3－氯－1,2－环氧丙烷	106－89－8	
1392	1－氯－2,4－二硝基苯	2,4－二硝基氯苯	97－00－7	
1393	4－氯－2－氨基苯酚	2－氨基－4－氯苯酚;对氯邻氨基苯酚	95－85－2	
1394	1－氯－2－丙醇	氯异丙醇;丙氯仲醇	127－00－4	
1395	1－氯－2－丁烯		591－97－9	
1396	5－氯－2－甲基苯胺	5－氯邻甲苯胺;2－氨基－4－氯甲苯	95－79－4	
1397	N－(4－氯－2－甲基苯基)－N′,N′－二甲基甲脒	杀虫脒	6164－98－3	
1398	3－氯－2－甲基丙烯	2－甲基－3－氯丙烯;甲基烯丙基氯;氯化异丁烯;1－氯－2－甲基－2－丙烯	563－47－3	
1399	2－氯－2－甲基丁烷	叔戊基氯;氯代叔戊烷	594－36－5	
1400	5－氯－2－甲氧基苯胺	4－氯－2－氨基苯甲醚	95－03－4	
1401	4－氯－2－硝基苯胺	对氯邻硝基苯胺	89－63－4	
1402	4－氯－2－硝基苯酚		89－64－5	
1403	4－氯－2－硝基苯酚钠盐		52106－89－5	
1404	4－氯－2－硝基甲苯	对氯邻硝基甲苯	89－59－8	
1405	1－氯－2－溴丙烷	2－溴－1－氯丙烷	3017－95－6	
1406	1－氯－2－溴乙烷	1－溴－2－氯乙烷;氯乙基溴	107－04－0	
1407	4－氯间甲酚	2－氯－5－羟基甲苯;4－氯－3－甲酚	59－50－7	
1408	1－氯－3－甲基丁烷	异戊基氯;氯代异戊烷	107－84－6	
1409	1－氯－3－溴丙烷	3－溴－1－氯丙烷	109－70－6	
1410	2－氯－4,5－二甲基苯基－N－甲基氨基甲酸酯	氯灭杀威	671－04－5	
1411	2－氯－4－二甲氨基－6－甲基嘧啶	鼠立死	535－89－7	

续表

序号	品名	别名	CAS 号	备注
1412	3－氯－4－甲氧基苯胺	2－氯－4－氨基苯甲醚;邻氯对氨基苯甲醚	5345－54－0	
1413	2－氯－4－硝基苯胺	邻氯对硝基苯胺	121－87－9	
1414	氯苯	一氯化苯	108－90－7	
1415	2－氯苯胺	邻氯苯胺;邻氨基氯苯	95－51－2	
1416	3－氯苯胺	间氨基氯苯;间氯苯胺	108－42－9	
1417	4－氯苯胺	对氯苯胺;对氨基氯苯	106－47－8	
1418	2－氯苯酚	2－羟基氯苯;2－氯－1－羟基苯;邻氯苯酚;邻羟基氯苯	95－57－8	
1419	3－氯苯酚	3－羟基氯苯;3－氯－1－羟基苯;间氯苯酚;间羟基氯苯	108－43－0	
1420	4－氯苯酚	4－羟基氯苯;4－氯－1－羟基苯;对氯苯酚;对羟基氯苯	106－48－9	
1421	3－氯苯过氧甲酸[57%＜含量≤86%,惰性固体含量≥14%]		937－14－4	
	3－氯苯过氧甲酸[含量≤57%,惰性固体含量≤3%,含水≥40%]			
	3－氯苯过氧甲酸[含量≤77%,惰性固体含量≥6%,含水≥17%]			
1422	2－[(RS)－2－(4－氯苯基)－2－苯基乙酰基]－2,3－二氢－1,3－茚二酮[含量＞4%]	2－(苯基对氯苯基乙酰)茚满－1,3－二酮;氯鼠酮	3691－35－8	剧毒
1423	N(3－氯苯基)氨基甲酸(4－氯丁炔－2－基)脂	燕麦灵	101－27－9	
1424	氯苯基三氯硅烷		26571－79－9	
1425	2－氯苯甲酰氯	邻氯苯甲酰氯;氯化邻氯苯甲酰	609－65－4	
1426	4－氯苯甲酰氯	对氯苯甲酰氯;氯化对氯苯甲酰	122－01－0	
1427	2－氯苯乙酮	氯乙酰苯;氯苯乙酮;苯基氯甲基甲酮;苯酰甲基氯;α－氯苯乙酮	532－27－4	
1428	2－氯吡啶		109－09－1	
1429	4－氯苄基氯	对氯苄基氯;对氯苯甲基氯	104－83－6	
1430	3－氯丙腈	β－氯丙腈;氰化－β－氯乙烷	542－76－7	

续表

序号	品名	别名	CAS 号	备注
1431	2－氯丙酸	2－氯代丙酸	598－78－7	
1432	3－氯丙酸	3－氯代丙酸	107－94－8	
1433	2－氯丙酸甲酯		17639－93－9；77287－29－7	
1434	2－氯丙酸乙酯		535－13－7	
1435	3－氯丙酸乙酯		623－71－2	
1436	2－氯丙酸异丙酯		40058－87－5；79435－04－4	
1437	1－氯丙烷	氯正丙烷；丙基氯	540－54－5	
1438	2－氯丙烷	氯异丙烷；异丙基氯	75－29－6	
1439	2－氯丙烯	异丙烯基氯	557－98－2	
1440	3－氯丙烯	α－氯丙烯；烯丙基氯	107－05－1	
1441	氯铂酸		16941－12－1	
1442	氯代膦酸二乙酯	氯化磷酸二乙酯	814－49－3	剧毒
1443	氯代叔丁烷	叔丁基氯；特丁基氯	507－20－0	
1444	氯代异丁烷	异丁基氯	513－36－0	
1445	氯代正己烷	氯代己烷；己基氯	544－10－5	
1446	1－氯丁烷	正丁基氯；氯代正丁烷	109－69－3	
1447	2－氯丁烷	仲丁基氯；氯代仲丁烷	78－86－4	
1448	氯锇酸铵	氯化锇铵	12125－08－5	
1449	氯二氟甲烷和氯五氟乙烷共沸物	R502		
1450	氯二氟溴甲烷	R12B1；二氟氯溴甲烷；溴氯二氟甲烷；哈龙－1211	353－59－3	
1451	2－氯氟苯	邻氯氟苯；2－氟氯苯；邻氟氯苯	348－51－6	
1452	3－氯氟苯	间氯氟苯；3－氟氯苯；间氟氯苯	625－98－9	
1453	4－氯氟苯	对氯氟苯；4－氟氯苯；对氟氯苯	352－33－0	
1454	2－氯汞苯酚		90－03－9	
1455	4－氯汞苯甲酸	对氯化汞苯甲酸	59－85－8	
1456	氯化铵汞	白降汞，氯化汞铵	10124－48－8	

续表

序号	品名	别名	CAS号	备注
1457	氯化钡		10361-37-2	
1458	氯化苯汞		100-56-1	
1459	氯化苄	α-氯甲苯;苄基氯	100-44-7	
1460	氯化二硫酰	二硫酰氯;焦硫酰氯	7791-27-7	
1461	氯化二烯丙托锡弗林		15180-03-7	
1462	氯化二乙基铝		96-10-6	
1463	氯化镉		10108-64-2	
1464	氯化汞	氯化高汞;二氯化汞;升汞	7487-94-7	剧毒
1465	氯化钴		7646-79-9	
1466	氯化琥珀胆碱	司克林;氯琥珀胆碱;氯化琥珀酰胆碱	71-27-2	
1467	氯化环戊烷		930-28-9	
1468	氯化甲基汞		115-09-3	
1469	氯化甲氧基乙基汞		123-88-6	
1470	氯化钾汞	氯化汞钾	20582-71-2	
1471	4-氯化联苯	对氯化联苯;联苯基氯	2051-62-9	
1472	1-氯化萘	α-氯化萘	90-13-1	
1473	氯化镍	氯化亚镍	7718-54-9	
1474	氯化铍		7787-47-5	
1475	氯化氢[无水]		7647-01-0	
1476	氯化氰	氰化氯;氯甲腈	506-77-4	剧毒
1477	氯化铜		7447-39-4	
1478	α-氯化筒箭毒碱	氯化南美防己碱;氢氧化吐巴寇拉令碱;氯化箭毒块茎碱;氯化管箭毒碱	57-94-3	
1479	氯化硒	二氯化二硒	10025-68-0	
1480	氯化锌		7646-85-7	
	氯化锌溶液			

续表

序号	品名	别名	CAS 号	备注
1481	氯化锌 -2-(2-羟乙氧基)-1(吡咯烷-1-基)重氮苯			
1482	氯化锌 -2-(N-氧羰基苯氨基)-3-甲氧基-4-(N-甲基环己氨基)重氮苯			
1483	氯化锌 -2,5-二乙氧基-4-(4-甲苯磺酰)重氮苯			
1484	氯化锌 -2,5-二乙氧基-4-苯磺酰重氮苯			
1485	氯化锌 -2,5-二乙氧基-4-吗啉代重氮苯		26123-91-1	
1486	氯化锌 -3-(2-羟乙氧基)-4(吡咯烷-1-基)重氮苯		105185-95-3	
1487	氯化锌 -3-氯-4-二乙氨基重氮苯	晒图盐 BG	15557-00-3	
1488	氯化锌 -4-苄甲氨基-3-乙氧基重氮苯		4421-50-5	
1489	氯化锌 -4-苄乙氨基-3-乙氧基重氮苯		21723-86-4	
1490	氯化锌 -4-二丙氨基重氮苯		33864-17-4	
1491	氯化锌 -4-二甲氧基-6-(2-二甲氨乙氧基)-2-重氮甲苯			
1492	氯化溴	溴化氯	13863-41-7	
1493	氯化亚砜	亚硫酰二氯;二氯氧化硫;亚硫酰氯	7719-09-7	
1494	氯化亚汞	甘汞	10112-91-1	
1495	氯化亚铊	一氯化铊;一氧化二铊	7791-12-0	
1496	氯化乙基汞		107-27-7	
1497	氯磺酸	氯化硫酸;氯硫酸	7790-94-5	
1498	2-氯甲苯	邻氯甲苯	95-49-8	
1499	3-氯甲苯	间氯甲苯	108-41-8	
1500	4-氯甲苯	对氯甲苯	106-43-4	
1501	氯甲苯胺异构体混合物			

续表

序号	品名	别名	CAS 号	备注
1502	氯甲基甲醚	甲基氯甲醚;氯二甲醚	107－30－2	剧毒
1503	氯甲基三甲基硅烷	三甲基氯甲硅烷	2344－80－1	
1504	氯甲基乙醚	氯甲基乙基醚	3188－13－4	
1505	氯甲酸－2－乙基己酯		24468－13－1	
1506	氯甲酸苯酯		1885－14－9	
1507	氯甲酸苄酯	苯甲氧基碳酰氯	501－53－1	
1508	氯甲酸环丁酯		81228－87－7	
1509	氯甲酸甲酯	氯碳酸甲酯	79－22－1	剧毒
1510	氯甲酸氯甲酯		22128－62－7	
1511	氯甲酸三氯甲酯	双光气	503－38－8	
1512	氯甲酸烯丙基酯[稳定的]		2937－50－0	
1513	氯甲酸乙酯	氯碳酸乙酯	541－41－3	剧毒
1514	氯甲酸异丙酯		108－23－6	
1515	氯甲酸异丁酯		543－27－1	
1516	氯甲酸正丙酯	氯甲酸丙酯	109－61－5	
1517	氯甲酸正丁酯	氯甲酸丁酯	592－34－7	
1518	氯甲酸仲丁酯		17462－58－7	
1519	氯甲烷	R40;甲基氯;一氯甲烷	74－87－3	
1520	氯甲烷和二氯甲烷混合物			
1521	2－氯间甲酚	2－氯－3－羟基甲苯	608－26－4	
1522	6－氯间甲酚	4－氯－5－羟基甲苯	615－74－7	
1523	4－氯邻甲苯胺盐酸盐	盐酸－4－氯－2－甲苯胺	3165－93－3	
1524	N－(4－氯邻甲苯基)－N,N－二甲基甲脒盐酸盐	杀虫脒盐酸盐	19750－95－9	
1525	2－氯三氟甲苯	邻氯三氟甲苯	88－16－4	
1526	3－氯三氟甲苯	间氯三氟甲苯	98－15－7	
1527	4－氯三氟甲苯	对氯三氟甲苯	98－56－6	
1528	氯三氟甲烷和三氟甲烷共沸物	R503		

续表

序号	品名	别名	CAS 号	备注
1529	氯四氟乙烷	R124	63938－10－3	
1530	氯酸铵		10192－29－7	
1531	氯酸钡		13477－00－4	
1532	氯酸钙		10137－74－3	
	氯酸钙溶液			
1533	氯酸钾		3811－04－9	
	氯酸钾溶液			
1534	氯酸镁		10326－21－3	
1535	氯酸钠		7775－09－9	
	氯酸钠溶液			
1536	氯酸溶液[浓度≤10%]		7790－93－4	
1537	氯酸铯		13763－67－2	
1538	氯酸锶		7791－10－8	
1539	氯酸铊		13453－30－0	
1540	氯酸铜		26506－47－8	
1541	氯酸锌		10361－95－2	
1542	氯酸银		7783－92－8	
1543	1－氯戊烷	氯代正戊烷	543－59－9	
1544	2－氯硝基苯	邻氯硝基苯	88－73－3	
1545	3－氯硝基苯	间氯硝基苯	121－73－3	
1546	4－氯硝基苯	对氯硝基苯;1－氯－4－硝基苯	100－00－5	
1547	氯硝基苯异构体混合物	混合硝基氯化苯;冷母液	25167－93－5	
1548	氯溴甲烷	甲撑溴氯;溴氯甲烷	74－97－5	
1549	2－氯乙醇	乙撑氯醇;氯乙醇	107－07－3	剧毒
1550	氯乙腈	氰化氯甲烷;氯甲基氰	107－14－2	
1551	氯乙酸	氯醋酸;一氯醋酸	79－11－8	
1552	氯乙酸丁酯	氯醋酸丁酯	590－02－3	
1553	氯乙酸酐	氯醋酸酐	541－88－8	

续表

序号	品名	别名	CAS 号	备注
1554	氯乙酸甲酯	氯醋酸甲酯	96－34－4	
1555	氯乙酸钠		3926－62－3	
1556	氯乙酸叔丁酯	氯醋酸叔丁酯	107－59－5	
1557	氯乙酸乙烯酯	氯醋酸乙烯酯;乙烯基氯乙酸酯	2549－51－1	
1558	氯乙酸乙酯	氯醋酸乙酯	105－39－5	
1559	氯乙酸异丙酯	氯醋酸异丙酯	105－48－6	
1560	氯乙烷	乙基氯	75－00－3	
1561	氯乙烯[稳定的]	乙烯基氯	75－01－4	
1562	2－氯乙酰－N－乙酰苯胺	邻氯乙酰－N－乙酰苯胺	93－70－9	
1563	氯乙酰氯	氯化氯乙酰	79－04－9	
1564	4－氯正丁酸乙酯		3153－36－4	
1565	马来酸酐	马来酐;失水苹果酸酐;顺丁烯二酸酐	108－31－6	
1566	吗啉		110－91－8	
1567	煤焦酚	杂酚;粗酚	65996－83－0	
1568	煤焦沥青	焦油沥青;煤沥青;煤膏	65996－93－2	
1569	煤焦油		8007－45－2	
1570	煤气			
1571	煤油	火油;直馏煤油	8008－20－6	
1572	镁		7439－95－4	
1573	镁合金[片状、带状或条状,含镁＞50%]			
1574	镁铝粉			
1575	锰酸钾		10294－64－1	
1576	迷迭香油		8000－25－7	
1577	米许合金[浸在煤油中的]			
1578	脒基亚硝氨基脒基叉肼[含水≥30%]			

续表

序号	品名	别名	CAS 号	备注
1579	脒基亚硝氨基脒基四氮烯[湿的,按质量含水或乙醇和水的混合物不低于30%]	四氮烯;特屈拉辛	109-27-3	
1580	木防己苦毒素	苦毒浆果(木防己属)	124-87-8	
1581	木馏油	木焦油	8021-39-4	
1582	钠	金属钠	7440-23-5	
1583	钠石灰[含氢氧化钠>4%]	碱石灰	8006-28-8	
1584	氖[压缩的或液化的]		7440-01-9	
1585	萘	粗萘;精萘;萘饼	91-20-3	
1586	1-萘胺	α-萘胺;1-氨基萘	134-32-7	
1587	2-萘胺	β-萘胺;2-氨基萘	91-59-8	
1588	1,8-萘二甲酸酐	萘酐	81-84-5	
1589	萘磺汞	双苯汞亚甲基二萘磺酸酯;汞加芬;双萘磺酸苯汞	14235-86-0	
1590	1-萘基硫脲	α-萘硫脲;安妥	86-88-4	
1591	1-萘甲腈	萘甲腈;α-萘甲腈	86-53-3	
1592	1-萘氧基二氯化膦		91270-74-5	
1593	镍催化剂[干燥的]			
1594	2,2′-偶氮-二-(2,4-二甲基-4-甲氧基戊腈)		15545-97-8	
1595	2,2′-偶氮-二-(2,4-二甲基戊腈)	偶氮二异庚腈	4419-11-8	
1596	2,2′-偶氮二-(2-甲基丙酸乙脂)		3879-07-0	
1597	2,2′-偶氮-二-(2-甲基丁腈)		13472-08-7	
1598	1,1′-偶氮-二-(六氢苄腈)	1,1′-偶氮二(环己基甲腈)	2094-98-6	
1599	偶氮二甲酰胺	发泡剂AC;二氮烯二甲酰胺	123-77-3	
1600	2,2′-偶氮二异丁腈	发泡剂N;ADIN;2-甲基丙腈	78-67-1	
1601	哌啶	六氢吡啶;氮己环	110-89-4	
1602	哌嗪	对二氮己环	110-85-0	

续表

序号	品名	别名	CAS 号	备注
1603	α－蒎烯	α－松油萜	80－56－8	
1604	β－蒎烯		127－91－3	
1605	硼氢化钾	氢硼化钾	13762－51－1	
1606	硼氢化锂	氢硼化锂	16949－15－8	
1607	硼氢化铝	氢硼化铝	16962－07－5	
1608	硼氢化钠	氢硼化钠	16940－66－2	
1609	硼酸		10043－35－3	
1610	硼酸三甲酯	三甲氧基硼烷	121－43－7	
1611	硼酸三乙酯	三乙氧基硼烷	150－46－9	
1612	硼酸三异丙酯	硼酸异丙酯	5419－55－6	
1613	铍粉		7440－41－7	
1614	偏钒酸铵		7803－55－6	
1615	偏钒酸钾		13769－43－2	
1616	偏高碘酸钾			
1617	偏高碘酸钠			
1618	偏硅酸钠	三氧硅酸二钠	6834－92－0	
1619	偏砷酸		10102－53－1	
1620	偏砷酸钠		15120－17－9	
1621	漂白粉			
1622	漂粉精[含有效氯＞39%]	高级晒粉		
1623	葡萄糖酸汞		63937－14－4	
1624	七氟丁酸	全氟丁酸	375－22－4	
1625	七硫化四磷	七硫化磷	12037－82－0	
1626	七溴二苯醚		68928－80－3	
1627	2,2′,3,3′,4,5′,6′－七溴二苯醚		446255－22－7	
1628	2,2′,3,4,4′,5′,6－七溴二苯醚		207122－16－5	

续表

序号	品名	别名	CAS 号	备注
1629	1,4,5,6,7,8,8-七氯-3a,4,7,7a-四氢-4,7-亚甲基茚	七氯	76-44-8	
1630	汽油		86290-81-5	
	乙醇汽油			
	甲醇汽油			
1631	铅汞齐			
1632	1-羟环丁-1-烯-3,4-二酮	半方形酸	31876-38-7	
1633	3-羟基-1,1-二甲基丁基过氧新癸酸[含量≤52%,含A型稀释剂≥48%]		95718-78-8	
	3-羟基-1,1-二甲基丁基过氧新癸酸[含量≤52%,在水中稳定弥散]			
	3-羟基-1,1-二甲基丁基过氧新癸酸[含量≤77%,含A型稀释剂≥23%]			
1634	N-3-[1-羟基-2-(甲氨基)乙基]苯基甲烷磺酰胺甲磺酸盐	酰胺福林-甲烷磺酸盐	1421-68-7	
1635	3-羟基-2-丁酮	乙酰甲基甲醇	513-86-0	
1636	4-羟基-4-甲基-2-戊酮	双丙酮醇	123-42-2	
1637	2-羟基丙腈	乳腈	78-97-7	剧毒
1638	2-羟基丙酸甲酯	乳酸甲酯	547-64-8	
1639	2-羟基丙酸乙酯	乳酸乙酯	97-64-3	
1640	3-羟基丁醛	3-丁醇醛;丁间醇醛	107-89-1	
1641	羟基甲基汞		1184-57-2	
1642	羟基乙腈	乙醇腈	107-16-4	剧毒
1643	羟基乙硫醚	α-乙硫基乙醇	110-77-0	
1644	3-(2-羟基乙氧基)-4-吡咯烷基-1-苯重氮氯化锌盐			
1645	2-羟基异丁酸乙酯	2-羟基-2-甲基丙酸乙酯	80-55-7	
1646	羟间唑啉(盐酸盐)		2315-02-8	剧毒

续表

序号	品名	别名	CAS 号	备注
1647	N－(2－羟乙基)－N－甲基全氟辛基磺酰胺		24448－09－7	
1648	氢	氢气	1333－74－0	
1649	氢碘酸	碘化氢溶液	10034－85－2	
1650	氢氟酸	氟化氢溶液	7664－39－3	
1651	氢过氧化蒎烷[56%＜含量≤100%]		28324－52－9	
	氢过氧化蒎烷[含量≤56%，含A型稀释剂≥44%]			
1652	氢化钡		13477－09－3	
1653	氢化钙		7789－78－8	
1654	氢化锆		7704－99－6	
1655	氢化钾		7693－26－7	
1656	氢化锂		7580－67－8	
1657	氢化铝		7784－21－6	
1658	氢化铝锂	四氢化铝锂	16853－85－3	
1659	氢化铝钠	四氢化铝钠	13770－96－2	
1660	氢化镁	二氢化镁	7693－27－8	
1661	氢化钠		7646－69－7	
1662	氢化钛		7704－98－5	
1663	氢气和甲烷混合物			
1664	氢氰酸[含量≤20%]		74－90－8	
	氢氰酸蒸熏剂			
1665	氢溴酸	溴化氢溶液	10035－10－6	
1666	氢氧化钡		17194－00－2	
1667	氢氧化钾	苛性钾	1310－58－3	
	氢氧化钾溶液[含量≥30%]			
1668	氢氧化锂		1310－65－2	
	氢氧化锂溶液			

续表

序号	品名	别名	CAS 号	备注
1669	氢氧化钠	苛性钠;烧碱	1310-73-2	
	氢氧化钠溶液[含量≥30%]			
1670	氢氧化铍		13327-32-7	
1671	氢氧化铷		1310-82-3	
	氢氧化铷溶液			
1672	氢氧化铯		21351-79-1	
	氢氧化铯溶液			
1673	氢氧化铊		17026-06-1	
1674	柴油[闭杯闪点≤60℃]			
1675	氰	氰气	460-19-5	
1676	氰氨化钙[含碳化钙>0.1%]	石灰氮	156-62-7	
1677	氰胍甲汞	氰甲汞胍	502-39-6	剧毒
1678	氰化钡		542-62-1	
1679	氰化碘	碘化氰	506-78-5	
1680	氰化钙		592-01-8	
1681	氰化镉		542-83-6	剧毒
1682	氰化汞	氰化高汞;二氰化汞	592-04-1	
1683	氰化汞钾	汞氰化钾;氰化钾汞	591-89-9	
1684	氰化钴(Ⅱ)		542-84-7	
1685	氰化钴(Ⅲ)		14965-99-2	
1686	氰化钾	山奈钾	151-50-8	剧毒
1687	氰化金		506-65-0	
1688	氰化钠	山奈	143-33-9	剧毒
1689	氰化钠铜锌			
1690	氰化镍	氰化亚镍	557-19-7	
1691	氰化镍钾	氰化钾镍	14220-17-8	
1692	氰化铅		592-05-2	
1693	氰化氢	无水氢氰酸	74-90-8	剧毒

续表

序号	品名	别名	CAS 号	备注
1694	氰化铈			
1695	氰化铜	氰化高铜	14763－77－0	
1696	氰化锌		557－21－1	
1697	氰化溴	溴化氰	506－68－3	
1698	氰化金钾		14263－59－3	
1699	氰化亚金钾		13967－50－5	
1700	氰化亚铜		544－92－3	
1701	氰化亚铜三钾	氰化亚铜钾	13682－73－0	
1702	氰化亚铜三钠	紫铜盐;紫铜矾;氰化铜钠	14264－31－4	
	氰化亚铜三钠溶液			
1703	氰化银		506－64－9	
1704	氰化银钾	银氰化钾	506－61－6	剧毒
1705	(RS)－α－氰基－3－苯氧基苄基(SR)－3－(2,2－二氯乙烯基)－2,2－二甲基环丙烷羧酸酯	氯氰菊酯	52315－07－8	
1706	4－氰基苯甲酸	对氰基苯甲酸	619－65－8	
1707	氰基乙酸	氰基醋酸	372－09－8	
1708	氰基乙酸乙酯	氰基醋酸乙酯;乙基氰基乙酸酯	105－56－6	
1709	氰尿酰氯	三聚氰酰氯;三聚氯化氰	108－77－0	
1710	氰熔体			
1711	2－巯基丙酸	硫代乳酸	79－42－5	
1712	5－巯基四唑并－1－乙酸			
1713	2－巯基乙醇	硫代乙二醇;2－羟基－1－乙硫醇	60－24－2	
1714	巯基乙酸	氢硫基乙酸;硫代乙醇酸	68－11－1	
1715	全氟辛基磺酸		1763－23－1	
1716	全氟辛基磺酸铵		29081－56－9	
1717	全氟辛基磺酸二癸二甲基铵		251099－16－8	

续表

序号	品名	别名	CAS 号	备注
1718	全氟辛基磺酸二乙醇铵		70225－14－8	
1719	全氟辛基磺酸钾		2795－39－3	
1720	全氟辛基磺酸锂		29457－72－5	
1721	全氟辛基磺酸四乙基铵		56773－42－3	
1722	全氟辛基磺酰氟		307－35－7	
1723	全氯甲硫醇	三氯硫氯甲烷;过氯甲硫醇;四氯硫代碳酰	594－42－3	剧毒
1724	全氯五环癸烷	灭蚁灵	2385－85－5	
1725	壬基酚	壬基苯酚	25154－52－3	
1726	壬基酚聚氧乙烯醚		9016－45－9	
1727	壬基三氯硅烷		5283－67－0	
1728	壬烷及其异构体			
1729	1－壬烯		124－11－8	
1730	2－壬烯		2216－38－8	
1731	3－壬烯		20063－92－7	
1732	4－壬烯		2198－23－4	
1733	溶剂苯			
1734	溶剂油[闭杯闪点≤60℃]			
1735	乳酸苯汞三乙醇铵		23319－66－6	剧毒
1736	乳酸锑		58164－88－8	
1737	乳香油		8016－36－2	
1738	噻吩	硫杂茂;硫代呋喃	110－02－1	
1739	三－(1－吖丙啶基)氧化膦	三吖啶基氧化膦	545－55－1	
1740	三(2,3－二溴丙磷酸脂)磷酸盐		126－72－7	
1741	三(2－甲基氮丙啶)氧化磷	三(2－甲基氮杂环丙烯)氧化膦	57－39－6	
1742	三(环已基)－1,2,4－三唑－1－基锡	三唑锡	41083－11－8	
1743	三苯基磷		603－35－0	
1744	三苯基氯硅烷		76－86－8	

续表

序号	品名	别名	CAS 号	备注
1745	三苯基氢氧化锡	三苯基羟基锡	76 - 87 - 9	
1746	三苯基乙酸锡		900 - 95 - 8	
1747	三丙基铝		102 - 67 - 0	
1748	三丙基氯化锡	氯丙锡;三丙锡氯	2279 - 76 - 7	
1749	三碘化砷	碘化亚砷	7784 - 45 - 4	
1750	三碘化铊		13453 - 37 - 7	
1751	三碘化锑		64013 - 16 - 7	
1752	三碘甲烷	碘仿	75 - 47 - 8	
1753	三碘乙酸	三碘醋酸	594 - 68 - 3	
1754	三丁基氟化锡		1983 - 10 - 4	
1755	三丁基铝		1116 - 70 - 7	
1756	三丁基氯化锡		1461 - 22 - 9	
1757	三丁基硼		122 - 56 - 5	
1758	三丁基氢化锡		688 - 73 - 3	
1759	S,S,S - 三丁基三硫代磷酸酯	三硫代磷酸三丁酯;脱叶磷	78 - 48 - 8	
1760	三丁基锡苯甲酸		4342 - 36 - 3	
1761	三丁基锡环烷酸		85409 - 17 - 2	
1762	三丁基锡亚油酸		24124 - 25 - 2	
1763	三丁基氧化锡		56 - 35 - 9	
1764	三丁锡甲基丙烯酸		2155 - 70 - 6	
1765	三氟丙酮		421 - 50 - 1	
1766	三氟化铋		7787 - 61 - 3	
1767	三氟化氮		7783 - 54 - 2	
1768	三氟化磷		7783 - 55 - 3	
1769	三氟化氯		7790 - 91 - 2	
1770	三氟化硼	氟化硼	7637 - 07 - 2	
1771	三氟化硼丙酸络合物			
1772	三氟化硼甲醚络合物		353 - 42 - 4	

续表

序号	品名	别名	CAS 号	备注
1773	三氟化硼乙胺		75－23－0	
1774	三氟化硼乙醚络合物		109－63－7	
1775	三氟化硼乙酸酐	三氟化硼醋酸酐	591－00－4	
1776	三氟化硼乙酸络合物	乙酸三氟化硼	7578－36－1	
1777	三氟化砷	氟化亚砷	7784－35－2	
1778	三氟化锑	氟化亚锑	7783－56－4	
1779	三氟化溴		7787－71－5	
1780	三氟甲苯		98－08－8	
1781	(RS)－2－[4－(5－三氟甲基－2－吡啶氧基)苯氧基]丙酸丁酯	吡氟禾草灵丁酯	69806－50－4	
1782	2－三氟甲基苯胺	2－氨基三氟甲苯	88－17－5	
1783	3－三氟甲基苯胺	3－氨基三氟甲苯;间三氟甲基苯胺	98－16－8	
1784	三氟甲烷	R23;氟仿	75－46－7	
1785	三氟氯化甲苯	三氟甲基氯苯		
1786	三氟氯乙烯[稳定的]	R1113;氯三氟乙烯	79－38－9	
1787	三氟溴乙烯	溴三氟乙烯	598－73－2	
1788	2,2,2－三氟乙醇		75－89－8	
1789	三氟乙酸	三氟醋酸	76－05－1	
1790	三氟乙酸酐	三氟醋酸酐	407－25－0	
1791	三氟乙酸铬	三氟醋酸铬	16712－29－1	
1792	三氟乙酸乙酯	三氟醋酸乙酯	383－63－1	
1793	1,1,1－三氟乙烷	R143	420－46－2	
1794	三氟乙酰氯	氯化三氟乙酰	354－32－5	
1795	三环己基氢氧化锡	三环锡	13121－70－5	
1796	三甲胺[无水]		75－50－3	
	三甲胺溶液			
1797	2,4,4－三甲基－1－戊烯		107－39－1	
1798	2,4,4－三甲基－2－戊烯		107－40－4	

续表

序号	品名	别名	CAS 号	备注
1799	1,2,3－三甲基苯	连三甲基苯	526－73－8	
1800	1,2,4－三甲基苯	假枯烯	95－63－6	
1801	1,3,5－三甲基苯	均三甲苯	108－67－8	
1802	2,2,3－三甲基丁烷		464－06－2	
1803	三甲基环己胺		15901－42－5	
1804	3,3,5－三甲基己撑二胺	3,3,5－三甲基六亚甲基二胺	25620－58－0; 25513－64－8	
1805	三甲基己基二异氰酸酯	二异氰酸三甲基六亚甲基酯		
1806	2,2,4－三甲基己烷		16747－26－5	
1807	2,2,5－三甲基己烷		3522－94－9	
1808	三甲基铝		75－24－1	
1809	三甲基氯硅烷	氯化三甲基硅烷	75－77－4	
1810	三甲基硼	甲基硼	593－90－8	
1811	2,4,4－三甲基戊基－2－过氧化苯氧基乙酸酯[在溶液中,含量≤37%]	2,4,4－三甲基戊基－2－过氧化苯氧基醋酸酯	59382－51－3	
1812	2,2,3－三甲基戊烷		564－02－3	
1813	2,2,4－三甲基戊烷		540－84－1	
1814	2,3,4－三甲基戊烷		565－75－3	
1815	三甲基乙酰氯	三甲基氯乙酰;新戊酰氯	3282－30－2	
1816	三甲基乙氧基硅烷	乙氧基三甲基硅烷	1825－62－3	
1817	三聚丙烯	三丙烯	13987－01－4	
1818	三聚甲醛	三氧杂环己烷;三聚蚁醛;对称三噁烷	110－88－3	
1819	三聚氰酸三烯丙酯		101－37－1	
1820	三聚乙醛	仲乙醛;三聚醋醛	123－63－7	
1821	三聚异丁烯	三异丁烯	7756－94－7	
1822	三硫化二磷	三硫化磷	12165－69－4	
1823	三硫化二锑	硫化亚锑	1345－04－6	

续表

序号	品名	别名	CAS 号	备注
1824	三硫化四磷		1314-85-8	
1825	1,1,2-三氯-1,2,2-三氟乙烷	R113;1,2,2-三氯三氟乙烷	76-13-1	
1826	2,3,4-三氯-1-丁烯	三氯丁烯	2431-50-7	
1827	1,1,1-三氯-2,2-双(4-氯苯基)乙烷	滴滴涕	50-29-3	
1828	2,4,5-三氯苯胺	1-氨基-2,4,5-三氯苯	636-30-6	
1829	2,4,6-三氯苯胺	1-氨基-2,4,6-三氯苯	634-93-5	
1830	2,4,5-三氯苯酚	2,4,5-三氯酚	95-95-4	
1831	2,4,6-三氯苯酚	2,4,6-三氯酚	88-06-2	
1832	2-(2,4,5-三氯苯氧基)丙酸	2,4,5-涕丙酸	93-72-1	
1833	2,4,5-三氯苯氧乙酸	2,4,5-涕	93-76-5	
1834	1,2,3-三氯丙烷		96-18-4	
1835	1,2,3-三氯代苯	1,2,3-三氯苯	87-61-6	
1836	1,2,4-三氯代苯	1,2,4-三氯苯	120-82-1	
1837	1,3,5-三氯代苯	1,3,5-三氯苯	108-70-3	
1838	三氯硅烷	硅仿;硅氯仿;三氯氢硅	10025-78-2	
1839	三氯化碘		865-44-1	
1840	三氯化钒		7718-98-1	
1841	三氯化磷	氯化磷,氯化亚磷	7719-12-2	
1842	三氯化铝[无水]	氯化铝	7446-70-0	
	三氯化铝溶液	氯化铝溶液		
1843	三氯化钼		13478-18-7	
1844	三氯化硼		10294-34-5	
1845	三氯化三甲基二铝	三氯化三甲基铝	12542-85-7	
1846	三氯化三乙基二铝	三氯三乙基络铝	12075-68-2	
1847	三氯化砷	氯化亚砷	7784-34-1	

续表

序号	品名	别名	CAS 号	备注
1848	三氯化钛	氯化亚钛	7705-07-9	
	三氯化钛溶液	氯化亚钛溶液		
	三氯化钛混合物			
1849	三氯化锑		10025-91-9	
1850	三氯化铁	氯化铁	7705-08-0	
	三氯化铁溶液	氯化铁溶液		
1851	三氯甲苯	三氯化苄;苯基三氯甲烷;α,α,α-三氯甲苯	98-07-7	
1852	三氯甲烷	氯仿	67-66-3	
1853	三氯三氟丙酮	1,1,3-三氯-1,3,3-三氟丙酮	79-52-7	
1854	三氯硝基甲烷	氯化苦;硝基三氯甲烷	76-06-2	剧毒
1855	1-三氯锌酸-4-二甲氨基重氮苯			
1856	1,2-O-[(1R)-2,2,2-三氯亚乙基]-α-D-呋喃葡糖	α-氯醛糖	15879-93-3	
1857	三氯氧化钒	三氯化氧钒	7727-18-6	
1858	三氯氧磷	氧氯化磷;氯化磷酰;磷酰氯;三氯化磷酰;磷酰三氯	10025-87-3	
1859	三氯一氟甲烷	R11	75-69-4	
1860	三氯乙腈	氰化三氯甲烷	545-06-2	
1861	三氯乙醛[稳定的]	氯醛;氯油	75-87-6	
1862	三氯乙酸	三氯醋酸	76-03-9	
1863	三氯乙酸甲酯	三氯醋酸甲酯	598-99-2	
1864	1,1,1-三氯乙烷	甲基氯仿	71-55-6	
1865	1,1,2-三氯乙烷		79-00-5	
1866	三氯乙烯		79-01-6	
1867	三氯乙酰氯		76-02-8	
1868	三氯异氰脲酸		87-90-1	
1869	三烯丙基胺	三烯丙胺;三(2-丙烯基)胺	102-70-5	

续表

序号	品名	别名	CAS 号	备注
1870	1,3,5－三硝基苯	均三硝基苯	99－35－4	
1871	2,4,6－三硝基苯胺	苦基胺	489－98－5	
1872	2,4,6－三硝基苯酚	苦味酸	88－89－1	
1873	2,4,6－三硝基苯酚铵[干的或含水＜10%]	苦味酸铵	131－74－8	
	2,4,6－三硝基苯酚铵[含水≥10%]			
1874	2,4,6－三硝基苯酚钠	苦味酸钠	3324－58－1	
1875	2,4,6－三硝基苯酚银[含水≥30%]	苦味酸银	146－84－9	
1876	三硝基苯磺酸		2508－19－2	
1877	2,4,6－三硝基苯磺酸钠		5400－70－4	
1878	三硝基苯甲醚	三硝基茴香醚	28653－16－9	
1879	2,4,6－三硝基苯甲酸	三硝基安息香酸	129－66－8	
1880	2,4,6－三硝基苯甲硝胺	特屈儿	479－45－8	
1881	三硝基苯乙醚		4732－14－3	
1882	2,4,6－三硝基二甲苯	2,4,6－三硝基间二甲苯	632－92－8	
1883	2,4,6－三硝基甲苯	梯恩梯;TNT	118－96－7	
1884	三硝基甲苯与六硝基－1,2－二苯乙烯混合物	三硝基甲苯与六硝基芪混合物		
1885	2,4,6－三硝基甲苯与铝混合物	特里托纳尔		
1886	三硝基甲苯与三硝基苯和六硝基－1,2－二苯乙烯混合物	三硝基甲苯与三硝基苯和六硝基芪混合物		
1887	三硝基甲苯与三硝基苯混合物			
1888	三硝基甲苯与硝基萘混合物	梯萘炸药		
1889	2,4,6－三硝基间苯二酚	收敛酸	82－71－3	
1890	2,4,6－三硝基间苯二酚铅[湿的,按质量含水或乙醇和水的混合物不低于20%]	收敛酸铅	15245－44－0	
1891	三硝基间甲酚		602－99－3	

续表

序号	品名	别名	CAS 号	备注
1892	2,4,6－三硝基氯苯	苦基氯	88－88－0	
1893	三硝基萘		55810－17－8	
1894	三硝基芴酮		129－79－3	
1895	2,4,6－三溴苯胺		147－82－0	
1896	三溴化碘		7789－58－4	
1897	三溴化磷		7789－60－8	
1898	三溴化铝[无水]	溴化铝	7727－15－3	
	三溴化铝溶液	溴化铝溶液		
1899	三溴化硼		10294－33－4	
1900	三溴化三甲基二铝	三溴化三甲基铝	12263－85－3	
1901	三溴化砷	溴化亚砷	7784－33－0	
1902	三溴化锑		7789－61－9	
1903	三溴甲烷	溴仿	75－25－2	
1904	三溴乙醛	溴醛	115－17－3	
1905	三溴乙酸	三溴醋酸	75－96－7	
1906	三溴乙烯		598－16－3	
1907	2,4,6－三亚乙基氨基－1,3,5－三嗪	曲他胺	51－18－3	
1908	三亚乙基四胺	二缩三乙二胺;三乙撑四胺	112－24－3	
1909	三氧化二氮	亚硝酐	10544－73－7	
1910	三氧化二钒		1314－34－7	
1911	三氧化二磷	亚磷酸酐	1314－24－5	
1912	三氧化二砷	白砒;砒霜;亚砷酸酐	1327－53－3	剧毒
1913	三氧化铬[无水]	铬酸酐	1333－82－0	
1914	三氧化硫[稳定的]	硫酸酐	7446－11－9	
1915	三乙胺		121－44－8	
1916	3,6,9－三乙基－3,6,9－三甲基－1,4,7－三过氧壬烷[含量≤42%,含A型稀释剂≥58%]		24748－23－0	

续表

序号	品名	别名	CAS 号	备注
1917	三乙基铝		97－93－8	
1918	三乙基硼		97－94－9	
1919	三乙基砷酸酯		15606－95－8	
1920	三乙基锑		617－85－6	
1921	三异丁基铝		100－99－2	
1922	三正丙胺	N,N－二丙基－1－丙胺	102－69－2	
1923	三正丁胺	三丁胺	102－82－9	剧毒
1924	砷		7440－38－2	
1925	砷化汞		749262－24－6	
1926	砷化镓		1303－00－0	
1927	砷化氢	砷化三氢;胂	7784－42－1	剧毒
1928	砷化锌		12006－40－5	
1929	砷酸		7778－39－4	
1930	砷酸铵		24719－13－9	
1931	砷酸钡		13477－04－8	
1932	砷酸二氢钾			
1933	砷酸二氢钠		10103－60－3	
1934	砷酸钙	砷酸三钙	7778－44－1	
1935	砷酸汞	砷酸氢汞	7784－37－4	
1936	砷酸钾		7784－41－0	
1937	砷酸镁		10103－50－1	
1938	砷酸钠	砷酸三钠	13464－38－5	
1939	砷酸铅		7645－25－2	
1940	砷酸氢二铵		7784－44－3	
1941	砷酸氢二钠		7778－43－0	
1942	砷酸锑		28980－47－4	
1943	砷酸铁		10102－49－5	
1944	砷酸铜		10103－61－4	

续表

序号	品名	别名	CAS 号	备注
1945	砷酸锌		1303－39－5	
1946	砷酸亚铁		10102－50－8	
1947	砷酸银		13510－44－6	
1948	生漆	大漆		
1949	生松香	焦油松香;松脂		
1950	十八烷基三氯硅烷		112－04－9	
1951	十八烷基乙酰胺	十八烷醋酸酰胺		
1952	十八烷酰氯	硬脂酰氯	112－76－5	
1953	十二烷基硫醇	月桂硫醇;十二硫醇	112－55－0	
1954	十二烷基三氯硅烷		4484－72－4	
1955	十二烷酰氯	月桂酰氯	112－16－3	
1956	十六烷基三氯硅烷		5894－60－0	
1957	十六烷酰氯	棕榈酰氯	112－67－4	
1958	十氯酮	十氯代八氢－亚甲基－环丁异[CD]戊搭烯－2－酮;开蓬	143－50－0	
1959	1,1,2,2,3,3,4,4,5,5,6,6,7,7,8,8,8－十七氟－1－辛烷磺酸		45298－90－6	
1960	十氢化萘	萘烷	91－17－8	
1961	十四烷酰氯	肉豆蔻酰氯	112－64－1	
1962	十溴联苯		13654－09－6	
1963	石棉[含:阳起石石棉、铁石棉、透闪石石棉、直闪石石棉、青石棉]		1332－21－4	
1964	石脑油		8030－30－6	
1965	石油醚	石油精	8032－32－4	
1966	石油气	原油气		
1967	石油原油	原油	8002－05－9	
1968	铈[粉、屑]		7440－45－1	
	金属铈[浸在煤油中的]			

续表

序号	品名	别名	CAS 号	备注
1969	铈镁合金粉			
1970	叔丁胺	2-氨基-2-甲基丙烷;特丁胺	75-64-9	
1971	5-叔丁基-2,4,6-三硝基间二甲苯	二甲苯麝香;1-(1,1-二甲基乙基)-3,5-二甲基-2,4,6-三硝基苯	81-15-2	
1972	叔丁基苯	叔丁苯	98-06-6	
1973	2-叔丁基苯酚	邻叔丁基苯酚	88-18-6	
1974	4-叔丁基苯酚	对叔丁基苯酚;对特丁基苯酚;4-羟基-1-叔丁基苯	98-54-4	
1975	叔丁基过氧-2-甲基苯甲酸酯[含量≤100%]		22313-62-8	
1976	叔丁基过氧-2-乙基己酸酯[52%<含量≤100%]	过氧化-2-乙基己酸叔丁酯	3006-82-4	
	叔丁基过氧-2-乙基己酸酯[32%<含量≤52%,含B型稀释剂≥48%]			
	叔丁基过氧-2-乙基己酸酯[含量≤32%,含B型稀释剂≥68%]			
	叔丁基过氧-2-乙基己酸酯[含量≤52%,惰性固体含量≥48%]			
1977	叔丁基过氧-2-乙基己酸酯和2,2-二-(叔丁基过氧)丁烷的混合物[叔丁基过氧-2-乙基己酸酯≤12%,2,2-二-(叔丁基过氧)丁烷的混合物≤14%,含A型稀释剂≥14%,含惰性固体≥60%]			
	叔丁基过氧-2-乙基己酸酯和2,2-二-(叔丁基过氧)丁烷的混合物[叔丁基过氧-2-乙基己酸酯≤31%,2,2-二-(叔丁基过氧)丁烷≤36%,含B型稀释剂≥33%]			
1978	叔丁基过氧-2-乙基己碳酸酯[含量≤100%]		34443-12-4	

续表

序号	品名	别名	CAS 号	备注
1979	叔丁基过氧丁基延胡索酸酯[含量≤52%,含A型稀释剂≥48%]			
1980	叔丁基过氧二乙基乙酸酯[含量≤100%]	过氧化二乙基乙酸叔丁酯;过氧化叔丁基二乙基乙酸酯		
1981	叔丁基过氧新癸酸酯[77%<含量≤100%]	过氧化新癸酸叔丁酯	26748-41-4	
	叔丁基过氧新癸酸酯[含量≤32%,含A型稀释剂≥68%]			
	叔丁基过氧新癸酸酯[含量≤42%,在水(冷冻)中稳定弥散]			
	叔丁基过氧新癸酸酯[含量≤52%,在水中稳定弥散]			
	叔丁基过氧新癸酸酯[含量≤77%]			
1982	叔丁基过氧新戊酸酯[27%<含量≤67%,含B型稀释剂≥33%]		927-07-1	
	叔丁基过氧新戊酸酯[67%<含量≤77%,含A型稀释剂≥23%]			
	叔丁基过氧新戊酸酯[含量≤27%,含B型稀释剂≥73%]			
1983	1-(2-叔丁基过氧异丙基)-3-异丙烯基苯[含量≤42%,惰性固体含量≥58%]		96319-55-0	
	1-(2-叔丁基过氧异丙基)-3-异丙烯基苯[含量≤77%,含A型稀释剂≥23%]			
1984	叔丁基过氧异丁酸酯[52%<含量≤77%,含B型稀释剂≥23%]	过氧化异丁酸叔丁酯	109-13-7	
	叔丁基过氧异丁酸酯[含量≤52%,含B型稀释剂≥48%]			
1985	叔丁基过氧硬脂酰碳酸酯[含量≤100%]			
1986	叔丁基环己烷	环己基叔丁烷;特丁基环己烷	3178-22-1	
1987	叔丁基硫醇	叔丁硫醇	75-66-1	
1988	叔戊基过氧-2-乙基己酸酯[含量≤100%]	过氧化-2-乙基己酸叔戊酯	686-31-7	

续表

序号	品名	别名	CAS 号	备注
1989	叔戊基过氧化氢[含量≤88%,含A型稀释剂≥6%,含水≥6%]		3425-61-4	
1990	叔戊基过氧戊酸酯[含量≤77%,含B型稀释剂≥23%]	过氧化叔戊基新戊酸酯	29240-17-3	
1991	叔戊基过氧新癸酸酯[含量≤77%,含B型稀释剂≥23%]	过氧化叔戊基新癸酸酯	68299-16-1	
1992	叔辛胺		107-45-9	
1993	树脂酸钙		9007-13-0	
1994	树脂酸钴		68956-82-1	
1995	树脂酸铝		61789-65-9	
1996	树脂酸锰		9008-34-8	
1997	树脂酸锌		9010-69-9	
1998	双(1-甲基乙基)氟磷酸酯	二异丙基氟磷酸酯;丙氟磷	55-91-4	剧毒
1999	双(2-氯乙基)甲胺	氮芥;双(氯乙基)甲胺	51-75-2	剧毒
2000	5-[(双(2-氯乙基)氨基]-2,4-(1H,3H)嘧啶二酮	尿嘧啶芳芥;嘧啶苯芥	66-75-1	剧毒
2001	2,2-双-[4,4-二(叔丁基过氧化)环己基]丙烷[含量≤42%,惰性固体含量≥58%]			
	2,2-双-[4,4-二(叔丁基过氧化)环己基]丙烷[含量≤22%,含B型稀释剂≥78%]			
2002	2,2-双(4-氯苯基)-2-羟基乙酸乙酯	4,4′-二氯二苯乙醇酸乙酯;乙酯杀螨醇	510-15-6	
2003	O,O-双(4-氯苯基)N-(1-亚氨基)乙基硫代磷酸胺	毒鼠磷	4104-14-7	剧毒
2004	双(N,N-二甲基甲硫酰)二硫化物	四甲基二硫代秋兰姆;四甲基硫代过氧化二碳酸二酰胺;福美双	137-26-8	
2005	双(二甲胺基)磷酰氟[含量>2%]	甲氟磷	115-26-4	剧毒
2006	双(二甲基二硫代氨基甲酸)锌	福美锌	137-30-4	

续表

序号	品名	别名	CAS 号	备注
2007	4,4－双－(过氧化叔丁基)戊酸正丁酯[52%＜含量≤100%]	4,4－二(叔丁基过氧化)戊酸正丁酯	995－33－5	
	4,4－双－(过氧化叔丁基)戊酸正丁酯[含量≤52%,含惰性固体≥48%]			
2008	双过氧化壬二酸[含量≤27%,惰性固体含量≥73%]		1941－79－3	
2009	双过氧化十二烷二酸[含量≤42%,含硫酸钠≥56%]		66280－55－5	
2010	双戊烯	苎烯;二聚戊烯;1,8－萜二烯	138－86－3	
2011	2,5－双(1－吖丙啶基)－3－(2－氨甲酰氧－1－甲氧乙基)－6－甲基－1,4－苯醌	卡巴醌	24279－91－2	
2012	水合肼[含肼≤64%]	水合联氨	10217－52－4	
2013	水杨醛	2－羟基苯甲醛;邻羟基苯甲醛	90－02－8	
2014	水杨酸汞		5970－32－1	
2015	水杨酸化烟碱		29790－52－1	
2016	丝裂霉素 C	自力霉素	50－07－7	
2017	四苯基锡		595－90－4	
2018	四碘化锡		7790－47－8	
2019	四丁基氢氧化铵		2052－49－5	
2020	四丁基氢氧化磷		14518－69－5	
2021	四丁基锡		1461－25－2	
2022	四氟代肼	四氟肼	10036－47－2	
2023	四氟化硅	氟化硅	7783－61－1	
2024	四氟化硫		7783－60－0	
2025	四氟化铅		7783－59－7	
2026	四氟甲烷	R14	75－73－0	
2027	四氟硼酸－2,5－二乙氧基－4－吗啉代重氮苯		4979－72－0	
2028	四氟乙烯[稳定的]		116－14－3	

续表

序号	品名	别名	CAS 号	备注
2029	1,2,4,5－四甲苯	均四甲苯	95－93－2	
2030	1,1,3,3－四甲基－1－丁硫醇	特辛硫醇;叔辛硫醇	141－59－3	
2031	1,1,3,3－四甲基丁基过氧－2－乙基己酸酯[含量≤100%]	过氧化－2－乙基己酸－1,1,3,3－四甲基丁酯;过氧化－1,1,3,3－四甲基丁基－2－乙基乙酸酯;过氧化－2－乙基己酸叔辛酯	22288－43－3	
2032	1,1,3,3－四甲基丁基过氧新癸酸酯[含量≤52%,在水中稳定弥散]		51240－95－0	
	1,1,3,3－四甲基丁基过氧新癸酸酯[含量≤72%,含B型稀释剂≥28%]			
2033	1,1,3,3－四甲基丁基氢过氧化物[含量≤100%]	过氧化氢叔辛基	5809－08－5	
2034	2,2,3′,3′－四甲基丁烷	六甲基乙烷;双叔丁基	594－82－1	
2035	四甲基硅烷	四甲基硅	75－76－3	
2036	四甲基铅		75－74－1	
2037	四甲基氢氧化铵		75－59－2	
2038	N,N,N′,N′－四甲基乙二胺	1,2－双(二甲基氨基)乙烷	110－18－9	
2039	四聚丙烯	四丙烯	6842－15－5	
2040	四磷酸六乙酯	乙基四磷酸酯	757－58－4	
2041	四磷酸六乙酯和压缩气体混合物			
2042	2,3,4,6－四氯苯酚	2,3,4,6－四氯酚	58－90－2	
2043	1,1,3,3－四氯丙酮	1,1,3,3－四氯－2－丙酮	632－21－3	
2044	1,2,3,4－四氯代苯		634－66－2	
2045	1,2,3,5－四氯代苯		634－90－2	
2046	1,2,4,5－四氯代苯		95－94－3	
2047	2,3,7,8－四氯二苯并对二噁英	二噁英;2,3,7,8－TCDD;四氯二苯二噁英	1746－01－6	剧毒
2048	四氯化碲		10026－07－0	

续表

序号	品名	别名	CAS 号	备注
2049	四氯化钒		7632－51－1	
2050	四氯化锆		10026－11－6	
2051	四氯化硅	氯化硅	10026－04－7	
2052	四氯化硫		13451－08－6	
2053	1,2,3,4－四氯化萘	四氯化萘	1335－88－2	
2054	四氯化铅		13463－30－4	
2055	四氯化钛		7550－45－0	
2056	四氯化碳	四氯甲烷	56－23－5	
2057	四氯化硒		10026－03－6	
2058	四氯化锡[无水]	氯化锡	7646－78－8	
2059	四氯化锡五水合物		10026－06－9	
2060	四氯化锗	氯化锗	10038－98－9	
2061	四氯邻苯二甲酸酐		117－08－8	
2062	四氯锌酸－2,5－二丁氧基－4－(4－吗啉基)－重氮苯(2:1)		14726－58－0	
2063	1,1,2,2－四氯乙烷		79－34－5	
2064	四氯乙烯	全氯乙烯	127－18－4	
2065	N－四氯乙硫基四氢酞酰亚胺	敌菌丹	2425－06－1	
2066	5,6,7,8－四氢－1－萘胺	1－氨基－5,6,7,8－四氢萘	2217－41－6	
2067	3－(1,2,3,4－四氢－1－萘基)－4－羟基香豆素	杀鼠醚	5836－29－3	剧毒
2068	1,2,5,6－四氢吡啶		694－05－3	
2069	四氢吡咯	吡咯烷;四氢氮杂茂	123－75－1	
2070	四氢吡喃	氧己环	142－68－7	
2071	四氢呋喃	氧杂环戊烷	109－99－9	
2072	1,2,3,6－四氢化苯甲醛		100－50－5	
2073	四氢糠胺		4795－29－3	
2074	四氢邻苯二甲酸酐[含马来酐>0.05%]	四氢酞酐	2426－02－0	

续表

序号	品名	别名	CAS 号	备注
2075	四氢噻吩	四甲撑硫;四氢硫杂茂	110－01－0	
2076	四氰基代乙烯	四氰代乙烯	670－54－2	
2077	2,3,4,6－四硝基苯胺		3698－54－2	
2078	四硝基甲烷		509－14－8	剧毒
2079	四硝基萘		28995－89－3	
2080	四硝基萘胺			
2081	四溴二苯醚		40088－47－9	
2082	四溴化硒		7789－65－3	
2083	四溴化锡		7789－67－5	
2084	四溴甲烷	四溴化碳	558－13－4	
2085	1,1,2,2－四溴乙烷		79－27－6	
2086	四亚乙基五胺	三缩四乙二胺;四乙撑五胺	112－57－2	
2087	四氧化锇	锇酸酐	20816－12－0	剧毒
2088	四氧化二氮		10544－72－6	
2089	四氧化三铅	红丹;铅丹;铅橙	1314－41－6	
2090	O,O,O′,O′－四乙基－S,S′－亚甲基双(二硫代磷酸酯)	乙硫磷	563－12－2	
2091	O,O,O′,O′－四乙基二硫代焦磷酸酯	治螟磷	3689－24－5	剧毒
2092	四乙基焦磷酸酯	特普	107－49－3	剧毒
2093	四乙基铅	发动机燃料抗爆混合物	78－00－2	剧毒
2094	四乙基氢氧化铵		77－98－5	
2095	四乙基锡	四乙锡	597－64－8	
2096	四唑并－1－乙酸	四唑乙酸;四氮杂茂－1－乙酸	21732－17－2	
2097	松焦油		8011－48－1	
2098	松节油		8006－64－2	
2099	松节油混合萜	松脂萜;芸香烯	1335－76－8	
2100	松油		8002－09－3	
2101	松油精	松香油	8002－16－2	

续表

序号	品名	别名	CAS 号	备注
2102	酸式硫酸三乙基锡		57875－67－9	
2103	铊	金属铊	7440－28－0	
2104	钛酸四乙酯	钛酸乙酯;四乙氧基钛	3087－36－3	
2105	钛酸四异丙酯	钛酸异丙酯	546－68－9	
2106	钛酸四正丙酯	钛酸正丙酯	3087－37－4	
2107	碳化钙	电石	75－20－7	
2108	碳化铝		1299－86－1	
2109	碳酸二丙酯	碳酸丙酯	623－96－1	
2110	碳酸二甲酯		616－38－6	
2111	碳酸二乙酯	碳酸乙酯	105－58－8	
2112	碳酸铍		13106－47－3	
2113	碳酸亚铊	碳酸铊	6533－73－9	
2114	碳酸乙丁酯		30714－78－4	
2115	碳酰氯	光气	75－44－5	剧毒
2116	羰基氟	碳酰氟;氟化碳酰	353－50－4	
2117	羰基硫	硫化碳酰	463－58－1	
2118	羰基镍	四羰基镍;四碳酰镍	13463－39－3	剧毒
2119	2－特丁基－4,6－二硝基酚	2－(1,1－二甲基乙基)－4,6－二硝酚;特乐酚	1420－07－1	
2120	2－特戊酰－2,3－二氢－1,3－茚二酮	鼠完	83－26－1	
2121	锑粉		7440－36－0	
2122	锑化氢	三氢化锑;锑化三氢;睇	7803－52－3	
2123	天然气[富含甲烷的]	沼气	8006－14－2	
2124	萜品油烯	异松油烯	586－62－9	
2125	萜烃		63394－00－3	
2126	铁铈齐	铈铁合金	69523－06－4	
2127	铜钙合金			
2128	铜乙二胺溶液		13426－91－0	

续表

序号	品名	别名	CAS 号	备注
2129	土荆芥油	藜油;除蛔油	8006－99－3	
2130	烷基、芳基或甲苯磺酸[含游离硫酸]			
2131	烷基锂			
2132	烷基铝氢化物			
2133	乌头碱	附子精	302－27－2	剧毒
2134	无水肼[含肼＞64%]	无水联胺	302－01－2	
2135	五氟化铋		7787－62－4	
2136	五氟化碘		7783－66－6	
2137	五氟化磷		7647－19－0	
2138	五氟化氯		13637－63－3	剧毒
2139	五氟化锑		7783－70－2	
2140	五氟化溴		7789－30－2	
2141	五甲基庚烷		30586－18－6	
2142	五硫化二磷	五硫化磷	1314－80－3	
2143	五氯苯		608－93－5	
2144	五氯苯酚	五氯酚	87－86－5	剧毒
2145	五氯苯酚苯基汞			
2146	五氯苯酚汞			
2147	2,3,4,7,8－五氯二苯并呋喃	2,3,4,7,8－PCDF	57117－31－4	剧毒
2148	五氯酚钠		131－52－2	
2149	五氯化磷		10026－13－8	
2150	五氯化钼		10241－05－1	
2151	五氯化铌		10026－12－7	
2152	五氯化钽		7721－01－9	
2153	五氯化锑	过氯化锑;氯化锑	7647－18－9	剧毒
2154	五氯硝基苯	硝基五氯苯	82－68－8	
2155	五氯乙烷		76－01－7	

续表

序号	品名	别名	CAS 号	备注
2156	五氰金酸四钾		68133-87-9	
2157	五羰基铁	羰基铁	13463-40-6	剧毒
2158	五溴二苯醚		32534-81-9	
2159	五溴化磷		7789-69-7	
2160	五氧化二碘	碘酐	12029-98-0	
2161	五氧化二钒	钒酸酐	1314-62-1	
2162	五氧化二磷	磷酸酐	1314-56-3	
2163	五氧化二砷	砷酸酐;五氧化砷;氧化砷	1303-28-2	剧毒
2164	五氧化二锑	锑酸酐	1314-60-9	
2165	1-戊醇	正戊醇	71-41-0	
2166	2-戊醇	仲戊醇	6032-29-7	
2167	1,5-戊二胺	1,5-二氨基戊烷;五亚甲基二胺;尸毒素	462-94-2	
2168	戊二腈	1,3-二氰基丙烷	544-13-8	
2169	戊二醛	1,5-戊二醛	111-30-8	
2170	2,4-戊二酮	乙酰丙酮	123-54-6	
2171	1,3-戊二烯[稳定的]		504-60-9	
2172	1,4-戊二烯[稳定的]		591-93-5	
2173	戊基三氯硅烷		107-72-2	
2174	戊腈	丁基氰;氰化丁烷	110-59-8	
2175	1-戊硫醇	正戊硫醇	110-66-7	
2176	戊硫醇异构体混合物			
2177	戊硼烷	五硼烷	19624-22-7	剧毒
2178	1-戊醛	正戊醛	110-62-3	
2179	1-戊炔	丙基乙炔	627-19-0	
2180	2-戊酮	甲基丙基甲酮	107-87-9	
2181	3-戊酮	二乙基酮	96-22-0	
2182	1-戊烯		109-67-1	

续表

序号	品名	别名	CAS 号	备注
2183	2－戊烯		109－68－2	
2184	1－戊烯－3－酮	乙烯乙基甲酮	1629－58－9	
2185	戊酰氯		638－29－9	
2186	烯丙基三氯硅烷[稳定的]		107－37－9	
2187	烯丙基缩水甘油醚		106－92－3	
2188	硒		7782－49－2	
2189	硒化镉		1306－24－7	
2190	硒化铅		12069－00－0	
2191	硒化氢[无水]		7783－07－5	
2192	硒化铁		1310－32－3	
2193	硒化锌		1315－09－9	
2194	硒脲		630－10－4	
2195	硒酸		7783－08－6	
2196	硒酸钡		7787－41－9	
2197	硒酸钾		7790－59－2	
2198	硒酸钠		13410－01－0	剧毒
2199	硒酸铜	硒酸高铜	15123－69－0	
2200	氙[压缩的或液化的]		7440－63－3	
2201	硝铵炸药	铵梯炸药		
2202	硝化甘油[按质量含有不低于40%不挥发、不溶于水的减敏剂]	硝化丙三醇;甘油三硝酸酯	55－63－0	
2203	硝化甘油乙醇溶液[含硝化甘油≤10%]	硝化丙三醇乙醇溶液;甘油三硝酸酯乙醇溶液		
2204	硝化淀粉		9056－38－6	
2205	硝化二乙醇胺火药			
2206	硝化沥青			
2207	硝化酸混合物	硝化混合酸	51602－38－1	

续表

序号	品名	别名	CAS 号	备注
2208	硝化纤维素[干的或含水(或乙醇)<25%]	硝化棉	9004-70-0	
	硝化纤维素[含氮≤12.6%,含乙醇≥25%]			
	硝化纤维素[含氮≤12.6%]			
	硝化纤维素[含水≥25%]			
	硝化纤维素[含乙醇≥25%]			
	硝化纤维素[未改型的,或增塑的,含增塑剂<18%]			
	硝化纤维素溶液[含氮量≤12.6%,含硝化纤维素≤55%]	硝化棉溶液		
2209	硝化纤维塑料[板、片、棒、管、卷等状,不包括碎屑]	赛璐珞	8050-88-2	
	硝化纤维塑料碎屑	赛璐珞碎屑		
2210	3-硝基-1,2-二甲苯	1,2-二甲基-3-硝基苯;3-硝基邻二甲苯	83-41-0	
2211	4-硝基-1,2-二甲苯	1,2-二甲基-4-硝基苯;4-硝基邻二甲苯;4,5-二甲基硝基苯	99-51-4	
2212	2-硝基-1,3-二甲苯	1,3-二甲基-2-硝基苯;2-硝基间二甲苯	81-20-9	
2213	4-硝基-1,3-二甲苯	1,3-二甲基-4-硝基苯;4-硝基间二甲苯;2,4-二甲基硝基苯;对硝基间二甲苯	89-87-2	
2214	5-硝基-1,3-二甲苯	1,3-二甲基-5-硝基苯;5-硝基间二甲苯;3,5-二甲基硝基苯	99-12-7	
2215	4-硝基-2-氨基苯酚	2-氨基-4-硝基苯酚;邻氨基对硝基苯酚;对硝基邻氨基苯酚	99-57-0	
2216	5-硝基-2-氨基苯酚	2-氨基-5-硝基苯酚	121-88-0	
2217	4-硝基-2-甲苯胺	对硝基邻甲苯胺	99-52-5	
2218	4-硝基-2-甲氧基苯胺	5-硝基-2-氨基苯甲醚;对硝基邻甲氧基苯胺	97-52-9	
2219	2-硝基-4-甲苯胺	邻硝基对甲苯胺	89-62-3	

续表

序号	品名	别名	CAS 号	备注
2220	3-硝基-4-甲苯胺	间硝基对甲苯胺	119-32-4	
2221	2-硝基-4-甲苯酚	4-甲基-2-硝基苯酚	119-33-5	
2222	2-硝基-4-甲氧基苯胺	枣红色基 GP	96-96-8	剧毒
2223	3-硝基-4-氯三氟甲苯	2-氯-5-三氟甲基硝基苯	121-17-5	
2224	3-硝基-4-羟基苯胂酸	4-羟基-3-硝基苯胂酸	121-19-7	
2225	3-硝基-N,N-二甲基苯胺	N,N-二甲基间硝基苯胺;间硝基二甲苯胺	619-31-8	
2226	4-硝基-N,N-二甲基苯胺	N,N-二甲基对硝基苯胺;对硝基二甲苯胺	100-23-2	
2227	4-硝基-N,N-二乙基苯胺	N,N-二乙基对硝基苯胺;对硝基二乙基苯胺	2216-15-1	
2228	硝基苯		98-95-3	
2229	2-硝基苯胺	邻硝基苯胺;1-氨基-2-硝基苯	88-74-4	
2230	3-硝基苯胺	间硝基苯胺;1-氨基-3-硝基苯	99-09-2	
2231	4-硝基苯胺	对硝基苯胺;1-氨基-4-硝基苯	100-01-6	
2232	5-硝基苯并三唑	硝基连三氮杂茚	2338-12-7	
2233	2-硝基苯酚	邻硝基苯酚	88-75-5	
2234	3-硝基苯酚	间硝基苯酚	554-84-7	
2235	4-硝基苯酚	对硝基苯酚	100-02-7	
2236	2-硝基苯磺酰氯	邻硝基苯磺酰氯	1694-92-4	
2237	3-硝基苯磺酰氯	间硝基苯磺酰氯	121-51-7	
2238	4-硝基苯磺酰氯	对硝基苯磺酰氯	98-74-8	
2239	2-硝基苯甲醚	邻硝基苯甲醚;邻硝基茴香醚;邻甲氧基硝基苯	91-23-6	
2240	3-硝基苯甲醚	间硝基苯甲醚;间硝基茴香醚;间甲氧基硝基苯	555-03-3	
2241	4-硝基苯甲醚	对硝基苯甲醚;对硝基茴香醚;对甲氧基硝基苯	100-17-4	
2242	4-硝基苯甲酰胺	对硝基苯甲酰胺	619-80-7	

续表

序号	品名	别名	CAS 号	备注
2243	2－硝基苯甲酰氯	邻硝基苯甲酰氯	610－14－0	
2244	3－硝基苯甲酰氯	间硝基苯甲酰氯	121－90－4	
2245	4－硝基苯甲酰氯	对硝基苯甲酰氯	122－04－3	
2246	2－硝基苯肼	邻硝基苯肼	3034－19－3	
2247	4－硝基苯肼	对硝基苯肼	100－16－3	
2248	2－硝基苯胂酸	邻硝基苯胂酸	5410－29－7	
2249	3－硝基苯胂酸	间硝基苯胂酸	618－07－5	
2250	4－硝基苯胂酸	对硝基苯胂酸	98－72－6	
2251	4－硝基苯乙腈	对硝基苯乙腈;对硝基苄基氰;对硝基氰化苄	555－21－5	
2252	2－硝基苯乙醚	邻硝基苯乙醚;邻乙氧基硝基苯	610－67－3	
2253	4－硝基苯乙醚	对硝基苯乙醚;对乙氧基硝基苯	100－29－8	
2254	3－硝基吡啶		2530－26－9	
2255	1－硝基丙烷		108－03－2	
2256	2－硝基丙烷		79－46－9	
2257	2－硝基碘苯	2－碘硝基苯;邻硝基碘苯;邻碘硝基苯	609－73－4	
2258	3－硝基碘苯	3－碘硝基苯;间硝基碘苯;间碘硝基苯	645－00－1	
2259	4－硝基碘苯	4－碘硝基苯;对硝基碘苯;对碘硝基苯	636－98－6	
2260	1－硝基丁烷		627－05－4	
2261	2－硝基丁烷		600－24－8	
2262	硝基芘		602－87－9	
2263	硝基胍	橄苦岩	556－88－7	
2264	2－硝基甲苯	邻硝基甲苯	88－72－2	
2265	3－硝基甲苯	间硝基甲苯	99－08－1	
2266	4－硝基甲苯	对硝基甲苯	99－99－0	
2267	硝基甲烷		75－52－5	
2268	2－硝基联苯	邻硝基联苯	86－00－0	

续表

序号	品名	别名	CAS 号	备注
2269	4－硝基联苯	对硝基联苯	92－93－3	
2270	2－硝基氯化苄	邻硝基苄基氯;邻硝基氯化苄;邻硝基苯氯甲烷	612－23－7	
2271	3－硝基氯化苄	间硝基苯氯甲烷;间硝基苄基氯;间硝基氯化苄	619－23－8	
2272	4－硝基氯化苄	对硝基氯化苄;对硝基苄基氯;对硝基苯氯甲烷	100－14－1	
2273	硝基马钱子碱	卡可西灵	561－20－6	
2274	2－硝基萘		581－89－5	
2275	1－硝基萘		86－57－7	
2276	硝基胍		556－89－8	
2277	硝基三氟甲苯			
2278	硝基三唑酮	NTO	932－64－9	
2279	2－硝基溴苯	邻硝基溴苯;邻溴硝基苯	577－19－5	
2280	3－硝基溴苯	间硝基溴苯;间溴硝基苯	585－79－5	
2281	4－硝基溴苯	对硝基溴苯;对溴硝基苯	586－78－7	
2282	4－硝基溴化苄	对硝基溴化苄;对硝基苯溴甲烷;对硝基苄基溴	100－11－8	
2283	硝基盐酸	王水	8007－56－5	
2284	硝基乙烷		79－24－3	
2285	硝酸		7697－37－2	
2286	硝酸铵[含可燃物＞0.2%，包括以碳计算的任何有机物，但不包括任何其它添加剂]		6484－52－2	
	硝酸铵[含可燃物≤0.2%]			
2287	硝酸铵肥料[比硝酸铵(含可燃物＞0.2%，包括以碳计算的任何有机物，但不包括任何其它添加剂)更易爆炸]			
	硝酸铵肥料[含可燃物≤0.4%]			
2288	硝酸钡		10022－31－8	

续表

序号	品名	别名	CAS 号	备注
2289	硝酸苯胺		542－15－4	
2290	硝酸苯汞		55－68－5	
2291	硝酸铋		10361－44－1	
2292	硝酸镝		10143－38－1	
2293	硝酸铒		10168－80－6	
2294	硝酸钙		10124－37－5	
2295	硝酸锆		13746－89－9	
2296	硝酸镉		10325－94－7	
2297	硝酸铬		13548－38－4	
2298	硝酸汞	硝酸高汞	10045－94－0	
2299	硝酸钴	硝酸亚钴	10141－05－6	
2300	硝酸胍	硝酸亚氨脲	506－93－4	
2301	硝酸镓		13494－90－1	
2302	硝酸甲胺		22113－87－7	
2303	硝酸钾		7757－79－1	
2304	硝酸镧		10099－59－9	
2305	硝酸铑		10139－58－9	
2306	硝酸锂		7790－69－4	
2307	硝酸镥		10099－67－9	
2308	硝酸铝		7784－27－2	
2309	硝酸镁		10377－60－3	
2310	硝酸锰	硝酸亚锰	20694－39－7	
2311	硝酸钠		7631－99－4	
2312	硝酸脲		124－47－0	
2313	硝酸镍	二硝酸镍	13138－45－9	
2314	硝酸镍铵	四氨硝酸镍		
2315	硝酸钕		16454－60－7	
2316	硝酸钕镨	硝酸镨钕	134191－62－1	

续表

序号	品名	别名	CAS 号	备注
2317	硝酸铍		13597－99－4	
2318	硝酸镨		10361－80－5	
2319	硝酸铅		10099－74－8	
2320	硝酸羟胺		13465－08－2	
2321	硝酸铯		7789－18－6	
2322	硝酸钐		13759－83－6	
2323	硝酸铈	硝酸亚铈	10108－73－3	
2324	硝酸铈铵		16774－21－3	
2325	硝酸铈钾			
2326	硝酸铈钠			
2327	硝酸锶		10042－76－9	
2328	硝酸铊	硝酸亚铊	10102－45－1	
2329	硝酸铁	硝酸高铁	10421－48－4	
2330	硝酸铜		10031－43－3	
2331	硝酸锌		7779－88－6	
2332	硝酸亚汞		7782－86－7	
2333	硝酸氧锆	硝酸锆酰	13826－66－9	
2334	硝酸乙酯醇溶液			
2335	硝酸钇		13494－98－9	
2336	硝酸异丙酯		1712－64－7	
2337	硝酸异戊酯		543－87－3	
2338	硝酸镱		35725－34－9； 13768－67－7	
2339	硝酸铟		13770－61－1	
2340	硝酸银		7761－88－8	
2341	硝酸正丙酯		627－13－4	
2342	硝酸正丁酯		928－45－0	
2343	硝酸正戊酯		1002－16－0	

续表

序号	品名	别名	CAS 号	备注
2344	硝酸重氮苯		619－97－6	
2345	辛二腈	1,6－二氰基戊烷	629－40－3	
2346	辛二烯		3710－30－3	
2347	辛基苯酚		27193－28－8	
2348	辛基三氯硅烷		5283－66－9	
2349	1－辛炔		629－05－0	
2350	2－辛炔		2809－67－8	
2351	3－辛炔		15232－76－5	
2352	4－辛炔		1942－45－6	
2353	辛酸亚锡	含锡稳定剂	301－10－0	
2354	3－辛酮	乙基戊基酮;乙戊酮	106－68－3	
2355	1－辛烯		111－66－0	
2356	2－辛烯		111－67－1	
2357	辛酰氯		111－64－8	
2358	锌尘		7440－66－6	
	锌粉			
	锌灰			
2359	锌汞齐	锌汞合金		
2360	D 型 2－重氮－1－萘酚磺酸酯混合物			
2361	溴	溴素	7726－95－6	
	溴水[含溴≥3.5%]			
2362	3－溴－1,2－二甲基苯	间溴邻二甲苯;2,3－二甲基溴化苯	576－23－8	
2363	4－溴－1,2－二甲基苯	对溴邻二甲苯;3,4－二甲基溴	583－71－1	
2364	3－溴－1,2－环氧丙烷	环氧溴丙烷;溴甲基环氧乙烷;表溴醇	3132－64－7	
2365	3－溴－1－丙烯	3－溴丙烯;烯丙基溴	106－95－6	

续表

序号	品名	别名	CAS 号	备注
2366	1-溴-2,4-二硝基苯	3,4-二硝基溴化苯;1,3-二硝基-4-溴化苯;2,4-二硝基溴化苯	584-48-5	
2367	2-溴-2-甲基丙酸乙酯	2-溴异丁酸乙酯	600-00-0	
2368	1-溴-2-甲基丙烷	异丁基溴;溴代异丁烷	78-77-3	
2369	2-溴-2-甲基丙烷	叔丁基溴;特丁基溴;溴代叔丁烷	507-19-7	
2370	4-溴-2-氯氟苯		60811-21-4	
2371	1-溴-3-甲基丁烷	异戊基溴;溴代异戊烷	107-82-4	
2372	溴苯		108-86-1	
2373	2-溴苯胺	邻溴苯胺;邻氨基溴化苯	615-36-1	
2374	3-溴苯胺	间溴苯胺;间氨基溴化苯	591-19-5	
2375	4-溴苯胺	对溴苯胺;对氨基溴化苯	106-40-1	
2376	2-溴苯酚	邻溴苯酚	95-56-7	
2377	3-溴苯酚	间溴苯酚	591-20-8	
2378	4-溴苯酚	对溴苯酚	106-41-2	
2379	4-溴苯磺酰氯		98-58-8	
2380	4-溴苯甲醚	对溴苯甲醚;对溴茴香醚	104-92-7	
2381	2-溴苯甲酰氯	邻溴苯甲酰氯	7154-66-7	
2382	4-溴苯甲酰氯	对溴苯甲酰氯;氯化对溴代苯甲酰	586-75-4	
2383	溴苯乙腈	溴苄基腈	5798-79-8	
2384	4-溴苯乙酰基溴	对溴苯乙酰基溴	99-73-0	
2385	3-溴丙腈	β-溴丙腈;溴乙基氰	2417-90-5	
2386	3-溴丙炔		106-96-7	
2387	2-溴丙酸	α-溴丙酸	598-72-1	
2388	3-溴丙酸	β-溴丙酸	590-92-1	
2389	溴丙酮		598-31-2	
2390	1-溴丙烷	正丙基溴;溴代正丙烷	106-94-5	

续表

序号	品名	别名	CAS 号	备注
2391	2－溴丙烷	异丙基溴;溴代异丙烷	75－26－3	
2392	2－溴丙酰溴	溴化－2－溴丙酰	563－76－8	
2393	3－溴丙酰溴	溴化－3－溴丙酰	7623－16－7	
2394	溴代环戊烷	环戊基溴	137－43－9	
2395	溴代正戊烷	正戊基溴	110－53－2	
2396	1－溴丁烷	正丁基溴;溴代正丁烷	109－65－9	
2397	2－溴丁烷	仲丁基溴;溴代仲丁烷	78－76－2	
2398	溴化苄	α－溴甲苯;苄基溴	100－39－0	
2399	溴化丙酰	丙酰溴	598－22－1	
2400	溴化汞	二溴化汞;溴化高汞	7789－47－1	
2401	溴化氢		10035－10－6	
2402	溴化氢乙酸溶液	溴化氢醋酸溶液		
2403	溴化硒		7789－52－8	
2404	溴化亚汞	一溴化汞	10031－18－2	
2405	溴化亚铊	一溴化铊	7789－40－4	
2406	溴化乙酰	乙酰溴	506－96－7	
2407	溴己烷	己基溴	111－25－1	
2408	2－溴甲苯	邻溴甲苯;邻甲基溴苯;2－甲基溴苯	95－46－5	
2409	3－溴甲苯	间溴甲苯;间甲基溴苯;3－甲基溴苯	591－17－3	
2410	4－溴甲苯	对溴甲苯;对甲基溴苯;4－甲基溴苯	106－38－7	
2411	溴甲烷	甲基溴	74－83－9	
2412	溴甲烷和二溴乙烷液体混合物			
2413	3－[3－(4′－溴联苯－4－基)－1,2,3,4－四氢－1－萘基]－4－羟基香豆素	溴鼠灵	56073－10－0	剧毒
2414	3－[3－(4－溴联苯－4－基)－3－羟基－1－苯丙基]－4－羟基香豆素	溴敌隆	28772－56－7	剧毒

续表

序号	品名	别名	CAS 号	备注
2415	溴三氟甲烷	R13B1;三氟溴甲烷	75－63－8	
2416	溴酸		7789－31－3	
2417	溴酸钡		13967－90－3	
2418	溴酸镉		14518－94－6	
2419	溴酸钾		7758－01－2	
2420	溴酸镁		7789－36－8	
2421	溴酸钠		7789－38－0	
2422	溴酸铅		34018－28－5	
2423	溴酸锶		14519－18－7	
2424	溴酸锌		14519－07－4	
2425	溴酸银		7783－89－3	
2426	2－溴戊烷	仲戊基溴;溴代仲戊烷	107－81－3	
2427	2－溴乙醇		540－51－2	
2428	2－溴乙基乙醚		592－55－2	
2429	溴乙酸	溴醋酸	79－08－3	
2430	溴乙酸甲酯	溴醋酸甲酯	96－32－2	
2431	溴乙酸叔丁酯	溴醋酸叔丁酯	5292－43－3	
2432	溴乙酸乙酯	溴醋酸乙酯	105－36－2	
2433	溴乙酸异丙酯	溴醋酸异丙酯	29921－57－1	
2434	溴乙酸正丙酯	溴醋酸正丙酯	35223－80－4	
2435	溴乙烷	乙基溴;溴代乙烷	74－96－4	
2436	溴乙烯[稳定的]	乙烯基溴	593－60－2	
2437	溴乙酰苯	苯甲酰甲基溴	70－11－1	
2438	溴乙酰溴	溴化溴乙酰	598－21－0	
2439	β,β′－亚氨基二丙腈	双(β－氰基乙基)胺	111－94－4	
2440	亚氨基二亚苯	咔唑;9－氮杂芴	86－74－8	
2441	亚胺乙汞	埃米	2597－93－5	
2442	亚碲酸钠		10102－20－2	

续表

序号	品名	别名	CAS 号	备注
2443	4,4′-亚甲基双苯胺	亚甲基二苯胺;4,4′-二氨基二苯基甲烷;防老剂 MDA	101-77-9	
2444	亚磷酸		13598-36-2	
2445	亚磷酸二丁酯		1809-19-4	
2446	亚磷酸二氢铅	二盐基亚磷酸铅	1344-40-7; 12141-20-7	
2447	亚磷酸三苯酯		101-02-0	
2448	亚磷酸三甲酯	三甲氧基磷	121-45-9	
2449	亚磷酸三乙酯		122-52-1	
2450	亚硫酸		7782-99-2	
2451	亚硫酸氢铵	酸式亚硫酸铵	10192-30-0	
2452	亚硫酸氢钙	酸式亚硫酸钙	13780-03-5	
2453	亚硫酸氢钾	酸式亚硫酸钾	7773-03-7	
2454	亚硫酸氢镁	酸式亚硫酸镁	13774-25-9	
2455	亚硫酸氢钠	酸式亚硫酸钠	7631-90-5	
2456	亚硫酸氢锌	酸式亚硫酸锌	15457-98-4	
2457	亚氯酸钙		14674-72-7	
2458	亚氯酸钠		7758-19-2	
	亚氯酸钠溶液[含有效氯>5%]			
2459	亚砷酸钡		125687-68-5	
2460	亚砷酸钙	亚砒酸钙	27152-57-4	剧毒
2461	亚砷酸钾	偏亚砷酸钾	10124-50-2	
2462	亚砷酸钠	偏亚砷酸钠	7784-46-5	
	亚砷酸钠水溶液			
2463	亚砷酸铅		10031-13-7	
2464	亚砷酸锶	原亚砷酸锶	91724-16-2	
2465	亚砷酸锑			
2466	亚砷酸铁		63989-69-5	
2467	亚砷酸铜	亚砷酸氢铜	10290-12-7	

续表

序号	品名	别名	CAS 号	备注
2468	亚砷酸锌		10326 - 24 - 6	
2469	亚砷酸银	原亚砷酸银	7784 - 08 - 9	
2470	亚硒酸		7783 - 00 - 8	
2471	亚硒酸钡		13718 - 59 - 7	
2472	亚硒酸钙		13780 - 18 - 2	
2473	亚硒酸钾		10431 - 47 - 7	
2474	亚硒酸铝		20960 - 77 - 4	
2475	亚硒酸镁		15593 - 61 - 0	
2476	亚硒酸钠	亚硒酸二钠	10102 - 18 - 8	
2477	亚硒酸氢钠	重亚硒酸钠	7782 - 82 - 3	剧毒
2478	亚硒酸铈		15586 - 47 - 7	
2479	亚硒酸铜		15168 - 20 - 4	
2480	亚硒酸银		28041 - 84 - 1	
2481	4 - 亚硝基 - N,N - 二甲基苯胺	对亚硝基二甲基苯胺;N,N - 二甲基 - 4 - 亚硝基苯胺	138 - 89 - 6	
2482	4 - 亚硝基 - N,N - 二乙基苯胺	对亚硝基二乙基苯胺;N,N - 二乙基 - 4 - 亚硝基苯胺	120 - 22 - 9	
2483	4 - 亚硝基苯酚	对亚硝基苯酚	104 - 91 - 6	
2484	N - 亚硝基二苯胺	二苯亚硝胺	86 - 30 - 6	
2485	N - 亚硝基二甲胺	二甲基亚硝胺	62 - 75 - 9	
2486	亚硝基硫酸	亚硝酰硫酸	7782 - 78 - 7	
2487	亚硝酸铵		13446 - 48 - 5	
2488	亚硝酸钡		13465 - 94 - 6	
2489	亚硝酸钙		13780 - 06 - 8	
2490	亚硝酸甲酯		624 - 91 - 9	
2491	亚硝酸钾		7758 - 09 - 0	
2492	亚硝酸钠		7632 - 00 - 0	
2493	亚硝酸镍		17861 - 62 - 0	
2494	亚硝酸锌铵		63885 - 01 - 8	

续表

序号	品名	别名	CAS 号	备注
2495	亚硝酸乙酯		109－95－5	
2496	亚硝酸乙酯醇溶液			
2497	亚硝酸异丙酯		541－42－4	
2498	亚硝酸异丁酯		542－56－3	
2499	亚硝酸异戊酯		110－46－3	
2500	亚硝酸正丙酯		543－67－9	
2501	亚硝酸正丁酯	亚硝酸丁酯	544－16－1	
2502	亚硝酸正戊酯	亚硝酸戊酯	463－04－7	
2503	亚硝酰氯	氯化亚硝酰	2696－92－6	
2504	1,2－亚乙基双二硫代氨基甲酸二钠	代森钠	142－59－6	
2505	氩[压缩的或液化的]		7440－37－1	
2506	烟碱氯化氢	烟碱盐酸盐	2820－51－1	
2507	盐酸	氢氯酸	7647－01－0	
2508	盐酸－1－萘胺	α－萘胺盐酸	552－46－5	
2509	盐酸－1－萘乙二胺	α－萘乙二胺盐酸	1465－25－4	
2510	盐酸－2－氨基酚	盐酸邻氨基酚	51－19－4	
2511	盐酸－2－萘胺	β－萘胺盐酸	612－52－2	
2512	盐酸－3,3′－二氨基联苯胺	3,3′－二氨基联苯胺盐酸;3,4,3′,4′－四氨基联苯盐酸;硒试剂	7411－49－6	
2513	盐酸－3,3′－二甲基－4,4′－二氨基联苯	邻二氨基二甲基联苯盐酸;3,3′－二甲基联苯胺盐酸	612－82－8	
2514	盐酸－3,3′－二甲氧基－4,4′－二氨基联苯	邻联二茴香胺盐酸;3,3′－二甲氧基联苯胺盐酸	20325－40－0	
2515	盐酸－3,3′－二氯联苯胺	3,3′－二氯联苯胺盐酸	612－83－9	
2516	盐酸－3－氯苯胺	盐酸间氯苯胺;橙色基 GC	141－85－5	
2517	盐酸－4,4′－二氨基联苯	盐酸联苯胺;联苯胺盐酸	531－85－1	
2518	盐酸－4－氨基－N,N－二乙基苯胺	N,N－二乙基对苯二胺盐酸;对氨基－N,N－二乙基苯胺盐酸	16713－15－8	
2519	盐酸－4－氨基酚	盐酸对氨基酚	51－78－5	

续表

序号	品名	别名	CAS 号	备注
2520	盐酸-4-甲苯胺	对甲苯胺盐酸盐;盐酸-4-甲苯胺	540-23-8	
2521	盐酸苯胺	苯胺盐酸盐	142-04-1	
2522	盐酸苯肼	苯肼盐酸	27140-08-5	
2523	盐酸邻苯二胺	邻苯二胺二盐酸盐;盐酸邻二氨基苯	615-28-1	
2524	盐酸间苯二胺	间苯二胺二盐酸盐;盐酸间二氨基苯	541-69-5	
2525	盐酸对苯二胺	对苯二胺二盐酸盐;盐酸对二氨基苯	624-18-0	
2526	盐酸马钱子碱	二甲氧基士的宁盐酸盐	5786-96-9	
2527	盐酸吐根碱	盐酸依米丁	316-42-7	剧毒
2528	氧[压缩的或液化的]		7782-44-7	
2529	氧化钡	一氧化钡	1304-28-5	
2530	氧化苯乙烯	环氧乙基苯	96-09-3	
2531	β,β′-氧化二丙腈	2,2′-二氰二乙基醚;3,3′-氧化二丙腈;双(2-氰乙基)醚	1656-48-0	
2532	氧化镉[非发火的]		1306-19-0	
2533	氧化汞	一氧化汞;黄降汞;红降汞	21908-53-2	剧毒
2534	氧化环己烯		286-20-4	
2535	氧化钾		12136-45-7	
2536	氧化钠		1313-59-3	
2537	氧化铍		1304-56-9	
2538	氧化铊	三氧化二铊	1314-32-5	
2539	氧化亚汞	黑降汞	15829-53-5	
2540	氧化亚铊	一氧化二铊	1314-12-1	
2541	氧化银		20667-12-3	
2542	氧氯化铬	氯化铬酰;二氯氧化铬;铬酰氯	14977-61-8	
2543	氧氯化硫	硫酰氯;二氯硫酰;磺酰氯	7791-25-5	
2544	氧氯化硒	氯化亚硒酰;二氯氧化硒	7791-23-3	

续表

序号	品名	别名	CAS 号	备注
2545	氧氰化汞[减敏的]	氰氧化汞	1335－31－5	
2546	氧溴化磷	溴化磷酰;磷酰溴;三溴氧化磷	7789－59－5	
2547	腰果壳油	脱羧腰果壳液	8007－24－7	
2548	液化石油气	石油气[液化的]	68476－85－7	
2549	一氟乙酸对溴苯胺		351－05－3	剧毒
2550	一甲胺[无水]	氨基甲烷;甲胺	74－89－5	
	一甲胺溶液	氨基甲烷溶液;甲胺溶液		
2551	一氯丙酮	氯丙酮;氯化丙酮	78－95－5	
2552	一氯二氟甲烷	R22;二氟一氯甲烷;氯二氟甲烷	75－45－6	
2553	一氯化碘		7790－99－0	
2554	一氯化硫	氯化硫	10025－67－9	
2555	一氯三氟甲烷	R13	75－72－9	
2556	一氯五氟乙烷	R115	76－15－3	
2557	一氯乙醛	氯乙醛;2－氯乙醛	107－20－0	
2558	一溴化碘		7789－33－5	
2559	一氧化氮		10102－43－9	
2560	一氧化氮和四氧化二氮混合物			
2561	一氧化二氮[压缩的或液化的]	氧化亚氮;笑气	10024－97－2	
2562	一氧化铅	氧化铅;黄丹	1317－36－8	
2563	一氧化碳		630－08－0	
2564	一氧化碳和氢气混合物	水煤气		
2565	乙胺	氨基乙烷	75－04－7	
	乙胺水溶液[浓度 50%～70%]	氨基乙烷水溶液		
2566	乙苯	乙基苯	100－41－4	
2567	乙撑亚胺	吖丙啶;1－氮杂环丙烷;氮丙啶	151－56－4	剧毒
	乙撑亚胺[稳定的]			
2568	乙醇[无水]	无水酒精	64－17－5	
2569	乙醇钾		917－58－8	

续表

序号	品名	别名	CAS 号	备注
2570	乙醇钠	乙氧基钠	141 - 52 - 6	
2571	乙醇钠乙醇溶液	乙醇钠合乙醇		
2572	1,2 - 乙二胺	1,2 - 二氨基乙烷;乙撑二胺	107 - 15 - 3	
2573	乙二醇单甲醚	2 - 甲氧基乙醇;甲基溶纤剂	109 - 86 - 4	
2574	乙二醇二乙醚	1,2 - 二乙氧基乙烷;二乙基溶纤剂	629 - 14 - 1	
2575	乙二醇乙醚	2 - 乙氧基乙醇;乙基溶纤剂	110 - 80 - 5	
2576	乙二醇异丙醚	2 - 异丙氧基乙醇	109 - 59 - 1	
2577	乙二酸二丁酯	草酸二丁酯;草酸丁酯	2050 - 60 - 4	
2578	乙二酸二甲酯	草酸二甲酯;草酸甲酯	553 - 90 - 2	
2579	乙二酸二乙酯	草酸二乙酯;草酸乙酯	95 - 92 - 1	
2580	乙二酰氯	氯化乙二酰;草酰氯	79 - 37 - 8	
2581	乙汞硫水杨酸钠盐	硫柳汞钠	54 - 64 - 8	
2582	2 - 乙基 - 1 - 丁醇	2 - 乙基丁醇	97 - 95 - 0	
2583	2 - 乙基 - 1 - 丁烯		760 - 21 - 4	
2584	N - 乙基 - 1 - 萘胺	N - 乙基 - α - 萘胺	118 - 44 - 5	
2585	N - (2 - 乙基 - 6 - 甲基苯基) - N - 乙氧基甲基 - 氯乙酰胺	乙草胺	34256 - 82 - 1	
2586	N - 乙基 - N - (2 - 羟乙基)全氟辛基磺酰胺		1691 - 99 - 2	
2587	O - 乙基 - O - (3 - 甲基 - 4 - 甲硫基)苯基 - N - 异丙氨基磷酸酯	苯线磷	22224 - 92 - 6	
2588	O - 乙基 - O - (4 - 硝基苯基)苯基硫代膦酸酯[含量 > 15%]	苯硫膦	2104 - 64 - 5	剧毒
2589	O - 乙基 - O - [(2 - 异丙氧基酰基)苯基] - N - 异丙基硫代磷酰胺	异柳磷	25311 - 71 - 1	
2590	O - 乙基 - O - 2,4,5 - 三氯苯基 - 乙基硫代膦酸酯	O - 乙基 - O - 2,4,5 - 三氯苯基 - 乙基硫代膦酸酯;毒壤膦	327 - 98 - 0	
2591	O - 乙基 - S,S - 二苯基二硫代磷酸酯	敌瘟磷	17109 - 49 - 8	

续表

序号	品名	别名	CAS 号	备注
2592	O－乙基－S,S－二丙基二硫代磷酸酯	灭线磷	13194－48－4	
2593	O－乙基－S－苯基乙基二硫代膦酸酯[含量＞6%]	地虫硫膦	944－22－9	剧毒
2594	2－乙基苯胺	邻乙基苯胺;邻氨基乙苯	578－54－1	
2595	N－乙基苯胺		103－69－5	
2596	乙基苯基二氯硅烷		1125－27－5	
2597	2－乙基吡啶		100－71－0	
2598	3－乙基吡啶		536－78－7	
2599	4－乙基吡啶		536－75－4	
2600	乙基丙基醚	乙丙醚	628－32－0	
2601	1－乙基丁醇	3－己醇	623－37－0	
2602	2－乙基丁醛	二乙基乙醛	97－96－1	
2603	N－乙基对甲苯胺	乙氨基对甲苯	622－57－1	
2604	乙基二氯硅烷		1789－58－8	
2605	乙基二氯胂	二氯化乙基胂	598－14－1	
2606	乙基环己烷		1678－91－7	
2607	乙基环戊烷		1640－89－7	
2608	2－乙基己胺	3－(氨基甲基)庚烷	104－75－6	
2609	乙基己醛		123－05－7	
2610	3－乙基己烷		619－99－8	
2611	N－乙基间甲苯胺	乙氨基间甲苯	102－27－2	
2612	乙基硫酸	酸式硫酸乙酯	540－82－9	
2613	N－乙基吗啉	N－乙基四氢－1,4－噁嗪	100－74－3	
2614	N－乙基哌啶	N－乙基六氢吡啶;1－乙基哌啶	766－09－6	
2615	N－乙基全氟辛基磺酰胺		4151－50－2	
2616	乙基三氯硅烷	三氯乙基硅烷	115－21－9	
2617	乙基三乙氧基硅烷	三乙氧基乙基硅烷	78－07－9	
2618	3－乙基戊烷		617－78－7	

续表

序号	品名	别名	CAS 号	备注
2619	乙基烯丙基醚	烯丙基乙基醚	557－31－3	
2620	S－乙基亚磺酰甲基－O,O－二异丙基二硫代磷酸酯	丰丙磷	5827－05－4	
2621	乙基正丁基醚	乙氧基丁烷;乙丁醚	628－81－9	
2622	乙腈	甲基氰	75－05－8	
2623	乙硫醇	氢硫基乙烷;巯基乙烷	75－08－1	
2624	2－乙硫基苄基N－甲基氨基甲酸酯	乙硫苯威	29973－13－5	
2625	乙醚	二乙基醚	60－29－7	
2626	乙硼烷	二硼烷	19287－45－7	剧毒
2627	乙醛		75－07－0	
2628	乙醛肟	亚乙基羟胺;亚乙基胲	107－29－9	
2629	乙炔	电石气	74－86－2	
2630	乙酸[含量>80%]	醋酸	64－19－7	
	乙酸溶液[10%<含量≤80%]	醋酸溶液		
2631	乙酸钡	醋酸钡	543－80－6	
2632	乙酸苯胺	醋酸苯胺	542－14－3	
2633	乙酸苯汞		62－38－4	
2634	乙酸酐	醋酸酐	108－24－7	
2635	乙酸汞	乙酸高汞;醋酸汞	1600－27－7	剧毒
2636	乙酸环己酯	醋酸环己酯	622－45－7	
2637	乙酸甲氧基乙基汞	醋酸甲氧基乙基汞	151－38－2	剧毒
2638	乙酸甲酯	醋酸甲酯	79－20－9	
2639	乙酸间甲酚酯	醋酸间甲酚酯	122－46－3	
2640	乙酸铍	醋酸铍	543－81－7	
2641	乙酸铅	醋酸铅	301－04－2	
2642	乙酸三甲基锡	醋酸三甲基锡	1118－14－5	剧毒
2643	乙酸三乙基锡	三乙基乙酸锡	1907－13－7	剧毒
2644	乙酸叔丁酯	醋酸叔丁酯	540－88－5	

续表

序号	品名	别名	CAS 号	备注
2645	乙酸烯丙酯	醋酸烯丙酯	591-87-7	
2646	乙酸亚汞		631-60-7	
2647	乙酸亚铊	乙酸铊;醋酸铊	563-68-8	
2648	乙酸乙二醇乙醚	乙酸乙基溶纤剂;乙二醇乙醚乙酸酯;2-乙氧基乙酸乙酯	111-15-9	
2649	乙酸乙基丁酯	醋酸乙基丁酯;乙基丁基乙酸酯	10031-87-5	
2650	乙酸乙烯酯[稳定的]	乙烯基乙酸酯;醋酸乙烯酯	108-05-4	
2651	乙酸乙酯	醋酸乙酯	141-78-6	
2652	乙酸异丙烯酯	醋酸异丙烯酯	108-22-5	
2653	乙酸异丙酯	醋酸异丙酯	108-21-4	
2654	乙酸异丁酯	醋酸异丁酯	110-19-0	
2655	乙酸异戊酯	醋酸异戊酯	123-92-2	
2656	乙酸正丙酯	醋酸正丙酯	109-60-4	
2657	乙酸正丁酯	醋酸正丁酯	123-86-4	
2658	乙酸正己酯	醋酸正己酯	142-92-7	
2659	乙酸正戊酯	醋酸正戊酯	628-63-7	
2660	乙酸仲丁酯	醋酸仲丁酯	105-46-4	
2661	乙烷		74-84-0	
2662	乙烯		74-85-1	
2663	乙烯(2-氯乙基)醚	(2-氯乙基)乙烯醚	110-75-8	
2664	4-乙烯-1-环己烯	4-乙烯基环己烯	100-40-3	
2665	乙烯砜	二乙烯砜	77-77-0	剧毒
2666	2-乙烯基吡啶		100-69-6	
2667	4-乙烯基吡啶		100-43-6	
2668	乙烯基甲苯异构体混合物[稳定的]		25013-15-4	
2669	4-乙烯基间二甲苯	2,4-二甲基苯乙烯	1195-32-0	
2670	乙烯基三氯硅烷[稳定的]	三氯乙烯硅烷	75-94-5	
2671	N-乙烯基乙撑亚胺	N-乙烯基氮丙环	5628-99-9	剧毒

续表

序号	品名	别名	CAS 号	备注
2672	乙烯基乙醚[稳定的]	乙基乙烯醚;乙氧基乙烯	109-92-2	
2673	乙烯基乙酸异丁酯		24342-03-8	
2674	乙烯三乙氧基硅烷	三乙氧基乙烯硅烷	78-08-0	
2675	N-乙酰对苯二胺	对氨基苯乙酰胺;对乙酰氨基苯胺	122-80-5	
2676	乙酰过氧化磺酰环己烷[含量≤32%,含B型稀释剂≥68%]	过氧化乙酰磺酰环己烷	3179-56-4	
	乙酰过氧化磺酰环己烷[含量≤82%,含水≥12%]			
2677	乙酰基乙烯酮[稳定的]	双烯酮;二乙烯酮	674-82-8	
2678	3-(α-乙酰甲基苄基)-4-羟基香豆素	杀鼠灵	81-81-2	
2679	乙酰氯	氯化乙酰	75-36-5	
2680	乙酰替硫脲	1-乙酰硫脲	591-08-2	
2681	乙酰亚砷酸铜	巴黎绿;祖母绿;醋酸亚砷酸铜;翡翠绿;帝绿;苔绿;维也纳绿;草地绿;翠绿	12002-03-8	
2682	2-乙氧基苯胺	邻氨基苯乙醚;邻乙氧基苯胺	94-70-2	
2683	3-乙氧基苯胺	间乙氧基苯胺;间氨基苯乙醚	621-33-0	
2684	4-乙氧基苯胺	对乙氧基苯胺;对氨基苯乙醚	156-43-4	
2685	1-异丙基-3-甲基吡唑-5-基N,N-二甲基氨基甲酸酯[含量>20%]	异索威	119-38-0	剧毒
2686	3-异丙基-5-甲基苯基N-甲基氨基甲酸酯	猛杀威	2631-37-0	
2687	N-异丙基-N-苯基-氯乙酰胺	毒草胺	1918-16-7	
2688	异丙基苯	枯烯;异丙苯	98-82-8	
2689	3-异丙基苯基-N-氨基甲酸甲酯	间异丙威	64-00-6	
2690	异丙基异丙苯基氢过氧化物[含量≤72%,含A型稀释剂≥28%]	过氧化氢二异丙苯	26762-93-6	

续表

序号	品名	别名	CAS 号	备注
2691	异丙硫醇	硫代异丙醇;2－巯基丙烷	75－33－2	
2692	异丙醚	二异丙基醚	108－20－3	
2693	异丙烯基乙炔		78－80－8	
2694	异丁胺	1－氨基－2－甲基丙烷	78－81－9	
2695	异丁基苯	异丁苯	538－93－2	
2696	异丁基环戊烷		3788－32－7	
2697	异丁基乙烯基醚[稳定的]	乙烯基异丁醚;异丁氧基乙烯	109－53－5	
2698	异丁腈	异丙基氰	78－82－0	
2699	异丁醛	2－甲基丙醛	78－84－2	
2700	异丁酸	2－甲基丙酸	79－31－2	
2701	异丁酸酐	异丁酐	97－72－3	
2702	异丁酸甲酯		547－63－7	
2703	异丁酸乙酯		97－62－1	
2704	异丁酸异丙酯		617－50－5	
2705	异丁酸异丁酯		97－85－8	
2706	异丁酸正丙酯		644－49－5	
2707	异丁烷	2－甲基丙烷	75－28－5	
2708	异丁烯	2－甲基丙烯	115－11－7	
2709	异丁酰氯	氯化异丁酰	79－30－1	
2710	异佛尔酮二异氰酸酯		4098－71－9	
2711	异庚烯		68975－47－3	
2712	异己烯		27236－46－0	
2713	异硫氰酸－1－萘酯		551－06－4	
2714	异硫氰酸苯酯	苯基芥子油	103－72－0	
2715	异硫氰酸烯丙酯	人造芥子油;烯丙基异硫氰酸酯;烯丙基芥子油	57－06－7	
2716	异氰基乙酸乙酯		2999－46－4	
2717	异氰酸－3－氯－4－甲苯酯	3－氯－4－甲基苯基异氰酸酯	28479－22－3	

续表

序号	品名	别名	CAS 号	备注
2718	异氰酸苯酯	苯基异氰酸酯	103－71－9	剧毒
2719	异氰酸对硝基苯酯	对硝基苯异氰酸酯;异氰酸－4硝基苯酯	100－28－7	
2720	异氰酸对溴苯酯	4－溴异氰酸苯酯	2493－02－9	
2721	异氰酸二氯苯酯	3,4－二氯苯基异氰酸酯	102－36－3	
2722	异氰酸环已酯	环已基异氰酸酯	3173－53－3	
2723	异氰酸甲酯	甲基异氰酸酯	624－83－9	剧毒
2724	异氰酸三氟甲苯酯	三氟甲苯异氰酸酯	329－01－1	
2725	异氰酸十八酯	十八异氰酸酯	112－96－9	
2726	异氰酸叔丁酯		1609－86－5	
2727	异氰酸乙酯	乙基异氰酸酯	109－90－0	
2728	异氰酸异丙酯		1795－48－8	
2729	异氰酸异丁酯		1873－29－6	
2730	异氰酸正丙酯		110－78－1	
2731	异氰酸正丁酯		111－36－4	
2732	异山梨醇二硝酸酯混合物[含乳糖、淀粉或磷酸≥60%]	混合异山梨醇二硝酸酯		
2733	异戊胺	1－氨基－3－甲基丁烷	107－85－7	
2734	异戊醇钠	异戊氧基钠	19533－24－5	
2735	异戊腈	氰化异丁烷	625－28－5	
2736	异戊酸甲酯		556－24－1	
2737	异戊酸乙酯		108－64－5	
2738	异戊酸异丙酯		32665－23－9	
2739	异戊酰氯		108－12－3	
2740	异辛烷		26635－64－3	
2741	异辛烯		5026－76－6	
2742	萤蒽		206－44－0	
2743	油酸汞		1191－80－6	
2744	淤渣硫酸			

续表

序号	品名	别名	CAS 号	备注
2745	原丙酸三乙酯	原丙酸乙酯;1,1,1－三乙氧基丙烷	115－80－0	
2746	原甲酸三甲酯	原甲酸甲酯;三甲氧基甲烷	149－73－5	
2747	原甲酸三乙酯	三乙氧基甲烷;原甲酸乙酯	122－51－0	
2748	原乙酸三甲酯	1,1,1－三甲氧基乙烷	1445－45－0	
2749	月桂酸三丁基锡		3090－36－6	
2750	杂戊醇	杂醇油	8013－75－0	
2751	樟脑油	樟木油	8008－51－3	
2752	锗烷	四氢化锗	7782－65－2	
2753	赭曲毒素	棕曲霉毒素	37203－43－3	
2754	赭曲毒素 A	棕曲霉毒素 A	303－47－9	
2755	正丙苯	丙苯;丙基苯	103－65－1	
2756	正丙基环戊烷		2040－96－2	
2757	正丙硫醇	1－巯基丙烷;硫代正丙醇	107－03－9	
2758	正丙醚	二正丙醚	111－43－3	
2759	正丁胺	1－氨基丁烷	109－73－9	
2760	N－(1－正丁氨基甲酰基－2－苯并咪唑基)氨基甲酸甲酯	苯菌灵	17804－35－2	
2761	正丁醇		71－36－3	
2762	正丁基苯		104－51－8	
2763	N－正丁基苯胺		1126－78－9	
2764	正丁基环戊烷		2040－95－1	
2765	N－正丁基咪唑	N－正丁基－1,3－二氮杂茂	4316－42－1	
2766	正丁基乙烯基醚[稳定的]	正丁氧基乙烯;乙烯正丁醚	111－34－2	
2767	正丁腈	丙基氰	109－74－0	
2768	正丁硫醇	1－硫代丁醇	109－79－5	
2769	正丁醚	氧化二丁烷;二丁醚	142－96－1	
2770	正丁醛		123－72－8	
2771	正丁酸	丁酸	107－92－6	

续表

序号	品名	别名	CAS 号	备注
2772	正丁酸甲酯		623-42-7	
2773	正丁酸乙烯酯[稳定的]	乙烯基丁酸酯	123-20-6	
2774	正丁酸乙酯		105-54-4	
2775	正丁酸异丙酯		638-11-9	
2776	正丁酸正丙酯		105-66-8	
2777	正丁酸正丁酯	丁酸正丁酯	109-21-7	
2778	正丁烷	丁烷	106-97-8	
2779	正丁酰氯	氯化丁酰	141-75-3	
2780	正庚胺	氨基庚烷	111-68-2	
2781	正庚醛		111-71-7	
2782	正庚烷	庚烷	142-82-5	
2783	正硅酸甲酯	四甲氧基硅烷;硅酸四甲酯;原硅酸甲酯	681-84-5	
2784	正癸烷		124-18-5	
2785	正己胺	1-氨基己烷	111-26-2	
2786	正己醛		66-25-1	
2787	正己酸甲酯		106-70-7	
2788	正己酸乙酯		123-66-0	
2789	正己烷	己烷	110-54-3	
2790	正磷酸	磷酸	7664-38-2	
2791	正戊胺	1-氨基戊烷	110-58-7	
2792	正戊酸	戊酸	109-52-4	
2793	正戊酸甲酯		624-24-8	
2794	正戊酸乙酯		539-82-2	
2795	正戊酸正丙酯		141-06-0	
2796	正戊烷	戊烷	109-66-0	
2797	正辛腈	庚基氰	124-12-9	
2798	正辛硫醇	巯基辛烷	111-88-6	

续表

序号	品名	别名	CAS 号	备注
2799	正辛烷		111－65－9	
2800	支链－4－壬基酚		84852－15－3	
2801	仲丁胺	2－氨基丁烷	13952－84－6	
2802	2－仲丁基－4,6－二硝基苯基－3－甲基丁－2－烯酸酯	乐杀螨	485－31－4	
2803	2－仲丁基－4,6－二硝基酚	二硝基仲丁基苯酚;4,6－二硝基－2－仲丁基苯酚;地乐酚	88－85－7	
2804	仲丁基苯	仲丁苯	135－98－8	
2805	仲高碘酸钾	仲过碘酸钾;一缩原高碘酸钾	14691－87－3	
2806	仲高碘酸钠	仲过碘酸钠;一缩原高碘酸钠	13940－38－0	
2807	仲戊胺	1－甲基丁胺	625－30－9	
2808	2－重氮－1－萘酚－4－磺酸钠		64173－96－2	
2809	2－重氮－1－萘酚－5－磺酸钠		2657－00－3	
2810	2－重氮－1－萘酚－4－磺酰氯		36451－09－9	
2811	2－重氮－1－萘酚－5－磺酰氯		3770－97－6	
2812	重氮氨基苯	三氮二苯;苯氨基重氮苯	136－35－6	
2813	重氮甲烷		334－88－3	
2814	重氮乙酸乙酯	重氮醋酸乙酯	623－73－4	
2815	重铬酸铵	红矾铵	7789－09－5	
2816	重铬酸钡		13477－01－5	
2817	重铬酸钾	红矾钾	7778－50－9	
2818	重铬酸锂		13843－81－7	
2819	重铬酸铝			
2820	重铬酸钠	红矾钠	10588－01－9	
2821	重铬酸铯		13530－67－1	
2822	重铬酸铜		13675－47－3	
2823	重铬酸锌		14018－95－2	
2824	重铬酸银		7784－02－3	
2825	重质苯			

续表

序号	品名	别名	CAS 号	备注
2826	D - 苎烯		5989 - 27 - 5	
2827	左旋溶肉瘤素	左旋苯丙氨酸氮芥;米尔法兰	148 - 82 - 3	
2828	含易燃溶剂的合成树脂、油漆、辅助材料、涂料等制品[闭杯闪点≤60℃]			

注:
(1)A 型稀释剂是指与有机过氧化物相容、沸点不低于 150℃的有机液体。A 型稀释剂可用来对所有有机过氧化物进行退敏。
(2)B 型稀释剂是指与有机过氧化物相容、沸点低于 150℃但不低于 60℃、闪点不低于 5℃的有机液体。B 型稀释剂可用来对所有有机过氧化物进行退敏,但沸点必须至少比 50 千克包件的自加速分解温度高 60℃。
(3)条目 2828,闪点高于 35℃,但不超过 60℃的液体如果在持续燃烧性试验中得到否定结果,则可将其视为非易燃液体,不作为易燃液体管理。

医疗废物分类目录

（2003年10月10日卫生部、国家环保总局发布　卫医发〔2003〕287号）

类别	特　征	常见组分或者废物名称
感染性废物	携带病原微生物具有引发感染性疾病传播危险的医疗废物。	1. 被病人血液、体液、排泄物污染的物品，包括： ——棉球、棉签、引流棉条、纱布及其他各种敷料； ——一次性使用卫生用品、一次性使用医疗用品及一次性医疗器械； ——废弃的被服； ——其他被病人血液、体液、排泄物污染的物品。
		2. 医疗机构收治的隔离传染病病人或者疑似传染病病人产生的生活垃圾。
		3. 病原体的培养基、标本和菌种、毒种保存液。
		4. 各种废弃的医学标本。
		5. 废弃的血液、血清。
		6. 使用后的一次性使用医疗用品及一次性医疗器械视为感染性废物。
病理性废物	诊疗过程中产生的人体废弃物和医学实验动物尸体等。	1. 手术及其他诊疗过程中产生的废弃的人体组织、器官等。
		2. 医学实验动物的组织、尸体。
		3. 病理切片后废弃的人体组织、病理腊块等。
损伤性废物	能够刺伤或者割伤人体的废弃的医用锐器。	1. 医用针头、缝合针。
		2. 各类医用锐器，包括：解剖刀、手术刀、备皮刀、手术锯等。
		3. 载玻片、玻璃试管、玻璃安瓿等。

续表

类别	特　征	常见组分或者废物名称
药物性废物	过期、淘汰、变质或者被污染的废弃的药品。	1. 废弃的一般性药品,如:抗生素、非处方类药品等。
		2. 废弃的细胞毒性药物和遗传毒性药物,包括: ——致癌性药物,如硫唑嘌呤、苯丁酸氮芥、萘氮芥、环孢霉素、环磷酰胺、苯丙胺酸氮芥、司莫司汀、三苯氧氨、硫替派等; ——可疑致癌性药物,如:顺铂、丝裂霉素、阿霉素、苯巴比妥等; ——免疫抑制剂。
		3. 废弃的疫苗、血液制品等。
化学性废物	具有毒性、腐蚀性、易燃易爆性的废弃的化学物品。	1. 医学影像室、实验室废弃的化学试剂。
		2. 废弃的过氧乙酸、戊二醛等化学消毒剂。
		3. 废弃的汞血压计、汞温度计。

说明:

一次性使用卫生用品是指使用一次后即丢弃的,与人体直接或者间接接触的,并为达到人体生理卫生或者卫生保健目的而使用的各种日常生活用品。

一次性使用医疗用品是指临床用于病人检查、诊断、治疗、护理的指套、手套、吸痰管、阴道窥镜、肛镜、印模托盘、治疗巾、皮肤清洁巾、擦手巾、压舌板、臀垫等接触完整粘膜、皮肤的各类一次性使用医疗、护理用品。

一次性医疗器械指《医疗器械管理条例》及相关配套文件所规定的用于人体的一次性仪器、设备、器具、材料等物品。

医疗卫生机构废弃的麻醉、精神、放射性、毒性等药品及其相关的废物的管理,依照有关法律、行政法规和国家有关规定、标准执行。

关于印发《环境损害鉴定评估推荐机构名录(第一批)》的通知

(2014年1月3日　环办〔2014〕3号)

各省、自治区、直辖市环境保护厅(局),各派出机构、直属单位:

为贯彻落实党的十八大和十八届三中全会关于"实行最严格的损害赔偿制度、责任追究制度"的精神,发挥环境损害鉴定评估对环境司法、环境监督管理的技术支撑作用,满足社会对环境损害鉴定评估的需要,在各省级环保部门推荐和部直属单位自荐的基础上,现将环保系统内第一批环境损害鉴定评估推荐机构名录印发给你们,供各级环境保护部门在公民、法人或者其他组织需要环境保护部门推荐环境损害鉴定评估机构时参考。

特此通知。

附件:1. 环境损害鉴定评估推荐机构名录(第一批)

2. 关于《环境损害鉴定评估推荐机构名录(第一批)》相关问题的说明

附件1

环境损害鉴定评估推荐机构名录(第一批)

序号	机构名称	协作单位
1	中国环境监测总站	无
2	环境保护部华南环境科学研究所	无
3	环境保护部环境规划院环境风险与损害鉴定评估研究中心	国家环境分析测试中心
4	中国环境科学学会环境损害鉴定评估中心	清华大学环境质量检测中心
5	天津市环境污染损害鉴定评估中心	天津市环科检测技术有限公司
6	浙江省环境保护科学设计研究院	无
7	安徽省环境科学研究院	安徽省环境监测中心站
8	山东省环境科学研究院	无
9	湖南省环境保护科学研究院	无
10	广东省环境科学研究院	广东省环境监测中心
11	重庆市环境科学研究院(重庆市环境监测中心)	重庆市环境工程评估中心
12	昆明环境污染损害司法鉴定中心	昆明市环境监测中心

附件 2

关于《环境损害鉴定评估推荐机构名录(第一批)》相关问题的说明

为落实党的十八大报告和十八届三中全会决定关于“实行最严格的损害赔偿制度、责任追究制度”的精神,根据《最高人民法院、最高人民检察院关于办理环境污染刑事案件适用法律若干问题的解释》有关要求以及社会对环境损害鉴定评估的需要,结合环境保护部2011年以来环境损害鉴定评估试点工作情况,编制本《环境损害鉴定评估推荐机构名录(第一批)》。现将相关问题说明如下:

第一,《环境损害鉴定评估推荐机构名录(第一批)》为推荐性质。各级环境保护主管部门在工作中遇到司法机关、行政机关或者其他单位和个人要求提供环境损害鉴定评估机构信息时,可以向其提供本名录,供需要鉴定评估机构有关信息的单位和个人参考。推荐机构名录不属于行政许可,不具备强制力。各级环境保护主管部门也可以向当事人推荐没有列入该名录的鉴定评估机构从事环境损害鉴定评估工作。

第二,环境损害鉴定评估机构根据当事人委托自主独立开展环境损害鉴定评估工作。一是鉴定评估机构自主开展业务,自行决定是否接受委托,接受谁的委托,并与委托人就工作任务、鉴定评估方案、鉴定评估费用、违约责任等内容进行协商,依法签订委托合同;二是鉴定评估机构接受委托从事环境损害鉴定评估业务,不受地域范围的限制;三是独立开展业务并承担相应的责任,不受其他机构或个人影响,出具鉴定评估报告,对鉴定评估报告的真实性、合法性负责。

第三,环境损害鉴定评估机构接受委托出具鉴定评估报告,应当按照法律规定和司法审判机关要求承担相关法律义务。环境损害鉴定评估机构在接受委托开展环境损害鉴定评估时,应当按照法律和司法机关要求承担鉴定回避、保密、出庭作证等义务,并依法享有相关权利。

第四,环境损害鉴定评估机构开展环境损害鉴定评估服务收费按照有关规定执行。鉴定评估费用由委托人与接受委托的鉴定评估机构依据国家和地方有关收费标准确定;尚无收费标准的,由委托人与接收委托的鉴定评估机构参照国家和地方相关标准协商确定。

第五,环境损害鉴定评估机构从事环境损害鉴定评估业务,应当遵守法律法规,遵守职业道德和职业纪律,尊重科学,遵守技术操作规范,客观、公正开展环境损害鉴定评估工作。

关于印发《环境损害鉴定评估推荐机构名录（第二批）》的通知

（2016 年 2 月 4 日　环办政法〔2016〕10 号）

各省、自治区、直辖市环境保护厅（局），环境保护部各派出机构、直属单位：

为贯彻党的十八大和十八届三中全会关于"实行最严格的损害赔偿制度、责任追究制度"的精神，落实《生态环境损害赔偿制度改革试点方案》有关环境损害鉴定评估机构建设要求，充分发挥环境损害鉴定评估对环境司法、环境监督管理、生态环境损害赔偿磋商等工作的技术支撑作用，满足社会对环境损害鉴定评估的需要，在各省级环境保护部门推荐和环境损害鉴定评估机构自荐的基础上，现将环保系统内第二批环境损害鉴定评估推荐机构名录印发给你们，供各级环境保护部门在公民、法人或者其他组织需要环境保护部门推荐环境损害鉴定评估机构时参考。

特此通知。

附件：环境损害鉴定评估推荐机构名录（第二批）

附件

环境损害鉴定评估推荐机构名录（第二批）

序号	机构名称	协作单位
1	中国环境科学研究院	无
2	环境保护部南京环境科学研究所	无
3	北京市环境保护科学研究院	无
4	山西省环境污染损害司法鉴定中心	无
5	辽宁省环境科学研究院	无
6	黑龙江省环境科学研究院	无
7	上海市环境科学研究院	无
8	江苏省环境科学研究院	无
9	福建省环境科学研究院	福建历思司法鉴定所
10	河南省环境保护科学研究院	无

续表

序号	机构名称	协作单位
11	湖北省环境科学研究院	无
12	广西环境监测中心站	无
13	四川省环境保护科学研究院	无
14	贵州省环境科学研究设计院	无
15	甘肃省环境科学设计研究院	无
16	新疆环境保护科学研究院	无
17	绍兴市环境监测中心站	绍兴市环保科技服务中心

环境监测数据弄虚作假行为判定及处理办法

（环发〔2015〕175 号）

第一条　为保障环境监测数据真实准确，依法查处环境监测数据弄虚作假行为，依据《中华人民共和国环境保护法》和《生态环境监测网络建设方案》（国办发〔2015〕56 号）等有关法律法规和文件，结合工作实际，制定本办法。

第二条　本办法所称环境监测数据弄虚作假行为，系指故意违反国家法律法规、规章等以及环境监测技术规范，篡改、伪造或者指使篡改、伪造环境监测数据等行为。

本办法所称环境监测数据，系指按照相关技术规范和规定，通过手工或者自动监测方式取得的环境监测原始记录、分析数据、监测报告等信息。

本办法所称环境监测机构，系指县级以上环境保护主管部门所属环境监测机构、其他负有环境保护监督管理职责的部门所属环境监测机构以及承担环境监测工作的实验室与从事环境监测业务的企事业单位等其他社会环境监测机构。

第三条　本办法适用于以下活动中涉及的环境监测数据弄虚作假行为：

（一）依法开展的环境质量监测、污染源监测、应急监测；

（二）监管执法涉及的环境监测；

（三）政府购买的环境监测服务或者委托开展的环境监测；

（四）企事业单位依法开展或者委托开展的自行监测；

（五）依照法律、法规开展的其他环境监测行为。

第四条　篡改监测数据，系指利用某种职务或者工作上的便利条件，故意干预环境监测活动的正常开展，导致监测数据失真的行为，包括以下情形：

（一）未经批准部门同意，擅自停运、变更、增减环境监测点位或者故意改变环境监测点位属性的；

（二）采取人工遮挡、堵塞和喷淋等方式，干扰采样口或周围局部环境的；

（三）人为操纵、干预或者破坏排污单位生产工况、污染源净化设施，使生产或污染状况不符合实际情况的；

（四）稀释排放或者旁路排放，或者将部分或全部污染物不经规范的排污口排放，逃避自动监控设施监控的；

（五）破坏、损毁监测设备站房、通讯线路、信息采集传输设备、视频设备、电力设备、空调、风机、采样泵、采样管线、监控仪器或仪表以及其他监测监控或辅助设施的；

（六）故意更换、隐匿、遗弃监测样品或者通过稀释、吸附、吸收、过滤、改变样品保存条件等方式改变监测样品性质的；

（七）故意漏检关键项目或者无正当理由故意改动关键项目的监测方法的；

（八）故意改动、干扰仪器设备的环境条件或运行状态或者删除、修改、增加、干扰监测设备中存储、处理、传输的数据和应用程序，或者人为使用试剂、标样干扰仪器的；

（九）未向环境保护主管部门备案，自动监测设备暗藏可通过特殊代码、组合按键、远程登录、遥控、模拟等方式进入不公开的操作界面对自动监测设备的参数和监测数据进行秘密修改的；

（十）故意不真实记录或者选择性记录原始数据的；

（十一）篡改、销毁原始记录，或者不按规范传输原始数据的；

（十二）对原始数据进行不合理修约、取舍，或者有选择性评价监测数据、出具监测报告或者发布结果，以至评价结论失真的；

（十三）擅自修改数据的；

（十四）其他涉嫌篡改监测数据的情形。

第五条 伪造监测数据，系指没有实施实质性的环境监测活动，凭空编造虚假监测数据的行为，包括以下情形：

（一）纸质原始记录与电子存储记录不一致，或者谱图与分析结果不对应，或者用其他样品的分析结果和图谱替代的；

（二）监测报告与原始记录信息不一致，或者没有相应原始数据的；

（三）监测报告的副本与正本不一致的；

（四）伪造监测时间或者签名的；

（五）通过仪器数据模拟功能，或者植入模拟软件，凭空生成监测数据的；

（六）未开展采样、分析，直接出具监测数据或者到现场采样，但未开设烟道采样口，出具监测报告的；

（七）未按规定对样品留样或保存，导致无法对监测结果进行复核的；

（八）其他涉嫌伪造监测数据的情形。

第六条 涉嫌指使篡改、伪造监测数据的行为，包括以下情形：

（一）强令、授意有关人员篡改、伪造监测数据的；

（二）将考核达标或者评比排名情况列为下属监测机构、监测人员的工作考核要求，意图干预监测数据的；

（三）无正当理由，强制要求监测机构多次监测并从中挑选数据，或者无正当理由拒签上报监测数据的；

（四）委托方人员授意监测机构工作人员篡改、伪造监测数据或者在未作整改的前提下，进行多家或多次监测委托，挑选其中“合格”监测报告的；

（五）其他涉嫌指使篡改、伪造监测数据的情形。

第七条 环境监测机构及其负责人对监测数据的真实性和准确性负责。

负责环境自动监测设备日常运行维护的机构及其负责人按照运行维护合同对监测数据承担责任。

第八条 地市级以上人民政府环境保护主管部门负责调查环境监测数据弄虚作假行为。地市级以上人民政府环境保护主管部门应定期或者不定期组织开展环境监测质量监督检查，发现环境监测数据弄虚作假行为的，应当依法查处，并向上级环境保护主管部门报告。

第九条 对干预环境监测活动，指使篡改、伪造监测数据的行为，相关人员应如实记录。任何单位和个人有权举报环境监测数据弄虚作假行为，接受举报的环境保护主管部门应当为举报人保密，对能提供基本事实线索或相关证明材料的举报，应当予以受理。

第十条　负责调查的环境保护主管部门应当通报环境监测数据弄虚作假行为及相关责任人，记入社会诚信档案，及时向社会公布。

第十一条　环境保护主管部门发现篡改、伪造监测数据，涉及目标考核的，视情节严重程度将考核结果降低等级或者确定为不合格，情节严重的，取消授予的环境保护荣誉称号；涉及县域生态考核的，视情节严重程度，建议国务院财政主管部门减少或者取消当年中央财政资金转移支付；涉及《大气污染防治行动计划》《水污染防治行动计划》排名的，分别以当日或当月监测数据的历史最高浓度值计算排名。

第十二条　社会环境监测机构以及从事环境监测设备维护、运营的机构篡改、伪造监测数据或出具虚假监测报告的，由负责调查的环境保护主管部门将该机构和涉及弄虚作假行为的人员列入不良记录名单，并报上级环境保护主管部门，禁止其参与政府购买环境监测服务或政府委托项目。

第十三条　监测仪器设备应当具备防止修改、伪造监测数据的功能，监测仪器设备生产及销售单位配合环境监测数据造假的，由负责调查的环境保护部主管部门通报公示生产厂家、销售单位及其产品名录，并上报环境保护部，将涉嫌弄虚作假的单位列入不良记录名单，禁止其参与政府购买环境监测服务或政府委托项目，对安装在企业的设备不予验收、联网。

第十四条　国家机关工作人员篡改、伪造或指使篡改、伪造监测数据的，由负责调查的环境保护主管部门提出建议，移送有关任免机关或监察机关依据《行政机关公务员处分条例》和《事业单位工作人员处分暂行规定》的有关规定予以处理。

第十五条　党政领导干部指使篡改、伪造监测数据的，由负责调查的环境保护主管部门提出建议，移送有关任免机关或监察机关依据《党政领导干部生态环境损害责任追究办法（试行）》的有关规定予以处理。

第十六条　环境监测数据弄虚作假行为构成违法的，按照有关法律法规的规定处理。

第十七条　本办法由国务院环境保护主管部门负责解释。

第十八条　本办法自2016年1月1日起实施。

附录二　办理矿产资源犯罪案件常用法律法规及规范性文件

中华人民共和国矿产资源法

（1986年3月19日第六届全国人民代表大会常务委员会第十五次会议通过　根据1996年8月29日第八届全国人民代表大会常务委员会第二十一次会议《关于修改〈中华人民共和国矿产资源法〉的决定》第一次修正　根据2009年8月27日第十一届全国人民代表大会常务委员会第十次会议《关于修改部分法律的决定》第二次修正）

目　　录

第一章　总　　则

第一条　为了发展矿业，加强矿产资源的勘查、开发利用和保护工作，保障社会主义现代化建设的当前和长远的需要，根据中华人民共和国宪法，特制定本法。

第二条　在中华人民共和国领域及管辖海域勘查、开采矿产资源，必须遵守本法。

第三条　矿产资源属于国家所有，由国务院行使国家对矿产资源的所有权。地表或者地下的矿产资源的国家所有权，不因其所依附的土地的所有权或者使用权的不同而改变。

国家保障矿产资源的合理开发利用。禁止任何组织或者个人用任何手段侵占或者破坏矿产资源。各级人民政府必须加强矿产资源的保护工作。

勘查、开采矿产资源，必须依法分别申请、经批准取得探矿权、采矿权，并办理登记；但是，已经依法申请取得采矿权的矿山企业在划定的矿区范围内为本企业的生产而进行的勘查除外。国家保护探矿权和采矿权不受侵犯，保障矿区和勘查作业区的生产秩序、工作秩序不受影响和破坏。

从事矿产资源勘查和开采的，必须符合规定的资质条件。

第四条　国家保障依法设立的矿山企业开采矿产资源的合法权益。

国有矿山企业是开采矿产资源的主体。国家保障国有矿业经济的巩固和发展。

第五条　国家实行探矿权、采矿权有偿取得的制度;但是,国家对探矿权、采矿权有偿取得的费用,可以根据不同情况规定予以减缴、免缴。具体办法和实施步骤由国务院规定。

开采矿产资源,必须按照国家有关规定缴纳资源税和资源补偿费。

第六条　除按下列规定可以转让外,探矿权、采矿权不得转让:

(一)探矿权人有权在划定的勘查作业区内进行规定的勘查作业,有权优先取得勘查作业区内矿产资源的采矿权。探矿权人在完成规定的最低勘查投入后,经依法批准,可以将探矿权转让他人。

(二)已取得采矿权的矿山企业,因企业合并、分立,与他人合资、合作经营,或者因企业资产出售以及有其他变更企业资产产权的情形而需要变更采矿权主体的,经依法批准可以将采矿权转让他人采矿。

前款规定的具体办法和实施步骤由国务院规定。

禁止将探矿权、采矿权倒卖牟利。

第七条　国家对矿产资源的勘查、开发实行统一规划、合理布局、综合勘查、合理开采和综合利用的方针。

第八条　国家鼓励矿产资源勘查、开发的科学技术研究,推广先进技术,提高矿产资源勘查、开发的科学技术水平。

第九条　在勘查、开发、保护矿产资源和进行科学技术研究等方面成绩显著的单位和个人,由各级人民政府给予奖励。

第十条　国家在民族自治地方开采矿产资源,应当照顾民族自治地方的利益,作出有利于民族自治地方经济建设的安排,照顾当地少数民族群众的生产和生活。

民族自治地方的自治机关根据法律规定和国家的统一规划,对可以由本地方开发的矿产资源,优先合理开发利用。

第十一条　国务院地质矿产主管部门主管全国矿产资源勘查、开采的监督管理工作。国务院有关主管部门协助国务院地质矿产主管部门进行矿产资源勘查、开采的监督管理工作。

省、自治区、直辖市人民政府地质矿产主管部门主管本行政区域内矿产资源勘查、开采的监督管理工作。省、自治区、直辖市人民政府有关主管部门协助同级地质矿产主管部门进行矿产资源勘查、开采的监督管理工作。

第二章　矿产资源勘查的登记和开采的审批

第十二条　国家对矿产资源勘查实行统一的区块登记管理制度。矿产资源勘查登记工作,由国务院地质矿产主管部门负责;特定矿种的矿产资源勘查登记工作,可以由国务院授权有关主管部门负责。矿产资源勘查区块登记管理办法由国务院制定。

第十三条　国务院矿产储量审批机构或者省、自治区、直辖市矿产储量审批机构负责审查批准供矿山建设设计使用的勘探报告,并在规定的期限内批复报送单位。勘探报告未经批准,不得作为矿山建设设计的依据。

第十四条　矿产资源勘查成果档案资料和各类矿产储量的统计资料,实行统一的管理制度，按照国务院规定汇交或者填报。

第十五条　设立矿山企业，必须符合国家规定的资质条件，并依照法律和国家有关规定，由审批机关对其矿区范围、矿山设计或者开采方案、生产技术条件、安全措施和环境保护措施等进行审查；审查合格的，方予批准。

第十六条　开采下列矿产资源的，由国务院地质矿产主管部门审批，并颁发采矿许可证：

（一）国家规划矿区和对国民经济具有重要价值的矿区内的矿产资源；

（二）前项规定区域以外可供开采的矿产储量规模在大型以上的矿产资源；

（三）国家规定实行保护性开采的特定矿种；

（四）领海及中国管辖的其他海域的矿产资源；

（五）国务院规定的其他矿产资源。

开采石油、天然气、放射性矿产等特定矿种的，可以由国务院授权的有关主管部门审批，并颁发采矿许可证。

开采第一款、第二款规定以外的矿产资源，其可供开采的矿产的储量规模为中型的，由省、自治区、直辖市人民政府地质矿产主管部门审批和颁发采矿许可证。

开采第一款、第二款和第三款规定以外的矿产资源的管理办法，由省、自治区、直辖市人民代表大会常务委员会依法制定。

依照第三款、第四款的规定审批和颁发采矿许可证的，由省、自治区、直辖市人民政府地质矿产主管部门汇总向国务院地质矿产主管部门备案。

矿产储量规模的大型、中型的划分标准，由国务院矿产储量审批机构规定。

第十七条　国家对国家规划矿区、对国民经济具有重要价值的矿区和国家规定实行保护性开采的特定矿种，实行有计划的开采；未经国务院有关主管部门批准，任何单位和个人不得开采。

第十八条　国家规划矿区的范围、对国民经济具有重要价值的矿区的范围、矿山企业矿区的范围依法划定后，由划定矿区范围的主管机关通知有关县级人民政府予以公告。

矿山企业变更矿区范围，必须报请原审批机关批准，并报请原颁发采矿许可证的机关重新核发采矿许可证。

第十九条　地方各级人民政府应当采取措施，维护本行政区域内的国有矿山企业和其他矿山企业矿区范围内的正常秩序。

禁止任何单位和个人进入他人依法设立的国有矿山企业和其他矿山企业矿区范围内采矿。

第二十条　非经国务院授权的有关主管部门同意，不得在下列地区开采矿产资源：

（一）港口、机场、国防工程设施圈定地区以内；

（二）重要工业区、大型水利工程设施、城镇市政工程设施附近一定距离以内；

（三）铁路、重要公路两侧一定距离以内；

（四）重要河流、堤坝两侧一定距离以内；

（五）国家划定的自然保护区、重要风景区，国家重点保护的不能移动的历史文物和名胜古迹所在地；

（六）国家规定不得开采矿产资源的其他地区。

第二十一条　关闭矿山，必须提出矿山闭坑报告及有关采掘工程、不安全隐患、土地复垦利用、环境保护的资料，并按照国家规定报请审查批准。

第二十二条　勘查、开采矿产资源时，发现具有重大科学文化价值的罕见地质现象以及文化古迹，应当加以保护并及时报告有关部门。

第三章　矿产资源的勘查

第二十三条　区域地质调查按照国家统一规划进行。区域地质调查的报告和图件按照国家规定验收，提供有关部门使用。

第二十四条　矿产资源普查在完成主要矿种普查任务的同时，应当对工作区内包括共生或者伴生矿产的成矿地质条件和矿床工业远景作出初步综合评价。

第二十五条　矿床勘探必须对矿区内具有工业价值的共生和伴生矿产进行综合评价，并计算其储量。未作综合评价的勘探报告不予批准。但是，国务院计划部门另有规定的矿床勘探项目除外。

第二十六条　普查、勘探易损坏的特种非金属矿产、流体矿产、易燃易爆易溶矿产和含有放射性元素的矿产，必须采用省级以上人民政府有关主管部门规定的普查、勘探方法，并有必要的技术装备和安全措施。

第二十七条　矿产资源勘查的原始地质编录和图件，岩矿心、测试样品和其他实物标本资料，各种勘查标志，应当按照有关规定保护和保存。

第二十八条　矿床勘探报告及其他有价值的勘查资料，按照国务院规定实行有偿使用。

第四章　矿产资源的开采

第二十九条　开采矿产资源，必须采取合理的开采顺序、开采方法和选矿工艺。矿山企业的开采回采率、采矿贫化率和选矿回收率应当达到设计要求。

第三十条　在开采主要矿产的同时，对具有工业价值的共生和伴生矿产应当统一规划，综合开采，综合利用，防止浪费；对暂时不能综合开采或者必须同时采出而暂时还不能综合利用的矿产以及含有有用组分的尾矿，应当采取有效的保护措施，防止损失破坏。

第三十一条　开采矿产资源，必须遵守国家劳动安全卫生规定，具备保障安全生产的必要条件。

第三十二条　开采矿产资源，必须遵守有关环境保护的法律规定，防止污染环境。

开采矿产资源，应当节约用地。耕地、草原、林地因采矿受到破坏的，矿山企业应当因地制宜地采取复垦利用、植树种草或者其他利用措施。

开采矿产资源给他人生产、生活造成损失的，应当负责赔偿，并采取必要的补救措施。

第三十三条　在建设铁路、工厂、水库、输油管道、输电线路和各种大型建筑物或者建筑群之前，建设单位必须向所在省、自治区、直辖市地质矿产主管部门了解拟建工程所在地区的矿产资源分布和开采情况。非经国务院授权的部门批准，不得压覆重要矿床。

第三十四条　国务院规定由指定的单位统一收购的矿产品，任何其他单位或者个人不得收购；开采者不得向非指定单位销售。

第五章　集体矿山企业和个体采矿

第三十五条　国家对集体矿山企业和个体采矿实行积极扶持、合理规划、正确引导、加强管理的方针,鼓励集体矿山企业开采国家指定范围内的矿产资源,允许个人采挖零星分散资源和只能用作普通建筑材料的砂、石、粘土以及为生活自用采挖少量矿产。

矿产储量规模适宜由矿山企业开采的矿产资源、国家规定实行保护性开采的特定矿种和国家规定禁止个人开采的其他矿产资源,个人不得开采。

国家指导、帮助集体矿山企业和个体采矿不断提高技术水平、资源利用率和经济效益。

地质矿产主管部门、地质工作单位和国有矿山企业应当按照积极支持、有偿互惠的原则向集体矿山企业和个体采矿提供地质资料和技术服务。

第三十六条　国务院和国务院有关主管部门批准开办的矿山企业矿区范围内已有的集体矿山企业,应当关闭或者到指定的其他地点开采,由矿山建设单位给予合理的补偿,并妥善安置群众生活;也可以按照该矿山企业的统筹安排,实行联合经营。

第三十七条　集体矿山企业和个体采矿应当提高技术水平,提高矿产资源回收率。禁止乱挖滥采,破坏矿产资源。

集体矿山企业必须测绘井上、井下工程对照图。

第三十八条　县级以上人民政府应当指导、帮助集体矿山企业和个体采矿进行技术改造,改善经营管理,加强安全生产。

第六章　法 律 责 任

第三十九条　违反本法规定,未取得采矿许可证擅自采矿的,擅自进入国家规划矿区、对国民经济具有重要价值的矿区范围采矿的,擅自开采国家规定实行保护性开采的特定矿种的,责令停止开采、赔偿损失,没收采出的矿产品和违法所得,可以并处罚款;拒不停止开采,造成矿产资源破坏的,依照刑法有关规定对直接责任人员追究刑事责任。

单位和个人进入他人依法设立的国有矿山企业和其他矿山企业矿区范围内采矿的,依照前款规定处罚。

第四十条　超越批准的矿区范围采矿的,责令退回本矿区范围内开采、赔偿损失,没收越界开采的矿产品和违法所得,可以并处罚款;拒不退回本矿区范围内开采,造成矿产资源破坏的,吊销采矿许可证,依照刑法有关规定对直接责任人员追究刑事责任。

第四十一条　盗窃、抢夺矿山企业和勘查单位的矿产品和其他财物的,破坏采矿、勘查设施的,扰乱矿区和勘查作业区的生产秩序、工作秩序的,分别依照刑法有关规定追究刑事责任;情节显著轻微的,依照治安管理处罚法有关规定予以处罚。

第四十二条　买卖、出租或者以其他形式转让矿产资源的,没收违法所得,处以罚款。

违反本法第六条的规定将探矿权、采矿权倒卖牟利的,吊销勘查许可证、采矿许可证,没收违法所得,处以罚款。

第四十三条　违反本法规定收购和销售国家统一收购的矿产品的,没收矿产品和违法所得,可以并处罚款;情节严重的,依照刑法有关规定,追究刑事责任。

第四十四条　违反本法规定,采取破坏性的开采方法开采矿产资源的,处以罚款,可以吊销采矿许可证;造成矿产资源严重破坏的,依照刑法有关规定对直接责任人员追究刑事责任。

第四十五条　本法第三十九条、第四十条、第四十二条规定的行政处罚，由县级以上人民政府负责地质矿产管理工作的部门按照国务院地质矿产主管部门规定的权限决定。第四十三条规定的行政处罚，由县级以上人民政府工商行政管理部门决定。第四十四条规定的行政处罚，由省、自治区、直辖市人民政府地质矿产主管部门决定。给予吊销勘查许可证或者采矿许可证处罚的，须由原发证机关决定。

依照第三十九条、第四十条、第四十二条、第四十四条规定应当给予行政处罚而不给予行政处罚的，上级人民政府地质矿产主管部门有权责令改正或者直接给予行政处罚。

第四十六条　当事人对行政处罚决定不服的，可以依法申请复议，也可以依法直接向人民法院起诉。

当事人逾期不申请复议也不向人民法院起诉，又不履行处罚决定的，由作出处罚决定的机关申请人民法院强制执行。

第四十七条　负责矿产资源勘查、开采监督管理工作的国家工作人员和其他有关国家工作人员徇私舞弊、滥用职权或者玩忽职守，违反本法规定批准勘查、开采矿产资源和颁发勘查许可证、采矿许可证，或者对违法采矿行为不依法予以制止、处罚，构成犯罪的，依法追究刑事责任；不构成犯罪的，给予行政处分。违法颁发的勘查许可证、采矿许可证，上级人民政府地质矿产主管部门有权予以撤销。

第四十八条　以暴力、威胁方法阻碍从事矿产资源勘查、开采监督管理工作的国家工作人员依法执行职务的，依照刑法有关规定追究刑事责任；拒绝、阻碍从事矿产资源勘查、开采监督管理工作的国家工作人员依法执行职务未使用暴力、威胁方法的，由公安机关依照治安管理处罚法的规定处罚。

第四十九条　矿山企业之间的矿区范围的争议，由当事人协商解决，协商不成的，由有关县级以上地方人民政府根据依法核定的矿区范围处理；跨省、自治区、直辖市的矿区范围的争议，由有关省、自治区、直辖市人民政府协商解决，协商不成的，由国务院处理。

第七章　附　　则

第五十条　外商投资勘查、开采矿产资源，法律、行政法规另有规定的，从其规定。

第五十一条　本法施行以前，未办理批准手续、未划定矿区范围、未取得采矿许可证开采矿产资源的，应当依照本法有关规定申请补办手续。

第五十二条　本法实施细则由国务院制定。

第五十三条　本法自1986年10月1日起施行。

中华人民共和国矿产资源法实施细则

（1994 年 3 月 26 日国务院令第 152 号发布施行）

第一章　总　　则

第一条　根据《中华人民共和国矿产资源法》，制定本细则。

第二条　矿产资源是指由地质作用形成的，具有利用价值的，呈固态、液态、气态的自然资源。

矿产资源的矿种和分类见本细则所附《矿产资源分类细目》。新发现的矿种由国务院地质矿产主管部门报国务院批准后公布。

第三条　矿产资源属于国家所有，地表或者地下的矿产资源的国家所有权，不因其所依附的土地的所有权或者使用权的不同而改变。

国务院代表国家行使矿产资源的所有权。国务院授权国务院地质矿产主管部门对全国矿产资源分配实施统一管理。

第四条　在中华人民共和国领域及管辖的其他海域勘查、开采矿产资源，必须遵守《中华人民共和国矿产资源法》（以下简称《矿产资源法》）和本细则。

第五条　国家对矿产资源的勘查、开采实行许可证制度。勘查矿产资源，必须依法申请登记，领取勘查许可证，取得探矿权；开采矿产资源，必须依法申请登记，领取采矿许可证，取得采矿权。

矿产资源勘查工作区范围和开采矿区范围，以经纬度划分的区块为基本单位。具体办法由国务院地质矿产主管部门制定。

第六条　《矿产资源法》及本细则中下列用语的含义：

探矿权，是指在依法取得的勘查许可证规定的范围内，勘查矿产资源的权利。取得勘查许可证的单位或者个人称为探矿权人。

采矿权，是指在依法取得的采矿许可证规定的范围内，开采矿产资源和获得所开采的矿产品的权利。取得采矿许可证的单位或者个人称为采矿权人。

国家规定实行保护性开采的特定矿种，是指国务院根据国民经济建设和高科技发展的需要，以及资源稀缺、贵重程度确定的，由国务院有关主管部门按照国家计划批准开采的矿种。

国家规划矿区，是指国家根据建设规划和矿产资源规划，为建设大、中型矿山划定的矿产资源分布区域。

对国民经济具有重要价值的矿区，是指国家根据国民经济发展需要划定的，尚未列入国家建设规划的，储量大、质量好、具有开发前景的矿产资源保护区域。

第七条　国家允许外国的公司、企业和其他经济组织以及个人依照中华人民共和国有关法律、行政法规的规定，在中华人民共和国领域及管辖的其他海域投资勘查、开采矿产资源。

第八条　国务院地质矿产主管部门主管全国矿产资源勘查、开采的监督管理工作。国务院有关主管部门按照国务院规定的职责分工，协助国务院地质矿产主管部门进行矿产资源勘查、开采的监督管理工作。

省、自治区、直辖市人民政府地质矿产主管部门主管本行政区域内矿产资源勘查、开采的监督管理工作。省、自治区、直辖市人民政府有关主管部门，协助同级地质矿产主管部门进行矿产资源勘查、开采的监督管理工作。

设区的市人民政府、自治州人民政府和县级人民政府及其负责管理矿产资源的部门，依法对本级人民政府批准开办的国有矿山企业和本行政区域内的集体所有制矿山企业、私营矿山企业、个体采矿者以及在本行政区域内从事勘查施工的单位和个人进行监督管理，依法保护探矿权人、采矿权人的合法权益。

上级地质矿产主管部门有权对下级地质矿产主管部门违法的或者不适当的矿产资源勘查、开采管理行政行为予以改变或者撤销。

第二章　矿产资源勘查登记和开采审批

第九条　勘查矿产资源，应当按照国务院关于矿产资源勘查登记管理的规定，办理申请、审批和勘查登记。

勘查特定矿种，应当按照国务院有关规定办理申请、审批和勘查登记。

第十条　国有矿山企业开采矿产资源，应当按照国务院关于采矿登记管理的规定，办理申请、审批和采矿登记。开采国家规划矿区、对国民经济具有重要价值矿区的矿产和国家规定实行保护性开采的特定矿种，办理申请、审批和采矿登记时，应当持有国务院有关主管部门批准的文件。

开采特定矿种，应当按照国务院有关规定办理申请、审批和采矿登记。

第十一条　开办国有矿山企业，除应当具备有关法律、法规规定的条件外，并应当具备下列条件：

（一）有供矿山建设使用的矿产勘查报告；

（二）有矿山建设项目的可行性研究报告（含资源利用方案和矿山环境影响报告）；

（三）有确定的矿区范围和开采范围；

（四）有矿山设计；

（五）有相应的生产技术条件。

国务院、国务院有关主管部门和省、自治区、直辖市人民政府，按照国家有关固定资产投资管理的规定，对申请开办的国有矿山企业根据前款所列条件审查合格后，方予批准。

第十二条　申请开办集体所有制矿山企业、私营矿山企业及个体采矿的审查批准、采矿登记，按照省、自治区、直辖市的有关规定办理。

第十三条　申请开办集体所有制矿山企业或者私营矿山企业，除应当具备有关法律、法规规定的条件外，并应当具备下列条件：

（一）有供矿山建设使用的与开采规模相适应的矿产勘查资料；

（二）有经过批准的无争议的开采范围；

（三）有与所建矿山规模相适应的资金、设备和技术人员；

（四）有与所建矿山规模相适应的，符合国家产业政策和技术规范的可行性研究报告、矿山设计或者开采方案；

（五）矿长具有矿山生产、安全管理和环境保护的基本知识。

第十四条 申请个体采矿应当具备下列条件：

（一）有经过批准的、无争议的开采范围；

（二）有与采矿规模相适应的资金、设备和技术人员；

（三）有相应的矿产勘查资料和经批准的开采方案；

（四）有必要的安全生产条件和环境保护措施。

第三章 矿产资源的勘查

第十五条 国家对矿产资源勘查实行统一规划。全国矿产资源中、长期勘查规划，在国务院计划行政主管部门指导下，由国务院地质矿产主管部门根据国民经济和社会发展中、长期规划，在国务院有关主管部门勘查规划的基础上组织编制。

全国矿产资源年度勘查计划和省、自治区、直辖市矿产资源年度勘查计划，分别由国务院地质矿产主管部门和省、自治区、直辖市人民政府地质矿产主管部门组织有关主管部门，根据全国矿产资源中、长期勘查规划编制，经同级人民政府计划行政主管部门批准后施行。

法律对勘查规划的审批权另有规定的，依照有关法律的规定执行。

第十六条 探矿权人享有下列权利：

（一）按照勘查许可证规定的区域、期限、工作对象进行勘查；

（二）在勘查作业区及相邻区域架设供电、供水、通讯管线，但是不得影响或者损害原有的供电、供水设施和通讯管线；

（三）在勘查作业区及相邻区域通行；

（四）根据工程需要临时使用土地；

（五）优先取得勘查作业区内新发现矿种的探矿权；

（六）优先取得勘查作业区内矿产资源的采矿权；

（七）自行销售勘查中按照批准的工程设计施工回收的矿产品，但是国务院规定由指定单位统一收购的矿产品除外。

探矿权人行使前款所列权利时，有关法律、法规规定应当经过批准或者履行其他手续的，应当遵守有关法律、法规的规定。

第十七条 探矿权人应当履行下列义务：

（一）在规定的期限内开始施工，并在勘查许可证规定的期限内完成勘查工作；

（二）向勘查登记管理机关报告开工等情况；

（三）按照探矿工程设计施工，不得擅自进行采矿活动；

（四）在查明主要矿种的同时，对共生、伴生矿产资源进行综合勘查、综合评价；

（五）编写矿产资源勘查报告，提交有关部门审批；

（六）按照国务院有关规定汇交矿产资源勘查成果档案资料；

（七）遵守有关法律、法规关于劳动安全、土地复垦和环境保护的规定；

（八）勘查作业完毕，及时封、填探矿作业遗留的井、硐或者采取其他措施，消除安全隐患。

第十八条 探矿权人可以对符合国家边探边采规定要求的复杂类型矿床进行开采；但

是，应当向原颁发勘查许可证的机关、矿产储量审批机构和勘查项目主管部门提交论证材料，经审核同意后，按照国务院关于采矿登记管理法规的规定，办理采矿登记。

第十九条　矿产资源勘查报告按照下列规定审批：

（一）供矿山建设使用的重要大型矿床勘查报告和供大型水源地建设使用的地下水勘查报告，由国务院矿产储量审批机构审批；

（二）供矿山建设使用的一般大型、中型、小型矿床勘查报告和供中型、小型水源地建设使用的地下水勘查报告，由省、自治区、直辖市矿产储量审批机构审批；

矿产储量审批机构和勘查单位的主管部门应当自收到矿产资源勘查报告之日起六个月内作出批复。

第二十条　矿产资源勘查报告及其他有价值的勘查资料，按照国务院有关规定实行有偿使用。

第二十一条　探矿权人取得临时使用土地权后，在勘查过程中给他人造成财产损害的，按照下列规定给以补偿：

（一）对耕地造成损害的，根据受损害的耕地面积前三年平均年产量，以补偿时当地市场平均价格计算，逐年给以补偿，并负责恢复耕地的生产条件，及时归还；

（二）对牧区草场造成损害的，按照前项规定逐年给以补偿，并负责恢复草场植被，及时归还；

（三）对耕地上的农作物、经济作物造成损害的，根据受损害的耕地面积前三年平均年产量，以补偿时当地市场平均价格计算，给以补偿；

（四）对竹木造成损害的，根据实际损害株数，以补偿时当地市场平均价格逐株计算，给以补偿。

（五）对土地上的附着物造成损害的，根据实际损害的程度，以补偿时当地市场价格，给以适当补偿。

第二十二条　探矿权人在没有农作物和其他附着物的荒岭、荒坡、荒地、荒漠、沙滩、河滩、湖滩、海滩上进行勘查的，不予补偿；但是，勘查作业不得阻碍或者损害航运、灌溉、防洪等活动或者设施，勘查作业结束后应当采取措施，防止水土流失，保护生态环境。

第二十三条　探矿权人之间对勘查范围发生争议时，由当事人协商解决；协商不成的，由勘查作业区所在地的省、自治区、直辖市人民政府地质矿产主管部门裁决；跨省、自治区、直辖市的勘查范围争议，当事人协商不成的，由有关省、自治区、直辖市人民政府协商解决；协商不成的，由国务院地质矿产主管部门裁决。特定矿种的勘查范围争议，当事人协商不成的，由国务院授权的有关主管部门裁决。

第四章　矿产资源的开采

第二十四条　全国矿产资源的分配和开发利用，应当兼顾当前和长远、中央和地方的利益，实行统一规划、有效保护、合理开采、综合利用。

第二十五条　全国矿产资源规划，在国务院计划行政主管部门指导下，由国务院地质矿产主管部门根据国民经济和社会发展中、长期规划，组织国务院有关主管部门和省、自治区、直辖市人民政府编制，报国务院批准后施行。

全国矿产资源规划应当对全国矿产资源的分配作出统筹安排，合理划定中央与省、自治区、直辖市人民政府审批、开发矿产资源的范围。

第二十六条 矿产资源开发规划是对矿区的开发建设布局进行统筹安排的规划。

矿产资源开发规划分为行业开发规划和地区开发规划。

矿产资源行业开发规划由国务院有关主管部门根据全国矿产资源规划中分配给本部门的矿产资源编制实施。

矿产资源地区开发规划由省、自治区、直辖市人民政府根据全国矿产资源规划中分配给本省、自治区、直辖市的矿产资源编制实施;并作出统筹安排,合理划定省、市、县级人民政府审批、开发矿产资源的范围。

矿产资源行业开发规划和地区开发规划应当报送国务院计划行政主管部门、地质矿产主管部门备案。

国务院计划行政主管部门、地质矿产主管部门,对不符合全国矿产资源规划的行业开发规划和地区开发规划,应当予以纠正。

第二十七条 设立、变更或者撤销国家规划矿区、对国民经济具有重要价值的矿区,由国务院有关主管部门提出,并附具矿产资源详查报告及论证材料,经国务院计划行政主管部门和地质矿产主管部门审定,并联合书面通知有关县级人民政府。县级人民政府应当自收到通知之日起一个月内予以公告,并报国务院计划行政主管部门、地质矿产主管部门备案。

第二十八条 确定或者撤销国家规定实行保护性开采的特定矿种,由国务院有关主管部门提出,并附具论证材料,经国务院计划行政主管部门和地质矿产主管部门审核同意后,报国务院批准。

第二十九条 单位或者个人开采矿产资源前,应当委托持有相应矿山设计证书的单位进行可行性研究和设计。开采零星分散矿产资源和用作建筑材料的砂、石、粘土的,可以不进行可行性研究和设计,但是应当有开采方案和环境保护措施。

矿山设计必须依据设计任务书,采用合理的开采顺序、开采方法和选矿工艺。

矿山设计必须按照国家有关规定审批;未经批准,不得施工。

第三十条 采矿权人享有下列权利:

(一)按照采矿许可证规定的开采范围和期限从事开采活动;

(二)自行销售矿产品,但是国务院规定由指定的单位统一收购的矿产品除外;

(三)在矿区范围内建设采矿所需的生产和生活设施;

(四)根据生产建设的需要依法取得土地使用权;

(五)法律、法规规定的其他权利。

采矿权人行使前款所列权利时,法律、法规规定应当经过批准或者履行其他手续的,依照有关法律、法规的规定办理。

第三十一条 采矿权人应当履行下列义务:

(一)在批准的期限内进行矿山建设或者开采;

(二)有效保护、合理开采、综合利用矿产资源;

(三)依法缴纳资源税和矿产资源补偿费;

(四)遵守国家有关劳动安全、水土保持、土地复垦和环境保护的法律、法规;

(五)接受地质矿产主管部门和有关主管部门的监督管理,按照规定填报矿产储量表和矿产资源开发利用情况统计报告。

第三十二条　采矿权人在采矿许可证有效期满或者在有效期内，停办矿山而矿产资源尚未采完的，必须采取措施将资源保持在能够继续开采的状态，并事先完成下列工作：

（一）编制矿山开采现状报告及实测图件；

（二）按照有关规定报销所消耗的储量；

（三）按照原设计实际完成相应的有关劳动安全、水土保持、土地复垦和环境保护工作，或者缴清土地复垦和环境保护的有关费用。

采矿权人停办矿山的申请，须经原批准开办矿山的主管部门批准、原颁发采矿许可证的机关验收合格后，方可办理有关证、照注销手续。

第三十三条　矿山企业关闭矿山，应当按照下列程序办理审批手续：

（一）开采活动结束的前一年，向原批准开办矿山的主管部门提出关闭矿山申请，并提交闭坑地质报告；

（二）闭坑地质报告经原批准开办矿山的主管部门审核同意后，报地质矿产主管部门会同矿产储量审批机构批准；

（三）闭坑地质报告批准后，采矿权人应当编写关闭矿山报告，报请原批准开办矿山的主管部门会同同级地质矿产主管部门和有关主管部门按照有关行业规定批准。

第三十四条　关闭矿山报告批准后，矿山企业应当完成下列工作：

（一）按照国家有关规定将地质、测量、采矿资料整理归档，并汇交闭坑地质报告、关闭矿山报告及其他有关资料；

（二）按照批准的关闭矿山报告，完成有关劳动安全、水土保持、土地复垦和环境保护工作，或者缴清土地复垦和环境保护的有关费用。

矿山企业凭关闭矿山报告批准文件和有关部门对完成上述工作提供的证明，报请原颁发采矿许可证的机关办理采矿许可证注销手续。

第三十五条　建设单位在建设铁路、公路、工厂、水库、输油管道、输电线路和各种大型建筑物前，必须向所在地的省、自治区、直辖市人民政府地质矿产主管部门了解拟建工程所在地区的矿产资源分布情况，并在建设项目设计任务书报请审批时附具地质矿产主管部门的证明。在上述建设项目与重要矿床的开采发生矛盾时，由国务院有关主管部门或者省、自治区、直辖市人民政府提出方案，经国务院地质矿产主管部门提出意见后，报国务院计划行政主管部门决定。

第三十六条　采矿权人之间对矿区范围发生争议时，由当事人协商解决；协商不成的，由矿产资源所在地的县级以上地方人民政府根据依法核定的矿区范围处理；跨省、自治区、直辖市的矿区范围争议，当事人协商不成的，由有关省、自治区、直辖市人民政府协商解决；协商不成的，由国务院地质矿产主管部门提出处理意见，报国务院决定。

第五章　集体所有制矿山企业、私营矿山企业和个体采矿者

第三十七条　国家依法保护集体所有制矿山企业、私营矿山企业和个体采矿者的合法权益，依法对集体所有制矿山企业、私营矿山企业和个体采矿者进行监督管理。

第三十八条　集体所有制矿山企业可以开采下列矿产资源：

（一）不适于国家建设大、中型矿山的矿床及矿点；

（二）经国有矿山企业同意，并经其上级主管部门批准，在其矿区范围内划出的边缘零

星矿产;

(三)矿山闭坑后,经原矿山企业主管部门确认可以安全开采并不会引起严重环境后果的残留矿体;

(四)国家规划可以由集体所有制矿山企业开采的其他矿产资源。

集体所有制矿山企业开采前款第(二)项所列矿产资源时,必须与国有矿山企业签定合理开发利用矿产资源和矿山安全协议,不得浪费和破坏矿产资源,并不得影响国有矿山企业的生产安全。

第三十九条 私营矿山企业开采矿产资源的范围参照本细则第三十八条的规定执行。

第四十条 个体采矿者可以采挖下列矿产资源:

(一)零星分散的小矿体或者矿点;

(二)只能用作普通建筑材料的砂、石、粘土。

第四十一条 国家设立国家规划矿区、对国民经济具有重要价值的矿区时,对应当撤出的原采矿权人,国家按照有关规定给予合理补偿。

第六章 法律责任

第四十二条 依照《矿产资源法》第三十九条、第四十条、第四十二条、第四十三条、第四十四条规定处以罚款的,分别按照下列规定执行:

(一)未取得采矿许可证擅自采矿的,擅自进入国家规划矿区、对国民经济具有重要价值的矿区和他人矿区范围采矿的,擅自开采国家规定实行保护性开采的特定矿种的,处以违法所得百分之五十以下的罚款;

(二)超越批准的矿区范围采矿的,处以违法所得百分之三十以下的罚款;

(三)买卖、出租或者以其他形式转让矿产资源的,买卖、出租采矿权的,对卖方、出租方、出让方处以违法所得一倍以下的罚款;

(四)非法用采矿权作抵押的,处以5000元以下的罚款;

(五)违反规定收购和销售国家规定统一收购的矿产品的,处以违法所得一倍以下的罚款;

(六)采取破坏性的开采方法开采矿产资源,造成矿产资源严重破坏的,处以相当于矿产资源损失价值百分之五十以下的罚款。

第四十三条 违反本细则规定,有下列行为之一的,对主管人员和直接责任人员给予行政处分;构成犯罪的,依法追究刑事责任:

(一)批准不符合办矿条件的单位或者个人开办矿山的;

(二)对未经依法批准的矿山企业或者个人颁发采矿许可证的。

第七章 附 则

第四十四条 地下水资源具有水资源和矿产资源的双重属性。地下水资源的勘查,适用《矿产资源法》和本细则;地下水资源的开发、利用、保护和管理,适用《水法》和有关的行政法规。

第四十五条 本细则由地质矿产部负责解释。

第四十六条 本细则自发布之日起施行。

附件：

矿产资源分类细目

（一）能源矿产

煤、煤成气、石煤、油页岩、石油、天然气、油砂、天然沥青、铀、钍、地热。

（二）金属矿产

铁、锰、铬、钒、钛；铜、铅、锌、铝土矿、镍、钴、钨、锡、铋、钼、汞、锑、镁；铂、钯、钌、锇、铱、铑；金、银；铌、钽、铍、锂、锆、锶、铷、铯；镧、铈、镨、钕、钐、铕、钇、钆、铽、镝、钬、铒、铥、镱、镥；钪、锗、镓、铟、铊、铪、铼、镉、硒、碲。

（三）非金属矿产

金刚石、石墨、磷、自然硫、硫铁矿、钾盐、硼、水晶（压电水晶、熔炼水晶、光学水晶、工艺水晶）、刚玉、蓝晶石、硅线石、红柱石、硅灰石、钠硝石、滑石、石棉、蓝石棉、云母、长石、石榴子石、叶蜡石、透辉石、透闪石、蛭石、沸石、明矾石、芒硝（含钙芒硝）、石膏、（含硬石膏）、重晶石、毒重石、天然碱、方解石、冰洲石、菱镁矿、萤石（普通萤石、光学萤石）、宝石、黄玉、玉石、电气石、玛瑙、颜料矿物（赭石、颜料黄土）、石灰岩（电石用灰岩、制碱用灰岩、化肥用灰岩、熔剂用灰岩、玻璃用灰岩、水泥用灰岩、建筑石料用灰岩、制灰用灰岩、饰面用灰岩）、泥灰岩、白垩、含钾岩石、白云岩（冶金用白云岩、化肥用白云岩、玻璃用白云岩、建筑用白云岩）、石英岩（冶金用石英岩、玻璃用石英岩、化肥用石英岩）、砂岩（冶金用砂岩、玻璃用砂岩、水泥配料用砂岩、砖瓦用砂岩、化肥用砂岩、铸型用砂岩、陶瓷用砂岩）、天然石英砂（玻璃用砂、铸型用砂、建筑用砂、水泥配料用砂、水泥标准砂、砖瓦用砂），脉石英（冶金用脉石英、玻璃用脉石英）、粉石英、天然油石、含钾砂页岩、硅藻土、页岩（陶粒页岩、砖瓦用页岩、水泥配料用页岩）、高岭土、陶瓷土、耐火粘土、凹凸棒石粘土、海泡石粘土、伊利石粘土、累托石粘土、膨润土、铁矾土、其他粘土（铸型用粘土、砖瓦用粘土、陶粒用粘土、水泥配料用粘土、水泥配料用红土、水泥配料用黄土、水泥配料用泥岩、保温材料用粘土）、橄榄岩（化肥用橄榄岩、建筑用橄榄岩）、蛇纹岩（化肥用蛇纹岩、熔剂用蛇纹岩、饰面用蛇纹岩）、玄武岩（铸石用玄武岩、岩棉用玄武岩）、辉绿岩（水泥用辉绿岩、铸石用辉绿岩、饰面用辉绿岩、建筑用辉绿岩）、安山岩（饰面用安山岩、建筑用安山岩、水泥混合材用安山玢岩）、闪长岩（水泥混合材用闪长玢岩、建筑用闪长岩）、花岗岩（建筑用花岗岩、饰面用花岗岩）、麦饭石、珍珠岩、黑曜岩、松脂岩、浮石、粗面岩（水泥用粗面岩、铸石用粗面岩）、霞石正长岩、凝灰岩（玻璃用凝灰岩、水泥用凝灰岩、建筑用凝灰岩）、火山灰、火山渣、大理岩（饰面用大理岩、建筑用大理岩、水泥用大理岩、玻璃用大理岩）、板岩（饰面用板岩、水泥配料用板岩）、片麻岩、角闪岩、泥炭、矿盐（湖盐、岩盐、天然卤水）、镁盐、碘、溴、砷。

（四）水气矿产

地下水、矿泉水、二氧化碳气、硫化氢气、氦气、氡气。

矿产资源开采登记管理办法*

（1998年2月12日国务院令第241号发布
根据2014年7月29日《国务院关于修改部分行政法规的决定》修正）

第一条 为了加强对矿产资源开采的管理，保护采矿权人的合法权益，维护矿产资源开采秩序，促进矿业发展，根据《中华人民共和国矿产资源法》，制定本办法。

第二条 在中华人民共和国领域及管辖的其他海域开采矿产资源，必须遵守本办法。

第三条 开采下列矿产资源，由国务院地质矿产主管部门审批登记，颁发采矿许可证：

（一）国家规划矿区和对国民经济具有重要价值的矿区内的矿产资源；

（二）领海及中国管辖的其他海域的矿产资源；

（三）外商投资开采的矿产资源；

（四）本办法附录所列的矿产资源。

开采石油、天然气矿产的，经国务院指定的机关审查同意后，由国务院地质矿产主管部门登记，颁发采矿许可证。

开采下列矿产资源，由省、自治区、直辖市人民政府地质矿产主管部门审批登记，颁发采矿许可证：

（一）本条第一款、第二款规定以外的矿产储量规模中型以上的矿产资源；

（二）国务院地质矿产主管部门授权省、自治区、直辖市人民政府地质矿产主管部门审批登记的矿产资源。

开采本条第一款、第二款、第三款规定以外的矿产资源，由县级以上地方人民政府负责地质矿产管理工作的部门，按照省、自治区、直辖市人民代表大会常务委员会制定的管理办法审批登记，颁发采矿许可证。

矿区范围跨县级以上行政区域的，由所涉及行政区域的共同上一级登记管理机关审批登记，颁发采矿许可证。

县级以上地方人民政府负责地质矿产管理工作的部门在审批发证后，应当逐级向上一级人民政府负责地质矿产管理工作的部门备案。

第四条 采矿权申请人在提出采矿权申请前，应当根据经批准的地质勘查储量报告，向登记管理机关申请划定矿区范围。

需要申请立项，设立矿山企业的，应当根据划定的矿区范围，按照国家规定办理有关

---

* 本法规中多个行政审批项目已先后被《国务院关于取消第一批行政审批项目的决定》（发布日期：2002年11月1日，实施日期：2002年11月1日）、《国务院关于取消和下放一批行政审批项目的决定（2014）》（发布日期：2014年1月28日，实施日期：2014年1月28日）取消。

手续。

第五条　采矿权申请人申请办理采矿许可证时，应当向登记管理机关提交下列资料：

（一）申请登记书和矿区范围图；

（二）采矿权申请人资质条件的证明；

（三）矿产资源开发利用方案；

（四）依法设立矿山企业的批准文件；

（五）开采矿产资源的环境影响评价报告；

（六）国务院地质矿产主管部门规定提交的其他资料。

申请开采国家规划矿区或者对国民经济具有重要价值的矿区内的矿产资源和国家实行保护性开采的特定矿种的，还应当提交国务院有关主管部门的批准文件。

申请开采石油、天然气的，还应当提交国务院批准设立石油公司或者同意进行石油、天然气开采的批准文件以及采矿企业法人资格证明。

第六条　登记管理机关应当自收到申请之日起40日内，作出准予登记或者不予登记的决定，并通知采矿权申请人。

需要采矿权申请人修改或者补充本办法第五条规定的资料的，登记管理机关应当通知采矿权申请人限期修改或者补充。

准予登记的，采矿权申请人应当自收到通知之日起30日内，依照本办法第九条的规定缴纳采矿权使用费，并依照本办法第十条的规定缴纳国家出资勘查形成的采矿权价款，办理登记手续，领取采矿许可证，成为采矿权人。

不予登记的，登记管理机关应当向采矿权申请人说明理由。

第七条　采矿许可证有效期，按照矿山建设规模确定：大型以上的，采矿许可证有效期最长为30年；中型的，采矿许可证有效期最长为20年；小型的，采矿许可证有效期最长为10年。采矿许可证有效期满，需要继续采矿的，采矿权人应当在采矿许可证有效期届满的30日前，到登记管理机关办理延续登记手续。

采矿权人逾期不办理延续登记手续的，采矿许可证自行废止。

第八条　登记管理机关在颁发采矿许可证后，应当通知矿区范围所在地的有关县级人民政府。有关县级人民政府应当自收到通知之日起90日内，对矿区范围予以公告，并可以根据采矿权人的申请，组织埋设界桩或者设置地面标志。

第九条　国家实行采矿权有偿取得的制度。采矿权使用费，按照矿区范围的面积逐年缴纳，标准为每平方公里每年1000元。

第十条　申请国家出资勘查并已经探明矿产地的采矿权的，采矿权申请人除依照本办法第九条的规定缴纳采矿权使用费外，还应当缴纳国家出资勘查形成的采矿权价款；采矿权价款按照国家有关规定，可以一次缴纳，也可以分期缴纳。

国家出资勘查形成的采矿权价款，由具有矿业权评估资质的评估机构进行评估；评估报告报登记管理机关备案。

第十一条　采矿权使用费和国家出资勘查形成的采矿权价款由登记管理机关收取，全部纳入国家预算管理。具体管理。使用办法，由国务院地质矿产主管部门会同国务院财政部门、计划主管部门制定。

第十二条 有下列情形之一的,由采矿权人提出申请,经省级以上人民政府登记管理机关按照国务院地质矿产主管部门会同国务院财政部门制定的采矿权使用费和采矿权价款的减免办法审查批准,可以减缴。免缴采矿权使用费和采矿权价款:

(一)开采边远贫困地区的矿产资源的;

(二)开采国家紧缺的矿种的;

(三)因自然灾害等不可抗力的原因,造成矿山企业严重亏损或者停产的;

(四)国务院地质矿产主管部门和国务院财政部门规定的其他情形。

第十三条 采矿权可以通过招标投标的方式有偿取得。

登记管理机关依照本办法第三条规定的权限确定招标的矿区范围,发布招标公告,提出投标要求和截止日期;但是,对境外招标的矿区范围由国务院地质矿产主管部门确定。

登记管理机关组织评标,采取择优原则确定中标人。中标人缴纳本办法第九条、第十条规定的费用后,办理登记手续,领取采矿许可证,成为采矿权人,并履行标书中承诺的义务。

第十四条 登记管理机关应当对本行政区域内的采矿权人合理开发利用矿产资源、保护环境及其他应当履行的法定义务等情况依法进行监督检查。采矿权人应当如实报告有关情况,并提交年度报告。

第十五条 有下列情形之一的,采矿权人应当在采矿许可证有效期内,向登记管理机关申请变更登记:

(一)变更矿区范围的;

(二)变更主要开采矿种的;

(三)变更开采方式的;

(四)变更矿山企业名称的;

(五)经依法批准转让采矿权的。

第十六条 采矿权人在采矿许可证有效期内或者有效期届满,停办、关闭矿山的,应当自决定停办或者关闭矿山之日起 30 内,向原发证机关申请办理采矿许可证注销登记手续。

第十七条 任何单位和个人未领取采矿许可证擅自采矿的,擅自进入国家规划矿区和对国民经济具有重要价值的矿区范围采矿的,擅自开采国家规定实行保护性开采的特定矿种的,超越批准的矿区范围采矿的,由登记管理机关依照有关法律、行政法规的规定予以处罚。

第十八条 不依照本办法规定提交年度报告、拒绝接受监督检查或者弄虚作假的,由县级以上人民政府负责地质矿产管理工作的部门按照国务院地质矿产主管部门规定的权限,责令停止违法行为,予以警告,可以并处 5 万元以下的罚款;情节严重的,由原发证机关吊销采矿许可证。

第十九条 破坏或者擅自移动矿区范围界桩或者地面标志的,由县级以上人民政府负责地质矿产管理工作的部门按照国务院地质矿产主管部门规定的权限,责令限期恢复;情节严重的,处 3 万元以下的罚款。

第二十条 擅自印制或者伪造、冒用采矿许可证的,由县级以上人民政府负责地质矿产管理工作的部门按照国务院地质矿产主管部门规定的权限,没收违法所得,可以并处 10 万元以下的罚款；构成犯罪的，依法追究刑事责任。

第二十一条　违反本办法规定，不按期缴纳本办法规定应当缴纳的费用的，由登记管理机关责令限期缴纳，并从滞纳之日起每日加收千分之二的滞纳金；逾期仍不缴纳的，由原发证机关吊销采矿许可证。

第二十二条　违反本办法规定，不办理采矿许可证变更登记或者注销登记手续的，由登记管理机关责令限期改正；逾期不改正的，由原发证机关吊销采矿许可证。

第二十三条　违反本办法规定开采石油、天然气矿产的，由国务院地质矿产主管部门按照本办法的有关规定给予行政处罚。

第二十四条　采矿权人被吊销采矿许可证的，自采矿许可证被吊销之日起 2 年内不得再申请采矿权。

第二十五条　登记管理机关工作人员徇私舞弊、滥用职权、玩忽职守，构成犯罪的，依法追究刑事责任；尚不构成犯罪的，依法给予行政处分。

第二十六条　采矿许可证由国务院地质矿产主管部门统一印制。申请登记书、变更申请登记书和注销申请登记书的格式，由国务院地质矿产主管部门统一制定。

第二十七条　办理采矿登记手续，应当按照规定缴纳登记费。收费标准和管理、使用办法，由国务院物价主管部门会同国务院地质矿产主管部门、财政部门规定。

第二十八条　外商投资开采矿产资源，依照本办法的规定办理；法律、行政法规另有特别规定的，从其规定。

第二十九条　中外合作开采矿产资源的，中方合作者应当在签订合同后，将合同向原发证机关备案。

第三十条　本办法施行前已经取得采矿许可证的，由国务院地质矿产主管部门统一组织换领新采矿许可证。

本办法施行前已经开办的矿山企业，应当自本办法施行之日起开始缴纳采矿权使用费，并可以依照本办法的规定申请减缴、免缴。

第三十一条　登记管理机关应当对颁发的采矿许可证和吊销的采矿许可证予以公告。

第三十二条　本办法所称矿区范围，是指经登记管理机关依法划定的可供开采矿产资源的范围、井巷工程设施分布范围或者露天剥离范围的立体空间区域。

本办法所称开采方式，是指地下开采或者露天开采。

第三十三条　本办法附录的修改，由国务院地质矿产主管部门报国务院批准后公布。

第三十四条　本办法自发布之日起施行。1987 年 4 月 29 日国务院发布的《全民所有制矿山企业采矿登记管理暂行办法》和 1990 年 11 月 22 日《国务院关于修改〈全民所有制矿山企业采矿登记管理暂行办法〉的决定》同时废止。

【附录】

国务院地质矿产主管部门审批发证矿种目录

1 煤
2 石油
3 油页岩
4 烃类天然气
5 二氧化碳气
6 煤成(层)气
7 地热
8 放射性矿产
9 金
10 银
11 铂
12 锰
13 铬
14 钴
15 铁
16 铜
17 铅
18 锌
19 铝
20 镍
21 钨
22 锡
23 锑
24 钼
25 稀土
26 磷
27 钾
28 硫
29 锶
30 金刚石
31 铌
32 钽
33 石棉
34 矿泉水

最高人民法院、最高人民检察院关于办理非法采矿、破坏性采矿刑事案件适用法律若干问题的解释

（2016年9月26日最高人民法院审判委员会第1694次会议、2016年11月4日最高人民检察院第十二届检察委员会第57次会议通过　2016年11月28日公布　法释〔2016〕25号　自2016年12月1日起施行）

为依法惩处非法采矿、破坏性采矿犯罪活动，根据《中华人民共和国刑法》《中华人民共和国刑事诉讼法》的有关规定，现就办理此类刑事案件适用法律的若干问题解释如下：

第一条　违反《中华人民共和国矿产资源法》《中华人民共和国水法》等法律、行政法规有关矿产资源开发、利用、保护和管理的规定的，应当认定为刑法第三百四十三条规定的“违反矿产资源法的规定”。

第二条　具有下列情形之一的，应当认定为刑法第三百四十三条第一款规定的“未取得采矿许可证”：

（一）无许可证的；

（二）许可证被注销、吊销、撤销的；

（三）超越许可证规定的矿区范围或者开采范围的；

（四）超出许可证规定的矿种的（共生、伴生矿种除外）；

（五）其他未取得许可证的情形。

第三条　实施非法采矿行为，具有下列情形之一的，应当认定为刑法第三百四十三条第一款规定的“情节严重”：

（一）开采的矿产品价值或者造成矿产资源破坏的价值在十万元至三十万元以上的；

（二）在国家规划矿区、对国民经济具有重要价值的矿区采矿，开采国家规定实行保护性开采的特定矿种，或者在禁采区、禁采期内采矿，开采的矿产品价值或者造成矿产资源破坏的价值在五万元至十五万元以上的；

（三）二年内曾因非法采矿受过两次以上行政处罚，又实施非法采矿行为的；

（四）造成生态环境严重损害的；

（五）其他情节严重的情形。

实施非法采矿行为，具有下列情形之一的，应当认定为刑法第三百四十三条第一款规定的“情节特别严重”：

（一）数额达到前款第一项、第二项规定标准五倍以上的；

（二）造成生态环境特别严重损害的；

（三）其他情节特别严重的情形。

第四条　在河道管理范围内采砂，具有下列情形之一，符合刑法第三百四十三条第一款

和本解释第二条、第三条规定的，以非法采矿罪定罪处罚：

（一）依据相关规定应当办理河道采砂许可证，未取得河道采砂许可证的；

（二）依据相关规定应当办理河道采砂许可证和采矿许可证，既未取得河道采砂许可证，又未取得采矿许可证的。

实施前款规定行为，虽不具有本解释第三条第一款规定的情形，但严重影响河势稳定，危害防洪安全的，应当认定为刑法第三百四十三条第一款规定的“情节严重”。

第五条 未取得海砂开采海域使用权证，且未取得采矿许可证，采挖海砂，符合刑法第三百四十三条第一款和本解释第二条、第三条规定的，以非法采矿罪定罪处罚。

实施前款规定行为，虽不具有本解释第三条第一款规定的情形，但造成海岸线严重破坏的，应当认定为刑法第三百四十三条第一款规定的“情节严重”。

第六条 造成矿产资源破坏的价值在五十万元至一百万元以上，或者造成国家规划矿区、对国民经济具有重要价值的矿区和国家规定实行保护性开采的特定矿种资源破坏的价值在二十五万元至五十万元以上的，应当认定为刑法第三百四十三条第二款规定的“造成矿产资源严重破坏”。

第七条 明知是犯罪所得的矿产品及其产生的收益，而予以窝藏、转移、收购、代为销售或者以其他方法掩饰、隐瞒的，依照刑法第三百一十二条的规定，以掩饰、隐瞒犯罪所得、犯罪所得收益罪定罪处罚。

实施前款规定的犯罪行为，事前通谋的，以共同犯罪论处。

第八条 多次非法采矿、破坏性采矿构成犯罪，依法应当追诉的，或者二年内多次非法采矿、破坏性采矿未经处理的，价值数额累计计算。

第九条 单位犯刑法第三百四十三条规定之罪的，依照本解释规定的相应自然人犯罪的定罪量刑标准，对直接负责的主管人员和其他直接责任人员定罪处罚，并对单位判处罚金。

第十条 实施非法采矿犯罪，不属于“情节特别严重”，或者实施破坏性采矿犯罪，行为人系初犯，全部退赃退赔，积极修复环境，并确有悔改表现的，可以认定为犯罪情节轻微，不起诉或者免予刑事处罚。

第十一条 对受雇佣为非法采矿、破坏性采矿犯罪提供劳务的人员，除参与利润分成或者领取高额固定工资的以外，一般不以犯罪论处，但曾因非法采矿、破坏性采矿受过处罚的除外。

第十二条 对非法采矿、破坏性采矿犯罪的违法所得及其收益，应当依法追缴或者责令退赔。

对用于非法采矿、破坏性采矿犯罪的专门工具和供犯罪所用的本人财物，应当依法没收。

第十三条 非法开采的矿产品价值，根据销赃数额认定；无销赃数额，销赃数额难以查证，或者根据销赃数额认定明显不合理的，根据矿产品价格和数量认定。

矿产品价值难以确定的，依据下列机构出具的报告，结合其他证据作出认定：

（一）价格认证机构出具的报告；

（二）省级以上人民政府国土资源、水行政、海洋等主管部门出具的报告；

（三）国务院水行政主管部门在国家确定的重要江河、湖泊设立的流域管理机构出具的报告。

第十四条　对案件所涉的有关专门性问题难以确定的,依据下列机构出具的鉴定意见或者报告,结合其他证据作出认定:

(一)司法鉴定机构就生态环境损害出具的鉴定意见;

(二)省级以上人民政府国土资源主管部门就造成矿产资源破坏的价值、是否属于破坏性开采方法出具的报告;

(三)省级以上人民政府水行政主管部门或者国务院水行政主管部门在国家确定的重要江河、湖泊设立的流域管理机构就是否危害防洪安全出具的报告;

(四)省级以上人民政府海洋主管部门就是否造成海岸线严重破坏出具的报告。

第十五条　各省、自治区、直辖市高级人民法院、人民检察院,可以根据本地区实际情况,在本解释第三条、第六条规定的数额幅度内,确定本地区执行的具体数额标准,报最高人民法院、最高人民检察院备案。

第十六条　本解释自2016年12月1日起施行。本解释施行后,《最高人民法院关于审理非法采矿、破坏性采矿刑事案件具体应用法律若干问题的解释》(法释〔2003〕9号)同时废止。

附录三　办理非法采砂犯罪案件常用法律法规及规范性文件

中华人民共和国水法

（1988年1月21日第六届全国人民代表大会常务委员会第二十四次会议通过　2002年8月29日第九届全国人民代表大会常务委员会第二十九次会议修订　根据2009年8月27日第十一届全国人民代表大会常务委员会第十次会议《关于修改部分法律的决定》第一次修正　根据2016年7月2日第十二届全国人民代表大会常务委员会第二十一次会议《关于修改〈中华人民共和国节约能源法〉等六部法律的决定》第二次修正）

目　录

第一章　总　　则

第一条　为了合理开发、利用、节约和保护水资源，防治水害，实现水资源的可持续利用，适应国民经济和社会发展的需要，制定本法。

第二条　在中华人民共和国领域内开发、利用、节约、保护、管理水资源，防治水害，适用本法。

本法所称水资源，包括地表水和地下水。

第三条　水资源属于国家所有。水资源的所有权由国务院代表国家行使。农村集体经济组织的水塘和由农村集体经济组织修建管理的水库中的水，归各该农村集体经济组织使用。

第四条　开发、利用、节约、保护水资源和防治水害，应当全面规划、统筹兼顾、标本兼治、综合利用、讲求效益，发挥水资源的多种功能，协调好生活、生产经营和生态环境用水。

第五条　县级以上人民政府应当加强水利基础设施建设，并将其纳入本级国民经济和社会发展计划。

第六条　国家鼓励单位和个人依法开发、利用水资源，并保护其合法权益。开发、利用水资源的单位和个人有依法保护水资源的义务。

第七条　国家对水资源依法实行取水许可制度和有偿使用制度。但是，农村集体经济组织及其成员使用本集体经济组织的水塘、水库中的水的除外。国务院水行政主管部门负责全国取水许可制度和水资源有偿使用制度的组织实施。

第八条　国家厉行节约用水，大力推行节约用水措施，推广节约用水新技术、新工艺，发展节水型工业、农业和服务业，建立节水型社会。

各级人民政府应当采取措施，加强对节约用水的管理，建立节约用水技术开发推广体系，培育和发展节约用水产业。

单位和个人有节约用水的义务。

第九条　国家保护水资源，采取有效措施，保护植被，植树种草，涵养水源，防治水土流失和水体污染，改善生态环境。

第十条　国家鼓励和支持开发、利用、节约、保护、管理水资源和防治水害的先进科学技术的研究、推广和应用。

第十一条　在开发、利用、节约、保护、管理水资源和防治水害等方面成绩显著的单位和个人，由人民政府给予奖励。

第十二条　国家对水资源实行流域管理与行政区域管理相结合的管理体制。

国务院水行政主管部门负责全国水资源的统一管理和监督工作。

国务院水行政主管部门在国家确定的重要江河、湖泊设立的流域管理机构（以下简称流域管理机构），在所管辖的范围内行使法律、行政法规规定的和国务院水行政主管部门授予的水资源管理和监督职责。

县级以上地方人民政府水行政主管部门按照规定的权限，负责本行政区域内水资源的统一管理和监督工作。

第十三条　国务院有关部门按照职责分工，负责水资源开发、利用、节约和保护的有关工作。

县级以上地方人民政府有关部门按照职责分工，负责本行政区域内水资源开发、利用、节约和保护的有关工作。

第二章　水资源规划

第十四条　国家制定全国水资源战略规划。

开发、利用、节约、保护水资源和防治水害，应当按照流域、区域统一制定规划。规划分为流域规划和区域规划。流域规划包括流域综合规划和流域专业规划；区域规划包括区域综合规划和区域专业规划。

前款所称综合规划，是指根据经济社会发展需要和水资源开发利用现状编制的开发、利用、节约、保护水资源和防治水害的总体部署。前款所称专业规划，是指防洪、治涝、灌溉、航运、供水、水力发电、竹木流放、渔业、水资源保护、水土保持、防沙治沙、节约用水等规划。

第十五条　流域范围内的区域规划应当服从流域规划，专业规划应当服从综合规划。

流域综合规划和区域综合规划以及与土地利用关系密切的专业规划，应当与国民经济和社会发展规划以及土地利用总体规划、城市总体规划和环境保护规划相协调，兼顾各地区、各行业的需要。

第十六条 制定规划，必须进行水资源综合科学考察和调查评价。水资源综合科学考察和调查评价，由县级以上人民政府水行政主管部门会同同级有关部门组织进行。

县级以上人民政府应当加强水文、水资源信息系统建设。县级以上人民政府水行政主管部门和流域管理机构应当加强对水资源的动态监测。

基本水文资料应当按照国家有关规定予以公开。

第十七条 国家确定的重要江河、湖泊的流域综合规划，由国务院水行政主管部门会同国务院有关部门和有关省、自治区、直辖市人民政府编制，报国务院批准。跨省、自治区、直辖市的其他江河、湖泊的流域综合规划和区域综合规划，由有关流域管理机构会同江河、湖泊所在地的省、自治区、直辖市人民政府水行政主管部门和有关部门编制，分别经有关省、自治区、直辖市人民政府审查提出意见后，报国务院水行政主管部门审核；国务院水行政主管部门征求国务院有关部门意见后，报国务院或者其授权的部门批准。

前款规定以外的其他江河、湖泊的流域综合规划和区域综合规划，由县级以上地方人民政府水行政主管部门会同同级有关部门和有关地方人民政府编制，报本级人民政府或者其授权的部门批准，并报上一级水行政主管部门备案。

专业规划由县级以上人民政府有关部门编制，征求同级其他有关部门意见后，报本级人民政府批准。其中，防洪规划、水土保持规划的编制、批准，依照防洪法、水土保持法的有关规定执行。

第十八条 规划一经批准，必须严格执行。

经批准的规划需要修改时，必须按照规划编制程序经原批准机关批准。

第十九条 建设水工程，必须符合流域综合规划。在国家确定的重要江河、湖泊和跨省、自治区、直辖市的江河、湖泊上建设水工程，未取得有关流域管理机构签署的符合流域综合规划要求的规划同意书的，建设单位不得开工建设；在其他江河、湖泊上建设水工程，未取得县级以上地方人民政府水行政主管部门按照管理权限签署的符合流域综合规划要求的规划同意书的，建设单位不得开工建设。水工程建设涉及防洪的，依照防洪法的有关规定执行；涉及其他地区和行业的，建设单位应当事先征求有关地区和部门的意见。

第三章 水资源开发利用

第二十条 开发、利用水资源，应当坚持兴利与除害相结合，兼顾上下游、左右岸和有关地区之间的利益，充分发挥水资源的综合效益，并服从防洪的总体安排。

第二十一条 开发、利用水资源，应当首先满足城乡居民生活用水，并兼顾农业、工业、生态环境用水以及航运等需要。

在干旱和半干旱地区开发、利用水资源，应当充分考虑生态环境用水需要。

第二十二条 跨流域调水，应当进行全面规划和科学论证，统筹兼顾调出和调入流域的用水需要，防止对生态环境造成破坏。

第二十三条 地方各级人民政府应当结合本地区水资源的实际情况，按照地表水与地下水统一调度开发、开源与节流相结合、节流优先和污水处理再利用的原则，合理组织开发、综合利用水资源。

国民经济和社会发展规划以及城市总体规划的编制、重大建设项目的布局,应当与当地水资源条件和防洪要求相适应,并进行科学论证;在水资源不足的地区,应当对城市规模和建设耗水量大的工业、农业和服务业项目加以限制。

第二十四条　在水资源短缺的地区,国家鼓励对雨水和微咸水的收集、开发、利用和对海水的利用、淡化。

第二十五条　地方各级人民政府应当加强对灌溉、排涝、水土保持工作的领导,促进农业生产发展;在容易发生盐碱化和渍害的地区,应当采取措施,控制和降低地下水的水位。

农村集体经济组织或者其成员依法在本集体经济组织所有的集体土地或者承包土地上投资兴建水工程设施的,按照谁投资建设谁管理和谁受益的原则,对水工程设施及其蓄水进行管理和合理使用。

农村集体经济组织修建水库应当经县级以上地方人民政府水行政主管部门批准。

第二十六条　国家鼓励开发、利用水能资源。在水能丰富的河流,应当有计划地进行多目标梯级开发。

建设水力发电站,应当保护生态环境,兼顾防洪、供水、灌溉、航运、竹木流放和渔业等方面的需要。

第二十七条　国家鼓励开发、利用水运资源。在水生生物洄游通道、通航或者竹木流放的河流上修建永久性拦河闸坝,建设单位应当同时修建过鱼、过船、过木设施,或者经国务院授权的部门批准采取其他补救措施,并妥善安排施工和蓄水期间的水生生物保护、航运和竹木流放,所需费用由建设单位承担。

在不通航的河流或者人工水道上修建闸坝后可以通航的,闸坝建设单位应当同时修建过船设施或者预留过船设施位置。

第二十八条　任何单位和个人引水、截(蓄)水、排水,不得损害公共利益和他人的合法权益。

第二十九条　国家对水工程建设移民实行开发性移民的方针,按照前期补偿、补助与后期扶持相结合的原则,妥善安排移民的生产和生活,保护移民的合法权益。

移民安置应当与工程建设同步进行。建设单位应当根据安置地区的环境容量和可持续发展的原则,因地制宜,编制移民安置规划,经依法批准后,由有关地方人民政府组织实施。所需移民经费列入工程建设投资计划。

第四章　水资源、水域和水工程的保护

第三十条　县级以上人民政府水行政主管部门、流域管理机构以及其他有关部门在制定水资源开发、利用规划和调度水资源时,应当注意维持江河的合理流量和湖泊、水库以及地下水的合理水位,维护水体的自然净化能力。

第三十一条　从事水资源开发、利用、节约、保护和防治水害等水事活动,应当遵守经批准的规划;因违反规划造成江河和湖泊水域使用功能降低、地下水超采、地面沉降、水体污染的,应当承担治理责任。

开采矿藏或者建设地下工程,因疏干排水导致地下水水位下降、水源枯竭或者地面塌陷,采矿单位或者建设单位应当采取补救措施;对他人生活和生产造成损失的,依法给予

补偿。

第三十二条 国务院水行政主管部门会同国务院环境保护行政主管部门、有关部门和有关省、自治区、直辖市人民政府，按照流域综合规划、水资源保护规划和经济社会发展要求，拟定国家确定的重要江河、湖泊的水功能区划，报国务院批准。跨省、自治区、直辖市的其他江河、湖泊的水功能区划，由有关流域管理机构会同江河、湖泊所在地的省、自治区、直辖市人民政府水行政主管部门、环境保护行政主管部门和其他有关部门拟定，分别经有关省、自治区、直辖市人民政府审查提出意见后，由国务院水行政主管部门会同国务院环境保护行政主管部门审核，报国务院或者其授权的部门批准。

前款规定以外的其他江河、湖泊的水功能区划，由县级以上地方人民政府水行政主管部门会同同级人民政府环境保护行政主管部门和有关部门拟定，报同级人民政府或者其授权的部门批准，并报上一级水行政主管部门和环境保护行政主管部门备案。

县级以上人民政府水行政主管部门或者流域管理机构应当按照水功能区对水质的要求和水体的自然净化能力，核定该水域的纳污能力，向环境保护行政主管部门提出该水域的限制排污总量意见。

县级以上地方人民政府水行政主管部门和流域管理机构应当对水功能区的水质状况进行监测，发现重点污染物排放总量超过控制指标的，或者水功能区的水质未达到水域使用功能对水质的要求的，应当及时报告有关人民政府采取治理措施，并向环境保护行政主管部门通报。

第三十三条 国家建立饮用水水源保护区制度。省、自治区、直辖市人民政府应当划定饮用水水源保护区，并采取措施，防止水源枯竭和水体污染，保证城乡居民饮用水安全。

第三十四条 禁止在饮用水水源保护区内设置排污口。

在江河、湖泊新建、改建或者扩大排污口，应当经过有管辖权的水行政主管部门或者流域管理机构同意，由环境保护行政主管部门负责对该建设项目的环境影响报告书进行审批。

第三十五条 从事工程建设，占用农业灌溉水源、灌排工程设施，或者对原有灌溉用水、供水水源有不利影响的，建设单位应当采取相应的补救措施；造成损失的，依法给予补偿。

第三十六条 在地下水超采地区，县级以上地方人民政府应当采取措施，严格控制开采地下水。在地下水严重超采地区，经省、自治区、直辖市人民政府批准，可以划定地下水禁止开采或者限制开采区。在沿海地区开采地下水，应当经过科学论证，并采取措施，防止地面沉降和海水入侵。

第三十七条 禁止在江河、湖泊、水库、运河、渠道内弃置、堆放阻碍行洪的物体和种植阻碍行洪的林木及高秆作物。

禁止在河道管理范围内建设妨碍行洪的建筑物、构筑物以及从事影响河势稳定、危害河岸堤防安全和其他妨碍河道行洪的活动。

第三十八条 在河道管理范围内建设桥梁、码头和其他拦河、跨河、临河建筑物、构筑物，铺设跨河管道、电缆，应当符合国家规定的防洪标准和其他有关的技术要求，工程建设方案应当依照防洪法的有关规定报经有关水行政主管部门审查同意。

因建设前款工程设施，需要扩建、改建、拆除或者损坏原有水工程设施的，建设单位应当负担扩建、改建的费用和损失补偿。但是，原有工程设施属于违法工程的除外。

第三十九条 国家实行河道采砂许可制度。河道采砂许可制度实施办法，由国务院规定。

在河道管理范围内采砂，影响河势稳定或者危及堤防安全的，有关县级以上人民政府水行政主管部门应当划定禁采区和规定禁采期，并予以公告。

第四十条　禁止围湖造地。已经围垦的，应当按照国家规定的防洪标准有计划地退地还湖。

禁止围垦河道。确需围垦的，应当经过科学论证，经省、自治区、直辖市人民政府水行政主管部门或者国务院水行政主管部门同意后，报本级人民政府批准。

第四十一条　单位和个人有保护水工程的义务，不得侵占、毁坏堤防、护岸、防汛、水文监测、水文地质监测等工程设施。

第四十二条　县级以上地方人民政府应当采取措施，保障本行政区域内水工程，特别是水坝和堤防的安全，限期消除险情。水行政主管部门应当加强对水工程安全的监督管理。

第四十三条　国家对水工程实施保护。国家所有的水工程应当按照国务院的规定划定工程管理和保护范围。

国务院水行政主管部门或者流域管理机构管理的水工程，由主管部门或者流域管理机构商有关省、自治区、直辖市人民政府划定工程管理和保护范围。

前款规定以外的其他水工程，应当按照省、自治区、直辖市人民政府的规定，划定工程保护范围和保护职责。

在水工程保护范围内，禁止从事影响水工程运行和危害水工程安全的爆破、打井、采石、取土等活动。

第五章　水资源配置和节约使用

第四十四条　国务院发展计划主管部门和国务院水行政主管部门负责全国水资源的宏观调配。全国的和跨省、自治区、直辖市的水中长期供求规划，由国务院水行政主管部门会同有关部门制订，经国务院发展计划主管部门审查批准后执行。地方的水中长期供求规划，由县级以上地方人民政府水行政主管部门会同同级有关部门依据上一级水中长期供求规划和本地区的实际情况制订，经本级人民政府发展计划主管部门审查批准后执行。

水中长期供求规划应当依据水的供求现状、国民经济和社会发展规划、流域规划、区域规划，按照水资源供需协调、综合平衡、保护生态、厉行节约、合理开源的原则制定。

第四十五条　调蓄径流和分配水量，应当依据流域规划和水中长期供求规划，以流域为单元制定水量分配方案。

跨省、自治区、直辖市的水量分配方案和旱情紧急情况下的水量调度预案，由流域管理机构商有关省、自治区、直辖市人民政府制订，报国务院或者其授权的部门批准后执行。其他跨行政区域的水量分配方案和旱情紧急情况下的水量调度预案，由共同的上一级人民政府水行政主管部门商有关地方人民政府制订，报本级人民政府批准后执行。

水量分配方案和旱情紧急情况下的水量调度预案经批准后，有关地方人民政府必须执行。

在不同行政区域之间的边界河流上建设水资源开发、利用项目，应当符合该流域经批准的水量分配方案，由有关县级以上地方人民政府报共同的上一级人民政府水行政主管部门或者有关流域管理机构批准。

第四十六条 县级以上地方人民政府水行政主管部门或者流域管理机构应当根据批准的水量分配方案和年度预测来水量，制定年度水量分配方案和调度计划，实施水量统一调度；有关地方人民政府必须服从。

国家确定的重要江河、湖泊的年度水量分配方案，应当纳入国家的国民经济和社会发展年度计划。

第四十七条 国家对用水实行总量控制和定额管理相结合的制度。

省、自治区、直辖市人民政府有关行业主管部门应当制订本行政区域内行业用水定额，报同级水行政主管部门和质量监督检验行政主管部门审核同意后，由省、自治区、直辖市人民政府公布，并报国务院水行政主管部门和国务院质量监督检验行政主管部门备案。

县级以上地方人民政府发展计划主管部门会同同级水行政主管部门，根据用水定额、经济技术条件以及水量分配方案确定的可供本行政区域使用的水量，制定年度用水计划，对本行政区域内的年度用水实行总量控制。

第四十八条 直接从江河、湖泊或者地下取用水资源的单位和个人，应当按照国家取水许可制度和水资源有偿使用制度的规定，向水行政主管部门或者流域管理机构申请领取取水许可证，并缴纳水资源费，取得取水权。但是，家庭生活和零星散养、圈养畜禽饮用等少量取水的除外。

实施取水许可制度和征收管理水资源费的具体办法，由国务院规定。

第四十九条 用水应当计量，并按照批准的用水计划用水。

用水实行计量收费和超定额累进加价制度。

第五十条 各级人民政府应当推行节水灌溉方式和节水技术，对农业蓄水、输水工程采取必要的防渗漏措施，提高农业用水效率。

第五十一条 工业用水应当采用先进技术、工艺和设备，增加循环用水次数，提高水的重复利用率。

国家逐步淘汰落后的、耗水量高的工艺、设备和产品，具体名录由国务院经济综合主管部门会同国务院水行政主管部门和有关部门制定并公布。生产者、销售者或者生产经营中的使用者应当在规定的时间内停止生产、销售或者使用列入名录的工艺、设备和产品。

第五十二条 城市人民政府应当因地制宜采取有效措施，推广节水型生活用水器具，降低城市供水管网漏失率，提高生活用水效率；加强城市污水集中处理，鼓励使用再生水，提高污水再生利用率。

第五十三条 新建、扩建、改建建设项目，应当制订节水措施方案，配套建设节水设施。节水设施应当与主体工程同时设计、同时施工、同时投产。

供水企业和自建供水设施的单位应当加强供水设施的维护管理，减少水的漏失。

第五十四条 各级人民政府应当积极采取措施，改善城乡居民的饮用水条件。

第五十五条 使用水工程供应的水，应当按照国家规定向供水单位缴纳水费。供水价格应当按照补偿成本、合理收益、优质优价、公平负担的原则确定。具体办法由省级以上人民政府价格主管部门会同同级水行政主管部门或者其他供水行政主管部门依据职权制定。

第六章 水事纠纷处理与执法监督检查

第五十六条 不同行政区域之间发生水事纠纷的，应当协商处理；协商不成的，由上一级人民政府裁决,有关各方必须遵照执行。在水事纠纷解决前,未经各方达成协议或者共同的上一级人民政府批准,在行政区域交界线两侧一定范围内,任何一方不得修建排水、阻水、取水和截(蓄)水工程,不得单方面改变水的现状。

第五十七条　单位之间、个人之间、单位与个人之间发生的水事纠纷,应当协商解决;当事人不愿协商或者协商不成的,可以申请县级以上地方人民政府或者其授权的部门调解,也可以直接向人民法院提起民事诉讼。县级以上地方人民政府或者其授权的部门调解不成的,当事人可以向人民法院提起民事诉讼。

在水事纠纷解决前,当事人不得单方面改变现状。

第五十八条　县级以上人民政府或者其授权的部门在处理水事纠纷时,有权采取临时处置措施,有关各方或者当事人必须服从。

第五十九条　县级以上人民政府水行政主管部门和流域管理机构应当对违反本法的行为加强监督检查并依法进行查处。

水政监督检查人员应当忠于职守,秉公执法。

第六十条　县级以上人民政府水行政主管部门、流域管理机构及其水政监督检查人员履行本法规定的监督检查职责时,有权采取下列措施:

(一)要求被检查单位提供有关文件、证照、资料;

(二)要求被检查单位就执行本法的有关问题作出说明;

(三)进入被检查单位的生产场所进行调查;

(四)责令被检查单位停止违反本法的行为,履行法定义务。

第六十一条　有关单位或者个人对水政监督检查人员的监督检查工作应当给予配合,不得拒绝或者阻碍水政监督检查人员依法执行职务。

第六十二条　水政监督检查人员在履行监督检查职责时,应当向被检查单位或者个人出示执法证件。

第六十三条　县级以上人民政府或者上级水行政主管部门发现本级或者下级水行政主管部门在监督检查工作中有违法或者失职行为的,应当责令其限期改正。

第七章　法律责任

第六十四条　水行政主管部门或者其他有关部门以及水工程管理单位及其工作人员,利用职务上的便利收取他人财物、其他好处或者玩忽职守,对不符合法定条件的单位或者个人核发许可证、签署审查同意意见,不按照水量分配方案分配水量,不按照国家有关规定收取水资源费,不履行监督职责,或者发现违法行为不予查处,造成严重后果,构成犯罪的,对负有责任的主管人员和其他直接责任人员依照刑法的有关规定追究刑事责任;尚不够刑事处罚的,依法给予行政处分。

第六十五条　在河道管理范围内建设妨碍行洪的建筑物、构筑物,或者从事影响河势稳定、危害河岸堤防安全和其他妨碍河道行洪的活动的,由县级以上人民政府水行政主管部门或者流域管理机构依据职权,责令停止违法行为,限期拆除违法建筑物、构筑物,恢复原状;逾期不拆除、不恢复原状的,强行拆除,所需费用由违法单位或者个人负担,并处一万元以上十万元以下的罚款。

未经水行政主管部门或者流域管理机构同意,擅自修建水工程,或者建设桥梁、码头和其他拦河、跨河、临河建筑物、构筑物,铺设跨河管道、电缆,且防洪法未作规定的,由县级以上人民政府水行政主管部门或者流域管理机构依据职权,责令停止违法行为,限期补办有关手续;逾期不补办或者补办未被批准的,责令限期拆除违法建筑物、构筑物;逾期不拆除的,强行拆除,所需费用由违法单位或者个人负担,并处一万元以上十万元以下的罚款。

虽经水行政主管部门或者流域管理机构同意,但未按照要求修建前款所列工程设施的,由县级以上人民政府水行政主管部门或者流域管理机构依据职权,责令限期改正,按照情节轻重,处一万元以上十万元以下的罚款。

第六十六条 有下列行为之一,且防洪法未作规定的,由县级以上人民政府水行政主管部门或者流域管理机构依据职权,责令停止违法行为,限期清除障碍或者采取其他补救措施,处一万元以上五万元以下的罚款:

(一)在江河、湖泊、水库、运河、渠道内弃置、堆放阻碍行洪的物体和种植阻碍行洪的林木及高秆作物的;

(二)围湖造地或者未经批准围垦河道的。

第六十七条 在饮用水水源保护区内设置排污口的,由县级以上地方人民政府责令限期拆除、恢复原状;逾期不拆除、不恢复原状的,强行拆除、恢复原状,并处五万元以上十万元以下的罚款。

未经水行政主管部门或者流域管理机构审查同意,擅自在江河、湖泊新建、改建或者扩大排污口的,由县级以上人民政府水行政主管部门或者流域管理机构依据职权,责令停止违法行为,限期恢复原状,处五万元以上十万元以下的罚款。

第六十八条 生产、销售或者在生产经营中使用国家明令淘汰的落后的、耗水量高的工艺、设备和产品的,由县级以上地方人民政府经济综合主管部门责令停止生产、销售或者使用,处二万元以上十万元以下的罚款。

第六十九条 有下列行为之一的,由县级以上人民政府水行政主管部门或者流域管理机构依据职权,责令停止违法行为,限期采取补救措施,处二万元以上十万元以下的罚款;情节严重的,吊销其取水许可证:

(一)未经批准擅自取水的;

(二)未依照批准的取水许可规定条件取水的。

第七十条 拒不缴纳、拖延缴纳或者拖欠水资源费的,由县级以上人民政府水行政主管部门或者流域管理机构依据职权,责令限期缴纳;逾期不缴纳的,从滞纳之日起按日加收滞纳部分千分之二的滞纳金,并处应缴或者补缴水资源费一倍以上五倍以下的罚款。

第七十一条 建设项目的节水设施没有建成或者没有达到国家规定的要求,擅自投入使用的,由县级以上人民政府有关部门或者流域管理机构依据职权,责令停止使用,限期改正,处五万元以上十万元以下的罚款。

第七十二条 有下列行为之一,构成犯罪的,依照刑法的有关规定追究刑事责任;尚不够刑事处罚,且防洪法未作规定的,由县级以上地方人民政府水行政主管部门或者流域管理机构依据职权,责令停止违法行为,采取补救措施,处一万元以上五万元以下的罚款;违反治安管理处罚法的,由公安机关依法给予治安管理处罚;给他人造成损失的,依法承担赔偿责任:

(一)侵占、毁坏水工程及堤防、护岸等有关设施,毁坏防汛、水文监测、水文地质监测设施的；

（二）在水工程保护范围内，从事影响水工程运行和危害水工程安全的爆破、打井、采石、取土等活动的。

第七十三条　侵占、盗窃或者抢夺防汛物资，防洪排涝、农田水利、水文监测和测量以及其他水工程设备和器材，贪污或者挪用国家救灾、抢险、防汛、移民安置和补偿及其他水利建设款物，构成犯罪的，依照刑法的有关规定追究刑事责任。

第七十四条　在水事纠纷发生及其处理过程中煽动闹事、结伙斗殴、抢夺或者损坏公私财物、非法限制他人人身自由，构成犯罪的，依照刑法的有关规定追究刑事责任；尚不够刑事处罚的，由公安机关依法给予治安管理处罚。

第七十五条　不同行政区域之间发生水事纠纷，有下列行为之一的，对负有责任的主管人员和其他直接责任人员依法给予行政处分：

（一）拒不执行水量分配方案和水量调度预案的；

（二）拒不服从水量统一调度的；

（三）拒不执行上一级人民政府的裁决的；

（四）在水事纠纷解决前，未经各方达成协议或者上一级人民政府批准，单方面违反本法规定改变水的现状的。

第七十六条　引水、截（蓄）水、排水，损害公共利益或者他人合法权益的，依法承担民事责任。

第七十七条　对违反本法第三十九条有关河道采砂许可制度规定的行政处罚，由国务院规定。

第八章　附　　则

第七十八条　中华人民共和国缔结或者参加的与国际或者国境边界河流、湖泊有关的国际条约、协定与中华人民共和国法律有不同规定的，适用国际条约、协定的规定。但是，中华人民共和国声明保留的条款除外。

第七十九条　本法所称水工程，是指在江河、湖泊和地下水源上开发、利用、控制、调配和保护水资源的各类工程。

第八十条　海水的开发、利用、保护和管理，依照有关法律的规定执行。

第八十一条　从事防洪活动，依照防洪法的规定执行。

水污染防治，依照水污染防治法的规定执行。

第八十二条　本法自2002年10月1日起施行。

中华人民共和国防洪法

（1997年8月29日第八届全国人民代表大会常务委员会第二十七次会议通过　根据2009年8月27日第十一届全国人民代表大会常务委员会第十次会议《关于修改部分法律的决定》第一次修正　根据2015年4月24日第十二届全国人民代表大会常务委员会第十四次会议《关于修改〈中华人民共和国港口法〉等七部法律的决定》第二次修正　根据2016年7月2日第十二届全国人民代表大会常务委员会第二十一次会议《关于修改〈中华人民共和国节约能源法〉等六部法律的决定》第三次修正）

目　录

第一章　总　　则

第一条　为了防治洪水，防御、减轻洪涝灾害，维护人民的生命和财产安全，保障社会主义现代化建设顺利进行，制定本法。

第二条　防洪工作实行全面规划、统筹兼顾、预防为主、综合治理、局部利益服从全局利益的原则。

第三条　防洪工程设施建设，应当纳入国民经济和社会发展计划。

防洪费用按照政府投入同受益者合理承担相结合的原则筹集。

第四条　开发利用和保护水资源，应当服从防洪总体安排，实行兴利与除害相结合的原则。

江河、湖泊治理以及防洪工程设施建设，应当符合流域综合规划，与流域水资源的综合开发相结合。

本法所称综合规划是指开发利用水资源和防治水害的综合规划。

第五条　防洪工作按照流域或者区域实行统一规划、分级实施和流域管理与行政区域管理相结合的制度。

第六条　任何单位和个人都有保护防洪工程设施和依法参加防汛抗洪的义务。

第七条　各级人民政府应当加强对防洪工作的统一领导，组织有关部门、单位，动员社会力量，依靠科技进步，有计划地进行江河、湖泊治理，采取措施加强防洪工程设施建设，巩固、提高防洪能力。

各级人民政府应当组织有关部门、单位，动员社会力量，做好防汛抗洪和洪涝灾害后的恢复与救济工作。

各级人民政府应当对蓄滞洪区予以扶持；蓄滞洪后，应当依照国家规定予以补偿或者救助。

第八条　国务院水行政主管部门在国务院的领导下，负责全国防洪的组织、协调、监督、指导等日常工作。国务院水行政主管部门在国家确定的重要江河、湖泊设立的流域管理机构，在所管辖的范围内行使法律、行政法规规定和国务院水行政主管部门授权的防洪协调和监督管理职责。

国务院建设行政主管部门和其他有关部门在国务院的领导下，按照各自的职责，负责有关的防洪工作。

县级以上地方人民政府水行政主管部门在本级人民政府的领导下，负责本行政区域内防洪的组织、协调、监督、指导等日常工作。县级以上地方人民政府建设行政主管部门和其他有关部门在本级人民政府的领导下，按照各自的职责，负责有关的防洪工作。

第二章　防 洪 规 划

第九条　防洪规划是指为防治某一流域、河段或者区域的洪涝灾害而制定的总体部署，包括国家确定的重要江河、湖泊的流域防洪规划，其他江河、河段、湖泊的防洪规划以及区域防洪规划。

防洪规划应当服从所在流域、区域的综合规划；区域防洪规划应当服从所在流域的流域防洪规划。

防洪规划是江河、湖泊治理和防洪工程设施建设的基本依据。

第十条　国家确定的重要江河、湖泊的防洪规划，由国务院水行政主管部门依据该江河、湖泊的流域综合规划，会同有关部门和有关省、自治区、直辖市人民政府编制，报国务院批准。

其他江河、河段、湖泊的防洪规划或者区域防洪规划，由县级以上地方人民政府水行政主管部门分别依据流域综合规划、区域综合规划，会同有关部门和有关地区编制，报本级人民政府批准，并报上一级人民政府水行政主管部门备案；跨省、自治区、直辖市的江河、河段、湖泊的防洪规划由有关流域管理机构会同江河、河段、湖泊所在地的省、自治区、直辖市人民政府水行政主管部门、有关主管部门拟定，分别经有关省、自治区、直辖市人民政府审查提出意见后，报国务院水行政主管部门批准。

城市防洪规划，由城市人民政府组织水行政主管部门、建设行政主管部门和其他有关部门依据流域防洪规划、上一级人民政府区域防洪规划编制，按照国务院规定的审批程序批准后纳入城市总体规划。

修改防洪规划，应当报经原批准机关批准。

第十一条　编制防洪规划，应当遵循确保重点、兼顾一般，以及防汛和抗旱相结合、工程措施和非工程措施相结合的原则，充分考虑洪涝规律和上下游、左右岸的关系以及国民经济对防洪的要求，并与国土规划和土地利用总体规划相协调。

防洪规划应当确定防护对象、治理目标和任务、防洪措施和实施方案，划定洪泛区、蓄滞洪区和防洪保护区的范围，规定蓄滞洪区的使用原则。

第十二条 受风暴潮威胁的沿海地区的县级以上地方人民政府，应当把防御风暴潮纳入本地区的防洪规划，加强海堤（海塘）、挡潮闸和沿海防护林等防御风暴潮工程体系建设，监督建筑物、构筑物的设计和施工符合防御风暴潮的需要。

第十三条 山洪可能诱发山体滑坡、崩塌和泥石流的地区以及其他山洪多发地区的县级以上地方人民政府，应当组织负责地质矿产管理工作的部门、水行政主管部门和其他有关部门对山体滑坡、崩塌和泥石流隐患进行全面调查，划定重点防治区，采取防治措施。

城市、村镇和其他居民点以及工厂、矿山、铁路和公路干线的布局，应当避开山洪威胁；已经建在受山洪威胁的地方的，应当采取防御措施。

第十四条 平原、洼地、水网圩区、山谷、盆地等易涝地区的有关地方人民政府，应当制定除涝治涝规划，组织有关部门、单位采取相应的治理措施，完善排水系统，发展耐涝农作物种类和品种，开展洪涝、干旱、盐碱综合治理。

城市人民政府应当加强对城区排涝管网、泵站的建设和管理。

第十五条 国务院水行政主管部门应当会同有关部门和省、自治区、直辖市人民政府制定长江、黄河、珠江、辽河、淮河、海河入海河口的整治规划。

在前款入海河口围海造地，应当符合河口整治规划。

第十六条 防洪规划确定的河道整治计划用地和规划建设的堤防用地范围内的土地，经土地管理部门和水行政主管部门会同有关地区核定，报经县级以上人民政府按照国务院规定的权限批准后，可以划定为规划保留区；该规划保留区范围内的土地涉及其他项目用地的，有关土地管理部门和水行政主管部门核定时，应当征求有关部门的意见。

规划保留区依照前款规定划定后，应当公告。

前款规划保留区内不得建设与防洪无关的工矿工程设施；在特殊情况下，国家工矿建设项目确需占用前款规划保留区内的土地的，应当按照国家规定的基本建设程序报请批准，并征求有关水行政主管部门的意见。

防洪规划确定的扩大或者开辟的人工排洪道用地范围内的土地，经省级以上人民政府土地管理部门和水行政主管部门会同有关部门、有关地区核定，报省级以上人民政府按照国务院规定的权限批准后，可以划定为规划保留区，适用前款规定。

第十七条 在江河、湖泊上建设防洪工程和其他水工程、水电站等，应当符合防洪规划的要求；水库应当按照防洪规划的要求留足防洪库容。

前款规定的防洪工程和其他水工程、水电站未取得有关水行政主管部门签署的符合防洪规划要求的规划同意书的，建设单位不得开工建设。

第三章 治理与防护

第十八条 防治江河洪水，应当蓄泄兼施，充分发挥河道行洪能力和水库、洼淀、湖泊调蓄洪水的功能，加强河道防护，因地制宜地采取定期清淤疏浚等措施，保持行洪畅通。

防治江河洪水，应当保护、扩大流域林草植被，涵养水源，加强流域水土保持综合治理。

第十九条 整治河道和修建控制引导河水流向、保护堤岸等工程，应当兼顾上下游、左右岸的关系，按照规划治导线实施，不得任意改变河水流向。

国家确定的重要江河的规划治导线由流域管理机构拟定，报国务院水行政主管部门批准。

其他江河、河段的规划治导线由县级以上地方人民政府水行政主管部门拟定，报本级人民政府批准；跨省、自治区、直辖市的江河、河段和省、自治区、直辖市之间的省界河道的规划治导线由有关流域管理机构组织江河、河段所在地的省、自治区、直辖市人民政府水行政主管部门拟定，经有关省、自治区、直辖市人民政府审查提出意见后，报国务院水行政主管部门批准。

第二十条　整治河道、湖泊，涉及航道的，应当兼顾航运需要，并事先征求交通主管部门的意见。整治航道，应当符合江河、湖泊防洪安全要求，并事先征求水行政主管部门的意见。

在竹木流放的河流和渔业水域整治河道的，应当兼顾竹木水运和渔业发展的需要，并事先征求林业、渔业行政主管部门的意见。在河道中流放竹木，不得影响行洪和防洪工程设施的安全。

第二十一条　河道、湖泊管理实行按水系统一管理和分级管理相结合的原则，加强防护，确保畅通。

国家确定的重要江河、湖泊的主要河段，跨省、自治区、直辖市的重要河段、湖泊，省、自治区、直辖市之间的省界河道、湖泊以及国（边）界河道、湖泊，由流域管理机构和江河、湖泊所在地的省、自治区、直辖市人民政府水行政主管部门按照国务院水行政主管部门的划定依法实施管理。其他河道、湖泊，由县级以上地方人民政府水行政主管部门按照国务院水行政主管部门或者国务院水行政主管部门授权的机构的划定依法实施管理。

有堤防的河道、湖泊，其管理范围为两岸堤防之间的水域、沙洲、滩地、行洪区和堤防及护堤地；无堤防的河道、湖泊，其管理范围为历史最高洪水位或者设计洪水位之间的水域、沙洲、滩地和行洪区。

流域管理机构直接管理的河道、湖泊管理范围，由流域管理机构会同有关县级以上地方人民政府依照前款规定界定；其他河道、湖泊管理范围，由有关县级以上地方人民政府依照前款规定界定。

第二十二条　河道、湖泊管理范围内的土地和岸线的利用，应当符合行洪、输水的要求。

禁止在河道、湖泊管理范围内建设妨碍行洪的建筑物、构筑物，倾倒垃圾、渣土，从事影响河势稳定、危害河岸堤防安全和其他妨碍河道行洪的活动。

禁止在行洪河道内种植阻碍行洪的林木和高秆作物。

在船舶航行可能危及堤岸安全的河段，应当限定航速。限定航速的标志，由交通主管部门与水行政主管部门商定后设置。

第二十三条　禁止围湖造地。已经围垦的，应当按照国家规定的防洪标准进行治理，有计划地退地还湖。

禁止围垦河道。确需围垦的，应当进行科学论证，经水行政主管部门确认不妨碍行洪、输水后，报省级以上人民政府批准。

第二十四条　对居住在行洪河道内的居民，当地人民政府应当有计划地组织外迁。

第二十五条　护堤护岸的林木，由河道、湖泊管理机构组织营造和管理。护堤护岸林木，不得任意砍伐。采伐护堤护岸林木的，应当依法办理采伐许可手续，并完成规定的更新补种任务。

第二十六条 对壅水、阻水严重的桥梁、引道、码头和其他跨河工程设施，根据防洪标准，有关水行政主管部门可以报请县级以上人民政府按照国务院规定的权限责令建设单位限期改建或者拆除。

第二十七条 建设跨河、穿河、穿堤、临河的桥梁、码头、道路、渡口、管道、缆线、取水、排水等工程设施，应当符合防洪标准、岸线规划、航运要求和其他技术要求，不得危害堤防安全、影响河势稳定、妨碍行洪畅通；其工程建设方案未经有关水行政主管部门根据前述防洪要求审查同意的，建设单位不得开工建设。

前款工程设施需要占用河道、湖泊管理范围内土地，跨越河道、湖泊空间或者穿越河床的，建设单位应当经有关水行政主管部门对该工程设施建设的位置和界限审查批准后，方可依法办理开工手续；安排施工时，应当按照水行政主管部门审查批准的位置和界限进行。

第二十八条 对于河道、湖泊管理范围内依照本法规定建设的工程设施，水行政主管部门有权依法检查；水行政主管部门检查时，被检查者应当如实提供有关的情况和资料。

前款规定的工程设施竣工验收时，应当有水行政主管部门参加。

第四章 防洪区和防洪工程设施的管理

第二十九条 防洪区是指洪水泛滥可能淹及的地区，分为洪泛区、蓄滞洪区和防洪保护区。

洪泛区是指尚无工程设施保护的洪水泛滥所及的地区。

蓄滞洪区是指包括分洪口在内的河堤背水面以外临时贮存洪水的低洼地区及湖泊等。

防洪保护区是指在防洪标准内受防洪工程设施保护的地区。

洪泛区、蓄滞洪区和防洪保护区的范围，在防洪规划或者防御洪水方案中划定，并报请省级以上人民政府按照国务院规定的权限批准后予以公告。

第三十条 各级人民政府应当按照防洪规划对防洪区内的土地利用实行分区管理。

第三十一条 地方各级人民政府应当加强对防洪区安全建设工作的领导，组织有关部门、单位对防洪区内的单位和居民进行防洪教育，普及防洪知识，提高水患意识；按照防洪规划和防御洪水方案建立并完善防洪体系和水文、气象、通信、预警以及洪涝灾害监测系统，提高防御洪水能力；组织防洪区内的单位和居民积极参加防洪工作，因地制宜地采取防洪避洪措施。

第三十二条 洪泛区、蓄滞洪区所在地的省、自治区、直辖市人民政府应当组织有关地区和部门，按照防洪规划的要求，制定洪泛区、蓄滞洪区安全建设计划，控制蓄滞洪区人口增长，对居住在经常使用的蓄滞洪区的居民，有计划地组织外迁，并采取其他必要的安全保护措施。

因蓄滞洪区而直接受益的地区和单位，应当对蓄滞洪区承担国家规定的补偿、救助义务。国务院和有关的省、自治区、直辖市人民政府应当建立对蓄滞洪区的扶持和补偿、救助制度。

国务院和有关的省、自治区、直辖市人民政府可以制定洪泛区、蓄滞洪区安全建设管理办法以及对蓄滞洪区的扶持和补偿、救助办法。

第三十三条 在洪泛区、蓄滞洪区内建设非防洪建设项目，应当就洪水对建设项目可能产生的影响和建设项目对防洪可能产生的影响作出评价，编制洪水影响评价报告，提出防御措施。洪水影响评价报告未经有关水行政主管部门审查批准的，建设单位不得开工建设。

在蓄滞洪区内建设的油田、铁路、公路、矿山、电厂、电信设施和管道，其洪水影响评价报告应当包括建设单位自行安排的防洪避洪方案。建设项目投入生产或者使用时，其防洪工程设施应当经水行政主管部门验收。

在蓄滞洪区内建造房屋应当采用平顶式结构。

第三十四条　大中城市，重要的铁路、公路干线，大型骨干企业，应当列为防洪重点，确保安全。

受洪水威胁的城市、经济开发区、工矿区和国家重要的农业生产基地等，应当重点保护，建设必要的防洪工程设施。

城市建设不得擅自填堵原有河道沟叉、贮水湖塘洼淀和废除原有防洪围堤。确需填堵或者废除的，应当经城市人民政府批准。

第三十五条　属于国家所有的防洪工程设施，应当按照经批准的设计，在竣工验收前由县级以上人民政府按照国家规定，划定管理和保护范围。

属于集体所有的防洪工程设施，应当按照省、自治区、直辖市人民政府的规定，划定保护范围。

在防洪工程设施保护范围内，禁止进行爆破、打井、采石、取土等危害防洪工程设施安全的活动。

第三十六条　各级人民政府应当组织有关部门加强对水库大坝的定期检查和监督管理。对未达到设计洪水标准、抗震设防要求或者有严重质量缺陷的险坝，大坝主管部门应当组织有关单位采取除险加固措施，限期消除危险或者重建，有关人民政府应当优先安排所需资金。对可能出现垮坝的水库，应当事先制定应急抢险和居民临时撤离方案。

各级人民政府和有关主管部门应当加强对尾矿坝的监督管理，采取措施，避免因洪水导致垮坝。

第三十七条　任何单位和个人不得破坏、侵占、毁损水库大坝、堤防、水闸、护岸、抽水站、排水渠系等防洪工程和水文、通信设施以及防汛备用的器材、物料等。

第五章　防汛抗洪

第三十八条　防汛抗洪工作实行各级人民政府行政首长负责制，统一指挥、分级分部门负责。

第三十九条　国务院设立国家防汛指挥机构，负责领导、组织全国的防汛抗洪工作，其办事机构设在国务院水行政主管部门。

在国家确定的重要江河、湖泊可以设立由有关省、自治区、直辖市人民政府和该江河、湖泊的流域管理机构负责人等组成的防汛指挥机构，指挥所管辖范围内的防汛抗洪工作，其办事机构设在流域管理机构。

有防汛抗洪任务的县级以上地方人民政府设立由有关部门、当地驻军、人民武装部负责人等组成的防汛指挥机构，在上级防汛指挥机构和本级人民政府的领导下，指挥本地区的防汛抗洪工作，其办事机构设在同级水行政主管部门；必要时，经城市人民政府决定，防汛指挥机构也可以在建设行政主管部门设城市市区办事机构，在防汛指挥机构的统一领导下，负责城市市区的防汛抗洪日常工作。

第四十条 有防汛抗洪任务的县级以上地方人民政府根据流域综合规划、防洪工程实际状况和国家规定的防洪标准，制定防御洪水方案（包括对特大洪水的处置措施）。

长江、黄河、淮河、海河的防御洪水方案，由国家防汛指挥机构制定，报国务院批准；跨省、自治区、直辖市的其他江河的防御洪水方案，由有关流域管理机构会同有关省、自治区、直辖市人民政府制定，报国务院或者国务院授权的有关部门批准。防御洪水方案经批准后，有关地方人民政府必须执行。

各级防汛指挥机构和承担防汛抗洪任务的部门和单位，必须根据防御洪水方案做好防汛抗洪准备工作。

第四十一条 省、自治区、直辖市人民政府防汛指挥机构根据当地的洪水规律，规定汛期起止日期。

当江河、湖泊的水情接近保证水位或者安全流量，水库水位接近设计洪水位，或者防洪工程设施发生重大险情时，有关县级以上人民政府防汛指挥机构可以宣布进入紧急防汛期。

第四十二条 对河道、湖泊范围内阻碍行洪的障碍物，按照谁设障、谁清除的原则，由防汛指挥机构责令限期清除；逾期不清除的，由防汛指挥机构组织强行清除，所需费用由设障者承担。

在紧急防汛期，国家防汛指挥机构或者其授权的流域、省、自治区、直辖市防汛指挥机构有权对壅水、阻水严重的桥梁、引道、码头和其他跨河工程设施作出紧急处置。

第四十三条 在汛期，气象、水文、海洋等有关部门应当按照各自的职责，及时向有关防汛指挥机构提供天气、水文等实时信息和风暴潮预报；电信部门应当优先提供防汛抗洪通信的服务；运输、电力、物资材料供应等有关部门应当优先为防汛抗洪服务。

中国人民解放军、中国人民武装警察部队和民兵应当执行国家赋予的抗洪抢险任务。

第四十四条 在汛期，水库、闸坝和其他水工程设施的运用，必须服从有关的防汛指挥机构的调度指挥和监督。

在汛期，水库不得擅自在汛期限制水位以上蓄水，其汛期限制水位以上的防洪库容的运用，必须服从防汛指挥机构的调度指挥和监督。

在凌汛期，有防凌汛任务的江河的上游水库的下泄水量必须征得有关的防汛指挥机构的同意，并接受其监督。

第四十五条 在紧急防汛期，防汛指挥机构根据防汛抗洪的需要，有权在其管辖范围内调用物资、设备、交通运输工具和人力，决定采取取土占地、砍伐林木、清除阻水障碍物和其他必要的紧急措施；必要时，公安、交通等有关部门按照防汛指挥机构的决定，依法实施陆地和水面交通管制。

依照前款规定调用的物资、设备、交通运输工具等，在汛期结束后应当及时归还；造成损坏或者无法归还的，按照国务院有关规定给予适当补偿或者作其他处理。取土占地、砍伐林木的，在汛期结束后依法向有关部门补办手续；有关地方人民政府对取土后的土地组织复垦，对砍伐的林木组织补种。

第四十六条 江河、湖泊水位或者流量达到国家规定的分洪标准，需要启用蓄滞洪区时，国务院，国家防汛指挥机构，流域防汛指挥机构，省、自治区、直辖市人民政府，省、自治区、直辖市防汛指挥机构，按照依法经批准的防御洪水方案中规定的启用条件和批准程序，决定启用蓄滞洪区。依法启用蓄滞洪区,任何单位和个人不得阻拦、拖延;遇到阻拦、拖延时,由有关县级以上地方人民政府强制实施。

第四十七条 发生洪涝灾害后,有关人民政府应当组织有关部门、单位做好灾区的生活供给、卫生防疫、救灾物资供应、治安管理、学校复课、恢复生产和重建家园等救灾工作以及所管辖地区的各项水毁工程设施修复工作。水毁防洪工程设施的修复,应当优先列入有关部门的年度建设计划。

国家鼓励、扶持开展洪水保险。

第六章 保障措施

第四十八条 各级人民政府应当采取措施,提高防洪投入的总体水平。

第四十九条 江河、湖泊的治理和防洪工程设施的建设和维护所需投资,按照事权和财权相统一的原则,分级负责,由中央和地方财政承担。城市防洪工程设施的建设和维护所需投资,由城市人民政府承担。

受洪水威胁地区的油田、管道、铁路、公路、矿山、电力、电信等企业、事业单位应当自筹资金,兴建必要的防洪自保工程。

第五十条 中央财政应当安排资金,用于国家确定的重要江河、湖泊的堤坝遭受特大洪涝灾害时的抗洪抢险和水毁防洪工程修复。省、自治区、直辖市人民政府应当在本级财政预算中安排资金,用于本行政区域内遭受特大洪涝灾害地区的抗洪抢险和水毁防洪工程修复。

第五十一条 国家设立水利建设基金,用于防洪工程和水利工程的维护和建设。具体办法由国务院规定。

受洪水威胁的省、自治区、直辖市为加强本行政区域内防洪工程设施建设,提高防御洪水能力,按照国务院的有关规定,可以规定在防洪保护区范围内征收河道工程修建维护管理费。

第五十二条 任何单位和个人不得截留、挪用防洪、救灾资金和物资。

各级人民政府审计机关应当加强对防洪、救灾资金使用情况的审计监督。

第七章 法律责任

第五十三条 违反本法第十七条规定,未经水行政主管部门签署规划同意书,擅自在江河、湖泊上建设防洪工程和其他水工程、水电站的,责令停止违法行为,补办规划同意书手续;违反规划同意书的要求,严重影响防洪的,责令限期拆除;违反规划同意书的要求,影响防洪但尚可采取补救措施的,责令限期采取补救措施,可以处一万元以上十万元以下的罚款。

第五十四条 违反本法第十九条规定,未按照规划治导线整治河道和修建控制引导河水流向、保护堤岸等工程,影响防洪的,责令停止违法行为,恢复原状或者采取其他补救措施,可以处一万元以上十万元以下的罚款。

第五十五条 违反本法第二十二条第二款、第三款规定,有下列行为之一的,责令停止违法行为,排除阻碍或者采取其他补救措施,可以处五万元以下的罚款:

(一)在河道、湖泊管理范围内建设妨碍行洪的建筑物、构筑物的;

(二)在河道、湖泊管理范围内倾倒垃圾、渣土,从事影响河势稳定、危害河岸堤防安全和其他妨碍河道行洪的活动的；

（三）在行洪河道内种植阻碍行洪的林木和高秆作物的。

第五十六条 违反本法第十五条第二款、第二十三条规定，围海造地、围湖造地、围垦河道的，责令停止违法行为，恢复原状或者采取其他补救措施，可以处五万元以下的罚款；既不恢复原状也不采取其他补救措施的，代为恢复原状或者采取其他补救措施，所需费用由违法者承担。

第五十七条 违反本法第二十七条规定，未经水行政主管部门对其工程建设方案审查同意或者未按照有关水行政主管部门审查批准的位置、界限，在河道、湖泊管理范围内从事工程设施建设活动的，责令停止违法行为，补办审查同意或者审查批准手续；工程设施建设严重影响防洪的，责令限期拆除，逾期不拆除的，强行拆除，所需费用由建设单位承担；影响行洪但尚可采取补救措施的，责令限期采取补救措施，可以处一万元以上十万元以下的罚款。

第五十八条 违反本法第三十三条第一款规定，在洪泛区、蓄滞洪区内建设非防洪建设项目，未编制洪水影响评价报告或者洪水影响评价报告未经审查批准开工建设的，责令限期改正；逾期不改正的，处五万元以下的罚款。

违反本法第三十三条第二款规定，防洪工程设施未经验收，即将建设项目投入生产或者使用的，责令停止生产或者使用，限期验收防洪工程设施，可以处五万元以下的罚款。

第五十九条 违反本法第三十四条规定，因城市建设擅自填堵原有河道沟叉、贮水湖塘洼淀和废除原有防洪围堤的，城市人民政府应当责令停止违法行为，限期恢复原状或者采取其他补救措施。

第六十条 违反本法规定，破坏、侵占、毁损堤防、水闸、护岸、抽水站、排水渠系等防洪工程和水文、通信设施以及防汛备用的器材、物料的，责令停止违法行为，采取补救措施，可以处五万元以下的罚款；造成损坏的，依法承担民事责任；应当给予治安管理处罚的，依照治安管理处罚法的规定处罚；构成犯罪的，依法追究刑事责任。

第六十一条 阻碍、威胁防汛指挥机构、水行政主管部门或者流域管理机构的工作人员依法执行职务，构成犯罪的，依法追究刑事责任；尚不构成犯罪，应当给予治安管理处罚的，依照治安管理处罚法的规定处罚。

第六十二条 截留、挪用防洪、救灾资金和物资，构成犯罪的，依法追究刑事责任；尚不构成犯罪的，给予行政处分。

第六十三条 除本法第五十九条的规定外，本章规定的行政处罚和行政措施，由县级以上人民政府水行政主管部门决定，或者由流域管理机构按照国务院水行政主管部门规定的权限决定。但是，本法第六十条、第六十一条规定的治安管理处罚的决定机关，按照治安管理处罚法的规定执行。

第六十四条 国家工作人员，有下列行为之一，构成犯罪的，依法追究刑事责任；尚不构成犯罪的，给予行政处分：

（一）违反本法第十七条、第十九条、第二十二条第二款、第二十二条第三款、第二十七条或者第三十四条规定，严重影响防洪的；

（二）滥用职权，玩忽职守，徇私舞弊，致使防汛抗洪工作遭受重大损失的；

（三）拒不执行防御洪水方案、防汛抢险指令或者蓄滞洪方案、措施、汛期调度运用计划等防汛调度方案的；

（四）违反本法规定，导致或者加重毗邻地区或者其他单位洪灾损失的。

第八章　附　　则

第六十五条　本法自1998年1月1日起施行。

中华人民共和国航道法

（2014年12月28日第十二届全国人民代表大会常务委员会第十二次会议通过　根据2016年7月2日第十二届全国人民代表大会常务委员会第二十一次会议《关于修改〈中华人民共和国节约能源法〉等六部法律的决定》修正）

第一章　总　　则

第一条　为了规范和加强航道的规划、建设、养护、保护，保障航道畅通和通航安全，促进水路运输发展，制定本法。

第二条　本法所称航道，是指中华人民共和国领域内的江河、湖泊等内陆水域中可以供船舶通航的通道，以及内海、领海中经建设、养护可以供船舶通航的通道。航道包括通航建筑物、航道整治建筑物和航标等航道设施。

第三条　规划、建设、养护、保护航道，应当根据经济社会发展和国防建设的需要，遵循综合利用和保护水资源、保护生态环境的原则，服从综合交通运输体系建设和防洪总体安排，统筹兼顾供水、灌溉、发电、渔业等需求，发挥水资源的综合效益。

第四条　国务院和有关县级以上地方人民政府应当加强对航道工作的领导，组织、协调、督促有关部门采取措施，保持和改善航道通航条件，保护航道安全，维护航道网络完整和畅通。

国务院和有关县级以上地方人民政府应当根据经济社会发展水平和航道建设、养护的需要，在财政预算中合理安排航道建设和养护资金。

第五条　国务院交通运输主管部门主管全国航道管理工作，并按照国务院的规定直接管理跨省、自治区、直辖市的重要干线航道和国际、国境河流航道等重要航道。

县级以上地方人民政府交通运输主管部门按照省、自治区、直辖市人民政府的规定主管所辖航道的管理工作。

国务院交通运输主管部门按照国务院规定设置的负责航道管理的机构和县级以上地方人民政府负责航道管理的部门或者机构（以下统称负责航道管理的部门），承担本法规定的航道管理工作。

第二章　航道规划

第六条　航道规划分为全国航道规划、流域航道规划、区域航道规划和省、自治区、直辖市航道规划。

航道规划应当包括航道的功能定位、规划目标、发展规划技术等级、规划实施步骤以及保障措施等内容。

航道规划应当符合依法制定的流域、区域综合规划，符合水资源规划、防洪规划和海洋功能区划，并与涉及水资源综合利用的相关专业规划以及依法制定的城乡规划、环境保护规划等其他相关规划和军事设施保护区划相协调。

第七条　航道应当划分技术等级。航道技术等级包括现状技术等级和发展规划技术等级。航道发展规划技术等级根据相关自然条件以及防洪、供水、水资源保护、生态环境保护要求和航运发展需求等因素评定。

第八条　全国航道规划由国务院交通运输主管部门会同国务院发展改革部门、国务院水行政主管部门等部门编制，报国务院批准公布。流域航道规划、区域航道规划由国务院交通运输主管部门编制并公布。

省、自治区、直辖市航道规划由省、自治区、直辖市人民政府交通运输主管部门会同同级发展改革部门、水行政主管部门等部门编制，报省、自治区、直辖市人民政府会同国务院交通运输主管部门批准公布。

编制航道规划应当征求有关部门和有关军事机关的意见，并依法进行环境影响评价。涉及海域、重要渔业水域的，应当有同级海洋主管部门、渔业行政主管部门参加。编制全国航道规划和流域航道规划、区域航道规划应当征求相关省、自治区、直辖市人民政府的意见。

流域航道规划、区域航道规划和省、自治区、直辖市航道规划应当符合全国航道规划。

第九条　依法制定并公布的航道规划应当依照执行；航道规划确需修改的，依照规划编制程序办理。

第三章　航道建设

第十条　新建航道以及为改善航道通航条件而进行的航道工程建设，应当遵守法律、行政法规关于建设工程质量管理、安全管理和生态环境保护的规定，符合航道规划，执行有关的国家标准、行业标准和技术规范，依法办理相关手续。

第十一条　航道建设单位应当根据航道建设工程的技术要求，依法通过招标等方式选择具有相应资质的勘察、设计、施工和监理单位进行工程建设，对工程质量和安全进行监督检查，并对工程质量和安全负责。

从事航道工程建设的勘察、设计、施工和监理单位，应当依照法律、行政法规的规定取得相应的资质，并在其资质等级许可的范围内从事航道工程建设活动，依法对勘察、设计、施工、监理的质量和安全负责。

第十二条　有关县级以上人民政府交通运输主管部门应当加强对航道建设工程质量和安全的监督检查，保障航道建设工程的质量和安全。

第十三条　航道建设工程竣工后，应当按照国家有关规定组织竣工验收，经验收合格方可正式投入使用。

航道建设单位应当自航道建设工程竣工验收合格之日起六十日内，将竣工测量图报送负责航道管理的部门。沿海航道的竣工测量图还应当报送海军航海保证部门。

第十四条　进行航道工程建设应当维护河势稳定，符合防洪要求，不得危及依法建设的其他工程或者设施的安全。因航道工程建设损坏依法建设的其他工程或者设施的，航道建设单位应当予以修复或者依法赔偿。

第四章　航道养护

第十五条　国务院交通运输主管部门应当制定航道养护技术规范。

负责航道管理的部门应当按照航道养护技术规范进行航道养护，保证航道处于良好通航技术状态。

第十六条 负责航道管理的部门应当根据航道现状技术等级或者航道自然条件确定并公布航道维护尺度和内河航道图。

航道维护尺度是指航道在不同水位期应当保持的水深、宽度、弯曲半径等技术要求。

第十七条 负责航道管理的部门应当按照国务院交通运输主管部门的规定对航道进行巡查，发现航道实际尺度达不到航道维护尺度或者有其他不符合保证船舶通航安全要求的情形，应当进行维护，及时发布航道通告并通报海事管理机构。

第十八条 海事管理机构发现航道损毁等危及通航安全的情形，应当及时通报负责航道管理的部门，并采取必要的安全保障措施。

其他单位和人员发现航道损毁等危及通航安全的情形，应当及时报告负责航道管理的部门或者海事管理机构。

第十九条 负责航道管理的部门应当合理安排航道养护作业，避免限制通航的集中作业和在通航高峰期作业。

负责航道管理的部门进行航道疏浚、清障等影响通航的航道养护活动，或者确需限制通航的养护作业的，应当设置明显的作业标志，采取必要的安全措施，并提前通报海事管理机构，保证过往船舶通行以及依法建设的工程设施的安全。养护作业结束后，应当及时清除影响航道通航条件的作业标志及其他残留物，恢复正常通航。

第二十条 进行航道养护作业可能造成航道堵塞的，有关负责航道管理的部门应当会同海事管理机构事先通报相关区域负责航道管理的部门和海事管理机构，共同制定船舶疏导方案，并向社会公告。

第二十一条 因自然灾害、事故灾难等突发事件造成航道损坏、阻塞的，负责航道管理的部门应当按照突发事件应急预案尽快修复抢通；必要时由县级以上人民政府组织尽快修复抢通。

船舶、设施或者其他物体在航道水域中沉没，影响航道畅通和通航安全的，其所有人或者经营人应当立即报告负责航道管理的部门和海事管理机构，按照规定自行或者委托负责航道管理的部门或者海事管理机构代为设置标志，并应当在海事管理机构限定的时间内打捞清除。

第二十二条 航标的设置、养护、保护和管理，依照有关法律、行政法规和国家标准或者行业标准的规定执行。

第二十三条 部队执行任务、战备训练需要使用航道的，负责航道管理的部门应当给予必要的支持和协助。

第五章 航道保护

第二十四条 新建、改建、扩建（以下统称建设）跨越、穿越航道的桥梁、隧道、管道、缆线等建筑物、构筑物，应当符合该航道发展规划技术等级对通航净高、净宽、埋设深度等航道通航条件的要求。

第二十五条 在通航河流上建设永久性拦河闸坝，建设单位应当按照航道发展规划技术等级建设通航建筑物。通航建筑物应当与主体工程同步规划、同步设计、同步建设、同步验收、同步投入使用。

闸坝建设期间难以维持航道原有通航能力的，建设单位应当采取修建临时航道、安排翻坝转运等补救措施，所需费用由建设单位承担。

在不通航河流上建设闸坝后可以通航的，闸坝建设单位应当同步建设通航建筑物或者预留通航建筑物位置，通航建筑物建设费用除国家另有规定外，由交通运输主管部门承担。

通航建筑物的运行应当适应船舶通行需要，运行方案应当经负责航道管理的部门同意并公布。通航建筑物的建设单位或者管理单位应当按照规定维护保养通航建筑物，保持其正常运行。

第二十六条　在航道保护范围内建设临河、临湖、临海建筑物或者构筑物，应当符合该航道通航条件的要求。

航道保护范围由县级以上地方人民政府交通运输主管部门会同水行政主管部门或者流域管理机构、国土资源主管部门根据航道发展规划技术等级和航道保护实际需要划定，报本级人民政府批准公布。国务院交通运输主管部门直接管理的航道的航道保护范围，由国务院交通运输主管部门会同国务院水行政主管部门、国务院国土资源主管部门和有关省、自治区、直辖市人民政府划定公布。航道保护范围涉及海域、重要渔业水域的，还应当分别会同同级海洋主管部门、渔业行政主管部门划定。

第二十七条　建设本法第二十四条、第二十五条第一款、第二十六条第一款规定的工程（以下统称与航道有关的工程），除依照法律、行政法规或者国务院规定进行的防洪、供水等特殊工程外，不得因工程建设降低航道通航条件。

第二十八条　建设与航道有关的工程，建设单位应当在工程可行性研究阶段就建设项目对航道通航条件的影响作出评价，并报送有审核权的交通运输主管部门或者航道管理机构审核，但下列工程除外：

（一）临河、临湖的中小河流治理工程；

（二）不通航河流上建设的水工程；

（三）现有水工程的水毁修复、除险加固、不涉及通航建筑物和不改变航道原通航条件的更新改造等不影响航道通航条件的工程。

建设单位报送的航道通航条件影响评价材料不符合本法规定的，可以进行补充或者修改，重新报送审核部门审核。

未进行航道通航条件影响评价或者经审核部门审核认为建设项目不符合本法规定的，建设单位不得建设。政府投资项目未进行航道通航条件影响评价或者经审核部门审核认为建设项目不符合本法规定的，负责建设项目审批的部门不予批准。

第二十九条　国务院或者国务院有关部门批准、核准的建设项目，以及与国务院交通运输主管部门直接管理的航道有关的建设项目的航道通航条件影响评价，由国务院交通运输主管部门审核；其他建设项目的航道通航条件影响评价，按照省、自治区、直辖市人民政府的规定由县级以上地方人民政府交通运输主管部门或者航道管理机构审核。

第三十条　航道上相邻拦河闸坝之间的航道通航水位衔接，应当符合国家规定的通航标准和技术要求。位于航道及其上游支流上的水工程，应当在设计、施工和调度运行中统筹考虑下游航道设计最低通航水位所需的下泄流量，但水文条件超出实际标准的除外。

保障下游航道通航所需的最小下泄流量以及满足航道通航条件允许的水位变化的确

定,应当征求负责航道管理的部门的意见。

水工程需大幅度减流或者大流量泄水的,应当提前通报负责航道管理的部门和海事管理机构,给船舶避让留出合理的时间。

第三十一条 与航道有关的工程施工影响航道正常功能的,负责航道管理的部门、海事管理机构应当根据需要对航标或者航道的位置、走向进行临时调整;影响消除后应当及时恢复。所需费用由建设单位承担,但因防洪抢险工程引起调整的除外。

第三十二条 与航道有关的工程竣工验收前,建设单位应当及时清除影响航道通航条件的临时设施及其残留物。

第三十三条 与航道有关的工程建设活动不得危及航道安全。

与航道有关的工程建设活动损坏航道的,建设单位应当予以修复或者依法赔偿。

第三十四条 在通航水域上建设桥梁等建筑物,建设单位应当按照国家有关规定和技术要求设置航标等设施,并承担相应费用。

桥区水上航标由负责航道管理的部门、海事管理机构负责管理维护。

第三十五条 禁止下列危害航道通航安全的行为:

(一)在航道内设置渔具或者水产养殖设施的;

(二)在航道和航道保护范围内倾倒砂石、泥土、垃圾以及其他废弃物的;

(三)在通航建筑物及其引航道和船舶调度区内从事货物装卸、水上加油、船舶维修、捕鱼等,影响通航建筑物正常运行的;

(四)危害航道设施安全的;

(五)其他危害航道通航安全的行为。

第三十六条 在河道内采砂,应当依照有关法律、行政法规的规定进行。禁止在河道内依法划定的砂石禁采区采砂、无证采砂、未按批准的范围和作业方式采砂等非法采砂行为。

在航道和航道保护范围内采砂,不得损害航道通航条件。

第三十七条 本法施行前建设的拦河闸坝造成通航河流断航,需要恢复通航且具备建设通航建筑物条件的,由发展改革部门会同水行政主管部门、交通运输主管部门提出恢复通航方案,报本级人民政府决定。

第六章 法律责任

第三十八条 航道建设、勘察、设计、施工、监理单位在航道建设活动中违反本法规定的,由县级以上人民政府交通运输主管部门依照有关招标投标和工程建设管理的法律、行政法规的规定处罚。

第三十九条 建设单位未依法报送航道通航条件影响评价材料而开工建设的,由有审核权的交通运输主管部门或者航道管理机构责令停止建设,限期补办手续,处三万元以下的罚款;逾期不补办手续继续建设的,由有审核权的交通运输主管部门或者航道管理机构责令恢复原状,处二十万元以上五十万元以下的罚款。

报送的航道通航条件影响评价材料未通过审核,建设单位开工建设的,由有审核权的交通运输主管部门或者航道管理机构责令停止建设、恢复原状,处二十万元以上五十万元以下的罚款。

违反航道通航条件影响评价的规定建成的项目导致航道通航条件严重下降的,由前两款规定的交通运输主管部门或者航道管理机构责令限期采取补救措施或者拆除；逾期未采取补救措施或者拆除的，由交通运输主管部门或者航道管理机构代为采取补救措施或者依法组织拆除，所需费用由建设单位承担。

第四十条　与航道有关的工程的建设单位违反本法规定，未及时清除影响航道通航条件的临时设施及其残留物的，由负责航道管理的部门责令限期清除，处二万元以下的罚款；逾期仍未清除的，处三万元以上二十万元以下的罚款，并由负责航道管理的部门依法组织清除，所需费用由建设单位承担。

第四十一条　在通航水域上建设桥梁等建筑物，建设单位未按照规定设置航标等设施的，由负责航道管理的部门或者海事管理机构责令改正，处五万元以下罚款。

第四十二条　违反本法规定，有下列行为之一的，由负责航道管理的部门责令改正，对单位处五万元以下罚款，对个人处二千元以下罚款；造成损失的，依法承担赔偿责任：

（一）在航道内设置渔具或者水产养殖设施的；

（二）在航道和航道保护范围内倾倒砂石、泥土、垃圾以及其他废弃物的；

（三）在通航建筑物及其引航道和船舶调度区内从事货物装卸、水上加油、船舶维修、捕鱼等，影响通航建筑物正常运行的；

（四）危害航道设施安全的；

（五）其他危害航道通航安全的行为。

第四十三条　在河道内依法划定的砂石禁采区采砂、无证采砂、未按批准的范围和作业方式采砂等非法采砂的，依照有关法律、行政法规的规定处罚。

违反本法规定，在航道和航道保护范围内采砂，损害航道通航条件的，由负责航道管理的部门责令停止违法行为，没收违法所得，可以扣押或者没收非法采砂船舶，并处五万元以上三十万元以下罚款；造成损失的，依法承担赔偿责任。

第四十四条　违反法律规定，污染环境、破坏生态或者有其他环境违法行为的，依照《中华人民共和国环境保护法》等法律的规定处罚。

第四十五条　交通运输主管部门以及其他有关部门不依法履行本法规定的职责的，对直接负责的主管人员和其他直接责任人员依法给予处分。

负责航道管理的机构不依法履行本法规定的职责的，由其上级主管部门责令改正，对直接负责的主管人员和其他直接责任人员依法给予处分。

第四十六条　违反本法规定，构成违反治安管理行为的，依法给予治安管理处罚；构成犯罪的，依法追究刑事责任。

第七章　附　　则

第四十七条　进出军事港口、渔业港口的专用航道不适用本法。专用航道由专用部门管理。

第四十八条　本法自 2015 年 3 月 1 日起施行。

中华人民共和国海域使用管理法

（2001 年 10 月 27 日第九届全国人民代表大会常务委员会第二十四次会议通过　2001 年 10 月 27 日中华人民共和国主席令第 61 号公布　自 2002 年 1 月 1 日起施行）

目　录

第一章　总　　则

第一条　为了加强海域使用管理，维护国家海域所有权和海域使用权人的合法权益，促进海域的合理开发和可持续利用，制定本法。

第二条　本法所称海域，是指中华人民共和国内水、领海的水面、水体、海床和底土。

本法所称内水，是指中华人民共和国领海基线向陆地一侧至海岸线的海域。

在中华人民共和国内水、领海持续使用特定海域三个月以上的排他性用海活动，适用本法。

第三条　海域属于国家所有，国务院代表国家行使海域所有权。任何单位或者个人不得侵占、买卖或者以其他形式非法转让海域。

单位和个人使用海域，必须依法取得海域使用权。

第四条　国家实行海洋功能区划制度。海域使用必须符合海洋功能区划。

国家严格管理填海、围海等改变海域自然属性的用海活动。

第五条　国家建立海域使用管理信息系统，对海域使用状况实施监视、监测。

第六条　国家建立海域使用权登记制度，依法登记的海域使用权受法律保护。

国家建立海域使用统计制度，定期发布海域使用统计资料。

第七条　国务院海洋行政主管部门负责全国海域使用的监督管理。沿海县级以上地方人民政府海洋行政主管部门根据授权，负责本行政区毗邻海域使用的监督管理。

渔业行政主管部门依照《中华人民共和国渔业法》，对海洋渔业实施监督管理。

海事管理机构依照《中华人民共和国海上交通安全法》，对海上交通安全实施监督管理。

第八条　任何单位和个人都有遵守海域使用管理法律、法规的义务，并有权对违反海域使用管理法律、法规的行为提出检举和控告。

第九条　在保护和合理利用海域以及进行有关的科学研究等方面成绩显著的单位和个人，由人民政府给予奖励。

第二章　海洋功能区划

第十条　国务院海洋行政主管部门会同国务院有关部门和沿海省、自治区、直辖市人民政府，编制全国海洋功能区划。

沿海县级以上地方人民政府海洋行政主管部门会同本级人民政府有关部门，依据上一级海洋功能区划，编制地方海洋功能区划。

第十一条　海洋功能区划按照下列原则编制：

（一）按照海域的区位、自然资源和自然环境等自然属性，科学确定海域功能；

（二）根据经济和社会发展的需要，统筹安排各有关行业用海；

（三）保护和改善生态环境，保障海域可持续利用，促进海洋经济的发展；

（四）保障海上交通安全；

（五）保障国防安全，保证军事用海需要。

第十二条　海洋功能区划实行分级审批。

全国海洋功能区划，报国务院批准。

沿海省、自治区、直辖市海洋功能区划，经该省、自治区、直辖市人民政府审核同意后，报国务院批准。

沿海市、县海洋功能区划，经该市、县人民政府审核同意后，报所在的省、自治区、直辖市人民政府批准，报国务院海洋行政主管部门备案。

第十三条　海洋功能区划的修改，由原编制机关会同同级有关部门提出修改方案，报原批准机关批准；未经批准，不得改变海洋功能区划确定的海域功能。

经国务院批准，因公共利益、国防安全或者进行大型能源、交通等基础设施建设，需要改变海洋功能区划的，根据国务院的批准文件修改海洋功能区划。

第十四条　海洋功能区划经批准后，应当向社会公布；但是，涉及国家秘密的部分除外。

第十五条　养殖、盐业、交通、旅游等行业规划涉及海域使用的，应当符合海洋功能区划。

沿海土地利用总体规划、城市规划、港口规划涉及海域使用的，应当与海洋功能区划相衔接。

第三章　海域使用的申请与审批

第十六条　单位和个人可以向县级以上人民政府海洋行政主管部门申请使用海域。

申请使用海域的，申请人应当提交下列书面材料：

（一）海域使用申请书；

（二）海域使用论证材料；

（三）相关的资信证明材料；

（四）法律、法规规定的其他书面材料。

第十七条 县级以上人民政府海洋行政主管部门依据海洋功能区划,对海域使用申请进行审核,并依照本法和省、自治区、直辖市人民政府的规定,报有批准权的人民政府批准。

海洋行政主管部门审核海域使用申请,应当征求同级有关部门的意见。

第十八条 下列项目用海,应当报国务院审批:

(一)填海五十公顷以上的项目用海;

(二)围海一百公顷以上的项目用海;

(三)不改变海域自然属性的用海七百公顷以上的项目用海;

(四)国家重大建设项目用海;

(五)国务院规定的其他项目用海。

前款规定以外的项目用海的审批权限,由国务院授权省、自治区、直辖市人民政府规定。

第四章 海域使用权

第十九条 海域使用申请经依法批准后,国务院批准用海的,由国务院海洋行政主管部门登记造册,向海域使用申请人颁发海域使用权证书;地方人民政府批准用海的,由地方人民政府登记造册,向海域使用申请人颁发海域使用权证书。海域使用申请人自领取海域使用权证书之日起,取得海域使用权。

第二十条 海域使用权除依照本法第十九条规定的方式取得外,也可以通过招标或者拍卖的方式取得。招标或者拍卖方案由海洋行政主管部门制订,报有审批权的人民政府批准后组织实施。海洋行政主管部门制订招标或者拍卖方案,应当征求同级有关部门的意见。

招标或者拍卖工作完成后,依法向中标人或者买受人颁发海域使用权证书。中标人或者买受人自领取海域使用权证书之日起,取得海域使用权。

第二十一条 颁发海域使用权证书,应当向社会公告。

颁发海域使用权证书,除依法收取海域使用金外,不得收取其他费用。

海域使用权证书的发放和管理办法,由国务院规定。

第二十二条 本法施行前,已经由农村集体经济组织或者村民委员会经营、管理的养殖用海,符合海洋功能区划的,经当地县级人民政府核准,可以将海域使用权确定给该农村集体经济组织或者村民委员会,由本集体经济组织的成员承包,用于养殖生产。

第二十三条 海域使用权人依法使用海域并获得收益的权利受法律保护,任何单位和个人不得侵犯。

海域使用权人有依法保护和合理使用海域的义务;海域使用权人对不妨害其依法使用海域的非排他性用海活动,不得阻挠。

第二十四条 海域使用权人在使用海域期间,未经依法批准,不得从事海洋基础测绘。

海域使用权人发现所使用海域的自然资源和自然条件发生重大变化时,应当及时报告海洋行政主管部门。

第二十五条 海域使用权最高期限,按照下列用途确定:

(一)养殖用海十五年;

(二)拆船用海二十年;

(三)旅游、娱乐用海二十五年;

(四)盐业、矿业用海三十年;

（五）公益事业用海四十年；

（六）港口、修造船厂等建设工程用海五十年。

第二十六条　海域使用权期限届满，海域使用权人需要继续使用海域的，应当至迟于期限届满前二个月向原批准用海的人民政府申请续期。除根据公共利益或者国家安全需要收回海域使用权的外，原批准用海的人民政府应当批准续期。准予续期的，海域使用权人应当依法缴纳续期的海域使用金。

第二十七条　因企业合并、分立或者与他人合资、合作经营，变更海域使用权人的，需经原批准用海的人民政府批准。

海域使用权可以依法转让。海域使用权转让的具体办法，由国务院规定。

海域使用权可以依法继承。

第二十八条　海域使用权人不得擅自改变经批准的海域用途；确需改变的，应当在符合海洋功能区划的前提下，报原批准用海的人民政府批准。

第二十九条　海域使用权期满，未申请续期或者申请续期未获批准的，海域使用权终止。

海域使用权终止后，原海域使用权人应当拆除可能造成海洋环境污染或者影响其他用海项目的用海设施和构筑物。

第三十条　因公共利益或者国家安全的需要，原批准用海的人民政府可以依法收回海域使用权。

依照前款规定在海域使用权期满前提前收回海域使用权的，对海域使用权人应当给予相应的补偿。

第三十一条　因海域使用权发生争议，当事人协商解决不成的，由县级以上人民政府海洋行政主管部门调解；当事人也可以直接向人民法院提起诉讼。

在海域使用权争议解决前，任何一方不得改变海域使用现状。

第三十二条　填海项目竣工后形成的土地，属于国家所有。

海域使用权人应当自填海项目竣工之日起三个月内，凭海域使用权证书，向县级以上人民政府土地行政主管部门提出土地登记申请，由县级以上人民政府登记造册，换发国有土地使用权证书，确认土地使用权。

第五章　海域使用金

第三十三条　国家实行海域有偿使用制度。

单位和个人使用海域，应当按照国务院的规定缴纳海域使用金。海域使用金应当按照国务院的规定上缴财政。

对渔民使用海域从事养殖活动收取海域使用金的具体实施步骤和办法，由国务院另行规定。

第三十四条　根据不同的用海性质或者情形，海域使用金可以按照规定一次缴纳或者按年度逐年缴纳。

第三十五条　下列用海，免缴海域使用金：

（一）军事用海；

（二）公务船舶专用码头用海；

（三）非经营性的航道、锚地等交通基础设施用海；

（四）教学、科研、防灾减灾、海难搜救打捞等非经营性公益事业用海。

第三十六条 下列用海，按照国务院财政部门和国务院海洋行政主管部门的规定，经有批准权的人民政府财政部门和海洋行政主管部门审查批准，可以减缴或者免缴海域使用金：

（一）公用设施用海；

（二）国家重大建设项目用海；

（三）养殖用海。

第六章 监督检查

第三十七条 县级以上人民政府海洋行政主管部门应当加强对海域使用的监督检查。

县级以上人民政府财政部门应当加强对海域使用金缴纳情况的监督检查。

第三十八条 海洋行政主管部门应当加强队伍建设，提高海域使用管理监督检查人员的政治、业务素质。海域使用管理监督检查人员必须秉公执法，忠于职守，清正廉洁，文明服务，并依法接受监督。

海洋行政主管部门及其工作人员不得参与和从事与海域使用有关的生产经营活动。

第三十九条 县级以上人民政府海洋行政主管部门履行监督检查职责时，有权采取下列措施：

（一）要求被检查单位或者个人提供海域使用的有关文件和资料；

（二）要求被检查单位或者个人就海域使用的有关问题作出说明；

（三）进入被检查单位或者个人占用的海域现场进行勘查；

（四）责令当事人停止正在进行的违法行为。

第四十条 海域使用管理监督检查人员履行监督检查职责时，应当出示有效执法证件。

有关单位和个人对海洋行政主管部门的监督检查应当予以配合，不得拒绝、妨碍监督检查人员依法执行公务。

第四十一条 依照法律规定行使海洋监督管理权的有关部门在海上执法时应当密切配合，互相支持，共同维护国家海域所有权和海域使用权人的合法权益。

第七章 法律责任

第四十二条 未经批准或者骗取批准，非法占用海域的，责令退还非法占用的海域，恢复海域原状，没收违法所得，并处非法占用海域期间内该海域面积应缴纳的海域使用金五倍以上十五倍以下的罚款；对未经批准或者骗取批准，进行围海、填海活动的，并处非法占用海域期间内该海域面积应缴纳的海域使用金十倍以上二十倍以下的罚款。

第四十三条 无权批准使用海域的单位非法批准使用海域的，超越批准权限非法批准使用海域的，或者不按海洋功能区划批准使用海域的，批准文件无效，收回非法使用的海域；对非法批准使用海域的直接负责的主管人员和其他直接责任人员，依法给予行政处分。

第四十四条 违反本法第二十三条规定，阻挠、妨害海域使用权人依法使用海域的，海域使用权人可以请求海洋行政主管部门排除妨害，也可以依法向人民法院提起诉讼；造成损失的，可以依法请求损害赔偿。

第四十五条 违反本法第二十六条规定，海域使用权期满，未办理有关手续仍继续使用海域的，责令限期办理，可以并处一万元以下的罚款；拒不办理的，以非法占用海域论处。

第四十六条　违反本法第二十八条规定，擅自改变海域用途的，责令限期改正，没收违法所得，并处非法改变海域用途的期间内该海域面积应缴纳的海域使用金五倍以上十五倍以下的罚款；对拒不改正的，由颁发海域使用权证书的人民政府注销海域使用权证书，收回海域使用权。

第四十七条　违反本法第二十九条第二款规定，海域使用权终止，原海域使用权人不按规定拆除用海设施和构筑物的，责令限期拆除；逾期拒不拆除的，处五万元以下的罚款，并由县级以上人民政府海洋行政主管部门委托有关单位代为拆除，所需费用由原海域使用权人承担。

第四十八条　违反本法规定，按年度逐年缴纳海域使用金的海域使用权人不按期缴纳海域使用金的，限期缴纳；在限期内仍拒不缴纳的，由颁发海域使用权证书的人民政府注销海域使用权证书，收回海域使用权。

第四十九条　违反本法规定，拒不接受海洋行政主管部门监督检查、不如实反映情况或者不提供有关资料的，责令限期改正，给予警告，可以并处二万元以下的罚款。

第五十条　本法规定的行政处罚，由县级以上人民政府海洋行政主管部门依据职权决定。但是，本法已对处罚机关作出规定的除外。

第五十一条　国务院海洋行政主管部门和县级以上地方人民政府违反本法规定颁发海域使用权证书，或者颁发海域使用权证书后不进行监督管理，或者发现违法行为不予查处的，对直接负责的主管人员和其他直接责任人员，依法给予行政处分；徇私舞弊、滥用职权或者玩忽职守构成犯罪的，依法追究刑事责任。

第八章　附　　则

第五十二条　在中华人民共和国内水、领海使用特定海域不足三个月，可能对国防安全、海上交通安全和其他用海活动造成重大影响的排他性用海活动，参照本法有关规定办理临时海域使用证。

第五十三条　军事用海的管理办法，由国务院、中央军事委员会依据本法制定。

第五十四条　本法自 2002 年 1 月 1 日起施行。

中华人民共和国河道管理条例

（1988 年 6 月 3 日国务院第七次常务会议通过
根据 2011 年 1 月 8 日《国务院关于废止和修改部分行政法规的决定》修正）

第一章　总　　则

第一条　为加强河道管理，保障防洪安全，发挥江河湖泊的综合效益，根据《中华人民共和国水法》，制定本条例。

第二条　本条例适用于中华人民共和国领域内的河道（包括湖泊、人工水道，行洪区、蓄洪区、滞洪区）。

河道内的航道，同时适用《中华人民共和国航道管理条例》。

第三条　开发利用江河湖泊水资源和防治水害，应当全面规划、统筹兼顾、综合利用、讲求效益，服从防洪的总体安排，促进各项事业的发展。

第四条　国务院水利行政主管部门是全国河道的主管机关。

各省、自治区、直辖市的水利行政主管部门是该行政区域的河道主管机关。

第五条　国家对河道实行按水系统一管理和分级管理相结合的原则。

长江、黄河、淮河、海河、珠江、松花江、辽河等大江大河的主要河段，跨省、自治区、直辖市的重要河段，省、自治区、直辖市之间的边界河道以及国境边界河道，由国家授权的江河流域管理机构实施管理，或者由上述江河所在省、自治区、直辖市的河道主管机关根据流域统一规划实施管理。其他河道由省、自治区、直辖市或者市、县的河道主管机关实施管理。

第六条　河道划分等级。河道等级标准由国务院水利行政主管部门制定。

第七条　河道防汛和清障工作实行地方人民政府行政首长负责制。

第八条　各级人民政府河道主管机关以及河道监理人员，必须按照国家法律、法规，加强河道管理，执行供水计划和防洪调度命令，维护水工程和人民生命财产安全。

第九条　一切单位和个人都有保护河道堤防安全和参加防汛抢险的义务。

第二章　河道整治与建设

第十条　河道的整治与建设，应当服从流域综合规划，符合国家规定的防洪标准、通航标准和其他有关技术要求，维护堤防安全，保持河势稳定和行洪、航运通畅。

第十一条　修建开发水利、防治水害、整治河道的各类工程和跨河、穿河、穿堤、临河的桥梁、码头、道路、渡口、管道、缆线等建筑物及设施，建设单位必须按照河道管理权限，将工程建设方案报送河道主管机关审查同意后，方可按照基本建设程序履行审批手续。

建设项目经批准后，建设单位应当将施工安排告知河道主管机关。

第十二条　修建桥梁、码头和其他设施，必须按照国家规定的防洪标准所确定的河宽进行，不得缩窄行洪通道。

桥梁和栈桥的梁底必须高于设计洪水位，并按照防洪和航运的要求，留有一定的超高。设计洪水位由河道主管机关根据防洪规划确定。

跨越河道的管道、线路的净空高度必须符合防洪和航运的要求。

第十三条　交通部门进行航道整治，应当符合防洪安全要求，并事先征求河道主管机关对有关设计和计划的意见。

水利部门进行河道整治，涉及航道的，应当兼顾航运的需要，并事先征求交通部门对有关设计和计划的意见。

在国家规定可以流放竹木的河流和重要的渔业水域进行河道、航道整治，建设单位应当兼顾竹木水运和渔业发展的需要，并事先将有关设计和计划送同级林业、渔业主管部门征求意见。

第十四条　堤防上已修建的涵闸、泵站和埋设的穿堤管道、缆线等建筑物及设施，河道主管机关应当定期检查，对不符合工程安全要求的，限期改建。

在堤防上新建前款所指建筑物及设施，必须经河道主管机关验收合格后方可启用，并服从河道主管机关的安全管理。

第十五条　确需利用堤顶或者戗台兼做公路的，须经上级河道主管机关批准。堤身和堤顶公路的管理和维护办法，由河道主管机关商交通部门制定。

第十六条　城镇建设和发展不得占用河道滩地。城镇规划的临河界限，由河道主管机关会同城镇规划等有关部门确定。沿河城镇在编制和审查城镇规划时，应当事先征求河道主管机关的意见。

第十七条　河道岸线的利用和建设，应当服从河道整治规划和航道整治规划。计划部门在审批利用河道岸线的建设项目时，应当事先征求河道主管机关的意见。

河道岸线的界限，由河道主管机关会同交通等有关部门报县级以上地方人民政府划定。

第十八条　河道清淤和加固堤防取土以及按照防洪规划进行河道整治需要占用的土地，由当地人民政府调剂解决。

因修建水库、整治河道所增加的可利用土地，属于国家所有，可以由县级以上人民政府用于移民安置和河道整治工程。

第十九条　省、自治区、直辖市以河道为边界的，在河道两岸外侧各十公里之内，以及跨省、自治区、直辖市的河道，未经有关各方达成协议或者国务院水利行政主管部门批准，禁止单方面修建排水、阻水、引水、蓄水工程以及河道整治工程。

第三章　河道保护

第二十条　有堤防的河道，其管理范围为两岸堤防之间的水域、沙洲、滩地（包括可耕地）、行洪区，两岸堤防及护堤地。

无堤防的河道，其管理范围根据历史最高洪水位或者设计洪水位确定。

河道的具体管理范围，由县级以上地方人民政府负责划定。

第二十一条　在河道管理范围内，水域和土地的利用应当符合江河行洪、输水和航运的要求；滩地的利用，应当由河道主管机关会同土地管理等有关部门制定规划，报县级以上地方人民政府批准后实施。

第二十二条　禁止损毁堤防、护岸、闸坝等水工程建筑物和防汛设施、水文监测和测量设施、河岸地质监测设施以及通信照明等设施。

在防汛抢险期间,无关人员和车辆不得上堤。

因降雨雪等造成堤顶泥泞期间,禁止车辆通行,但防汛抢险车辆除外。

第二十三条 禁止非管理人员操作河道上的涵闸闸门,禁止任何组织和个人干扰河道管理单位的正常工作。

第二十四条 在河道管理范围内,禁止修建围堤、阻水渠道、阻水道路;种植高杆农作物、芦苇、杞柳、荻柴和树木(堤防防护林除外);设置拦河渔具;弃置矿渣、石渣、煤灰、泥土、垃圾等。

在堤防和护堤地,禁止建房、放牧、开渠、打井、挖窖、葬坟、晒粮、存放物料、开采地下资源、进行考古发掘以及开展集市贸易活动。

第二十五条 在河道管理范围内进行下列活动,必须报经河道主管机关批准;涉及其他部门的,由河道主管机关会同有关部门批准:

(一)采砂、取土、淘金、弃置砂石或者淤泥;

(二)爆破、钻探、挖筑鱼塘;

(三)在河道滩地存放物料、修建厂房或者其他建筑设施;

(四)在河道滩地开采地下资源及进行考古发掘。

第二十六条 根据堤防的重要程度、堤基土质条件等,河道主管机关报经县级以上人民政府批准,可以在河道管理范围的相连地域划定堤防安全保护区。在堤防安全保护区内,禁止进行打井、钻探、爆破、挖筑鱼塘、采石、取土等危害堤防安全的活动。

第二十七条 禁止围湖造田。已经围垦的,应当按照国家规定的防洪标准进行治理,逐步退田还湖。湖泊的开发利用规划必须经河道主管机关审查同意。

禁止围垦河流,确需围垦的,必须经过科学论证,并经省级以上人民政府批准。

第二十八条 加强河道滩地、堤防和河岸的水土保持工作,防止水土流失、河道淤积。

第二十九条 江河的故道、旧堤、原有工程设施等,非经河道主管机关批准,不得填堵、占用或者拆毁。

第三十条 护堤护岸林木,由河道管理单位组织营造和管理,其他任何单位和个人不得侵占、砍伐或者破坏。

河道管理单位对护堤护岸林木进行抚育和更新性质的采伐及用于防汛抢险的采伐,根据国家有关规定免交育林基金。

第三十一条 在为保证堤岸安全需要限制航速的河段,河道主管机关应当会同交通部门设立限制航速的标志,通行的船舶不得超速行驶。

在汛期,船舶的行驶和停靠必须遵守防汛指挥部的规定。

第三十二条 山区河道有山体滑坡、崩岸、泥石流等自然灾害的河段,河道主管机关应当会同地质、交通等部门加强监测。在上述河段,禁止从事开山采石、采矿、开荒等危及山体稳定的活动。

第三十三条 在河道中流放竹木,不得影响行洪、航运和水工程安全,并服从当地河道主管机关的安全管理。

在汛期,河道主管机关有权对河道上的竹木和其他漂流物进行紧急处置。

第三十四条 向河道、湖泊排污的排污口的设置和扩大,排污单位在向环境保护部门申报之前，应当征得河道主管机关的同意。

第三十五条　在河道管理范围内，禁止堆放、倾倒、掩埋、排放污染水体的物体。禁止在河道内清洗装贮过油类或者有毒污染物的车辆、容器。

河道主管机关应当开展河道水质监测工作，协同环境保护部门对水污染防治实施监督管理。

第四章　河道清障

第三十六条　对河道管理范围内的阻水障碍物，按照“谁设障，谁清除”的原则，由河道主管机关提出清障计划和实施方案，由防汛指挥部责令设障者在规定的期限内清除。逾期不清除的，由防汛指挥部组织强行清除，并由设障者负担全部清障费用。

第三十七条　对壅水、阻水严重的桥梁、引道、码头和其他跨河工程设施，根据国家规定的防洪标准，由河道主管机关提出意见并报经人民政府批准，责成原建设单位在规定的期限内改建或者拆除。汛期影响防洪安全的，必须服从防汛指挥部的紧急处理决定。

第五章　经　　费

第三十八条　河道堤坊的防汛岁修费，按照分级管理的原则，分别由中央财政和地方财政负担，列入中央和地方年度财政预算。

第三十九条　受益范围明确的堤防、护岸、水闸、圩垸、海塘和排涝工程设施，河道主管机关可以向受益的工商企业等单位和农户收取河道工程修建维护管理费，其标准应当根据工程修建和维护管理费用确定。收费的具体标准和计收办法由省、自治区、直辖市人民政府制定。

第四十条　在河道管理范围内采砂、取土、淘金，必须按照经批准的范围和作业方式进行，并向河道主管机关缴纳管理费。收费的标准和计收办法由国务院水利行政主管部门会同国务院财政主管部门制定。

第四十一条　任何单位和个人，凡对堤防、护岸和其他水工程设施造成损坏或者造成河道淤积的，由责任者负责修复、清淤或者承担维修费用。

第四十二条　河道主管机关收取的各项费用，用于河道堤防工程的建设、管理、维修和设施的更新改造。结余资金可以连年结转使用，任何部门不得截取或者挪用。

第四十三条　河道两岸的城镇和农村，当地县级以上人民政府可以在汛期组织堤防保护区域内的单位和个人义务出工，对河道堤防工程进行维修和加固。

第六章　罚　　则

第四十四条　违反本条例规定，有下列行为之一的，县级以上地方人民政府河道主管机关除责令其纠正违法行为、采取补救措施外，可以并处警告、罚款、没收非法所得；对有关责任人员，由其所在单位或者上级主管机关给予行政处分；构成犯罪的，依法追究刑事责任：

（一）在河道管理范围内弃置、堆放阻碍行洪物体的；种植阻碍行洪的林木或者高杆植物的；修建围堤、阻水渠道、阻水道路的；

（二）在堤防、护堤地建房、放牧、开渠、打井、挖窖、葬坟、晒粮、存放物料、开采地下资源、进行考古发掘以及开展集市贸易活动的；

（三）未经批准或者不按照国家规定的防洪标准、工程安全标准整治河道或者修建水工程建筑物和其他设施的；

（四）未经批准或者不按照河道主管机关的规定在河道管理范围内采砂、取土、淘金、弃置砂石或者淤泥、爆破、钻探、挖筑鱼塘的；

（五）未经批准在河道滩地存放物料、修建厂房或者其他建筑设施，以及开采地下资源或者进行考古发掘的；

（六）违反本条例第二十七条的规定，围垦湖泊、河流的；

（七）擅自砍伐护堤护岸林木的；

（八）汛期违反防汛指挥部的规定或者指令的。

第四十五条　违反本条例规定，有下列行为之一的，县级以上地方人民政府河道主管机关除责令其纠正违法行为、赔偿损失、采取补救措施外，可以并处警告、罚款；应当给予治安管理处罚的，按照《中华人民共和国治安管理处罚法》的规定处罚；构成犯罪的，依法追究刑事责任：

（一）损毁堤防、护岸、闸坝、水工程建筑物，损毁防汛设施、水文监测和测量设施、河岸地质监测设施以及通信照明等设施；

（二）在堤防安全保护区内进行打井、钻探、爆破、挖筑鱼塘、采石、取土等危害堤防安全的活动的；

（三）非管理人员操作河道上的涵闸闸门或者干扰河道管理单位正常工作的。

第四十六条　当事人对行政处罚决定不服的，可以在接到处罚通知之日起十五日内，向作出处罚决定的机关的上一级机关申请复议，对复议决定不服的，可以在接到复议决定之日起十五日内，向人民法院起诉。当事人也可以在接到处罚通知之日起十五日内，直接向人民法院起诉。当事人逾期不申请复议或者不向人民法院起诉又不履行处罚决定的，由作出处罚决定的机关申请人民法院强制执行。对治安管理处罚不服的，按照《中华人民共和国治安管理处罚法》的规定办理。

第四十七条　对违反本条例规定，造成国家、集体、个人经济损失的，受害方可以请求县级以上河道主管机关处理。受害方也可以直接向人民法院起诉。

当事人对河道主管机关的处理决定不服的，可以在接到通知之日起，十五日内向人民法院起诉。

第四十八条　河道主管机关的工作人员以及河道监理人员玩忽职守、滥用职权、徇私舞弊的，由其所在单位或者上级主管机关给予行政处分；对公共财产、国家和人民利益造成重大损失的，依法追究刑事责任。

第七章　附　　则

第四十九条　各省、自治区、直辖市人民政府，可以根据本条例的规定，结合本地区的实际情况，制定实施办法。

第五十条　本条例由国务院水利行政主管部门负责解释。

第五十一条　本条例自发布之日起施行。

长江河道采砂管理条例

（2001 年 10 月 25 日国务院令第 320 号公布
自 2002 年 1 月 1 日起施行）

第一条　为了加强长江河道采砂管理，维护长江河势稳定，保障防洪和通航安全，制定本条例。

第二条　在长江宜宾以下干流河道内从事开采砂石（以下简称长江采砂）及其管理活动的，应当遵守本条例。

第三条　国务院水行政主管部门及其所属的长江水利委员会应当加强对长江采砂的统一管理和监督检查，并做好有关组织、协调和指导工作。

长江采砂管理，实行地方人民政府行政首长负责制。沿江县级以上地方人民政府应当加强对本行政区域内长江采砂活动的管理，做好长江采砂的组织、协调和监督检查工作。

沿江县级以上地方人民政府水行政主管部门依照本条例的规定，具体负责本行政区域内长江采砂的管理和监督检查工作。

国务院交通行政主管部门所属的长江航务管理局负责长江航道管理工作，长江海事机构负责长江交通安全的监督管理工作。公安部门负责长江水上治安管理工作，依法打击长江采砂活动中的犯罪行为。

第四条　国家对长江采砂实行统一规划制度。

长江采砂规划由长江水利委员会会同四川省、湖北省、湖南省、江西省、安徽省、江苏省和重庆市、上海市人民政府水行政主管部门编制，经征求长江航务管理局和长江海事机构意见后，报国务院水行政主管部门批准。国务院水行政主管部门批准前，应当征求国务院交通行政主管部门的意见。

长江采砂规划一经批准，必须严格执行；确需修改时，应当依照前款规定批准。

长江采砂规划批准实施前，长江水利委员会可以会同沿江省、直辖市人民政府水行政主管部门、长江航务管理局和长江海事机构确定禁采区和禁采期，报国务院水行政主管部门批准。

第五条　长江采砂规划应当充分考虑长江防洪安全和通航安全的要求，符合长江流域综合规划和长江防洪、河道整治以及航道整治等专业规划。

第六条　长江采砂规划应当包括下列内容：

（一）禁采区和可采区；

（二）禁采期和可采期；

（三）年度采砂控制总量；

（四）可采区内采砂船只的控制数量。

第七条　沿江省、直辖市人民政府水行政主管部门根据长江采砂规划，可以拟订本行政区域内长江采砂规划实施方案，报本级人民政府批准后实施，并报长江水利委员会、长江航务管理局备案。

沿江省、直辖市人民政府应当将长江采砂规划确定的禁采区和禁采期予以公告。

沿江省、直辖市人民政府水行政主管部门可以根据本行政区域内长江的水情、工情、汛情、航道变迁和管理等需要，在长江采砂规划确定的禁采区、禁采期外增加禁采范围、延长禁采期限，报本级人民政府决定后公告。

第八条 长江水利委员会和沿江省、直辖市人民政府水行政主管部门应当加强对长江采砂规划实施情况的监督检查。

第九条 国家对长江采砂实行采砂许可制度。

河道采砂许可证由沿江省、直辖市人民政府水行政主管部门审批发放；属于省际边界重点河段的，经有关省、直辖市人民政府水行政主管部门签署意见后，由长江水利委员会审批发放；涉及航道的，审批发放前应当征求长江航务管理局和长江海事机构的意见。省际边界重点河段的范围由国务院水行政主管部门划定。

河道采砂许可证式样由国务院水行政主管部门规定，由沿江省、直辖市人民政府水行政主管部门和长江水利委员会印制。

第十条 从事长江采砂活动的单位和个人应当向沿江市、县人民政府水行政主管部门提出申请；符合下列条件的，由长江水利委员会或者沿江省、直辖市人民政府水行政主管部门依照本条例第九条的规定，审批发放河道采砂许可证：

（一）符合长江采砂规划确定的可采区和可采期的要求；

（二）符合年度采砂控制总量的要求；

（三）符合规定的作业方式；

（四）符合采砂船只数量的控制要求；

（五）采砂船舶、船员证书齐全；

（六）有符合要求的采砂设备和采砂技术人员；

（七）长江水利委员会或者沿江省、直辖市人民政府水行政主管部门规定的其他条件。

市、县人民政府水行政主管部门应当自收到申请之日起 10 日内签署意见后，报送沿江省、直辖市人民政府水行政主管部门审批；属于省际边界重点河段的，经有关省、直辖市人民政府水行政主管部门签署意见后，报送长江水利委员会审批。长江水利委员会或者沿江省、直辖市人民政府水行政主管部门应当自收到申请之日起 30 日内予以审批；不予批准的，应当在作出不予批准决定之日起 7 日内通知申请人，并说明理由。

第十一条 河道采砂许可证应当载明船主姓名（名称）、船名、船号和开采的性质、种类、地点、时限以及作业方式、弃料处理方式、许可证的有效期限等有关事项和内容。

第十二条 从事长江采砂活动的单位和个人应当按照河道采砂许可证的规定进行开采。有关县级以上地方人民政府水行政主管部门和长江水利委员会应当按照职责划分对其加强监督检查。

从事长江采砂活动的单位和个人需要改变河道采砂许可证规定的事项和内容的，应当重新办理河道采砂许可证。

禁止伪造、涂改或者买卖、出租、出借或者以其他方式转让河道采砂许可证。

第十三条 为保障航道畅通和航行安全，采砂作业应当服从通航要求，并设立明显标志。

第十四条　长江水利委员会和沿江省、直辖市人民政府水行政主管部门年审批采砂总量不得超过规划确定的年度采砂控制总量。

沿江省、直辖市人民政府水行政主管部门应当在每年 1 月 31 日前将上一年度的长江采砂审批发证情况和实施情况，报长江水利委员会备案。

第十五条　沿江县级以上地方人民政府水行政主管部门因整修长江堤防进行吹填固基或者整治长江河道采砂的，应当经本省、直辖市人民政府水行政主管部门审查，并报长江水利委员会批准；长江航务管理局因整治长江航道采砂的，应当事先征求长江水利委员会的意见。

因吹填造地从事采砂活动的单位和个人，应当依法申请河道采砂许可证。

第十六条　采砂船舶在禁采期内应当停放在沿江县级人民政府指定的地点；无正当理由，不得擅自离开指定地点。

第十七条　从事长江采砂活动的单位和个人应当向发放河道采砂许可证的机关缴纳长江河道砂石资源费。发放河道采砂许可证的机关应当将收取的长江河道砂石资源费全部上缴财政。长江河道砂石资源费的具体征收、使用管理办法由国务院财政主管部门会同国务院水行政主管部门、物价主管部门制定。

从事长江采砂活动的单位和个人，不再缴纳河道采砂管理费和矿产资源补偿费。

第十八条　违反本条例规定，未办理河道采砂许可证，擅自在长江采砂的，由县级以上地方人民政府水行政主管部门或者长江水利委员会依据职权，责令停止违法行为，没收违法所得和非法采砂机具，并处 10 万元以上 30 万元以下的罚款；情节严重的，扣押或者没收非法采砂船舶，并对没收的非法采砂船舶予以拍卖，拍卖款项全部上缴财政。拒绝、阻碍水行政主管部门或者长江水利委员会依法执行职务，构成违反治安管理行为的，由公安机关依法给予治安管理处罚；触犯刑律的，依法追究刑事责任。

违反本条例规定，虽持有河道采砂许可证，但在禁采区、禁采期采砂的，由县级以上地方人民政府水行政主管部门或者长江水利委员会依据职权，依照前款规定处罚，并吊销河道采砂许可证。

第十九条　违反本条例规定，未按照河道采砂许可证规定的要求采砂的，由县级以上地方人民政府水行政主管部门或者长江水利委员会依据职权，责令停止违法行为，没收违法所得，处 5 万元以上 10 万元以下的罚款，并吊销河道采砂许可证；触犯刑律的，依法追究刑事责任。

第二十条　违反本条例规定，采砂船舶在禁采期内未在指定地点停放或者无正当理由擅自离开指定地点的，由县级以上地方人民政府水行政主管部门处 1 万元以上 3 万元以下的罚款。

第二十一条　伪造、涂改或者买卖、出租、出借或者以其他方式转让河道采砂许可证，触犯刑律的，依法追究刑事责任；尚未触犯刑律的，由县级以上地方人民政府水行政主管部门或者长江水利委员会依据职权，没收违法所得，并处 5 万元以上 10 万元以下的罚款，收缴伪造、涂改或者买卖、出租、出借或者以其他方式转让的河道采砂许可证。

第二十二条　违反本条例规定，不依法缴纳长江河道砂石资源费的，由县级以上地方人民政府水行政主管部门或者长江水利委员会依据职权，责令限期缴纳；逾期未缴纳的，按日加收 3‰的滞纳金；拒不缴纳的，处应缴纳长江河道砂石资源费金额 2 倍以上 5 倍以下的罚款,并吊销河道采砂许可证。

第二十三条 在长江航道内非法采砂影响通航安全的,由长江航务管理局、长江海事机构依照《中华人民共和国内河交通安全管理条例》和《中华人民共和国航道管理条例》等规定给予处罚。

第二十四条 依照本条例规定应当给予行政处罚,而有关水行政主管部门不给予行政处罚的,由上级人民政府水行政主管部门责令其作出行政处罚决定或者直接给予行政处罚;对负有责任的主管人员和其他直接责任人员依法给予行政处分。

第二十五条 依照本条例实施罚款的行政处罚,应当依照有关法律、行政法规的规定,实行罚款决定与罚款收缴分离,所收取的罚款必须全部上缴国库。

第二十六条 有下列行为之一,触犯刑律的,依法追究刑事责任;尚未触犯刑律的,对负有责任的主管人员和其他直接责任人员依法给予行政处分:

(一)不执行已批准的长江采砂规划、擅自修改长江采砂规划或者违反长江采砂规划组织采砂的;

(二)不按照规定审批发放河道采砂许可证或者其他批准文件的;

(三)不履行本条例规定的监督检查职责,造成长江采砂秩序混乱或者造成重大责任事故的;

(四)在长江采砂管理中不按照规定的项目、范围和标准收费的;

(五)截留、挪用长江河道砂石资源费的。

有前款第(四)项、第(五)项行为的,由当地财政主管部门追缴已收取的费用和截留、挪用的费用。

第二十七条 本条例自 2002 年 1 月 1 日起施行。

图书在版编目(CIP)数据

环境资源犯罪实务精释 / 喻海松著. —北京:法律出版社, 2017.1(2022.4 重印)
ISBN 978-7-5118-9613-1

Ⅰ.①环… Ⅱ.①喻… Ⅲ.①破坏环境资源保护罪—研究—中国 Ⅳ.①D924.364

中国版本图书馆 CIP 数据核字(2016)第 131760 号

环境资源犯罪实务精释
HUANJING ZIYUAN FANZUI SHIWU JINGSHI

喻海松 著

责任编辑 慕雪丹 章 雯
装帧设计 汪奇峰

出版发行 法律出版社
编辑统筹 法商出版分社
责任校对 赵明霞
责任印制 胡晓雅
经 销 新华书店

开本 710 毫米×1000 毫米 1/16
印张 34.75 **字数** 658 千
版本 2017 年 1 月第 1 版
印次 2022 年 4 月第 6 次印刷
印刷 三河市龙大印装有限公司

地址:北京市丰台区莲花池西里 7 号(100073)
网址:www.lawpress.com.cn
投稿邮箱:info@lawpress.com.cn
举报盗版邮箱:jbwq@lawpress.com.cn
销售电话:010-83938349
客服电话:010-83938350
咨询电话:010-63939796

书号:ISBN 978-7-5118-9613-1
定价:88.00 元